Aus Trümmern zu einem europäischen Zentrum

Geschichte der Stadt Frankfurt am Main
1945–1989

VERÖFFENTLICHUNGEN
DER FRANKFURTER
HISTORISCHEN KOMMISSION

XX

Jan Thorbecke Verlag Sigmaringen
1995

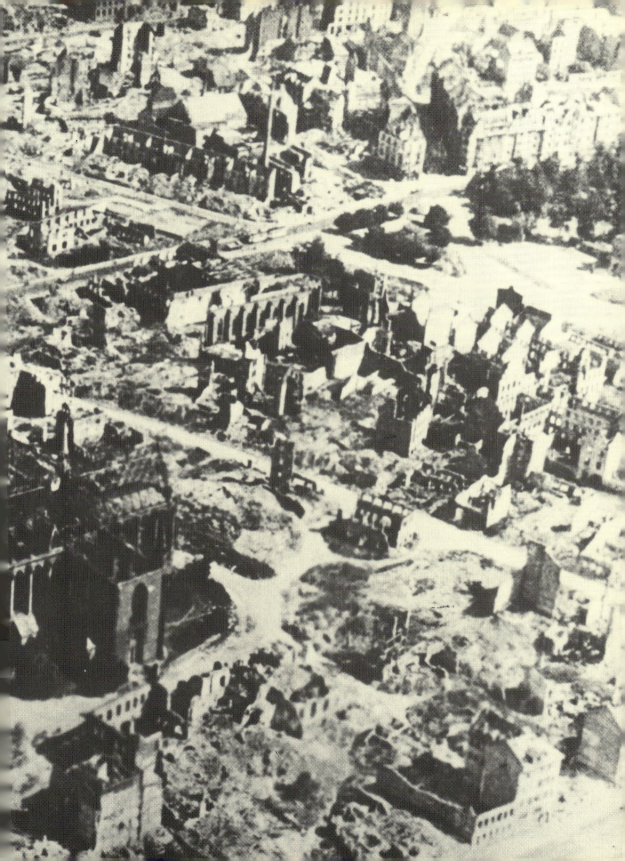

Frolinde Balser

Aus Trümmern zu einem europäischen Zentrum

Geschichte der Stadt Frankfurt am Main
1945–1989

Herausgegeben von der
Frankfurter Historischen Kommission

Jan Thorbecke Verlag Sigmaringen
1995

Allen, die sich in diesen Jahren uneigennützig
um das Wohl der Stadt Frankfurt am Main mühten,
und das sind Viele!

F. B.

Die Deutsche Bibliothek – CIP-Einheitsaufnahme

Balser, Frolinde:
Aus Trümmern zu einem europäischen Zentrum: Geschichte der Stadt Frankfurt am Main 1945–1989 / Frolinde Balser.
Hrsg. von der Frankfurter Historischen Kommission. – Sigmaringen: Thorbecke, 1995
  (Veröffentlichungen der Frankfurter Historischen Kommission; 20)
  ISBN 3-7995-1210-1
NE: Frankfurter Historische Kommission: Veröffentlichungen der Frankfurter ...

© 1995 by Jan Thorbecke Verlag GmbH & Co., Sigmaringen

Alle Rechte vorbehalten. Ohne schriftliche Genehmigung des Verlages ist es nicht gestattet, das Werk unter Verwendung mechanischer, elektronischer und anderer Systeme in irgendeiner Weise zu verarbeiten und zu verbreiten. Insbesondere vorbehalten sind die Rechte der Vervielfältigung – auch von Teilen des Werkes – auf photomechanischem oder ähnlichem Wege, der tontechnischen Wiedergabe, des Vortrags, der Funk- und Fernsehsendung, der Speicherung in Datenverarbeitungsanlagen, der Übersetzung und der literarischen oder anderweitigen Bearbeitung.

Dieses Buch ist aus säurefreiem Papier hergestellt und entspricht den Frankfurter Forderungen zur Verwendung alterungsbeständiger Papiere für die Buchherstellung.

Gesamtherstellung: M. Liehners Hofbuchdruckerei GmbH & Co. Verlagsanstalt, Sigmaringen
Printed in Germany · ISBN 3-7995-1210-1

Inhaltsverzeichnis

Vorwort 7

1 Die ersten Nachkriegsjahre 1945–1949 9
   1.1 Frankfurt am Main bei Kriegsende 9
   1.2 Sternstunde für Frankfurt – oder für Hessen? 21
   1.3 Demokratie wird neu begründet 32
   1.4 Kriegsverluste und Kriegsfolgen 49
   1.5 Pläne zum Wiederaufbau 62
   1.6 Ehrenbürger und das alte Goldene Buch 72

2 Jahrhundertfeier Paulskirche, Frankfurt am Main und die Neugestaltung Deutschlands 87
   2.1 Wiederaufbau und Einweihung der Paulskirche 87
   2.2 Bi-Zonen-Verwaltung 95
   2.3 Die zweite Kommunalwahl 1948 105
   2.4 Währungsreform 110
   2.5 Die »Frankfurter Dokumente« 113
   2.6 Frankfurt oder Bonn? 119

3 Frankfurt baut auf 137
   3.1 Frankfurter Alltag um 1950 137
   3.2 Die »Frankfurter Lösung« 148
   3.3 Francofordia Sacra 155
   3.4 Der Römer und Tod im Amt 177
   3.5 Wirtschaft und Verkehr wachsen schnell 192
   3.6 Wissenschaft und Kultur haben es schwer 204

4 Stadtpolitik auf neuen Wegen 223
   4.1 Weichenstellung für lange Dauer 223
   4.2 Konzeption Stadtregion 237

4.3	Parteipolitik und Wahlen	248
4.4	Die U-Bahn fährt	256
4.5	Politik für die deutschen Städte	269
4.6	Bürgerprotest und Studentenrevolte	277

5	Unregierbare Stadt?	295
5.1	In drei Jahren drei Oberbürgermeister	295
5.2	Regionalstadt – Ortsbeiräte – Umlandverband	309
5.3	Frankfurter Querschnitt um 1975	324
5.4	Sozialpolitik und Sport	351
5.5	Dom – Römerberg und Kultur	362
5.6	Wahlsieg der CDU und neuer Stil	378

6	Frankfurt gewinnt an Glanz	391
6.1	»Prestigebauten« und Repräsentation	391
6.2	Messe Frankfurt und Flughafenausbau	404
6.3	Konflikte und Korruption	412
6.4	Wirtschaft und Wohnen	423
6.5	Wechsel im Römer	435
6.6	Veränderungen in Deutschland	452

Anhang		469
1.	Proklamation »An die Bevölkerung der Stadt Frankfurt am Main«	470
2.	Frankfurter Dokumente vom 1. Juli 1948	471
3.	Die Stellungnahme der westdeutschen Ministerpräsidenten zu den Frankfurter Dokumenten (Koblenzer Beschlüsse vom 7. Juli 1948)	472
4.	Denkschrift über die unmittelbare Unterstellung der Stadt Frankfurt am Main unter das Staatsministerium des Landes Hessen (1951)	473
5.	Fraktionsvorsitzende im Frankfurter Stadtparlament 1946–1989	477
6.	Stadtverordnetenvorsteher der Stadt Frankfurt am Main 1946–1989	479
7.	Oberbürgermeister der Stadt Frankfurt am Main 1945–1989	479
8.	Wahlergebnisse in Frankfurt am Main 1946–1989	480

Quellen und Literatur	485
Personenregister	491
Orts- und Sachregister	497
Nachweis der Abbildungen	511

Vorwort

Lesbar auch für Nichtgelehrte, so wünschte sich der Verlag dieses Buch über die jüngste Geschichte der Stadt Frankfurt am Main. Dem gerecht zu werden, habe ich mich bemüht und hoffe, Leserinnen und Leser werden das auch so empfinden, zumal jedes einzelne Kapitel und jeder einzelne Abschnitt für sich gelesen werden könnte. Freilich wäre bei solchem Auswahl-Lesen ein zusammenhängendes Bild der Stadt in der Zeit nach dem Krieg, also von 1945 bis zur Wende in Deutschland 1989, kaum zu gewinnen.

Es ist ohnehin schwierig, die Geschehnisse in den letzten Jahrzehnten in einer großen und bedeutenden Stadt historisch zu durchdringen und darzulegen, zumal zahlreiche Mitwirkende sich in der einen oder anderen Weise betroffen fühlen mögen, auch dann, wenn sie, bei doch erbrachter lebenslanger Leistung oder Verdiensten für die Stadt Frankfurt, nicht einmal namentlich erwähnt sein sollten. Sie mögen sich dann wenigstens in der Widmung aufgehoben fühlen.

Es handelt sich bei der Geschichte der Stadt Fankfurt am Main 1945 bis 1989 um eine wissenschaftliche Arbeit mit allem Bemühen um Objektivität wie auch bei meinen früheren Büchern. Dem widerspricht nicht, daß Anmerkungen auf ein knappes Maß zurückgeführt sind, auch dies gemäß den Überlegungen des Verlages. Es sei daran erinnert, daß die letzte Gesamtdarstellung der Geschichte Frankfurts – bevor die Historische Kommission der Stadt sich dieser Aufgabe zum Jubiläumsjahr 1994 annahm –, nämlich Friedrich Bothes »Geschichte der Stadt Fankfurt am Main«, in der letzten, der dritten Auflage von 1929 überhaupt ohne Anmerkungen auskam. Man wird bemerken, daß mir nicht nur Archivstudien geholfen haben, die jüngste Geschichte nachzuzeichnen, sondern auch ein gerütteltes Maß an Erfahrung im Römer und in anderen Parlamenten. Ich halte es für einen Zuwachs an Urteilskraft, wenn man jahrelang selbst und aktiv am politischen Prozeß hat mitwirken können.

Aufmerksam Lesende werden sich möglicherweise fragen, warum die Stadtverordnetenversammlung von Frankfurt am Main, das oberste Organ der Gemeinde, warum die Fraktionen und die Ausschüsse im Römer nicht ausführlicher berücksichtigt worden sind. An gewichtigen Punkten und Schnittstellen der Entwicklung des politischen Prozesses sind Entscheidungen und Beschlüsse schon erwähnt, sonst aber bleibt die Darstellung im Detail einer anderen Publikation überlassen, die die zweibändige Geschichte der Stadtverordnetenversammlung 1867 bis 1933 von Dr. Karl Maly fortsetzen wird.

Aus der Geschichte der Nachkriegszeit in der zweiten Hälfte des 20. Jahrhunderts in Frankfurt am Main ergibt sich mir als wichtigste Einsicht, daß es zu vermitteln gilt, welch ungeheurer Substanzverlust einer Stadt wie Frankfurt durch den von einer deutschen Regierung mutwillig herbeigeführten Krieg erwachsen ist. Der Wieder- und Neuaufbau mußte fast vollständig aus eigener Kraft geleistet werden, und die Folgekosten sind bis heute in der städtischen Schuldenlast zu spüren.

Andererseits bietet Frankfurt am Main ein Musterbeispiel dafür, wie in diesem Zeitraum ein besserer Platz im deutschen und europäischen Zusammenspiel hat geschaffen werden können, eine weit gewichtigere Position jedenfalls als in der ersten Hälfte des Jahrhunderts, sieht man von den knappen 14 Jahren der Weimarer Republik und der Frankfurter Reformpolitik dieser Jahre ab. Die Entwicklung zu einer europäischen Metropole hat sich jedoch für die Nachkriegs-, Wirtschafts- und Bankenstadt nicht von alleine ergeben. Tradition der Jahrhunderte und verkehrsgünstige Lage haben hierzu freilich geholfen, vorweg aber Leitvorstellungen und Leistung der Stadtpolitik und der Frankfurter Bürgerschaft. Fankfurt am Main wird sich auch um die Jahrtausendwende weiter entwickeln und verändern. Aber der Zeitabschnitt nach der schwersten Zerstörung, die dieser Stadt je widerfahren ist, wird ein besonders gewichtiger bleiben, mit einigen verlorenen Chancen, mit neuen Problemen und mit vielem gelungenen Fortschreiten auf dem Weg zu einer europäischen Metropole.

Der Historischen Kommission der Stadt Frankfurt am Main und ihrem Vorsitzenden, Professor Dr. Lothar Gall, ist das Zustandekommen dieser Arbeit und der noch ausstehenden Bände zur Frankfurter Geschichte zu danken. Eingehend beraten hat der Leiter des Instituts für Stadtgeschichte (Stadtarchiv), Professor Dr. Dieter Rebentisch, und Sorge getragen, daß die von ihm gewonnenen Hilfskräfte, Andrea Schneider und Fritz Koch, die Textverarbeitung sowie mancherlei Sucharbeit und Ergänzungen übernahmen. So konnte dieser letzte Band der neuen Geschichte der Stadt Frankfurt noch im Jubiläumsjahr 1994 fertiggestellt werden. Allen Genannten danke ich sehr herzlich. Wem beim Lesen Versäumnisse oder Fehldarstellungen auffallen sollten, sei gebeten, dies dem Stadtarchiv oder gleich mir kundzutun. Guter Zuspruch soll damit aber nicht ausgeschlossen sein!

Frankfurt am Main, 1. Juli 1994　　　　　　　　　　　　　　　　*Frolinde Balser*

1.
Die ersten Nachkriegsjahre 1945–1949

1.1. Frankfurt am Main bei Kriegsende

»Am 8. Mai, dem Tag der Kapitulationsunterzeichnung kam ich in Frankfurt an. In der Nähe des zerstörten Eisernen Stegs erreichte ich den Main. Alle Mainbrücken, die Frankfurt mit Sachsenhausen verbanden, waren von den deutschen Truppen bei ihrem Rückzug gesprengt worden.« So beschreibt Valentin Senger seine Rückkehr nach Frankfurt am Main. Als einer der wenigen Frankfurter Juden hatte er – unerkannt – in der Stadt überleben können und wurde noch im Oktober 1944 zur Wehrmacht eingezogen[1]. »Mit klopfendem Herzen«, erzählt er in seinen Erinnerungen, »lief ich durch das Ruinenfeld und über Berge von Schutt, vorbei an der zerstörten Hauptwache, in Richtung Opernplatz. Noch die letzten Häuser der Altstadt lagen in Trümmern oder waren ausgebrannt, auch große Teile der Innenstadt gab es nicht mehr. Je mehr ich mich der Kaiserhofstraße näherte, desto zittriger wurde ich in den Knien. Ich ging langsamer. Da war der Milch-Kleinböhl, dann kam der Obst-Weinschrod, und da war schon die Ecke vom Käs-Petri. Ich schaute die Straße hoch, suchte das Haus Nummer 12, wo die Gaslaterne davor stand. Gott sei dank, die Gaslaterne war noch da und das Haus stand auch noch.« ... »Da stand Papa hinter dem Fenster und blickte nach unten, genau auf das Tor zum Vorderhaus, wo ich herkam.«

Andere Heimkehrer fanden ihre Familien, Opfer des Luftkrieges oder irgendwo evakuiert, nicht mehr vor oder das eigene Haus und die Wohnungen aller Anverwandten in Frankfurt waren zerstört[2].

In der Stadt Frankfurt war der Krieg schon seit Ende März mit dem Einzug der amerikanischen Truppen vorbei und es begann eine Zeit zwischen Krieg und Frieden. Die Menschen richteten sich in der zerstörten und besetzten Stadt ein so gut es eben ging. Langsam kam ihnen zum Bewußtsein, wie sehr die Stadt in ihrer Substanz in diesem von der deutschen Staatsführung entfesselten Krieg gelitten hatte. Niemals zuvor in ihrer langen Geschichte ist die Stadt Frankfurt am Main so zerstört worden, wie in diesem Krieg 1939 bis 1945. Die Verluste der fünf Kriegsjahre an Menschen, an Hab und Gut, konnte damals allerdings noch niemand in ihrem ganzen Ausmaß überblicken. Allein die in Trümmern liegende Altstadt – vormals eine der größten und besterhaltenen in Deutschland – vermittelte einen erschüttern-

Der beschädigte Dom in den Trümmern der Altstadt. Luftaufnahme von 1945

den Eindruck; und Resignation verbreitete sich allenthalben. Aber jeder erlebte dieses Kriegsende auf seine Weise: gemeinsam war die Erleichterung, daß nun Gefahren für Leib und Leben vorüber waren.

»Endlich am 29. März, kam der Tag unserer Befreiung«, so schreibt am 12. April 1945 Emilie Braach in Briefen, die damals nicht abgeschickt werden konnten, an ihre Tochter nach Amerika[3]. Noch 26 Tage bevor die Amerikaner kamen, hatte die Gestapo offensichtlich versucht, den Vater von Emilie Braach, Otto Hirschfeldt, als Juden abzuholen und zu deportieren[4]. Seit langem auf eine solche bedrohliche Situation eingestellt, war es der Tochter gelungen, die beiden Gestapo-Leute vorerst wegzuschicken und zu Fuß mit dem 79 Jahre alten Vater und der 73jährigen Mutter nach Bad Homburg zu fliehen und unterzutauchen. In dieser Familie wurden die

Amerikaner selbstverständlich als Befreier empfunden. »Da stand die kleine Oma auf einem Stuhl, um aus der Dachluke den Einzug der Amerikaner zu beobachten. Ab und zu hüpfte sie vor Freude, und sie ruft nur immer wieder: ›Sie kommen, sie kommen!‹ Da löste sich der Bann, und es war, als seien wir nach 13 Jahren Festung wieder freie Menschen. Es ist schwer, ein solches Gefühl in Worte zu fassen.«[5].

In Frankfurt selbst gestaltete sich der Einzug der Amerikaner weit dramatischer[6]. Das militärische Hauptquartier der deutschen Truppen war in der Taunusanlage 12, dem Palais Löwenstein, eingerichtet. Am Mittwoch, dem 28. März, beschädigte amerikanisches Artilleriefeuer das Gebäude schwer, die für die Verteidigung Frankfurts verantwortlichen deutschen Offiziere wurden dabei ausgeschaltet. Schwer verwundet wurde Generalmajor Friedrich Stemmermann, der am Vortag, dem 27. März jegliches Artilleriefeuer hatte einstellen lassen. Entgegen den Befehlen des zuständigen Generalfeldmarschalls – Hitler soll die Verteidigung Frankfurts strikt verlangt haben – entgegen allen diesen Weisungen hatte Stemmermann den Befehl zu einem deutschen Gegenangriff mit den restlichen wenigen Soldaten aufgehoben. Am Montagnachmittag, dem 26. März, waren bereits die ersten amerikanischen Panzer in der Gegend des Hauptbahnhofs aufgetaucht. Am gleichen Tag, 26. März, verließ die SA-Führung die Stadt; das Polizeipräsidium verlagerte sich nach Oberhessen und der Reichsstatthalter und Gauleiter Jakob Sprenger war schon fort. Nachdem

US-Soldaten bei der Einnahme Frankfurts am 29. März 1945, nördliches Mainufer

Stemmermann am 27. März vom Kommando abgelöst worden war, sollte Oberstleutnant Erich Löffler die Verteidigung der Stadt übernehmen und zwar bis zum letzten Mann, was dieser als ebenso unsinnig wie unmöglich erkannte. Stattdessen gab er die Parole aus, nur hinhaltend Widerstand zu leisten. Dieser persönlich tapfere und vernünftige Offizier schickte die Volkssturmleute, unausgebildet, wie sie waren, nach Hause. Er fand keine Zeit, die Befehle zur Zerstörung von Elektrizitäts- und Gaswerk etc. auszuführen. Bei dem amerikanischen Artilleriebeschuß kam Löffler am 28. März ums Leben. Die amerikanischen Truppen waren längst vorsichtig und unter Schonung ihrer Soldaten an vielen Stellen in die Stadt eingedrungen, so zum Beispiel bis zum Baseler Platz und zum Holzhausen-Park, nahe an ihr späteres Hauptquartier im IG Hochhaus. Widerstand gab es kaum noch. Am 29. März 1945, gegen 16 Uhr, verkündete der amerikanische Sender die Einnahme Frankfurts. Es war der Gründonnerstag. Für Frankfurt am Main war der Krieg zu Ende, die Zukunft jedoch sehr ungewiß.

Im Gegensatz zur Unsicherheit der deutschen Bevölkerung, wußte die amerikanische Besatzungsmacht ziemlich genau, wie die Dinge nun weitergehen sollten. Bereits einen Tag nach der militärischen Einnahme der Stadt wurde die gesuchte, nationalsozialistisch unbelastete Persönlichkeit gefunden, die als kommissarischer Bürgermeister eingesetzt werden konnte: Der Journalist aus dem Haus der Frankfurter Zeitung, Wilhelm Hollbach (1893–1962) übernahm im Auftrag der Amerikaner, also des lokalen Military Government, am 30. März 1945 die schwere Aufgabe. Er sollte die Stadtverwaltung wieder in Gang bringen, neu organisieren und nach und nach die Nationalsozialisten unter den Mitarbeitern entfernen.

Im Sitzungszimmer des Hauptverwaltungsamtes, Siesmayerstraße 12, versammelte Hollbach sogleich die Vertreter der Städtischen Werke und der Ämter und erläuterte sein Ziel, die Verwaltung rasch wieder zum Arbeiten zu bringen, die Versorgung der Stadt mit Wasser und Strom möglichst bald sicherzustellen, die Polizei neu zu organisieren, »um weitere Plünderungen und Ausschreitungen sofort abzustellen«[7].

Dies alles mußte nach den »unzähligen Befehlen und Wünschen« unter der Aufsicht und in Übereinstimmung mit der Militärregierung geschehen, wie später der freilich nicht unbelastete Magistratsdirektor und Chronist Willi Emrich beklagte; und überdies waren noch die schwierigen Entnazifizierungsbestimmungen durchzuführen. Hollbach kam zugute, daß er, mit den Frankfurter Verhältnissen aufs Beste vertraut, und »mit Tatkraft und Umsicht, mit großem Taktgefühl und geschickter diplomatischer Begabung«[8] in die Bresche gesprungen war, er hatte einfach »das damals doppelt schwierige Amt der Vertretung und Verwaltung der zerbombten Stadt und der Verbindung zur Besatzungsmacht im Interesse der erwartungsvollen Bürgerschaft übernommen.« Bald unterstützten den kommissarischen Bürgermeister erfahrene und dem Hitler-Regime ablehnend gegenüberstehende Verwaltungsfachleute. Emrich zählt auf[9]: Bürgermeister Dr. Karl Schlosser (1876–1952), Stadtkämmerer Friedrich Lehmann (1889–1960), Dr. Franz Altheim

(1898–1976), Dr. Bernhard Heun (1899–1962), Dr. Rudolf Keller (1878–1960), Dr. August Lingnau (1890–1960), Adolf Miersch (1887–1955), Dr. Rudolf Prestel (1898–1974) und Dr. Hellmuth Reinert (1892–1962). Bezeichnend für die Schwierigkeiten des Alltags in der Zeit um das Kriegsende ist die Geschichte, wie der Bürgermeister Dr. Schlosser (SPD), der im Frühjahr 1933 suspendiert worden war, in einem mit Holzgas betriebenen Auto, das jede Stunde stehen blieb, aus seinem Wohnort Rottach am Tegernsee nach Frankfurt zurückgeholt worden ist[10].

Für die Bevölkerung besonders wichtig war natürlich, daß ab 9. April 1945 wieder ein »geordnetes Lebensmittelverteilungssystem« bestand und die Rationen allwöchentlich bekanntgegeben und verteilt werden konnten[11]. Für die Stadtverwaltung war dies eine schwierige und vorrangige Aufgabe, irgendwie aus dem Umland Lebensmittel zur Versorgung herbeizuschaffen oder z. B. Käse aus dem Allgäu. Um den 15. Juli 1945 betrug die Wochenration beispielsweise[12]:

Brot	1500 g	Zucker	62,5 g
Fleisch	175 g	Nährmittel	62,5 g
Butter	75 g	Käse	51 g
Kartoffeln	2500 g	Quark	51 g
Magermilch	⅛ l	Eier	1/2 Stück

»Reichseierkarte«, gültig ab 25. Juni 1945

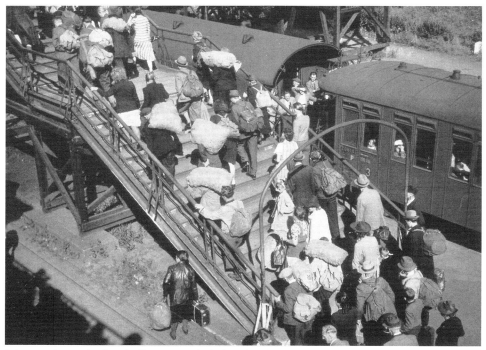

Private Lebensmittelbeschaffung am Bahnhof Eschersheim, August 1946

Kein Wunder, daß der Gesundheitszustand der Stadtbewohner sich zusehends verschlechterte. Manche konnten ihre Rationen durch Besuche auf dem Land, durch sogenannte »Hamsterfahrten«, durch Tauschhandel oder Hilfeleistung auf dem Bauernhof etwas aufbessern. Ganz Glückliche kamen später in den Genuß von Care-Paketen, nicht selten von alten Freunden, deutschen Emigranten in Amerika abgeschickt. Fleisch, Fett in Dosen und Bohnenkaffee, Kakao und Milchpulver waren darin gewöhnlich das wichtigste, Seife nicht minder.

In Frankfurt arbeiteten in den städtischen Ämtern 8153 Bedienstete[13], meist unter äußerst unzulänglichen Bedingungen in Ersatzräumen und über die ganze Stadt verteilt. Unendlich viel an mühsamer Aufbauarbeit ist gerade in der Übergangszeit 1945 geleistet worden. Fast immer mußte neu angefangen werden. Ausgelagerte Bestände, die man vor Luftangriffen hatte schützen wollen, waren zurückzuholen. Innerhalb der Stadt gab es Komplikationen, allein schon durch das Fehlen der Brücken. So mußte in Sachsenhausen einige Zeit eine eigene Verwaltung eingerichtet werden. Es gab sogar im Westen Abspaltungstendenzen. Der spätere Bürgermeister Rudolf Menzer (1904–1991), 1946 Dezernent für das Personalwesen, berichtet[14], daß sich für die westlichen Vororte, die auch Jahrzehnte später noch ein Eigenleben führten, eine Stadthauptmannschaft bildete und von kommunistischer Seite eine Verselbständigung der Vororte Nied, Schwanheim, Griesheim, Sossenheim und

Unterliederbach, Höchst, Sindlingen und Zeilsheim angestrebt wurde. Die Militärregierung habe solche Bestrebungen verhindert.

Im Frühjahr, Sommer und Herbst 1945 war es sehr schwer, mit den Problemen des Alltags fertig zu werden. Deutsche Zeitungen gab es zunächst natürlich nicht. Das einzige Presseerzeugnis, das bis Juli 1945 die Frankfurter Bevölkerung informierte und zwar gut, war die »Frankfurter Presse der amerikanischen Heeresgruppe für die Zivilbevölkerung«, ein Blatt, das erstmals am 21. April 1945 erschien, gedruckt im Betrieb der alten Frankfurter Zeitung. Dieses amerikanische Informationsblatt wollte auch aufmuntern, so mit Artikeln wie »Goethes Stadt beginnt neu«[15].

Es war schwer, aus anderen Teilen des besetzten Deutschland Nachrichten von Verwandten oder Freunden zu erhalten; unendlich viele Menschen waren unterwegs, zu Fuß, mit Fahrrad oder auch in überfüllten, alten und kaputten Personenzügen. Glücklicherweise war das Frühjahr 1945 besonders schön, Sonne und blauer Himmel konnten über so manches hinwegtrösten.

Auf Anregung von Richard Kirn (1905–1979), später langjähriger Journalist der »Frankfurter Neuen Presse«, wurde ein Informationsbüro der Stadtverwaltung eingerichtet. Kirn leitete dieses »Amt der tausend Fragen«, das schnell und unbürokratisch arbeitete und in der Bockenheimer Landstraße 25 untergebracht war. Kirn berichtet[16], daß sehr oft die Frage, wie man »nach Hause« komme, von Einheimischen und Auswärtigen gestellt werde, sodann Fragen nach der Lage von Ämtern oder nach Passierscheinen, nach vermißten Personen. Diese hilfreiche Institution der Stadtverwaltung kostete nichts und »war aus der ratlosen Zeit geboren, in die das fliehende, verantwortungslose Pack der Naziführung Frankfurt gestoßen hatte.« Hinter vielen dieser Fragen stünden Tragödien, hinter jeder stehe »so oder so das Drama eines Volkes«.

Als Oberbefehlshaber der alliierten Streitkräfte hatte General Dwight D. Eisenhower am 2. April 1945 eine Bekanntmachung erlassen, die freilich damals den wenigsten Deutschen zur Kenntnis kam: »... wir haben jetzt deutschen Boden betreten. Wir kommen als ein siegreiches Heer, jedoch nicht als Unterdrücker.« Weiter hieß es, alle Organisationen der Nationalsozialistischen Deutschen Arbeiterpartei (NSDAP) seien verboten und ihr Vermögen werde beschlagnahmt. Wer der Kriegsverbrechen verdächtig sei, habe Verhaftungen und Gerichtsverfahren zu erwarten; Beamte sollten weiterarbeiten, Nationalsozialisten seien aus Schlüsselstellungen zu entlassen[17]. Örtlich begannen in der amerikanischen besetzten Zone jeweils amerikanische Offiziere sogleich als lokale Behörde der Militärregierung – Military Government – zu arbeiten. Sie stützten sich dabei auf die vorhandene deutsche Zivilverwaltung, aber mit neuen Leuten an der Spitze, wie das Frankfurter Beispiel zeigt.

Zum fast wichtigsten Reglement des alltäglichen Lebens wurde ein bislang so gut wie unbekanntes Wort: »curfew« – Ausgangssperre. Zwischen 21.00 und 5.00 Uhr, zu Anfang zwischen 19.00 und 7.00 Uhr, war es strikt verboten, auf der Straße zu sein, und diese Sperre blieb recht lang bestehen. Die in der gesamten Besatzungszone praktizierte Politik der Amerikaner beruhte auf weitgehend unbegründeten Befürchtungen. Non-Fraternization, d. h. keinerlei Verbrüderung, war eine Folge, die sich aber bald relativierte. Die deutsche Bevölkerung dachte nicht an Widerstand oder Wiederbelebung nationalsozialistischer Bestrebungen. In einer so zerstörten Stadt wie Frankfurt am Main war sie zudem mit ganz anderen Sorgen beschäftigt. Da war das Problem, ausreichend Lebensmittel zu beschaffen, oder auch – amerikanische – Zigaretten; das nachmalig so benannte »deutsche Fräuleinwunder«, wie auch echtes Interesse an amerikanischen Auffassungen oder an der Begegnung mit Amerikanern trugen das ihre dazu bei, die gegenseitigen Beziehungen sehr bald enger zu knüpfen. Außerdem bot die Besatzungsmacht Arbeitsplätze, die schon bald sehr gesucht waren, nicht zuletzt wegen der Lebensmittel und Zigaretten, die dort abfallen konnten. Viele, wenn sie nur ein bißchen Englisch konnten, bemühten sich um die unterschiedlichsten Tätigkeiten.

Die Einstellung gegenüber den Amerikanern blieb gleichwohl ambivalent. Da war die Erinnerung an den Luftkrieg, die Trümmer waren ja nicht zu übersehen, da waren Vorbehalte gegenüber den Siegern, das Bewußtsein des verlorenen und sinnlosen Krieges, der verlorenen Lebensjahre, die unwiederbringlichen Verluste an geliebten Menschen. Dies alles ergab eine diffuse Mischung psychologisch bedingter Voreingenommenheit, zu der dann sehr reale Erfahrungen kamen. Die amerikanische Besatzungsmacht wandte ein Verfahren an, das europäischen (Kriegs-) Gepflogenheiten so gar nicht entsprach. Die Amerikaner beschlagnahmten statt Einquartierungen vorzunehmen Häuser und ganze Stadtbezirke, die die Bewohner zu verlassen hatten. In Goethes Stadt erinnerte man sich schließlich zumindest an die Schilderungen in »Dichtung und Wahrheit« über die Einquartierung der Franzosen in Goethes Elternhaus im Großen Hirschgraben. 1945 war das ganz anders. So wird in einem Brief vom 15. April 1945 beschrieben[18]: »Draußen auf der sonst ruhigen Straße herrscht heute trotz des Sonntags reges Leben. Die IG-Siedlung muß für die Amerikaner geräumt werden, und die Menschen bringen ihr Hab und Gut auf Handkarren, Leiterwagen und Kinderwagen zu ihren neuen Notunterkünften. Für diejenigen, die es betrifft, eine bittere Angelegenheit.« Und am 1. Mai 1945[19]: »Das äußere Bild in Frankfurt hat sich insofern verändert, als die Amerikaner ganze Stadtbezirke beschlagnahmt und durch Stacheldraht abgezäunt haben. Leider ist dieser Aktion auch die Wohnung der Tanten zum Opfer gefallen. Es war ein Bild des Jammers, als sie und viele andere innerhalb weniger Stunden ihr Heim verlassen mußten. Möbel, Teppiche, Betten, Küchengeräte etc. mußten zurückgelassen werden, nur die persönliche Wäsche, Federbetten und Kleinkram durften sie mitnehmen.« Dies alles geschah trotz der immensen Verluste an Wohnraum, von dem auch die Briefschreiberin betroffen worden war: »... ob Ihr wißt, daß sowohl Erna als auch ich (und damit die Eltern) unser Heim verloren haben. Von allem, was wir hatten, ist bei Erna fast nichts, bei den Eltern und mir überhaupt nichts geblieben.«[20]. Vielen Frankfurtern ist es so ergangen.

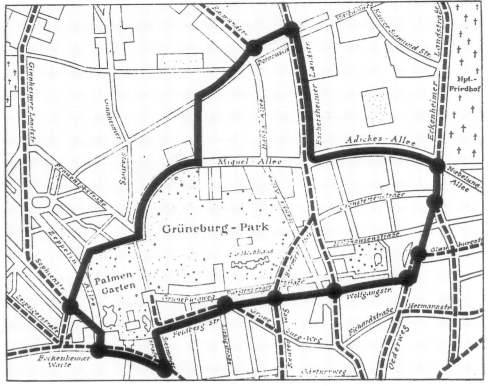

US-Sperrgebiet, aus dem alle deutschen Bewohner ausziehen mußten

Zu den Luftkriegszerstörungen kamen nun noch die Beschlagnahmungen. In der nüchternen Verwaltungssprache zeigt sich das Ergebnis. Am 16. April 1945 meldete das Bauamt: Seit der Besetzung Frankfurts (29. März 1945) wurden von der amerikanischen Militärkommission »die nachfolgenden Häuser bzw. Siedlungen geräumt. Die geräumten Wohnungen wurden teilweise von dem amerikanischen Militär und teilweise von Ausländern in Anspruch genommen.« Die Häuser werden dann einzeln benannt, es sind insgesamt 1115 Häuser mit 3654 Familien[21]. Die Beschlagnahmungen gehen weiter, so wird die ganze Heimatsiedlung, die Festeburg-Siedlung, große Teile der Hansaallee, Holzhausenstraße, Ecke Frauenlobstraße, Leonhardsbrunn beschlagnahmt und das Gebiet rund um das IG-Hochhaus abgesperrt. »Off limits« wurde ein vielgebrauchtes Schild, mit dem der Zutritt verwehrt wurde. Häuser in der Römerstadt, an der Bonameser Kaserne, in Praunheim, in Höchst und vor allem in der Siedlung Sindlingen mußten geräumt werden. In Sindlingen entstand ein Lager für Verschleppte Personen (»DP's« = Displaced Persons). Bis zum 2. Februar 1946, so stellte das Statistische Amt der Stadt zusammen, sind insgesamt 3675 Häuser mit 9181 Wohnungen für 36668 Personen beschlagnahmt worden. Die

Personenzahl war dabei geschätzt, wahrscheinlich zu hoch, mit vier Personen je Wohnung. Auch wird vermerkt, daß in einige Häuser die Mieter hätten wieder einziehen können. Insgesamt ergab sich jedoch eine große Belastung für die Frankfurter Bevölkerung. Der Frankfurter Oberbürgermeister sah sich im Mai 1946 veranlaßt, in einem Bericht an das »Großhessische Staatsministerium« in Wiesbaden auf die desolate Lage der Frankfurter Wohnungssituation hinzuweisen[22]: In Frankfurt sei derzeit »nur noch für ein Fünftel der friedensmäßigen Bevölkerung einigermaßen genügend Wohnraum vorhanden, vier Fünftel, d. h. über 400 000 Einwohner, sind nicht im Besitz einer normalen Wohnung, teilen vielmehr die ihre mit anderen Familien, sind in der Regel aber in teils mehr, teils weniger stark zerstörten Wohnungen und vorläufig in Evakuierungsorten untergebracht.«

Die Stacheldrahtzäune um das IG-Hochhaus erforderten weite Umwege, wo doch allein das Einkaufen unendlich viel Zeit verschlang. Emilie Braach berichtet am 2. Mai 1945: »Durch das Absperren der amerikanischen Zone können wir nicht mehr durch die Eschersheimer Landstraße in die Stadt pilgern, sondern müssen den großen Umweg entweder über Bockenheim oder Eckenheimer Landstraße machen. Bei meiner augenblicklichen schlechten Gehfähigkeit ist das eine Marter sondergleichen.«[23]. Und weiter: »Die verschiedenen Maßnahmen durch die Amerikaner drücken uns sonst nicht. Gegen das, was wir all die Jahre hindurch gelitten haben, sind das Kleinigkeiten. Und es ist gut, daß jetzt unter den Parteigenossen groß aufgeräumt wird.«

Die Überlegungen der vormals Verfolgten gehen auch weiter. Wie viele andere aus dieser Minderheit der Bevölkerung denkt Emilie Braach an die Aufgaben der Zukunft: »Ich werde jetzt oft gefragt, ob ich nicht aus Deutschland weg möchte, und ich habe mir die Frage auch schon selbst gestellt. Dabei bin ich zu der Erkenntnis gekommen, daß ich hier doch sehr verwurzelt bin und beim Wiederaufbau dabei sein möchte. Das heißt keineswegs, daß mein Haß gegen die, die verantwortlich waren, milder geworden ist. Im Gegenteil, ich möchte sogar helfen, die Verbrecher an den Galgen zu bringen. Auf der anderen Seite aber will ich als kleines Rädchen zur Gesundung beitragen und durch meine Haltung immer wieder beweisen, wie sinnlos es ist, die Menschen nach Rasse und nicht nach ihren Qualitäten einzuteilen. Bin ich ein Phantast?«[24].

Das große Aufräumen unter den Parteigenossen stellte sich allerdings recht schwierig dar. Es gehörte zur Konzeption der Amerikaner, zumindest die jeweiligen Spitzenleute auszutauschen, wenn sie Nationalsozialisten waren, und möglichst viele andere aus ihrem Wirkungskreis zu entfernen. Dies geschah gleich in der ersten Phase der Besatzungszeit. Das Mittel dazu war unter anderem ein Fragebogen, einer der ersten, dem noch manche folgen sollten[25]. So wurde der amtierende Bürgermeister Hollbach veranlaßt, Ende Juni 1945 sehr rasch von allen städtischen Ämtern, den Körperschaften öffentlichen Rechts und den in Frankfurt ansässigen Reichs- und Landesbehörden durch die jeweiligen Behördenleiter einen Fragebogen beantworten zu lassen, der folgende sechs Fragen enthielt[26]:

1. Zahl der tatsächlich im Dienst befindlichen Beamten, mit Erkrankten (die deutschen Behörden gliedern in ihren Antworten auf nach Beamten, Angestellten und Arbeitern)
2. Zahl der am 1. August 1939 beschäftigten Bediensteten
3. Zahl der Bediensteten, die nötig wären, um die Aufgaben der Dienststelle heute zu erfüllen
4. Zahl der Parteigenossen, die durch andere Personen ersetzt wurden
5. Arbeitet Ihre Dienststelle (ja oder nein)
6. »Politische Färbung des jetzigen Behördenleiters«.

Zur letzten Frage erläuterte Hollbach in seinem Rundschreiben: Die Antwort könne nur »eine persönliche Erklärung des Behördenleiters über seine politische Einstellung sein. Aus der Art der Beantwortung muß dies klar hervorgehen.«

Die zahlreichen Antworten auf diese Umfrage, die sich in den Akten befinden, sind höchst aufschlußreich. Nicht allzu häufig sind Antworten von der Art, wie sie der spätere langjährige Kämmerer der Stadt Frankfurt abgab, damals als Regierungsrat und Vorsteher des Finanzamtes Frankfurt am Main/Ost, Dr. Georg Klingler (1897–1985): »Ich bin nicht Parteigenosse. Ich war bis Mai 1933 (Zeitpunkt der Auflösung) Mitglied der Zentrumspartei. Vor 1933 führte ich den Windthorstbund (Jugendzentrum). In Kehl/Rhein war ich Stadtverordneter. Meiner religiösen und politischen Überzeugung bin ich bis heute treu geblieben, obwohl ich im dritten Reich wegen meiner politischen und religiösen Einstellung gemaßregelt, als Volksschädling gebrandmarkt, von Karlsruhe nach Kiel strafversetzt und auch dementsprechend behandelt wurde.«[27] Eine nicht genau zu definierende Mittelgruppe repräsentiert folgende Darlegung einer leitenden Persönlichkeit des Hauptzollamtes: »... Ich habe niemals einer politischen Partei angehört, weil ich dies für die amtliche Betätigung eines Beamten als notwendig angesehen habe. Als ehemaliges Mitglied einer Loge war ich für die NSDAP untragbar und bin auch bei Befähigungsberichten für die Beförderung zum Zollrat dementsprechend von der Partei ungünstig beurteilt worden, so daß meine von der Verwaltung beabsichtigte Beförderung unterbleiben mußte.«[28]. Sodann gab es offensichtlich viele Möglichkeiten, darzulegen, wieso man eben doch in der NSDAP involviert war; so der Leiter des Finanzamtes Frankfurt/West: »Ich, Regierungsrat Dr. Wilhelm Sieger, war und bin Demokrat. Mein Beitritt zur NSDAP (1. Mai 1937) geschah – gegen meine Überzeugung – lediglich aus Sorge um meine wirtschaftliche Existenz.«[29]. Diese Art Stellungnahmen sind meist recht lang und des öfteren untermauert mit Bescheinigungen anderer, Reinwaschungen, die man später »Persilscheine« nannte.

Das nachfolgende Zitat mag als Beispiel für solche »Persilscheine« gelten. Dieser wurde ausgestellt für den Direktor des Staatlichen Veterinäruntersuchungsamtes Frankfurt am Main, Oberveterinärarzt Dr. Karl Söntgen zu Höchst; ... »den ich seit 1931 kenne, und den ich öfters gesehen und gesprochen habe, kann ich mit gutem Gewissen vollauf bestätigen, daß er seinem inneren Wesen nach stets ein ausgesprochener Gegner des Nationalsozialistischen Systems gewesen ist. In dieser seiner ablehnenden Haltung hat er nie geschwankt. Wenn er trotzdem sich in die Partei und SS zwingen ließ, so erfolgte dies lediglich, um seine mühsam erworbene Stellung und Existenz zu erhalten«[30]. Dr. Söntgen war am 31. Mai 1933 in die NSDAP und offenbar bald nachher in die SS eingetreten.

Der an die Johann Wolfgang Goethe-Universität/Kuratorium gegangene Fragebogen weist die damals erstaunlich niedrige Zahl der Professoren und Mitarbeiter aus, und auch, daß von den insgesamt 313 Leuten keiner als vormaliger Pg ausgewechselt worden war. Frage 6 nach der politischen Einstellung des Behördenleiters wird lapidar mit »Bereits andernorts geprüft« beantwortet. Zur Universität gehörten im Juni 1945: 54 o. Professoren, 17 a.o. Professoren, 66 wissenschaftliche Assistenten, 5 Lektoren, 16 Lehrbeauftragte und 155 sonstige Bedienstete. Allerdings hatte die Universität in vielen Gebäuden Zerstörungen erlitten und der Lehrbetrieb konnte erst wieder am 1. Februar 1946 aufgenommen werden[31]. Es gab bei den Fragebogen auch die schlichte Beurkundung zur Frage nach der »Politischen Färbung des Behördenleiters«: »o.K.« (Chef der Ärztekammer Frankfurt a.M.)[32]; knapp antwortete auch die AOK – Allgemeine Ortskrankenkasse: »1. Direktor Christian Stock S.P.D., 2. Direktor Otto Ernst S.P.D.«[33]; und erfreulich der Kirchenvorstand der Reformierten Stadtsynode für Justizrat Dr. Friedrich Schmidt-Knatz: »Präses-Ältester der franz. reformierten Gemeinde, Mitglied des Landesbruderrates der Bekennenden Kirche, bekannt als Gegner der Partei«[34]. Es gab schließlich auch nachdenkliche, ausführliche Stellungnahmen, die bemerkenswert erscheinen, weil sie Folgerungen aus der politischen Vergangenheit ziehen. Eine solche Antwort gab der Direktor der Landwirtschaftskammer Hessen-Nassau in Frankfurt am Main am 28. Juni 1945. Dies war eine Behörde, in der 230 ehemalige Pg's ausgewechselt wurden. Der Direktor, Hermann Weingarth, war nicht in der NSDAP. Er schreibt u. a.: »Unsere Volksnot ist in ihrem ganzen Ausmaß heute noch nicht zu übersehen. Nur soviel steht fest, daß es etwas Ähnliches in der Menschheitsgeschichte noch nicht gegeben hat.« … »Das deutsche Volk muß endlich aufhören, politisch von einem Extrem ins andere zu fallen.« Man müsse sich zu gemeinsamem Handeln zusammenfinden, wegen der allgemeinen Notlage und wegen der Notwendigkeit und dem Willen, »mit den Völkern der Erde langsam wieder in Berührung zu kommen«. Auf »Jahrzehnte hinaus« dürfe jeder einzelne Deutsche weit weniger Ansprüche »an Nahrung, Kleidung, Wohnung und sonstige Lebensbedürfnisse stellen als früher, zumal die Kriegskosten und die Kriegsschäden bei den anderen Völkern zu ersetzen sein werden.« Die Reparationen müsse man unverdrossen auf sich nehmen, aber doch »unser staatliches Leben bei Wahrung nationaler Eigenart freiheitlich und friedensfördernd« zu gestalten suchen[35].

Es hat auch den Anschein, daß in den Behörden, deren Leiter nationalsozialistisch nicht ganz unbelastet waren, die vierte Frage, wieviele Pg's durch andere Personen ersetzt worden seien, meist völlig negativ beantwortet wurde, während sonst oft erhebliche Anteile der Belegschaft bereits ausgewechselt worden waren.

Auch hierfür gab und gibt es eine verdeutlichende Bezeichnung: »Seilschaften« halten eben zusammen.

Das Bemühen der Amerikaner, einigermaßen gerecht und gleichmäßig vorzugehen, fand ganz offensichtlich bei der starken Durchdringung der Behörden mit »Mitläufern« aller Art eine schwer überwindbare Grenze, was natürlich in der Öffentlichkeit auch beobachtet worden ist. Die Zeitgenossin Emilie Braach bemerkt zu diesem Komplex bereits am 2. Mai 1945: ... »Und es ist gut, daß jetzt unter den Parteigenossen groß aufgeräumt wird. Manch einer, der anfangs geglaubt hat, er könne sich durchschlängeln unter der Devise: ›Wir sind betrogen worden!‹ Und: ›Ich bin nie ein Nazi gewesen!‹ muß jetzt aus Amt und Würden. Gewiß, viele mögen dabei sein, die mit dem Herzen niemals bei der Sache waren. Aber auch für sie gilt: mitgefangen, mitgehangen.«[36].

Die Fragebogen, (auch die der nicht zur Stadt Frankfurt am Main gehörenden Behörden), waren im Juni 1945 an den amtierenden Bürgermeister Hollbach zurückgegangen, weil die Militärregierung in einer Phase der Neugestaltung der Verwaltungsgrenzen statt des seit 1866 zuständigen Regierungsbezirks Wiesbaden einen eigenen Bezirk Frankfurt am Main einrichtete, – vorübergehend.

1.2. Sternstunde für Frankfurt – oder für Hessen?

Zu Beginn des Sommers 1945 geriet die Zoneneinteilung im besetzten Deutschland in Bewegung. Sie nahm bald die Gestalt an, die dann für mehr als vier Jahrzehnte im wesentlichen geblieben ist, bis 1989 sogar als Grenze zwischen zwei deutschen Staaten. Für das Rhein-Main-Gebiet stellte sich 1945 den Amerikanern die Frage, ob die sehr disparate Verwaltungsstruktur, die sie angetroffen hatten, bleiben sollte oder zu verändern sei. Bis Kriegsende hatte die Stadt Frankfurt am Main zur preußischen Provinz Hessen-Nassau gehört; Preußen aber war praktisch nicht mehr existent und ist dann durch Kontrollratsgesetz Nr. 46 am 25. Februar 1947 auch rechtlich aufgelöst worden. Zunächst blieb jedoch Frankfurt am Main 1945 dem Regierungspräsidenten in Wiesbaden unterstellt, wie dies bereits 1866 verfügt worden war.

Nachdem mit dem Kriegsende die Fesseln der nationalsozialistischen Parteiinstanzen im hessischen und nassauischen Gebiet entfallen waren, – diese hatten die staatliche Verwaltung praktisch überlagert und damit ausgehölt[37] – begann die mittlere Verwaltungsinstanz des Regierungspräsidenten in Wiesbaden rasch recht aktiv zu werden. Zwar hatte die Besatzungsmacht die Leute an der Spitze ausgetauscht, aber die Tonart der in Frankfurt schon im Mai 1945 eingehenden Schreiben war reichlich autoritär geblieben[38].

Einige Wochen nach der militärischen Eroberung durch die amerikanischen Truppen sollte für die neu hinzukommende französische Besatzungsmacht Platz geschaffen werden. Die Franzosen wünschten einen Brückenkopf im rechtsrheinischen Gebiet, so verlor auch der Wiesbadener Regierungsbezirk vier Landkreise im

Westerwald- und Lahngebiet. Nicht zuletzt diese Veränderungen, zusammen mit anderen übergeordneten Entwicklungen, scheinen bei der Militärregierung Überlegungen mit möglicherweise weitreichenden Folgen in Gang gesetzt zu haben.

Die amerikanische Militärregierung war klug genug, ihre Pläne für einschneidende Veränderungen der bisherigen Verwaltungsgrenzen mit deutschen Persönlichkeiten zu besprechen[39]. Vielleicht war der gleich nach der Besetzung berufene kommissarische Bürgermeister Wilhelm Hollbach hierfür nicht die geeignete Persönlichkeit. Mangelnde Verwaltungskenntnisse mögen auch eine Rolle gespielt haben[40]. Kurz, Wilhelm Hollbach wurde abgelöst und an seiner Stelle am 4. Juli 1945 Dr. h.c. Kurt Blaum als Oberbürgermeister berufen und vom stellvertretenden Stadtkommandanten, Major Sheehan, vereidigt. Vermutlich hatten sich die verschiedenen, möglicherweise auch widerstreitenden, amerikanischen Dienststellen mit diesem Austausch keinen guten Dienst geleistet, gemessen an ihren politischen Vorstellungen. Hollbach war offensichtlich viel umgänglicher und bereit zu delegieren, während der neue Oberbürgermeister eine ausgesprochen autoritär strukturierte Persönlichkeit gewesen sein muß. Allerdings verfügte Blaum über ausgezeichnete Verwaltungskenntnisse und Erfahrung in der Kommunalpolitik als Oberbürgermeister von Hanau bis 1933. Dieser Verwaltungsfachmann betonte in seinen Berichten an die Militärregierung wiederholt, daß die Bevölkerung keinen Parteienstreit wolle, sondern eben eine effiziente Verwaltung. Dies war nun einmal seine Stärke. Blaum war kein politischer Kopf mit Aufgeschlossenheit für die anstehenden Reformen zu einem demokratischen Gemeinwesen. Und vor allem deswegen verging eine Sternstunde für Frankfurt am Main ungenutzt.

Gut gezeichnet wird das Persönlichkeitsbild dieses in Straßburg geborenen Juristen konservativer Prägung (1885–1970) im Vorwort von Rebecca Boehlings Edition der Berichte des Frankfurter Oberbürgermeisters Blaum, der in der ersten Nachkriegszeit durchaus seine Verdienste um den Wiederaufbau in der zerstörten Stadt hat[41]. Vom 20. August 1945 bis 24. Juni 1946 schickte Blaum auf Anforderung von Major Francis E. Sheehan – der seinerseits weiterberichten mußte – wöchentlich einen sehr subjektiven, stets überwiegend taktisch nicht ungeschickt abgefaßten Stimmungsbericht an die Frankfurter amerikanische Militärregierung, ganz offensichtlich in der Absicht, jeweils bestimmte Problemzusammenhänge den Amerikanern nahezubringen.

Es gibt in diesen Berichten keinerlei Hinweise auf das Ende Juni/Anfang Juli 1945 von den Amerikanern vorgebrachte Ansinnen, Frankfurt am Main mit Umland als selbständigen Distrikt zu begründen.

Auch in der Veröffentlichung von Dokumenten, die der Direktor des Hessischen Hauptstaatsarchivs in Wiesbaden, Wolf Arno Kropat herausgegeben hat[42], bleiben diese Überlegungen in der zitierten »Denkschrift« gerade ausgespart. Hingegen finden sich in den internen Verwaltungsakten der Stadt Frankfurt am Main aus dem ersten Nachkriegsjahr, sowie auch später in Magistratsprotokollen Hinweise und Berichte.

Im Sommer 1945 waren die Amerikaner dabei, für Bremen und Bremerhaven, das ihnen als Seehafen für den Nachschub diente, inmitten des britisch besetzten Gebietes im späteren Land Niedersachsen eine Konstruktion der Unabhängigkeit für Bremen zu finden, was denn auch gelungen ist. Eine ähnliche Entwicklung für Frankfurt am Main ist damals von den Amerikanern zumindest ernsthaft erwogen worden.

Im Jahr 1950 war offensichtlich diese Möglichkeit einer »Sternstunde« für Frankfurt am Main schon nicht mehr bekannt, wenn sie es denn jemals öffentlich gewesen war. Am 12. September 1950 schrieb ein wohlwollender Journalist namens Fritz Walter im »Wiesbadener Tageblatt« Bemerkenswertes. Hintergrund war der langjährige Kampf der Stadt Frankfurt am Main um eine von der Mittelinstanz des Regierungspräsidenten unabhängige Stellung im Verwaltungsaufbau des Landes Hessen. So stand also im »Wiesbadener Tageblatt« unter der Rubrik »Falscher Zungenschlag«, man habe in Wiesbaden vor Jahren zuviele andere Probleme gehabt und außerdem Angst vor dem »Ausscheiden Frankfurts aus dem hessischen Staatsverband überhaupt«, aber man habe etwas gut zu machen, sowohl in der hessischen Landesregierung, wie auch im Hessischen Landtag. Denn man habe dort nicht beachtet die »Tatsache, daß die Stadt Frankfurt in entscheidenden Stunden sich diese Treue zu Hessen etwas hatte kosten lassen. Frankfurt konnte 1945, ohne sonderliches Bemühen, lediglich durch ein kopfnickendes Einverständnis, eine Stadtrepublik werden wie Bremen: Es war ihr von den Kontrollratsmächten freigestellt, sogar nahegelegt – sogar empfohlen. Frankfurt hat damals ohne Besinnen ›Nein‹ gesagt – nicht lediglich, weil man die selbstherrliche Souveränität nicht aus den Händen der Kontrollratsmächte entgegennehmen wollte, sondern im Hinblick auf das Hessenland. Keine Stadt in Hessen kann von sich sagen, was Frankfurt von sich sagen kann.«[43]

Diese erstaunliche Reminiszenz an einen nicht genutzten Augenblick ist in der Hauptsache zutreffend dargestellt. Dem Journalisten waren wohl interne Frankfurter Schriftstücke bekannt geworden. Er hatte recht, was die Möglichkeit einer Frankfurter staatlichen Souveränität als eigenständiges Land anbelangte. Er hatte nicht recht mit seiner Bemerkung im Hinblick auf Hessen, denn das Land Hessen gab es zu dem Zeitpunkt, um den es sich 1945 handelt, nämlich Juni/Juli, auch nur in vagen Erörterungen. Solche finden sich beispielsweise in einer Denkschrift des Darmstädter Regierungspräsidenten Professor Ludwig Bergsträsser vom 10. August 1945, in der er das künftige Hessen umreißt, etwa wie das Land nachher aus seinen verschiedenen Teilen gebildet worden ist. Bergsträsser entwirft eine Prognose, die sich bewahrheitet hat: ... »so entsteht ein verhältnismäßig abgeschlossenes Land, das geographisch alle Voraussetzungen erfüllt, um, wenn die Verwaltung in einer Hand liegt, einer glücklichen Entwicklung entgegenzugehen.«[44] Bergsträsser ging bei seinen Überlegungen von der Einbeziehung der Stadt Frankfurt am Main in den hessischen Staatsverband aus. Es wurde bis zur ersten Landtagswahl Ende 1946 ja auch stets von »Groß-Hessen« gesprochen, weil das Land sich aus mehreren hessischen und anderen Reststaatsgebilden zusammensetzen sollte. Bei all diesen

Veränderungen ging allerdings das linksrheinische »Rheinhessen« für Hessen verloren; die französische Besatzungsmacht reklamierte diese hessische Provinz für sich und später für das neu zu gründende Land Rheinland-Pfalz. Seit napoleonischen Zeiten war Rheinhessen mit der Stadt Mainz und den sehr fruchtbaren Landgebieten ein gewichtiger Teil Hessens gewesen und in etwa so groß, wie der projektierte »Distrikt Frankfurt«.

Trotz der nach Grundgesetz Artikel 29 im Jahr 1956 erfolgten Volksabstimmung – die für die Rückkehr Rheinhessens nach Hessen positiv ausging – ist das Gebiet nicht wieder rückgegliedert worden.

Was also hat es auf sich mit der erwähnten Kontrollratsempfehlung von 1945, Frankfurt am Main könne eine Stadtrepublik werden wie Bremen? Es war nicht eigentlich des Hessenland, weswegen die Sache im Juli 1945 ausgeschlagen worden ist, – und es war auch nicht »die Stadt Frankfurt«, die »Nein« sagte. Die Ablehnung geht auf das Konto des seit 4. Juli 1945 von den Amerikanern eingesetzten amtierenden Oberbürgermeister Kurt Blaum, der sich dabei anscheinend mit niemandem beriet. Freilich gab es in diesem vordemokratischen Zeitabschnitt keinerlei Gremium, das er hätte befragen können oder müssen. Denn der in der Literatur viel erwähnte, von den Amerikanern gleich nach der Besetzung einberufene »Council« aus einigen Frankfurter Bürgern, mag vielleicht die amerikanischen Stadtkommandeure der ersten Stunde beraten haben, eine Rolle spielte er nicht und ist bereits am 7. Mai 1945 wieder aufgelöst worden[45].

Aber es hätte dem Oberbürgermeister Blaum ja frei gestanden, in irgendeiner Form sich in einer so wichtigen Sache mit einzelnen Persönlichkeiten zu besprechen oder sich an die Öffentlichkeit zu wenden. Dies letztere war allerdings zu Anfang der Besatzungszeit und noch ohne deutsche Zeitungen schwierig. Die »Frankfurter Rundschau« ist als erste Zeitung in Frankfurt am 1. August 1945 lizensiert worden. Nach dem Geschmack das eher konservativen Oberbürgermeisters war sie nicht gerade. Seiner verwaltungsorientierten und etwas autoritären Persönlichkeit entsprach es offenbar, den Vorschlägen der Amerikaner ganz selbstherrlich und allein zu begegnen.

Bei seiner Ablehnung der amerikanischen Vorschläge spielten wohl zwei Gründe die Hauptrolle. Schon in den 1920er Jahren hatte er als Hanauer Oberbürgermeister wiederholt die Überlegung von der Einheitlichkeit des Wirtschaftsraums Rhein-Main – mit der Stadt Frankfurt – vorgetragen, – eine richtige Überlegung. Zum anderen ist der Gedanke nicht von der Hand zu weisen, mit einem selbständigen Frankfurt am Main werde die künftige Struktur Deutschlands im Hinblick auf Deutschland als ganzes und eine spätere Hauptstadt zu stark vorgeprägt. Aber, die Einheitlichkeit des Wirtschaftsraumes wäre gerade mit den amerikanischen Vorschlägen erheblich verbessert worden, und es ist zumindest auch denkbar, daß mit der Provinz Rheinhessen für das neue Land Hessen ein Ausgleich hätte geschaffen werden können, selbst bei einem »Ausscheiden« des »Distrikts Frankfurt« aus dem hessischen Staatsverband.

Aus den zum Teil in Entwürfen oder Rückblicken versteckten Hinweisen in den Akten ist zu schließen, daß die amerikanische Besatzungsmacht durchaus mit dem Gedanken gespielt hat, aus Frankfurt am Main mit seiner Tradition, seiner geographischen Lage und seiner Wirtschaftsstärke in früheren Zeiten, könne vielleicht auch die künftige deutsche Hauptstadt werden.

Es lag durchaus im amerikanischen Interesse, im Raum Frankfurt am Main ein selbständiges Gebilde zu entwickeln, das jedenfalls amerikanischen Einfluß in Deutschland zu verstärken sehr geeignet war. Somit lag es auch im Interesse der amerikanischen Besatzungsmacht, eine Verwaltungskonstruktion zu schaffen, die ähnlich gestaltet wäre wie die Hauptstadt der USA, Washington, DC, als »District of Columbia«, unabhängig von einem einzelnen Staat. Schließlich war dies auch die Konstruktion des Deutschen Bundes nach dem Wiener Kongreß, als die »Freie Stadt Frankfurt am Main« 1815 zum Sitz der damaligen Bundesbehörden erkoren wurde. Im Unterschied zu jener Zeit fehlte 1945 den entscheidenden Mächten ein Gesprächspartner, wie das seinerzeit der Freiherr vom Stein für die Stadt Frankfurt am Main im Wiener Kongreß gewesen ist.

Das erste Zeugnis, das auf die amerikanischen Pläne hinweist, ist ein Aktenvermerk vom 13. Juni 1945 für Bürgermeister Hollbach. Es ging dabei vordergründig um das Problem, ob die Stadt Frankfurt weiterhin – wie in der preußischen und in der nationalsozialistischen Zeit – dem Regierungspräsidenten in Wiesbaden unterstellt sein solle, oder – wie die Amerikaner das wollten – ob die Stadt mit Umland einen selbständigen Bezirk bilden sollte. Diese beiden nur vordergründig als reine Verwaltungsangelegenheiten einzuschätzenden Aspekte sollten noch längere Zeit miteinander verflochten bleiben und dies hat wohl erschwert zu bemerken, welch weittragende Möglichkeiten sich in dem amerikanischen Vorgehen verbargen. Schließlich war die Konstruktion eines selbständigen Regierungsbezirks Frankfurt ein erster Schritt politischer Zukunftsgestaltung, und zwar zu einem Zeitpunkt, als es die »Länder« in Deutschland in ihrem späteren Zuschnitt überhaupt noch gar nicht gab.

An diesem 13. Juni 1945 erschien in einer Frankfurter städtischen Dienststelle der Landrat des Main-Taunus-Kreises, Dr. Walter Weber, der seinen Sitz in Frankfurt am Main-Höchst hatte. Er wollte »Einzelheiten über die Bildung eines neuen Regierungsbezirkes Frankfurt a. M.« hören[46]. Er – Weber – habe nämlich geglaubt, den amtierenden Bürgermeister bereits als »Regierungspräsidenten begrüßen zu können.« Weiter berichtete der Landrat, in Höchst habe der amerikanische Kreiskommandant vor versammelten Landräten »über die Bildung dieser Regierung gesprochen und eine Karte vorgelegt, nach der die folgenden Kreise dieser Regierung angehören sollten:

Frankfurt am Main	Friedberg
Main-Taunus	Hanau – Stadt und Land
Ober-Taunus	Offenbach – Stadt und Land«.
Usingen	

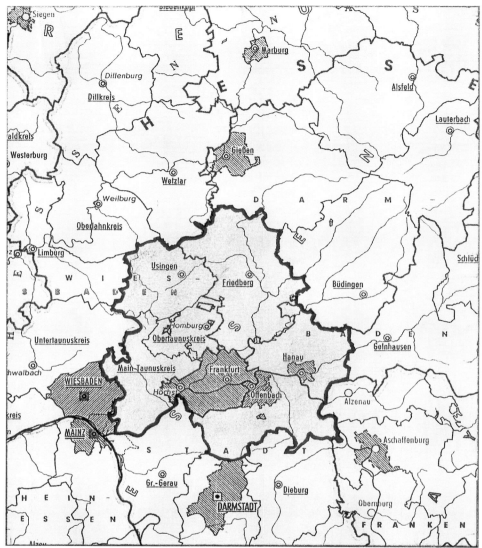

Der geplante »Distrikt Frankfurt«

Diese Abgrenzung wird später in anderen Akten stets so wiederholt. Es handelte sich also um einen bereits auf Landkarten festumrissenen Distrikt, der sich an die vorgegebenen Verwaltungsgrenzen der damaligen Landkreise hielt, mit Frankfurt am Main eindeutig im Mittelpunkt.

Einen Tag später, am 14. Juni 1945, ordnete der stellvertretende Stadtkommandant, Major Sheehan, an, daß »alle Geschäfte des Regierungspräsidenten in Wiesbaden, soweit sie im Gebiet der Stadt Frankfurt am Main liegen, bis zur endgültigen

Gebietsregelung von Herrn Bürgermeister Hollbach wahrgenommen werden.«[47] So geschah es denn auch und alle die recht zahlreichen ehemaligen (preußischen) Landesbehörden und die Reichsbehörden in Frankfurt wurden entsprechend angewiesen. – Nur wegen dieser neuen Verwaltungskonstruktion sind beispielsweise die bereits geschilderten Fragebögen zur politischen Einstellung dieser Behörden in die städtischen Akten gelangt. – Dieses Zwischenspiel eines Regierungsbezirks Frankfurt am Main war freilich nicht von langer Dauer. Sehr zur Befriedigung der Wiesbadener Behörde des Regierungspräsidenten wurde alles im September 1945 wieder rückgängig gemacht[48] – als sich nämlich die Bildung des Landes Hessen durch die Besatzungsmächte endgültig abzeichnete. Zur Wahrung der Korrektheit in Verwaltungsabläufen ist dann später festgelegt worden, daß vom »14. Juni 1945–8. Oktober 1945« die »Ausgliederung und Eingliederung der Stadt Frankfurt am Main« aus dem Regierungsbezirk Wiesbaden stattgefunden habe[49].

Alle diese Verwaltungsvorgänge waren kompliziert und in der damaligen Situation nicht so leicht zu realisieren. Einfacher wurden sie auch nicht dadurch, daß Mitglieder der örtlichen Militärregierung ihre Anweisungen meistens telefonisch durchgaben, z. B. auch die Neubildung eines ganzen Regierungsbezirkes. Trotzdem, mit Major Sheehan, der noch mehrere Jahre in Frankfurt am Main in offizieller Funktion blieb, entstand mit der Zeit eine recht gute, fast freundschaftliche Zusammenarbeit. Im Juli 1945 ergab sich außerdem noch der Wechsel in der Spitze der Frankfurter Verwaltung durch amerikanische Anordnung, die Kurt Blaum am 4. Juli 1945 zum Oberbürgermeister berief. Blaum war wohl mit der Situation erweiterter Kompetenzen ganz einverstanden, zumal er als Kommunalpolitiker die Zwischeninstanz der Regierungspräsidenten ohnehin nicht schätzte. So gab er auch an, wie die Dienstbezeichnung seiner Dienststelle neuer Konstruktion nun sein solle als Oberbürgermeister in Frankfurt am Main und zugleich mit Verantwortung eines Regierungspräsidenten auch für das Umland, nämlich: »Der Oberbürgermeister als Regierungskommissar für den Stadtkreis Frankfurt am Main«[50] – eine nicht sehr klare Amtsbezeichnung.

Als Verwaltungsfachmann wußte Blaum Bescheid, wie sich die Abhängigkeit einer Großstadt von einem Regierungspräsidenten und seiner Behörde lähmend auf viele Verwaltungsvorgänge auswirken kann, und er hat dies in mehreren Schriftstücken mit guten Argumenten begründet[51]. Dieser Aspekt war ihm wohl wichtiger als die weitergehenden Vorschläge der Amerikaner, die er, gerade erst mit dem schwierigen Amt in Frankfurt am Main betraut, wohl auch kaum in ihren möglichen Dimensionen für die Zukunft der Stadt Frankfurt am Main, des Landes Hessen und für Deutschland überblickt hat.

Für Oberbürgermeister Blaum spielten die Pläne der Amerikaner lediglich eine Rolle als weiteres Argument in dem Kampf gegen die Unterstellung unter das Regierungspräsidium in Wiesbaden, in dem die Stadt Frankfurt am Main auch unter dem nachfolgenden Oberbürgermeister Walter Kolb, nicht sehr erfolgreich gewesen ist.

Nachdem im Frühjahr 1946 die ersten Kommunalwahlen nach dem Krieg anstanden, teilte Blaum – der für die CDU als Oberbürgermeister kandidieren wollte – dem Bürgerrat am 29. März 1946 mit, er werde an das Großhessische Staatsministerium in Wiesbaden einen Antrag stellen – und dem Bürgerrat vorlegen – »die Stadt Frankfurt am Main ›bezirksfrei‹ zu stellen.«[52] Daraus wurde eine mehrseitige Denkschrift, die mit Datum 7. Mai 1946 nach Wiesbaden ging[53]. Die Formulierungen dieser Denkschrift, die vermutlich von dem zeitweiligen Stadtrat Dr. Altheim stammen, sind noch Jahre später vom Magistrat der Stadt Frankfurt am Main im Streit mit Wiesbaden verwendet worden.

Die ausführliche Denkschrift beginnt mit der Geschichte der Stadt Frankfurt am Main seit 1866, die bedauerlicherweise durch »immer weitergehende Einschränkungen ihrer Selbstverwaltungsrechte« und Ausdehnung der Aufsichtsrechte des Regierungspräsidenten gekennzeichnet sei.

»Diese Entwicklung hat in der Bevölkerung der Stadt Frankfurt, die seit Jahrhunderten eine ausgesprochen demokratische politische Haltung eingenommen hat, stets großen Unwillen erregt. Er wurde gesteigert durch die Behandlung der Stadt 1918–1933 und besonders durch die schwere Zurücksetzung 1933–1945.

Erst die Amerikanische Militärregierung hat in der Zeit vor der Errichtung des Landes Groß-Hessen das Fehlerhafte dieser Behandlung erkannt. Es wurde bis September 1945 nicht nur der Oberbürgermeister der Stadt Frankfurt gleichzeitig zum Staatskommissar für diese Stadt seitens der Alliierten Militärregierung bestellt, sondern ihm als kom. Regierungspräsidenten die Frankfurt umgebenden Land- und Stadtkreise Offenbach, Hanau, Hanau Land, Friedberg, Obertaunus und Maintaunus unterstellt. Es lag dem der Gedanke zu Grunde, daß die wirtschaftliche Bedeutung und die Bevölkerungszahl von Frankfurt eine andere Stellung der Stadt erforderten, als die eines ländlichen Kreises. Die Besatzungsbehörde plante, in ähnlicher Weise wie die Bundeshauptstadt Washington der Vereinigten Staaten mit dem Distrikt Columbia eine selbständige staatliche Organisation im Rahmen der USA bildet, die Stadt Frankfurt als Sitz des amerikanischen Hauptquartiers ›exempt‹ zu stellen. Daher wurde seitens der amerikanischen Militärregierung dem unterzeichneten Oberbürgermeister wiederholentlich der Vorschlag bzw. das Angebot gemacht, die Stadt Frankfurt mit den sie umgebenden Land- und Stadtkreisen bei dem staatlichen Wiederaufbau Deutschlands aus der Gestaltung von Ländern als Einzelstaaten herauszunehmen und reichs- bzw. landesunmittelbar zu machen.

So verlockend und ehrend für die Stadt Frankfurt selbst das Angebot war, glaubte der Unterzeichnete doch, den Vorschlag ablehnen zu müssen. Zum einen geschah dies, weil er aus Gründen richtiger volkswirtschaftlicher Raumordnung die Schaffung einer einheitlichen rhein-mainischen Reichsprovinz seit dem Jahre 1922 in vielfachen Denkschriften gefordert hatte. Zum andern aus dem Gedanken, daß eine Neugliederung Deutschlands, die zu einer wirtschaftlichen, rechtlichen und finanziellen Einheit des deutschen Gebietes führen sollte, nicht durchbrochen werden dürfe durch Neuschaffung von Freien Reichsstädten mit kleineren Territorien. Es war zu befürchten, daß alsdann aus ähnlicher historischer Entwicklung Hamburg und Bremen gleiche Ansprüche bei der Neuformung gestellt hätten.«

Zur gleichen Zeit als Oberbürgermeister Blaum diese Denkschrift nach Wiesbaden schickte, waren nun freilich Hamburg im Britischen und Bremen im Amerikanischen Besatzungsgebiet bereits auf dem besten Weg selbständig zu werden. Bremen erlangte den Status als Stadtstaat zum 23. Januar 1947. Für Frankfurt am Main war die Sternstunde 1946 vorbei.

Blaum hatte sich den ganzen Vorgang auf Wiedervorlage legen lassen, aber da war dann bereits ein neuer und gewählter Oberbürgermeister im Amt, nämlich seit 1. August 1946 Walter Kolb (SPD). Der Magistrat der Stadt Frankfurt führte die Auseinandersetzung mit Wiesbaden um die Unterstellung der Stadt unter das Regierungspräsidium weiter, wenn auch nicht mit großer Energie. In der Magistratssitzung am 13. November 1946 stellte Oberbürgermeister Kolb fest, ihm sei jetzt erst »ein Antrag meines Amtsvorgängers zugeleitet worden, der sehr beachtliche Gedanken zu diesem Fragenkreis enthält«. Den Magistratsmitgliedern solle dieses Schreiben vorgelegt und deshalb zunächst die Beschlußfassung zurückgestellt werden[54]. Es ist ersichtlich, daß das mehrseitige Schriftstück des Oberbürgermeisters Blaum genau gelesen wurde. Mehrfach sind Verbesserungen eingefügt und insbesondere die Hinweise auf Hamburg oder Bremen sind rot unterstrichen, ob zustimmend oder bedauernd, das bleibt offen. Kolb veranlaßte, daß der frühere Stadtrat Dr. Altheim, der, offenbar von den Amerikanern aus politischen Gründen kalt gestellt, schon mit der Sache befaßt gewesen war, eine neue Denkschrift erstellen solle. Diese lag am 24. März 1947 vor. Seitenweise sind hierin die Argumente aus der von Oberbürgermeister Blaum im Mai 1946 nach Wiesbaden geschickten Denkschrift wieder enthalten. Auf Anraten von Stadtrat Dr. Fritz Fay erfolgten im weiteren Verfahren starke Kürzungen und Überarbeitungen bis diese Vorlage schließlich, aber erst im Januar 1951, schön gedruckt unter dem Titel »Denkschrift über die unmittelbare Unterstellung der Stadt Frankfurt am Main unter das Staatsministerium des Landes Hessen« mit drei Seiten Text im Format DIN A 4 und dem Frankfurter Wappen auf dem Umschlagblatt verteilt werden konnte. Sogar der Bremer Bürgermeister Wilhelm Kaisen erbat sich am 24. Januar 1951 ein Exemplar[55].

Im zweiten Blatt dieser Denkschrift findet sich in kurzer Form wiederum der Hinweis auf die seinerzeit ausgeschlagenen Möglichkeiten als Argument, die verwaltungsrechtliche Stellung der Stadt zu ihren Gunsten zu verändern. Aber, außergewöhnliche Gelegenheiten wiederholen sich eben nicht. Die Hessische Landesregierung wird zu diesem Zeitpunkt kaum beeindruckt gewesen sein von solchen Frankfurter Rückerinnerungen.

Immerhin ist der knappe Text der Denkschrift in dieser Passage interessant, zumal erstmals auch von »Stadtstaat« die Rede ist. Die Stadt Frankfurt am Main könne darauf hinweisen, »daß nach dem Zusammenbruch der nationalsozialistischen Herrschaft der Gedanke erwogen wurde, ihr wieder eine völlige verwaltungsmäßige Selbständigkeit zu verleihen. Insbesondere beabsichtigte im Sommer 1945 die amerikanische Militärregierung, die sich der Bedeutung der Stadt von Anfang an bewußt war, Frankfurt am Main eine ähnliche Selbständigkeit zu geben, wie sie Washington in den Vereinigten Staaten besitzt. Die Frankfurter Stadtverwaltung hat damals unter bewußter Zurückstellung eigener Interessen, auf die ihr gebotene Möglichkeiten verzichtet, unter Zuschlagung der die Stadt umgebenden Stadt- und Landkreise wieder einen eigenen Stadtstaat zu bilden, wie dies im Falle Bremen dann geschehen ist.«

Es blieb der Stadt das Bemühen um Freikommen von einer regierungspräsidialen Aufsicht. Am 7. Mai 1946 hatte Oberbürgermeister Blaum beantragt: »... die Übertragung der Wahrnehmung der Aufgaben des Regierungspräsidenten für den Stadtkreis Frankfurt auf den jeweiligen Gemeindevorstand mit einmütiger Zustimmung des Bürgerrates der Stadt«[56]. Oberbürgermeister Kolb meinte am 13. November 1946 in der Magistratssitzung, man sei bestrebt, »aus der Abhängigkeit von der Bezirksregierung in Wiesbaden gelöst« zu werden, was er »in Bälde« erwarte[57]. Denn, fügte Kolb hinzu, die »gegebene Stellung Frankfurts wäre die einer unmittelbaren Stadt. Wir werden unsere Forderungen in allen Parteien mit Nachdruck zur Geltung bringen müssen.« Dies Programm wurde im Zeitablauf doch wohl relativiert, zumal Walter Kolb auch für den Landtag in Wiesbaden kandidierte, wie man das damals für wünschenswert erachtete. Im März 1947 lag der vom Magistrat in Auftrag gegebene neue Entwurf für eine Denkschrift nach Wiesbaden vor. Darin wird abschließend der Antrag gestellt: »den Stadtkreis Frankfurt a.M. aus dem Regierungsbezirk Wiesbaden herauszunehmen und die Wahrnehmung der Aufgaben des Regierungspräsidenten für den Stadtkreis Frankfurt am Main dem Oberbürgermeister von Frankfurt am Main zu übertragen.« In der Denkschrift von 1951 wird hingegen nur noch beantragt: »Was Frankfurt am Main nunmehr anstrebt, ist die Herausnahme aus dem Regierungsbezirk Wiesbaden und damit die Freistellung von der mittleren kommunalen Aufsichtsinstanz des Regierungspräsidenten. Dieses Begehren ist durch die geschichtliche und gegenwärtige Bedeutung Frankfurts voll begründet.«[58]

Es war ein längerer Weg von dem Entwurf März 1947, mit dem Ziel, für die Stadt Frankfurt am Main die Aufgaben des Regierungspräsidenten auf den Frankfurter Oberbürgermeister zu übertragen[59]. bis zu dem abgeschwächten Antrag in der Denkschrift von 1951. Am 7. Januar 1948 sind von Oberbürgermeister Kolb in der Stadtverordnetenversammlung neue Argumente beigesteuert worden zur Frage der Unterordnung unter ein Regierungspräsidium: »In Zukunft wird dieser Mangel noch häufiger und nachteiliger sich bemerkbar machen, wenn Frankfurt als Sitz des Wirtschaftsrates, des Exekutivrats und der Verwaltungsämter der Vereinigten Wirtschaftsgebiete immer mehr über die Landesebene hinaus wächst. Dazu ist jetzt der Zeitpunkt gekommen, um die Stadt Frankfurt der unmittelbaren Aufsicht des hessischen Innenministers zu unterstellen.«

Eine Kommission zur Verwaltungsreform in Hessen habe sich einstimmig dem Wunsche der Stadt Frankfurt am Main angeschlossen. Er – Oberbürgermeister Kolb

– schlage vor, daß eine Frankfurter Kommission[60] aus Stadtverordneten und Magistratsvertretern bald beim Hessischen Ministerpräsidenten und beim Innenminister vorstellig werde, um dem Wunsch der Stadt »starken Nachdruck zu verleihen«. Der Magistrat habe auch mit allen in Frankfurt gewählten Landtagsabgeordneten gesprochen. Das Vorhaben sei keineswegs »kommunale Großmannssucht«, sondern eine reine »Nützlichkeitserwägung«, zugleich aber auch »der Wille, Frankfurt zu selbständigem kommunalpolitischem Leben zu erwecken, wenn wir aus der veralteten Unterstellung unter den Regierungspräsidenten in Wiesbaden herauskommen wollen.«

Die Stadtverordnetenversammlung stimmte einstimmig zu. Zu konstatieren bleibt, daß diese Politik des Magistrats allerdings zeitweise anderen Vorhaben untergeordnet worden ist, so sollte zum Beispiel erst die Regelung der Flughafenerweiterung mit den Nachbargemeinden abgeschlossen sein. Gleichwohl ist die Politik des Loskommens vom Regierungspräsidium durch die Jahre kontinuierlich verfolgt worden. Am 14. Juli 1948 wählte die Stadtverordnetenversammlung eine Kommission, die in Wiesbaden das Gewicht der Stadt Frankfurt einbringen sollte. Zu dieser Kommission gehörten:

für die SPD-Fraktion	Stv. Paul Kirchhof	(1902–1953)
für die CDU-Fraktion	Stv. Peter Horn	(1891–1967)
für die Fraktion der KPD	Stv. Emil Carlebach	(1914)
für die Fraktion der LDP	Stv. Kurt Göbel, MdL	(1900–1983)

Ein Stadtverordneter der CDU, Hans Schmorl (1892–1958) versuchte mit einem Antrag in der Stadtverordnetenversammlung am 2. September 1948 die Angelegenheit zu beschleunigen, die Stadtverordnetenversammlung stimmte auch zu und beauftragte den Magistrat wiederum zu weiteren Verhandlungen. Vom Magistrat wurden dann am 4. Oktober 1948 Oberbürgermeister Kolb und Bürgermeister Dr. Walter Leiske (1888–1971) für die Kommission benannt. Aber, alle Anfragen in Wiesbaden waren erfolglos, die Landesregierung hat die Bemühungen der größten und steuerstärksten Stadt nicht honoriert[61]. Die Kommission ist offenbar in Wiesbaden nie empfangen worden. Gleichwohl gibt es in solchen Situationen auch parteipolitische Querverbindungen, die in einer Sache nachhelfen können und die sicher vom Oberbürgermeister und Landtagsabgeordneten Kolb wahrgenommen worden sind.

Zur weiteren Unterstützung der Frankfurter Argumente gehörte auch eine Broschüre, die das Statistische Amt der Stadt Frankfurt am Main im Auftrag des Magistrats sorgfältig und mit vielen Details erarbeitet hat, sie bietet eine Fundgrube für Angaben in der Zeit um die Währungsreform: »Frankfurt am Main und seine Bedeutung für Hessen.«[62]

Schließlich ist ein Kompromiß gefunden worden, wozu die Beratungen um die Neufassung der Hessischen Gemeindeordnung den Anlaß boten. In § 136, Absatz 1 der HGO in der Fassung vom 25. Februar 1952 heißt es: »Aufsichtsbehörde der Stadt Frankfurt (Main) ist der Minister des Innern.« Dies nun war weit weniger als die Stadt erwartet hatte, und wurde doch von einigen Stadträten und in der Presse enthusiastisch begrüßt, oder auch als »Prestige-Paragraph« abgetan, so in der Neuen Presse[63]. Der Magistrat bedauerte in seiner Sitzung am 16. Juni 1952, »daß den Wünschen der Stadt nur in ungenügender Weise Rechnung getragen worden ist.« Die Stadt wollte die Sache auch weiter verfolgen und beauftragte zunächst die Rechtsstelle zu prüfen, was getan werden könne, um den ursprünglichen Vorstellungen näher zu kommen. Diese erstellte am 25. Juni 1952 einen – sehr guten – Bericht, aus dem hervorging, daß die komplizierten Aufgaben der Fachaufsichten im Regierungspräsidium wohl schwer übertragbar seien, daß andernfalls die Verwaltungsstruktur für Frankfurt am Main prinzipiell geändert werden müßte. Dies nun war 1952 kaum zu erwarten und der Magistrat mag sich mit der ausdrücklichen Mitteilung des Hessischen Innenministers begnügt haben: »Der Regierungspräsident in Wiesbaden wird angewiesen, die ihm gegenüber der Stadt Frankfurt/M. zustehenden fachaufsichtlichen Befugnisse nur im Benehmen mit meinem Sonderreferat IV A auszuüben.«[64]

So ist das Verhältnis der Stadt Frankfurt am Main zum Regierungspräsidenten, dessen Behörde mittlerweile nach Darmstadt verlegt worden war, nicht immer spannungsfrei geblieben. Allerdings haben sich die jeweiligen Regierungspräsidenten selbst – meistens – bemüht, in Angelegenheiten der Stadt Frankfurt am Main deren Bedeutung entsprechend zu handeln und große Zurückhaltung zu wahren. Selten hat ein Darmstädter Regierungspräsident die Stadt Frankfurt zu irgendeiner offiziellen Gelegenheit besucht.

Für die Behörde des Regierungspräsidenten gilt diese Zurückhaltung weniger. Die fortbestehende Mischverwaltung in den vielfältigen Aufgabenbereichen der Fachaufsichten hat durchaus des öfteren zu den Abträglichkeiten geführt, die schon der Oberbürgermeister Blaum in seinen Schriften 1946 angeführt hatte: Verlangsamung und Doppelarbeit, sowie Einschränkung der Selbstverwaltung und folglich der Entscheidungsfreude in einer großen Stadt.

1.3. Demokratie wird neu begründet

Die amerikanische Militärregierung begnügte sich nicht damit nationalsozialistischen Einfluß möglichst auszuschalten. Schon bald nach der Besetzung Frankfurts, wie auch andernorts, war sie bemüht, demokratische Entwicklungen zu fördern und zu stärken. Dem diente auch der Austausch von Leuten in wichtigen Stellungen, vielfach nach Listen, die schon in den USA erstellt worden waren, oder anhand von Fragebogen, manchmal auch nach Zufall. Presse und Rundfunk waren neu zu begründen, und die Gewerkschaften wieder aufzubauen. Besondere Förderung auch materieller Art erfuhr das allgemeine Bildungswesen, einschließlich Erwachsenenbildung und Büchereien. Zuletzt kam die Zulassung von Parteien.

Frankfurt am Main wurde in vieler Beziehung zu einem Mittelpunkt solcher Bestrebungen der »Re-Education«. Dies gilt insbesondere für die Entwicklung der Erwachsenenbildung, die mit den Namen Else Epstein und Carl Tesch verbunden ist, oder auch für internationale Kontakte im Bibliothekswesen, wie sie die verdienstvolle Direktorin der Volksbüchereien, Dr. Gertrud Gelderblom viele Jahre hindurch pflegte. Der Direktor der Stadt- und Universitätsbibliothek, die zunächst noch provisorisch im Rothschildhaus am Untermainkai untergebracht war, Professor Dr. Hanns W. Eppelsheimer, eine überaus eindrucksvolle Persönlichkeit, setzte sich erfolgreich für den Aufbau einer westdeutschen, alles deutschsprachige Schrifttum sammelnden Bibliothek mit der Funktion einer Nationalbibliothek ein. Die Stadt Frankfurt am Main finanzierte zunächst allein die »Deutsche Bibliothek« an der Zeppelinallee, die am 24. April 1959 eingeweiht werden konnte. Es war damals schon klar, daß die Deutsche Bücherei in Leipzig eben diese zentralen Aufgaben nicht mehr werde wahrnehmen können und auch nur selektiert sammeln würde.

Im Stadtteil Bornheim wohnte der Gewerkschafter Willi Richter, später Vorsitzender des Deutschen Gewerkschaftsbundes (DGB), der schon im April 1945 damit begann, zusammen mit anderen früheren Gewerkschaftsfunktionären diese Arbeit in Frankfurt am Main und im alten Gewerkschaftshaus, das nur wenig beschädigt war, wieder aufzubauen. Er gehörte zu den »acceptable German officials«, zu den Personen also, mit denen die Amerikaner von vornherein zusammenarbeiten wollten[65].

Die Militärregierung (OMGUS), zuletzt mit General Lucius Clay, und dann das amerikanische zivile Hochkommissariat (HICOG), insbesondere mit John McCloy, unterstützten den Neu- oder Wiederaufbau solcher Institutionen. Aus den Vereinigten Staaten wurden ab 1946/47 zivile Fachleute abgeordnet, die bis Anfang der 50er Jahre anregend und unterstützend – auch mit erheblichen Mitteln – tätig geworden sind. Für den Bereich Erwachsenenbildung war dies eine amerikanische Gewerkschafterin, Professor Alice H. Cook[66]. Für die öffentlichen Büchereien engagierte sich der frühere Frankfurter Bibliotheksrat Dr. Edgar Breitenbach, der als Jude die Stadt bald nach 1933 hatte verlassen müssen.

Alle diese jahrelangen Bemühungen sollten dem Aufbau der Demokratie in Deutschland dienen und haben viel bewirkt. Denn auf deutscher Seite waren noch immer Resignation und Verwirrung vorherrschend, und nicht zuletzt bis zur Währungsreform 1948 auch Hunger und Mangelernährung. Für Kinder und für Studenten gab es übrigens in dieser Zeit auch noch die »Hoover-Speisung«, an jedem Tag ein Milchfrühstück aus amerikanischer Finanzierung. Wer die Weimarer Zeit als Erwachsener erlebt hatte, befand sich angesichts all dieser Bemühungen, den Deutschen Demokratie beizubringen, wenigstens nicht in völligem Neuland. Bei den Jüngeren war dies jedoch anders.

Da die Sowjetische Besatzungszone mit der Zulassung von Parteien, besser der einen kommunistischen Partei, schon im Sommer 1945 vorpreschte, zogen die westlichen Besatzungsmächte bald nach, früher, als sie dies wohl vorgesehen hatten,

Eröffnung der »Deutschen Bibliothek« am 24. April 1959 in der Zeppelinallee. Ein kleiner Junge überreicht Bundespräsident Theodor Heuß Blumen. Links der hessische Ministerpräsident Georg August Zinn

bereits Ende August 1945. Der geplante stufenweise Aufbau über Bildungsarbeit und Ausbau des Informationswesens war da noch keineswegs richtig in Gang gekommen. In Frankfurt am Main gab es erst ab 1. August 1945 eine Zeitung, die »Frankfurter Rundschau«. Und es gab natürlich auch hin und wieder Konflikte mit den Besatzungsbehörden, darüber berichtet für die Volkshochschulen im Sommer 1945 Carl Tesch[67].

Ab 1. September 1945 waren in Frankfurt kleine Plakate der Militärregierung zu lesen, mit deutschem und englischem Text:

»Militärregierung Deutschland – Amerikanische Zone
Stadtbezirk Frankfurt/Main

Bekanntmachung

BILDUNG VON POLITISCHEN PARTEIEN

Die Bildung von demokratischen, politischen Parteien ist der deutschen Bevölkerung jetzt gestattet.
Der förmliche Antrag muß bei der Militärregierung gestellt werden. Mit seiner Genehmigung ist die Erlaubnis für die betreffenden Parteien zu Versammlungen und zu öffentlicher Aussprache verbunden.
Diese Bekanntmachung tritt am 2. September 1945 in Kraft.
Frankfurt/Main, den 1. September 1945
Im Auftrage der Militärregierung

Notice

The formation of political parties by the German populace is now authorized ...«[68].

In dieser Sache der Parteienzulassung verhandelte Major, dann Oberstleutnant Sheehan mit dem Hauptverwaltungsamt der Stadt. Was aber sollte unter »demokratischen« Parteien nun verstanden werden? Mit der Zeit brachte es die amerikanische Besatzungsmacht landauf, landab fertig, hierfür Kriterien in die Köpfe der deutschen Bevölkerung zu bringen, nämlich folgende: Demokratie verlange

    1. mindestens zwei Parteien,
    2. regelmäßige Wahlen und
    3. gesicherte Grundrechte.

Außerdem wurde der deutschen geläufigen Vorstellung von »Weltanschauungsparteien« die lapidare – und einleuchtende – Formulierung entgegengesetzt: »Parteien sind Organisationen zur Beschaffung von Regierungspersonal«. Man hatte ja in Deutschland gerade erlebt, wohin ein verabsolutierter Weltanschauungsanspruch führen kann.

Wie anderswo, begann nunmehr auch in Frankfurt ab September 1945 in aller Öffentlichkeit neues politisches Leben. Natürlich hatten sich engagierte Persönlichkeiten und Gruppierungen verschiedener Überzeugungen auch schon vorher in ihren jeweiligen Kreisen untereinander verständigt, aber angesichts der Alltagsschwierigkeiten und bei den noch bestehenden Verboten war hiervon in der Öffentlichkeit nicht allzuviel zu bemerken. Diesen Eindruck hatte offenbar auch der amtierende Oberbürgermeister Blaum, der am 17. September 1945 an die örtliche Militärregierung folgendes berichtete: »Die Ankündigung der Anträge auf Genehmigung von Parteien hat in der Bevölkerung zunächst nur geringes Interesse erregt. Man wünscht über die allgemeine Lage objektive Unterrichtung ohne einseitige Färbung durch Parteiinteressen, um sich ein Bild von der Lage Deutschlands machen zu können. Die Stimmung ist vorwiegend noch durch die lokalen Angelegenheiten beherrscht.«[69] Weitere Zeitungen würden vermißt, zumal der »Frankfurter Rundschau« eine gewisse Einseitigkeit nachgesagt werde.

Zu den lokalen Angelegenheiten gehörte auch der »Bürgerrat«[70], eine Art Ersatzparlament, das – vermutlich im Auftrag der Militärregierung – vom Oberbürgermeister berufen worden ist und am 5. September 1945 zum ersten Mal tagte. Zu diesem Gremium von 28 Leuten, durchaus nach Parteien zuzuordnen, gehörten einige namhafte Persönlichkeiten, zum Beispiel: Ernst Beutler, Universitätsprofessor (LDP); Emil Carlebach (KPD), Redakteur; Walter Dirks (CDP), Schriftleiter; Else Epstein (CDP), Geschäftsführerin, 1946 wieder – wie schon vor 1933 – ins Stadtparlament gewählt; Wilhelm Knothe (SPD), Parteisekretär; Hans Latscha (LDP), Großhändler; Adolf Leweke (CDP), Gewerkschaftssekretär; Rudi Menzer (SPD), Angestellter; Dr. Heinrich Weinstock (LDP), Oberstudiendirektor; Dr. Hans Wilhelmi (LDP), Rechtsanwalt. Der Bürgerrat amtierte bis Frühjahr 1946. Dann wurde er durch die erste Kommunalwahl am 26. Mai 1946 von der Stadtverordnetenversammlung abgelöst.

Nach Parteien gliederte sich der Bürgerrat auf wie folgt: zur CDP (später CDU) gehörten acht Mitglieder, ebensoviele zur KPD, zur LDP (später FDP) sieben und zur SPD fünf Mitglieder. Es ist bemerkenswert, daß nur ganz wenige dieser Männer und – wenigen – Frauen der »ersten Stunde« dann ins Stadtparlament gewählt worden sind. Dies waren: Rudi Menzer bei der SPD, bei der CDU der Rechtsanwalt und Notar Dr. Hans Breitbach, Else Epstein, Adolf Leweke und Dr. Hans Wilhelmi, der von der LPD zur CDU übergewechselt war.

Für die Arbeitsweise des Bürgerrats mag es kennzeichnend sein, daß er wohl mehr ein Anhörungsgremium gewesen ist als ein Beschlußgremium. So berichtete beispielsweise Oberbürgermeister Blaum in einer nichtöffentlichen Sitzung am 10. Oktober 1945, daß der Vertrag über die Gründung der Trümmerverwertungs-Gesellschaft bereits abgeschlossen sei. Dies war nun eine äußerst wichtige Angelegenheit und wäre später gewiß länger diskutiert worden. Gleichwohl muß man dem Bürgerrat und seinen Mitgliedern Dank wissen, sich in einer so ungewissen Zeit für das gemeine Wohl zur Verfügung gestellt zu haben. Im Frühjahr 1946 beschloß der Bürgerrat sogar, daß Frankfurt am Main die Hauptstadt Hessens sein sollte. Ein entsprechendes Schreiben wird am 28. Februar 1946 nach Wiesbaden geschickt. Das amtierende Groß-hessische Kabinett behandelte diese Angelegenheit jedoch recht dilatorisch. Am 23. April 1946 erging die Antwort, daß diese Entschließung des Frankfurter Bürgerrates in der Kabinettsitzung am 11. April 1946 beraten worden sei, und daß der Beschluß laute: »Der Beschluß des Bürgerrates der Stadt Frankfurt am Main wird zur Kenntnis genommen und festgestellt, daß die Entscheidung über die Hauptstadt des Landes Groß-Hessen durch die verfassungsgebende Körperschaft getroffen werden muß und es nicht Sache des Kabinetts ist, dazu Stellung zu nehmen.«[71] Weitere Vorstöße in Sachen hessische Hauptstadt sind dann offenbar auch nicht mehr unternommen worden.

Was das Interesse der Bevölkerung für Parteien anbelangte, so schien sich der amtierende Oberbürgermeister in seinem Bericht vom September 1945 getäuscht zu haben. Am 18. September 1945 berichtete die »Frankfurter Rundschau« mit der dramatischen Schlagzeile »Nach 12 Jahren Schweigen. Die erste öffentliche Kundgebung der Frankfurter Kommunisten«, daß im überfüllten Saal des Lichtspielhauses Schauburg am Sonntag unter dem Motto »Friede, Aufbau, Demokratie« die Kommunistische Partei in Frankfurt den Auftakt gegeben habe.

Es muß eine erstaunliche Versammlung gewesen sein, eigentlich eine Feierstunde, zu Beginn mit Mozart'schem Streichquartett, mit Fahnen, mit Verlesung der Namen der Toten und weiterer Musik. Die frühere Stadtverordnete der KPD, Eva Höhn, las Abschiedsbriefe von Wilhelm Bautel, der in der Nazi-Zeit in Köln hingerichtet worden war. Die Versammlung schloß mit dem Lied: »Brüder, zur Sonne, zur Freiheit …«. Dies war natürlich nicht alles. Im Namen der KPD begrüßte Oskar Müller diese erste Zusammenkunft mit einigen Ausführungen. Bemerkenswerterweise überbrachte dann Otto Lichtinger im Namen der Sozialdemokratischen Partei »Brudergrüße«. Seine Genossen – so schrieb der Journalist – seien der Ansicht, daß mit den Kommunisten »geeinte Kraft Voraussetzung für den Wiederaufbau sei.« Weiter bedauerte der Sprecher, daß man 1933 sich nicht gemeinsam dem »faschistischen Ansturm entgegengestemmt habe«. Es folgt die Anmerkung: »Lautes Händeklatschen bezeugt die Zustimmung der Hörer«. Der zweite Redner der KPD, Walter Fisch, stellte als Ziel Toleranz, Zusammenarbeit und Frieden heraus, sagte aber auch: »Das Sowjetsystem kann keinem Volk aufgezwungen werden.« An die Jugend appellierte er, das Hitlersche Gedankengut zu überwinden[72].

Es ging auch um Bündnispolitik. Gleichzeitig nämlich fand an diesem Sonntagvormittag auch die Versammlung der Sozialdemokratischen Partei statt: im überfüllten Börsensaal. Wahrscheinlich wollte man sehen, wie sich der Zuspruch verteilte. Die »Frankfurter Rundschau« berichtete darüber am 19. September 1945 mit dem Titel: »Wir brauchen Optimismus«. Bei den Sozialdemokraten war der Hauptredner der Darmstädter Regierungspräsident Professor Dr. Ludwig Bergsträsser. Er gab zunächst einen Rückblick auf die »sinnlosen Parolen«, die noch im Frühjahr verbreitet worden waren, und rief in einer überzeugenden Rede zur politischen Mitarbeit auf. Er stellte dann die Schlüsselfrage: »Warum sind so viele hinter den Nazis hergetaumelt? Weil sie von der Wirklichkeit des Staates keine Ahnung hatten und den irrsinnigen Parolen Hitlers glaubten«. Auch diese Versammlung war von Musik, nämlich Chorgesang begleitet und die Stirnseite des Börsensaales war mit dem Kampfzeichen der drei Pfeile, dem Symbol der Eisernen Front, geschmückt.

Die Begrüßung oblag Franz Ulrich. Auch in dieser Versammlung trat ein Abgesandter einer anderen Partei auf: »Martin Hirsch entbot die brüderlichen Grüße der Kommunistischen Partei«. Der bald darauf gewählte erste Vorsitzende der Frankfurter SPD, Wilhelm Knothe, Schriftleiter, sprach über die Ziele der Sozialdemokratie. Er war bald Bezirksvorsitzender und 1949 bis zu seinem Tod am 2. Februar 1952 Bundestagsabgeordneter der SPD. Damals, 1945, forderte Willi Knothe: Nazis sollten aus der Stadtverwaltung verschwinden. Wenn erst eine »zentrale Reichsgewalt« wieder geschaffen sei, solle man den Nazis durch Gesetz das Wahlrecht nehmen. Für die kommenden Wahlkämpfe verspreche er, »die Kommunisten weder in Wort noch in Schrift anzugreifen ... Wir arbeiten uns zusammen. Was uns eint, ist stärker, als was uns trennt.« Auch in dieser Versammlung wurde zum Abschluß gesungen: »Brüder zur Sonne, zur Freiheit ...«.

Zu den beiden Versammlungen am Sonntag, merkte die »Frankfurter Rundschau« am 19. September 1945 an: an diesem Sonntag-Vormittag seien »hunderte von Menschen«, »meist Männer«, aber auch erfreulich viele junge Leute in die Bergerstraße oder zur Hauptwache geströmt, zu den »Versammlungen der beiden großen Arbeiterparteien«. Als Kommentar folgt: »Es waren auch Nazis da. Ehrliche, Betrogene, denen eine Weltanschauung in Trümmer ging und die nun einen neuen Halt suchen. Aber es waren auch andere da. Die im Februar 1945 noch mit Abzeichen auf dem Revers jeden unglücklich machten, der ihren Glauben an den Sieg bezweifelte. Sie applaudieren oft. Zu oft.« So zeichnete sich mit dem Start der SPD und der KPD-Versammlung gleich zu Beginn des Neuanfangs eines der Grundprobleme der Frankfurter Parteipolitik ab. Berührungspunkte zwischen KPD und SPD wurden beiderseits von den Aktivisten, keineswegs von der jeweiligen gesamten Mitgliedschaft gefördert. Spannungen waren somit auch vorprogrammiert.

Am gleichen 19. September 1945 berichtete die Frankfurter Rundschau auch: »Im Januar finden Wahlen statt!«. Somit war natürlich die Neubildung der Parteien dringlich. Die Behörden in der US-Zone waren von dem Oberbefehlshaber Eisenhower angewiesen worden, bis zum 15. Oktober 1945 Gemeindeordnungen und Wahlordnungen auszuarbeiten. Im Januar 1946 sollten dann die ersten Wahlen stattfinden, als »logischer erster Schritt auf dem Wege der Einführung demokratischer Methoden in Deutschland.« Allerdings, so vorsichtig waren die Amerikaner doch, in Großstädten sollte erst später gewählt werden, beginnen sollten die Gemeinden bis 20 000 Einwohner.

Später wurde festgelegt, daß in den Gemeinden über 20 000 Einwohner und für die Landkreisvertretungen zwischen dem 21. März und dem 28. April 1946 gewählt werden solle, und in den Großstädten und Stadtkreisen dann zwischen dem 26. Mai und dem 30. Juni 1946[73]. Am 3. November 1946 könnten dann die Landtagswahlen stattfinden. Dieses stufenweise Vorgehen und die Einzelbestimmungen sollten offensichtlich nationalsozialistische Beeinflussung möglichst ausschalten, dies Verfahren eröffnete auch die Möglichkeit, Wahlen eventuell wieder abzustoppen. Alle Befürchtungen erwiesen sich als überflüssig, zumal die Menschen von anderen Sorgen beansprucht wurden: der Winter 1945/46 war äußerst hart, Brennmaterial war knapp und weithin herrschte noch Hunger.

Weitere Vorgaben von amerikanischer Seite dienten ebenfalls zur Absicherung. Die Frankfurter Rundschau zählte auch alles schon am 19. September 1945 auf: nur Gewählte könnten Mitglieder der Gemeindevertretung sein; es dürfe keine Benachteiligung wegen Religion oder Rasse erfolgen; die Anwendung nationalsozialistischer Grundsätze bleibe untersagt; die genaue Amtsdauer der Gewählten müsse festgelegt werden und die Befugnisse desgleichen. Gemeindegesetze und -verordnungen könnten nur durch Abstimmung der gewählten Vertreter beschlossen werden. Die wichtigste Bestimmung war anscheinend zu diesem frühen Zeitpunkt noch nicht festgelegt, nämlich eine 15 Prozent Sperrklausel. Damit waren natürlich alle kleineren und auch nicht so ganz kleinen Parteien von einem Wahlerfolg ausgeschlossen, was man aber erst später realisiert hat. Die 15 Prozent Klausel lag, wie der hessische Innenminister zu Ende des Jahres 1945 mitteilte, allen in Hessen stattfindenden Wahlvorgängen im Frühjahr 1946 zugrunde. Wenn eine von mehreren Listen »weniger als 15 Prozent der abgegebenen Stimmen« erhalte, bestehe auch kein Anspruch auf Sitze in der jeweiligen Vertretung[74].

Ob diese Bestimmung, die für die weitere politische Entwicklung nicht unwesentlich gewesen ist, von den amerikanischen Behörden stammte oder eine deutsche, gar hessische Erfindung gewesen ist, ließ sich bislang nicht feststellen. Vermutlich hat niemand in den gerade erst wieder aktiv gewordenen Parteien vorhergesehen, was eine solch hohe Sperre bedeutet, zumindest sind vor der Wahl keinerlei Proteststimmen festzustellen. Schließlich war von den Amerikanern auch noch festgelegt, wer überhaupt wählen durfte: alle über 21 Jahre alten Deutschen, Männer und Frauen, die 6 Monate ihren Wohnsitz am Ort hatten, oder gerade entlassene Kriegsgefangene, ferner wer vor 1939 deutscher Staatsbürger war und wer nicht vor dem 1. Mai 1937 in die NSDAP eingetreten war, oder Aktivist oder hauptberuflicher Amtsträger in NS-Organisationen gewesen war.

Daß man sich in den Landesbehörden einige Sorgen um das zu erwartende Wahlergebnis – zumindest in den großen Städten – machte, zeigt ein Schreiben des »Großhessischen Staatsministeriums – Minister des Innern« vom 28. November 1945, das sich aus Frankfurt am Main die Wahlergebnisse von vor 1933 und am 5. März 1933 melden ließ[75].

Diese Wahlergebnisse sahen so aus:

Reichstagswahlen im Stadtkreis Frankfurt am Main

	SPD	Zentrum	Dt.Volksp.	KPD	NSDAP
1928, 20. 5.	30,9	11,1	12,0	12,5	4,5
1930, 19. 9.	27,1	10,8	9,7	15,0	20,7
1932, 31. 7.	25,9	13,0	2,3	13,6	39,7
1933, 5. 3.	20,9	12,4	2,8	12,8	44,1

Drei weitere Parteien mit geringerem Wahlergebnis sind weggelassen worden[76].

Bei diesen überaus erheblichen Schwankungen seit 1930 ist nicht zu verwundern, daß den ersten Wahlen nach dem Krieg mit einiger Besorgnis entgegengesehen wurde. Schließlich war der Stimmenanteil der Nationalsozialisten 1932 und 1933 in beträchtliche Höhe angewachsen und es fragte sich, wohin nun dieser große Wähleranteil gehen werde. Es gab in Frankfurt am Main auch noch andere Probleme. Eine Einwohnerkartei war nicht mehr vorhanden: das Statistische Amt teilte mit, man könne eine neue Wahlkartei bis 15. Februar 1946 fertigstellen, bei zusätzlicher Personal- und Kostenaufstockung um 30000 Reichsmark[77].

Während so in den Kommunalverwaltungen die Vorbereitungen für die erste Nachkriegswahl anliefen und ein Gemeindewahlgesetz in der kommissarischen Landesregierung entworfen wurde, entwickelte sich auch die Parteienlandschaft differenzierter. In Frankfurt am Main richtete die »Liberal-Demokratische Partei«, die spätere FDP, nach dem Bericht der Frankfurter Rundschau vom 13. Oktober 1945 ihr Büro ein. Die Sozialdemokraten veranstalteten in drei Stadtteilen Versammlungen. In Darmstadt wurde eine »Christlich-Demokratische Union« angemeldet, also bereits die CDU. Die KPD hielt Versammlungen in mehreren Orten, wobei Emil Carlebach besonders aktiv gewesen sein soll: Immer, so die Rundschau, wurde die »Einheit des gesamten Volkes« unterstrichen. Zur Veranstaltung der LDP in der Aula der Universität wurde der Oberbürgermeister höflich eingeladen zu Sonntag, 24. März 1946. Redner war der Reichsminister a.D. Dr. Külz[78]. Es kam also Bewegung in die politische Diskussion in der Stadt. Für Frankfurt am Main waren die Wahlen zur ersten Stadtverordnetenversammlung festgelegt auf den erstmöglichen Termin: Sonntag, den 26. Mai 1946.

Der Wahlausschuß war sechs Wochen vorher durch den Oberbürgermeister einzuberufen, also zum 12. April; zu kümmern hatte sich dann darum Stadtkämmerer Lehmann. Die Mitglieder waren von den Parteien benannt: Fritz Pfeiffer (SPD), Willi Apel (SPD), Jakob Husch (CDU), Direktor Friedrich Bieseweg (CDU), Carlo Deutschmann (LDP), Wilhelm Sander (KPD). Keine dieser Persönlichkeiten hatte dem im September 1945 berufenen Bürgerrat angehört.

Aus den Programmen dieser vier Parteien, die sich zur Wahl stellten, ist in Frankfurt nicht viel bekannt geblieben. Allerdings hatte die neugegründete Partei CDU – Christlich Demokratische Union – ein spezifisches Frankfurter Programm[79] entworfen, »Frankfurter Leitsätze« vom September 1945, durchaus mit der Zielsetzung überörtlicher Gültigkeit und für einen neuen Anfang. Die CDU trat ja völlig neu auf den Plan, zum ersten Mal ausdrücklich in Vereinigung von Protestanten und Katholiken, also auch mit Einschluß der ehemaligen Zentrums-Partei. Bei dem Programm dürfte Walter Dirks mitgewirkt haben, schließlich hatte er für die CDU bereits dem Bürgerrat angehört. Für die Stadtverordnetenversammlung allerdings kandidierte er nicht.

Die SPD – Sozialdemokratische Partei Deutschlands – hatte keine Veranlassung, ihren alten Parteinamen zu ändern. Nach all den vielen Opfern in der NS-Zeit knüpfte sie an die Zeit vor 1933 an. Bereits im Oktober 1945 hatte die SPD,

Am 18. Mai 1946 spricht Oberbürgermeister Blaum im Tor der zerstörten Paulskirche bei einer Veranstaltung zum »Tag der jungen Generation«

zumindest in den Großstädten der drei westlichen Besatzungszonen wieder die alten Organisationsstrukturen wie vor 1933, aufgebaut. Dies war überall relativ rasch möglich gewesen, weil viele Sozialdemokraten ihrer Partei über die zwölf Jahre Nationalsozialismus hinweg trotz aller Verfolgung treu geblieben waren. Auch in Frankfurt am Main fanden sich die »Genossen« – die alten Formen wurden auch mit tradiert – zunächst in einzelnen Stadtteilen und dann übergreifend zusammen, obgleich die Parteiverbote der Besatzungsmacht noch galten. Allerdings ergaben sich aus mehreren Gründen sehr wohl Spannungen. Einerseits wurde die »organisatorische Einheit der deutschen Arbeiterklasse« reklamiert und Annäherung oder Bündnispolitik mit der KPD empfohlen, andererseits wirkten sich die Erfahrungen der in westliche Länder Emigrierten aus[79a]. Nach ihrer Rückkehr stießen sie alle wieder zur Mutterpartei SPD, obgleich die meisten kurz vor 1933 den diversen Absplitterungen angehört hatten. In Frankfurt jedenfalls blieben durch Jahrzehnte hindurch die führenden Persönlichkeiten der SPD mitsamt ihrem jeweiligen Anhang beeinflußt aus ganz verschiedenen Quellen, wodurch sich auch so manche Gruppenbindung erklärt. Ein besonderes Kapitel bildete das Verhältnis zur KPD. Da in Berlin Otto Grotewohl schon Mitte Juni 1945 einen »Zentralausschuß der SPD« mit Führungsanspruch für ganz Deutschland gebildet hatte, blieben Auswirkungen nicht aus[80]. Trotz mancher Affinität an solche »Einheits«-Erwägungen blieb die Mehrheit der Frankfurter Sozialdemokraten damals wie später auf der von Kurt Schumacher gleich nach Kriegsende eingeschlagenen Linie der Absage an alle Einheitspartei-Vorstellungen. Aber schon aus der Tradition der 20er Jahre hatte der linke Flügel der Frankfurter SPD gleich nach 1945 durchaus Gewicht, nicht zuletzt wegen der Situation im gespaltenen Deutschland. So kam es bereits vor der erste Kommunalwahl im Mai 1946 auch zu grotesken Situationen. Wie erzählt wird, sei bei der ersten Maikundgebung nach dem Krieg, die zur KPD neigende Minderheit am Bornheimer Uhrtürmchen vom Hauptzug abgezweigt und ins Abseits geführt, somit fürs erste ausgeschaltet worden. Es war niemals langweilig in der Frankfurter SPD.

Mit der Wahl am 26. Mai 1946 wurde in guter demokratischer Manier das neue Gemeinwesen von unten nach oben aufgebaut. Schließlich waren die Gemeinden nach Kriegsende die einzigen noch funktionierenden Gebilde der öffentlichen Verwaltung gewesen. Dies blieb so für längere Zeit, bis die Länderparlamente dann – etwa eineinhalb Jahre später – gewählt wurden und die provisorisch eingesetzten Landesregierungen ersetzt werden konnten durch Bestellung aus den Parlamenten. Insgesamt kann man durchaus unterstreichen, was für die Grundsätze der amerikanischen Besatzungspolitik festzustellen ist, daß nämlich »die amerikanische Militärregierung in einer für ein Besatzungsregiment ungewöhnlichen Weise das demokratische Leben in Deutschland positiv beeinflußt hat.«[81] Von 1946 an war der Spielraum für die deutschen Dienststellen ganz erheblich erweitert worden. In Frankfurt jedenfalls entwickelte sich die Zusammenarbeit zwischen städtischen und US-Dienststellen recht zufriedenstellend, wozu die schon ab 1945 städtischerseits übermittelten Weinsendungen und Geburtstagswünsche beigetragen haben mögen.

Der Wahlsonntag am 26. Mai 1946 ging ohne Störungen vorüber. Eindeutiger Wahlsieger war die SPD. Das vorläufige Wahlergebnis, am 27. Mai verkündet, unterscheidet sich nur in Nuancen von den endgültigen Zahlen, Veränderungen waren nicht erforderlich[82]. Die Wahlbeteiligung lag bei etwa 70 Prozent, relativ hoch. Die 15 Prozent Klausel sperrte KPD und LDP aus, beide Parteien hatten über 11 Prozent der Stimmen erhalten, die KPD etwas mehr als die LDP. Kein Wunder, daß beide Parteien sogleich Einspruch erhoben, die KPD recht energisch am 28. Mai und unter Hinweis auf ihre schon früher geäußerte Haltung »gegen eine verfrühte Ansetzung der Wahlen«[83]. Spannender noch war die Tatsache, daß auch der Vorsitzende der SPD Einspruch erhob, noch am 26. Mai um 22.15 Uhr, obgleich der Wahlsieg da schon feststand. Erst am 14. Juni teilte der Stadtverordnete Schaub dem Magistrat um 13 Uhr mit, die SPD erhebe keinen Einspruch gegen die Wahl, so sah man dies jedenfalls in der neugewählten Stadtverordneten-Fraktion, vielleicht im Gegensatz zum Parteivorsitzenden, Willi Knothe.

In ihrer konstituierenden Sitzung am 21. Juni 1946 erklärte die Stadtverordnetenversammlung einstimmig die Wahl für gültig. Als Vorsteher wurde der Stadtverordnete der SPD Johann Rebholz gewählt, der bereits 1924 bis 1933 zum Stadtparlament gehört hatte. Er schied bald, am 2. Februar 1947 wieder aus, weil er als Oberbürgermeister in Offenbach gewählt worden war. Zum Präsidium gehörten des weiteren der Gewerkschaftssekretär Adolf Leweke (CDU), (geb. 1891–1970, blieb Stadtverordneter bis 1952), als 1. Schriftführer Stv. Ludwig Jost (CDU, geboren 1914, blieb Stv. bis zu seinem Tod 1977, als einer der ganz wenigen über 30 Jahre lang. Er war in allen Fraktionen sehr geschätzt); 2. Schriftführer wurde Stv. Johann Schiefele (SPD, geb. 1901, blieb Stv. bis 1956); und als Beisitzer gewählt wurde Karl Klee, (der ebenfalls schon 1928–1933 Stadtverordneter der SPD gewesen war. Er blieb Stv. bis 1956 und starb 1967 mit 88 Jahren). Somit war das Stadtparlament mit seinen 60 Mitgliedern beschlußfähig. Diese erste Sitzung fand in der Aula der Universität statt.

Etwas schwieriger war die Magistratsbildung, zumal die Besatzungsmacht hier Bedenken anmeldete. Zunächst rückten aus den beiden Fraktionen die folgenden Mitglieder als ehrenamtliche Stadträte in den Magistrat ein: Aloys Brisbois (CDU, 1885–1964), August Gräser (CDU, 1877–1961), Jakob Kriegseis (SPD, 1885–1968), Rudolf Menzer (SPD, 1904–1991), Fritz Pfeiffer (SPD, 1890–1962), Hermann Salomon (1877–1960), Georg Treser (SPD, 1898–1964), Fritz Caspary (SPD, 1901–1978). Für diese Ausgeschiedenen rückten nun in die jeweilige Fraktion als Stadtverordnete nach: Anny Koch-Geiler (SPD, 1903–1976), Georg Aigner (SPD, 1900–1973), Georg Becker (SPD, 1886–1955), Karl Brendel (CDU, 1902–1972), Karl Öttinger (SPD, 1908–1988), Willi Schumacher (SPD, 1894–1975), Hans Szymichowski (CDU, 1899–1957), Fritz Winterling (SPD, 1893–1953)[84].

Am 1. August 1946 wählte die Stadtverordnetenversammlung Walter Kolb aus Düsseldorf zum Oberbürgermeister mit den Stimmen der SPD. Für den amtierenden Oberbürgermeister Kurt Blaum (CDU) hatte seine Fraktion gestimmt. Walter Kolb,

Plakate der Parteien zur ersten Wahl des Hessischen Landtags am 1. Dezember 1946

in Bonn am 22. Januar 1902 geboren, fand als Rheinländer rasch guten Kontakt zur Frankfurter Bürgerschaft. Schon als Jura-Student gehörte er zur SPD. 1932 war Kolb der jüngste Landrat in Preußen, verlor dies Amt jedoch bald nach dem 30. Januar 1933. Er arbeitete dann als Rechtsanwalt, nicht ohne Konflikte mit den neuen Machthabern. Nach Kriegsende wirkte er in Düsseldorf als Oberstadtdirektor, bis zur Wahl in Frankfurt am Main. Am 21. Oktober 1946 sind schließlich auch alle übrigen hauptberuflichen Magistratsmitglieder bestellt, wie die Veröffentlichung im Amtsblatt, den »Mitteilungen der Stadtverwaltung Frankfurt a. M.« Nr. 42, zeigt.

Der erste Nachkriegs-Magistrat der Stadt Frankfurt bestand somit aus den folgenden hauptamtlichen Persönlichkeiten, die Ämterverteilung zeigt die Aufgabengebiete in den Wiederaufbaujahren: OB Walter Kolb, Bürgermeister Eugen Helfrich (CDU), verwaltete zugleich das Verkehrs- und Wirtschaftsamt, Zoo- und Palmengarten, sowie das Sportamt. Georg Klingler (CDU) wurde Stadtkämmerer und war außerdem zuständig für das Statistische Amt und die Stadtsparkasse. Stadtrat Eugen Blanck verwaltete das Hochbauamt und das Verdingungswesen. Das Personalamt und die damit zusammenhängende Dienststellen, wie die »Gefolgschaftsspeisung«, also die Kantine, aber auch Grüngeländer verwaltete Stadtrat Rudolf Menzer (SPD). Adolf Miersch hatte sich um die Aufgaben Tiefbau, Straßen- und Brückenbau, Liegenschaftsamt und Forstamt zu kümmern, er war parteiunabhängig und den Liberalen zuzurechnen. Dr. Rudolf Prestel (CDU) war wohl schon für Sozialaufgaben zuständig; Dr. Helmut Reinert für Kultureinrichtungen und Heinrich Seliger für Schulen. Schließlich als zehntes hauptamtliches Magistratsmitglied verwaltete Georg Treser die Hochbauaufgaben, auch er zur SPD gehörend. Von den insgesamt elf ehrenamtlichen Magistratsmitgliedern, – darunter eine Frau Käthe Bergmann (SPD) – hatten zwei auch noch eine Zuständigkeit übertragen bekommen: Fritz Pfeiffer (SPD) hatte die »Kraftstoffstelle« zu leiten und Stadtrat Fritz Fay »die bei der Stadtkanzlei einzurichtende Presse- und Werbestelle.« Der CDU-Politiker war dann bald mit »Werbung« für Frankfurt als Bundeshauptstadt betraut, auch in Bonn, ohne dabei besonders erfolgreich zu sein. Für diese hochpolitische Aufgabe war er wohl nicht die richtige Persönlichkeit, sie hätte wohl auch von einem hauptberuflichen Stadtrat wahrgenommen werden sollen.

Die Ämterverteilung unter den Stadträten – eine der dem Oberbürgermeister in Frankfurt am Main stets zugestandene besonders wichtige Kompetenz – war also vorstrukturiert und hat sich nur im einzelnen im Laufe der Jahre immer wieder verändert. Die Ämter als Rückgrat der Verwaltung blieben meist unangetastet bestehen, die Qualität der Amtsleiter war und ist Voraussetzung für eine gut funktionierende Verwaltung. Glücklicherweise waren und sind in Frankfurt am Main unter den Amtsleitern oft ausgezeichnete Fachleute und überzeugende Persönlichkeiten. Kein Oberbürgermeister, kein Magistrat kann regieren, ohne die mit den Ämtern gegebene Grundstruktur der Verwaltung zu pflegen und zu beachten. Selbstverständlich müssen Magistrat und Verwaltung die Beschlüsse der Stadtverordnetenversammlung berücksichtigen und ausführen, denn dies Gremium ist das oberste Organ nach der Hessischen Gemeindeordnung. Dies spielte sich nach 1946 rasch wieder ein, wenn auch das Gewicht der aus hauptberuflichen Fachleuten bestehenden Verwaltung gegenüber dem politisch verantwortlichen Gremium nicht unterschätzt werden darf.

Das Vorhandensein demokratischer Organe war noch nicht gleichbedeutend mit der Sicherung des demokratischen Systems. Vor allem genügte dies der Militärverwaltung noch nicht. Ein gutes Beispiel für den Eifer der Amerikaner, in Deutschland demokratische Gepflogenheiten zu verbreiten, sind die Bemühungen um »Bürger-Foren«, wie sie General Lucius D. Clay zu Beginn des Jahres 1948 im Rahmen des »Re-Organisation-Programs« anempfohlen hatte.

Diese Geschichte spielte sich in Frankfurt so ab: Die Militärregierung lud – ganz korrekt – zunächst die Stadtbezirksvorsteher und ihre Stellvertreter zu einer Besprechung über »Bürger-Foren« ein, in den großen Saal der Militärregierung, Reuterweg 2, dem Haus der Metallgesellschaft, in dem die Militärregierung vom ersten Tage an residierte. Lapidar bemerkte der Verbindungsbeauftragte aus der Stadtverwaltung, Baron Otto von Recum (1895–1964) »Besonderes sei nicht zu vermerken« gewesen[85]. Sodann wurde die Frankfurter Bevölkerung für den 16. Dezember 1948, einem Donnerstag, um 20 Uhr in den Palmengarten eingeladen »zur Teilnahme an dem Bürger-Forum«. Dort hielt ein Beamter der amerikanischen Militärregierung, Mr. D. E. Sayers, in deutsch eine längere Rede, in der er auf die deutsche Geschichte einging und erläuterte, den Amerikanern liege keineswegs daran, »den Leuten hier drüben mit aller Gewalt Demokratie einzutrichten,« aber Amerikaner wüßten eben, daß man mit Demokratie in USA gut gefahren sei. In Deutschland solle man nichts einfach übernehmen, sondern eigene »demokratische Formen wählen«. Dazu seien die Bürger-Foren, die in Amerika weithin üblich seien, in New York z. B. gäbe es 114, eine gute Möglichkeit. Sie müßten unbedingt unparteiisch sein. Es komme jetzt in Deutschland auch darauf an, die Apathie zu überwinden, so besonders bei der Jugend die verbreitete »Abneigung gegen die Teilhabe am öffentlichen Leben«, auch bei Wahlen und für die Politik. Schließlich herrschte noch aus der Vergangenheit eine passive Haltung aus Enttäuschung vor.

Dann wurden die Bürger-Foren erläutert. Bei diesen Versammlungen könnten alle Angelegenheiten der örtlichen Gemeinschaft zur Sprache gebracht werden. Als Beispiele wurden einige benannt, die freilich sehr berechnet waren auf Städte ohne Trümmer, z. B. daß Verbesserungsvorschläge gemacht werden sollten, wenn Kinderspielplätze fehlten, oder wenn die Schulen nicht feuersicher seien. Vor allem komme es darauf an, – und diesen Punkt übersahen die später Aktiven in den Bürger-Foren meistens – daß man sich erst gut informieren müsse. Denn »eine der sichersten Grundlagen für eine starke, sichere Demokratie ist eine gut unterrichtete Bürgerschaft«. Es sollte die vornehmste Aufgabe eines jeden öffentlichen Forums sein, Bürgern die zuverlässigsten Informationen und Instruktionen über alle Fragen von Interesse zu geben, sowohl als auch ihnen die nötige Erziehung auf der Basis demokratischer Selbstregierung beizubringen. Dies nun war wirklich der Angelpunkt und die feste Überzeugung aller damit befaßten Amerikaner, deswegen hatte der General Clay wohl auch die Idee der Foren überall empfohlen und es wurde in der Rede im Frankfurter Palmengarten auch stolz berichtet, daß es inzwischen in Hessen schon 20 solcher Foren gäbe.

Wie auch sonst, bei anderen Programmen oder »Issues«, verfochten die Amerikaner die gerade gefaßte Idee mit großem Nachdruck und mit viel praktischen Bemühungen. Dies aber stieß in der noch sehr entwicklungsbedürftigen deutschen Demokratie auf einigen Widerstand, und auch auf Mißverständnisse in der Handhabung. Mr. Sayers, schon drei Jahre in Deutschland, erläuterte geduldig noch Vorstandswahl und weitere Möglichkeiten für die auch in Frankfurt am Main zu begründenden Foren. Es bildeten sich auch etliche. Den Gesamtvorstand nahm Studienrat Dr. Hugo Jäger wahr, und zum Jahresende gab es einen Matritzendruck, auf noch immer sehr schlechtem Papier, einen Erfolgsbericht von 23 Seiten unter dem Titel »Ein Jahr öffentliches Forum«[86].

Aufgezählt wurden in diesem Bericht u. a. die behandelten Themen, z. B. »Was erwarten wir vom Bundestag?« Dies war nun gerade nicht ein Problem mit Stadtteilbelang, was doch erörtert werden sollte. Auch der Schluß des Jahresbericht erscheint typisch für die Übersteigerungen, in die die Forumsleute so rasch geraten waren: Es wurde die mangelnde Anteilnahme und die allgemeine Lage in bewegten Worten beklagt. Die »Unentschiedenheit der aus dem Krieg heimgekehrten Jugend« hindere sie, »ihr Gewicht in die Waagschale zu werfen.« Die Abneigung gegen die Parteien drücke sich in deren Mitgliederzahlen und der Quote der Nichtwähler aus. »In dieser Situation stehen die Foren. Entweder bleiben sie ein Diskutierplatz, oder das Volk muß für seine Foren die Souveränität fordern.« Es sei ein offener Bruch der Verfassung, wenn die Bürokratie sich verweigere, die »Entschließungen, die in Foren angenommen worden sind,« durchzuführen.

Dies war nun natürlich ein ganz unmöglicher Anspruch und verstieß gegen alle Grundsätze der repräsentativen Demokratie, die ja nicht zuletzt sichern sollen, daß durch gewählte Vertreter, somit also durch namentlich bekannte Leute, Sachverhalte gründlich beraten und beschlossen werden können. Erst im Laufe der Jahre und mit erweiterter Erfahrung in Demokratie, z. B. durch Bürgerinitiativen, hat man auch in Frankfurt am Main gelernt, daß mehr Bürgerbeteiligung sehr wohl möglich ist. So wurden 1972 für diesen Zweck die Ortsbeiräte als stadtteilbezogene kleine Parlamente, die der Stadtverordnetenversammlung zuarbeiten, eingeführt. Zu Beginn des demokratischen Lernprozesses, noch 1949, verhielt sich auch der Frankfurter Magistrat weder angemessen noch besonders geschickt gegenüber den Ansprüchen der Bürger-Foren. So wurde den Verwaltungsangehörigen untersagt, in den Foren Auskunft zu geben. Als dies ein Vertreter des Hochbauamtes bei einer Forenversammlung mit dem äußerst brisanten Thema »Wohnraumbedarfsdeckung« bei 300 Anwesenden am 21. April 1949 doch tat, wurde er dafür getadelt und der Magistrat fühlte sich bemüßigt, eigens zu beschließen, daß weder Magistratsmitglieder bei den Foren teilnehmen sollten, noch Beamte Auskunft geben dürften. Über die Stadtverordneten konnte der Magistrat natürlich nicht beschließen und es ist anzunehmen, daß einige von ihnen die Foren doch zu nutzen verstanden und auch Informationen weiter geben konnten.

Die Forumsleute ihrerseits drängten im Februar 1949 darauf, beratend zu den Stadtverordnetensitzungen zugezogen zu werden. In dieser Sache wurden schließlich der Regierungspräsident und von ihm das Hessische Innenministerium eingeschaltet, weil sich der Regierungspräsident dort rückversichern wollte. Er war der Meinung, die Hessische Gemeindeordnung sähe derartiges nicht vor. Das Innenministerium teilte diese Meinung[87] und schrieb dem Frankfurter Magistrat: »Die Arbeit der öffentlichen Foren liegt außerhalb der Gemeindevertretung in der Diskussion der Gemeindebürger. Durch Einbeziehung von Vertretern der Foren in die Gemeindevertretung würden sie ihren Sinn verlieren und einen quasi-amtlichen Charakter gewinnen, der ihnen nicht zukommt.« In Frankfurt ärgerte sich der Magistrat mehrfach über »Beschimpfungen« und »üble Zersetzung« in den Diskussionen der Foren. In Pressekonferenzen betonte jedoch der Oberbürgermeister, daß man für jede sachliche Kritik dankbar sei.

Die Sache ging dann nach längerem Hin und Her so aus: Der Magistrat ließ beim Deutschen Städtetag in Köln anfragen, welche Erfahrungen andere Städte mit den Foren gemacht hätten und erkundigte sich genauer in dieser Sache in Stuttgart. Beides führte jedoch nicht weiter, eher schon ein ausführlicher und guter Bericht des Frankfurter Revisionsamtes zum Thema der Bürger-Foren[88]. Unter anderem wurde darin mit ausführlichen Beispielen auf die guten Erfahrungen hingewiesen, die bis 1933 durch die Mitarbeit der »Bezirksvereine« gemacht worden waren. Die neuen Foren dagegen verharrten meist in der Aussprache und brächten keine Ergebnisse, sie seien »mehr Debattierklubs als Übermittler wertvoller, durchführbarer Anregungen«. Der Besuch sei meist auch nicht gut und deswegen wohl habe das zentrale Forum am 26. April 1949 einen Antrag auf neue Organisation gestellt, daß nämlich die Stadtbezirksvorsteher einspringen sollten. Dies war nun aber auch den Betroffenen und dem Magistrat, dem die Stadtbezirksvorsteher unterstellt sind, entschieden zuviel. Außerdem war dies natürlich ein Zeichen für das Ende der bürgerschaftlichen Selbstorganisation.

Die Sache kam schließlich zu einem guten Abschluß und einem beibehaltenen Verfahren, und zwar durch Beschluß der SPD-Fraktion und einen entsprechenden kurzen Brief des Fraktionsvorsitzenden Heiner Kraft an den Oberbürgermeister Kolb am 14. Juli 1954: »Die SPD Fraktion empfiehlt dem Magistrat, in den Bezirken der Stadt Frankfurt am Main des öfteren Bürgerversammlungen zu veranstalten, in denen aktuelle Fragen, die den Stadtbezirk betreffen, erörtert werden können.« Stadtverordnete würden dann auch anwesend sein und man »erwarte Ihren Bescheid«. Nun ging alles recht schnell, am 26. Juli 1954 beschloß der Magistrat entsprechend. Die Rechtsstelle entwarf für diese Bürgerversammlungen eine kurze Geschäftsordnung in fünf Paragraphen und diese wurden am 16. September 1954 vom Magistrat beschlossen.

Seitdem bemüht sich der Magistrat in Bürgerversammlungen um den direkten Kontakt mit der Bürgerschaft. Im Laufe der Jahre sind diese Versammlungen immer lebhafter geworden und verlangen dem jeweiligen Oberbürgermeister, wie auch den zuständigen Stadträten viel an Sachkunde, angemessenem Eingehen auf unterschiedlichste Äußerungen, sowie an Zeitaufwand ab. Außerdem sind im Nachgang meist erhebliche schriftliche Arbeiten zu erledigen. Die Anregung der Besatzungsmacht, Bürger-Foren einzurichten, ist somit doch ein gutes Beispiel dafür, wie diese Bemühungen der Amerikaner dazu beigetragen haben, demokratische Verfahren in Deutschland selbstverständlich werden zu lassen.

Im Dienst solcher Zielsetzung stand auch das neu zu errichtende Rundfunkwesen. Entsprechend den Vorstellungen der Besatzungsmacht wurde der »Hessische Rundfunk« möglichst staatsfern organisiert, wie es das Hessische Rundfunkgesetz vom 20. Oktober 1948 vorsah. Zunächst in Bad Nauheim untergebracht, siedelte die Rundfunkanstalt bald nach Frankfurt am Main um. Erster Intendant war Eberhard Beckmann (1905–1962, Intendant von 1946–1962). Der Hessische Rundfunk hat durchaus dazu beigetragen, daß mit der Zeit Zugewandtheit und Sympathie für das neue Hessenland entstanden sind.

1.4. Kriegsverluste und Kriegsfolgen

In den ersten vier Nachkriegsjahren konnte niemand in Frankfurt am Main übersehen, wie stark zerstört die Stadt gewesen ist. Erst in den 1950er Jahren schlossen sich langsam wieder ganze Straßenzüge, erst von den 1970er Jahren an konnte der Eindruck entstehen, die Stadt habe im Krieg kaum gelitten. Dies zu meinen wäre eine schwere Täuschung in vielerlei Hinsicht. Nicht so deutlich wie die Trümmer oder Häuserlücken zeigten sich die durch nichts zu ersetzenden Menschenverluste. Bei Kriegsende wurde wohl noch viel schwarze Kleidung getragen, aber dies verlor sich mit den Jahren, wenn auch das Bewußtsein unwiederbringlichen Verlustes in vielen Familien auf Dauer blieb, individuell zu tragendes Geschick. Für die Gesamtheit der Stadt zeigt die Statistik nüchterne Zahlen. Niemand kannte diese Zahlen bei Kriegsende und es ist auch sehr lange nicht üblich gewesen, alle Verluste zusammen zu betrachten, was aber geboten ist; in der Summe sind diese Zahlen erschreckend genug.

Erst 1953, nachdem die meisten Kriegsgefangenen zurückgekehrt waren, meinte das Statistische Amt der Stadt »einigermaßen zuverlässige Angaben« machen zu können[89]. Alle Zahlen beziehen sich auf Personen, die vor Kriegsbeginn 1939 in Frankfurt am Main als wohnhaft gemeldet waren. Die angegebene Gesamtzahl der Verluste beläuft sich auf rund 23 000 Menschen. Hierbei sind aber große Gruppen nicht berücksichtigt worden und Zahlen waren dafür 1953 auch noch nicht zur Hand. Die deportierten und dann zum größten Teil umgebrachten jüdischen Bürger Frankfurts hat das Statistische Amt nicht einbezogen. Es sind noch einmal fast 10 000

Menschen jüdischer Herkunft zuzurechnen[90]. Auch die Angaben für die in Frankfurt ansässigen »Zigeuner«, Sinti und Roma, die im Lager Riederwald zusammengefaßt, dann deportiert und umgebracht wurden[91], stehen nicht fest. Man wird mit 200 bis 300 rechnen müssen. Wie bei den Luftangriffen und den Deportationen der Frankfurter Juden waren dies Männer, Frauen, Kinder und Greise, oft ganze Familien, die umgekommen sind. Betrachtet man alle diese Menschenverluste zusammen, so sind während des Krieges etwa 33 000 Frankfurterinnen und Frankfurter zu Tode gebracht worden.

Das Statistische Amt zählt auf: Gefallene, gestorbene und für tot erklärte Wehrmachtsangehörige (dies letztere waren 1720) waren zusammen 14 701. Vermutlich gefallene oder gestorbene oder vermißte Wehrmachtsangehörige waren geschätzt nochmals 3500. Demnach Verluste an Soldaten u. a. Wehrmachtangehörigen insgesamt 18 201. Zivile Luftkriegsopfer wurden in Frankfurt am Main gezählt 4822, zuzüglich 577 Ortsfremde. Unter den Luftkriegsopfern waren weiblich 2639 Personen. Die schwersten Verluste waren bei dem Luftangriff am 22. März 1944 zu beklagen: 1001 Menschen, an dem Tag – Goethes Todestag – an dem die Altstadt fast vollständig in Trümmer fiel. Die Statistiker vermelden noch, daß die größten Verluste unter den aus Frankfurt stammenden Soldaten im letzten Kriegshalbjahr 1945 entstanden, ganz zum Schluß noch 564 Gefallene.

Statistiker vergleichen auch: Während im Krieg 1914–1918 auf 1000 Einwohner 24,6 Verluste kamen, so waren dies im zweiten Weltkrieg auf 1000 Einwohner 41,5 Verluste – eine sehr erhebliche Steigerung und ein Zeichen, wie dem nationalsozialistischen Regime Menschenleben nur wenig galten. Diese Meßzahl ist außerdem noch erheblich höher anzusetzen, wenn man die oben benannten Gesamtverluste berücksichtigt. Wieviel deutsche Soldaten im März 1945 bei den Kämpfen um Frankfurt am Main noch gefallen sind ist nirgends verzeichnet. Den Amerikanern kostete die Einnahme Frankfurts nach späteren Presseberichten 150 gefallene Soldaten[92].

Eine schwerwiegende Folge des Krieges war auch die große Zahl der Flüchtlinge, die, zumeist aus den Ostgebieten des Reiches, ab Januar 1945 versucht hatten, sich vor den anrückenden sowjetrussischen Truppen in das westliche Gebiet zu retten. Nach 1945 kamen dazu noch die sogenannten Heimatvertriebenen, insbesondere aus dem Sudetenland. Genau trennen lassen sich die beiden Gruppen nicht. Obgleich nach Frankfurt am Main angesichts der Zerstörungen in der Stadt und dem mangelnden Wohnraum, Flüchtlingsströme nicht gerade hingelenkt worden sind, so gelangten doch auch nach Frankfurt 22 000 Flüchtlinge[93], die irgendwo Unterschlupf finden mußten. Das rasche Anwachsen der Einwohnerzahlen ab 1946 spiegelt diese Entwicklung. Die meisten Flüchtlinge wurden allerdings in die hessischen Landgebiete dirigiert und dort mehr oder minder zwangsweise in privaten Häusern untergebracht. In Frankfurt ging das weniger, weil ohnehin Wohnungen überbelegt waren. Noch 1949 wird von einem Beauftragten der Hessischen Landesregierung nach einer Besichtigungsreise in Frankfurt folgendes berichtet: »Die Baracken und Erdbunker Frankfurts, in denen neben den Flüchtlingen auch noch viele Einheimische leben

Noch 1954 und später bemüht sich das Rote Kreuz bei »Suchbildausstellungen«, die Schicksale von vermißten Soldaten aufzuklären

müssen, zeigten die noch immer ungelöste Aufgabe, die Menschen aus diesen Notunterkünften zu befreien.«[94]

Mit dem Stand zum 1. Januar 1949 werden für Hessen folgende Zahlen von Zuwanderern angegeben: »Ausgewiesene aus dem Ausland und dem Gebiet östlich der Oder-Neiße« 646 892 Menschen; »frühere Einwohner der russischen Zone und Berlin« 80 342; sowie »Ausländer« 80 000; zusammen also 807 234 Zuwanderer nach Hessen[95]. Für alle sollten Wohnungen und möglichst auch Arbeitsplätze vorhanden sein. Wohnungen gab es eher in den nord- und mittelhessischen Dörfern, Arbeitsplätze aber im Rhein-Main-Gebiet, vorweg in Frankfurt am Main.

Auszüge aus einem Bericht des Hessischen Arbeitsministeriums über »Gesamtbevölkerung und Flüchtlinge in Deutschland«[96] mögen veranschaulichen, welche Aufgaben damals in allen vier Zonen Deutschlands zu lösen waren, noch vor Gründung der Bundesrepublik.

Hessen hatte bei einer Fläche von 21 117 km² an Einwohnern:

    1939: 3 479 000
    1946: 3 675 000 davon Flüchtlinge: 553 000 = 13% (Okt. 1946).
    1948: 3 884 000 davon Flüchtlinge: 638 000 = 14,9% (Okt. 1948).

Noch erheblich mehr Flüchtlinge hatten andere Länder aufgenommen:

Mecklenburg-Vorpommern	(1946)	42,5 % der ansässigen Bevölkerung
Schleswig-Holstein	(1948)	33,19 %
Niedersachsen	(1948)	25,2 %
Sachsen-Anhalt	(1946)	21,8 %

Dazu kamen noch in allen Landesteilen – und sehnsüchtig erwartet – Heimkehrerzüge mit Kriegsgefangenen zumeist aus der Sowjetunion, aber dies waren weitaus kleinere Zahlen.

In dem hessischen Bericht von 1949 sind 80 000 Ausländer erwähnt, verteilt auf das ganze Land. Darunter mögen auch Leute aus den eventuell noch bestehenden »DP«-Lagern gewesen sein, Lager für die verschleppten Personen, die die Amerikaner gleich nach Kriegsende eingerichtet und unterhalten hatten. In Frankfurt am Main – Sindlingen/Zeilsheim gab es ein großes Lager, in dem auch viele Juden untergebracht waren, die dort zunächst eine eigene jüdische Gemeinde gründeten, bis sie sich 1948 mit der Jüdischen Gemeinde Frankfurt Innenstadt zusammenschlossen[97]. In Sindlingen erinnert man sich noch heute an die großen offenen Lastwagen der Amerikaner, mit denen Menschen aus allen möglichen Ländern und jeglicher Altersgruppe, teils freiwillig, teils dorthin verwiesen oder transportiert, herangefahren wurden. Es handelte sich dabei um die vielen Opfer des Krieges, die verschleppt, befreit aus den Lagern, irgendwo als Zwangsarbeiter eingesetzt oder sonstwie heimatlos, in diesen Lagern wenigstens aufgefangen und verpflegt wurden. Viele von ihnen kamen aus Konzentrationslagern, viele wollten oder konnten nicht zurück in ihr Heimatland. Es gab Organisationen, die eine Auswanderung vorbereiten halfen, für Juden vornehmlich nach Israel oder USA. Es liegt auf der Hand, daß sich in einem solchen Lager und unter den gegebenen Bedingungen äußerst verschiedenartige Entfaltungsmöglichkeiten ergaben, von Weiterbildungskursen, Theateraufführungen, Kinderbetreuung bis zu Prostitution und Schwarzmarktgeschäften. Da der Vorort Sindlingen/Zeilsheim recht weit vom Stadtzentrum entfernt ist, ergaben sich in der Frankfurter Innenstadt die wildesten Gerüchte über diese von den Amerikanern betreute Übergangswohnstätte, die für Deutsche kaum zugänglich war. Jedenfalls können einige heute in Frankfurt lebende Bürger davon erzählen. So beispielsweise eine fast 70jährige Frau aus Lemberg, die zuerst dort im Getto eingesperrt war, dann nach Auschwitz und zu Kriegsende ins Konzentrationslager Bergen-Belsen verschleppt wurde, schließlich nach Frankfurt-Sindlingen kam und dort ihren Mann wiedertraf. Die Enkel sind längst Frankfurter geworden[98]. Auch dies alles gehört zu den Kriegsfolgen, die für die Betroffenen sehr viel Leid und Lebensbedrohung gebracht hatten.

Da so viele Soldaten gefallen oder vermißt waren, ergab es sich nicht selten, daß vor allem Kriegerwitwen, häufig mit Kindern, sich neu zu arrangieren suchten, ohne dies standesamtlich sanktionieren zu lassen. Es entstanden die sogenannten »Onkelehen«. Der Vorzug fester Bindung ließ sich so vereinbaren mit einiger gesellschaftli-

Lesesaal im DP-Lager Zeilsheim/Sindlingen 1946

cher Anerkennung und mit dem Weiterbezug meist knapper Witwenversorgungsbezüge.

Kriegsfolgen sind auch die materiellen Verluste. Der Stadt Frankfurt ist für die Kosten des Wiederaufbaus kaum Beihilfe von irgendwoher gekommen. Mehrfach wird darüber geklagt mit dem Hinweis, daß dies beispielsweise für Köln in Nordrhein-Westfalen oder für München in Bayern ganz anders, eben mit Landesunterstützung, geregelt worden sei. Noch 1967 bedauerte der Kämmerer der Stadt, Hubert Grünewald, daß jegliche Entschädigung für Kriegsverluste der Stadt Frankfurt am Main abgeschlagen worden sei[99]. Da die Verluste horrend gewesen sind, liegt auf der Hand, daß allein durch die jahrelange Notwendigkeit, Kriegszerstörungen zu beseitigen oder zu ersetzen, erhebliche Kreditaufnahmen erforderlich wurden, die kumulierend zunehmend die Haushaltswirtschaft der an sich reichen Stadt belasten mußten.

Offenbar sind die Kriegsverluste materieller Art, soweit sie die Stadt betrafen, nirgends zusammengestellt worden. Dies war auch sehr schwierig. Da im Unterschied zu Rückerstattungen, Lastenausgleich oder Wiedergutmachung für einzelne Personen die Städte keine Entschädigung einfordern konnten, sind solche Zusammenstellungen eben auch unterblieben.

Lediglich als für das neue Bonner Ministerium für den Marshall-Plan am 6. März 1950 als Nachweis gegenüber den amerikanischen Geldgebern eine Aufstellung der in Selbsthilfe erbrachten Leistungen erbeten worden ist, gab es eine solche Zusammenstellung der der Stadt Frankfurt am Main entstandenen Kosten.

Für mindestens zweieinhalb Jahre war ein Fährbetrieb notwendig, weil im März 1945 alle Brücken zerstört worden sind

Eine Gesamtschadensberechnung hingegen für alle Beschädigungen in der Stadt Frankfurt hat 1947 das Statistische Amt anhand von Angaben des Schädenamtes zusammengestellt, allerdings mit dem Vermerk, daß man weitgehend auf Schätzungen angewiesen sei[99a]. In dieser Tabelle kommt das Statistische Amt auf insgesamt über 3 Milliarden Reichsmark: 3 700 374 874 RM. Aufgezählt werden Gebäudeschäden, Sachschäden, Transport- und Lagerschäden, Kraftfahrzeugschäden, Beseitigung von Industrieschäden, unbeglichene Bauunternehmer- und Handwerkerrechnungen, Kriegsfolgeschäden (z.B. durch Plünderungen und »irreguläre Beschlagnahmungen durch die Besatzungstruppen«).

Abgesehen von den Ungewißheiten bei Schätzungen scheint in dieser Zusammenstellung auch die Absicht vorzuherrschen, möglichst viel an Schäden nachzuweisen, weil man sich davon anscheinend wenigstens eine Berücksichtigung bei Reparationszahlungen erhoffte. Gleichwohl sind die Gesamtschäden in Frankfurt am Main ganz sicher mit solchen Milliardenbeträgen anzusetzen.

Die Angaben der Kriegsschäden und Wiederaufbaukosten, die der Stadt Frankfurt selbst entstanden sind, 1950 für das Marshallplanministerium in Bonn zusammengestellt, sind genauer. Sie summieren sich beträchtlich, wobei zu bedenken ist, daß Kosten aller Art damals weit niedriger lagen als vierzig Jahre später.

Kriegsschäden und Wiederaufbaukosten bis 1950

	Kriegsschäden in Reichsmark	Wiederaufbau RM und DM
Schulen	57 296 000	2 677 000 RM
		2 904 000 DM
Kulturelle Einrichtungen	13 310 000	120 000 RM
		430 000 DM
Krankenhäuser		5 000 000 DM
Stadtwerke	29 400 000	9 000 000 RM
		6 000 000 DM
Maingaswerke	23 400 000	7 400 000 RM
		7 600 000 DM
Straßenbahn	10 600 000	6 700 000 RM
		2 000 000 DM
Straßenbau	2 047 375	17 296 000 RM
		1 396 000 DM
Straßenbeleuchtung	17 296	5 500 000 DM
Trümmerbeseitigung		5 900 000 RM
		5 100 000 DM
Hausabbruch		2 100 000 RM
		1 600 000 DM
Brücken	6 200 000	1 100 000 DM

Der Wiederaufbau des Rathauses hingegen ist angegeben mit einer Million RM und 1,5 Millionen DM, also im Vergleich zu den anderen Ausgaben relativ niedrige Summen. Die hier aufgeführten Kriegsschäden belaufen sich auf 147 370 671 Reichsmark.

Zusammengerechnet ergeben die Wiederaufbaukosten bis 1950 an Reichsmark 204 067 000 Millionen und an DM 41 630 000 Millionen. Bei einem Jahreshaushalt von 145 Millionen RM 1947 (und 6,3 Millionen im außerordentlichen Haushalt) und 1950 125,8 Millionen DM mit 107 Millionen DM im außerordentlichen Haushalt, war dies eine außerordentliche Belastung. Es ist auch ersichtlich, daß längst nicht alle Kriegsschäden in der angesetzten Höhe bis 1950 hatten bereinigt werden können.

Wie sollte man an all die Opfer, das Unrecht, die Zerstörungen angemessen erinnern? Die Stadt Frankfurt hat sich bemüht, Aufträge für Erinnerungsmale zu vergeben, um das Gedenken an die Opfer des Krieges und des Widerstandes wachzuhalten oder – das schien vielfach nötig – überhaupt erst zu wecken. Unter diesen Denkmälern am bekanntesten geworden ist das an der Nordwestecke der Paulskirche, mit den Namen von 53 Konzentrations- und Vernichtungslagern und der eindrucksvollen Figur des gefesselten, knienden Gefangenen, der sich gleichwohl noch auflehnt. Professor Hans Wimmer, München, hat dies Mahnmal geschaffen, es wurde am 24. Oktober 1964 enthüllt. Oft wird hier ein Kranz angebracht, oder auch ein kleiner Blumenstrauß; nicht selten freilich sind derlei Zeugnisse des Gedankens dann vergessen und verwelkt. Auch in den Stadtteilen wurden Erinnerungsmale geschaffen, so die vier trauernden Gestalten, die 1964 auf dem Friedhof Höchst einen Ehrenplatz bekamen. Die Künstlerin ist die Frankfurterin Franziska Lenz-Gerharz (geb. 1922). Sehr schön und eindrucksvoll, leider selten aufgesucht, ist das Frankfurter NS-Opfermal im Hauptfriedhof, eine Hiob-Gestalt von Gerhard Marcks, auf einem Sockel sitzend in sich versunken, in herber, knapper Form. Dort ist auch ein Kriegs- und NS-Opferfeld angelegt worden, Gewann VII. Es wird an 1325 Opfer aus dem zweiten Weltkrieg erinnert, inmitten dieser Gräber befindet sich auch das von Oberstleutnant Erich Löffler, dem letzten deutschen Kommandanten von Frankfurt am Main 1945, der die Stadt der Zerstörung nicht weiter preisgegeben hat[100].

An die Zerstörung der Altstadt erinnert eine bronzene Rundplatte, die, statt aufrecht gestellt die Blicke auf sich zu ziehen, in den Fußgängerbereich vor dem Technischen Rathaus eingelassen worden ist. So überschreiten die Leute meist diese Erinnerung an die untergegangene Frankfurter Altstadt ohne aufzumerken. Der Text dieser gutgestalteten Tafel lautet:

»1939 Zur Erinnerung 1945. Zwischen dem 4. Juni 1940 und dem 24. März 1945 wurde Frankfurt von 33 Luftangriffen, zahllosen Störflügen und Tieffliegerangriffen heimgesucht. Tausende Tonnen Spreng- und Brandbomben zerstörten oder beschädigten vier Fünftel aller Bauten. Am 22. März 1944 löschte ein Großangriff den Altstadtkern völlig aus. Bei Kriegsende bedeckten 17 Mio cbm Trümmer die Stadt, die um 14 701 Gefallene und 5559 Bombenopfer trauerte.«

Diese Tafel ist 1978 von Oberbürgermeister Walter Wallmann enthüllt und von Willy Schmidt (geb. 1924), Frankfurter Bildhauer und seit 1972 Dozent an der Städelschule, entworfen worden. Sie wurde angebracht, nachdem das Geläut zur Erinnerung an den Verlust der Altstadt mit Halbmastbeflaggung in Frankfurt am Main, jeweils am 22. März, eingestellt worden war.

Es gibt im Stadtgebiet noch eine Reihe weiterer Denkmale zum Erinnern an eine schlimme Zeit und an verbrecherische Vorgänge. Vielfach werden bis in die jüngste Zeit hinein auch weitere Erinnerungstafeln gefordert, etwa für Sinti und Roma. Nicht immer stoßen solche Überlegungen auf allgemeine Zustimmung. Was immer noch fehlt, ist die Errichtung einer großflächigen Gedenkstätte für die nahezu

Trümmerbeseitigung in den Straßen und Baugebieten der Stadt Frankfurt durch das »Trümmerbähnchen« der Trümmerverwertungs-GmbH 1946

Am Mahnmal an der Paulskirche legen Oberbürgermeister Dr. Walter Wallmann und Stadtverordnetenvorsteher Hans-Ulrich Korrenke am 20. Juli 1977 einen Kranz nieder

zehntausend Frankfurter Juden, die während des Krieges deportiert und umgebracht worden sind. Ein Wettbewerb für einen Teil des Börsenplatzes, südlich des alten jüdischen Friedhofes wurde ausgeschrieben, die Realisierung der Gedenkstätte bis 1989 jedoch nicht erreicht. An die Börneplatz-Synagoge wird derzeit nur mit der alten, von den Amerikanern schon 1945 verlangten Tafel erinnert, noch dazu an falscher Stelle.

Bemerkenswert ist das Denkmal für den 20. Juli 1944, für den deutschen Widerstand überhaupt, das sich vor der Justizvollzugsanstalt für Frauen in Frankfurt-Preungesheim befindet und zugleich an die dort während des Krieges hingerichteten Widerstandskämpfer erinnert. Die hessischen Justizbehörden haben diesen Auftrag an den Bildhauer Professor Karl Hartung, Berlin, 1962 vergeben. Eine Schriftwand mit einem Text von Ricarda Huch ergänzt die zerrissene Gestalt.

Ricarda Huch, 1864 in Braunschweig geboren, wortmächtige Dichterin und Historikerin, und eine der wenigen, die 1933 sich nicht für die Preußische Akademie der Künste unter den Nationalsozialisten vereinnahmen ließ, kam im Herbst 1947 nach Frankfurt am Main und ist nach wenigen Wochen am 11. November 1947 gestorben[101]. Ihr Grab befindet sich in der Obhut der Stadt auf dem Hauptfriedhof, nahe dem des Oberbürgermeisters Willi Brundert. Ricarda Huch reiste 1947, geschwächt von Krankheit und Mangelernährung, nach Frankfurt zu Tochter und Schwiegersohn, Professor Heinz Böhm. Sie kam direkt vom ersten Schriftstellerkongreß in Berlin, 5. Oktober 1947. Als Ehrenpräsidentin hatte sie dort – frei sprechend – eine alle Anwesenden beeindruckenden Rede gehalten, in der sie bei aller Verurteilung der NS-Zeit doch auch aus der deutschen Geschichte Mut und Zuversicht zu vermitteln suchte. Bei diesem Kongreß übergab sie dem Schriftsteller Günther Weisenborn die Materialien, die sie über den deutschen Widerstand gesammelt hatte. Er hat dies Vermächtnis übernommen und sein Buch veröffentlicht – »Der lautlose Aufstand«[102]. Wenn es Ricarda Huch noch vergönnt gewesen wäre, ihr Werk zu vollenden, wäre dies wohl mehr als ein sorgsamer Bericht geworden, ein ergreifendes Buch und Zeugnis für alle Zeiten. Folgenden Aufruf hatte die Dichterin Ende 1946 in der deutschen Presse veröffentlicht:

»Aus unserer Mitte sind böse, brutale und gewissenlose Menschen hervorgegangen, die Deutschland entehrt und Deutschlands Untergang herbeigeführt haben. Sie beherrschten das deutsche Volk mit einem so klug gesicherten Schreckensregiment, daß nur Heldenmütige den Versuch, es zu stürzen, wagen konnten.
So tapfere Menschen gab es eine große Anzahl unter uns. Es war ihnen nicht beschieden, Deutschland zu retten; nur für Deutschland sterben durften sie; das Glück war nicht mit ihnen, sondern mit Hitler. Sie sind dennoch nicht umsonst gestorben.« ... »Ich habe es mir zur Aufgabe gemacht, Lebensbilder dieser für uns Gestorbenen aufzuzeichnen und in einem Gedenkbuch zu sammeln, damit das deutsche Volk daran einen Schatz besitze, der es mitten im Elend noch reich macht. Dazu bedarf ich der Hilfe vieler, an die ich mich bittend hier wende«[103].

Zu den Kriegsfolgen gehörte auch, die Beziehungen zu den in die Emigration Getriebenen zu pflegen, worum sich die Stadt Frankfurt seit langem aufmerksam bemüht, seien sie nun aus politischer Überzeugung oder als rassistisch Verfolgte seinerzeit aus Frankfurt emigriert[104]. Besonders zu der letzten Gruppe gehörten überwiegend die »kleinen Leute«, die sich meist erst ganz spät, nach der Synagogenverbrennung am 9. November 1938, oder gar erst nach Kriegsbeginn, um Auswanderungsmöglichkeiten in irgendein Land bemühten. Es ist ein besonderes Verdienst des Oberbürgermeister Walter Kolb gewesen, daß er – trotz der in fast jeder Beziehung desolaten Zustände in der Stadt Frankfurt am Main – zum ersten Jahreswechsel nach seiner Wahl, also 1946 auf 1947, über den Rundfunk einen Aufruf zur Heimkehr an die ehemaligen Frankfurter jüdischen Bürger richtete[105]. Die schriftliche Resonanz auf diese Rundfunkansprache ist bemerkenswert und äußerst unterschiedlich.

Da beschimpfte ein Frankfurter Bürger den Oberbürgermeister auf offener Postkarte wegen des Aufrufs »Es tät mer leid als Frankforder, widder so viele Jidde dort zu sehen!«[106].

Dann schickte jemand ein gutgemeintes Gedicht:

> »Jude und Christ.
> Wo Lieb mit Liebe sich verband!
> Wo Seele sich zu Seele fand!
> Gemeinsam schaffend Hand in Hand,
> zum Segen für das deutsche Land.«

Nach allen Ereignissen sind dies Zeilen von unwillentlich fast grausamer Ironie, die gleichwohl einen neuen Anfang setzen wollten.

Flüchtlinge beschweren sich, daß es ihnen noch an allem fehle, der Oberbürgermeister solle lieber Propaganda für die Rückgabe der Ostgebiete machen: »Dann haben wir wieder Brot und Arbeit, vor allem Kohle und Kartoffeln.«

Aber auch von jüdischer Seite war die Resonanz unterschiedlich: »Angesichts der Behandlung, die die zurückgekehrten Juden in der Praxis erfahren haben«, meinte Fritz Uhlmann am 2. Januar 1947, hätte der Oberbürgermeister besser geschwiegen. Er beklagte sich, daß es an allem Mobiliar fehle, Ernährung, Heizung und Wohnung nicht in Ordnung seien. Ähnlich reagierte ein Gewerkschafter, Jude, Mitarbeiter in der Landesgewerkschaft Banken und Versicherungen. Er warnte schon am 31. Dezember 1946, nicht so sehr wegen der »materiellen Schwierigkeiten«, als vielmehr wegen der »heutigen Mentalität der deutschen Bevölkerung, bis weit in die Kreise unserer Partei und Gewerkschaftsbewegung hat das deutsche Volk nur eine Reue. Die Reue, den Krieg verloren zu haben, und kennt nur noch ein Mitleid, das Mitleid für sich selbst.« Er kenne viele, die diese Ansicht teilen; und so warne er alle, die bei ihm anfragten, vor einer eventuellen Rückkehr. So möge der Herr Oberbürgermeister »im Interesse der jüdischen Menschen die Juden nicht mehr auffordern, nach Deutschland zurückzukehren«, da sie nur »eine zweite Enttäuschung erleben würden.«

59

Ganz entgegengesetzt bedankt sich die jüdische Betreuungsstelle der Stadt Frankfurt am Main – gewiß nicht ganz uneigennützig – besonders herzlich für die »von hohem sittlichen Verantwortungsgefühl getragenen Worte« des Oberbürgermeisters. Als erste Aufforderung von verantwortungsbewußter Seite, »dem Oberhaupt der alten und traditionsreichen Stadt Frankfurt«, wirke dieser Aufruf ermutigend und erwecke bei allen hier und im Ausland lebenden Juden »Hoffnung auf eine bessere und segensreichere Zukunft in einem demokratischen Deutschland.«

Die unterschiedlichen Stellungnahmen spiegeln nur die reale Situation, daß nämlich die Katastrophe, die die deutschen Juden als erste betroffen hatte, bei den Überlebenden zu ganz verschiedenen Reaktionen führte. Emigranten hatten offensichtlich über dieses Problem intensiv nachgedacht. Das geht aus einem längeren Schreibmaschinenmanuskript hervor, das, eigentlich an Kardinal Faulhaber gerichtet, aber auch passend zu dem Aufruf des Frankfurter Oberbürgermeisters, am 25. Juli 1947 an Walter Kolb von einer Frankfurterin geschickt worden ist. Emma Heymann schrieb dazu, dies sei die »Antwort eines Anverwandten auf Ihre Radio Ansprache: Juden sollen wieder nach Deutschland zurückkehren.«

Der Verfasser des Manuskripts lebte in Buffalo, N.Y. und heißt Jacob Slutzki. Er unterzeichnete – bitter – als »Sträfling aus dem Buchenwalde«. Der Titel der Schrift: »Warum wir nicht zurückgehen können.«[107] Eingangs wird geschildert, was kennzeichnend genug ist, der erste und letzte Tag im Konzentrationslager Buchenwald mit allen schrecklichen Erlebnissen, auch weil »die Art und das Ausmaß der an den Juden begangenen Verbrechen für die meisten unbekannt« noch sein dürfte. Die Welt werde entweder durch das Prinzip Liebe oder durch den Haß regiert. Weil nun Juden gesehen haben, »welche verheerende Wirkung der Haß auf die Träger dieses Gefühles ausüben« könne, würden Juden keinen Haß gegen die Deutschen hegen. »Vermehren Sie nicht noch unser Leiden, wenn Sie uns zurückrufen. Sie helfen uns nicht.« Denn ein »furchtbares Geschick hat die Juden in Deutschland ereilt. Nun ist ein kleiner Rest von den Millionen übrig geblieben. Dieser Rest wird und will leben. Aber um als normale Menschen leben zu können, müssen wir unsere furchtbaren Erlebnisse vergessen können. Aber wir können es nicht vergessen in Deutschland, wo fast jede Stadt und jedes Dorf uns an die ermordeten Väter, Mütter, Kinder, Frauen und Freunde erinnert. Hier begegnen wir auf Schritt und Tritt Menschen, die an diesen Morden in der einen oder anderen Weise teilgenommen haben oder die Morde gutgeheißen haben. In Deutschland können wir das Schreien der Ermordeten nicht vergessen. Dort klingt in unseren Ohren das Lied der jüdischen Kinder: ›Gott mach unsere Herzen rein‹, gesungen auf dem Wege zur Gaskammer.«

Die Akten geben auch Aufschluß darüber, wie schwierig es tatsächlich gewesen ist, wenn einer der deutschen Emigranten in den frühen Nachkriegsjahren zurückkommen wollte. Eine Zuzugsgenehmigung, auch die Erlaubnis der Militärregierung waren nötig – selbst bei einem Mann wie Dr. Richard Merton. Rückgabe der deutschen Staatsangehörigkeit verlangte viele Schreiben zwischen Shanghai, Australien oder wo immer und Frankfurt am Main[108]. Wenn jemand dann tatsächlich zurückkam, half die Stadtverwaltung schon, so gut es ging, oft zunächst mit Unterbringung im vormaligen jüdischen Krankenhaus in der Gagernstraße, das allerdings bombenbeschädigt war. Zumindest die materiellen Voraussetzungen wurden im Laufe der Jahre besser, aber nicht jeder wollte seinen Wohnsitz nach Frankfurt verlegen. So schrieb aus Basel am 16. Juni 1950 Baron Alexis von Goldschmidt-Rothschild an Oberbürgermeister Kolb, den er offensichtlich kurz vorher an einem dritten Ort getroffen hatte: »Es freut mich, daraus zu ersehen, daß die Juden in Frankfurt wieder eine offene Tür finden werden.« Er aber wolle bleiben, denn die neue Heimat habe ihm in der schweren Zeit Staatsbürgerschaft und Asyl gewährt. Er freue sich, bei einem Besuch in Frankfurt mit Oberbürgermeister Kolb zusammenzutreffen. »Es liegt mir viel daran, daß die Grundlagen in Deutschland und insbesondere in Frankfurt für eine gesunde und natürliche Entwicklungsmöglichkeit der Juden gelegt werden, aber ohne dabei gegenüber dem Publikum ein allzugroßes Aufsehen zu erregen.« Er sei der Meinung, »daß wir durch Bescheidenheit und stille, fleißige Arbeit und vor allem ohne Hervorhebung irgendwelcher Unterscheidung diesem Ziel am besten dienen.«[109] Ob diese Anmerkung des Benutzers eines vorzüglichen Büttenpapiers mit eingedrucktem Wappen eine kleine Spitze gegen die überschwengliche Einladung des Frankfurter Oberbürgermeisters gewesen ist? Bei dieser Überlegung sei jedoch angemerkt, daß Walter Kolb sich in seinen Briefen in diesem diffizilen Bereich durch Sensibilität ebenso wie auch durch unbürokratische Herzlichkeit auszeichnete.

Erfolg hatte der Oberbürgermeister mit seinen wiederholten Schreiben, »in die Heimat zurückzukehren«, bei Professor Dr. Friedrich Dessauer (1881–1963), dem früheren Frankfurter Stadtverordneten (1919–1924) und Reichstagsabgeordneten des Zentrums, Professor für physikalische Grundlagen der Medizin und berühmt wegen seiner Forschungen auf dem Gebiet, sowie im Bereich Atomphysik und Strahlentherapie. Professor Dessauer meldete sich am 5. September 1953 aus seiner soeben bezogenen Wohnung Stresemannallee 36 als »Heimgekehrter in die alte Stadt und Heimat Frankfurt am Main, in der ich in früheren Jahren arbeitsreiche und vielfach beglückende, dann auch tragische Perioden durchlebt habe.« Oberbürgermeister Kolb dankte, schickte eine Originalgraphik als Geschenk der Stadt und veranlaßte, daß Professor Dessauer auf die Einladungsliste der Stadt gesetzt wurde. Dessen Dankschreiben ist ein bemerkenswertes Zeugnis für einen wohl doch gewandelten Geist in der Stadt Frankfurt am Main. Im Brief Dessauers vom 26. September 1953 ist zu lesen:

»Ich danke Ihnen für die Wärme Ihrer Worte. Seit meiner Rückkehr finde ich von allen Seiten so viel Freundschaft, Wohlwollen, Hilfsbereitschaft in der alten Heimat, daß ich davon tief berührt bin und mir wünschen möchte, daß ich in meinen alten Tagen noch das eine oder andere gute Werk tun kann. Ich wandere jetzt täglich die alten Wege, staune über die Dynamik des Wiederaufbaus. Überall begrüßen mich Bekannte und erzählen mir von ihren Schicksalen. Frankfurt scheint mir in die Atmosphäre seiner alten, gutartigen, bürgerlichen

Tradition, seiner Liebe zum Menschlichen, Guten, Redlichen und Schönen und zur Wissenschaft wieder hin zu münden. Ich glaube, das ist zu einem erheblichen Teil auch Ihr Werk.

In herzlicher Verbundenheit
Ihr sehr ergebener Friedrich Dessauer«[110]

1.5. Pläne zum Wiederaufbau

Aus Nairobi in Kenia schrieb am 22. Juni 1947 Ernst May einen Antwortbrief an Stadtrat Eugen Blanck, der in Frankfurt am Main das Dezernat Planung und Bauen verwaltete. May war durch seine Vorortbauten in Frankfurt in den Zwanzigerjahren berühmt geworden, besonders durch die Siedlung »Römerstadt«, die den Krieg fast unbeschädigt überstanden hatte. Er freue sich, daß Blanck »heil aus dem allgemeinen Debacle herausgekommen« sei, und daß er jetzt in Frankfurt am Main mit Werner Hebebrand zusammenarbeite. »Es muß ja ungeheuer schwierig sein zu planen, wenn man noch gar nicht weiß, was aus unserem Lande werden wird.« Er sei recht pessimistisch, was die allgemeine Weltlage angehe. Im übrigen halte er von den Plänen, das Goethehaus wieder »naturgetreu« aufzubauen, gar nichts, »wie ich jeden Versuch, Vergangenes mechanisch wieder aufzubauen, als eines starken Volkes unwürdig ablehne«. Stattdessen wäre eine würdige Gedenkhalle mit einem Modell des alten Goethehauses und alljährliche Theateraufführungen von Goethes Werken durchaus vorzuziehen. Es »komme darauf an, daß die Kräfte, die aus unserer Zeit heraus schaffen wollen, sich allgemein in Deutschland durchsetzen«. May schrieb weiter, daß er zu der Tagung des Verbandes für Wohnungswesen und Städtebau im August nicht nach Frankfurt kommen könne, weil dies zu teuer sei, auch weil er zuviel zu tun habe. Aber er wolle zurückkehren, sobald er wisse, »daß ihn in Deutschland Aufgaben erwarten, die die Rückkehr rechtfertigen«[111]. Bekanntlich ist Ernst May nach einiger Zeit zurückgekommen. In Frankfurt am Main hat er allerdings kein Tätigkeitsfeld mehr finden können. Angemessenes Verhalten war die Nichtachtung in Frankfurt wohl kaum.

Kurz vor diesem Briefwechsel mit dem Emigranten Ernst May hatte der Magistrat in seiner Sitzung am 29. Mai 1947 einen wichtigen Tagesordnungspunkt als einzigen zu behandeln: »Gegenwärtiger Stand der Stadtplanung«[112]. Baudirektor Werner Hebebrand erstattete Bericht. Er vertrat die These, daß Frankfurt am Main trotz aller Zerstörungen eine größere Rolle spielen werde als vor dem Krieg, vor allem wegen der Lage und der sich daraus ergebenden Verkehrsverbindungen. Auf diesen Punkt legte er denn auch den größten Wert, obgleich er erklärte, die Gesamtplanung müsse wegen der Unsicherheiten der Zukunft sehr flexibel sein.

So ist möglicherweise von Beginn der Wiederaufbauplanung an dem Aspekt Verkehrsplanung eine allzu große Präferenz beigemessen worden. Andererseits ist nicht von der Hand zu weisen, daß angesichts einer weitgehend zerstörten Innenstadt die Verkehrsverbindungen aus vielerlei Gründen doch das zunächst zu Klärende waren. Die Stadtgestaltung insgesamt eingehend zu planen, wie theoretisch immer gefordert, verbot sich offensichtlich gerade wegen der Kriegszerstörung und dem Erfordernis, rasch zu Lösungen zu kommen.

Der Baudirektor erwähnte, nur in sehr groben Zügen, die Notwendigkeit einer Nord-Süd- und Ost-West-Verbindung und möglichst auch noch eines »Inneren Ringes« – etwa in der Gegend der Fichard-Straße im östlichen Westend. Es war klar, daß diese offenbar vor 1945 geborene Idee eines Durchbruchs in Wohngebieten überhaupt nicht angehen konnte. Einen äußeren Ring zu schaffen, in entsprechendem Abstand zu den großzügigen Ringstraßen aus der Adickes-Zeit um 1900, ist leider nicht erörtert worden. Diese Lösung hätte viele spätere Probleme ersparen können.

Immerhin war bereits ein Wettbewerb ausgeschrieben, für den nach der Mitteilung des Baudirektors 134 Entwürfe eingegangen waren. Auch hierbei war im wesentlichen nach den Hauptverkehrszügen in der Innenstadt gefragt worden. Ende Juni 1947 sollte das Preisgericht zusammenkommen. Allerdings gab es Schwierigkeiten durch die Arbeitsbedingungen der Bauverwaltung. Die Prüfung der vielen eingehenden Baugesuche müsse möglichst rasch erfolgen, um die private Initiative nicht zu hindern. Dabei fehle es aber an Personal, und von den 400 Architekten in Frankfurt, die man um Hilfe gefragt habe, hätten sich gerade zwei gemeldet. Es fehle auch an Raum, »man habe zur Zeit keine Möglichkeit, einen größeren Stadtplan aufzuhängen oder Modelle aufzustellen.«

Abschließend schlug Hebebrand vor – und dies war gewiß angesichts der Situation in der Stadt eine absolut richtige Überlegung – sich auf wenige Punkte zu beschränken, nämlich wiederaufzubauen »Römer, Dom, Karmeliterkloster, Dominikanerkloster, Paulskirche und Mainansicht«. Die Aufzählung allein zeigt, daß in der Innenstadt fast alle großen Gebäudekomplexe zerstört waren und die gesamten Altstadthäuser in den engen Gassen noch dazu.

»Eine Wiederherstellung der Altstadt, wie sie gewesen sei, werde nicht mehr in Frage kommen«, meinte Hebebrand. Diese Ansicht ist später oft bestritten worden, etwa im Blick auf die Wiederaufbauleistungen in polnischen Städten, z. B. Warschau. Gleichwohl war die Überlegung angesichts der großen Bombenschäden und der widrigen Zeitverhältnisse doch wohl richtig, sie ist auch von keinem der Magistratsmitglieder in Frage gestellt worden. Die Diskussion ging vielmehr um drei wichtige Punkte: möglichst rasch Wohnraum zu schaffen; die Verkehrsführung festzulegen; und auch um baurechtliche Sicherheit zu erreichen. Für die Verbesserung der Wohnraumversorgung wurde vorgeschlagen, eine Bauberatung einzuführen und die Bausperrgebiete so knapp wie möglich zu halten. Eben deswegen war die Festlegung der Verkehrsführung notwendig. Bemerkenswert in dem Vortrag des Baudirektors Hebebrand war noch der Hinweis, daß es dringlich sei, den Hauptgüterbahnhof zu verlegen, »der stark in die Stadt hineinschneidet«, freilich ginge dies erst, wenn im Osten ein größerer Verschiebebahnhof gebaut sein würde.

Bekanntlich hat sich die Verlegung des Güterbahnhofs nicht ergeben, obgleich der Platz dringend gebraucht würde oder durch eine Anbindung vom Kopfbahnhof her andere äußerst teure Lösungen, die seit den 1980er Jahren diskutiert werden, sich erübrigen könnten. Diese Angelegenheit ist ein Beispiel dafür, daß mancherlei Lösungen in der Stadtplanung sich eben über Jahrzehnte hin nicht erreichen lassen, so sinnvoll sie auch sein mögen.

In der Magistratssitzung stimmte insbesondere Stadtrat Miersch den Überlegungen Hebebrands zu, allerdings müsse als »Kernstück der Planung« zunächst das Verkehrswegenetz beschlossen werden, »alles übrige in städtebaulicher Gestaltung sei zunächst von untergeordneter Bedeutung.« Daneben sei die wichtigste Aufgabe der Wiederaufbau der leicht und schwerer beschädigten Gebäude. Als weitere Argumente für den Vorrang der Verkehrsplanung wurde angeführt: die Bausperrgebiete zu reduzieren; die anderen Ämter müßten Bescheid wissen, um »das Gerippe des künftigen Stadtbildes zu kennen«; schließlich sei der Grundstücksmarkt bereits in heftiger Bewegung und große Umsätze würden getätigt. Auch wegen der Bodenordnung sei eine Klarstellung erforderlich, und die Trümmerbeseitigung müsse auch wissen, welche Häuser dem Abbruch verfielen, welche Keller bestehen bleiben sollten, wo weggefahren und aufgeschüttet werden solle. Nicht zuletzt müsse man wissen, was der Neuaufbau koste. Stadtrat Georg Treser als Leiter der Stadtwerke betonte, daß bald Klarheit für den Neuaufbau nötig sei. Des weiteren sprach er von einem neuen Kraftwerk, das im Osthafengebiet zu bauen wäre, sowie über die Fernheizung und erwog bereits Hochhäuser, und zwar an Eckpunkten der Zeil und Kaiserstraße. Hierzu fehlten allerdings noch gesetzliche Voraussetzungen.

Um die gesetzlichen Voraussetzungen ging es dem ehrenamtlichen Stadtrat Dr. Karl Rasor, ob nämlich die gesetzlichen Bestimmungen ausreichen für die Grundstückumlegungen. Hierzu antwortete Stadtrat Miersch mit einem klaren nein. Man sei mit diesem Problem seit Sommer 1945 befaßt, und natürlich sei es der Verwaltung am liebsten, wenn ein freiwilliger Tausch zustande käme. Ähnlich wie seinerzeit mit der Lex Adickes habe man einen Gesetzesentwurf für die Zusammenlegung der vom Krieg zerstörten Liegenschaften aufgestellt, diesen im hessischen Städteverband beraten und sei dort unterstützt worden, was gegenüber der Stadt Frankfurt gewiß nicht unüblich gewesen ist. Dann sei man in Wiesbaden vorstellig geworden. Von Ministeriumsseite sei der Entwurf kurzerhand abgelehnt worden, werde aber im Rechts- und Kommunalpolitischen Ausschuß des Landtags weiter beraten. Man strebe ein für ganz Deutschland einheitliches Gesetz zum »Wiederaufbau« der zerstörten Städte an, es gäbe auch schon Kontakte mit der englischen Zone.

Weiter wurde in dieser Magistratssitzung nichts zu den Rechtsproblemen erörtert, wohl aber dann in der Stadtverordnetenversammlung. Das Gesetz hat es nur für Hessen als »Aufbaugesetz« 1948 gegeben. Außerdem galten Bestimmungen des Kontrollrates der Besatzungsmächte, so daß man sich in der Stadt Frankfurt mit diesem zwiespältigen Zustand geholfen hat. Nach ähnlichem Prinzip und ohne striktes Halten an das Baurecht hatte in den zwanziger Jahren auch Stadtrat May in kürzester Zeit mehrere Wohnsiedlungen fertiggestellt, was sonst kaum möglich gewesen wäre. So jedenfalls hat nach Jahrzehnten ein Mitarbeiter berichtet. Und dies wußte man wohl in der Frankfurter Bauverwaltung auch noch nach 1945.

Daß ansonsten nicht allzuviel Kontinuität in der Bauverwaltung blieb, dafür sorgte Stadtrat Miersch. Der zuständige Dezernent unter Oberbürgermeister Krebs, also bis 1945, Stadtrat Wilhelm Arntz, versuchte nämlich seine Planungsarbeiten auch nach Kriegsende und nach seiner offenbar bald wegen Parteizugehörigkeit erfolgten Entlassung noch einzubringen. In diesem Zusammenhang stellte sich heraus, daß auch während des Krieges eine ganze Reihe von Planern mit Wiederaufbauplänen befaßt gewesen sind, sicher alle u.k. (unabkömmlich) gestellt. So fand noch am 22. Juli 1944 in Trier eine Besprechung zum Wiederaufbau westdeutscher Städte statt, an der Arntz und Stadtrat Dr. Peter Müller teilnahmen. Noch am 22. Januar 1945 hatte Gauleiter Sprenger in Frankfurt Fachleute zu diesem Thema versammelt[113].

Nach Durchsicht der von Stadtrat Arntz hinterlassenen Unterlagen entschied Stadtrat Miersch am 20. November 1945, es sei nichts Beachtliches dabei und »daß mit der Planungsweise des Herrn Arntz Schluß gemacht werden muß«[114]. Diese vormaligen Planungen scheinen recht rigoros gewesen zu sein, z. B. rührte daher die Vorstellung eines »Inneren Ringes«, der eben durch die Wohngebiete zu legen gewesen wäre.

Es ist ein bemerkenswertes Verdienst von Oberbürgermeister Blaum, gleich mit seinem Amtsantritt am 4. Juli 1945, ja noch vorher als Stellvertreter des amtierenden Bürgermeisters Wilhelm Hollbach, sich um Probleme des Wiederaufbaus der Stadt gekümmert zu haben. Zum Beispiel fand in der – bereits 24. – Amtsleiterbesprechung das Thema »Wiederaufbau der Stadt« mit längeren Ausführungen von Blaum statt, am 22. Juni 1945, in Anwesenheit des amerikanischen Verbindungsoffiziers, Oberstleutnant Sheehan. Wenige Tage später beantwortet Blaum am 6. Juli 1945 Fragen des Military Government und kündigt bereits hier an, wie eventuell die 10000 cbm Trümmermassen in Frankfurt zu beseitigen und zu verarbeiten wären. »Diese dem Wiederaufbau nutzbar zu machen, ist unsere Aufgabe. Ein Abfahren auf Halden außerhalb der Stadt ist unmöglich. Wir wollen den gesamten Schutt in neue Baustoffe verarbeiten.«[115]. So war es Oberbürgermeister Blaum, unter dessen Regie die für Frankfurt so wichtig gewordene Trümmerverwertung in Gang gebracht wurde. Auch die Trümmerbahn war schon anvisiert, denn Blaum berechnete, wieviele Lastwagen sonst notwendig wären und daß natürlich der Treibstoff hierfür fehle.

Schließlich wurde in diesem Bericht noch auf die Wohnungssituation verwiesen, es sind die oft genannten Zahlen: bis 1943, bis zu den ersten ernsten Fliegerangriffen, gab es in Frankfurt 177600 Wohnungen. Zur Zeit seien es 44000 unbeschädigte, 53000 zum Teil schwer beschädigte Wohnungen. Zum Wiederaufbau fehle es an Material und an Leuten. Eine Liste von Baustofflieferanten wurde angefügt, indirekt eine Bitte, dort für Materiallieferungen zu sorgen.

Erstaunlich sind die Angaben zur wachsenden Einwohnerzahl in der so arg zerstörten Stadt: Blaum erklärte, es seien schätzungsweise 282 000 Menschen in der Stadt und im letzten Monat – Juni 1945 – seien in jeder Woche 5000 Menschen zugezogen! Dies war wohl auch ein Wink mit dem Zaunpfahl und eine verkappte Aufforderung zu Lebensmittellieferungen, der die Amerikaner auch weit eher nachkamen, als andere Besatzungsmächte, zumal sie die für die Truppe benötigten Lebensmittel sämtlich aus USA bezogen[116] und nicht dem besetzten Gebiet entnahmen.

Am 10. Juli nahm Oberstleutnant Sheehan selbst das Wort zum Thema »Wiederaufbau der Stadt«. Die Bauverwaltung erstellte bald Materialien, z. B. ein Merkblatt für Architekten »Über die Ausführung von Wiederherstellungsarbeiten«. Es wurde eine Genehmigungspflicht für Bauarbeiten eingeführt und eine Dringlichkeitsliste erarbeitet. Danach wurde in Frankfurt am Main auch mit bemerkenswertem Erfolg verfahren. Zu beginnen war, so wurde bereits am 14. August 1945 festgelegt, mit der Wiederherstellung größerer, fünf- oder sechstöckiger Mietgebäude. Dies alles gehörte zu einer »Notstandsaktion 1945 für Wohnungen« und dazu gehörte auch die Ermunterung zur Selbsthilfe der Bevölkerung. Damit ist viel erreicht worden, von 2010 wiederhergestellten Wohngebäuden ist die Rede. Im Juni 1945 trat bereits ein Fachmann, Maler und offenbar Fotograf, mit längerem Schreiben an den Magistrat heran, um »Photographische und künstlerische Festhaltung des Zustandes der Frankfurter Innenstadt und des Wiederaufbaus« anzuregen, was den Stadträten auch einleuchtete[117].

Im September 1945 ist ein Bürgerrat einberufen worden. In einer der ersten Sitzungen am 4. Oktober 1945 berichtete Oberbürgermeister Blaum zunächst über die Wiederaufbau-Fortschritte, die sich im Vergleich zu anderen Städten durchaus sehen ließen, insbesondere auch wegen der bürgerschaftlichen Selbsthilfe. Von den 53 000 beschädigten, aber bewohnten Wohnungen seien fast ein Viertel wiederhergestellt. Von den Brücken seien zwar nur zwei – Wilhelmsbrücke und Untermainbrücke – auf längere Sicht für Fahrverkehr geeignet, deren provisorische Wiederherstellung habe bereits fast eine Million Reichsmark gekostet. Alle anderen Brücken kämen erst später dran. Am wichtigsten war der in nicht öffentlicher Sitzung verhandelte Punkt: die Gründung einer »Trümmerverwertungs-GmbH« für Transport und Aufbereitung des Bauschutts. Der Vertrag sei bereits abgeschlossen, die Stadt hatte 51 Prozent und den Rest »drei große erstklassige Fachfirmen.«

Einige Zeit nach der ersten Kommunalwahl nach dem Krieg – sie war am 26. Mai 1946 – begann auch das Stadtparlament sich in die Überlegungen zum Wiederaufbau einzuschalten. Das schien bei dieser gänzlich neuen Materie nur langsam voranzugehen. Oberbürgermeister Kolb hatte nach seiner Amtsübernahme am 1. August 1946 wohl auch sehr viel andere Gebiete gleichzeitig zu bearbeiten, nicht zuletzt die gerade begonnene Trümmerverwertung populär zu machen. Dies geschah mit der Propagierung des »Bürgereinsatzes zur Enttrümmerung Frankfurts« ab Oktober 1946. Die Weichen dazu waren bereits gestellt, aber die geschickte Art des neuen

Oberbürgermeister
Walter Kolb
beim Bürgereinsatz

Oberbürgermeisters, die Bevölkerung anzusprechen, bewirkte den nachhaltigen Erfolg. Arbeitskräfte wurden freilich immerfort gesucht und waren schwer zu bekommen, bei den vielen Baustellen einerseits und der geringen Ernährung auf Lebensmittelkarten andererseits.

Anscheinend war es nicht zuletzt das Drängen aus der Stadtverordnetenversammlung, insbesondere des CDU-Stadtverordneten Hans Schmorl, was die Behandlung der Pläne für den Wiederaufbau nun auch in den städtischen Körperschaften vorantrieb. So beschloß die Stadtverordnetenversammlung am 20. Januar 1947 einen Bericht des Magistrats zu etlichen Fragen anzufordern. Man wollte wissen, wieweit die Verhandlungen mit der hessischen Regierung in Wiesbaden um das »Baulenkungsgesetz« gediehen seien – ob Wiesbaden der Stadt Frankfurt ausreichend Baumaterialien zuteile, ob Bauleute von anderen Arbeitsämtern zugeteilt werden könnten und wie es mit deren Verpflegung bestellt sei, wie man Schwarzbauten verhindern könne und wieweit die Trümmeraufbereitungsanlage gediehen sei.

Diese Kette von Fragen läßt etwas spüren von der Dynamik des Wiederaufbauwillens in der Stadt Frankfurt und zeigt die damaligen Schwierigkeiten. Richtlinien für den Wiederaufbau allerdings sind nicht zu erkennen.

Noch viel länger ist die Fragenliste, die am 14. April 1947 als Beschluß der Stadtverordnetenversammlung an den Magistrat ging. Hierbei handelte es sich fast ausschließlich um Rechtsprobleme höchst komplizierter Art. Zum Beispiel wollten die Stadtverordneten wissen, auf welcher Rechtsgrundlage eigentlich die Bautrümmer enteignet worden seien, ob es eine Haftpflicht bei eventuellem Einsturz gäbe, wem die Trümmer nach der Bearbeitung durch die T.V.G. (Trümmerverwertungs-Gesellschaft) gehörten. Brisant war schließlich die Frage sechs: »Welche gesetzlichen Möglichkeiten bestehen für eine Enteignung von zerstörten oder noch bestehenden Gebäuden und den dazu gehörigen Grundstücken.« Damit verbunden waren Probleme der Entschädigung und der steuerlichen Veranlagung. Der Magistrat antwortete ziemlich ausführlich nach einigen Wochen, wobei sich zeigte, daß die Rechtsgrundlagen sehr auslegungsfähig waren. So heißt es: Die Trümmerbeschlagnahme-Anordnung vom 20.12.1945 beruhe auf dem Reichsleistungsgesetz. Beschlagnahmt seien alle Gebäudetrümmer in Frankfurt am Main. Was unter diesem Begriff zu verstehen war, sei Auslegungsfrage. Durch Verwaltungs-Anordnung wurde bestimmt, daß als Gebäudetrümmer auch noch stehende Gebäudeteile galten, sofern die Gebäude mehr als 70 Prozent zerstört waren. Es zeigte sich also, daß die Frankfurter Stadtverwaltung die Möglichkeiten, die die Übergangszeit ihr offen ließ, sehr weit zugunsten der Stadt ausgelegt hat und dementsprechend verfahren worden ist. Die Trümmer, und so auch die Bausteine nach der Bearbeitung, gingen einfach in den Besitz der Stadt über. Haftpflicht gab es auch nicht und von Entschädigung konnte zu diesem Zeitpunkt noch keine Rede sein. Die Verwaltung stellte weiter fest, die bisherigen Gesetze, einschließlich der Lex Adickes, seien »für die städtebauliche Neubauordnung zerstörter Städte ungeeignet. Es bedarf des Erlasses eines Aufbaugesetzes.« Hierfür liege ein Entwurf in Wiesbaden ja schon vor und ähnlich auch in anderen Ländern. Alle diese Gesetze sähen Entschädigungen vor, aber nach der Veranlagung der Grundstücke – wie auch für die Steuer – entsprechend dem Wert vom 1. Juli 1914. Die öffentliche Hand könne bis auf weiteres verlorene Zuschüsse aus Mangel an Finanzkraft überhaupt nicht leisten.

Noch ein anderes Thema lag den Stadtverordneten am Herzen und wurde mehrfach vorgetragen – aber vor der Währungsreform ohne Erfolg. Es ging um die Wohnungsbauförderung, insbesondere auch im Zusammenhang mit der bizonalen Verwaltung in Frankfurt am Main. So wurde am 26. Februar 1948 daran erinnert, daß das bizonale Bauprogramm für 1500 private Wohnungen ins Stocken geraten sei[118]. Der Magistrat möge sich im »Rahmen des Zweizonen-Bauprogramms« darum kümmern, was allerdings nur die Antwort vom 22. Juni 1948 einbrachte: »daß vor der Währungsreform die Materialeingänge derart schleppend gewesen sind, daß die laufenden Baustellen nur mit großer Mühe aufrecht erhalten werden könnten.« Sobald sich das ändere, werde man berichten.

Nach der Währungsreform jedoch fehlte es an Krediten, wie der Stadtverordnetenversammlung am 13. Januar 1949 berichtet wurde. Auf den Antrag um ein Finanzierungsprogramm für private Wohnungswiederherstellung erfuhr das Stadtparlament, daß die weniger beschädigten Wohnungen inzwischen von den Besitzern selbst wiederhergestellt worden seien, und für die Wohnungsbauförderung ansonsten fehle es an finanziellen Mitteln[119].

Bei fehlenden Krediten konnte sich die Großstadt Frankfurt am Main nicht so helfen, wie das von dem später eingemeindeten Ort Harheim berichtet worden ist[120]. Zur Wohnungsförderung hatte der ehrenamtliche Bürgermeister den Mut, große Teile des Gemeindeholzes zu verkaufen und aus dem Gewinn Mittel für den Neubau von Häusern zuzuteilen. Der Gemeindewald im Taunus gehörte dieser wie den Nachbargemeinden seit alters her und ist im Hohemark-Verband zusammengefaßt. Durch den Holzverkauf in den Nachkriegsjahren konnte die Gemeinde Harheim ihre Einwohnerzahl verdoppeln, weil Neubauten bereitstanden.

Bis zur Währungsreform war nicht Geld das eigentliche Problem, sondern viel mehr noch der Mangel an Arbeitskräften und Baumaterialien. Die erste Zeit nach der Währungsreform war dann beinahe eine umgekehrte Situation. Es hat sich in Frankfurt am Main bewährt, daß trotz aller Schwierigkeiten schon lange vor der Währungsreform mit viel Elan wenigstens an die Planungsüberlegungen herangegangen worden ist, und daß einzelne Bauvorhaben bereits ausgeführt werden konnten. Um 1950 gab es dann auch den ersten und sehr überzeugenden Erfolgsbericht der Stadt, die ihre Einwohnerzahl trotz aller Schwierigkeiten dem Vorkriegsstand wieder angenähert hatte.

Bei den Wiederaufbauplanungen hatte es im Sommer 1949 erhebliche Kontroversen im Frankfurter Magistrat gegeben. Ursache war der Zusammenstoß von Interessen der Frankfurter Wirtschaft, vertreten von Bürgermeister Dr. Leiske, und die Überlegungen der Verkehrsplaner, vertreten von Stadtrat Miersch und anderen. Dr. Walter Leiske war 1946 als Hauptgeschäftsführer der Handelskammer nach Frankfurt am Main gekommen[121]. Er war Mitglied der CDU, die ihn als Bürgermeister vorschlug. Die Stadtverordnetenversammlung wählte ihn am 17. Juni 1948. Leiske hat das Bürgermeisteramt – verbunden mit dem Wirtschaftsdezernat – bis zum Ruhestand 1960 erfolgreich ausgeübt, in »gutem Gespann«, so der SPD-Fraktionsvorsitzende Heiner Kraft, besonders mit Oberbürgermeister Kolb. Außerdem vertrat Walter Leiske 1953–1961 den Frankfurter Wahlkreis 142 – direkt gewählt – im Deutschen Bundestag. Stadtrat Adolf Miersch, parteilos, sozial-liberal eingestellt, gehörte schon 1946 zum ersten Nachkriegsmagistrat und spielte eine gewichtige Rolle. Ihm lag vor allem am raschen Wiederaufbau der so arg zerstörten Stadt. Beide Kontrahenten brachten ihren Streit sogar vor den Stadtverordnetenvorsteher. Es ging dabei insbesondere um die Straßenverbreiterung und Verlegung der Baufluchtlinien. Hierüber hatte Oberbaurat Böhm in der Industrie- und Handelskammer vor dem 23. Juni 1949 einen Vortrag gehalten und war auf erheblichen Widerstand gestoßen. Auch die Erwähnung eines großen Verkehrsnetzes der Durch-

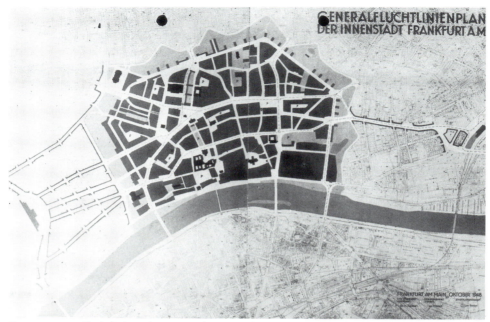

Der neue Baufluchtlinien-Plan zeigt die Veränderung des Frankfurter Straßennetzes für den Wiederaufbau, 1948

gangslinien oder von Autobahnen und Tangenten wurde keineswegs begeistert aufgenommen. Bürgermeister Leiske bezog sich auf die Beschwerden, etwa des Hotels »National« am Bahnhof, das seine ganze Vorderfront abreißen müsse, oder auf ein Warenhaus an der Zeil, wo die Baufluchtlinie um sechs Meter südlich verlagert werden solle, wodurch die Stadt 400 000 DM an Entschädigung zu zahlen hätte. Die Verbreiterung der Baufluchtlinien wurde gleichwohl mit dem vorgesehenen »Generalverkehrsplan« beschlossen. Auf der entsprechenden Karte ist zu betrachten, welch erheblicher Eingriff in die alte Stadtstruktur damit gegeben war. In dieser frühen Kontroverse zeigten sich bereits die kaum miteinander zu vereinbarenden Gegensätze und Interessen, die Stadtplanung so schwierig, aber auch so interessant machen.

Bei diesen Planungen waren auch Fußgängerzonen vorgesehen, so um die Hauptwache mit Ausstrahlung in die Schillerstraße, Goethestraße und die Katharinenpforte, sowie Parkmöglichkeiten für 7000 Autos und nicht zuletzt eine Neufassung des Wallservitutes mit dem Ziel »Grüner Ring der Kultur und Geselligkeit«. Gleichwohl blieb Bürgermeister Leiske dabei, es handele sich um eine Vergewaltigung der Fußgänger.

Der Magistrat versuchte immerhin, die Beschwerden durch Diskussion auch in der Stadtverordnetenversammlung abzufangen, und beschloß am 20. Juni 1949, die Bauverwaltung solle die wichtigsten vorgesehenen Bauvorhaben auflisten. Dies geschah erstmals mit Stand vom 18. Juli 1949 mit einer langen Liste[122]. Für die meisten der vorgesehenen Bauvorhaben sind keinerlei Auflagen erteilt worden, für viele war allerdings auch der Bauschein noch nicht ausgestellt. Die Auflagen bezogen sich durchweg auf die Schaffung von Parkplätzen für den künftigen Autoverkehr, oder auf entsprechende Ablösesummen. So sollte zum Beispiel das Steigenberger Hotel Frankfurter Hof 400 Parkplätze erstellen oder diese mit 40 000 DM ablösen. Festgelegt wurde noch für die Bauverwaltung, daß ab 100 000 DM Kosten alle Bauten zu den »wichtigen« und für die Stadtverordneten aufzulistenden gehören sollten. Mit der Zeit ist diese Regelung offensichtlich wieder eingeschlafen, ein Versäumnis, das nicht zuletzt zu den Westend- und Hochhauskonflikten zwanzig und mehr Jahre später geführt hat. Die Regelung über »wichtige Bauvorhaben« ist ein frühes Beispiel für die Ausweitung der Kontrolle gegenüber der planenden Verwaltung mit ihren »laufenden Geschäften«, in die Einblick zu nehmen den Stadtverordneten gerne von der Verwaltung schwer gemacht wird.

Zentrale Hilfen für die zerstörten Städte gab es in der Anfangszeit der Bundesrepublik Deutschland noch wenig. Es bedurfte einer Anregung des Deutschen Städtetages, damit im Bundesministerium für Wohnungsbau ein entsprechender Sonderausschuß eingerichtet wurde, der am 8. Juli 1950 erstmals tagte. Aus Frankfurt am Main nahmen die Herren Moritz Wolf (wohl für die stadteigene Aufbaugesellschaft) und Stadtbaudirektor Walter Großmann teil, sowie sechs weitere Stadtbaudezernenten, darunter Rudolf Hillebrecht für Hannover. Von den fünf vorrangigen Beratungspunkten zeigte gleich der erste die aktuellen Schwierigkeiten: daß nämlich für die »Wiederbaureifmachung von Wohnbauflächen« sowohl Vorplanung wie Vorfinanzierung fehlten, und »deswegen von seiten der privaten Wohnungswiederaufbau-Interessenten nichts vorwärts geht. Es ist niemand da, der die Mittel vorstreckt. Ohne diese Mittel, von Bund und Ländern oder den Städten selbst werde nichts vorangehen. Frankfurt am Main hingegen hatte schon vor der Währungsreform über die stadteigenen Wohnungsbaugesellschaften sowohl mit Vorplanung wie auch mit Vorfinanzierung begonnen und damit die Dynamik des Wiederaufbaus sichergestellt. Der zweite Punkt behandelte die für den sozialen Wohnungsbau längst zu hohen Bodenpreise in den Innenstädten. Es sollte entweder durch Bundesgesetz eine Regulierung von ganzen Bodenblöcken für den Wiederaufbau vorgesehen werden, etwa in Art einer ›Zwangs-Erbpacht‹, so daß derzeit kein Kapital für Bodenerwerb aufzuwenden wäre.« Eine Lösung hierzu ist bekanntlich nie gefunden worden, es sei denn man konnte, wie in Frankfurt am Main, auf erheblichen städtischen Grundbesitz oder Stiftungsbauland zurückgreifen oder alle Beteiligten zu einer koordinierten Wiederaufbauleistung bringen, wie das mit der »Frankfurter Lösung« 1951/52 dann gelungen ist. Von Frankfurt aus sollte deswegen auch ein schriftlicher Vorschlag an das Bundesministerium eingereicht werden, ebenso erklärte sich Braunschweig dazu bereit.

Schließlich wurde noch erörtert, daß beim Wiederaufbau zerstörter Wohnblöcke bessere und gesündere Bauformen als früher gefunden werden sollten, um beispielsweise ungesunde Hinterhöfe zu vermeiden. Auch die Bauforschung wollte man aktivert sehen. Vor allem ergab sich Übereinstimmung, daß die Städte selbst die Führung im gesamten Wiederaufbau der zerstörten Wohngebiete übernehmen müßten, weil einmal private Gesellschaften fehlten und weil zum anderen nur die Städte die »vielverzweigte einschlägige Materie beherrschen«. Es sollten »Jahresbauprogramme« aufgestellt und möglichst mit Großbaustellen und Kernbezirken gearbeitet werden, bei Berücksichtigung der städtischen Belange. Vor allem die gemeinnützigen Wohnungsbauunternehmen müßten diese Aufgaben übernehmen. Der Bericht ging an Oberbürgermeister Kolb[123]. Da in Frankfurt am Main ohnehin nach solchen sozial orientierten Prinzipien gearbeitet wurde, war für die Stadt hiernach nichts zu verändern, es konnte bei dem »Frankfurter Aufbauprogramm« bleiben.

1.6. Ehrenbürger und das alte Goldene Buch

Der Wiederaufbau der Stadt und der Neuaufbau einer demokratischen Ordnung bedurfte der sichtbaren politischen Symbole. Man mußte aufzeigen, an welche Traditionen die Stadt anzuknüpfen gedachte, unter welches Patronat sie die Zukunft zu stellen wünschte. Naheliegend war der Name Johann Wolfgang Goethes, aber auch die Stifter und Mäzene aus dem Stadtbürgertum, nicht zuletzt die Ehrenbürger der Stadt und natürlich die Paulskirche. In der Magistratssitzung am 2. Juni 1947 wurde unter vielen anderen Punkten auch die Verleihung der Goetheplakette besprochen. Da es sich hierbei um eine Ehrung handelte, fiel dem Stadtrat Fritz Fay ein, die früher verliehene Ehrenbürgerschaft von Hitler und Göring zur Sprache zu bringen. Er machte dazu einen Vorschlag, den Oberbürgermeister Kolb sogleich aufgriff. Dieser erklärte, »daß es erforderlich sei, durch Beschluß der Stadtverordneten-Versammlung Hitler, Göring, usw. das Ehrenbürgerrecht abzuerkennen. Er bitte, eine entsprechende Vorlage einzubringen.« Dies war nun ein eindeutiger Auftrag, dem bedauerlicherweise nicht konsequent gefolgt worden ist. Außerdem hatte in dieser Magistratssitzung Stadtrat Miersch noch sehr zu recht daran erinnert, daß das Ehrenbürgerrecht der Herren Weinberg und Gans bei dieser Gelegenheit wieder aufleben solle[124].

Die Stadt Frankfurt am Main ist von eh und je mit der Ehrenbürgerschaft – der höchsten Auszeichnung der Stadt – äußerst sparsam umgegangen. Eingeführt wurde diese Ehrung noch zur Zeit der Reichsstadt, angeregt durch solche Ehrungen, die während der Französischen Revolution ausgesprochen worden sind. Der erste Ehrenbürger Frankfurts war der preußische Generalleutnant Erbprinz Friedrich Ludwig von Hohenlohe-Ingelfingen, dem die Stadt Frankfurt am 10. November 1795 das feierliche Diplom überreichte, auch als Ausweg aus einer etwas schwierigen Situation, denn der preußische General hatte in den Wirren der Kriegsereignisse die Stadt Frankfurt im Herbst 1795 vor Truppendurchzug und Besetzung geschützt und die Stadt fühlte sich verpflichtet. Über alle Frankfurter Ehrenbürger gibt es eine sehr gute Publikation der Kurzbiographien unter dem schönen Titel »In dankbarer Anerkennung«[125].

Seit der Verleihung der Ehrenbürgerwürde an Oberbürgermeister Franz Adikkes, zu dessen Ausscheiden aus dem Amt 1912, hatte die Stadt bis zur Ehrung von Leo Gans 1928 keine Verleihung mehr vorgenommen. Leo Gans (1846–14. 9. 1935), der bedeutende Frankfurter, bekannt als Chemiker und Unternehmer, als großzügiger Stifter und Präsident vieler wirtschaftlich orientierten Institutionen, mußte 1933 als Mitglied einer weitverzweigten jüdischen Familie alle seine Ehrenämter niederlegen. Im Alter von 92 Jahren starb er in Frankfurt am Main im gleichen Monat, in dem die sogenannten Nürnberger Gesetze Juden in Deutschland rechtlos machten.

Überaus beschämend und kennzeichnend für die Zeit des nationalsozialistischen Deutschland ist das Schicksal des anderen Ehrenbürgers aus der Weimarer Zeit: Arthur von Weinberg (1860–1943), dem diese höchste Ehrung der Stadt Frankfurt am Main im Jahr 1930 verliehen wurde. Arthur von Weinberg und sein Bruder Carl erhielten im Jahre 1908 für ihre vielfältigen Verdienste, insbesondere in Frankfurt am Main, den erblichen preußischen Adel verliehen. Dr. Arthur von Weinberg, Kavallierofizier im ersten Weltkrieg, war der wissenschaftliche Kopf der miteinander verflochtenen bedeutenden chemischen Unternehmen in Frankfurt und Fechenheim. Die Stiftung vieler sozialer Einrichtungen in Frankfurt geht auf Arthur von Weinberg zurück, u. a. das Schullandheim »Wegscheide« im Spessart, das nahezu alle Frankfurter Kinder mit ihrer Schule besuchten. Arthur von Weinberg liebte Kunst und Musik, die in seinem Haus Buchenrode viel Pflege erfuhren. Leo Gans war ein Onkel der Brüder Weinberg, deren Familien sich dem Christentum zurechneten. Nach 1933 hatte sich Arthur von Weinberg zu seinen Töchtern nach München begeben. Von dort ist er am 2. Juni 1942 nach Theresienstadt deportiert worden. Am 20. März 1943 ist der Frankfurter Ehrenbürger Arthur von Weinberg in Theresienstadt gestorben.

Gleich 1933 fand sich die Stadt Frankfurt, besser ihr durch die Nationalsozialisten eingesetzter neuer Oberbürgermeister Friedrich Krebs verpflichtet, mehrere Ehrenbürgerwürden zu vergeben. So erhielt Reichspräsident von Hindenburg im November 1933 in Berlin die Urkunde überreicht, Hitler und Göring waren schon vorher damit bedacht worden.

Mit dieser Sachlage hatte sich nun also der erste nach 1945 demokratisch gewählte Frankfurter Magistrat im Jahr 1947 zu befassen. In der Magistratssitzung am 6. Oktober 1947, u. a. mit dem Tagesordnungspunkt »Ehrenbürger betr.«, sollte nun der Chef der Stadtkanzlei, Oberverwaltungsdirektor Adolf Kohl, zur Sache berichten. Er kam nicht umhin aufzuzeigen, daß die Ehrenbürgerrechte von Hitler und Göring formal noch immer bestanden. Auch Hindenburg war Frankfurter Ehrenbürger, darüber hatte es aber keine Diskussion gegeben. Ganz in den Bahnen hergebrachten Verwaltungsdenkens betonte Kohl, daß »nach einem Erlaß von 1936« das Ehrenbürgerrecht mit dem Tode erlösche und daß deswegen eine förmliche Aberkennung »rechtlich nicht mehr möglich« sei. Stadtrat Miersch beantragte trotzdem eine Streichung aus der Liste der Ehrenbürger »wegen Unwürdigkeit«, und Stadtkämmerer Klingler (CDU) schlug ganz konkret vor, daß die »Ehrenbürgerrechte Hitler und Göring nachträglich aberkannt werden«. Leider folgte der Magistrat diesem Vorschlag nicht, sondern folgte dem Oberverwaltungsdirektor und beschloß lapidar:

»Hitler und Göring waren unwürdig, Ehrenbürger der Stadt Frankfurt zu sein. Da das Ehrenbürgerrecht mit dem Tode erlischt, erübrigt sich eine förmliche Aberkennung. Die Namen der Genannten sind unter den früheren Ehrenbürgern der Stadt nicht mehr zu nennen«[126]. Dieser nicht sehr befriedigende Beschluß hat sehr viel später, am 30. Januar 1988, in der Stadtverordnetenversammlung noch eine Rolle gespielt, als nämlich von den neuen Stadtverordneten der Grünen nach dem Fortbestand des Ehrenbürgerrechts für Hitler gefragt wurde. Auch dann berief sich der Magistrat auf die Regelung von 1947 und es blieb bei dieser Lösung.

Erst 1950 verlieh die Stadt Frankfurt am Main wieder eine Ehrenbürgerschaft. Zu seinem 80. Geburtstag wurde dem tatkräftigen Unternehmer und Mäzen Georg

Professor Dr. Otto Hahn erhält 1959 die Ehrenbürgerschaft seiner Vaterstadt

Der Goethepreis der Stadt Frankfurt wird am 28. August 1955 der 80jährigen Dichterin Annette Kolb für ihre Verdienste um die europäische Einigung und für ihren unermüdlichen Kampf um Völkerverständigung verliehen. Ihr gratuliert der Goethepreisträger von 1928, Albert Schweitzer

Hartmann (1870–1954) diese Ehrung zugedacht, dem Chef der Bauer'schen Schriftgießerei. Es folgte 1956 Richard Merton (1881–1960) und ebenfalls zu seinem 80. Geburtstag 1959 der berühmte Atomwissenschaftler, Chemiker und Nobelpreisträger Otto Hahn. Nicht selten freute sich der durchaus zu Fröhlichkeit aufgelegte Wissenschaftler bei Empfängen im Frankfurter Römer über die damit verbundenen Ehrungen. Otto Hahn war schließlich Frankfurter, 1879 in der Ziegelgasse in der Frankfurter Altstadt als Sohn einer Glaserfamilie geboren. Er starb 1968 in Göttingen. Auch Bundespräsident Theodor Heuß (1884–1963) war Ehrenbürger der Stadt Frankfurt gewesen. Er erhielt diese Ehrung unmittelbar nach seinem Ausscheiden aus dem hohen Staatsamt, zusammen mit dem Friedenspreis des deutschen Buchhandels 1959 in der Paulskirche. Heuß galt stets als Freund und Förderer der liberalen Stadt Frankfurt, die er oft besucht hatte. Im gleichen Jahr 1959 erhielt auch der von den Frankfurtern hoch verehrte Humanist und Urwaldarzt Dr. Albert Schweitzer (1875–1965) die Ehrenbürgerwürde am 9. Oktober. Er war bereits seit 1928 Goethepreisträger der Stadt Frankfurt.

Gelegentlich werden die Frankfurter »Ehrenträger« in den Römer eingeladen. Von links: Professor Dr. Max Horkheimer, Ehrenbürger seit 1960, Oberbürgermeister Willi Brundert, Professor Dr. Otto Hahn, stehend: Hanns W. Eppelsheimer und Benno Reifenberg (April 1966)

Zwischen 1960 und 1989 sind sechs Ehrenbürgerschaften verliehen worden: 1960 an den Philosophen und Soziologen Max Horkheimer (1895–1973), der früh aus der Emigration zurückkehrte, damit er »den deutschen Studenten helfen konnte, ein neues Deutschland in demokratischem Sinn zu schaffen«[127]. Horkheimer war 1951 und 1952 Rektor der Frankfurter Johann Wolfgang Goethe-Universität. Er nahm sich auch mancher Aufgaben außerhalb der Universität an, so in der Erwachsenenbildung. Besonders wichtig waren für Universität und Stadt die wissenschaftlichen Kontakte, die Horkheimer und Theodor W. Adorno, wie Horkheimer ein Exponent der Frankfurter Schule, wieder international im geisteswissenschaftlichen Bereich anknüpfen konnten. Für die Naturwissenschaften galt Ähnliches für den Physiker Friedrich Dessauer (1881–1963), der 1961 zum Frankfurter Ehrenbürger ernannt worden ist. Aus der Emigration in die Türkei und in die Schweiz war er 1953 nach Frankfurt am Main zurückgekehrt. Obgleich er durch seine Forschungen auf dem Gebiet der Roentgenstrahlen erheblich geschwächt war, nahm Dessauer auch nach der Rückkehr noch lebhaft an den Auseinandersetzungen um Atom- und Strahlenphysik teil und trat energisch für eine Politik der Friedenssicherung ein. 1966 wurde der langjährige hessische Ministerpräsident Georg August Zinn (1901–1976) Frankfurter Ehrenbürger, hauptsächlich wegen seiner Verdienste um das Land und die Stadt Frankfurt, auch er war gebürtiger Frankfurter. Damals liefen auch gerade die Verhandlungen der Stadt mit dem Land Hessen um Übernahme der Universität, um dadurch eine erhebliche Entlastung des städtischen Haushalts zu erreichen. Da mochte eine solche Ehrung durchaus hilfreich sein.

Nach längerer Pause beschloß die Stadtverordnetenversammlung erst 1981 wiederum eine Ehrenbürgerschaft, die dem bekannten Frankfurter Bankier Hermann Josef Abs (1901–1994) verliehen wurde. Abs ist in Frankfurt insbesondere wegen seiner vielfältigen Tätigkeit im kulturellen Bereich gewürdigt worden, so als langjähriger Vorsitzender der Städel-Administration und des Freien Deutschen Hochstifts Goethehaus. Die Ehrung galt auch dem »finanzpolitischen Sprecher des neuen, demokratischen Deutschland und ... Verhandlungsführer für die Bundesrepublik bei

Professor Dr. Friedrich Dessauer, Ehrenbürger seit 1961, erhält das Große Verdienstkreuz der Bundesrepublik Deutschland mit Stern im Juli 1956. Halbverdeckt Bürgermeister Dr. Leiske

Die beiden Ehrenbürger Oswald von Nell-Breuning S.J. (links) und Hermann Josef Abs, dessen 85. Geburtstag im Kaisersaal gefeiert wird

den Londoner Schuldenverhandlungen«[128]. Nicht zuletzt hatte Abs 1948 angeregt, die »Kreditanstalt für Wiederaufbau« in Frankfurt am Main zu gründen. Die Laudatio des Oberbürgermeisters Walter Wallmann – auf die der neue Ehrenbürger in der ihm eigenen eleganten freien Rede antwortete – »Sie haben sich um Frankfurt und um Deutschland verdient gemacht«[129] konnte in gleicher Weise auf den nächsten Ehrenbürger angewendet werden. 1983 würdigte die Stadtverordnetenversammlung mit der Ehrenbürgerschaft Professor Dr. Oswald von Nell-Breuning, Societas Jesu (1890–1991). Der Wirtschafts- und Sozialwissenschaftler und Förderer der Gewerkschaftsarbeit, langjähriger Hochschullehrer, nicht nur in Sankt Georgen, der Ausbildungsstätte für katholische Theologen, sondern auch in der Akademie der Arbeit, der Ausbildungsstätte für Gewerkschafter in der Frankfurter Universität, war bekannt für sein Bemühen um soziale Gerechtigkeit und hat durch sein Denken, Lehren und Schreiben erheblichen Einfluß ausüben können.

Es ist eine ansehnliche Reihe von Persönlichkeiten, die sich um die Stadt Frankfurt am Main »besonders verdient gemacht haben«, wie das in der Hessischen Gemeindeordnung für Ehrenbürger vorgeschrieben ist. Im Zusammenhang mit einem deutsch-französischen Kulturkongreß, der auf Vorschlag Bundeskanzlers

Helmut Kohl in Frankfurt am Main stattfand, wurde die Frankfurter Ehrenbürgerwürde am 27. Oktober 1986 in der Paulskirche auch dem französischen Staatspräsidenten Francois Mitterand übertragen. Er war bei dieser Gelegenheit zum zweiten Mal in Frankfurt am Main, nach einem kurzen Aufenthalt 1946.

Im allgemeinen tragen sich die Ehrenbürger – wie auch die wichtigen Gäste der Stadt Frankfurt am Main – in das große Goldene Buch der Stadt ein. Nach 1945 ergaben sich aus solchen Gepflogenheiten erhebliche Probleme. Natürlich hatten sich 1933 bis 1945 etliche damals ehrenvoll begrüßte Gäste in das Goldene Buch einschreiben dürfen. Deren Namen erschienen nunmehr der Stadt Frankfurt am Main als durchaus nicht ehrenvoll, angefangen mit Hitler selbst, der sich am 31. März 1938 eingetragen hatte. Es handelte sich um ein gutes Drittel der Blätter des kunstvoll gebundenen, kostbaren und gewichtigen Buches, das 1903 angefangen worden ist. Ende des Jahres 1947 rückte der Termin der Jahrhundertfeier für die Nationalversammlung in der Paulskirche näher, und da trotz aller Aufbauschwierigkeiten der Eröffnungstag am 18. Mai 1948 feierlich begangen werden sollte, war klar, daß vielen der erwarteten Ehrengästen ein »Goldenes Buch« zum Eintragen vorzulegen sein werde. Also wurde diese Frage im Magistrat besprochen und es erging am 8. Dezember 1947 ein gewichtiger Beschluß: »Das ›Goldene Buch‹ der Stadt Frankfurt/Main soll weitergeführt werden. Die Blätter aus der Zeit von 1933–1945 sind herauszunehmen und dem Archiv zu übergeben.«[130]

Nun begannen vielfältige Bemühungen der Stadtkanzlei, die 1947 ihren Sitz noch in der Lindenstraße 27 hatte, diesen Beschluß zu realisieren. Mit dem »Goldenen Buch« gab es auch sonst Ärger, weil nämlich nicht klar war, wo das kostbare Stück aufzubewahren sei und es auch schon mal Bedienstete mit nach Hause genommen hatten. So wurde zunächst der Tresor in der Stadtkasse als Aufbewahrungsort angewiesen und die Übergabe jeweils mit Quittung bestätigt. Wegen der herauszunehmenden Seiten im Goldenen Buch sind etliche Leute bemüht worden: der Goldschmied Warnecke, der Buchbindermeister Burkhart – er hatte seinerzeit an der Herstellung des Buches mitgewirkt, der Direktor des Stadtarchivs Professor Dr. Meinert und vom Museum für Kunsthandwerk Professor Manowsky und andere. Alle diese Fachleute zeigten die großen Schwierigkeiten auf, über die auch in der Presse berichtet wurde. Daraufhin boten Buchbinder bis Berlin ihre Mitarbeit an und Bürger schalteten sich ein. Die bemerkenswerteste dieser Stellungnahmen ist die von Joachim Hans Borges aus der Oppenheimer Landstraße 59. Dieser Frankfurter Bürger schrieb am 23. Januar 1948, seines Erachtens sei es gar nicht notwendig, das Buch auseinanderzunehmen. »Ich mache den Vorschlag, die betr. Seiten mit schwarzer Deckfarbe zu überstreichen. Dadurch würde sich dieser Teil auch nach außen hin gleich als das dunkelste Kapitel unserer Geschichte manifestieren.«[131]

Weil das »ganze Kunstwerk zerstört« würde, rieten die Kunsthandwerker vom Herausnehmen der Blätter ab, allenfalls könne man die in Frage kommenden Blätter »blockieren« und Stanzlöcher anbringen, durch die eine zu versiegelnde Schnur zu ziehen wäre. Es sei auch ganz unmöglich, Papier gleicher Stärke und Güte zu beschaffen, sollten die Blätter herausgenommen werden, denn seinerzeit habe eine Straßburger Papiermühle den Auftrag erhalten, besonders gutes Papier für das Frankfurter Goldene Buch herzustellen. Die wissenschaftlichen Fachleute rieten ebenfalls ab, Archivdirektor Meinert am 5. Februar 1948 in einem bemerkenswerten Brief an den Oberbürgermeister[132]: »So wenig sich die Jahre 1933–1945 aus der deutschen Geschichte spurlos herausschneiden lassen, so sinnlos ist das Unterfangen, die Spuren dieser Zeit aus einem Dokument zu tilgen, welches selbst schon historischen Charakter gewonnen hat und zu mehr als der Hälfte bereits ausgefüllt ist. Es ist klar, daß das Buch, so wie es ist, seine Funktion nicht weiter bewahren kann«, deswegen mache er den Vorschlag, »das Buch für abgeschlossen zu erklären, und so, wie es vorliegt, als getreues Dokument der Zeit dem Stadtarchiv zur dauernden Verwaltung zu übergeben.« Es müßte dann freilich ein neues Goldenes Buch angelegt werden. »Ich möchte glauben, daß kein Zeitpunkt für die Anlage eines neuen Buches so gut gewählt werden könnte, wie der gegenwärtige. In Verbindung mit der Jahrhundertfeier der Deutschen Revolution und der Paulskirche, die jedoch nicht nur eine Erinnerungsfeier sein soll, sondern das Bekenntnis und den Willen zur Neugestaltung des deutschen Schicksals in sich schließt, wäre die Einrichtung eines neuen Goldenen Buches, das auch äußerlich zum Dokument der neuen Zeitepoche und der neuen Gesinnung berufen wäre, besonders glücklich.« Das neue Buch bräuchte ja nicht eine »so überladen prunkvolle Ausführung wilhelminischen Stils« zu zeigen, wie das bisherige und könne sich »dem Formgefühl und dem ernsthaften Charakter unserer Zeit auch äußerlich« anpassen. Erst am 9. März 1948 antwortete der Vertreter des Museums für Kunsthandwerk kurz, aber in ähnlichem Sinne und mit dem Hinweis, daß das Goldene Buch, »dessen aufwendiger Einband bei allem Reichtum doch in ästhetischer Hinsicht für unseren heutigen Geschmack keinesfalls ein erfreuliches Zeugnis des Kunsthandwerks ist« lieber jetzt ans Stadtarchiv gehen solle.

Die Meinung der zugezogenen Fachleute war also klar, technisch war der Magistratsbeschluß vom Dezember 1947 kaum auszuführen und inhaltlich war er problematisch, aber nun war wohl auch die Zeit zur Beschaffung eines neuen Goldenen Buches zu knapp geworden, ganz abgesehen von den Materialschwierigkeiten. Unter dem Vorsitz des Bürgermeisters Eugen Helfrich (CDU) (1894–1968) wurde am 19. April 1948 in der Magistratssitzung nach dem mündlichen Vortrag des Oberverwaltungsdirektors Kohl »Entfernung der Eintragungen aus den Jahren 1933–1945 aus dem Goldenen Buch betr.« beschlossen:

»Das Goldene Buch der Stadt wird auch für die Zukunft benutzt. An den Eintragungen aus der Zeit von 1933–1945 wird nichts geändert.«[133]

Der Chef der Stadtkanzlei, Kohl, hatte in seinem Vortrag nicht gerade für ein neues Buch plädiert. Die wenigen Magistratsmitglieder, die sich äußerten, waren auch nicht für rigorose Eingriffe und im Haupt- und Finanzausschuß der Stadtverordnetenversammlung sei die Angelegenheit ebenfalls besprochen worden und man sei der Meinung gewesen, das geschichtliche Dokument erhalten zu sollen, es handele sich um geschichtliche Ereignisse, die man nicht durch Entfernung einiger Blätter ungeschehen machen könne. Im Jahr 1966, als abzusehen war, daß das Goldene Buch bald keinen Platz mehr für weitere Eintragungen bieten werde, beschloß der Magistrat, daß dann alle Blätter herausgelöst werden sollten und aufzuheben seien. Der letzte Eintrag ist von Carlo Schmid, Goethepreisträger des Jahres 1967, am 8. August, Goethes Geburtstag. Glücklicherweise fand sich wieder ein Stifter für ein neues »Goldenes Buch«, mitsamt Einband. Dieser Einband, in ansprechender moderner, schöner Gestaltung: rotes Leder mit goldblechbelegten Ecken und darauf Bergkristalle, der Frankfurter Adler prangt in der Mitte, war jedoch dem Magistrat offenbar nicht prunkvoll genug. Es wurde also der alte, noch wertvollere, aber eben wilhelminisch überladene Einband für die neuen Blätter genommen und in den neuen Einband die alten beschriebenen Blätter eingefügt.

Frankfurt steckt eben voller Merkwürdigkeiten. Das alt-neue Goldene Buch trägt nun auf dem schön beschriebenen Titelblatt den Eintrag: »Im Bewußtsein der traditionellen Verbundenheit seiner Familie mit der Stadt Frankfurt am Main und in Erinnerung an den Stifter des Goldenes Buches, Freiherrn Simon Moritz von Bethmann und seiner Gemahlin Freifrau Helene von Bethmann, hat sich deren Enkel, Freiherr Johann Philipp von Bethmann bereit erklärt, alle dabei anfallenden Kosten zu übernehmen. Frankfurt am Main, am 26. November 1968.« Bis Ende 1989 waren 99 Blätter beschrieben[134], darunter die Unterschriften der amerikanischen Präsidenten Kennedy und Carter, und weiterer bedeutender Zeitgenossen.

Zu vermerken bleibt noch ein weiteres Beispiel für Frankfurter Bürgersinn und Spendenfreudigkeit. Das in Gebrauch befindlich Goldene Buch liegt in einer Holztruhe mit schönem Intarsienschmuck. Die Truhe wird leider öffentlich kaum gezeigt. Die eingelegte Inschrift besagt: »1487–1987. Anläßlich des 500jährigen Jubiläums der Schreinerinnung« von dieser gestiftet. An den Arbeiten beteiligt waren die Schreinermeister Waldemar Lohr, Anselm Schwarz, Heinz Kohlsdorf und für die Messingbeschläge Hannelore Degeder. Es handelt sich um ein wahres Schmuckstück der Handwerkskunst.

ANMERKUNGEN

1 Valentin SENGER, Kaiserhofstraße 12, Darmstadt 1978. S. 303–304.
2 Wie der Apotheker und spätere Förderer und Vorsitzende vieler Bürgervereine, Dr. Herbert Lürmann an seinem 90. Geburtstag, 4. Mai 1992 erzählte.
3 Emilie BRAACH, Wenn meine Briefe Dich erreichen könnten. Aufzeichnungen aus den Jahren 1939–1945. Hrsg. von Birgit Forchhammer, Frankfurt am Main 1987, S. 227.
4 Ebd. S. 226.
5 Ebd. S. 227.
6 Günter Mick, bekannter Journalist der FAZ, hat die Vorgänge ausführlich beschrieben, wie auch Zeitzeugen. Günter MICK, Den Frieden gewinnen. Das Beispiel Frankfurt 1945 bis 1951. Mit den Reden in der Paulskirche von Fritz von Unruh (1949), Thomas Mann (1949) und Albert Schweitzer (1951), Frankfurt am Main 1985. S. 10–22.
Werner BRÜGEL, Die Tätigkeit des Kampfstabes Löffler in Frankfurt am Main am Dienstag, dem 27. März 1945. S. 355–364. Hans PATZE, Kriegsende in Frankfurt am Main. S. 365–374. Beides in: Archiv für Frankfurts Geschichte und Kunst, Bd. 61, Frankfurt 1987.
7 Willi EMRICH, Das goldene Buch der Stadt Frankfurt am Main. Die Zeit von 1945 bis 1960. Ms. 1960, S. 7 ff., S. 281 ff., S 6a/105.
8 EMRICH, S. 7 ff.
9 Ebd.
10 Ebd.
11 Ebd.
12 Bürgermeister R. MENZER, Probleme der allgemeinen Verwaltung, in: Frankfurt am Main 1945–1965. Ein 20-Jahresbericht der Stadtverwaltung Frankfurt am Main. Hrsg. vom Magistrat der Stadt Frankfurt, o. J., S. 23.
13 EMRICH, S. 13.
14 MENZER, S. 22.
15 MICK, S. 33 ff.
16 EMRICH, S. 14.
17 EMRICH, S. 10 – s. auch im Anhang.
18 BRAACH, S. 230.
19 BRAACH, S. 233/234.
20 BRAACH, S. 231.
21 Statistisches Amt, 131, Gesamtaufstellung Blatt 64.
22 Mag.Akten 3959, Blatt 8, 7. Mai 1946.
23 BRAACH, S. 234.
24 BRAACH, S. 238–19. Mai 1945.
25 Eine genaue Wiedergabe des Fragebogens (vom 15. Mai 1945) den später alle Deutschen ab 18 Jahre auszufüllen hatten, befindet sich in Madlen LOREI, Richard KIRN, Frankfurt und die drei wilden Jahre, Frankfurt am Main 1962.
26 Mag.Akten 4092, 27. Juni 1945.
27 Mag.Akten 4092, 28. Juni 1945, Blatt 12.
28 Mag.Akten 4092, Blatt 26.
29 Mag.Akten 4092, Blatt 18.
30 Mag.Akten 4091, Blatt 53 und 54.
31 Mag.Akten 4091, Blatt 68.
32 Ebd., Blatt 70.
33 Ebd., Blatt 72.
34 Ebd., Blatt 73.
35 Mag.Akten 4091, Blatt 69 ff.
36 BRAACH, S. 234.

37 Dieter REBENTISCH, Politik und Raumplanung im Rhein-Main-Gebiet, Kontinuität und Wandel seit hundert Jahren, in: Archiv f. Frankfurts Geschichte und Kunst. H. 56, Frankfurt 1978, S. 202 ff.
38 Mag.Akten 4090, 16. Mai 1945, 23. Mai 1945.
39 Herbert LILGE, Hessen in Geschichte und Gegenwart, Stuttgart 1986. S. 15. – Rebecca BOEHLING, Die politischen Lageberichte des Frankfurter Oberbürgermeisters Blaum an die amerikanische Militärregierung 1945/46, in: Archiv f. Frankfurts Geschichte und Kunst, Frankfurt am Main 1985, Heft 59, S. 493.
40 BOEHLING, S. 490.
41 BOEHLING, S. 491 ff.
42 Wolf Arno KROPAT, Hessen in der Stunde Null 1945/47. Politik, Wirtschaft und Bildungswesen in Dokumenten. Wiesbaden 1979, Band 26, S. 54/55.
43 Mag.Akten 3959, Blatt 43.
44 KROPAT, S. 24.
45 BOEHLING, S. 487.
46 Mag.Akten 4090, Aktennotiz, gez. v. Recum, Blatt 18, 19–20.
47 Ebd.
48 Mag.Akten 4090, Blatt 37.
49 Mag.Akten 4090, Blatt 70, 10. Mai 1946.
50 Mag.Akten 4090, Blatt 30.
51 Mag.Akten 3959, Blatt 5 ff., Blaum an das Großhessische Staatsministerium in Wiesbaden, 7. Mai 1946. Vgl. Dieter REBENTISCH, Frankfurt und das Reich in der NS-Zeit, in: Archiv für Frankfurts Geschichte und Kunst, Heft 57, Frankfurt 1980, insbes. S. 255–259.
52 Mag.Akten 4090, Blatt 62.
53 Mag.Akten 3959, Blatt 5 ff.
54 Mag.Protokolle 3437..
55 Mag.Akten 3959.
56 Mag.Akten 3959, Blatt 5 ff.
57 Mag.Protokoll 3437, 13. November 1946.
58 Denkschrift von 1951, in: Mag.Akten 3959 – siehe Anhang.
59 Mag.Akten 3959, 24. März 1947.
60 Ebd., Blatt 32, 34, 44, 45, 47, 55, 64, 143.
61 Ebd., Blatt 213, 216, 217.
62 Frankfurt am Main und seine Bedeutung für Hessen. Im Auftrag des Magistrats hrsg. v. Statistischen Amt der Stadt Frankfurt am Main. Frankfurt am Main 1951.
63 Mag.Akten 3959, Blatt 212.
64 Mag.Akten 3959, 28. Mai 1952.
65 Gerhard BEIER, Willi Richter. Ein Leben für die soziale Neuordnung. Köln 1978, S. 154 ff.
66 Die Entwicklung der Erwachsenenbildung in der amerikanischen und französischen Besatzungszone. Hrsg. Arbeitskreis zur Aufarbeitung historischer Quellen in der Erwachsenenbildung, Frankfurt am Main 1989, Ms. Druck, S. 8–20.
67 Rudi ROHLMANN, Im Dienst der Volksbildung. Dienstleistungen und Politik für die Volkshochschulen in Hessen in den Jahren 1945–1989. Frankfurt am Main 1991, S. 15/16 und S. 19 ff.
68 Mag.Akten 4306. 30. August 1945.
69 BOEHLING, S. 501.
70 Alle Mitglieder des Bürgerrates sind verzeichnet in: Frankfurt am Main 1945–1965. Ein 20-Jahresbericht der Stadtverwaltung. Hrsg. v. Magistrat der Stadt Frankfurt am Main, o. J., S. 289.
71 Mag.Akten 3959.
72 Zeitungsausschnitte in Mag.Akten 4306.
73 Mag.Akten 4306, 9. Februar 1946.
74 Ebd.
75 Ebd.
76 Ebd.

77 Ebd.
78 Ebd.
79 Ossip FLECHTHEIM (Hg.), Dokumente zur parteipolitischen Entwicklung in Deutschland seit 1945, Bd. 2, Programmatik der deutschen Parteien, Teil 1, Berlin 1963, S. 36–45.
79a Paul MÜLLER, »Wir wollen die Welt verändern«. Stationen im Leben eines Altsozialisten, Frankfurt a. M. 1989, S. 296 ff.
80 In: Susanne MILLER – Heinrich POTTHOFF, Kleine Geschichte der SPD. Darstellung und Dokumentation 1848–1983, Bonn 1983, S. 174.
81 KROPAT, S. 6.
82 Siehe Anhang/Zahlenangaben in Mag.Akten 4306.
83 Mag.Akten 4306.
84 Ebd., 1.8.1946.
85 Mag.Akten 4389.
86 Ebd., Blatt 55 ff.
87 Ebd., 29. März 1949.
88 Ebd., Blatt 124 ff.
89 Statistische Monatsberichte 1953, Heft 3, S. 67 ff.
90 Auskunft aus dem Jüdischen Museum Frankfurt am Main 1993. Genaue Zahlen lassen sich nicht ermitteln, weil bei den von Frankfurt Deportierten auch Auswärtige waren. Ähnliches gilt für die verschleppten »Zigeuner«. Nicht ganz vollständig sind auch die Angaben in: Gedenkbuch. Opfer der Verfolgung der Juden unter der nationalsozialistischen Gewaltherrschaft in Deutschland 1933–1945, Bearb. von Bundesarchiv Koblenz 1986, 2 Bd., Großformat.-Ortsindex für Frankfurt am Main, Seite 1807, Band 2.
91 Herbert ADLER, Ein Frankfurter Sinto, Von der Dieselstraße nach Auschwitz, S. 5–7, in: Sinti und Roma in Frankfurt am Main, Hrsg. Verband Deutscher Sinti und Roma, Darmstadt 1993, 27 S.
92 BOEHLING, S. 486, nach FAZ, 27. März 1965.
93 Mag.Akten 3800, Bericht zu 6. März 1950.
94 Ausgleichsamt III/4-88 Sign. 15.–23. März 1949.
95 Ebd., Bericht des Hess. Ministers f. Arbeit und Volkswohlfahrt an die Landesmilitärregierung, Blatt 4, 23. März 1949.
96 Ebd., Blatt 6, 7. April 1949.
97 900 Jahre Geschichte der Juden in Hessen, Hrsg. v.d. Kommission für die Geschichte der Juden in Hessen, Wiesbaden 1983, S. 450 ff. Siehe auch Jacquelin DUWELL-GIERE, Wir sind unterwegs, aber nicht in der Wüste, Erziehung und Kultur in den Displaced-Persons Lagern der amerikanischen Zone im Nachkriegsdeutschland 1945–1949, Selbstdruck, Frankfurt 1993.
98 Mündlicher Bericht.
99 Frankfurt am Main, 1965–1968, Hrsg. v. Magistrat der Stadt Frankfurt am Main, Frankfurt am Main 1969, S. 22.
99a Denkschrift über die wirtschaftlichen und sozialen Verhältnisse im Jahre 1946 in Frankfurt am Main. Zus. gest. im Statist. Amt u. Wahlamt d. Stadt Frankfurt am Main (1947). Schreibm. Ms., 41 S. Hier: S. 8, Tabelle S. 41. – Marschallplan-Bericht, Mag. Akten 3080/1, Bd. 1. 13. Februar 1950.
100 Hans LOHNE, Mit offenen Augen durch Frankfurt, Ein Handbuch der Brunnen, Denkmäler, Gedenkstätten und der Kunst am Bau, Frankfurt am Main 1969, S. 93, 106, u. a.
101 Else HOPPE, Ricarda Huch. Weg, Persönlichkeit, Werk, Stuttgart 1951, S. 914 ff.
102 Günther WEISENBORN, Der lautlose Aufstand, Bericht über die Widerstandsbewegung des deutschen Volkes 1933–1945, Hamburg 1953, S. 9.
103 Ebd.
104 Vgl. Vorwort, in: Das Exil der kleinen Leute. Alltagserfahrungen deutscher Juden in der Emigration, Hrsg. von Wolfgang BENZ, München 1991.
105 Im Archiv des Hessischen Rundfunk gibt es leider keine Aufzeichnungen aus dieser Zeit, nach dortiger Mitteilung.
106 Mag.Akten 4388, 5. Februar 1947, 6. Januar 1947, 11. Januar 1947, 2. Januar 1947, 31. Dezember 1946.

107 Ebd., Blatt 118–120.
108 Ebd., Blatt 51 und weitere.
109 Ebd., 16. Juni 1950.
110 Ebd., Blatt 177, 28. September 1953.
111 Ebd., Blatt 72.
112 Mag. Protokoll 3438. Einziger Tagesordnungspunkt am 29. Mai 1947.
113 Mag. Akten 3800, Bericht am 28. Juli 1945.
114 Ebd., 20. November 1945.
115 Ebd., 6. Juli 1945.
116 BOEHLING, S. 527. Anm. 109.
117 Der Maler war Prof. Eduard Gärtner, seit 1940 Lehrbeauftragter an der Städel-Kunsthochschule. Siehe Kulturamtsakte 34.
118 Beschluß § 317 der Stadtverordnetenversammlung vom 26. Februar 1948.
119 Mag. Akten 3800, 13. Januar 1949.
120 Mündlicher Bericht Bürgermeister Quirin an seinem 70. Geburtstag am 29. Juli 1992 im Römer.
121 Walter LEISKE, Ein Rückblick, SDr. der Ansprache von Bürgermeister a.D. Dr. Walter Leiske. Zum 80. Geburtstag ihrem früheren Bürgermeister zugeeignet v.d. Stadt Frankfurt a.M. (1970), 10. gez. Bl.
122 Mag. Protokoll, 20. Juni 1949, Beschluß Nr. 385 und S. 4 der Liste.
123 Mag. Akten 3800.
124 Mag. Protokolle 3438.
125 Hans-Otto SCHEMBS, In dankbarer Anerkennung, Die Ehrenbürger der Stadt Frankfurt am Main, Frankfurt am Main 1987. Darin über Hohenlohe-Ingelfingen, S. 13–17, Leo Gans, S. 53–57, Dr. Arthur von Weinberg, S. 58–62 und Paul von Hindenburg, S. 63–67.
126 Mag. Akten 4676 und Mag. Protokolle 3438, S. 9.
127 SCHEMBS, S. 94.
128 SCHEMBS, S. 109.
129 SCHEMBS, S. 112.
130 Mag. Akten 4676, Nr. 993b.
131 Mag. Akten 4676.
132 Ebd.
133 Mag. Protokoll 3439.
134 Vgl.: Wolfgang KLÖTZER, Das Goldene Buch der Stadt Frankfurt am Main, in: Archiv für Frankfurter Geschichte und Kunst, Bd. 60, 1985, S. 84–90.

2.
Jahrhundertfeier Paulskirche,
Frankfurt am Main und die Neugestaltung Deutschlands

2.1. Wiederaufbau und Einweihung der Paulskirche

»Als erstes großes Bauwerk in Frankfurt errichteten wir die zerstört gewesene Paulskirche«. Dies sei, so fuhr Stadtverordnetenvorsteher Edwin Höcher 1956 fort, Walter Kolbs ausdrücklicher Wunsch gewesen[1]. Er habe damals gesagt »Die Demokratie, die wir nun wieder errichten, braucht auch ihr Vaterhaus. Alle deutschen Städte und Gemeinden sollen es aufbauen.« So begannen sehr früh die Wiederaufbauplanungen für das bis auf die Außenmauern zerstörte, traditionsreiche Nationaldenkmal. Tatsächlich hatte bereits am 11. April 1946, also fünf Wochen vor der ersten Kommunalwahl, Oberbürgermeister Blaum im Bürgerrat davon gesprochen, die Paulskirche bis zur Jahrhundertfeier wieder herzustellen[2]. Es fehlte vor allem an Material, aber auch an Arbeitskräften. Es fehlte den Frankfurtern nicht an Mut und Tatkraft. Ringsherum lagen Trümmer, und obgleich durch den Bürgereinsatz zur Enttrümmerung Frankfurts bereits beträchtliches hat geleistet werden können, so blieb doch vor allem das Verlangen nach zu reparierenden Wohnungen oder Neubau von Wohnhäusern durchaus überzeugend. Es war somit eine politische Leistung, insbesondere von Oberbürgermeister Kolb, die Anstrengungen der Stadt auch auf den Wiederaufbau der Paulskirche zu konzentrieren. Es gab dazu erhebliche Gegnerschaft, vor allem bei den Jusos, der Jugendorganisation der SPD[3].

In der Stadtverordnetenversammlung ist im Winter 1946/47 mehrfach über die Paulskirche debattiert worden. Schließlich wurden 100 000 Reichsmark für den Wiederaufbau bewilligt, während Stadtrat Eugen Blanck dann in der entscheidenden Sitzung im Februar 1947 mitteilen mußte, daß mit Kosten in Höhe von 2,7 Millionen Mark zu rechnen sein werde[4]. Der Beschluß wurde am 6. Februar 1947 durch die Stadtverordnetenversammlung gefaßt; schon kurz vorher rief Oberbürgermeister Kolb im Januar 1947 zur Mithilfe auf: »Ganz Deutschland muß die Paulskirche wieder aufbauen, von außen und von innen, im Stein wie im Geiste. Wieder soll die Paulskirche den ehrwürdigen Raum bilden, in dessen aufsteigendem Rund das deutsche Volk zu Aussprache und Feier sich immer wieder versammelt, unter dessen Kuppel es täglich – auf der Wanderung aus ganz Deutschland – der Männer ehrbietig gedenkt, die vor hundert Jahren hier im Auftrag des deutschen Volkes sich zu fruchtbarer Arbeit vereinigten. Am 18. Mai 1948 werden die Augen aller

Oberbürgermeister Kolb weiht am 17. Mai 1948 einen Abschnitt der wiederaufgebauten Friedrich-Ebert-Siedlung an der Mainzer Landstraße ein

Deutschen wie vor hundert Jahren nach Frankfurt auf die Paulskirche gerichtet sein.«[5]

Es wurde in diesem überall in Deutschland verbreiteten Aufruf auch klar gemacht, daß nicht so sehr Geld gebraucht werde, »sondern die Dinge selbst«, also Materialspenden aller Art. Diese kamen auch reichlich und von überall her. Im Stadtarchiv wird eine Liste von elf Seiten aufbewahrt mit der Aufzeichnung all der Gaben aus allen deutschen Gegenden. Der Frankfurter Oberbürgermeister hatte sich in seinen Aufrufen in erster Linie an die Städte und Gemeinden gewandt, die noch immer das Rückgrat der öffentlichen Verwaltung bildeten, nachdem die gewählten Länderparlamente und Regierungen gerade erst wenige Wochen oder Monate amtierten. Die Spenden reichten beispielsweise von 10 000 Kalksteinen der Gemeinde Brackwerde im Kreis Bielefeld über einen Waggon Eichenstämme (für das noch immer vorhandene Gestühl) aus der Stadt Hannoversch-Münden bis 25 Sack Zement aus der Stadt Brandenburg oder ein Waggon Kreide vom Landkreis Rügen[6]. Gespendete Lebensmittel waren auch nicht zu verachten, schließlich mußten die Bauarbeiter bei Laune gehalten werden, angesichts der überaus knappen Rationen, die es sonst gab. Die Stadt Vilbel schickte Mineralwasser, Bergen-Enkheim fünf Zentner Äpfel, Stadt und Landkreis Trier gar ein Fuder Wein. Spenden kamen natürlich auch aus Frankfurt selbst. Die Degussa spendete zur Vergoldung für das 4,80 Meter hohe Kreuz 72 Gramm Gold und die Kunstwerkstätte Nikolaus und Franz Pitzer übernahmen die Vergoldung kostenlos[7].

Außerdem wurde nach Werkleuten gesucht und nach Trümmerwegräumern, die dann auch eine Ehrenurkunde erhielten: »Er hat am freiwilligen Bürgereinsatz für die Trümmerbeseitigung teilgenommen und damit einen demokratischen und sozialen Aufbauwillen bewiesen, für welchen die Stadt Frankfurt durch diese Ehrenurkunde dankt.«[8] Gleichwohl waren 1948 am 18. Mai und zum feierlichen Einzug der Gäste in die wiederaufgebaute Paulskirche keineswegs alle Trümmer in der Umgebung beseitigt, man deckte sie halt mit Tannenzweigen einigermaßen zu, wie Zeitgenossen berichteten[9].

Zunächst mußte der Grundstein gelegt werden. Dies geschah am 17. März 1947, nicht ohne eine feierliche Ansprache von Walter Kolb: »Wenn wir inmitten aller unserer Not gläubig sind und den Mut aufbringen, dieses Denkmal deutscher und europäischer Geisteshaltung wieder zu errichten, dann tun wir das in tiefer sittlicher Verpflichtung nach allem Leid, das Verblendete im Namen unseres Volkes der ganzen Menschheit zufügten. Zu unserem Teil wollen wir solche Schuld in etwa gutmachen und dafür sorgen, daß der Name der Deutschen, dieses Volk im Herz- und Kernstück Europas, wieder zu Achtung und Ehre gelange«. In gleichem, wenn auch abgeschwächtem Sinne lautete die Urkunde im Grundstein: »Heute beginnen wir mit dem Wiederaufbau der Paulskirche. Sie wurde zerstört, weil wir die sittlichen Gesetze mißachteten. Mögen unsere Nachkommen sich selbst überwinden, über die Grenzen hinaus allen Völkern die Hand reichen. Dies ist unser Wunsch und unser Vermächtnis. Magistrat und Stadtverordnetenversammlung der Stadt Frankfurt am Main.«[10]

Der Aufbauplanung für die Paulskirche war ein Wettbewerb vorausgegangen und heftige Diskussionen. Zu entscheiden war, ob das Gebäude so wieder aufgebaut werden sollte, wie sich die Kirche mit Empore vor der Zerstörung und eben auch 1848/49 dargestellt hatte. Dies wurde verworfen und das eindrucksvolle Bild der allein stehengebliebenen Außenmauern zur Neugestaltung genutzt. Dadurch ergaben sich natürlich erhebliche Veränderungen, die in der Schrift des Hochbauamtes[11] gut erläutert und mit vielen Bildern gezeigt werden. Die Lösung, die gefunden worden war, ist in sich überzeugend als Ergebnis einer sehr sparsam und nüchtern gewordenen Zeit und hat sich in seitdem gut vier Jahrzehnten bewährt, ist auch bei der anstehenden, überwiegend technisch bedingten Renovierung in den Jahren 1986/88 nicht verändert worden. Aber man kann auch fragen, ob ein in der deutschen Geschichte so gewichtiges Bauwerk nicht doch hätte in der ursprünglichen Gestalt wieder aufgebaut werden sollen. Auf der Galerie und in der äußeren Rotunde konnten damals 2000 Menschen Platz finden. In dieser Form hatte die Paulskirche 1848/49 dem ersten deutschen Parlament und seinen Zuschauern, den Abgeordneten und der Öffentlichkeit, einen guten Rahmen abgegeben und so ist sie zum Symbol der deutschen Demokratie geworden.

Während der »Altstadtvater« Lübbecke sich für die »konservative« Lösung einsetzte, plädierte Stadtrat Blanck, zuständig für Hochbau, für die neue Form. Die Raumwirkung der zerstörten Paulskirche sei sehr groß, man müsse »für das deutsche

Volk ein Bauwerk schaffen, das zwar schlicht und einfach sei, jedoch allen künstlerischen Ansprüchen genüge.«[12] Stadtrat Dr. Reinert brachte als weiteres Argument vor, »die Kirche allein als reine Predigtkirche zu bauen, halte er nicht für richtig, denn die Paulsgemeinde bestehe nicht mehr, da die Altstadt nicht mehr bewohnt sei.« Es bedurfte allerdings noch längeren Verhandlungen mit den Vertretern der Evangelischen Kirche in Frankfurt bis von dort die Zustimmung vorlag; es wurde die vormalige Ratskirche, die alte Nikolaikirche für den evangelischen Gottesdienst anstelle der Paulskirche zur Verfügung gestellt, so daß die Stadt allein über die Nutzung der Paulskirche verfügen konnte. Bemerkenswerterweise waren schon damals mit dem Aufbau der Paulskirche offenbar auch weitergehende Überlegungen verknüpft, über die allerdings öffentlich nicht gesprochen worden ist. Stadtrat Dr. Rasor meinte in der gleichen Magistratssitzung im Februar 1947: Im geplanten modernen Wiederaufbau könne man »600 Abgeordnete mit Tischen« unterbringen und etwa 1300 Plätze insgesamt. Aber es gäbe auch sehr viel Leute, die gegen den Wiederaufbau der Paulskirche seien und deswegen solle immer auch auf den gleichzeitigen Bau der Jahrhundertsiedlung hingewiesen werden. Für den Oberbürgermeister war am allerwichtigsten: Die Paulskirche müsse, »koste es was es wolle, bis zum 18. Mai 1948 fertig sein.«

Wie wichtig viele Beteiligte die Worte des Oberbürgermeisters bei der Grundsteinlegung zum Wiederaufbau der Paulskirche genommen haben, geht unter anderem hervor aus einem Vorwort, das fünf Jahre später auf Wunsch der Frankfurter jüdischen Gemeinde für »The Jewish Travel Guide« geschrieben worden ist:[13] Der oben zitierte Text aus einer Rede ist dort zu lesen und ergänzend: »Frankfurt hatte stets eine Bevölkerung von demokratischer Geisteshaltung. Während der Judenemanzipation ging Frankfurt bei der Zuerkennung der Gleichberechtigung voran und wohl in keiner Stadt auf dem Erdenrund wurde die jahrhundertealte Trennung geistiger und räumlicher Art zwischen Juden und Christen so schnell und gründlich überwunden wie in Frankfurt. Es ist mir ein aufrichtiges Herzensbedürfnis, die alten und guten Beziehungen zu unseren jüdischen Mitbürgern schnell und dauerhaft wiederherzustellen.«

Das so in den Mittelpunkt öffentlichen Interesses gerückte schwierige Bauvorhaben ist dank der ebenso engagierten wie fähigen Architektengruppe rechtzeitig fertiggestellt worden. Wenn auch der Turm noch im Gerüst steckte als die überaus zahlreichen Ehrengäste, vom Römer herkommend, wie 1848 am 18. Mai 1948 ihren Einzug in die Paulskirche hielten, so überzeugte der Wiederaufbau doch sehr. Drei Jahre nach Kriegsende war auch noch niemand durch spektakuläre Wiederaufbauleistungen verwöhnt. Die Architektengruppe bestand aus Professor Rudolf Schwarz/Köln und den Frankfurter Architekten Gottlieb Schaupp und Johannes Krahn. Die Bauausführung lag bei dem Frankfurter Ingenieurbüro Lübke. Maßgeblich für Planung und Ausführung war Rudolf Schwarz, der einige Jahre später den Wiederaufbau so beschrieb: »Wir hielten den Bau in einer fast mönchischen Strenge, er wurde mehr Kirche als Festsaal, und wir meinten damit die Gesinnung, in der die

Am Jahrhunderttag der Paulskirche, dem 18. Mai 1948, erwarten viele Frankfurter den Einzug der Ehrengäste

Am 18. Mai 1948 begeben sich Oberbürgermeister Kolb (rechts) und Stadtverordnetenvorsteher Hermann Schaub (links) mit dem Ehrengast Fritz von Unruh vom Römer zur Paulskirche

neue Gründung des Reiches erfolgen sollte. Der Raum ist schneeweiß gestrichen und enthält nur das sehr einfache Gestühl, das Rednerpult, die Regierungsempore und eine Orgel.«[14]

Die Feierlichkeiten in der ganzen Woche und besonders am 18. Mai, einem Dienstag, beschreibt Günter Mick sehr anschaulich und druckt auch die berühmt gewordene Rede des Dichters Fritz von Unruh ab[15]. Sie wurde damals in der höchst ungewöhnlichen Auflage von 50 000 Stück veröffentlicht. Um die Rückkehr des nach Amerika emigrierten Pazifisten von Unruh hatte sich der Oberbürgermeister Frankfurts in ausgiebigem Briefwechsel sehr bemüht und auch Hilfen für den künftigen Aufenthalt in Frankfurt am Main zugesagt[16]. Oberbürgermeister Kolb erhielt für seine Verdienste um die Wiedererrichtung der Paulskirche die Ehrendoktorwürde der Juristischen Fakultät der Universität Frankfurt[17] am Morgen des 18. Mai 1948 verliehen.

Viele Gäste waren damals bei Frankfurter Bürgern untergebracht, denn es fehlte an Hotels. Die Ehrengäste, wie zum Beispiel die Berliner Oberbürgermeisterin Louise Schroeder, wohnten im damaligen Gästehaus der Stadt, das außerhalb in

Schönberg im Taunus lag und heute ein Ortsteil von Kronberg ist. Trotz aller nicht zuletzt bei der Unterbringung deutlich gewordenen notwendigen Provisorien war die Veranstaltung der Feierlichkeiten zum 100jährigen Jubiläum der Paulskirche in Frankfurt am Main ein bemerkenswertes und weithin beachtetes Ereignis. Dabei ist durchaus daran zu erinnern, daß in der nationalsozialistischen Zeit alles getan worden war, um die in den zwanziger Jahren begründete Traditionspflege der Paulskirche zu unterdrücken. So waren die Verfassungsarbeiten in der Paulskirche, wie auch die Erfahrungen des ersten deutschen Parlaments für die Entwicklung der Demokratie und des Parlamentarismus in Deutschland überhaupt erst wieder ins Bewußtsein zu heben. Dies vorangetrieben zu haben, war ein großes Verdienst der Stadt Frankfurt und aller Beteiligten.

Berlins Grüße zur Einweihung der wiederaufgebauten Paulskirche in Frankfurt am Main

Der Frankfurter Frauenverband und die Pressereferentin der Stadt, Heli Knoll, hatten im Anschluß an die Paulskirchenfeier einen »Interzonalen Frauenkongreß« organisiert, der am 22. Mai 1948 in der Paulskirche eine öffentliche Kundgebung veranstaltete. Von links: Anna Siemsen, Elisabeth Lüders, Elfriede Nebgen

Oberbürgermeister Kolb hatte in einem Aufruf zum 18. Mai 1948 die Ziele formuliert, wie sie in Frankfurt gesehen worden sind: »Wenn in der Frankfurter Paulskirche von 1848 der Beginn der deutschen Demokratie zu sehen ist, dann wollen wir in der Frankfurter Paulskirche von 1948 die Wiedergeburt des deutschen demokratischen Staates erblicken, der nun aber nach der grauenvollen Episode von 1933 bis 1945 zum unverlierbaren Besitz der deutschen Nation werden soll. In dieser Feierstunde des 18. Mai 1948 werden wir das Gelöbnis ablegen, unseren demokratischen Staat so zu gestalten, wie er den hohen Idealen der Demokratie entspricht, die in den Begriffen Einheit, Freiheit und soziale Gerechtigkeit ihren Ausdruck und in der Verwirklichung der Gleichheit aller Bürger vor dem Gesetz und dem Wohlergehen aller Menschen ihre Erfüllung finden. Die Stadt Frankfurt ist stolz darauf, dieses Symbol der deutschen Demokratie, die Paulskirche, zu besitzen. Ihre Bürger waren stets fortschrittlich, freiheitlich und demokratisch gesinnt. Der Geist des Frankfurter Parlaments von 1848 ist in dieser Stadt immer lebendig geblieben. Unserer Tradition entsprechend werden wir auch in Zukunft eine Hochburg der deutschen Demokratie sein.«[18]

2.2. Bi-Zonen-Verwaltung

Mit der Wiedererrichtung des deutschen demokratischen Staates stand es zu der Zeit, als in Frankfurt am Main mutig begonnen wurde, die Paulskirche als dessen Symbol wiederaufzubauen, also zu Beginn des Jahres 1947, ziemlich schlecht. Zumindest war noch völlig offen, wie aus den Ländern, die inzwischen gebildet worden waren, ein wie auch immer organisierter demokratischer deutscher Staat werden sollte. Viel stärker als die noch recht schwachen neuen Länder wirkte sich für die Bevölkerung die Einteilung in Zonen aus. Das Reisen, beispielsweise von der amerikanischen in die französische Besatzungszone, ging eben auch nicht ohne Passierschein und ohne Kontrollen von statten. Dies und manche anderen Unterschiede, zum Beispiel in der noch immer über Lebensmittelkarten organisierten Versorgung, sollten sich jedoch im Laufe des Jahres 1947 ändern. Dieses Jahr wurde zu einem Wendepunkt in der Geschichte der ersten Nachkriegsjahre. Die Teilung Deutschlands zeichnete sich zwar noch nicht ab, aber es begann das Auseinandertriften der drei westlichen Besatzungszonen einerseits und der Sowjetzone andererseits mit Berlin als Insel darinnen. In diesem Prozeß spielte die Stadt Frankfurt eine bedeutende Rolle, wenn auch nicht als selbständig handelnder politischer Faktor, aber als der Platz, an dem

Lebensmittel waren noch immer knapp. Anstehen nach Pferdefleisch im Juni 1946, Ecke Baumweg/ Berger Straße

die neuen Kräfte gebündelt worden sind. Es war im wesentlichen die amerikanische Besatzungsmacht, welche die Dinge vorantreiben und auch die elenden Verhältnisse in dem besiegten Land und der noch immer hungernden Bevölkerung verbessern wollte. Die Amerikaner hatten ja schon 1945 Frankfurt am Main für eine besondere Rolle ausersehen, nur ging die Sternstunde damals ungenutzt vorüber.

Wenige Wochen nach Kriegsende, am 5. Juni 1945, hatten die Siegermächte in einer Erklärung bereits geregelt, »daß die oberste Regierungsgewalt in Deutschland« von den »Befehlshabern Großbritanniens, der Vereinigten Staaten, Sowjetrußlands und Frankreichs auf Anweisung ihrer Regierungen«, von »jedem in seiner eigenen Besatzungszone und gemeinsam in allen Deutschland als Ganzes betreffenden Angelegenheiten« ausgeübt werde[19]. Zum Zweck der gemeinsamen Ausübung der Regierungsgewalt ist bekanntlich der »Kontrollrat« in Berlin gegründet worden. Die »Potsdamer Konferenz« vom 17. Juli bis 2. August 1945, die mit den Regierungschefs der drei Hauptmächte, also ohne Frankreich, in Berlin tagte, bekräftigte diese und vorhergehende Abmachungen im »Potsdamer Abkommen«, u. a.: »Die Verwaltung Deutschlands muß in Richtung auf eine Dezentralisation der politischen Struktur und der Entwicklung einer örtlichen Selbstverwaltung durchgeführt werden ... In ganz Deutschland sind alle demokratischen Parteien zu erlauben und zu fördern ... Bis auf weiteres wird keine zentrale deutsche Regierung errichtet werden. Jedoch werden einige wichtige zentrale deutsche Verwaltungsabteilungen errichtet werden.«[20] »Wichtige zentrale deutsche Verwaltungsabteilungen« zu schaffen, dies war das Stichwort, das 1947 aufgegriffen worden ist, nachdem sich gezeigt hatte, daß eine gemeinsam mit den Vertretern der Sowjetunion auszuübende Regierungsgewalt – bei dem festgelegten Erfordernis der Einstimmigkeit – nicht weiter realisierbar war. Nicht zuletzt der Streit um Reparationsleistungen und um eine besondere Kontrolle sowie Demontage im Ruhrgebiet hatte dazu beigetragen, daß sich keine Gemeinsamkeit in bezug auf wirtschaftliche Maßnahmen finden ließ. Das Ruhrgebiet und der »Schreibtisch des Ruhrgebiets«, also die Stadt Düsseldorf, galten in diesen Jahren und bis in die 70er Jahre hinein als das wirtschaftliche Zentrum Deutschlands, und dies nicht nur bei den Besatzungsmächten.

In dieser offenen Situation fand eine Rede des amerikanischen Außenministers James F. Byrnes am 6. September 1946 in Stuttgart im Ausland und auch bei dem Teil der deutschen Bevölkerung, der sich für politische Probleme interessierte, große Resonanz. Ein Wandel der amerikanischen Außenpolitik zeichnete sich ab, mit der Begründung, daß es nicht habe gelingen können, die in Potsdam beschlossenen notwendigen deutschen Zentralverwaltungen zu schaffen: Daraus seien Konsequenzen zu ziehen. »Das amerikanische Volk wünscht, dem deutschen Volk die Regierung Deutschlands zurückzugeben. Das amerikanische Volk will dem deutschen Volk helfen, seinen Weg zurück zu finden zu einem ehrenvollen Platz unter den freien und friedliebenden Nationen der Welt«[21]. Kurz darauf wurde ein Exekutivausschuß für Wirtschaft berufen, dem neben Vertretern der amerikanischen und der britischen Besatzungszone auch deutsche Experten und die Minister für Wirtschaft einiger Länder angehörten, darunter der bayerische Wirtschaftsminister Dr. Ludwig Erhard. Die beiden Außenminister der USA und Großbritanniens unterzeichneten am 2. Dezember 1946 in New York eine Abmachung, die für Frankfurt am Main recht wichtig werden sollte: Mit Wirkung vom 1. Januar 1947 sollten die britische und die amerikanische Zone »als ein einziges Gebiet behandelt werden« mit dem Ziel, bis Ende 1949 die wirtschaftliche Selbständigkeit dieser neuen »Bi-Zone« zu erreichen [22].

Von Seiten der Sowjetunion wurde dieses Vorgehen verurteilt und Stalin erklärte, es kommt nicht nur darauf an, »die wirtschaftliche, sondern auch die politische Einheit Deutschlands« wieder herzustellen [23]. Die mit den gegensätzlichen Auffassungen der Weltmächte verknüpften Implikationen können hier nicht weiter verfolgt werden. Für Frankfurt am Main bedeutete die Politik der Amerikaner die Übernahme einer neuen und wichtigen Aufgabe, denn die zunächst in fünf verschiedenen Orten eingerichteten zentralen Verwaltungsabteilungen sollten in Frankfurt am Main zusammengefaßt werden.

Für den Magistrat der Stadt war dies nicht so ganz neu. In der letzten Sitzung des Jahres 1946, am 27. Dezember, war davon die Rede, daß »die zentralen Verwaltungsstellen« nach Frankfurt kommen sollten [24]. Angesichts dieser Perspektive ließ sich die Stadtregierung zunächst einmal berichten, was der Leiter der Flüchtlingsunterbringung, Obermagistratsrat Franz Eisenhuth, dazu zu sagen wußte. Und dies war erschreckend genug: erst kürzlich war es gelungen Bunker, in denen 830 Flüchtlinge untergebracht waren, heizbar zu machen. Die Flüchtlinge warteten natürlich auf Wohnungen. Dazu käme als weiteres Problem die »zurückkehrende Frankfurter Bevölkerung«, nämlich 50000 Menschen. Angesichts des künftigen Personals der zentralen Verwaltungsstellen ergäben sich demnach große Sorgen und man komme wohl nur durch die Beschlagnahme von Räumen weiter. Im Westend habe aber noch keine »Erfassung« von Räumen stattfinden können. Bei den dafür erforderlichen Begehungen von Wohnräumen habe bisher auch oft festgestellt werden müssen, daß es an Öfen fehle. Die Flüchtlinge selbst meinten zwar, sie könnten bald in ihre Heimat zurückkehren, aber auch die einheimische Bevölkerung sei noch gänzlich unzulänglich untergebracht. Außerdem genüge es nicht einen »Einweisungsschein« auszugeben, man müsse auch darauf achten, was so alles fehle, von Haushaltungsgegenständen bis zu Möbeln.

Zu diesem Zeitpunkt waren auf dem Römerberg zwar als Ersatz für den Weihnachtsmarkt vor dem Krieg einige Buden aufgestellt gewesen, die Eisenbahnergewerkschaft hatte 10000 Reichsmark für den Wiederaufbau der Paulskirche gespendet, es konnte beschlossen werden, den Burnitzbau für ein »Haus der Jugend« auszubauen, womit 22 Räume, auch für Versammlungen, gewonnen würden; schließlich hatte »die Reichsleitung der evangelischen Kirche beschlossen, zum 1.4.1947 ihren Sitz nach Frankfurt zu verlegen«. Trotz solch erfreulicher Dinge konnte es den Magistratsmitgliedern an der Wende zum Jahr 1947 nicht gerade leicht zumute sein. Glücklicherweise ging die Verlegung der fünf Verwaltungsstellen für

Wirtschaft, Finanzen, Ernährung und Landwirtschaft sowie Verkehrswesen und Post nach Frankfurt am Main nicht so rasch voran.

In der Stadtverordnetenversammlung Anfang Mai 1947 berichtete Oberbürgermeister Kolb, daß durch die englische und amerikanische Militärregierung nun endgültig »Frankfurt zum Sitz aller Zentralämter der beiden Zonen bestimmt worden« sei[25]. Es sei anzunehmen, daß die französische Zone diesem Beschluß bald beitreten werde. Es seien also fünf Zentralämter einigermaßen unterzubringen. Gefordert würden 2600 Büroräume und 1065 Wohnungen. Er habe darauf hingewiesen, daß deswegen die Freigabe beschlagnahmter Wohnungen erfolgen solle und daß Baumaterial bereitgestellt werden müßte. Der Oberbürgermeister schloß seine Ausführungen mit dem Hinweis, daß »die Verlegung der bizonalen Verwaltungsbehörden hierher für Frankfurt eine große Chance sei, die die Stadt wahrnehmen müsse«. Die Begeisterung über diese Aussichten hielten sich angesichts der Wohnungssituation und der sonstigen Rahmenbedingungen allerdings in Grenzen. Intern wurde im Magistrat festgelegt, zur Bewältigung der Aufgabe eine deutsch-amerikanische Kommission zu bilden, in die der Leiter des Wohnungsamtes, der Dezernent für das Besatzungswesen, der Hochbaudezernent und Generaldirektor Dr. Kurt Griebel sowie Baron Otto von Recum[26] als Dolmetscher zu delegieren seien. Dieser Vorschlag wurde dem Vertreter der amerikanischen Behörden zugeleitet, das war Oberst Phelps. Diese Zusammenarbeit hat denn auch einen sehr raschen Bau der Bi-Zonen-Siedlung und anderer erforderlicher Bauten gewährleistet.

In der Magistratssitzung am 19. Mai 1947 entspann sich trotz der Mahnung des Oberbürgermeisters eine längere Debatte um das Für und Wider der Bi-Zonen-Verwaltung in Frankfurt am Main. Bürgermeister Helfrich (CDU) war eigentlich dagegen und hätte »steuerbringende wirtschaftliche Unternehmen« bevorzugt. Stadtrat Heinrich Seliger meinte, es müsse wenigstens eine Verkleinerung des Sperrgebiets um das IG Hochhaus, in dem die Militärregierung wohl bleibe, erreicht werden. Stadtrat Miersch hingegen begrüßte die Entwicklung und sah eine große Chance für Frankfurt. »Frankfurt habe allzuviel verloren. Man müsse wieder belebende Einrichtungen schaffen.« Nach Industrie müsse man sich natürlich auch umsehen, aber die werde im Laufe der Jahre nach günstigeren Standorten suchen. Die Wohnungsfrage sei natürlich ein Problem. Vielleicht könnte man Büros auch in der Pädagogischen Akademie unterbringen. Vor allem sollte die Unzahl an nur leicht beschädigten Wohnungen möglichst in Ordnung gebracht werden, allerdings fehle es hierfür an Material und an Handwerkern. Auch das Telefonnetz war, wie man wußte, völlig unzulänglich. Schließlich beendete Kolb die Klagelieder mit dem Hinweis, die Einrichtung der Bi-Zonenverwaltung sei ein Befehl der Militärregierung und somit auszuführen.

Am 29. Mai 1947 einigten sich die beiden angloamerikanischen Befehlshaber der Besatzungszonen des nun »Vereinigten Wirtschaftsgebietes«, Clay und Robertson darauf, sowohl eine parlamentarische Institution, wie auch eine Art Regierung für diese zusammengefaßte Region zu errichten. Es wurde also vorgesehen, 1. einen

»Wirtschaftsrat« genannten Parlamentsersatz zu schaffen, und 2. ein Koordinierungs- und Exekutivorgan, genannt »Exekutivausschuß«, beides natürlich in Frankfurt am Main. Die Bestellung dieses Organs behielten sich allerdings die Besatzungsmächte weitgehend vor, bestimmten jedoch, daß jede Landesregierung ein hauptamtliches Mitglied in den Exekutivausschuß entsenden solle, während der »Wirtschaftsrat« durch die Landtage der deutschen Länder in der Bi-Zone zu beschicken war. 54 Mitglieder des Wirtschaftsrates sollten von den Landtagen gewählt und delegiert werden. Dies ergab eine Versammlung von 21 CDU-Abgeordneten, 20 von der SPD, drei der KPD und je zwei des Zentrums und der Niedersächsischen Landespartei, drei von der FDP und einer von der hessischen LDP, schließlich noch je einer von der Bayerischen WAV und der Demokratischen Volkspartei Baden-Württembergs[27]. Wer hier eine Mehrheit zusammenbringen konnte, war also ziemlich offen. Den Präsidenten stellte die CDU: Dr. Erich Köhler, Vizepräsident wurde der hessische Justizminister Georg August Zinn. Sonst allerdings verspielte die SPD jeden offenbar durchaus möglichen Zugriff auf das eine oder andere Amt in den neuen Institutionen, womit die spätere Bonner Regierungs- und Oppositionsbildung gewissermaßen schon hier vorgezeichnet war[28]. Ursache bei der SPD war nicht zuletzt, daß Klarheit über eine künftige Wirtschaftsordnung keineswegs bestand und nicht alle den durchaus nicht ideologiefreien Überlegungen von Viktor Agartz folgen wollten. Die CDU hatte eigentlich auch kein Wirtschaftsprogramm, sie hatte damals Ludwig Erhard noch nicht in ihren Reihen. Später aber war die CDU klug genug, die Überlegungen des liberalen Wirtschaftsprofessors und -Politikers sich zu integrieren und Erhard für die CDU zu gewinnen.

Die Eröffnungssitzung des Wirtschaftsrates, des neuen Wirtschaftsparlaments ging am 25. Juni 1947, einem Mittwoch im Saal der Frankfurter Börse von statten. Die Öffentlichkeit nahm an diesem Ereignis nur bedingt Anteil, dies entsprach der noch immer äußerst mißlichen Alltagssituation, die für Frankfurt besonders gut von den Journalisten Madlen Lorei und Richard Kirn beschrieben worden ist. »Das Volk von Frankfurt«, heißt es da[29]. »bewegte sich an den Rändern dieses Ereignisses ein wenig hilflos und unwillig«, nicht zuletzt wegen der ungewohnten polizeilichen Absperrungen. Zum ersten Mal gab es an diesem Tag in Frankfurt neben den rot-weißen Stadtfahnen auch wieder schwarz-rot-goldene Fahnen zu sehen. Zum ersten Mal in der Nachkriegsgeschichte trat eine länderübergreifende parlamentarische Versammlung zusammen, in der Stadt der Paulskirche, Frankfurt am Main.

Daß der Wiederaufbau des deutschen parlamentarischen Lebens nur in Stufen vonstatten gehen konnte, hatte zwar den demokratiepolitisch großen Vorteil des Aufbaus von unten nach oben und damit auch der langsamen Gewöhnung an das neue politische Leben, aber dies konnte andererseits auch als Hindernis für eine gesamtdeutsche Lösung angesehen werden. Jedenfalls ist in der Zeitspanne zwischen der Proklamation des Wirtschaftsrates und dessen Zusammentritt nochmals – und letztmals – von deutschen Politikern versucht worden, über die Zonengrenzen hinweg zu einer gesamtdeutschen Lösung zu kommen. Der Ministerpräsident

Bayerns, Dr. Ehard, lud zum 5. Juni 1947 die Ministerpräsidenten aller deutschen Länder und die amtierende Oberbürgermeisterin von Berlin, Louise Schroeder, zu einer Konferenz nach München ein; es kamen auch alle, blieben jedoch nicht. Bekanntlich reisten die Ministerpräsidenten der damals noch bestehenden Länder der Sowjetischen Besatzungszone noch am ersten Abend wieder ab. Trotz Vermittlungsversuchen der einzigen Frau in der Politikerrunde und auch des Württembergers Reinhold Maier war eine Einigung über die Abwicklung der Tagesordnung nicht zu erzielen gewesen. Carlo Schmid beschreibt in seinen Erinnerungen die dramatischen Ereignisse sehr eingehend[30]. Neben der Forderung nach freien Wahlen in ganz Deutschland, spielten besonders die Berichte über die miserable Ernährungslage in allen deutschen Ländern eine Rolle und auch die Forderung nach Entlassung der Kriegsgefangenen. Jedoch war allen diesen Bemühungen ein baldiger Erfolg versagt.

An der Arbeit des Wirtschaftsrates in Frankfurt am Main nahm Carlo Schmid, später als Politikwissenschaftler und bedeutender Politiker der SPD einer der wirkungsvollsten Hochschullehrer der Frankfurter Universität, damals noch in der französisch besetzten Zone tätig, so oft als möglich teil, weil er die Entwicklung verfolgen wollte. Er war der Überzeugung, die französische Zone werde sich wohl bald anschließen müssen. Formal war dies aber erst im April 1948 der Fall, nicht zuletzt wegen der zu erwartenden Marshall-Plan-Gelder, zu deren Verwaltung in Frankfurt am Main die »Kreditanstalt für Wiederaufbau« an der Bockenheimer Landstraße eingerichtet worden ist.

Am 5. Juni 1947 hatte der amerikanische Außenminister Georg F. Marshall in einer Rede vor Studenten der Harvard-Universität zum Wiederaufbau Europas – das European Recovery Programm, ERP – die Hilfe der Vereinigten Staaten von Amerika angeboten, falls ein gemeinsamer Wirtschaftsplan vorgelegt werden könne. Die westeuropäischen Regierungen stimmten dem Angebot bereits im Juli zu, die Sowjetunion lehnte ab, und damit gelangten auch die ostmitteleuropäischen Staaten und die sowjetische Besatzungszone Deutschlands nicht in den Genuß dieses äußerst großzügigen und weitsichtigen Hilfsangebotes, dem nicht zuletzt Westdeutschland die später als Wirtschaftswunder bestaunte rasche Erholung zu verdanken hat.

Wie sehr eine Verbesserung der wirtschaftlichen Situation dringlich war, zeigen alle Berichte über den Alltag in dieser Zeit. »Für ein paar Einmachgläser standen (meist vergebens) in jenen Tagen von frühmorgens bis Geschäftsschluß, den Kopf vor der glühenden Sonne mit Zeitungen geschützt, Frankfurter Hausfrauen vor einem Kaufhaus an der Hauptwache Schlange. … Es gab in der ersten Septemberwoche 1947 kein Fett für Erwachsene …«[31]. So ist es nicht verwunderlich, daß auf eine Umfrage bei den »Bürgern der Bizonen-Hauptstadt«, also Frankfurt am Main, die meisten Befragten gar nicht wußten, was es mit dem Wirtschaftsrat auf sich hatte. Die Fragen hatten gelautet: »Was ist der Wirtschaftsrat? Was erwarten Sie von ihm?«[32]. Dabei kannten viele Frankfurter den Sitzungssaal des Wirtschaftsrates recht gut, denn im Saal der Frankfurter Börse wurde abends Theater gespielt und zwar fast

Ein ERP-Ausstellungs-Pavillon bei der Frankfurter Herbstmesse, 19. September 1949

immer vor ausverkauftem Haus. Man war ja ausgehungert nach geistiger Kost. Kaum ein Theaterstück hat in Westdeutschland damals soviel Resonanz gefunden wie Thornton Wilders »Wir sind noch einmal davongekommen«, weil das Lebensgefühl der Deutschen damaliger Zeit direkt getroffen war. Ebenso erging es dem erstaunlich einfühlsamen Stück von Carl Zuckmayer: »Des Teufels General«, in dem sich fast alle Deutschen wiedererkennen konnten, ob als Anhänger, Mitläufer, Unentschiedene, jugendlich verführte Idealisten der Nazizeit, Widerständler oder was immer. Die Erstaufführung für die amerikanische Zone im Frankfurter Börsensaal am 25. November 1947 führte zu Beifallsstürmen. Den General spielte Martin Held. Inszeniert hatte Heinz Hilpert, Carl Zuckmayer war anwesend. Er war von amerikanischer Seite betraut mit der Aufgabe, Informationen über die deutsche Nachkriegsjugend zu gewinnen. Dies tat er auch im Frankfurter Bahnhofsviertel und fand dort aus der Bahn geworfene Jugendliche aus allen deutschen Gauen[33].

Im gleichen Jahr 1947 hatte es in Frankfurt am Main ein weiteres wichtiges Wiederaufbauvorhaben gegeben, nicht in Regie der Stadt, wenn auch von ihr wohlwollend gefördert: das Goethehaus am Großen Hirschgraben. Die Diskussion um den Wiederaufbau war in der Stadt heftig gewesen, und das ob und wie zog weite Kreise über Frankfurt hinaus[34]. Selbst Ernst May in Nairobi hatte sich ja Gedanken darum gemacht. In den ersten Nachkriegsjahren war noch genug Sensibilität vorhan-

Die Alte Brücke kann vom 13. September 1947 an endlich wieder benutzt werden

den um zu fragen, ob Ruinen nicht auch als Mahnung vor Kriegszerstörung beibehalten werden sollten. Die Gedächtniskirche am Beginn des Kurfürstendamms in Berlin ist ein gutes Zeugnis für derartige Überlegungen, die auch für das Goethehaus angestellt worden sind. Jedoch war in Frankfurt die Sachlage so, daß das Freie Deutsche Hochstift, dies war und ist der Träger des Geburtshauses von Johann Wolfgang Goethe, und vor allem sein Direktor Professor Dr. Ernst Beutler schon bald nach dem Krieg ganz eindeutig und mit viel Nachdruck und Geschick für den Wiederaufbau eingetreten sind. Durch Sammlung kam aus aller Welt eine beträchtliche Summe für den Wiederaufbau zustande. Das Goethehaus war am 22. März 1944 mit dem größten Teil der Frankfurter Altstadt in Trümmer gesunken, jedoch konnten manche Bauteile aus den Trümmern geborgen werden. »Die Fassade des Erdgeschosses ist fast ganz die ursprüngliche. Die großen Blöcke aus rotem Mainsandstein waren zwar umgestürzt, aber meist nicht gebrochen. Man brauchte sie nur wiederaufzurichten.«[35] »Auch der alte Wappenstein mit den drei Leiern konnte wieder über der Haustür eingesetzt werden.«

Es gab noch weitere gute Argumente für den Wiederaufbau. In Goethes Autobiographie »Dichtung und Wahrheit« wird sehr ausführlich über den damaligen Umbau des Hauses berichtet, und auch später waren Veränderungen vorgenommen worden, so 1931, als man zur Stützung ein Stahlgerüst einziehen mußte. Vor allem waren genaue Pläne und Aufzeichnungen vorhanden, nicht zuletzt dank Beutlers und seiner Mitarbeiter Vorsorge und Auslagerungen während des Krieges. Am 5. Juli

1947 ist die Grundsteinlegung feierlich begangen worden. Seit 1951 ist das Haus einladend geöffnet und verzeichnet von allen Frankfurter Museen fast immer die höchste Besucherzahl. Längst sind die Stimmen verstummt, die gegen die genaue Restaurierung gewesen waren. Allerdings denken wohl die meisten der Besucher, darunter besonders viele Japaner, gar nicht darüber nach, daß es sich um die Wiederherstellung eines im Krieg zerstörten Hauses handelt. »Das Haus war indessen fertig geworden, und zwar in ziemlich kurzer Zeit, weil alles wohl überlegt, vorbereitet und für die nötige Geldsumme gesorgt war. Wir fanden uns alle wieder zusammen und fühlten uns behaglich; denn ein wohlausgedachter Plan, wenn er ausgeführt dasteht, läßt alles vergessen, was die Mittel, um zu diesem Zweck zu gelangen, Unbequemes mögen gehabt haben. Das Haus war für eine Privatwohnung geräumig genug, durchaus hell und heiter, die Treppe frei, die Vorsäle luftig« ...[36] Und so wie Goethe selbst sein Vaterhaus beschrieben hat, bietet sich das Haus seither dem Besucher dar.

Die Alte Brücke, mitsamt dem »Brückegickel«, über den es eine schöne Geschichte gibt, ist im Jahr 1947 wieder hergestellt gewesen, allerdings nicht ganz in der ursprünglichen Bauweise. Am 13. September konnten, Stadtoberhaupt voran, Stadtverordnete, Magistrat und Bürgerschaft, endlich die Brücke wieder benutzen.

Alle solche Vorhaben auszuführen war nicht nur eine Frage von Geld und guten Plänen. Es war das Zeitalter der Zigarettenwährung und für den Gegenwert von einem Päckchen amerikanischer Zigaretten konnte man beispielsweise 14 Tage Urlaub in Bayern machen, wenn auch nicht in Hotels, die es kaum gab. Bei der völlig zerrütteten Reichsmark-Währung und dem weit verbreiteten Schwarzhandel war es äußerst schwierig, Planung auch in die Praxis umzusetzen. Nicht zuletzt deswegen war es eine besondere Leistung der Stadtregierung, den im Krieg weitgehend zerstörten kleinen Frankfurter Flughafen über den Teil hinaus auszubauen, den die Amerikaner sogleich 1945 für sich in Beschlag genommen hatten und wieder herrichteten. Für den zivilen Flughafen hatte die Stadt unentgeltlich 100 Hektar Stadtwald zur Verfügung gestellt, mitsamt dem Holz – wogegen damals natürlich niemand protestierte. Außerdem waren Straßen verbreitert, Verbindungen zur Autobahn hergestellt und Versorgungsleitungen gelegt worden.

Größter Gesellschafter des Flughafens war das Deutsche Reich gewesen. Es mußte also eine neue Verwaltungsstruktur gefunden werden. So hatte der Frankfurter Oberbürgermeister dem Hessischen Ministerpräsidenten vorgeschlagen, daß die Stadt federführend sein solle, während für den Ausbau selbst die »S.W.F.« (Südwestdeutsche Flugbetriebs A.G.) bauausführend sein möge. Ein Drittel von deren Kapital gehörte der Stadt. Eine neue Konstruktion zwischen Stadt Frankfurt und Land Hessen solle dann gesucht werden. Am meisten Schwierigkeiten machte es, genügend Arbeitskräfte zu finden. 2500 sind benötigt worden und die Stadt sah sich gezwungen, einen »Auto-Transportdienst für Arbeiter« einzurichten und über US-Dienststellen eine Verpflegung ohne Abgabe von Lebensmittelkarten zu organisieren. An den Kosten beteiligte sich auch das Land Hessen. Oberbürgermeister Kolb betonte die Wichtigkeit des Flughafens für die Stadt, was auch im künftigen Aufsichtsrat zu berücksichtigen sei[37].

Noch bevor der neue Wirtschaftsrat 1947 in Frankfurt am Main seine Tätigkeit aufgenommen hatte, schrieb Oberbürgermeister Kolb am 7. Juni einen erbosten Brief an den Chefredakteur des »Telegraf«. Er verwahrte sich gegen den Artikel eines Frankfurter Journalisten, der am 25. Mai über »Die unfreiwillige Hauptstadt« – also Frankfurt am Main – meinte schreiben zu sollen. Die Frage der Hauptstadt, so wetterte Kolb, stünde überhaupt nicht zur Debatte »im gegenwärtigen Zustand der Ungeklärtheit der Form und des Umfangs eines künftigen Deutschlands«[38]. Auch um den Sitz der Zweizonenbehörden habe sich Frankfurt nicht bemüht, aber, wenn gefordert, auch nicht gewehrt, »obwohl es (Frankfurt) allen Grund hätte, auf die ständige Benachteiligung hinzuweisen, die diese Stadt seit 1866 sowohl im kaiserlichen wie im nazistischen Deutschland erfahren hat. Frankfurt war stets eine deutsche Stadt und eine Reichsstadt. Seine Geschichte verpflichtet es, das Allgemeininteresse über das eigene Interesse zu stellen. Seine politische Funktion gebietet ihm aber auch sich höheren Anforderungen nicht zu verschließen. Von diesen Erwägungen wird die Frankfurter kommunale Politik bestimmt.«

Mit dieser Klarstellung ist verdeutlicht worden, daß man in Frankfurt nicht daran dachte, etwa Berlin schaden zu wollen. Denn damals war noch allen Deutschen, wie wohl auch den Besatzungsmächten, selbstverständlich, daß Berlin – wenn auch viergeteilt – als die Hauptstadt Deutschlands zu gelten habe. Im Jahr 1948 zerfiel nun aber der Kontrollrat in Berlin endgültig. Die letzte Sitzung war am 20. März. Diese politische und insbesondere die wirtschaftliche Situation ließ es den westlichen Alliierten angezeigt erscheinen, einige Umorganisationen vorzunehmen. Im Einvernehmen mit deutschen Experten wurde zunächst der Wirtschaftsrat in Frankfurt erweitert, das heißt die Abgeordnetenzahl verdoppelt auf 104 Mitglieder und eine zweite Kammer eingerichtet. Hierzu sollten die Länder der westlichen Zonen je zwei Vertreter entsenden. Als koordinierendes und ausführendes Organ sollte ein »Verwaltungsrat« dienen. Diese gewichtigste der Institutionen – denn das sind Verwaltungen ohne zulängliche parlamentarische Kontrolle, und die konnte sich in der kurzen Zeit noch nicht entwickeln – der Verwaltungsrat also bestand aus dem Vorsitzenden, benannt »Oberdirektor«, Dr. Hermann Pünder (CDU), damals Vorsitzender der Kölner Ratsversammlung, genannt Oberbürgermeister nach englischem Vorbild, und den Direktoren der fünf zentralen Verwaltungsämter. Einer hiervon, der Direktor des Wirtschaftsamtes, ist im Frühjahr 1948 Professor Dr. Ludwig Erhard geworden. Auch alle anderen vier Direktoren waren von der CDU oder der CSU vorgeschlagen. Dies Vorgehen und die Ungeschicklichkeiten der SPD-Abgeordneten bei der Wahl der verschiedenen Vorsitzenden führten zu heftigen Protesten und Vorwürfen in der Parteiführung der SPD und bei Kurt Schumacher, dem Vorsitzenden der SPD seit 1946. Die Proteste der Führungspersönlichkeiten der SPD waren verständlich. Denn im Vorfeld der späteren Institutionen der Bundesrepublik war es den beiden konservativen Parteien im Frühjahr 1948 in Frankfurt am

Main gelungen, alle wichtigen Positionen zu besetzen. Das war am 2. März 1948; Hermann Pünder erhielt 40 Stimmen der CDU und CSU, die acht FDP-Abgeordneten stimmten gegen ihn. 48 Abgeordnete der SPD, KPD, WAV und des Zentrums gaben bei dieser Wahl und bei der der Direktoren weiße Zettel ab, die dann nicht als Ablehnung gewertet worden sind. Ohne ausreichende Mehrheit hatte sich also die CDU auf der ganzen Linie durchgesetzt. Bei all diesen Vorgängen konnte wohl noch niemand ahnen, wie wichtig bald darauf die Besetzung des Direktorenamtes der Wirtschaftsverwaltung mit dem liberalen Professor der Wirtschaftswissenschaften Dr. Ludwig Erhard werden sollte.

2.3. Die zweite Kommunalwahl 1948

Im Jahr der Paulskirchenfeier waren in den hessischen Gemeinden die Kommunalparlamente neu zu bestellen, weil der 1946 gewählte Hessische Landtag das Gemeindewahlgesetz der ersten Besatzungszeit vom 15. Dezember 1945 verbessert und mit dem Gesetz vom 11. Februar 1948 eine neue Grundlage geschaffen hatte. Insbesondere fiel die 15 Prozent Klausel weg, so daß das Wahlergebnis die Vertretung auch kleinerer Parteien erwarten ließ. Außerdem wurde die Zahl der Parlamentssitze in Frankfurt am Main von 60 auf 80 erhöht. Eindeutiger geregelt war auch das Einreichen von Wahlvorschlägen mit der allerdings niedrigen Zahl von 20 Personen oder zwei Prozent der Wahlberechtigten, für Stadt- und Landkreise 500 Unterschriften. Alle Gemeindevertreter sollten für nunmehr vier Jahre neu gewählt werden. Nicht zur Wahl berechtigt waren die »Hauptschuldigen« nach Spruchkammerverfahen und dem »Gesetz zur Befreiung von Nationalsozialismus und Militarismus« vom 5. März 1946 oder soweit im Spruchkammerbescheid ausdrücklich festgehalten. Die Sperrklausel wurde mit fünf Prozent festgesetzt. Schließlich wurde im Wahlrundschreiben des hessischen Innenministeriums noch darauf hingewiesen, daß die Militärregierung die »Aufstellung besonderer Flüchtlingslisten oder getarnter Flüchtlingslisten« nicht zulasse, eine bemerkenswerte Vorsichtsmaßnahme, die zunächst die Integration der Flüchtlinge fördern konnte[39]. Zugelassen wurden denn auch die Wahlvorschläge von vier Parteien: SPD, CDU, LDP und KPD.

Bereits jetzt tauchen Namen auf, die lange Zeit in der Frankfurter Stadtpolitik eine bemerkenswerte Rolle spielen sollten, so hatten z. B. den Wahlvorschlag der SPD unterschrieben »Betty Arndt, Buchhalterin«[40] und Ludwig Gehm[41]. Im Listenvorschlag der SPD steht auf Platz 36 Dr. Hans Kampffmeyer[42] und erst auf Platz 56 Lisy Alfhart[43]. Während der Wahlvorbereitung starb die verdiente Geschäftsführerin des Frankfurter Bundes für Volksbildung, Else Epstein, die schon vor 1933 der Stadtverordnetenversammlung angehört hatte und emigrieren mußte, sie stand auf dem Vorschlag der CDU.

Im April 1948 kündigte Oberbürgermeister Kolb als »Rechenschaftsbericht« die Verteilung einer Broschüre an alle Frankfurter an, herausgeben von SPD und CDU, die ja gemeinsam den Magistrat stellten, mit dem Titel: »Zwei Jahre Aufbauarbeit in Frankfurt am Main. Was hat die Stadt geleistet?« Seinerseits erläutert er in einem längeren Aufsatz, der Zeit angemessen sehr gut, den »Sinn der Gemeindewahlen«[44]. »Zum zweiten Male hat die deutsche Demokratie das traurige Erbe eines verlorenen Krieges zu übernehmen«, stellte Kolb fest und fuhr fort: »Keine Staatsform kann so wirksam die Kräfte aller mobilisieren, wie die Demokratie. Denn sie baut sich von unten nach oben auf, im Gegensatz zur Diktatur, die von oben nach unten die Befehle weiter gibt. Das zeigt sich ganz deutlich bei den Gemeindewahlen.« Die Frankfurter Bürger wählten Vertreter ihrer Interessen und diese bestimmten dann, wer als Oberbürgermeister »die Verwaltung leiten und wer als Mitglieder des Magistrats ihm in dieser Leitung zur Seite stehen soll.« Aufgabe der Gemeindevertretung sei es dann zu entscheiden, beispielsweise ob erst die Leute aus dem Bunker zu holen seien oder erst das Theater wieder aufgebaut werden solle. Bei der Entscheidung, welcher Partei die Stimme gegeben werde, sei auf die bisherige Arbeit der Stadtverordnetenversammlung zu schauen. Die KPD behaupte, die 15 Prozent Klausel schalte die kleinen Parteien aus, dabei habe sie seinerzeit dieser 15 Prozent Klausel zugestimmt. Diese habe dazu gedient, »eine Vielzahl von Parteien zu verhindern, wie sie vor 1933 zum Nachteil der praktischen Arbeit bestanden hatten. Die Kommunisten hatten allerdings damals geglaubt, daß sie die stärkste Partei würden.« Nunmehr hätten die beiden großen Parteien im Hessischen Landtag eben diese Sperre »im Interesse der kleinen Parteien« wieder abgeschafft, »bzw. in eine 5 % Klausel verwandelt.«

Für den Magistrat entstand mancher Ärger mit der KPD; die ihrerseits erklärte, sie werde ihr Recht auf freie Meinungsäußerung verteidigen. Am 16. April 1948, neun Tage vor der Wahl, beschwerte sich die KPD, daß sich der Magistrat »bei der Veröffentlichung eines Aufrufes des Gründungsausschusses der SED völlig unrechtmäßig als Zensurbehörde aufspiele.«[45] Außerdem hatte es die KPD gewagt, anscheinend als einzige der Parteien, auf einem Plakat Kritik an einzelnen Bauten zu üben. Darüberhinaus war dieses Plakat auch noch an städtischen Gebäuden, das heißt zum Beispiel an den Trümmern der Hauptwache, angebracht worden. Es ist bezeichnend für die damalige Zeit, daß ein Plakat – es befindet sich in den Akten und würde heute niemanden aufregen – daß Kritik, den Fotos nach zu urteilen, an tatsächlich unzulänglichen Barackenbauten, soviel interne Beunruhigung verursachen konnte. Es hieß auf diesem Plakat, daß 200 Familien in der Altenhainer Straße wohnten. »Dieser Schandfleck muß so schnell wie möglich verschwinden. Deshalb Kommunisten ins Stadtparlament! KPD Liste 4. Kreisvorstand Gross – Frankfurt. R. Kettner, H. Letsch.« Der zuständige Stadtrat, Baudezernent Blanck, wurde aktiviert und schrieb am 23. April 1948 an die Stadtkanzlei: »Grundsätzlich ist zu dem Wahlplakat der KPD zu sagen, daß es leicht ist, in einer so weitgehend zerstörten Stadt wie Frankfurt a. M. Gebäudegruppen und Siedlungskomplexe zu finden und zu photographieren, die wegen ihres hohen Beschädigungsgrades in den vergangenen drei Jahren noch nicht wieder hergestellt werden konnten, während auf der anderen Seite

Eine Versammlung der SED und der KPD auf dem Römerberg am 9. März 1947

wohlweislich verschwiegen wird, was für den Wiederaufbau positiv geleistet wurde.« Das Hochbauamt werde die Schäden in der Altenhainer Straße möglichst bald beheben. Das Plakat, auch an der Galluswarte, wirkte »außerordentlich eindrucksvoll« vermerkte die Stadtkanzlei dazu, und da es an einem städtischen Gebäude angebracht wurde, was verboten sei, werde es nach Rücksprache mit Oberbürgermeister Kolb und Stadtrat Miersch durch die Feuerwehr sofort entfernt. Kritikfähigkeit war eben in einer Gesellschaft, die gerade erst drei Jahre der Unduldsamkeit eines totalitären Regimes entronnen war, noch nicht vorhanden. Das Plakat ist in einer Auflage von 1100 Stück auf gutem Papier mit Lizenz der Militärregierung gedruckt worden.

Die Stadtverordnetenwahl am 25. April 1948 erbrachte als Ergebnis ein Vier-Parteien-Parlament: die stärkste Partei bleib die SPD mit 31 Sitzen. Aber sie verlor die absolute Mehrheit; 21 Sitze erhielt die CDU, die mit der SPD zusammen den Magistrat stellte. Die LDP kam auf 19 Sitze und die KPD auf neun. Von den 80 Stadtverordneten waren 41 Neulinge, darunter viele, die nunmehr für manche Jahre im Römer bleiben sollten. Sie alle wurden damals noch vom Oberbürgermeister in ihr Amt eingeführt und durch Handschlag verpflichtet – ein Restbestand autoritärer Strukturen. Für die Stadtverordneten war schließlich der Vorsteher zuständig. In dieses Amt gewählt wurde der Kaufmann Hermann Schaub (SPD) in der ersten Sitzung. Neue Stadtverordnete, deren Namen im Lauf der Zeit recht bekannt geworden sind, waren zum Beispiel: in der SPD: Elli Horeni, Hans Eick, Heinrich Kraft, Karl Öttinger, Walter Möller, Lina Rotter; in der CDU: Dr. Max Flesch-Thebesius und Dr. Hans Wilhelmi; in der LDP: Anne Bringezu; in der KPD: Emil Carlebach. Die KPD veränderte ungewöhnlicherweise die Reihenfolge ihrer Listenaufstellung und zog Elli Hofmann und Albert Letsch anderen vor.

Im Gegensatz zur Magistratszusammenstellung 1946 und dem damaligen Einspruch der Besatzungsmacht gab es 1948 keinerlei Probleme. Die Magistratsspitze blieb unbestritten mit Dr. h.c. Walter Kolb (SPD), dem neugewählten Bürgermeister Dr. Walter Leiske (CDU) und Georg Klingler (CDU) als Kämmerer. Die Zahl der hauptamtlichen Magistratsmitglieder war um einen Sitz auf elf erweitert worden. Der Hochbaudezernent Eugen Blanck schied aus. Neu waren Dr. Peter Müller und Dr. Moritz Wolf. Im ehrenamtlichen Magistrat schied die einzige Frau, Käthe Bergmann (SPD) aus und wurde nicht durch ein neues weibliches Mitglied ersetzt. Der Magistrat war also in der II. Wahlperiode eine reine Männersache. Neu hinzu kamen u. a. Dr. Hans Kampffmeyer (SPD), später langjähriger Bau- und Planungsdezernent und für die CDU Dr. Wilhelm Fay, später langjähriger Bürgermeister.

Das Wahlergebnis hatte die Arbeit des ersten gewählten Magistrats und Stadtparlaments einigermaßen bestätigt. Die Leistungen, wie sie Kolb noch vor der Wahl aufzählte, waren auch eindrucksvoll. An Wohnungen hatte Frankfurt 1939: 177570. Hiervon wurden 80500 völlig zerstört und 53000 beschädigt. Unbeschädigt über den Krieg gekommen waren nur 44000 Wohnungen. An Bevölkerung zählte die Stadt 1939: 550000, im Mai 1945: 230000 und im April 1948: 460000. Somit sah es der Magistrat als wichtigste Aufgabe an, Wohnungen zu schaffen. Wegen der fehlenden Baustoffe war dies schwierig. Aber es gelang, 22000 Wohnungen mit 72000 Räumen in den letzten zwei Jahren wiederherzustellen. An Trümmerschutt waren aus den Straßen Frankfurt 400000 Kubikmeter entfernt worden. Hieraus hatte die erst noch im Aufbau befindliche Trümmerverwertungsgesellschaft 490000 Dachsteine, 540000 Mauersteine und rund 2000 Wandplatten hergestellt – ein äußerst wichtiger Beitrag zur Beschaffung von Baumaterial. 200 Kilometer Straßen waren in der Stadt 1945 stark beschädigt gewesen, davon konnten 132 Km bis 1948 ausgebessert werden. Sämtliche Frankfurter Brücken waren bei Kriegsende gesprengt, alle sind bereits 1948 wieder hergestellt, auch die Hafenanlagen konnten wieder Schiffsverkehr

SPD-Kundgebung am 1. Juni 1947 auf dem Römerberg. Es spricht der Vorsitzende der SPD, Dr. Kurt Schumacher. Auf dem Balkon Oberbürgermeister Walter Kolb

bewältigen. Schließlich die Krankenhäuser: 1945 gab es in Frankfurt noch 1500 Betten, 1948 wieder »wie im Frieden 5000«». Und bis 1947 konnten für 62 000 Schüler wieder 80 Schulen hergerichtet werden.

Der Oberbürgermeister faßte zusammen: 1945 hatte fast keine Frankfurter Wohnung Licht oder Gas, auch die Wasserversorgung war gestört. Nunmehr aber sei man »trotz unseres Hungers um ein großes Stück vorwärts gekommen.« Man könne sehen, daß überall gebaut werde. »Jeder, der heute durch Deutschland reist und nach Frankfurt kommt, erklärt: In Frankfurt wird am meisten gebaut.« Aber es blieben noch viele Aufgaben trotz der guten Bilanz. Diese zeige, »daß Männer und Frauen, die bisher im Stadtparlament und im Magistrat zusammen mit vielen tausend Arbeitern, Angestellten und Beamten den Wiederaufbau unserer Stadt gestalteten, ihr Bestes gaben und ein Recht dazu haben, auf diese Wiederaufbauleistung stolz zu sein.« Der Erfolg sei allerdings nur durch die sachliche und durch großes Verantwortungsbewußtsein getragene Zusammenarbeit der beiden großen Parteien möglich geworden. Kolb fuhr fort, er hoffe auch weiterhin auf diese Zusammenarbeit, »dann wird Frankfurt den mühevollen Weg aus Trümmern und Elend, die uns die Diktatur hinterlassen haben, zu einem wiederaufgebauten Frankfurt, in dem wieder Wohlstand, Freude und Zufriedenheit in den Häusern der Bürger zu sehen sind, weiter erfolgreich beschreiten können. Dann wird endlich einmal ein demokratischer Staat sich nicht mehr nur mit Not und Sorgen herumschlagen müssen, sondern die Verwirklichung seines Bestrebens zeigen können, auch den ärmsten Bürger ein menschenwürdiges Dasein und der Allgemeinheit ein Leben der Freude, des Wohlergehens und des Friedens zu sichern, soweit Menschen dies vermögen.«[46]

Die aufgezählte Wiederaufbauleistung in Frankfurt war durchaus zutreffend vielen anderen Städten gegenübergestellt positiv, durch die gemeinsame Anstrengung von Bürgerschaft, im Aufbau befindlichen Wirtschaftsunternehmen und Stadt. Aber diese Ausführungen machten auch deutlich, wenn auch vielleicht wahlwirksam etwas geschönt, wie schwierig die wirtschaftliche Situation im noch immer hungernden und schlecht gekleideten Deutschland gewesen ist.

2.4. Währungsreform

Das neugewählte Stadtparlament bestellte bald nach der Paulskirchenfeier wiederum den Magistrat mit einer Koalition von SPD und CDU. Zum ersten und einzigen Mal nach dem Kriege zog auch ein Kommunist als ehrenamtlicher Stadtrat in den Magistrat ein, entsprechend der hessischen Gemeindeordnung, die davon ausgeht, daß in der Stadtregierung alle politischen Kräfte, die bei der Wahl der Stadtverordnetenversammlung zum Zuge gekommen sind, vertreten sein sollen.

Die Wiederaufbauleistungen der Stadt Frankfurt am Main hatten in den ersten drei Nachkriegsjahren natürlich auch mit der Geldfülle in der Stadtkämmerei zu tun.

1946 hatte die Stadt rund 116 Millionen Reichsmark an Rücklagen. Nur war dieses Geld weitgehend wertlos, weil Gegenleistungen kaum zu erhalten gewesen sind. Der langjährige Kämmerer Georg Klingler schreibt in seiner Rückschau (1964), daß es sich um eine höchst unbefriedigende Situation zwischen Schein und Wirklichkeit gehandelt habe, aus dem Dunkel und der Unsicherheit der Währung. »Mit dem allgemeinen Zusammenbruch ging ein wirtschaftlicher Zusammenbruch größten Ausmasses konform, deren Folgen die Haushaltswirtschaft der öffentlichen Hand, hier der Stadt schwer getroffen haben. Unter diesen Umständen war es unmöglich, Ausgaben zu veranschlagen, für deren materielle Erfüllung auch jede Voraussetzung fehlte, d. h. auch dringendste Aufgaben konnten im Hinblick auf die Wertlosigkeit des Geldes nicht erfüllt werden.«[47] Die Stadt tat das Gleiche, wie viele Privatleute und insbesondere versierte wirtschaftliche Unternehmen in diesen Wochen des Spätfrühjahrs 1948, in denen viel von Währungsreform gemunkelt wurde: »Die Stadt hat in dieser Zeit weitgehend ihre Schulden getilgt,« schreibt der Kämmerer. Aber: »Was nutzten die Millionen, wenn noch nicht einmal ein Nagel damit über eine gewisse Zuteilung hinaus beschafft werden konnte?«

Außer wenigen deutschen Experten, die von den Militärregierungen 1948 in Nordhessen in Klausur geschickt wurden, wußte in den westdeutschen Ländern niemand genau, wann und wie die Reichsmarkwährung verändert werden könnte. Es war allerdings offensichtlich, daß etwas geschehen müßte. In den USA freilich, so war später zu vernehmen, hatte man sich schon seit 1946 hierüber Gedanken gemacht. Die Vorbereitungen unter den Experten der vier Militärregierungen sind anfangs noch zusammen mit Vertretern der Sowjetunion geführt worden, die dann aber ausgeschieden sind. Gleichzeitig begannen die Sperren des Transitverkehrs nach Berlin.

Für Frankfurt am Main brachte die anstehende Währungsreform wiederum eine besondere Aufgabe für alle drei Westzonen, denn die »Bank deutscher Länder«, in der Taunusanlage 4–5 angesiedelt und 1948 gegründet, war für die Abwicklung ausersehen. Mit der Währungsreform verbanden die West-Alliierten auch die Absicht, die horrende deutsche Kriegsschuld – im Jahre 1945 auf 400 Milliarden Reichsmark geschätzt, soweit vorläufig abzubauen, daß ein wirtschaftlicher Fortschritt wenigstens anzubahnen sein könnte. Vorgesehen wurde die Ausgabe von zunächst zehn Milliarden Deutsche Mark. Sie wurden in den Vereinigten Staaten gedruckt und über die Bremischen Häfen nach Deutschland und insbesondere nach Frankfurt am Main gebracht.

Im Juni 1948 spitzten sich die Gerüchte um die bevorstehende Währungsreform zu. Die Journalistin der »Neuen Presse«, Madlen Lorei, beschreibt sehr schön, wie sie am 15. Juni, einem Dienstag, in Begleitung eines Fotoreporters kreuz und quer durch das Frankfurter Bankenviertel gefahren sind in der Annahme, man werde von den bevorstehenden Geldtransporten etwas bemerken[48]. Dies war zwar nicht der Fall, aber daß zum Wochenende einiges geschehen würde, war herauszubekommen gewesen.

»Frankfurt fieberte der Stunde X entgegen« schreibt Madlen Lorei[49]. Die Sparkassen und Banken waren vorinformiert und 390 Zahlstellen in allen Stadtteilen waren eingerichtet, vor allem in Schulen. In der Neuen Mainzer Straße 51, auf dem Grundstück der Sparkasse von 1822, war gar ein großes Zelt aufgebaut, aus dem auch Musik zur Unterhaltung ertönen sollte.

Am Freitagnachmittag, 18. Juni 1948, war es dann soweit. Über Radio Frankfurt ist die Währungsreform verkündet worden. Die Neue Presse brachte eine Sonderausgabe mit der Schlagzeile »Das Ende eines Alpdrucks«. Überall in den drei westlichen Zonen begaben sich die Bürger am Sonntag, 20. Juni, zu den Umtauschstellen und erhielten für 40 Reichsmark pro Kopf 40 neue Deutsche Mark und das war es fürs erste. Später kamen noch 20 DM dazu und die Umstellung von Sparguthaben und Versicherungsleistungen usf. im Verhältnis 10:1, später sogar bei Altguthaben noch um sehr viel weniger (100:6,5), also mit sehr erheblichen Verlusten für die meisten (Klein)Sparer. Wer Grund-, Haus- und sonstigen Sachbesitz hatte, brauchte zur Währungsumstellung hierfür nichts beizutragen. Der Krieg war zu bezahlen und dies traf wie meistens die ohnehin nicht sehr Begüterten. Diesmal allerdings auch die zahlreichen Schwarzhändler, die durchaus nicht erwartet hatten, daß ihre so wunderbar einträglichen Möglichkeiten bereits am nächsten Tag vorbei sein könnten. Die Gewinne waren beträchtlich gewesen: ein Pfund Kaffee kostete zwischen 350 und 380 Reichsmark, ein Pfund Zucker etwa 80 Mark, ein Ei rund 10 Mark, und amerikanische Zigaretten in 20er-Packungen mindestens 100 Mark, ein Paar gute Schuhe an die 1000 Mark; so zeichnete Madlen Lorei die Schwarzmarktpreise auf für August 1947[50]. Die Währungsreform hat den Schwarzen Markt tatsächlich sofort beseitigt, weil die Läden wieder über ein annehmbares Angebot verfügten.

Denn, so schreibt Mile Braach[51], »zum Erstaunen aller wurde weiterhin bekannt gegeben, daß fast sämtliche Lebensmittelrationierungen und Bezugscheinvorschriften aufgehoben seien. ... Einen Tag später sind berüchtigte Schwarzhändlerecken verwaist«. Und sie fährt fort: »In den frühen Morgenstunden sind die Schaufenster noch primitiv verhängt, nach einigen Stunden aber sehen manche aus, als hätte es nie einen Krieg mit Knappheit und Improvisation gegeben. Da sieht man wieder blanke Kochtöpfe oder solide Konfektion, in den Papierläden gibt es neben anständigem Briefpapier Füllfederhalter mit Goldfedern, in den Lederwarengeschäften Damentaschen, Börsen und Aktentaschen aus Rindsleder, Kalbleder und Saffian.« – Was war geschehen? Der Nachholbedarf der Bevölkerung war eminent, aber mit 40 DM konnte man auch nicht sehr weit kommen, es wurde also von jedem einzelnen sehr genau überlegt, was zuerst gekauft werden könnte. Da Fabriken, Händler und Kaufleute schlagartig ihre Lager ausräumten, hielt sich Angebot und Nachfrage einigermaßen im Gleichgewicht, aber die starke Nachfrage sorgte auch für umgehenden Preisanstieg.

Es war ein gewagtes Manöver, für das in erster Linie der Direktor des Trizonen-Wirtschaftsamtes, Professor Ludwig Erhard, verantwortlich zeichnete, angeblich gegen den Willen der Amerikaner. Der Frankfurter Wirtschaftsrat folgte seinen

Überlegungen und beseitigte nach und nach die meisten Hemmungen einer marktwirtschaftlichen Ordnung. Die Gewerkschaften allerdings übten heftige Kritik und befürchteten neue soziale Konflikte. Da das Vertrauen in die neue Währung wuchs, die politische Entwicklung auch vorankam und die Bank deutscher Länder als Notenbank die Preissteigerungen im Frühjahr 1949 wieder langsam eindämmen konnte, traten die befürchteten Ergebnisse nicht ein. Ludwig Erhard und seine Partei, die CDU, begannen das Loblied einer sozialen Marktwirtschaft zu singen und fanden hierfür viel Resonanz.

2.5. Die »Frankfurter Dokumente«

Gleich nach der Währungsreform fielen in Frankfurt am Main die Absperrungen, die in weitem Umkreis das IG-Hochhaus als Sitz der Militärregierung umgeben hatten. In einige der beschlagnahmten Häuser durften die Bewohner wieder zurückkehren. In den Westzonen konnte sich auch sonst das Alltagsleben normalisieren, nicht jedoch in Berlin. Die Sowjetmacht verschärfte die Blockade und im Gegenzug wurde von den Westmächten eine Luftbrücke zur Versorgung West-Berlins eingerichtet, um nicht den von den Westmächten besetzten Teil Berlins preiszugeben. Für die erforderlich gewordene Luftversorgung bot sich der Frankfurter Flughafen an, zumal die Amerikaner ohnehin den größten Teil dieser schwierigen und teuren Aufgabe übernahmen. Die Luftbrücke, die fast ein Jahr dauern sollte, bis die Sowjets ihrerseits die Blockade abbrachen, begann am 24. Juni 1948, vier Tage nachdem das neue Geld in den drei Westzonen eingeführt worden war.

Bereits am 28. Juni engagierte sich Frankfurt in dieser Hilfeleistung für Berlin: Oberbürgermeister Kolb und Stadtverordnetenvorsteher Schaub begleiteten eine Sendung von Spenden, vor allem Medikamente der Firma Farbwerke Hoechst A.G.. Die Stadtverordnetenversammlung hatte aus den zunächst sehr knappen Mitteln, die der öffentlichen Hand nach der Währungsreform zur Verfügung standen hierfür 20 000 DM bereitgestellt. Anfangs sind vom Frankfurter Flughafen täglich 4500 Tonnen an Lebensmitteln, Kohlen, Rohstoffen und Maschinenteilen nach Berlin geflogen worden, später waren es täglich 10 000 Tonnen. Die Maschinen starteten und landeten in Minutenabständen; der Lärm war beträchtlich. Insgesamt wurden über die Luftbrücke 1,44 Millionen Tonnen Versorgungsgüter transportiert. Nicht vergessen werden darf, daß bei dieser gewaltigen organisatorischen Anstrengung auch Unfälle geschahen und Menschen zu schaden kamen. Die bemerkenswerte Leistung der Luftbrücke nach Berlin war den Deutschen damals außerordentlich wichtig und ist von vielen schönen Reden für das gefährdete Berlin als Hauptstadt begleitet worden. Auch Oberbürgermeister Kolb hielt am 28. Juni 1948 in Berlin eine Ansprache.

Einige Monate später, am 10. Oktober 1948, fand auf dem Römerberg wegen der Blockade Berlins eine gemeinsame Kundgebung statt, die von SPD, CDU, LDP und den Gewerkschaften einberufen worden war. Die KPD, im Stadtparlament vertreten, beteiligte sich natürlich nicht. Einvernehmlich wurde in der bewegenden Stimmung eine Resolution mit großer Mehrheit verabschiedet: »Die Schmerzen und Tränen der schwergeprüften Stadt Berlin haben uns Deutsche im Westen sehend gemacht. In Berlin entscheidet sich das Schicksal Europas. Niemals werden die Kommunisten in Deutschland, die sich an der Vergewaltigung ihrer deutschen Mitmenschen im Auftrag einer fremden Macht beteiligen, diese Schande tilgen können. Niemals wieder wird sich das deutsche Volk in der Ostzone wie in der Westzone einer Ideologie diktatorischen Charakters unterordnen. Berlin ist für uns Deutsche das Symbol der Einheit, und Berlin ist nicht kommunistisch und darf es niemals werden.«[52]

Der amerikanische Militärgouverneur Lucius D. Clay beschrieb einen letzten Versuch zur Konfliktlösung durch das Treffen mit dem sowjetischen Militärgouverneur Sokolowskij am 3. Juli 1948 in Berlin wenig später so: »Robertson drückte seine Besorgnis über die Verschlechterung unserer Beziehungen aus, die in der Blockade gipfelten, und sagte, wir wünschten in der Währungsfrage eine Übereinkunft zu erzielen, durch die alles wieder in Ordnung käme. Sokolowskij unterbrach ihn in verbindlichem Ton und erklärte, die technischen Schwierigkeiten würden so lange anhalten, bis wir unsere Pläne für eine westdeutsche Regierung begraben hätten. Das war ein erstes Eingeständnis der wirklichen Blockadegründe.«[53]

Die Entscheidung der Westmächte, eine westdeutsche Regierung bald zu installieren, war zu diesem Zeitpunkt schon gefallen und die ersten Schritte hierzu wurden in Frankfurt am Main am 1. Juli 1948 mit den »Frankfurter Dokumenten« unternommen. Vorausgegangen war eine Konferenz in London, in der die drei Westmächte zusammen mit den Beneluxstaaten Empfehlungen zur Deutschlandpolitik ausarbeiteten und am 2. Juni 1948 verabschiedeten. Darin hieß es: »Die Delegationen sind übereingekommen, ihren Regierungen zu empfehlen, daß die Militärgouverneure eine gemeinsame Sitzung mit den Ministerpräsidenten der Westzonen Deutschlands abhalten sollen. Auf dieser Sitzung werden die Ministerpräsidenten Vollmacht erhalten, eine verfassungsgebende Versammlung zur Ausarbeitung einer Verfassung einzuberufen, die von den Ländern zu genehmigen sein wird.«[54]

Die innerdeutsche Vorgeschichte, die auch nicht konfliktfrei gewesen ist, beschreibt Carlo Schmid in seinen Erinnerungen und als Teilnehmer an den wichtigsten Konferenzen im Sommer 1948. Da er mit vielen politischen Persönlichkeiten, nicht zuletzt der Besatzungsmächte, zusammenkam, werden auch die Zwischentöne vermerkt und wiedergegeben. So verriet ihm, zum Beispiel, ein Gespräch mit dem in Deutschland wohl bewanderten Harvard-Professor Carl J. Friedrich, einem der wichtigsten Berater von General Clay, die eigentlichen Absichten der amerikanischen Deutschlandpolitik: »einen westdeutschen Staat zu errichten, den man den Deutschen als Vorläufer eines gesamtdeutschen Staates schmackhaft machen könnte.«[55] Professor Friedrich habe sich zwar die »gesamtdeutschen« Einwendungen seines Gesprächspartners angehört, aber keinen Zweifel daran gelassen, daß die

Amerikaner es ernst meinten mit ihren »westdeutschen« Absichten, einmal aus Verantwortung gegenüber ihrer Besatzungszone, zum anderen, weil sie auf die Dauer nicht auf die westdeutschen Potentiale verzichten könnten. Carl J. Friedrich war in den USA damals schon bekannt wegen seiner Totalitarismus-Forschungen und -Theorien[56], aus denen sich ergab, daß diesen neuartigen Erscheinungen in Europa nach dem Sieg über das nationalsozialistische Deutschland energisch Einhalt zu gebieten sei, vorweg der Sowjetunion, die zu Anfang des Jahres 1948 gerade die Tschechoslowakei in ihren Machtbereich gebracht hatte und ein Drittel Deutschlands beherrschte. Gegen diese klaren Absichten der amerikanischen und englischen Politik konnten denn auch Einwände von deutscher Seite, wie sie später offenbar vor allem Louise Schroeder mit Hinweis auf Berlin vorbrachte, wenig nutzen.

In den deutschen Zeitungen war im Juni 1948 einiges vage zu den weitergehenden Absichten der westlichen Besatzungsmächte zu lesen. Es ist von dieser Seite auch deutlich gemacht worden, daß die Konferenz für Deutschland wichtig sei, zu der alle Ministerpräsidenten der westlichen Besatzungszonen zum 1. Juli 1948 nach Frankfurt am Main einberufen wurden. Im IG-Hochhaus standen sich die drei Generale und Militärbefehlshaber Clay, Robertson für Großbritannien und Koenig für Frankreich in ihren Uniformen und die deutschen Ministerpräsidenten in Zivil gegenüber. Die Konferenz dauerte nur eine knappe Stunde[57]. Die Deutschen hatten drei

Die Ministerpräsidenten der westdeutschen Länder treffen sich am 7. Januar 1948 im Gästehaus der Stadt Frankfurt in Schönberg (Kronberg) mit Oberbürgermeister Kolb (Mitte). Links Hinrich Wilhelm Kopf/Niedersachsen, Max Brauer/Hamburg, rechts neben Kolb Wilhelm Kaisen/Bremen, Aloys Hundhammer für Bayern, rechts Reinhold Maier/Württemberg-Nordbaden

Dokumente entgegenzunehmen, die auch verlesen worden sind[58]. Reinhold Maier dankte und erklärte, die Ministerpräsidenten könnten nicht sogleich antworten, sie müßten ihre jeweiligen Regierungen und wohl auch die Landtage einbeziehen. Die Amerikaner sahen das auch so, und es wurde eine weitere Konferenz in Frankfurt für den 20. Juli vereinbart.

Das langfristig wichtigste der drei Dokumente war das erste. Mit Hinweis auf die Londoner Empfehlungen wurde den Ministerpräsidenten mitgeteilt, es sollte bis spätestens 1. September 1948 – also innerhalb zweier Monate – eine verfassunggebende Versammlung einberufen werden. Diese sollte für Westdeutschland eine auf demokratischer Grundlage beruhende Verfassung föderalistischen Typs ausarbeiten, »die am besten geeignet ist, die gegenwärtig zerrissene deutsche Einheit schließlich wiederherzustellen.«[59] Die Mitglieder der verfassunggebenden Versammlung sollten von den Landtagen gewählt werden und zwar für jeweils 750000 Einwohner ein Delegierter. Das Recht der Genehmigung dieser neuen Verfassung behielten sich die drei Alliierten vor und setzten weitere Bedingungen fest: es solle eine angemessene Zentralregierung geschaffen werden, die Rechte der Länder in den drei Westzonen seien dabei zu wahren und individuelle Rechte und Freiheiten müßten gewährleistet sein. Die Alliierten meinten ferner, die neue Verfassung solle dann in jedem Land durch Volksabstimmung ratifiziert werden. Sofern zwei Drittel der Länder die Verfassung bejahten, könne sie – vorbehaltlich der Rechte der Alliierten – in Kraft gesetzt werden.

Das zweite Frankfurter Dokument räumte den Ministerpräsidenten die Möglichkeit ein, die bestehenden Ländergrenzen, die vielfach erst nach dem Krieg gezogen worden waren, zu überprüfen und Vorschläge für eine Neugestaltung zu machen. Das dritte Dokument umschrieb ein Besatzungsstatut, das mit Verabschiedung der auszuarbeitenden Verfassung dann verschiedene Rechte regeln könne, unter anderem die Reparationsfrage, die Kontrolle über die geplante internationale Ruhrbehörde, die Dekartellisierung, die Abrüstung und anderes, also überwiegend Vorbehalte der Besatzungsmächte.

Vom Einfluß der Besatzungsmächte abgesehen, ist immerhin bemerkenswert, daß die Frankfurter Dokumente im Ergebnis zu einer Lösung in Deutschland geführt haben, wie sie schlußendlich vom Frankfurter Paulskirchenparlament 1848/49 auch hat angestrebt werden müssen, nämlich unter Aufgabe beträchtlicher Landesteile zu einem einheitlichen und zugleich freiheitlichen Staatswesen zu kommen. Damals war dies der Verzicht auf Österreich mit der kleindeutschen Lösung, 1948 war es der – zunächst jedenfalls – eintretende Verzicht auf die sowjetisch besetzte Zone Deutschlands.

Am 1. Juli 1948 war klar, daß die in Frankfurt versammelten Ministerpräsidenten erst einmal eine Überdenkpause brauchten. Man hätte gern gewußt, ob und wo sie sich noch in Frankfurt zusammensetzten um die überraschenden Vorschläge zu diskutieren. Carlo Schmid verrät aber, daß die meisten dieser Landesfürsten die noch immer stark zerstört wirkende Stadt mit ihren wenigen Hotels am liebsten rasch wieder verließen. Sie verabredeten sich auch auf eine Konferenz anderswo und es ist sehr wohl möglich, daß praktisch und psychologisch bereits jetzt die Würfel gegen eine künftige Hauptstadt Frankfurt am Main gefallen waren. Andererseits war noch alles und in jeder Beziehung offen. Es bedurfte jedenfalls noch zweier weiterer Verhandlungstermine mit den Militärgouverneuren in Frankfurt, nämlich am 19./20. Juli und am 26. Juli 1948 bis einigermaßen Übereinstimmung hergestellt war. Es war klar, daß die deutsche Seite hierbei am kürzeren Hebel saß; immerhin konnten doch einige Veränderungen erzielt werden, vor allem in den – keineswegs unwichtigen – Benennungen. So wurde eben keine neue »Verfassung« angestrebt, sondern ein »Grundgesetz«, und es wurde keine »verfassunggebende Versammlung« einberufen, sondern ein »Parlamentarischer Rat«. Es ist auch offensichtlich, daß ohne den zeitlichen und zum Teil auch inhaltlichen Druck der Alliierten die Grundlagen des neuen Staatsgebildes nicht so schnell hätten ausgearbeitet werden können.

Nach der Überreichung der Frankfurter Dokumente hatte die erste Konferenz der Ministerpräsidenten vom 8.–10. Juli 1948 in Koblenz stattgefunden und als Ergebnis vieler kontroverser Diskussionen wurde festgehalten, daß die »Ausarbeitung einer deutschen Verfassung« zurückgestellt werden soll, »bis die Voraussetzungen für eine gesamtdeutsche Regelung gegeben seien.«[60] Darauf allerdings ließen sich die Alliierten in der Konferenz am 19. und 20. Juli in Frankfurt am Main nicht ein, so daß weiter verhandelt werden mußte. Die deutsche Seite versammelte sich am 21. und 22. Juli im Jagdschloß Niederwald bei Rüdesheim, es waren auch schon in Koblenz die Parteivorsitzenden dazu gekommen, nämlich Dr. Adenauer für die CDU und Erich Ollenhauer für den erkrankten Vorsitzenden der SPD, Kurt Schumacher, sowie Josef Müller, Vorsitzender der CSU. Die Vertretung Berlins wurde ausgewechselt, Ernst Reuter kam für Louise Schroeder. Nach dem Bericht Carlo Schmids hat diese Veränderung weitgehend zur zustimmenden Haltung gegenüber den Vorschlägen der West-Alliierten geführt. Louise Schroeder hatte nämlich in ihrer bewegenden Ansprache freie Wahlen für ganz Deutschland gefordert und bedauert, daß die Alliierten sich nur auf eine Teillösung in der Deutschlandfrage hatten einigen können. Die Forderung, nicht eine »Verfassung« für einen Teil Deutschlands zu schaffen, sondern lediglich ein »Organisationsstatut« geht weitgehend auf Carlo Schmid zurück[61], der auch die erste Antwortnote an die Alliierten verfaßte. Diese aber war, wie er selbst schreibt, »ein Pyrrhussieg«, die Besatzungsmächte wollten eben einen der Substanz nach durchaus »richtigen« westdeutschen Staat, und »sie waren die Stärkeren«. Bei der zweiten Konferenz der Ministerpräsidenten am Niederwald setzte sich dann Ernst Reuter mit der Erklärung durch, es gelte »stückweise die Machtansprüche der Besatzungsmächte zurückzuschrauben, bis schließlich den Deutschen die volle Souveränität nicht mehr vorenthalten werden könne. Im übrigen hätten wir ein vollgültiges Mandat: Nicht nur Berlin, auch das Volk der sowjetisch besetzten Zone sehe in der Konsolidierung des Westens eine elementare Voraussetzung für die Gesundung auch ihrer Verhältnisse und für die Rückkehr des Ostens zum gemeinsamen Mutterland.«[62]

In der zweiten Frankfurter Konferenz mit den Alliierten am 26. Juli ist denn auch von dieser Seite zugestanden worden, daß es ausreiche, wenn nur die Landtage dem auszuarbeitenden Grundgesetz zustimmten, und nicht die Bevölkerung. Die deutsche Seite hatte damit den Charakter einer endgültigen Verfassung für den Teilstaat abschwächen und eine solche Volksabstimmung für ein späteres geeintes Deutschland vorbehalten wollen[63]; es sollte sich eben um ein Provisorium handeln.

Mit der Umsetzung der »Frankfurter Dokumente« ging nun alles sehr rasch, aber die Gewichte verlagerten sich bereits von Frankfurt weg. Die Ministerpräsidenten bestimmten ein Sachverständigengremium zur Ausarbeitung einer Vorlage, die dann vom 10. bis 23. August beim Herrenchiemseer Konvent weiterberaten werden konnte. Diese Arbeitsgruppe bestand aus elf Delegierten, begleitet von 14 Mitarbeitern und hat in dieser kurzen Zeit praktisch die Grundlagen für das Grundgesetz erarbeitet. Richtlinien hierfür waren die »Frankfurter Dokumente« in der Fassung nach der dritten Besprechung mit den Militärgouverneuren im Frankfurter IG Hochhaus. Die Ministerpräsidenten bestimmten außerdem für den Zusammentritt des Parlamentarischen Rates den 1. September, das letztmögliche Datum, das in Frankfurt festgelegt worden war. Sie bestimmten die Art und Weise der Beschickung, und, was natürlich auch notwendig gewesen ist, am 9. August 1948 bestimmten sie auch den Ort, nämlich Bonn. Carlo Schmid erklärte dies so: »Am wenigsten aufwendig wäre es gewesen, den Parlamentarischen Rat nach Frankfurt einzuberufen, wo die parlamentarischen Organe des Wirtschaftsrates und dessen Verwaltungen ihren Sitz hatten. Aber Frankfurt hatte bei den Ministerpräsidenten keinen guten Ruf. Die wenigen bewohnbaren Hotels der Stadt erwiesen sich als wenig gastfreundlich gegenüber deutschen ›politischen‹ Gästen; Geschäftsleute und Angehörige der Besatzungsmächte waren den Hotels als Gäste sichtlich lieber.«[64] Schon am 3. August 1948 hatte die treibende Kraft für Bonn, der energische Chef der nordrhein-westfälischen Staatskanzlei, Hermann Wandersleb, an alle Ministerpräsidenten einen Brief geschrieben mit einem Loblied der Vorzüge Bonns. Dieser Brief beginnt: »Zur Frage des Tagungsortes des Parlamentarischen Rates möchte ich mir auf Bitte der Stadt Bonn den Vorschlag erlauben, diese Stadt dafür zu bestimmen.«[65] Es hatte zwar weitere Bewerbungen gegeben: Karlsruhe, Frankfurt am Main, Celle, Bonn, Düsseldorf und Köln, zählt der Vorsitzende der Ministerpräsidentenkonferenz, der hessische Ministerpräsident einer SPD-CDU-Koalitionsregierung, Stock, auf. Da Wandersleb auch telefonischen Kontakt zu den einzelnen Ministerpräsidenten aufnahm, konnte er so bereits acht Stimmen für Bonn einsammeln[66]. Als Kommentar der Entscheidung für Bonn heißt es: Frankfurt hätte wohl seiner Tradition nach »die größte historische Legitimation besessen«, aber die Stadt habe sich »als Sitz der Bizonenverwaltung gegenüber den deutschen Vertretern als wenig gastlich erwiesen.« So hat möglicherweise die Geschäftstüchtigkeit mancher Frankfurter über die Gastlichkeit gesiegt und damit eine außergewöhnliche Chance für die Stadt vertan. Die Stadtregierung selbst scheint sich der möglichen Auswirkungen all dieser Entscheidungen, die auf Bonn zuliefen, nicht bewußt gewesen zu sein.

2.6. Frankfurt oder Bonn?

Am Tag der Abstimmung im wenige Wochen zuvor zusammengetretenen 1. Deutschen Bundestag, am 3. November 1949, veröffentlichte der Berliner »Tagesspiegel« unter der Überschrift »Der Streit um ein Provisorium« folgende Überlegungen: Berlin habe sich kaum eingemischt, weil für beide Städte einige Leute auch eine endgültige Lösung sehen wollten. Jedoch habe Theodor Heuß sich eindeutig für Berlin als Hauptstadt ausgesprochen. »Für diese moralische Unterstützung dankt Berlin dem Bundespräsidenten.« Hingegen habe Adenauer bereits den Parlamentarischen Rat für Bonn eingespannt … »Deshalb neigen die Berliner zu der Ansicht, daß eine Entscheidung für Frankfurt die Entwicklung in Richtung Berlin mehr begünstigt als das Beharren auf Bonn, wobei die Namen beider Städte ihnen lediglich Symbole für die Verhaltensweisen zweier Richtungen gegenüber der Hauptstadt Deutschlands sind. Diese Hauptstadt ist Berlin, mag die Entscheidung so oder so ausfallen.«[67]

Über das Ergebnis der Abstimmung im Deutschen Bundestag am 3. November 1949, das bekanntlich mit 200 zu 176 Stimmen für Bonn ausfiel, und über die verzwickte Vorgeschichte ist viel veröffentlicht worden[68]. Im folgenden wird das Geschehen in den mindestens drei miteinander verflochtenen Ebenen, Frankfurt am Main, – öffentliche Diskussion – Parlamentarischer Rat und Bundesregierung in Bonn, möglichst jeweils getrennt dargestellt, um insbesondere die Frankfurter Aktivitäten zu verdeutlichen. Hier nämlich lagen offensichtlich Defizite. Allerdings kann man wohl zu dem Urteil kommen, daß von der Stadt Frankfurt – zwar vom Land Hessen unterstützt, wenn auch erst ziemlich spät – bei der gegebenen Konstellation nicht viel auszurichten war. Denn was konnte schon erreicht werden gegen die tatsächlich trickreiche Vorgehensweise des ersten deutschen Bundeskanzlers, Konrad Adenauer, noch dazu verbündet mit der mächtigen Landesregierung Nordrhein-Westfalens und der englischen Besatzungsmacht. Zumal Adenauer bereits die Vorgeschichte für Bonn bestimmt hatte, zumindestens bei der Entscheidung vom 8. Mai 1949 im Parlamentarischen Rat, als 33 Mitglieder für Bonn und 29 für Frankfurt am Main stimmten. Auf der Parteienseite waren die Dinge verschoben, die meisten CDU-Leute folgten dem CDU-Parteivorsitzenden Adenauer, die Bayernpartei aber keineswegs, weil sie Bonn für eine zu sehr preußisch beeinflußte Stadt hielt. Es gab auch einen Antrag von 14 CDU und FDP-Parlamentariern für Frankfurt, der aber im Bundestag bereits im September 1949 abgelehnt wurde. In Süddeutschland waren die meisten Zeitungsstimmen für Frankfurt am Main. Nicht zuletzt durch die Bemühungen von Carlo Schmid trat die SPD offiziell für Frankfurt ein – dies war einer der wenigen Erfolge der städtischen Politik in der Hauptstadtfrage. Die KPD, ebenfalls im Bundestag vertreten, erklärte, sie sei für Berlin, nur stand dies nicht zur Abstimmung.

Der Hauptfehler der Frankfurter Politik war wohl, sich allzulange darauf verlassen zu haben, die Entscheidung für eine provisorische deutsche Hauptstadt müsse

Die Wünschelrutengänger. — Ein Bundessitz wird gesucht...

Karikatur auf die Ministerpräsidenten der Länder. Mannheimer Morgen, 6. Juli 1949

entsprechend der Tradition gewissermaßen automatisch an Frankfurt am Main fallen – an die Stadt des Deutschen Bundes und der Paulskirche. Dies sei auch zu erwarten wegen der inzwischen getätigten Investitionen und Einrichtungen der Trizonenverwaltung in Frankfurt. Es ist dann zwar am 25. Oktober 1948 eine »Magistratskommission zur Unterbringung des Bundesparlamentes« eingesetzt worden mit Oberbürgermeister Kolb als Mitglied, aber diese Kommission war schon von der Themenstellung eingeengt und mit dem ehrenamtlichen Stadtrat Fritz Fay, bei dem weitgehend die Vertretung der Stadtpolitik gegenüber »Bonn« hängen blieb, nicht günstig besetzt. Es gibt noch ehemalige Bonner Bundestagsabgeordnete aus der Anfangszeit, die dies bestätigen. Stadtrat Fay war zwar zuständig für die städtische Öffentlichkeitsarbeit, aber er war offensichtlich nicht die Persönlichkeit, um einem Dr. Adenauer, damals Präsident des Parlamentarischen Rates und CDU-Vorsitzender, und dem gewieften Ministerialdirigent in der nordrhein-westfälischen Staatskanzlei, Dr. Wandersleb, in Bonn Paroli bieten zu können.

Während man in Frankfurt am Main davon ausging, die Ansiedlung der gesamten zentralen Verwaltungsbehörden in der Mainstadt mitsamt den gerade begonnenen Wohnungs- und Bürobauten sei schon der Kosten wegen – etliches über 100 Millionen DM – genug Festlegung, war dies für die »Bonner« überhaupt kein Argument. Wie auch später zeigte sich, daß Kostenberechnungen, insbesondere in die Zukunft hinein, beliebig variiert werden können. Zwar sind mehrere Gutachten angefertigt worden und man kann den Eindruck gewinnen, daß ein Ausbau in Frankfurt am Main tatsächlich erheblich billiger gewesen wäre als in Bonn, aber alle diese Argumente übersehen, daß eminent politische Entscheidungen ziemlich unabhängig von vagen Kostenberechnungen gefällt werden. Des weiteren hat die Stadtpolitik übersehen oder ungenügend pariert, daß das Bonner Argument, es sei zwischen den Städten Bonn und Godesberg genügend Platz für ein »Regierungsviertel« sehr zugkräftig gewesen ist, auch für alle Repräsentationsvorstellungen, während die Aussagen Frankfurts, es solle sich ja gerade um ein Provisorium handeln und deswegen könnten die verschiedenen benötigten Bauten verteilt sein, dagegen durchaus abfielen. Frankfurter Vorschläge waren z. B. der Bundespräsident könne im Schloß Bad Homburg, das Bundeskanzleramt in der Lindenstraße Nr. 27, das Bundesparlament in der Pädagogischen Akademie oder im noch zu erstellenden Rundbau am Dornbusch, die Ministerien weitgehend in den derzeitigen Verwaltungen des Wirtschaftsrates untergebracht werden.

Ein bislang immer vernachlässigter Gesichtspunkt in der psychologischen Argumentation der damaligen Zeit war der der militärischen Besatzung, beziehungsweise der Notwendigkeit, die deutsche Hauptstadt »besatzungsfrei« zu halten. Es ist kaum verständlich, aber offensichtlich, wie geschickt Adenauer mit diesem Argument umging und es auch fertigbrachte, daß die belgische Besatzung Bonns rechtzeitig vor der Abstimmung im Bundestag die Stadt verließ, was angeblich rund 50 Millionen DM Kosten verursacht hat. Die Amerikaner, die natürlich als deutsche Hauptstadt Frankfurt am Main hätten haben wollen, bemerkten die unterschwellige Wirkung dieser im Grunde nationalistischen Argumentation erst ziemlich spät und versicherten dann, sie würden ihre Truppen durchaus aus Frankfurt abziehen in den Umkreis, allerdings das IG Hochhaus als Hauptquartier beibehalten. Dies genügte in Bonn für eine entsprechende Gegenargumentation, insbesondere von Adenauer selbst.

Nachdem bereits im November 1948 im Ältestenausschuß des Parlamentarischen Rates, in Bonn also, über die künftige Hauptstadt diskutiert worden ist, bemühte man sich auch von seiten Frankfurts um Vorsprache. Der Magistrat kündigte eine Denkschrift an, über die am 15. November 1948 im Stadtparlament debattiert wurde, wobei die KPD dagegen protestierte, weil hier »Versprechungen auf Kosten der Bürger« gemacht würden. Gleichwohl ist die Denkschrift, die nur »vorbereitende Vorschläge« enthielt[69], noch im November 1948 dem Parlamentarischen Rat zugeleitet worden. Im Stadtparlament kam man erst im Januar 1949 wieder dazu. In der Denkschrift, die weitgehend auf den Stadtrat a. D. Dr. Altheim zurückging, der nunmehr als »Sonderbeauftragter des Oberbürgermeisters für die Einrichtung der Zweizonenverwaltung« fungierte, war zunächst noch von der Paulskirche als Parlamentsgebäude für das künftige westdeutsche Parlament die Rede. Dies ist allerdings in Bonn sehr rasch abgelehnt worden mit Hinweis auf fehlende Nebenräume und Räume für den Bundesrat.

In Frankfurt intern hieß es: »Es kann nicht verkannt werden, daß eine Wahl der Stadt Frankfurt als vorläufiger Sitz der Bundesorgane einen erheblichen Aufschwung des gesamten Frankfurter Wirtschafts- und Gemeindelebens zur Folge haben müßte.« Der »Bericht der Stadt Frankfurt zur Einrichtung der Bundesorgane in Frankfurt«, acht Seiten lang[70], forderte sogleich eine »Gegenäußerung« von Düsseldorf heraus: »An die Mitglieder des Parlamentarischen Rates«[71]; schließlich hatte sich auch noch die Stadt Kassel eingeschaltet, war aber bald wieder aus dem Rennen. Von Frankfurt wurde u. a. aufgezählt, daß für die Zweizonenverwaltung bereits 3500 Büroräume bereitgestellt seien und daß bereits 4000 Mitarbeiter in Frankfurt wohnten, daß zahlreiche Organisationen mit ihren Spitzen in Frankfurt ansässig seien, daß bereits 30 Auslandsvertretungen in der Stadt wären, und daß die Länder der Doppelzone zum Teil auch schon Häuser in Frankfurt besäßen, sowie die Zweizonen-Postverwaltung mit 500 Bediensteten und so fort. In ziemlicher Verkennung der Bonner Denkstrukturen hieß es dann auch noch: »Von entscheidender Bedeutung dürfte sein«, daß am »Sitz der Bundesorgane auch die alliierten Kontrollorgane« sich in Frankfurt befänden. Adenauer argumentierte dann genau umgekehrt. Es fehlte der Hinweis nicht, daß für Abgeordnete und Mitarbeiter rund 1000 überprüfte Privatzimmer bereitgestellt werden könnten. Schließlich hielten in Frankfurt am Main täglich 53 D-Züge und 13 Diensttriebwagen, von denen zwei täglich zwischen Bonn und Frankfurt bereits verkehrten.

Die Frankfurter Denkschrift zählte nüchtern Fakten auf. Wandersleb in Düsseldorf konterte sogleich: die Bundesorgane in Frankfurt könnten »zu einem unerträglichen Zentralismus« führen, und »es würde die im gesamtdeutschen Interesse allgemein als notwendig erkannte Beschränkung auf die Bestimmung einer vorläufigen Bundeshauptstadt hinfällig«. Die aus der zentralen Lage Frankfurts sich ergebenden Funktionen wurden also direkt gegen die Stadt gekehrt: selbst in Berlin habe früher diese »Zusammenballung« nicht bestanden, bemerkte Wandersleb abschließend in der nordrhein-westfälischen Denkschrift. Im Dezember 1948 erfuhr Altheim in Frankfurt auch noch, daß im Wirtschaftsrat bereits »lebhafte Propaganda« für eine Übersiedlung nach Bonn betrieben werde, was später ein Gedankenaustausch zwischen Dr. Adenauer und dem Oberdirektor der Zonenverwaltungen in Frankfurt, Dr. Hermann Pünder, durchaus bestätigte. Zur gleichen Zeit meinte allerdings Carlo Schmid nach einem Gespräch im SPD-Parteivorstand »doch scheinen mir die Chancen für Bonn nicht groß zu sein.«[72]

Gegen mancherlei Vorbehalte – auch gegenüber der Vermutung »Frankfurt werde den Sitz schon dauernd an sich fesseln können«, wie das in Zuschriften zum Ausdruck kam, verteidigte Oberbürgermeister Kolb die Stadtpolitik am 3. Februar 1949 so: »... Wir in Frankfurt sind uns darüber klar, daß, wenn wir Bundeshauptstadt werden, dies uns nicht nur zum Vorteil gereicht, sondern auch mit gewissen Opfern für die Bevölkerung verbunden ist, die wir aber im Interesse des gesamten Volkes zu übernehmen bereit sind.«[73] Gleichzeitig berichtet Stadtrat Fay aus Bonn, dort werde auch geltend gemacht, die »Frankfurter Bevölkerung habe eine durchaus ablehnende Haltung gegenüber den Politikern und wolle von überörtlichen Behörden nichts wissen«[74]. Auch dies Argument ist öffentlich diskutiert worden, und als das Stuttgarter Institut für »Marktanalyse und Meinungsforschung« dem Frankfurter Magistrat anbot, durch eine – damals noch ziemlich ungewohnte – Meinungsumfrage wolle es feststellen, ob das Argument zutreffe, lehnte der Stadtkämmerer

Klingler (CDU) der Kosten wegen dies Angebot ab[75]. Er scheint an dem Bemühen der Stadt eher desinteressiert gewesen zu sein und wollte abwarten, »bis das Problem Frankfurt a. M.–Bonn entschieden ist«.

Im Februar 1949 erwartete die Stadt Frankfurt den Besuch einer Bonner Kommission und bereitete sich darauf mit der Frankfurter großzügigen städtischen Gastfreundschaft vor, was Bewirtung und so fort anbelangte. Ansonsten war man der Meinung vorzuzeigen, was an vorhandenen Gebäuden eben auch für eine Bundesregierung genutzt werden könne, denn es solle sich ja um ein Provisorium handeln und dies entspreche »der Verarmung unseres Volkes«[76]. Bei dem Empfang war auch der hessische Finanzminister Werner Hilpert anwesend und begrüßte die gekommenen fünf Herren aus Bonn mit dem Hinweis, die hessische Landesregierung übernähme die Vorfinanzierung der noch erforderlichen Bauten. Der Frankfurter Oberbürgermeister scheint bei diesem Besuch nicht anwesend gewesen zu sein. Es wurde u. a. erwähnt, daß es in Frankfurt ja auch gelungen sei, auf Befehl der Besatzungsmächte alle erforderlichen Einrichtungen für die Bizone in kurzer Zeit zu erstellen und dafür bis zu 11 000 Bauarbeiter zu beschaffen, so daß entsprechende Erfahrungen vorlägen, zumal noch 5000 Bauarbeiter in Frankfurt vorhanden seien. Es könnten innerhalb von sechs Monaten 1000 Wohnungen gebaut oder restauriert werden, in 24 Monaten 3000, wenn man bald Bescheid wüßte[77].

Am 28. Februar unterstützte auch die Hessische Landesregierung in einem Bericht an den Präsidenten und die Fraktionsvorsitzenden des Parlamentarischen Rates die Stadt Frankfurt und mahnte eine »unverzügliche Entscheidung« an. Auch Gewerkschaften in Süddeutschland unterstützten die Frankfurter Pläne. Am 1. März 1949 schrieb Frankfurt nochmals zum Thema »Unterbringung der Bundesorgane in Frankfurt« mit Hinweis auf die Leistungen bei der Paulskirchenfeier, der Messe und der Einrichtung der Bizonen-Verwaltung: »abschließend weist die Stadt Frankfurt noch einmal darauf hin, daß keine andere Stadt bis jetzt Aufgaben dieser Art und Größenordnung zu bewältigen hatte, wie dies in Frankfurt geschehen ist.«[78] Gleichwohl hatten die Kontakte des Frankfurter Bürgermeisters Dr. Leiske (CDU) um diese Zeit, am 24. März 1949, ergeben, daß man in Wirtschaftskreisen der bizonalen Verwaltung »die Sache Frankfurts als verloren« ansehe, was Leiske sogleich dem Frankfurter Oberbürgermeister mitteilte und sich dabei auf den Staatsminister a. D. Seebohm aus Braunschweig berief.

Am 8. Mai 1949 hatte der Parlamentarische Rat die wichtige Abstimmung über das Grundgesetz durchgeführt und mit 53 Stimmen von CDU, SPD, FDP zugestimmt, gegen sechs CSU-Stimmen und je zwei von DP, Zentrum und KPD. Außerdem, so führte der Frankfurter Oberbürgermeister Kolb in der Stadtverordnetenversammlung am 12. Mai 1949 aus, sei auch »die Frage des vorläufigen Sitzes der Deutschen Bundesregierung« behandelt und für Bonn entschieden worden. Dies habe »geschmerzt«[79], aber es sei doch eine vorläufige Entscheidung und das Schwergewicht der Verwaltung solle wohl in Frankfurt bleiben. Frankfurt habe schließlich nicht aus lokalen Interessen gehandelt, sondern »im Interesse unseres deutschen

Volkes und einer echten Demokratie« und »stark im Recht«, wie der Frankfurter Wahlspruch seit alters her lautet. Der Oberbürgermeister erhielt starken Beifall, aber eine weitere Vorentscheidung für Bonn war gefallen. Der Kämmerer nahm dies nüchterner zur Kenntnis und möchte am 17. Mai weitere Ausgaben für eine besondere Dienststelle im Hauptstadtstreit ablehnen: »Durch die inzwischen ergangene Entscheidung des Parlamentarischen Rates ist Bonn und nicht Frankfurt a. M. für den Sitz der Bundesregierung bestimmt worden.«[80]

Der Oberbürgermeister erhielt am 20. Mai 1949 einen Brief von Dr. Fried Lübbecke: man könne den Frankfurtern wohl die Enttäuschung nachfühlen, aber andererseits »sollten wir den Bonnern ruhig diese vorübergehende Ehrenstellung gönnen. Die deutsche Frage ist ohne Berlin als Hauptstadt nicht zu lösen. Jeder Versuch, Berlin auszuschalten, erscheint mir unklug, ja undeutsch. Ebenso wenig wie Vichy Paris ersetzen oder gar verdrängen konnte, wird Bonn Berlin gefährlich werden können. Durch seine Wahl wurde vor aller Welt das Provisorium betont, und ein klares Bekenntnis zur deutschen Einheit abgelegt, wie es mir bei der Wahl Frankfurts nicht gleich eindeutig erschienen wäre.« Für Frankfurt bleibe unendlich viel zu tun und die Stadt werde sich »kraft ihrer Lage und ihrer Wirtschaft wiederum als heimliche Hauptstadt Westdeutschlands bewähren.«[81] In seiner Antwort kam

Der Goethepreisträger von 1949, Thomas Mann, der am 25. Juli in der Paulskirche eine vielbeachtete Rede hielt. Rechts seine Frau Katja, links Kolb

Kolb allerdings zu einer anderen Interpretation dieser Entscheidung und meinte, man werde das Votum für Bonn im Ausland als »Schildbürgerstreich« ansehen. Und: die Landtage von Württemberg-Baden und Hessen hätten die Wahl Bonns als unmöglich bezeichnet und ihre Vertretungen beauftragt, darauf hinzuwirken, »daß der kommende geplante Bundestag die endgültige Entscheidung in dieser Frage treffen soll.«[82] Diese Meinung teile er, so der Oberbürgermeister, und so ist denn ja auch verfahren worden.

Frankfurt konzentrierte sich nunmehr darauf, die am 14. August 1949 zum 1. Deutschen Bundestag gewählten Abgeordneten zu gewinnen, wollte sie zunächst alle nach Frankfurt einladen, begnügte sich dann aber mit einem Schreiben an alle Bundestagsabgeordneten und mit einer großen Presseeinladung und dem Besuch des »Bundessitz-Ausschusses«, sowie den Aktivitäten des ehrenamtlichen Stadtrats Fay in Bonn. Es war die Zeit, in der Kosten und die verfügbaren Raum-Quadratmeter gegeneinander aufgerechnet wurden. Daß der Bundeskanzler Adenauer dann nochmals kurz vor der Abstimmung im Bundestag eine von ihm benannte Kommission nach Frankfurt schickte – unter der Führung seines Adlatus Dr. Globke – konnte in Frankfurt erst im Nachhinein registriert werden, ebenso wie der Besuch des Nordrhein-Westfälischen Spitzenbeamten Dr. Wandersleb, der auf Frankfurter Baustellen gesichtet worden sein soll. Und es gab noch weiteren Ärger mit einem Telegramm des Bundeskanzlers direkt an den Frankfurter Oberbürgermeister kurz vor der Bonner Abstimmung. In dieser Sache – gebeten war um ausführliche Angaben in kürzester Zeit, u. a. über Schulräume in Frankfurt, schaltete Kolb den hessischen Ministerpräsidenten ein, der einen geharnischten Brief nach Bonn schickte. Die öffentliche Spannung, wie die internen Spannungen waren groß bis zum 3. November 1949, dem schließlich festgesetzten Tag der Abstimmung im Bundestag.

Auf die Verfahrensweise in Bonn und insbesondere die Haltung der Abgeordneten hatten natürlich auch die zahlreichen Presseberichte ihre Auswirkung. Dabei ist ziemlich deutlich – je nach politischer Ausrichtung – aber auch nach Geographie – die Vorliebe für Bonn oder für Frankfurt zu unterscheiden. Die Süddeutschen jedenfalls waren für Frankfurt. Die Meinungskämpfe in der Öffentlichkeit spitzten sich ab Sommer 1949 zu. Auch im Ausland war man aufmerksam. Die »New York Harald Tribune« schrieb am 29. Juni 1949: »Die nachhaltenden Debatten in Westdeutschland über den dauernden Sitz der Bundeshauptstadt« erhielten erheblichen Auftrieb durch die britischen Besatzungsbehörden, die nämlich mit Nachdruck für Bonn einträten, obgleich sonst die Wahl Bonns weder Anklang noch Begeisterung gefunden hätte. Die Süddeutsche Zeitung berichtete am 14. Oktober 1949: der »Hauptstadtausschuß« des Bundestages habe die Frankfurter und vorher die Bonner Situation geprüft. Er habe viel Material und solle am 21. Oktober dem Bundestag berichten. Allerdings habe sich die Pressestelle der Bundeskanzlei schon vor der Abreise des Ausschusses gegen die Darstellungen gewandt, Frankfurt sei billiger.

Der liberale »Deutsche Kurier« meinte im Oktober, die Auseinandersetzung »Bonn und Frankfurt« sei nochmals um drei Wochen vertagt worden, obgleich doch

Der Vorsitzende der SPD, Dr. Kurt Schumacher, beim Wahlkampf in Frankfurt zur ersten Wahl für den Deutschen Bundestag 1949. Schwerbeschädigt stützt er sich auf seine Mitarbeiterin Annemarie Renger

die Öffentlichkeit ein Ende der Diskussion wolle. Es sei zwar »nur Frankfurt zu verantworten«, aber keine Sicherheit dafür in der Abstimmung gegeben. Damit der vorbereitende Parlamentsausschuß auch neutral sei, gehörten ihm keine Abgeordnete aus Hessen oder aus Nordrhein-Westfalen an und der Vorsitzende sei gerade ausgewechselt worden und jetzt der CDU-Abgeordnete Neuburger. Am 30. September sei die Abstimmung über den SPD-Antrag mit einer Mehrheit von 27 Stimmen abgelehnt worden. Diesem Antrag hatten sich auch 14 Abgeordnete aus den Regierungsparteien angeschlossen. Er wollte Frankfurt als vorläufigen und Berlin als endgültigen Sitz vorgesehen haben. Angeblich sei die Erwähnung Berlins außenpolitisch problematisch und deswegen sei die Ablehnung und dann die Verschiebung eingetreten und erst einmal der Ausschuß losgeschickt worden.

Am 15. Oktober berichtet die »Neue Zeitung« in München, der »Bundessitz-Ausschuß« habe seine Arbeit beendet und sei zu recht gegensätzlichen Aussagen gekommen. Die »Deutsche Zeitung«, Stuttgart, schrieb am 19. Oktober 1949 über »das verwirrende Zahlenspiel, das den Kampf um die Bundeshauptstadt begleitet«. Einige Ministerien wie das Verkehrsministerium forderten bereits in Bonn erheblichen Raum an. Außerdem werde ein Fehlbedarf von 3648 Wohnungen festgestellt, kosten würde dies 73 Millionen DM. »Die Masse der Wohnungssuchenden hat den begreiflichen Wunsch, daß Wohnungen nicht nur für Beamte gebaut werden,« meinte die Zeitung dazu lakonisch. Es sei ein Irrtum der Berliner zu meinen, Bonn sei für ihre Rechte besser. »In Wahrheit ist der Bundessitz Bonn die definitivste Lösung, die unter den gegenwärtigen Umständen vorstellbar ist, weil mit ihr überaus mächtige Interessen verknüpft sind, die sich ohne viel Federlesens durchzusetzen verstehen.« Vor einem halben Jahr habe im Grund noch kein Bürger der Bundesrepublik den Anspruch Bonns recht ernst genommen, aber das Lächeln sei fehl am Platze gewesen, bei der dortigen überlegenen Taktik und einem Knäuel an Verwirrungen. Die Frankfurter Rundschau meldete am 20. Oktober 1949 die wenig überraschende Tatsache, daß Adenauer die CDU-Fraktion im Bundestag auffordere, für Bonn zu stimmen, und die »Neue Zeitung« bemerkte am 21. Oktober, der »Hauptstadtausschuß« könne seinen Bericht immer noch nicht vorlegen. Am darauffolgenden Wochenende schrieb die »Süddeutsche Zeitung« mit der Überschrift »Endkampf um den Bundessitz«, wenigstens Adenauer wisse genau, was er wolle und werde wohl den Zeitpunkt für die Abstimmung noch verzögern. Der Berliner »Telegraf« meinte am 25. Oktober, es sei lächerlich und widerwärtig, wie monatelang um das »Provisorium« gestritten werden. Am 26. Oktober meldete die »Rheinpfalz«: die

Karikatur zum Hauptstadt-Streit »Frankfurt oder Bonn?« Rhein-Neckar-Zeitung, 30. Juni 1949

Mehrheit sei für Frankfurt, das Kabinett aber einstimmig für die »Beibehaltung Bonns als Sitz der Bundesregierung«. Die »Hamburger Allgemeine« monierte am 28. Oktober, daß für die »Räumung« der Stadt Bonn von Besatzungstruppen 52 Millionen DM aufgebracht werden müßten, während die US-Stellen mitteilten, daß mit einer »vollständigen« Räumung Frankfurts von den amerikanischen Behörden nicht zu rechnen sei.

Die Düsseldorfer »Rheinische Post« schrieb am 31. Oktober, der Ausschußbericht sei jetzt veröffentlicht, er enthalte sich aber jeder Stellungnahme für eine der beiden Städte. Für die Verlegung der belgischen Truppen aus Bonn seien bereits 70 Millionen DM ausgegeben worden. Und: der Parlamentarische Rat habe Bonn den Vorzug gegeben, weil Bonn den Anspruch Berlins »Hauptstadt Deutschlands zu werden nie gefährden könne«. Der Beschluß des Parlamentarischen Rates sei eine einwandfreie demokratische Entscheidung gewesen und es bestehe kein Anlaß, ihn aus parteipolitischen Erwägungen umzustoßen. Bonn sei »besatzungsfrei« und darüber könne man nicht zur Tagesordnung übergehen. Ein »Umlernen auf Frankfurt« wäre ein »Schildbürgerstreich«. Der Bremer »Weser-Kurier« teilte ebenfalls am 31. Oktober mit, die Verlagerung der Besatzungstruppen aus Bonn habe bereits DM 52,36 Millionen gekostet; nach alliierten Meldungen lasse sich freilich bis auf das IG Hochhaus auch das Stadtgebiet von Frankfurt frei machen. Die »Marburger Presse« nannte am 31. Oktober den Ausschußbericht zwar sorgfältig erarbeitet, aber ein »Zahlengestrüpp«. Immerhin ergäbe sich eine eindeutig »für Frankfurt sprechende Bilanz«. Die Mainzer »Allgemeine Zeitung« verurteilte das Argument Adenauers am 31. Oktober, die »Regierung müsse entscheiden«, als »eine Sprache, um einem den Atem zu verschlagen«. Die Gießener Freie Presse meinte einen Kostenvergleich anstellen zu können (ebenfalls am 31. Oktober 1949); für Bonn entstünden Gesamtkosten von etwa 80 Millionen, für Frankfurt von 17 Millionen DM. Wenn man die Umzugskosten für die Alliierten dazurechne, für Bonn 160 Millionen DM und für Frankfurt 22 Millionen.

Am 1. November gingen die Marburger Nachrichten auf das »ultimative Telegramm« Adenauers an den Frankfurter Oberbürgermeister ein und bestärkten den hessischen CDU-Minister Hilpert, er habe dem Bundeskanzler eine allein richtige Antwort gegeben. Auch die »Kasseler Zeitung« meinte am 1. November, der Bundesausschuß-Bericht sei für Frankfurt »sehr günstig«, aber leider »vielfach unzutreffend«. Die Westfalenpost aus Soest meldete am 2. November, daß der SPD-Vorsitzende Kurt Schumacher erklärt habe, seiner Meinung nach werde sich die Mehrheit für Frankfurt entscheiden. Am 2. November berichtete die »Frankfurter Allgemeine Zeitung« von Regierungsversuchen, die Abstimmung zu verschieben, die »Offenbach Post« aber: »Hessen verbittet sich Adenauers Provokation«.. Die Berliner Zeitung »Der Tag« meinte am 2. November, eine Verlegung von Bonn nach Frankfurt »störe die Arbeit der Bundesregierung und des Parlaments«. Die »Süddeutsche Zeitung« meinte am 3. November, dem Tag der Abstimmung, das Bundeskabinett lege entscheidenden Wert darauf, daß die Hauptstadt, der »Bundessitz in einer exzonalen Sonderzone bleibe«, und daran sei in Frankfurt nicht zu denken. Justizminister Thomas Dehler und Finanzminister Fritz Schäffer würden eine entsprechende Regierungserklärung vortragen. Für die Abstimmung werde auch von Bedeutung sein, »ob das Plenum die Abstimmung öffentlich oder geheim vornehmen werde.« Dies allerdings erwies sich im Endeffekt als entscheidende Voraussetzung, den Sieg Bonns abzusichern.

Auf der dritten Handlungsebene, der Bonner Tribüne, hatte, wie schon erwähnt, Bundeskanzler Dr. Konrad Adenauer längst die Fäden gezogen. Es ist sehr wahrscheinlich, daß die verschiedenen Verzögerungen auf seine Einwirkungen zurückgingen. Gewiß kam es seinen Plänen zupaß, daß die belgischen Truppen am 31. Oktober tatsächlich noch rechtzeitig die Stadt Bonn verliessen. Außerdem hat er wohl dafür gesorgt, daß der eigens eingesetzte parlamentarische Ausschuß schließlich trotz 14maliger Beratung zu keinem Ergebnis kam, sondern sehr kurzfristig den übrigen Kollegen ein verwirrendes Zahlenmaterial vorlegte, ohne eine Empfehlung auszusprechen. Für einige Parlamentarier war der Gipfel der Anmaßung erreicht, nachdem Adenauer kurz vor der – nochmals um einen Tag verschobenen – Abstimmung über die vorläufige Hauptstadt der Bundesrepublik Deutschland dem parlamentarischen Ausschuß eine »Kommission des Bundeskanzleramtes« nach Frankfurt am Main hinterherschickte. Angeführt von Dr. Hans Globke, dessen Mitarbeit in nationalsozialistischer Zeit dann viel diskutiert wurde. Einige wenige Abgeordnete beschwerten sich öffentlich über diese »Nachprüfung« des Bundeskanzlers als einer »offenen Provokation des Parlaments«[83]. Der Vorsitzende der CDU-Fraktion im Bundestag, Dr. Heinrich von Brentano aus Hessen, meinte, die Chancen Frankfurts seien gewachsen. Dann kam das Telegramm des Bundeskanzlers in Frankfurt an und Kolb antwortete direkt: »Entsprechend den landesrechtlichen Vorschriften hat die Stadt Frankfurt dem Herrn Hessischen Ministerpräsidenten einen Bericht vorgelegt, in dem sämtliche gestellten Fragen beantwortet sind« und gab sein Antwort-Telegramm sogleich an die Presse.

Nach diesem Konflikt auf einem Nebenschauplatz kam es dann am 3. November nachmittags zu der entscheidenden Abstimmung. Termingerecht hatte der Staatssekretär Globke aus dem Bundeskanzleramt am Vormittag als Ergebnis seiner Frankfurt-Reise verbreitet, das vorgesehene Parlamentsgebäude in Frankfurt werde erst im April 1950 fertig, während die Stadt den 15. Dezember 1949 genannt hatte. Nach dem Bericht des Hauptstadtausschusses, der keine Empfehlung enthielt, beantragte der CDU-Abgeordnete Theodor Blanck geheime Abstimmung, der FDP-Abgeordnete August Euler eine namentliche Abstimmung. Die Entscheidung des Bundestagspräsidenten Erich Köhler (CDU) für geheime Abstimmung erlaubte vielen Abgeordneten, ihrer je eigenen und oft genug sehr persönlich bestimmten Präferenz in der Hauptstadtfrage ohne öffentliche Kontrolle nachzugeben. Im Nachhinein ist die geheime Abstimmung in der Öffentlichkeit sehr kritisiert worden. Die deutsche Wählergesellschaft gab beispielsweise bekannt, daß sie die geheime Abstimmung als »Flucht in die Anonymität« ablehne[84]. Ein Parlament mit längerer Erfahrung hätte die Frage des Abstimmungsmodus natürlich vorher im Ältestenausschuß besprochen und festgelegt. So aber hatten die Bonn-Anhänger das lange angesteuerte Ziel endlich erreicht. Die Abstimmung ging mit 200 Stimmen für Bonn und 176 für Frankfurt aus, also mit einer Differenz von 24 Stimmen. Das Ergebnis war eindeutig.

Wie wirkte sich die Abstimmung im Bundestag in Frankfurt am Main aus? Noch am Spätnachmittag dieses Donnerstags wurde das Ergebnis bekannt, und die Bürgerschaft war überwiegend sehr enttäuscht. In den nächsten Tagen gab es sogar eine kleinere Protestversammlung und die Ankündigung von Steuerstreiks, aber dies verlief sich bald. Als gute Demokraten wandten sich die Frankfurter eben neuen Aufgaben zu. Es werden allerdings nicht allzuviele Frankfurter so nüchtern reagiert haben, wie dies von dem vormaligen Stadtrat und Beauftragten für die Unterbringung der Trizonen- oder Bundesbehörden Dr. Altheim berichtet wird:[85] Als nämlich die Radio-Meldung durchkam, daß Bonn die künftige Hauptstadt der Bundesrepublik Deutschland sein werde, habe Altheim gleichmütig die Mappe B aus seinem Schreibtisch herausgenommen, nachdem nun der Plan A für Frankfurt am Main hinfällig geworden war. Er bemerkte auch öffentlich, daß die »Büro- und Wohnraumverhältnisse« in Frankfurt frühestens im Sommer 1950 eine Entlastung erfahren würden, weil der Umzug der Behörden nach Bonn nicht sogleich erfolgen könne[86]. Oberbürgermeister Kolb bemühte sich, die Situation zu interpretieren, den Frankfurtern Mut zuzusprechen und die neuen Aufgaben der Stadt aufzuzeigen.

Zeitungen berichteten, wie die Stimmung in Frankfurt am Main gewesen ist: »Der Entscheid zugunsten Bonns wurde in Frankfurt mit Erbitterung aufgenommen. Die Zeitungsredaktionen werden mit empörten Anrufen bestürmt«, so der Weser-Kurier in Bremen am 7. November 1949; es erschiene den Frankfurtern »unfaßbar«, daß »nichts zu machen« sei. Hintergründe und Schuldige wurden gesucht, die Frankfurter Neue Presse übte Kritik an der geheimen Abstimmung, die Frankfurter Allgemeine Zeitung titelte »Wider die Vernunft«, hob aber Adenauers Einfluß hervor und prognostizierte: »Freunde und Gegner werden ihn in Zukunft noch ernster nehmen als bisher«. Die Frankfurter Rundschau meinte sogar, die Regierungsmehrheit habe sich nicht gescheut, sich ins »Halbdunkel« zurückzuziehen.

Im Amtlichen Benachrichtigungsblatt vom 12. November 1949, den »Mitteilungen der Stadtverwaltung Frankfurt a. M.«, die für 10 Pfennige zu haben waren, ist die Rede abgedruckt, die der Oberbürgermeister am 10. November 1949 in der Stadtverordnetenversammlung gehalten hat. Er begrüßte nochmals den Besuch des »Hauptstadt-Ausschusses« des Bundestages und dankte für dessen gute Arbeit, kritisierte die geheime Abstimmung und meinte, dieser Vorgang habe das Vertrauen so mancher in die Demokratie sehr erschüttert. Gleich nach der Abstimmung sei er natürlich mehrfach interviewt worden und habe stets betont, daß die Hauptstadt »für Frankfurt keine Lebensfrage« sei. Er habe ja auch schon zur Eröffnung der Herbstmesse gerade erst im September erklärt, »daß Frankfurt mit oder ohne Bundeshauptstadt seinen Weg gehen werde« und die Zukunft werde zeigen, wie richtig dies sei. Den Dank der Stadt übermittelte Kolb an den Hessischen Ministerpräsidenten Christian Stock und den Finanzminister Hilpert, an Stadtverordnetenversammlung und Magistrat, sowie an die Magistratskommission und die »Frankfurter Aufbau AG«. Viele hätten in »Tag- und Nachtarbeit« sich um die anstehenden Aufgaben bemüht. Besonders die Frankfurter Presse habe die Stadt unterstützt, aber eigentlich auch die gesamte Presse der Westzonen.

Dann kam der Oberbürgermeister auf die sich jetzt anbietenden Aufgaben der Stadt zu sprechen: Als international bekannte und angesehene Finanz-, Handels- und Wirtschaftsstadt werde Frankfurt bald das Wirtschaftszentrum des süd- und westdeutschen Raumes sein. Die in den letzten Jahren notwendig gewordene Bedarfsdeckung für übertragene Aufgaben habe die wirtschaftlichen Möglichkeiten der Stadt nicht recht zur Entfaltung kommen lassen und viele Betriebe hätten aus Frankfurt abgewiesen werden müssen, weil Wohn- und Gewerberaum anderweitig gebraucht wurden für die Zweizonenbehörden, die alliierten Kontrollorgane, den Wirtschaftsrat, den Länderrat, den Verwaltungsrat und alle mit diesen Institutionen zusammenarbeitenden Organisationen. Frankfurt müsse nun darauf drängen, daß diese Einrichtungen schnell ihre Räume frei machten. (Tatsächlich dauerte dies jedoch bis 1951). Die Anhänger der Hauptstadt Bonn hätten ja immer behauptet, dies mache keinerlei Schwierigkeiten. Jedenfalls hätten schon gleich nach Bekanntwerden der Abstimmung »namhafte Industriefirmen« den Wunsch geäußert nach Frankfurt überzusiedeln. Und »hunderte von Frankfurter Bürgern«, die noch immer evakuiert seien, riefen an und wollten in die Stadt zurückkehren. Es sei sehr zu bedauern, daß noch immer kein freier Zuzug gestattet werden könne, jetzt müßten aber endlich die Frankfurter Familien nach und nach zurückgeführt werden. Das Gelände, das für die bizonalen Siedlungen zur Verfügung gestellt worden sei, müsse nun auch den Frankfurter Bürgern zugute kommen.

Zur Erläuterung der Wirtschaftskraft Frankfurts präsentierte Kolb eine bemerkenswerte Liste von Unternehmungen, die sich anderthalb Jahre nach der Währungsreform bereits in Frankfurt konzentrierten: Bau- und Baumaterialfirmen, eine große Glashütte, Maschinen- und Stahlbaufabriken, etwa 80 Firmen der Damenoberbekleidung, meist aus Berlin, 148 Betriebe der Rauch-Waren-Branche (meist aus Leipzig), viele graphische Betriebe und Verlage, nicht zuletzt der Börsenverein des Deutschen Buchhandels, der endgültig in Frankfurt bleiben wolle, sowie Filmverleihe für das In- und Ausland. Trotz der vorherrschenden wirtschaftlichen Depression war in Frankfurt die niedrigste Arbeitslosigkeit festzustellen im Verhältnis zur Einwohnerzahl. Neues Industriegelände war zu erschließen, nämlich an der Hanauer Landstraße, in Seckbach, an der Gutleutstraße und in Höchst. Die Zahl der Handwerksbetriebe in Frankfurt am Main war von Juli 1945 mit 4811 vier Jahre später auf 11 595 angestiegen und die Handelsbetriebe hatten sich im gleichen Zeitraum um 6010 Betriebe vermehrt. Schließlich konnte Frankfurt auf seine »alte führende Stellung als europäischer Finanzplatz ersten Ranges« zurückgreifen, als Sitz der Landeszentralbank, der Berliner Handelsgesellschaft, der Bank Deutscher

Die erste Buchmesse nach 1945 fand 1949 in Frankfurt zunächst in der Wandelhalle der Paulskirche, dann auch in der gotischen Römerhalle statt

Zur »Internationalen Automobilausstellung« vom 19. bis 29. April 1951 kam auch Bundeskanzler Konrad Adenauer in die Stadt

Länder, die aus der früheren Hauptstelle der Deutschen Reichsbank in Frankfurt (Münzzeichen »F«) hervorgegangen war. Kolb setzte auf die Ausweitung der Börse und wußte noch mehrere kleinere Frankfurter Banken zu nennen. Dann gab es die wirtschaftlichen Spitzenverbände in Frankfurt am Main: Industrie- und Handelstag, Internationale Handelskammer, Zentralverein deutscher Sparkassen und Giro-Vereine, Gesamtverband des Groß- und Außenhandels, Verband der Automobilindustrie, Verband des deutschen Einzelhandels und andere mehr, eine ansehnliche Liste.

Hierzu kam nun noch der Messestandort Frankfurt. Obgleich die gesamten Messeanlage 1945 zerstört waren, sind fünf neue Stahlrohrhallen gebaut worden und im Frühjahr 1949 wurde beschlossen, die Festhalle wieder aufzubauen und die Messehalle 8 zu erstellen. Dies alles sollte zur Frühjahrsmesse 1950 fertig sein. Im Messegelände fanden, wie der OB weiter berichtete, bereits 1949 vielfach Tagungen und Kongresse statt, schon 60 Veranstaltungen, u. a. ein Internationaler Gelehrten-Kongreß, Versammlung der Uhrmacher, die Cechema und 1950 die Achema, das Sängerfest und anderes mehr. Zwar war der Fremdenverkehr wegen mangelnder Hotelbetten noch immer behindert und hatte noch lange den Vorkriegsstand nicht erreicht, obgleich sich die »Zentrale des deutschen Fremdenverkehr e.V.« auch in Frankfurt angesiedelt hatte. Der »Weltflughafen«, das Tor zur Welt, hatte sich dagegen sehr gut entwickelt und wurde von allen wichtigen Fluglinien angeflogen. Für die Wirtschaft im ganzen Frankfurter Raum galt der Flughafen als eine besonders wichtige Einrichtung. Neben diesen Erfolgsmeldungen stellten sich die Wohn- und Schulverhältnisse in der noch immer trümmerreichen Stadt schwieriger dar. Kolb hoffte im Jahr 1950 10 000 beziehbare Wohnungen anbieten zu können, rund 5000 waren immerhin 1949 fertiggestellt worden. Dies war nur gelungen durch die gute Zusammenarbeit mit den gemeinnützigen Wohnungsbau-Gesellschaften. Die Krankenhäuser schienen einigermaßen wieder instand gesetzt, und an Schulneubauten sollten 1950 fertig sein: Berkersheimer Weg, Mainzer Landstraße, Goldsteinsiedlung, Sachsenhausen-West, Zentgrafenschule und Ludwig-Richter-Schule. In der Innenstadt gab es Pläne zur Ansiedlung des Kaufhofs, von Peek & Cloppenburg sowie Ott & Heinemann und anderer großer Kaufhäuser. Aber die Baukapazität in Frankfurt war bereits restlos ausgeschöpft.

Das Fazit dieser bemerkenswerten Leistungsschau besagte: Durch Bonner Entscheidungen könne die Stadt Frankfurt am Main »in ihrer Weiterentwicklung nicht getroffen werden.« Diese Prognose erwies sich als voll berechtigt. Die Frankfurter Bürger machten sich nach der Enttäuschung von und über Bonn erst recht an die Arbeit vor Ort.

ANMERKUNGEN

1 Willi EMRICH, Das goldene Buch der Stadt Frankfurt am Main. Die Zeit von 1945 bis 1960, S. 164.
2 Die Paulskirche in Frankfurt am Main, Frankfurt am Main 1988, S. 33.
3 Mündlicher Bericht Rudi Arndt.
4 Die Paulskirche, S. 42.
5 EMRICH, S. 160.
6 Die Paulskirche, S. 38.
7 EMRICH, S. 159f.
8 EMRICH, S. 164.
9 Margot FELSCH, Aus der Chef-Etage des Römers, Begegnungen mit den Frankfurter Oberbürgermeistern, Frankfurt am Main 1981, S. 14.
10 EMRICH, S. 160f.
11 Die Paulskirche, passim, S. 80
12 Mag.Akten 3437, 3. Februar 1947.
13 Stadtkanzlei, 1530, Bd. 2, Oktober 1952.
14 Die Paulskirche, S. 39.
15 Fritz von Unruh (1885–1970) hat von 1927 bis 1933 in Frankfurt am Main im Rententurm gelebt und gewirkt. Zu den Feierlichkeiten und der Rede in der Paulskirche s. MICK, S. 106ff. und S. 225f.
16 Mag.Akten 4388.
17 FELSCH, S. 15.
18 MICK, a. a. O, S. 109.
19 Manfred REXIN, Die Jahre 1945–1949. Hefte zum Zeitgeschehen, Heft 8, Hannover 1962, 2. Auflage, S. 7; Zitiert nach »Dokumente der deutschen Politik und Geschichte, Bd. VI, hrsg. v. J. HOHLFELD, Berlin/München, o. J. DOK, S. 3.
20 Ebd., S. 9.
21 Ebd., S. 32.
22 REXIN, S. 32.
23 Ebd., S. 33.
24 Mag. Protokoll 3437.
25 Mag. Protokoll 3438, 19. Mai 1947.
26 Baron von Recum war bereits bei Bürgermeister Hollbach so etwas wie ein persönlicher Referent und Dolmetscher. Von ihm stammen viele Aktennotizen, von 1945 bis 1957 zuständig für die Verbindung zu den amerikanischen Dienststellen der Militärregierung.
27 REXIN, S. 35f.
28 Uwe UFFELMANN, Der Frankfurter Wirtschaftsrat 1947–1949 (B 37/38, 15. September 1984. Beilage »Parlament«); G. MÜLLER, Die Grundlegung der westdeutschen Wirtschaftsordnung im Frankfurter Wirtschaftsrat 1947–1949, Frankfurt am Main 1982.
29 Madlen LOREI – Richard KIRN, Frankfurt und die drei wilden Jahre, Ein Bericht, Frankfurt am Main 1962, 4. Aufl, 1968, S. 197.
30 Carlo SCHMID, Erinnerungen, Bern/München 1979, S. 286ff.
31 LOREI-KIRN, S. 203.
32 LOREI-KIRN, S. 204.
33 LOREI-KIRN, S. 212.
34 Walter DIRKS, Mut zum Abschied, Zur Wiederherstellung des Frankfurter Goethehauses, S. 85–91. Abdruck aus den »Frankfurter Heften«, in: Soviel Anfang war nie. Deutsche Städte 1945–1949, Berlin 1989.
35 Das Goethehaus in Frankfurt am Main, 10. erw. Auflage auf Grund des Textes von Ernst Beutler, Frankfurt am Main 1978, S. 4.

36 Ebd.
37 Mag. Protokolle 3438, ab 9. April 1947.
38 Mag.Akten 3959, Blatt 21.
39 Mag.Akten 4307, 11. März 1948.
40 Ihr Mann, der Gewerkschaftssekretär Konrad Arndt, war von den Nazis umgebracht worden. Betty Arndt war ab 1952 lange Zeit Stadtverordnete und ehrenamtliche Stadträtin, bis ihr Sohn, Rudi Arndt, als Oberbürgermeister in den Magistrat einzog.
41 Ludwig Gehm war Parteisekretär der SPD und hatte sich im Widerstand aktiv beteiligt. Später gehörte auch er der Stadtverordnetenversammlung an.
42 Kampffmeyer zog bald selbst in den Römer ein und war seit 1956 hauptberuflicher Stadtrat für Planung und Bauwesen.
43 Lisy Alfhardt, Werksfürsorgerin und seit 1952 in der Stadtverordnetenversammlung, mit dem Arbeitsgebiet Sozialpolitik.
44 Mag.Akten 4307, Blatt 32 ff.
45 Mag.Akten 4307.
46 Mag.Akten 4307, Blatt 35 ff.
47 Frankfurt am Main 1945–1965, Ein 20-Jahresbericht der Stadtverwaltung, S. 77.
48 LOREI-KIRN, S. 238 f.
49 Ebd., S. 239.
50 LOREI-KIRN, S. 246.
51 Mile BRAACH, Rückblende, Erinnerungen einer Neunzigjährigen, Frankfurt am Main 1992, S. 251 f.
52 MICK, S. 129.
53 Lucius D. CLAY, Entscheidung in Deutschland, Frankfurt am Main 1950, S. 406.
54 REXIN, S. 44, zit. nach Kommunique, in DOK, S. 276–283.
55 SCHMID, S. 314.
56 Carl J. FRIEDRICH, Totalitäre Diktatur, Unter Mitarbeit v. Zbigniew Brzinski, Stuttgart 1957.
57 Ausführlich bei Wolfgang BENZ, Vom Besatzungsregime zur Bundesrepublik, S. 30f, in: Soviel Anfang war nie, Deutsche Städte 1945–1949, Berlin 1989.
58 Wortlaut im Anhang.
59 SCHMID, S. 325.
60 REXIN, S. 56.
61 Ebd., S. 329f; siehe auch Christoph KLESSMANN, Die doppelte Staatsgründung, Deutsche Geschichte 1945–55.
62 SCHMID, S. 332.
63 SCHMID, S. 333.
64 SCHMID, S. 353.
65 Zitiert in: »Parlament«, 22/29. Juli 1988, S. 11.
66 Ebd.
67 Alle Zitate in diesem Abschnitt, auch aus Zeitungen, in Mag.Akten 47/69, 3617 und 47/69, 3619 sofern nichts anderes angegeben ist.
68 Die Chronologie schildert recht einprägsam MICK, S. 129–154; das Stadtarchiv hat eine Ausstellung und dazu eine gute Veröffentlichung aufzuweisen, Bonn oder Frankfurt? Eine Ausstellung des Stadtarchivs ... 1989, Redaktion Ingrid Röschlau, Frankfurt am Main 1989.
69 Ebd., Blatt 255 f.
70 Ebd., Blatt 273 ff.
71 Ebd., Blatt 290.
72 Ebd., Blatt 317.
73 Ebd., Blatt 343.
74 Ebd., Blatt 349.
75 Ebd., Blatt 356.
76 Ebd., Blatt 361.
77 Ebd., Blatt 375 ff. Ein sehr guter, knapper Bericht von 14 Seiten.

78 Ebd., Blatt 392f.
79 Ebd., Blatt 425.
80 Ebd., Blatt 422.
81 Ebd., Blatt 439.
82 Ebd., Blatt 441.
83 Ebd., Blatt 94.
84 Ebd., Blatt 120f.
85 Mündlicher Bericht von Herbert Stettner.
86 Ebd., Blatt 120f.

3.
Frankfurt baut auf

3.1. Frankfurter Alltag um 1950

Neues Geld und ein neuer Staat – die »Deutsche Mark« und die »Bundesrepublik Deutschland« – mit der (provisorischen) Hauptstadt Bonn bedeuteten für Frankfurt keineswegs, daß die Kriegsfolgen verschwunden waren. Im Gegenteil, noch jahrelang war es erforderlich, Trümmer wegzuräumen und zerstörte Gebäude vollends abzureißen oder zu reparieren. Die Enttrümmerung war ein schwieriges Geschäft. Unfälle waren an der Tagesordnung. Mauerreste stürzten um, Decken brachen ein, »Blindgänger« von Bomben und Luftminen wurden noch jahrelang gefunden. Die Sprengmeister hatten viel zu tun, manche opferten ihr Leben. Wo der Trümmerschutt abgeräumt war, ließ bisweilen der Neubau auf sich warten. Zahlreiche Baulücken sind geblieben.

Immerhin gab es genug zu essen und langsam setzte die »Freßwelle« ein. Aber das Angebot der Läden und der zunächst noch sehr wenigen großen Kaufhäuser war doch noch sehr spärlich, was alle die wenigen vergleichen konnten, die damals das Glück hatten, ins Ausland und insbesondere nach Amerika fahren zu dürfen. Zu letzterem mußte man schon eingeladen werden, was dank eines großzügigen US-Studien-Programms vielen, auch jungen Leuten, zugute kam und den Demokratisierungsprozeß durchaus gefördert hat. Der Unterschied im Lebenszuschnitt war greifbar, nicht nur, was Autos und großzügige Wohnungen anbelangte. Schließlich gab es in Deutschland noch fast kein Nylon oder sonstige Kunstfasern und Kleidung war nach wie vor wenig abwechslungsreich und knapp, wie ja auch das Geld. In den Bibliotheken der Amerika-Häuser, auch in Frankfurt war diese Einrichtung, heute im Rothschildpark, entwickelte sich ein Treffpunkt derjenigen, die offen waren für Neues. Information war begehrt über alles, von dem Deutsche abgeschnitten gewesen waren. Zum Beispiel wurden im Amerikahaus Bücher zum Studium der Herstellung von chemischen Kunststoffen aller Art, von »Plastik«, intensiv studiert, denn diese Stoffe fehlten auf dem deutschen Markt noch fast vollständig. Oder die Leser machten sich an die neuen Schweizer Bücher, die laufend nachgefragt wurden, etwa Konrad Heidens Buch über Hitler, eines der ersten zum Thema »Aufarbeitung des Nationalsozialismus«.

1950 war in Frankfurt am Main infolge der Wohnungssituation nach den Kriegszerstörungen der Vorkriegsstand der Bevölkerung noch nicht wieder erreicht,

1954 stehen an der Mainfront noch Ruinen;
hier eine Ruderregatta, im Hintergrund der Eiserne Steg

Der Poststempel zum »Tag der Briefmarke«
am 28. Oktober 1950 zeigt die Frankfurter Hauptwache

trotz der Zuweisung und Zuwanderung von Flüchtlingen, die Zuzugsgenehmigung erhielten, sofern sie Mangelberufe ausübten.

1939 hatten in Frankfurt am Main 553 464 Personen gelebt. Zu dieser Zahl fehlten fünf Jahre nach Kriegsende noch rund 20 000 Menschen. Dabei war die Mobilität der Bevölkerung, meist durch die Umstände erzwungen, recht groß. 1950 sind in Frankfurt 52 218 Personen zugezogen und 20 367 weggezogen. Umzüge innerhalb der Stadt gab es 46 374, keine geringe Anzahl. Man zählte in der Stadt einen erheblichen Überschuß von Frauen, nicht zuletzt infolge zweier Weltkriege im Abstand von nur 21 Jahren; es gab etwa 44 000 Frauen mehr als Männer. Diese Zahl hat auch mit dem besseren Arbeitsplatzangebot für Frauen in einer Großstadt zu tun. Auch damals meinten die Statistiker schon von einem »Altenproblem« reden zu können: in der Stadt lebten 13 Prozent »alte« Menschen über 65 Jahre, das waren fast

Das Waldstadion feierte am 18. Mai 1950 sein 25jähriges Bestehen; auch ausländische Gäste nahmen teil. Das Bild zeigt die Abordnung der Frankfurter Sportler mit den Fahnen ihrer Vereine

Vertreter des »Deutschen Rates der europäischen Bewegung« am 18. Juli 1950 bei einer Kundgebung in der Paulskirche. Im Bild links Oberbürgermeister Kolb, Louise Schröder/Berlin, Max Brauer, Bürgermeister der Hansestadt Hamburg. Am Rednerpult stand Paul Löbe, MdB und letzter Reichstagspräsident in der Weimarer Republik

In den zweiten Pfeiler der Obermainbrücke wurden am 10. April 1951 im Auftrag der US-Militärbehörden Sprengkammern eingebaut. Der Magistrat hatte jede Beteiligung abgelehnt

Beim Abbruch der kriegsbeschädigten gotischen Weißfrauenkirche wurden staufische Särge gefunden; die Kirche hatte als Grablege für vornehme Frauen gedient

90 000 Bürger. »Echte«, also gebürtige Frankfurter, waren bereits in der Minderheit, rund 38 Prozent der Bevölkerung konnten sich stolz dazu rechnen. Dagegen sind bis 1950 etwa 170 000 Menschen, ein Viertel der Einwohner, als Flüchtlinge oder Heimatvertriebene in die Stadt gekommen, die bei aller Schwierigkeit des Anfangs problemloser integriert werden konnten, als das in vielen hessischen Dörfern der Fall gewesen ist. Dazu trugen natürlich die guten Erwerbsmöglichkeiten das meiste bei, aber auch die offiziellen Hilfen des Lastenausgleichs, wofür mit der Zeit etwa 600 Millionen DM in Frankfurt ausbezahlt wurden. Außerdem sind noch etwa 200 000 Menschen vor allem aus Bayern, Rheinland und Westfalen, sowie Berlin, zugewandert. Immerhin ist die Einbeziehung eines so großen Anteils von Fremden angesichts der Situation in der noch immer recht kaputten Stadt eine bemerkenswerte Leistung. Andererseits haben gerade die aus östlicheren Gegenden stammenden deutschen Flüchtlinge und die übrigen Zuwanderer sehr zum raschen Aufbau und zum wirtschaftlichen Fortschritt der Mainstadt verholfen[1].

Es war eine Zeit, in der alle künstlerischen Angebote auf große Resonanz stießen, auch die seit wenigen Jahren erst etablierten Kabaretts. Ein solches gab es im Frankfurter Westend, wo unter anderen Alfred Edel und auch Madlen Lorei auftraten, im ehemaligen Rothschildschen Pferdestall in der Ulmenstraße, der erst etwa 30 Jahre später zum Bürgertreff ausgebaut worden ist. Es war ja noch nicht so lange her, daß in »großer« oder »kleiner« Freiheit überhaupt öffentliche Kritik geübt werden konnte, auch, daß es eine deutsche Regierung als Zielscheibe hierfür wieder gab. Werner Finck, als Wortkünstler angedeuteter politischer Kritik weit bekannt und geschätzt, trat dort für einige Zeit auf. Als Professor für angewandte Humoristik bestieg er einmal mühsam die kleine Bühne, mit vielen Büchern bewaffnet und wehrte, ein leichtes Verdattertsein andeutend, den Beifall ab und blicke sich schmunzelnd um. »Ja sehn Sie«, meinte er stockend, »heut muß ich nach allen Seiten blicken.« Kleine Pause, dann: »Eine typische deutsche Situation übrigens.« Gelächter im Publikum[2]. Oder der langjährige Karikaturist der Frankfurter Rundschau Felix Musil, der 1948 nach Frankfurt kam, wird zitiert mit der folgenden zeitlosen Bemerkung: »Ich liebe die Politik. Und die Tatsache, daß die meisten der Berufenen mit ihr nicht fertig werden, ist die Grundlage meiner Existenz.«[3]

Horst Krüger, genauer Beobachter seiner Umgebung, der um 1950 freilich noch nicht in Frankfurt lebte, sondern in Südbaden, meinte: »Eine merkwürdige Zeit war es. Man kann es heute kaum noch verstehen. Ich möchte den ›Zeitgeist‹ damals innerlich, fast fromm nennen. Jedenfalls hier im Badischen. Es ging in der Kultur nicht um Politisierung und Konfrontation. Es ging immer um Begegnung und Besinnung, um Wandlung und Erneuerung, irgendwie aus dem Geist des Christentums, aber niemand wußte genau wie. Es war alles wolkig, aber tief. Auch vom Abendland war viel die Rede, das bedroht, jetzt zu erneuern sei, und vor dem Massenzeitalter wurde eindringlich gewarnt: Es verflache und entseele immer mehr das Eigentliche im Menschen. Niemand wußte genau, was das war: das Eigentliche, trotzdem kam es darauf an. Martin Heidegger war dafür zuständig … Es war ein merkwürdig introvertierter Provinzialismus, der durch den jungen Rheinstaat Adenauers zog. Machtgeschützte Innerlichkeit hat das schon Thomas Mann genannt.«[4]

In Frankfurt, der Stadt der harten Fakten, war von der hier zurecht beschworenen »Innerlichkeit« weniger zu spüren. Die Stadt und ihre Bewohner rüsteten sich für neue Aufgaben und neue Möglichkeiten. Dazu gehörte auch Funktionen zu übernehmen, die zuvor im Gebiet der sowjetisch besetzten Zone angesiedelt waren. Historische Konstellationen haben hier offensichtlich auch eine Rolle gespielt. Leipzig, durch Jahrhunderte nicht nur in der Ausrichtung von Messen auch eine Konkurrenz für Frankfurt, gab nun wichtige Institutionen an Frankfurt ab. So war, schon seit 1946 in Planung, dann 1947 beschlossen und wenig später realisiert, in Frankfurt am Main die »Deutsche Bibliothek« gegründet worden, hauptsächlich finanziert von der Stadt Frankfurt. Damit sollte für die westlichen Besatzungszonen und dann für die junge Bundesrepublik ein Ersatz für die Leipziger Deutsche Bücherei geschaffen werden, um die vollständige Sammlung neuerscheinenden deutschen Schrifttums zu sichern. In der Sowjetzone war dies nicht mehr gewährleistet und damit auch die Vollständigkeit einer deutschen Nationalbibliographie gefährdet. Treibende Kraft für diese Überlegungen war der Frankfurter Bibliotheksdirektor Professor Dr. Hanns W. Eppelsheimer, eine überaus eindrucksvolle Persönlichkeit, wie auch sein Leipziger Kollege Dr. Heinrich Uhlendahl. Bei Fachkongressen begegneten sich die beiden Exponenten einer je deutschen Nationalbibliothek: symbolträchtige Spiegelung der beginnenden Teilung der Nation. Eppelsheimer ist außer durch seine Bibliotheksarbeit auch als Literaturwissenschaftler sehr bekannt geworden.

Der Stadt Frankfurt lag ferner daran, dem »Börsenverein des Deutschen Buchhandels«, der ebenfalls in Leipzig beheimatet gewesen war, ein neues Domizil einzuräumen, das schließlich in der Nähe des wiederaufgebauten Goethehauses im Großen Hirschgraben gefunden wurde. Aber auch direkt für die Bürger war man bemüht, die städtischen Büchereien wieder aufzubauen und 1949/1950 eine Buchausstellung zu fördern, damit die 80 000 Bände dann in den Besitz der Stadt übergehen konnten. Für die damalige Zeit und den Nachholbedarf an Literatur war dies eine wichtige Entscheidung.

Den Frankfurtern selbst war am allerwichtigsten, daß mehr Wohnraum geschaffen werde. Die Stadtverordnetenversammlung kam solch überdeutlichem Bedarf entgegen mit einem Beschluß im Frühjahr 1949, daß »alle im ordentlichen Haushalt eingesetzten Mittel für den Wohnungsbau eingesetzt werden sollen«[5]. Dies war nun natürlich zu einseitig angesichts des übrigen Wiederaufbaubedarfs in der Stadt. Die Magistratsaufbaukommission hielt denn auch diesen Beschluß für »untragbar« und verlangte die Abzweigung eines Teilbetrages von 3,6 Millionen DM für die 1. Rate Städtisches Krankenhaus, für die Rathauswiederherstellung und die Fernsprechanlagen im Römer. Außerdem forderte sie die sofortige Erstellung von 58 »Einfachstwohnungen« entsprechend einem Antrag des Fürsorgeamtes »zur Unterbringung der aus einsturzgefährdeten Wohnungen ausquartierten Familien« für insgesamt

Am 27. September 1953 verlieh der Börsenverein des Deutschen Buchhandels seinen Friedenspreis an Professor Dr. Martin Buber, Jerusalem. Links von Buber sitzt Bundespräsident Theodor Heuß

450000 DM. Dem Magistrat gelang es jedenfalls, den Stadtverordneten doch die Genehmigung auch für andere Vorhaben abzuringen. Allerdings blieb die Wohnraumversorgung in Frankfurt am Main für viele Jahre ein vordringliches Vorhaben der Stadtpolitik.

Ohne die Wohnungsbaugenossenschaften wären alle diese Programme sicher nicht durchführbar gewesen. Sie haben bereits Mitte 1949 zusammen 368 Wohnungen erstellt, dazu auch in sechs Monaten erbaute Durchgangswohnstätten einfachster Art mit 250 Wohneinheiten, für 1,75 bis zwei Millionen DM. Die Beteiligung der gemeinnützigen Wohnungsbaugesellschaften stellte sich wie folgt dar: Aktiengesellschaft für kleine Wohnungen (87 erbaute Wohnungen); GEWOBAG (Gemeinnützige Wohnungsbaugesellschaft 50); Volks-Bau- und Sparverein (57); Süwag (Südwestdeutsche gemeinnützige Wohnungsbau AG 47); Hellerhof AG (40); Nassauische Heimstätten (22); Gagfah (Gemeinnützige AG für Angestellten Heimstätten in Frankfurt am Main 10); Union (50)[6]. Dazu kamen in Frankfurt beträchtliche Sorgen für 1050 Wohnungen mit rund 3000 Bewohnern in 432 Liegenschaften, die alle einsturzgefährdet waren. Die Bewohner seien in Bunkern, Gaststätten und Baracken untergebracht worden, und außerdem kämen wöchentlich noch 15–20 solche gefährdeten Wohnungen dazu. In der Stadt wurden rund 100000 Menschen geschätzt, die

Wohnraum suchten. Dabei waren seit 1945 rund 30000 Wohnungen wieder bezugsfertig gemacht worden, trotz aller Materialknappheit. Aber dies reiche eben keinesfalls aus, zumal Ende 1946 noch rund 100000 Frankfurter Bürger evakuiert waren[7]. Schließlich waren noch immer etwa elf Millionen cbm Trümmer zu bewältigen (von 13 Millionen). Viel günstiger war der Blick auf die Frankfurter Wirtschaft, die jetzt – 1950 – bereits 200000 Arbeitsplätze anbot. Die Zahl der Einpendler, meist Flüchtlinge, war größer als vor dem Krieg: 54000 (1949) gegen 37000 (1938). Alle diese Angaben hingen zusammen mit dem Bericht »über die Aufbauleistungen unserer Stadt seit 1945« an »den Herrn Bundesminister für den Marshallplan«[8].

In diesem Zusammenhang berichtete der Stadtkämmerer Klingler, aufgrund einer Vorlage von Stadtrat Dr. Ing. Wolf, in bewegten Worten über den Ausgangspunkt der Aufbauleistungen der Stadt: »Frankfurt bot am Ende des Krieges das Bild einer so verheerenden Zerstörung, daß ein Wiederaufbau damals schwer vorzustellen war.« Fast ⅓ aller Gebäude und ⅖ des Wohnungsbestandes waren zerstört. »Die gesamte Altstadt mit ihren baulichen Kostbarkeiten, mit Römer und Goethehaus, war ein einziges Trümmerfeld. Die Straßen der Stadt lagen aufgerissen und weite Strecken waren mit Trümmern überschüttet. Der Verkehr war tot, keine Straßenbahn, keine Autobuslinie; sämtliche Bahnhöfe in Frankfurt am Main waren getroffen, die Mainbrücken gesprengt, der Schiffsverkehr lahmgelegt. Die Arbeitsstätten im Bereich der Stadt lagen zerschlagen, die Versorgungseinrichtungen waren schwer beschädigt, das Kanalnetz durchlöchert, die Versorgung mit Trinkwasser, mit Elektrizität und Gas zerstört. Und in den Trümmern dieser Stadt lebte eine körperlich und seelisch entkräftete Bevölkerung, deren Zahl sich durch Evakuierung und durch die Verluste in über 30 Bombennächten um mehr als die Hälfte verringert hat.« Angesichts der Materialknappheit bis 1948/49 zeige sich aber jetzt ein »gewaltiger Schritt im Wiederaufbau«, der in der Stadt getan wurde, als eine »wunderbare Leistung«.

In noch nicht ganz fünf Jahren hat die Bevölkerung in Selbsthilfe zahlreiche Wohnungen instand gesetzt und Kleinbetriebe wieder arbeitsfähig gemacht. Die »Industriewerke haben ihre Betriebe wieder aufgebaut«. Die Trümmerverwertungsgesellschaft ist »heute schon in der Lage, den gesamten Bedarf der Stadt an Bausteinen zu decken.« In Frankfurt waren Ende 1949 wieder 130000 Wohnungen vorhanden.

Trotz der von der Stadtverordnetenversammlung gewünschten Konzentration der Haushaltmittel auf den Wohnungsbau ist es dem Magistrat doch auf dem Wege des Kompromisses gelungen, auch andere Vorhaben anzupacken und zu fördern, nicht zuletzt im kulturellen Bereich. Hierzu heißt es in dem Bericht an das Marshallplan-Ministerium in Bonn: Noch auf Jahre hinaus werde es einen fühlbaren Notstand geben, trotz der Behelfsbühnen in der Börse und im Komödienhaus. Jedoch sollen Theater und Oper wieder aufgebaut werden. An Kinos habe es 1939 53 gegeben und heute seien es wieder 46. Die Stadt habe sich bemüht, auch andere Kulturbauten wiederherzustellen oder zu fördern: Paulskirche, Dom, Leonhardskirche, Nikolaikirche und zahlreiche neuere Kirchen, sowie das Städelmuseum. Einige Zimmertheater von hoher Qualität und private Theater, wie das »Remond'sche Kleine Theater« im Zoo, ergänzten das kulturelle Angebot. Schließlich sei die Universität wieder aufzubauen gewesen, weitgehend durch Selbsthilfe der Studenten. Von 124 Schulen in Frankfurt am Main waren nur 16 unbeschädigt geblieben, so daß noch immer große Schulraumnot bestand. Bislang konnten in 67 Schulen 900 Klassen wieder hergestellt werden, Unterricht fand 1950 in 83 Schulen mit 1001 Klassen statt. Von 22 Krankenhäusern waren nur zwei unversehrt geblieben, die Bettenzahl vor 1939 sei aber fast wieder vorhanden[9]. So ergab sich für die Stadt Frankfurt ein bemerkenswerter Leistungsnachweis, aber es ist unverkennbar, daß für die Bürgerschaft das Wohnen und Arbeiten in dieser kriegsheimgesuchten Stadt noch immer mit vielen Beschwerlichkeiten verknüpft gewesen ist. Andererseits war die Dynamik im Aufbauwillen und für zukünftige Chancen in dieser lebendigen Stadt nicht zu verkennen und dies erlaubte den Frankfurtern einigermaßen optimistisch in die Zukunft zu sehen. Bestärkt wurden sie darin immer wieder durch die Ansprachen des populären Oberbürgermeisters Kolb, dessen Stärke gerade darin lag, mit den Widrigkeiten der Zeit optimistisch umzugehen und die Bürger seiner Stadt, wie auch ihre Vertreter in der Stadtverordnetenversammlung, dabei mitzureißen.

Im Zusammenhang mit der anstehenden Novellierung der Hessischen Gemeindeordnung kämpfte die Stadt Frankfurt in den Jahren 1950 und 1951 um mehr Unabhängigkeit von den Wiesbadener Verwaltungsstrukturen, insbesondere von der Mittelinstanz des Regierungspräsidenten. Das Statistische Amt der Stadt erhielt vom Magistrat den Auftrag, die Position der Stadt Frankfurt am Main im Lande Hessen mit Vergleichszahlen darzulegen und natürlich herauszuheben. Dem Statistischen Amt war dies ein Leichtes. Die Ausarbeitung ist nicht nur eine vorzügliche Quelle für die damalige Aufbauleistung so wenige Jahre nach den fürchterlichen Zerstörungen des Krieges. Die Broschüre ist auch ein überzeugender Nachweis für den Anspruch der Stadt Frankfurt am Main, eine Sonderrolle im Lande Hessen einzunehmen. »Frankfurt am Main und seine Bedeutung für Hessen« wird mit dem Ziel, die Landespolitiker zu überzeugen, auf insgesamt 91 Seiten mit Zahlen und vielen Vergleichen dargelegt[10].

Die Stadt beschritt so schon sehr bald nach ihrer Zugehörigkeit zum neuen Land Hessen einen Weg, der noch oft versucht werden sollte, mit mehr oder minder Erfolg. Es lag ja auf der Hand, daß dieser Stadt mit ihrem bereits bewiesenen dynamischen Aufbauwillen nicht nur in Hessen keine vergleichbare Kommune an die Seite zu stellen war. Als Fazit der Ausarbeitung liest man aus begründetem Stolz: »Von jeder Mark, die das Land Hessen ausgibt, stammen rund 40 Pfennige aus den Taschen der Frankfurter Steuerzahler«[11]. Und nochmal: »Es gibt eben auch kein Land, in dem eine Stadt allein so entscheidenden großen Teil der Staatslasten aufbringen muß«[12]. Diese Klage zielte auf die als mangelhaft empfundene Unterstützung aus Wiesbaden. Angesichts der in der Stadt nach wie vor bestehenden Defizite, vor allem in der Wohnraumversorgung, war es besonders nachteilig, daß das Land

Hessen – im Gegensatz zu Württemberg-Baden und Bayern – keine Hilfen für die Enttrümmerung gegeben hatte, zumal es sich hier um »Millionenbeträge« handelte[13]. Dem »finanziellen Ausbluten der Stadt« mußte nach Auffassung des Magistrats schnellstens ein Ende gemacht werden.

Aus der schon wieder erreichten Wirtschaftskraft der Stadt Frankfurt liessen sich jedoch beträchtliche Vorteile ablesen. So war Frankfurt die Stadt in Hessen mit der geringsten Arbeitslosenquote und hatte 1950 auch noch einen Geburtenüberschuß[14]. Der künftige Trend zum tertiären Sektor kündigte sich schon an: Vor dem Krieg waren in Frankfurt 12,1 Prozent der Bevölkerung im öffentlichen Dienst beschäftigt, 1946 aber bereits 18,4 Prozent. Dies nun wiederum beruhte darauf, daß etliche Betriebe damals noch nicht arbeitsfähig gewesen sind. 1950 hatte sich das bereits geändert. In der Stadt Frankfurt waren in 19 Industriebetrieben mit 500 bis 1000 Beschäftigten 12403 Arbeitnehmer tätig, und in 13 großen Betrieben mit mehr als 1000 Beschäftigten waren dies 27869[15]. Die Farbwerke Höchst allein zählten damals rund 10000 Arbeitnehmer, eine Zahl die sich später verdreifachen sollte. Den Produktionsstätten entsprach der Export: aus der Stadt Frankfurt sind 32,6 Prozent des hessischen Exports bestritten worden, und zwar im einzelnen: aus der Gruppe Chemie 62,9 Prozent, Metall 57,7 Prozent, Elektrotechnik 58,7 Prozent und Druckerein 50 Prozent; Maschinenbau 40,1 Prozent[16]. Noch weit größer war der Exportanteil im Handel, jedoch nur schwer zu berechnen. Auch im Bereich des Handwerks konnte Frankfurt aus alter Tradition mehr aufweisen, als sonst im Land Hessen. In Frankfurt kamen auf 1000 Einwohner 9,23 Handwerksbetriebe, in Hessen sonst nur 7,20. Beschäftigt waren im Handwerk in der großen Stadt 10158 Menschen[17].

Natürlich sind bei den Vorzügen der Stadt Frankfurt die Banken nicht vergessen worden. »Neuerdings« war gerade die Bank für Gemeinwirtschaft dazugekommen, sonst aber die »Bank deutscher Länder« als Notenbank, die Landeszentralbank, die Landwirtschaftliche Rentenbank, die »Deutsche Zentral-Genossenschaftsbank« und 63 weitere Kreditinstitute. Auch sei, so wird berichtete, zu bemerken, daß Verlegungen von Berlin nach Frankfurt am Main stattfänden[18]. Dies war nun die umgekehrte Entwicklung, wie seinerzeit nach 1871, als etliche Bankinstitute vom Main nach der Hauptstadt des neuen Reiches, Berlin, umsiedelten. Natürlich lag Frankfurt im Post-, Paket- und Telefonverkehr in Hessen weit an der Spitze. Die Zahl der ankommenden ausländischen Fremden wird (1950!) mit 73547 als »erstaunlich hoch« bezeichnet, insgesamt bewegt sich der Frankfurter Fremdenverkehr damals um 300000 Personen[19], während zu den Messen doch schon 650000 Besucher gezählt werden konnten[20].

Im Arbeitsamtsbezirk Frankfurt, der über die Stadtgrenzen hinausgeht, weswegen statistische Angaben immer schwirig sind, waren Ende März 1951 25 Prozent aller Arbeitnehmer in Hessen beschäftigt, wobei im Vergleich zu 1949 eine Zunahme von über 63 Prozent festzustellen gewesen sei[21]. Die Arbeitslosenquote in Hessen lag bei 9,5 Prozent, in Frankfurt am Main bei vier Prozent. Natürlich werden in der Schrift auch Angaben über die Krankenhäuser und zum Kulturleben in der Stadt

Frankfurt gemacht, wie auch der Hinweis nicht fehlt, daß 60 Prozent aller hessischen Studenten in der Universität Frankfurt eingeschrieben seien. 10,9 Millionen DM hatte die Stadt für Kultur im Haushaltsplan stehen. Das Steueraufkommen wird detailliert berechnet[22], um stolz anzumerken: »Frankfurt hat alle seine Kräfte auf die Förderung seines wirtschaftlichen Aufstiegs konzentriert. Die Erfolge waren – wie gezeigt – erstaunlich«, zumal »geordnetes Wirtschaften« erst seit der Währungsreform möglich gewesen war[23].

Aber es gab auch einen Bereich voller gravierender Mängel, ja in katastrophaler Situation. Nur konnte die Stadt dafür nun wirklich gar nichts. Angesichts großer Trümmergebiete, auch in einigen Vororten, war die Wohnraumversorgung unter keinen Umständen entsprechend dem Bedarf zu befriedigen. Die gute Arbeitsmarktlage in Frankfurt führte natürlich zu dauerndem Zuzug, obgleich die Genehmigungen immer noch eingeschränkt worden sind. Jedenfalls wohnten in Frankfurt – statistisch – erheblich mehr Personen in einem Raum, als sonst im Land Hessen. Obgleich in Frankfurt »relativ gesehen, genau sechsmal soviel Wohnungen erstellt« worden sind, wie im übrigen Hessen, galt doch, »daß der Wohnungsbau eine echte Existenzfrage Frankfurts darstellt, sind sich alle Kreis der Bevölkerung und der Verwaltung im Klaren.«[24]

Im hessischen Durchschnitt sind während des Krieges 12 % der Wohngebäude zerstört worden, in Frankfurt am Main aber 36 %. Zu dem Ausfall dieser Wohnungen kamen noch die nicht unerheblichen Beschlagnahmungen durch die Besatzungsmacht, nämlich in Hessen durchschnittlich 3,7 %, in Frankfurt am Main aber 8,4 %.

Das Aufkommen an Staatssteuern in Hessen und Frankfurt am Main im Kalenderjahr 1950 in 1000 DM

Art der Steuer	Hessen ohne Frankfurt		Frankfurt	
	in 1000 DM	je Einw. in DM[1])	je Einw. in DM[1])	Meßziffer[2])
Besitz- und Verkehrssteuern insgesamt darunter:	693 360	182,86	619,70	338,9
Lohnsteuer	102 327	26,99	136,40	505,4
Einkommensteuer	132 156	34,99	82,96	237,1
Umsatzsteuer	278 579	73,47	200,37	272,7
Körperschaftssteuer	110 297	29,09	97,98	336,8
Vermögenssteuer	4 820	1,27	5,27	415,0

[1]) Bevölkerung: Volkszählung 1950.
[2]) Hessen ohne Ffm. (je Einw.) = 100.

Das Aufkommen an Staatssteuern in Frankfurt/Main und Hessen 1950, aus: Frankfurt und seine Bedeutung für Hessen

Trotz aller Freigaben waren dies 1950 noch immer 4,8 % aller Wohnräume in Frankfurt. Dazu kam in diesen Jahren die ansteigende Belegungsdichte: sie war 1939 je Wohnraum 1,08 Personen, 1946 waren dies 1,49 Personen und 1950 1,69 Personen. Es gab mit Stichtag 31. September 1950 eine Wohnraumzählung, die für Frankfurt 129 837 Wohnungen ergeben hat, dazu 6752 Notwohnungen. »Die Zahl der Normalwohnungen liegt um 27,6 % unter der des Jahres 1939«[25]. Da somit fast ein Drittel aller Wohnungen bei steigender Einwohnerzahl fehlten, ist nicht erstaunlich, daß in Frankfurt die Wohnungsnot, oder doch der Wohnungsmangel, praktisch seit dem Kriegsende trotz sehr erheblicher Anstrengungen der öffentlichen Hand, wie auch von privater Seite, nicht hat behoben werden können. Umso bemerkenswerter ist der gemeinnützige Aufbau der Frankfurter Innenstadt nach sorgfältiger Planung in schwierigen Jahren, nämlich 1952 und 1953, die »Frankfurter Lösung«.

3.2. Die »Frankfurter Lösung«

Am 15. Mai 1952 hielt Oberbürgermeister Kolb eine seiner eindringlichen Reden im von Trümmern völlig leergeräumten Gebiet zwischen Töngesgasse und der alten Schnurgasse. Es wurde ein Grundstein gelegt und eine Urkunde versenkt mit dem Hinweis auf das »kostbare Kleinod« der untergegangenen Altstadt. Anwesend war sogar ein Ministerialer aus dem Bonner Wohnungsbauministerium. Um was ging es an diesem zunächst höchst unwirtlichen Ort?[26]

Nach mehrjährigen Planungsarbeiten, heißen Diskussionen auch in der Öffentlichkeit und vier grundlegenden Beschlüssen der Stadtverordnetenversammlung ist mit dem Aufbau, einem fast völligen Neubau der alten Frankfurter Innenstadt, südlich von Hauptwache und Zeil, begonnen worden. Sehr zu recht heißt es in der guten Darstellung von Dauer und Maury, im Vorwort von Stadrat Dr. Ing. Wolf, hierzu: »... in seinem Ausmaß und in seiner Gestaltung« gehöre das Vorhaben »zu den größten und bedeutungsvollsten Bauaufgaben unserer Stadt«[27]. Das gesamte Gebiet war 3,4 Hektar groß und bestand vor dem Krieg überwiegend aus recht alten Häusern, zum Teil sehr schönen Fachwerkhäusern in verwinkelten Gassen, zum Teil aber auch aus stark sanierungsbedürftigen Quartieren. Geblieben waren die vier Kirchen: Dom, Liebfrauen, Nikolai, schwer beschädigt auch alle diese, sowie die inzwischen wieder aufgebaute Paulskirche und die Reste des Römers. Bis auf diese Großbauten war nahezu alles verloren, ausgenommen die um 1900 gebauten Häuser der Braubachstraße. Inzwischen sind die Mauerreste und sonstigen Trümmer weggeräumt worden. Es begann ein durchgeplanter, einheitlich finanzierter Neuaufbau nach den Entwürfen verschiedener Architekten und in lockerer Bauweise, die Licht und Luft in diese sehr alten Wohngebiete brachten. In anderthalb Jahren war dieses große Städtebauvorhaben im wesentlichen geschafft, was ohne die Anstöße und Mitwirkung der öffentlichen Hand niemals zu erreichen gewesen wäre: die »Frankfurter Lösung«.

Luftaufnahme der einigermaßen enttrümmerten Frankfurter Altstadt im September 1952

Grundlegende Beschlüsse für das umfangreiche Vorhaben waren die folgenden: Bald nach der Währungsreform, im Oktober 1948, beschloß die Stadtverordnetenversammlung den »Generalfluchtlinienplan«, mit dem zunächst die neue Verkehrsführung und die Straßenbreiten für die Innenstadt festgelegt wurden. Diese Veränderungen brachten bereits heftige Auseinandersetzungen, weil sich die wirtschaftlich begründeten Interessen privater Bauherren nicht immer mit diesen Planungen vertrugen. Schon 1946/47 hatte zur Verkehrsführung in der Innenstadt ein Wettbewerb stattgefunden, bei dem 135 Entwürfe eingegangen waren, die dann ausgiebig diskutiert wurden. Es war ein mutiger Schritt in die Zukunft, dieser einstimmige Beschluß der städtischen Körperschaften. Nur wenige konnten sich wohl genau vorstellen, wie die künftige Innenstadt nach den neuen Planungen schließlich aussehen werde. Etwa gleichzeitig, am 25. Oktober 1948, wurde in Wiesbaden auch das Hessische Aufbaugesetz verabschiedet, das weitgehend auf den Vorstellungen der Stadt Frankfurt beruhte, und den Gemeinden erlaubte, zum Wiederaufbau Enteignungen vorzunehmen und selbständig zu planen. Am 8. März 1951, nachdem die Bebauungsplanungen fortgeschritten waren, beschloß die Stadtverordnetenversammlung[28], den »Wiederaufbau Innenstadt«. Ein ähnlicher Beschluß folgte ein Jahr später, zusammen mit einer weiteren Regelung der Finanzierung für das Großvorhaben. Dies war nun wenige Wochen vor der dritten Kommunalwahl 1952, bei der die SPD einen erheblichen Stimmenzuwachs verzeichnen konnte (siehe Anhang), sicher nicht unabhängig von den stadteigenen Aufbauplänen. In Ergänzung zu dem Beschluß von 1951, der das Gebiet nördlich der neuen »Straße an der Paulskirche« (seit 1955 »Berliner Straße«) betraf, ist am 20. März 1952 vom Stadtparlament der »Aufbau des Gebiets südöstlich des Doms« beschlossen worden (§ II/318), zugleich mit der »Förderung des Wiederaufbaus zerstörter Stadtteile durch Bildung einer Aufbauförderungsmasse« (§ II/317), wofür über 10 Millionen DM Darlehen bereitgestellt wurden. Hinter diesem Wortungetüm verbarg sich folgendes: da die Stadt von keiner Seite finanzielle Hilfe für den Wiederaufbau der kriegszerstörten Stadtgebiete erhielt – aus dem neuen Bundesministerium für Wohnungsbau in Bonn kamen nur einige bescheidene Mittel zur Wohnungsförderung – mußte eine Finanzierungsform gefunden werden, die für längere Zeiträume vorhalten konnte und den städtischen Haushalt nicht dauerhaft belastete. Schon 1948 war die stadteigene »Frankfurter Aufbau Aktiengesellschaft« (FAAG) gegründet worden, in deren Aufsichtsrat der Frankfurter Oberbürgermeister den Vorsitz innehatte. Diese Gesellschaft bot sich für baureife Planung, Ausführung oder Beauftragung und Finanzierung des gesamten Stadtbauvorhabens an und hat diese Aufgabe, sowie viele andere im Laufe der Jahrzehnte, in bester Weise gelöst. Die FAAG konnte Hypotheken aufnehmen (drei Millionen DM) und war von der Stadt mit 450 000 DM Eigenkapital ausgestattet. Allein die Aufschließung des Gebiets kostete schon 530 000 DM, und Kapital war damals knapp, Darlehen aufzunehmen nicht so leicht wie später[29]. Die Finanzierung des ersten Bauabschnitts sah vor, eine Anleihe für 60 Prozent der Gesamtkosten bei acht Prozent Verzinsung durch die FAAG aufzunehmen, 20 Prozent durch Baukostenzuschüsse der Mieter zahlen zu lassen (»BKZ« = Baukostenzuschuß war noch lange üblich!), und 20 Prozent durch die »Erwerber«, was auch die früheren Eigentümer sein konnten. Ansonsten war die Grundstücksfrage, auch durch Erbbaurecht, weitgehend so geregelt, daß die Übernahme durch die Stadt, bzw. die FAAG vor sich ging, auch nach dem Hessischen Aufbaugesetz mittels Enteignung und Entschädigung, außerdem gehörten ohnehin viele der Parzellen bereits der Stadt. Es wird stolz vermerkt, daß für das gesamte Areal nur neun Verwaltungsgerichtsklagen eingereicht worden waren, die alle zugunsten der Stadt ausgingen. Weitgehend konnte also Einvernehmen in Planung und Bau hergestellt werden, ja die späteren Eigentümer oder Mieter konnten sogar Wünsche hinsichtlich der

Die Bebauung des kriegszerstörten Altstadtgeländes beginnt am 15. Mai 1952 mit der feierlichen Grundsteinlegung. Das gesamte gemeinnützig orientierte Vorhaben erhält bald die Bezeichnung »Frankfurter Lösung«

Wohnraumaufteilung äußern. Noch heute gehören alle diese Wohnungen und Wohnhöfe zu den besonders bevorzugten, und trotz vieler Kritik späterer Architektengenerationen werden die Wohnungen in diesen Aufbaugebieten der Innenstadt selten frei gemacht. Aus der Sicht der Bewohner ist die »Frankfurter Lösung« zweifellos ein voller Erfolg. Es fragt sich, wie die städtebauliche Seite zu beurteilen ist.

Beim Schlendern durch die Gegend von Dom und Römer fällt kaum noch jemandem auf, daß dieses ganze große Areal um 1950 fast dem Erdboden gleichgemacht worden war durch Abräumen aller noch stehenden Gebäudereste und Trümmer, zur Vorbereitung des neuen Aufbaues. Wenn Frankfurter Bürger, besonders Kinder und Jugendlich, oder Touristen, dann im Historischen Museum vor dem entsprechenden Modell aus diesen Jahren stehen, ist das Entsetzen und die Ungläubigkeit groß. Ein Blick auf das bemerkenswerte Modell der Brüder Treuner mit der gesamten Frankfurter Altstadt vor dem Krieg mag dann zeigen, was alles verloren

Auch eine Lösung für den Wiederaufbau der Altstadt, Karikatur aus der »Frankfurter Rundschau« vom 16. März 1951

gegangen ist. Im Laufe der Jahre hat sich der Begriff »Altstadt« fast verengt auf das recht kleine Gebiet zwischen Römer und Dom, das auch seinerzeit in den fünfziger Jahren aus dem Aufbau ausgespart worden ist: aus Respekt vor der Geschichte dieses Bereichs mit dem alten Königskrönungsweg zum Dom, und weil schon der erste Wettbewerb mit dem Vorschlag von Neubauten für dieses besonders sensible Gebiet keine Zustimmung gefunden hat. Dies sollte sich mit langen Debatten noch mehrfach wiederholen.

Der für die »Frankfurter Lösung« hauptsächlich verantwortliche Stadtrat, der Baudezernent Dr.Ing. Moritz Wolf, der früher in München Stadtbaurat gewesen war, betonte mehrfach, daß ohne die stets einstimmige Zustimmung von Magistrat und Stadtverordnetenversammlung die, mit Einschluß von privatwirtschaftlichen Vorhaben, gemeinnützige »Frankfurter Lösung« nicht möglich gewesen wäre[30]. Die Widerstände, nicht zuletzt aus der Wirtschaft, seien sehr groß gewesen und dazu kam der Grundsatzstreit, ob »im Geist der Zeit« oder »in historischen Formen« aufgebaut werden sollte. Nach mehreren Ausstellungen und der Bitte an den Frankfurter Bund tätiger Altstadtfreunde seinerseits einen Planungsvorschlag zu unterbreiten, wie auch an eine weitere Architektengruppe, fiel nach etwa zweijähriger Diskussion dann der Beschluß, den Architekten zu folgen, die einen Neuaufbau vorsehen. Einig war man sich nur darin, die Mainfront wieder geschlossen zu halten. Es gab auch wunderliche Entwürfe für den engeren Altstadtbereich. So ist ein Kompromiß versucht worden, nämlich »im Erdgeschoß die Struktur der alten Gassen zu planen« (1. Ankauf: Hebebrand/Freiwald/Schlempp)[31]. Möglicherweise lag in der Ablehnung dieses Kompromiß-Entwurfs einer der Gründe warum der Stadtplanungsamtsleiter Hebebrand, auf den bislang alle Überlegungen zurückgingen, sich nach Zerwürfnis mit seinem Stadtrat aus den Diensten der Stadt zurückzog. Die Schwierigkeiten der Stadtplanung bestehen eben auch darin, daß Kompromisse selten möglich sind, sondern daß Entscheidungen gefordert werden, Entscheidungen für die eine oder die andere Lösung, über die dann viele Jahre später geurteilt wird, sehr oft, ohne die Sachlage zur Zeit dieser Entscheidungssituation zu berücksichtigen.

Von den städtischen Körperschaften ist damals festgelegt worden, daß Straßenverbreiterungen und Neuplanungen (die »Straße an der Paulskirche« und parallele Erschließungsstraßen vorzusehen seien), sowie moderne und aufgelockerte Bauweise und eingeschossige Ladentrakte (Architekten Kemper und Stefan Blattner), mit einigen höheren Eckhäusern (acht Geschosse, Architekt Dr. Wilhelm Massing). Aus bautechnischen Gründen und auch, um eine spätere Reprivatisierung zu ermöglichen, sind statt Blockeinheiten zumeist Einzelhäuser gebaut worden. Ansonsten aber ist als Großbauvorhaben das ganze Baugebiet rationell und damit verbilligt und zügig bebaut worden. Ausreichende Läden und Gaststätten waren von vornherein mit vorgesehen, so daß sich tatsächlich eine gesunde Mischung von Wohnen, Arbeiten (hauptsächlich in den vorgesehen Büros) und Freizeit ergeben hat. Die alten Handwerksbetriebe allerdings fanden kaum noch ausreichend Platz. Das Ergebnis des ersten großen Bauabschnitts stellt sich wie folgt dar: aus vormals 350 Einzelparzellen waren 43 selbständige Liegenschaften entstanden mit 295 Wohnungen verschiedener Größe, 104 Läden und 13 Gaststätten, sowie 18 Büro-Etagen.

1939 hatte es in diesem Gebiet 880 Haushaltungen mit rund 2800 Bewohnern gegeben. Nunmehr war Platz geschaffen für 944 Bewohner und für etliche Arbeitsstätten. Die sehr zu begrüßende Auflockerung – bei der späteren Preisentwicklung der Grundstücke in der Innenstadt wäre sie vermutlich nie erfolgt – hatte eben auch ihren Preis in weit geringerer Wohndichte[32].

Für die Planung der Mainfront war Architekt Dr. Massing verantwortlich. Es gelang immerhin in Andeutungen das früher einheitlich klassizistische Bild in abwechslungsreicher Gestaltung nach den Vorstellungen der Fünfziger Jahre zu realisieren, ohne Unterbrechungen und in ruhigen Formen. Um den Dom baute die Nassauische Heimstätte mehrere Wohnhöfe mit Spielplätzen und künftiger Begrünung, ganz besonders beliebte, meist stadteigene Wohnungen. Bei diesen Vorhaben stellte sich heraus, daß tiefe Keller vorhanden waren, die für Tiefgaragen genutzt werden konnten. Es entstanden aus früher 78 Einzelparzellen 21 Häuser mit 192 Wohnungen, 26 Läden und drei Gaststätten. Die Wohndichte hat sich in dem ganzen Baugebiet auf 277 Bewohner je Hektar eingespielt und gilt daher als recht gesund – und für ein so stadtnahes Gebiet ungewöhnlich günstig.

Nördlich und westlich des Doms bauten die »Frankfurter Siedlungsgesellschaft« und andere Genossenschaften über 200 Wohnungen, die 1953 fertig wurden. In diesen Bereich gehörte auch das Dominikanerkloster, das nach leicht verändertem Wiederaufbau von der zentralen Verwaltung der Evangelischen Kirche in Frankfurt am Main genutzt wird. Die größeren Bauvorhaben im gesamten Gebiet hatten einiges Kopfzerbrechen gemacht, so insbesondere die Kleinmarkthalle, für die endlich ein Platz unweit der Liebfrauenkirche gefunden wurde. Ein größerer Komplex war auch in der Hasengasse für die Stadtsparkasse vorgesehen und etwas später in der Nähe der Katharinenpforte das erste Frankfurter »Parkhaus an der Hauptwache«. Schließlich hatte inzwischen die Bundesregierung beschlossen, den Bundesrechnungshof in Frankfurt 1950 anzusiedeln und es mag damals der Stadtplanung ganz recht gewesen sein, ein sehr großes Areal auf dem Trümmergebiet hierfür bereitzustellen. Der Bundesrechnungshof ist also mitten im Stadtgebiet in einem großen Dreieck entlang der neuen Straße »An der Paulskirche« und der Einmündung in die Weißadlergasse/Bethmannstraße entstanden, statt irgendwo an der Peripherie. Architekten waren Steinmayer und Dierschke, das Bauwerk steht heute bereits unter Denkmalschutz.

Die eigentlichen Denkmäler, deren es zahlreiche in der Frankfurter Altstadt gegeben hatte, waren zumeist unwiederbringlich dahin, oder mußten jahrzehntelang warten, wie zum Beispiel das Leinwandhaus, von dem es doch 1953 hieß, es werde »in seiner historischen Gestalt« bald wieder aufgebaut[33]. Besser erging es dem »Steinernen Haus« am Eingang des Krönungsweges, das tatsächlich am 8. November 1962 wieder erstanden ist.

Nach Sachlage der Dinge ist verständlich, daß bei all diesen Bauplanungen – und es waren ja in den Stadtteilen und Vororten gleichzeitig viele Siedlungen im Bau – daß bei all diesen Vorhaben Denkmalschutz nicht gerade eine besondere Rolle gespielt hat. Das gilt auch für den Bau der neuen Süd-Nord-Straße, die von der Alten Brücke aus durch ein Trümmerfeld nach Norden geführt worden ist und den langweiligen Platz »An der Konstablerwache« zur Folge hatte. Im Zuge dieses Bauvorhabens hätte auch an die 1938 zerstörte Börneplatz-Synagoge gedacht werden sollen, und vielleicht auch an die alte Judengasse. Aber diese war ja im 19. Jahrhundert von der jüdischen Bewohnerschaft gerne verlassen worden und die westliche Seite ist bereits zu Beginn des 20. Jahrhunderts abgerissen worden. Im Nachhinein ist es leicht zu fordern, daß es wohl gut gewesen wäre, zum Beispiel das kriegszerstörte Rothschild-Haus wieder an Ort und Stelle aufzubauen, in dem das Frankfurter Museum für jüdische Altertümer bis 1938 seinen Platz gefunden hatte. Gewiß wäre es auch angemessen gewesen, überhaupt den Verlauf der Judengasse zu berücksichtigen, wie dies bei den späteren Stadtwerke-Bauten Ende der 1980er Jahre dramatisch gefordert worden ist[34]. Aber danach war die Zeit nicht, und zwar nicht nur wegen des Trümmerfeldes in diesem Gebiet, sondern auch wegen des Erbes der Nazizeit in der Verdrängung des Jüdischen Lebens in Frankfurt am Main und überall sonst. Dazu kam die nach wie vor dringliche Wohnungsnot in der Stadt mit laufendem Einwohnerzuwachs, wobei die Zuzugsgenehmigung als Regulierungsfaktor Ende 1950 aufgehoben worden ist.

Die Stadtpolitiker waren der Meinung, daß die Frankfurter Lösung, dieser »Gedanke des unbedingt raschen Aufbaus der zerstörten Stadtkerne« gut und richtig war und daß er inzwischem im Bundesgebiet »allgemein als richtig anerkannt worden ist.«[35] Insgesamt wird man sagen können, daß die »Frankfurter Lösung« für Frankfurt ein sachlich gutes Ergebnis erbracht hat und daß das Wohnen in diesem Gebiet durchaus verbessert worden ist. Für den Verlust einer der größten erhaltenen deutschen Altstädte und die bedauerliche und ganz außergewöhnliche Notwendigkeit, den gesamten inneren Stadtkern neu gestalten zu müssen, kann man die Stadt selbst ja nicht verantwortlich machen.

3.3. Francofordia Sacra

»Francofordia Sacra« ist der Titel eines schönen Bildbandes, aus dem bekannten Frankfurter Verlag Waldemar Kramer, der zeigt, daß es noch immer und trotz aller Zerstörungen des letzten Krieges viel Ansehenswertes gibt in der Stadt Frankfurt am Main, das von Frömmigkeit oder doch von Andacht und von Besinnung auf dauernde Werte zeugt[36]. Aus der Zeit nach 1945 ist freilich nur wenig aufgenommen, so zum Beispiel ein Ausschnitt des Bronzereliefs der südlichen Domtür von Hans Mettel (1962) oder die Pieta von der Frankfurter Künstlerin Franziska Lenz-Gerharz (1979) in der Kirche St. Anna in Hausen, wie auch die Glasfenster von Carl Crodel in der Katharinenkirche (1954). Dabei ist die Wiederaufbauleistung an zahlreichen kriegsgeschädigten Kirchen in Innenstadt und Vororten, wie auch der Neubau von evangelischen und katholischen Kirchen höchst bemerkenswert. Die Wiederinstandsetzung der Kirchenbauten war im wesentlichen um die Mitte der 1950er Jahre abgeschlossen, bis auf einige Ausnahmen, zum Beispiel die große Karmeliterkirche, die trotz vieler Bemühungen noch Jahrzehnte ohne Dach bleiben mußte. Unwiderbringliche Verluste waren auch in den Kirchen zu verzeichnen, so etwa das schöne spätgotische Netzgewölbe in der Liebfrauenkirche und sechs Seitenaltäre, in der Lukaskirche in Sachsenhausen die Wandmalereien von Wilhelm Steinhausen (1916–1919). Die alte gotische Weißfrauenkirche, berühmt auch als Grablege, die sehr wohl noch aufzubauen gewesen wäre, wurde der Verkehrsführung Berliner Straße geopfert und ist abgerissen worden. Von den bereits 1938 insgesamt 8 auf Berliner Anordnung in Frankfurt am Main zerstörten Synagogen ist allerdings nur eine einzige wieder für Gottesdienste hergerichtet worden, die 1938 einigermaßen erhalten gebliebene Jugendstil-Synagoge in der Freiherr vom Stein-Straße im Westend[37].

Trotz all der baulichen Leistungen für die beschädigten Gotteshäuser wird man Frankfurt kaum als »fromme Stadt« bezeichnen wollen. Es ist viel darüber nachgedacht und geschrieben worden, wie die Gretchen-Frage an Faust wohl auf die Stadt angewandt zu beantworten wäre: »Wie hälst Du's mit der Religion?« Friedrich Naumann, der Geistliche und liberale Politiker, der von 1890 bis 1894 für die Innere Mission in Frankfurt am Main gearbeitet hatte, schrieb später (1905) zum Thema »Stadtgeist« unter anderem: »Die Stadt Frankfurt war niemals gleichförmig in ihrem Glauben. Das hatte einesteils zur Folge, daß sie in Glaubenssachen überhaupt sehr zeitig duldsam und auch gleichgültig wurde, andererseits, daß sich ein unkonfessioneller Bürgergeist bildete, der Wohlfahrtsdinge als allgemeine Menschen – und Bürgerpflichten ansah.«[38]

Der letzte Rabbiner der 1939 zwangsweise zusammengelegten Jüdischen Gemeinden Frankfurts, Dr. Georg Salzberger (1882–1975), stellte in Überlegungen, abgedruckt im zitierten Bildband ähnliche Betrachtungen an: »Mit der Verweltlichung des Lebens, mit der radikalen Scheidung zwischen Religion und Politik, Religion und Wirtschaft, ja Religion und Moral, die mit dem Beginn der Neuzeit einsetzte, ist das Fundament menschlicher Kultur untergraben worden. Religion wurde ein Fach, ein Schulfach, und ein Fach des Lebens, eines der vielen Fächer, in die der moderne Mensch sein Leben teilt.«[39] Aber er zieht auch gerade aus der Analyse modernen gesellschaftlichen Lebens die Folgerung für das Zusammenwirken der Religionen: »Heute hat jede der großen Religionen um die Seelen ihrer eigenen Ungläubigen, Halbgläubigen, Abseitsstehenden, um das Seelenheil der Menschheit zu ringen und für den großen Kampf gegen den Atheismus, Materialismus und Nihilismus bedarf eine jede von ihnen der Bundesgenossenschaft verwandter Religionen. Und welche Religionen wären so nahe verwandt wie Christentum und ... Judentum?«[40] Diese letzte Einsicht war zweifellos bei Juden weit eher verbreitet als in den ersten Jahren nach 1945 bei Christen. Es hat lange Zeit gebraucht, bis die christlichen Kirchen ihr Verhalten während des Dritten Reiches gegenüber Juden und getauften Juden, also Gliedern der christlichen Kirchen, kritisch überprüft haben, auch in Frankfurt am Main.

Die Evangelische Kirche in Hessen und Nassau hat schließlich nach jahrzehntelanger Diskussion im Herbst 1991 eine neue Formel verabschiedet, die alle Pfarrerinnen und Pfarrer verpflichtet, das schuldhafte Verhalten der Christen gegenüber den Juden wahrzunehmen und gerade als Christen die besondere Berufung der Juden zu akzeptieren. Auf katholischer Seite fehlt eine solche Festlegung, aber die jahrelange Diskussion hat doch zur Eliminierung judenfeindlicher Worte und Vorurteile in Gottesdienst und Religionsunterricht geführt. Neues Verhalten ist jedenfalls möglich geworden und hat sich im Laufe der Jahre in Frankfurt am Main in besonders gutem gegenseitigen Verhältnis bewährt, wozu einige der Persönlichkeiten der späten

Der letzte Rabbiner der Frankfurter jüdischen Gemeinde vor dem Krieg, Dr. Georg Salzberger, besichtigt mit Oberbürgermeister Bockelmann (rechts) am 17. Mai 1961 ein besonders schönes Exemplar der Menora, eines jüdischen Leuchters

1950er und 1960er Jahre erheblich beigetragen haben. Auf jüdischer Seite gehört in diese Reihe der wichtigen theologischen Persönlichkeiten der Landesrabbiner Dr. Isaak Emil Lichtigfeld; dann der unvergessene Dompfarrer und Stadtdekan Monsignore Walter Adlhoch in Frankfurt am Main und Pfarrer Ernst Schäfer (1913–1992). Später – im Ruhestand – haben beide 1982 beschlossen, von ihren Pensionen einen Preis für »Humor in der Kirche« zu stiften, weil ihrer Meinung nach es daran oft fehle.

In den ersten Nachkriegsjahren war die Situation in beiden christlichen Kirchen noch sehr anders und mitgeprägt von überkommenen Vorstellungen. Dafür folgendes Beisiel: die in Breslau bereits im Gemeindedienst bewährte evangelische promovierte Theologin Katharina Staritz (1903–1953) war zu Kriegsende nach Frankfurt am Main gekommen. Weil sie sich in Breslau öffentlich für den Schutz von Christen, die aus jüdischen Familien stammten, eingesetzt hatte, ist sie im Konzentrationslager Ravensbrück für mehr als ein Jahr gefangen gewesen. Gleichwohl hat diese Lebensgeschichte nicht dazu beigetragen, ihr in Frankfurt am Main herausgehobene Aufgaben zu übertragen. Sie blieb Vikarin, anderes war für Frauen damals kaum vorgesehen und ihre Widerstandshandlungen und -leiden sind auch nicht weiter gewürdigt worden. In der Katharinenkirchen-Gemeinde und in der kirchlichen Frauenarbeit hat sie dankenswert gewirkt[41].

Ein weiteres Beispiel: Es ist nicht bekannt geworden, daß an irgendeiner Stelle nach 1945 innerhalb der katholischen Kirche in Frankfurt am Main das Gedächtnis eines ihrer prominenten Glieder begangen worden wäre. Die ehrenamtliche Stadträtin des Zentrums – bis 1933 – Else Alken, hatte sich hilfesuchend an das Bischofsamt in Limburg gewandt, als man sie 1942 deportieren wollte und deportiert hat. Frau Alken stammte aus einer jüdischen Familie in Breslau und war seit langem zum Katholizismus übergetreten. Der nachmals vielgerühmte Stadtdekan Eckert soll seinerzeit Else Alken mit dem Hinweis auf Gottes Wille veranlaßt haben, sich in die Deportation zu schicken. Die verdienstvolle Frankfurter Sozialpolitikerin Else Alken, eine der wenigen Frauen, die in den 20er Jahren dem Magistrat angehörten, ist in Theresienstadt am 24. Dezember 1943 gestorben. Den weniger bekannten Persönlichkeiten, die aus dem Judentum zum Christentum übergetreten waren, hat wohl erst recht niemand in schwerer Zeit geholfen. Immerhin konnten insgesamt 149 Juden in Frankfurt am Main die Verfolgungsjahre überstehen[41a]. Jedoch waren sie wohl in der Mehrzahl in den ersten Jahren nach dem Krieg so verschreckt, daß man von diesen mutigen Hilfeleistungen Frankfurter Bürger kaum etwas erfahren hat.

Die Jüdische Gemeinde in Frankfurt am Main hat sich nach dem Krieg nur zögerlich wieder bilden können. Erste Hilfestellung kam wohl von der amerikanischen Armee, die einen intakten Gemeindeservice mit Rabbiner für die amerikanischen Soldaten unterhielt. Räume sind zunächst im Baumweg wiederhergestellt worden und die Stadt bemühte sich gleich im Sommer 1945 auch darum, jüdische Friedhöfe wieder in Ordnung zu bringen. Das amerikanische Militär-Hauptquartier teilte am 11. September 1945 den deutschen Behörden lapidar mit: »It has been suggested« ..., daß die Orte der drei großen Frankfurter Synagogen: Börneplatz, Friedberger Anlage und Börnestraße ehrenvoll in Erinnerung gebracht werden sollten, und zwar mit einer Tafel, deren Text in deutsch und englisch gleich vorgeschrieben worden ist: »Hier stand die Börneplatz-Synagoge der Frankfurter Jüdischen Gemeinde, welche von den Nazi-Verbrechern am 9. November 1938 zerstört wurde«. Die Stadt Frankfurt bemühte sich darum, Sandsteinplatten mit der vorgesehenen Aufschrift anfertigen zu lassen und stellte sie einige Wochen später auch an den drei Plätzen auf – es sind die einzigen Erinnerungstafeln an die zerstörten Synagogen der Innenstadt geblieben[42].

Vermutlich auch auf Anregung von amerikanischer Seite ist sehr bald eine »Jüdische Betreuungsstelle« eingerichtet worden, um die sich Stadtrat Professor Wilhelm Polligkeit (1876–1960) kümmerte. Für die »Jüdische soziale Betreuungsstelle der Stadt Frankfurt am Main« waren die Herren Maas und Askenasy zuständig. Allerlei Probleme waren da zu lösen, z. B. solche von nach angelsächsischem Sprachgebrauch »race jews«. Es ging dabei um Benachteiligungen solcher Juden, die sich nicht der jüdischen Gemeinde zuzählten, aber doch verfolgt gewesen sind. Die Amerikaner vertraten den Standpunkt, daß, wenn es sich darum handelte, nach

Möglichkeit geschehenes Unrecht wieder gut zu machen, diejenigen, die Gleiches erduldet hatten, gleich behandelt werden sollten. Nach Meinung der Militärrregierung waren also »Judenchristen« ebenso zu berücksichtigen. Der für die Betreuungsstelle zuständige Rabbiner, Dr. Leopold Neuhaus, sah dies jedoch ganz anders. Die Lebensmittel würden von jüdischen Organisationen für die jüdische Gemeinde gestiftet und müßten auch dementsprechend verteilt werden. Also bliebe wohl nur übrig, die Absender zu bitten klar zu machen, daß ihre Gaben für alle Juden gemeint seien[43]. Den Haushalt der Jüdischen Gemeinde glich die Stadt aus, zum Teil mit Krediten.

Am 15. April 1946 meldete das Polizeipräsidium, daß die Gedenktafel am Börneplatz mit gelber Farbe beschmiert worden war, was der Anlagenaufseher wieder reinigen konnte. Es sind 1000 DM an Belohnung für Meldungen ausgesetzt worden, da »die Besatzungsbehörde gerade an diesen Angelegenheiten ein besonderes Interesse nimmt.«[44] Dies allerdings scheint der einzige solche Vorfall geblieben zu sein. Es gibt um diese Zeit auch einen »Staatsbeauftragten für die Betreuung der Juden in Hessen« im Hessischen Staatsministerium des Innern, der sich um das Vorhandensein von Betsälen und den Zustand der Friedhöfe kümmerte und bis 15. Mai 1946 einen Bericht haben wollte.

Die jüdische Gemeinde hatte inzwischen auch das Philanthropin zurückerhalten. Dort wurde am 21. Juli 1948 in Anwesenheit von Oberbürgermeister Kolb der neue Rabbiner eingeführt: Dr. Wilhelm Weinberg. In der Aula des Philanthropin wurde – von der jüdischen Gemeinde – am 13. November 1948 »anläßlich des zehnten Jahrestage der Zerstörung der Synagogen in Deutschland (9./10. November 1938)« eine Gedächtnisfeier veranstaltet. Noch immer war dies kein Anlaß für die Öffentlichkeit. Die Jüdische Gemeinde bestand 1948 aus 1470 Mitgliedern und 1949 aus 1890 Mitgliedern[45].

Große und berechtigte Aufregung verursachte in der Jüdischen Gemeinde zu Frankfurt das Urteil im sogenannten »Degesch-Prozeß«, bei dem das Frankfurter Gericht den Hauptangeklagten Dr. Peters zu fünf Jahren Zuchthaus verurteilte und den zweiten Angeklagten freisprach[46]. Etwa 800 Besucher waren da, meist »jüdische Mitbürger« oder sonstige Verfolgte, viele mit VVN Abzeichen. Als erster Redner sprach Regierungsdirektor Dr. Kurt Epstein, der Staatskommissar für die Juden in Hessen. Er bedauerte, daß, nach der Befreiung der KZ-Häftlinge die »Abrechnung ausgeblieben sei«, ja, daß »man den Eindruck gewinne, daß das deutsche Volk nach der verunglückten Entnazifizierung nichts dazu gelernt habe.« Es sei eine Beleidigung der toten Kameraden, daß »der Mann, der das Gas zur Ermordung geliefert habe,« nur wegen Beihilfe zum Mord verurteilt worden sei. Rechtsanwalt Dr. Klibanski verurteilte die Justizverwaltung wegen des juristisch zu milden Urteils. Der Leipziger Litarturprofessor Dr. Hans Mayer betonte, daß er in Leipzig ein Todesurteil erlebt habe bei weit weniger Beschuldigungen. »Frau Rosenberg, eine Vertreterin des Staates Israel erklärte, es sei unfaßlich, wie Juden nach einem solchen Urteil noch in Deutschland verbleiben könnten«. Dr. Weinberg, der Landesrabbiner, bedau-

Die Westend-Synagoge in der Freiherr-vom-Stein-Straße wird nach ihrer Herrichtung am 6. September 1950 wieder feierlich eingeweiht

erte, »daß das deutsche Volk diesen Prozeß nicht wahrgenommen habe, um seinem Abscheu gegenüber dem System Auschwitz Ausdruck zu verleihen«. Er sprach weiter[47] von »überdimensionaler Rechtsverletzung und bedauerte, daß im deutschen Volk von einer wahren Empörung über das zu milde Urteil nichts zu verspüren sei; man könne vielmehr von einer «Verschwörung des Schweigens» sprechen«. Sämtliche acht Redner hielten das Urteil »im Hinblick auf die Millionen duch das Zyklon Getöteten« für zu milde und meinten, es hätte ein Urteil nicht wegen Beihilfe zum Totschlag, sondern wegen Mittäterschaft oder Beihilfe zum Mord ergehen müssen.« In einer Resolution des Landesverbandes der jüdischen Gemeinden vom 31. März 1949 heißt es: Die Firma Degesch, »welche für das Konzentrationslager Auschwitz das Cyklon B zu Massentötungen geliefert« hat, habe am 28. März 1949 das Urteil erhalten. »Die Schmach dieses Urteils ist so groß, daß wir fassungslos und erschüttert ihm gegenüberstehen. Ein deutsches Gericht in der Stadt Frankfurt am Main spricht die Handlanger der Mörder frei oder bestraft sie so mild, daß dieses Urteil eine Verhöhnung des Andenkens an die Opfer dieses größten Massenmordes der Weltgeschichte ist.« So bleibe nur ein Aufruf zu flammendem Protest der gesamten gesitteten Welt, die vor vier Jahren mit Grausen und Entsetzen das Ausmaß der Verbrechen von Auschwitz erfahren hat.«

Hin und wieder gab es Anzeichen für einen weiterschwelenden Antisemitismus. Ein neuer antisemitischer Vorfall ereignete sich am 7. Oktober 1949 im Betsaal in der ehemaligen jüdischen Volksschule im Röderbergweg 29, wo Fensterscheiben eingeworfen wurden. Am 25. November 1949 wurde gemeldet, die Gedenktafel an der Friedberger Anlage sei mit weißer Farbe beschmutzt. Der Magistrat setzte zur Ermittlung der Täter 1000,- DM aus, allerdings vergeblich. Walter Kolb befaßte daraufhin auch die Präsidialversammlung des deutschen Städtetages mit »antisemitischen Ausschreitungen«. Am 24. Dezember 1949 wurde, wie am 2. Januar 1950 gemeldet, das Firmenschild der jüdischen Wiedergutmachungsbank in Frankfurt, Zeil 86, sei beschädigt und abgerissen. Auch hier fand sich kein Täter.

Schließlich kam ein großer Tag: Am 6. September 1950 konnte die Westendsynagoge wieder eingeweiht werden. Der Oberbürgermeister wollte mit seiner Ansprache das Gotteshaus in besonders feierliche Weise »in die Obhut der Stadt Frankfurt stellen«[48]. Chor und Orgel sangen und spielten denn auch feierlich, der erste Vorsitzende der Gemeinde, Max Meyer, begrüßte die Anwesenden, der Schlüssel wurde überreicht, der US Chaplain Rabbi Mathews, der Hochkommissar Mc Cloy und der Hessische Ministerpräsident Stock sprachen Grußworte; als Vertreter des Staates Israel Konsul Dr. Lirneh. Vertreter des Zentralrats der Juden in Deutschland sprachen, wie auch der Evangelischen und Katholischen Kirche. Die Festpredigt schließlich hielt der letzte Frankfurter Rabbiner, Dr. Georg Salzberger. Es war eine ungewohnte, sehr feierliche Versammlung in der Westendsynagoge, die von nun an wieder ihren Platz im Leben der Jüdischen Gemeinde zu Frankfurt am Main einnehmen konnte.

Oberbürgermeister Kolb schickte an Rabbiner Salzberger mit Dank für die bemerkenswerte Festansprache am 7. September 1950 einen Bildband und Salzberger antwortete dazu aus London: »Dieses Buch wird mir eine dauernde Erinnerung sein, zunächst an das alte Frankfurt, wie es einst vor mir stand, und an seine stolze Geschichte und sodann an das Frankfurt von heute, wie es allmählich aus Trümmern wieder aufersteht.« Salzberger ging sodann auf die Westendsynagoge ein, »die ein schönes Zeugnis für den Willen zum Wiederaufbau wie zur Wiedergutmachung ablegt ... Es ist mein aufrichtiger Wunsch, daß unter Ihrer tatkräftigen Leitung der altneuen Stadt und ihren Bürgern, den christlichen wie den jüdischen, ein friedlicher, glückverheißender Aufstieg beschieden sein möge.«

Am 11. November 1952 verabschiedete sich Landesrabbiner Dr. Weinberg. Die Stadt vertrat Bürgermeister Dr. Leiske bei der würdigen Feier. Für den hohen Kommissar überreichte Resident Officer Harold P. Raddigan eine Spende von 60 000,- DM für das Altersheim der jüdischen Gemeinde. »Dann sprach sehr herzlich und sehr kritisch Herr Professor Dr. Böhm für die Gesellschaft für Christlich-Jüdische Zusammenarbeit.« Und Professor Horkheimer übermittelte als US-Bürger herzliche Abschiedsgrüße. Rabbiner Weinberger erwähnte unter anderem, daß er »dieses Land mit Verbitterung verlasse, ... wegen Wiederaufleben des Neo-Faschismus und Antisemitismus«. Bürgermeister Leiske meinte zwar, dies sei übertrieben und passe nicht recht in die Abschiedsfeier. Er selbst sprach davon, daß er sich der jüdischen Gemeinde seit 1948, der Übernahme seines Amtes, verbunden fühle. Die Gemeinde hatte es damals sehr schwer und war auch gerade erst mit der anderen jüdischen Gemeinde aus dem DP-Lager Zeilsheim zusammengeschlossen worden: »Das restliche Häufchen der Gemeindemitglieder war entmutigt, verzagt, verzweifelt, und überwiegend in großer Not. Sie schwankten in den traurigen Gefilden der Vereinsamung, Heimatlosigkeit, der Fremdheit im eigenen Vaterland, zwischen Vergeltung und Versöhnung.« Dazu die furchtbaren Schatten der Vergangenheit, die über fast jeder Familie lagen, und wie schwer der Aufbau der Jüdischen Gemeinde unter diesen Bedingungen gewesen sei.

Es sollte noch bis 1956 dauern, bis die Vermögensauseinandersetzungen zwischen der Stadt Frankfurt und der Jüdischen Gemeinde Frankfurt geklärt werden konnten. An die Stadt waren aufgrund der Zwangsenteignungen und Zwangsverkäufe der Nazizeit etliche vormals den Jüdischen Gemeinden gehörende Grundstücke und Liegenschaften gelangt, die nun natürlich zurückzuerstatten waren. Nach bundeseinheitlicher Regelung gingen einige Vermögenswerte, so in Frankfurt zum Beispiel für den Börneplatz mit dem Grundstück der großen Synagoge an die IRSO (»Jewish Restitution Successor Organization«), ebenso etliche Stiftungen jüdischer Frankfurter Bürger. Aber es war noch viel zu regeln: insgesamt 14 Liegenschaften, das Philanthropin, die jüdischen Friedhöfe und das beschädigte Krankenhaus in der Gagernstraße. Außerdem reklamierte die Jüdische Gemeinde Mietausfall und anderes, zum Beispiel den Verlust des gesamten Inventars. Der Magistrat berichtete über die schließlich erreichte Einigung an die Stadtverordnetenversammlung[49] über die Grundstücks-Rückerstattungen und die vereinbarten 3,2 Millionen DM als Schadensausgleich, die überplanmäßig zu bewilligen waren. »Die Rückerstattungspflicht der Stadt unterliegt selbstverständlich keinem Zweifel« heißt es in der Vorlage. Für den geschäftsführenden Vorstand der Jüdischen Gemeinde hatten – schon am 14. April 1954 – unterzeichnet: Kaufmann Max Meyer, Dr. med. Ewald Allschoff, Kaufmann Adolf Olkowicz und Notar L. Cahn.

In der 14. Sitzung der Stadtverordnetenversammlung am 27. September 1956 ist mit einer sehr bemerkenswerten Rede des Stadtverordneten Dornheim von der SPD dies betrübliche Kapitel eines großen Raubes an jüdischem Gut zuende gebracht worden. Es war die gleiche Plenarsitzung, in der zu Anfang mit einer Minute stillen Gedenkens des gerade verstorbenen Oberbürgermeisters Walter Kolb zu gedenken war[50]. Die Sitzungen der Stadtverordnetenversammlung zur damaligen Zeit waren meist recht kurz, etwa zwei Stunden, weil gewöhnlich nur ein Punkt auf der Tagesordnung I verhandelt worden ist und die lange Tagesordnung II – in den

Ausschüssen gut vorberaten – rasch verabschiedet war. Für die Sitzung am 27. September hatte der Vorsitzende der SPD-Fraktion, Walter Möller, beantragt, den Wiedergutmachungsbeschluß auf Tagesordnung I öffentlich zu verhandeln, obgleich der Haupt- und Finanzausschuß ihn bereits einstimmig gebilligt hatte, einschließlich der 3,2 Millionen DM an überplanmäßigen Mitteln. »Es solle nämlich auch die heutige Aussprache richtungsweisend für andere Städte der Bundesrepublik sein, damit das an unseren jüdischen Mitbürgern begangene Unrecht zumindest formal beseitigt wird.«

Die bemerkenswerte Rede des Stadtverordneten Hugo Dornheim (1896–1968) wird hier ausführlich zitiert[51], weil sie für die damalige Zeit ungewöhnlich gewesen ist, aber zugleich beweist, daß man sich sehr wohl schon hatte informieren können, wenn man dies nur wollte. Zunächst erinnerte Dornheim daran, daß vor 1933 in Frankfurt am Main 32 000 jüdische Einwohner wohnten, 1956 hingegen nur noch 1800. »Welches Elend, welche Tragik geben uns diese Zahlen zur Kenntnis«. Dornheim erläuterte, daß die »Vernichtung der Juden« damals offizielle Staatspolitik war, die auch durch offizielle Maßnahmen und durch Aufreizung der Massen und Einzelgewalttätigkeiten betrieben wurde. Die Verschwörer der damaligen Zeit hatten sich offen zu ihren Zielen bekannt. Der Redner zitierte ausführlich aus dem »Aktionsprogramm der Nazis gegen die Juden« und schilderte die Maßnahmen, die dazu geführt hatten, daß nach vorsichtiger Schätzung »5,7 Millionen Juden in Europa ermordet worden« waren: »Die Ostjuden haben damals gelitten wie nie ein Volk zuvor.«

In Deutschland handelte es sich um die Verluste »alteingesessener jüdischer Gemeinden«. »Der Anteil des jüdischen Volkes an der Zivilisation, den Künsten, der Wissenschaft, der Industrie und Kultur ist eine Tatsache, die besonders derjenige, der ein alter Frankfurter ist, in Frankfurt am Main zu schätzen vermag und bestätigen wird. Ihre Vernichtung – von den Nazis in beständiger, vorsätzlicher, vorbedachter und methodischer Weise ausgeführt – bedeutet für die Zivilisation einen Verlust besonderer Qualitäten und Fähigkeiten, der unmöglich wieder ersetzt werden kann.« Der Stadtverordnete berichtete sodann, daß er sich den Vertrag angesehen habe, den die Stadt Frankfurt am 3. April 1939 mit der Jüdischen Gemeinde abgeschlossen hatte und der die Überleitung der Liegenschaften enthielt gegen eine geringe Summe, kurz, bei juristischer Prüfung könne man nur sagen, daß dieser Vertrag sittenwidrig gewesen sei und nur unter Druck zustande gekommen war. Die tatsächlichen Schadensansprüche der Jüdischen Gemeinde seien viel höher zu bewerten, denn das Rückerstattungsgesetz datiere schon vom 10. November 1947 und seitdem seien ja auch Zinsgewinne usf. angefallen. Die Stadt Frankfurt sei aber die erste im Bundesgebiet, »die eine Wiedergutmachung durchführt, die Hand zur Versöhnung reicht und ein sittliches Gebot erfüllt. Es wird damit ein Unrecht beseitigt, das sich gegen die Menschen- und Bürgerrechte richtet. Es bleibt uns die schmerzliche Einsicht leider nicht erspart, daß selbst die größte Leistung klein bleiben wird angesichts des Übermaßes an Unmenschlichkeit, das in den vergangenen Jahren geschehen ist. Nichts wird das Blut und die Tränen auslöschen können, die für immer die Blätter der deutschen Geschichte trüben und verdunkeln werden.« Heute wollten nun alle – und die SPD würde es begrüßen, wenn ein einstimmiger Beschluß zustande käme, heute wolle man »ein neues Blatt der Geschichte beginnen im Geiste der Versöhnung, der Menschlichkeit und des Friedens.« Für diese Rede gab es Beifall von allen Seiten des Hauses.

Der Stadtverordnete Dr. Hans Wilhelmi (CDU) sprach kürzer, in ähnlichem Sinne, aber ohne auf die Ursachen einzugehen. Er dankte auch dem Magistrat für die großzügige Haltung und daß nur ganz wenige Gerichtsverfahren erfolgt seien. »Der Magistrat und die Stadt Frankfurt waren stets vergleichsbereit im Gegensatz zu anderen öffentlichen Stellen, bei denen diese Bereitschaft leider vermißt werden mußte.« Der Frankfurter Beschluß, hinter dem die CDU voll stehe, und der hoffentlich einstimmig ergehen werde, solle zugleich »für andere Städte richtungsweisend sein«. Wilhelmi erinnerte an einen anderen Vorgang: »Wir sind dankbar dafür, daß es unser Herr Oberbürgermeister Kolb war, der damals den Aufruf an die jüdischen früheren Bürger der Stadt erlassen hat, wiederzukommen, denn auch das gehört zu dem Geist der Toleranz, die in dieser Stadt herrscht und herrschen soll und nur in dieser düsteren Zeit unseres Volkes einmal verdrängt war.« In der CDU sei man auch stolz darauf, daß der Bundestagsabgeordnete Professor Böhm (CDU) immer wieder bemüht gewesen sei, im Bundestag Wiedergutmachung für schweres Unrecht durchzusetzen. Man hoffe, daß die Jüdische Gemeinde in Frankfurt durch die Annahme der Vorlage »den Geist der alten freien Reichsstadt Frankfurt spürt.«

Für die FDP betonte der Stadtverordnete Günther Grosser, die Stadt Frankfurt habe besondere Verpflichtungen, da die große jüdische Gemeinde »dieser Stadt ihre Züge mit aufgeprägt hat und auf den verschiedensten Gebieten des gemeinschaftlichen Lebens in der Bürgerschaft wohltätige und kulturelle Leistungen, geistige Vorbilder, gegeben hat.« Der Magistrat solle auch alles unternehmen, um den früheren jüdischen Mitbürgern »wieder eine neue Heimat in dieser Stadt zu geben«. Auch der Stadtverordnete Otto Kramer vom Bund der Heimatvertriebenen und Entrechteten (BHE) hielt die Rückgabe für absolut gerechtfertigt. Leider habe sie nicht früher erfolgen können, da erst 1954 der Vertrag mit der IRSO zustande gekommen sei. Der BHE träte stets für das Recht aller Geschädigten ein, einschließlich der jüdischen Bürger. Er bedaure, daß der »hochverehrte Oberbürgermeister« den Abschluß nicht mehr erleben konnte, »denn dies sei ein Werk in seinem Sinne.« Die Magistratsvorlage wird einstimmig verabschiedet.

Am 17. Oktober 1956 dankte der Vorsitzende der Jüdischen Gemeinde, Max Meyer, für die einmütige Zustimmung und dankt den Rednern in einem Brief[52]. Die Absicht, die Jüdische Gemeinde wieder möglichst in das Leben der Stadt zu integrieren – soweit das nach allem Geschehenen anging – ist seitdem mit zunehmender Selbstverständlichkeit gelungen.

Die Evangelische Kirche in Frankfurt fand sich nach 1945 vor beträchtlichen neuen Aufgaben. Nicht nur war mehr als Zweidrittel des kirchlichen Baubestandes zerstört, es mußte eine neue Verwaltungskonstruktion gefunden werden – ähnlich wie in der öffentlichen Verwaltung. Vor allem aber war die Pfarrerschaft in sich gespalten. Etwa die Hälfte der Pfarrer hatten zur Bekennenden Kirche gehört, die anderen aber eben nicht und zum Teil hatten sie auch wenig Distanz zum Nationalsozialismus gewahrt. Zu diesem Problem wurde ein eher versöhnlicher Weg einzuschlagen versucht, die Besatzungsmacht überließ das Vorgehen den Pfarrern selbst und den Spruchkammern und griff nur gegenüber vier Pfarrern ein, die offenbar besonders enge Naziverbindungen gehabt hatten. Vorbereitende Gespräche für die Zeit nach dem Krieg gab es schon seit etwa 1943, nicht zuletzt bei dem späteren Propst für Frankfurt, Pfarrer Karl Goebels. Das erste Treffen der Frankfurter evangelischen Pfarrer in der Wiederaufbauzeit fand bereits am 11. April 1945 statt, obgleich etliche der Pfarrer damals noch als Soldaten abwesend gewesen sind. Es galt aber den Neuanfang zu gestalten und dies wurde auch tatkräftig bewerkstelligt mit der Veränderung alter Strukturen. Es wurde eine »vorläufige Lösung« begründet, die die alte »Stadtsynode« nach und nach ablöste[53].

Die baulichen Kriegsverluste stellten sich wie folgt dar: Von 30 vorhandenen Kirchen waren 21 zerstört, und hiervon 14 total; von 38 Pfarrhäusern waren 24 zerstört; von 43 Gemeindehäusern waren 23 zerstört, und hiervon elf total. Etwas abweichende Angaben finden sich bei dem langjährigen Verwaltungschef der evangelischen Kirche in Frankfurt, Jürgen Telschow: 1943 und 1944 seien von 32 Kirchen nur sechs unbeschädigt geblieben, von 26 Gemeindehäusern nur acht, von 22 Kindergärten nur sechs und von 34 Pfarrhäusern nur neun, von 24 sonstigen kirchlichen Bauten blieben nur zwei ohne Schäden. Die Verluste waren also horrend. Und während bis zur Währungsreform vielfach die Gemeindeglieder mit Hand anlegten und erhebliche Reichsmark-Spenden gaben, so war nach der Währungsreform doch notwendig, Kredite aufzunehmen, und zwar für Wiederaufbauaufgaben insgesamt 5,5 Mio DM[54]. Da es angezeigt schien, die alten großen Innenstadtgemeinden aufzuteilen und da neue Gemeinden durch Siedlungsbau und Eingemeindung dazu kamen, baute die Evangelische Kirche in Frankfurt 25 neue Kirchen[55], 43 neue Gemeindehäuser und 54 neue Kindergärten, so daß 20 neue Gemeinden versorgt werden konnten. Die insgesamt 69 Kirchengemeinden sind eingeteilt in sieben Dekanate, und außerdem gehört zu Frankfurt noch als 8. Dekanat Bad Vilbel. Unter den vielen neuen Kirchen sind interessante Lösungen, z. B. die Dornbuschkirche in der Mierendorffstraße. Sie gehört zu den ersten Neubauten, in denen ein meist rechteckiger Raum sakral eindrucksvoll gestaltet worden ist, mit Kanzel und Taufstein seitlich vom Altar, auch mit großen farbigen Glasfenstern, Hochkreuz und Symbolen in Stein oder Bronze. Dazu gab es meist eine Alltagskapelle als kleinen Andachtsraum und für Einzelmeditationen. Von den 1970er Jahren an setzte sich dann eine andere Bauauffassung durch: der Mehrzweckbau, der eine lebhafte und lebendige Gemeinde verlangt und ermöglicht und auch für Musik, Diskussionen und anderes genutzt werden kann. Ein Beispiel dafür findet sich im Gemeindezentrum Sindlingen. zwischen diesen beiden Bauauffassungen steht die Kirche Cantate

Domine in der Nordweststadt, Architekten waren Prof. Walter Schwagenscheidt und Tassilo Sittmann.

Zunächst aber hatte die Evangelische Kirche in Frankfurt neben den organisatorischen Veränderungen etliche Auseinandersetzungen mit der Stadt Frankfurt zu bestehen. Hierbei ging es im wesentlichen um die Konsequenzen aus dem Dotationsvertrag vom 2. Februar 1830, den die Stadt mit evangelischen und katholischen Kirchen damals infolge der Säkularisation geschlossen hatte. Ohne besondere Komplikationen gestaltete sich die Verpflichtung der Stadt zum Wiederaufbau, zum Beispiel der Katharinenkirche, der Nikolaikirche und für die Katholische Kirche den Dom, die Liebfrauenkirche und St. Leonhard – also die Innenstadtkirchen. Anders liefen die Verhandlungen zwischen Stadt und Evangelischer Kirche um die Paulskirche und sie müssen den Beteiligten einige Nerven gekostet haben. Der endgültige Vertrag zwischen den beiden Partnern wurde nämlich erst am 28. September 1950 geschlossen[56]. Zwar hatte es einen Vorvertrag am 15. Mai 1948 – also drei Tage vor der Jahrhundertfeier – gegeben, aber da war noch manches offen geblieben. Zunächst wollte die Evangelische Kirche in Frankfurt die Paulskirche – nach einigen Jahren – auch wieder als Gemeindekirche haben, obgleich die Zahl der Gemeindemitglieder um 1948 von vormals 16000 auf ganze 1500 gesunken war[57] und sich ringsum ein Trümmerfeld darbot. Im Hinblick auf die Jahrhundertfeier hatte die Stadt aber anders disponiert, bereits am 9. April 1946 gab Oberbürgermeister Blaum einen Auftrag für einen auszuschreibenden Wiederaufbauwettbewerb. Und die im Mai 1946 gewählte Stadtverordnetenversammlung beschloß »die Paulskirche soll aufgebaut und in erster Linie öffentlichen Zwecken zur Verfügung gestellt werden«[58]. Erst nach langwierigen Verhandlungen ergab sich dann eine allseits befriedigende Lösung, bei der die Stadt für die Paulskirche viel einbrachte: Die Nikolaikirche, vormals auch Ratskirche am Römerberg, wurde der zusammengeschmolzenen Paulskirchengemeinde zur Verfügung gestellt. Das Dominikanerkloster sollte der Evangelische Kirche in Frankfurt als Verwaltungszentrum dienen und war durch die Stadt aufzubauen, desgleichen die Heiliggeistkirche im Dominikanerkloster, die im Tausch für die Weißfrauenkirche in die Dotation aufgenommen worden ist.

Die evangelische Kirche in Frankfurt hätte es am liebsten gesehen, wenn die inzwischen begründete »Evangelische Kirche für Hessen und Nassau« (EKHN) im Dominikanerkloster eingezogen wäre, man entschied sich aber knapp für den Verwaltungssitz des neuen Kirchengebietes in Darmstadt. So zog denn mit Zittern und Zagen der Gesamtverband der evangelischen Kirchen in Frankfurt am 21. November 1950 im Dominikanerkloster ein, das den Verantwortlichen damals als viel zu groß erschien[59]. Der Finanzierungsplan für den Wiederaufbau dieser Liegenschaft sah 5,5 Millionen DM vor, wovon die Stadt drei Millionen übernahm. Insgesamt ist der Stadt bestätigt worden, sie habe ihre Dotationsverpflichtungen »vorbildlich erfüllt«[60]. Das Dominikanerkloster hat sich dann bald nicht nur zum Verwaltungsmittelpunkt der Frankfurter evangelischen Gemeinden entwickelt, sondern auch meist zum Ort der Synode der EKHN und zu einem gesuchten Tagungszentrum mit großem Vortragssaal und Verpflegungsmöglichkeiten. Die Entscheidung von 1950 für das zerstörte Dominikanerkloster war also sehr richtig gewesen.

Als die vier Persönlichkeiten, die innerhalb der evangelischen Kirche in Frankfurt beim Neuanfang nach 1945 am wichtigsten gewesen sind, nennt Ernst Schäfer[61] den späteren Propst von Frankfurt, Pfarrer Karl Goebels (1901 geb.) der bereits nach 1945 zur »vorläufigen Leitung der Evangelischen Kirche in Frankfurt am Main« gehörte und auch am Aufbau der Evangelischen Kirche für Hessen und Nassau beteiligt gewesen ist. Das Amt des Propstes für Frankfurt ist am 7. Dezember 1949 eingerichtet worden, auch als leitendes geistliches Amt gegenüber dem mehr verwaltungsorientierten Verband im Dominikanerkloster.

Pfarrer Ernst Nell (1884–1983), »eine der markantesten Persönlichkeiten der Frankfurter Pfarrerschaft«[62], war auch nach dem Krieg besonders wichtig für die kirchliche Verwaltung und die Zusammenführung der drei alten kirchlichen Verwaltungsämter in Wiesbaden, Darmstadt und Frankfurt am Main. Pfarrer Arthur Zickmann (1901–1966) war von 1950 an Vorsitzender des Gemeindeverbandes und hatte insbesondere die Dotationsverhandlungen mit der Stadt geführt. Sein Gebiet war die Sozialarbeit mit vielen neuen Aufgaben (Mütterschule, Ehe- und Familienberatung und Telefonseelsorge). In seine Amtszeit fiel die Neueinteilung vieler Frankfurter Gemeinden und der Neubau zahlreicher Kirchen und kirchlicher Einrichtungen.

Pfarrer Otto Fricke (1902–1954), seit 1926 Pfarrer in der neuen Siedlung Kuhwald und nebenher Studentenpfarrer, hatte von erster Annäherung an den NS-Staat den Weg zur Bekennenden Kirche gefunden, kam in Haft und hatte Predigtverbot, bis er schließlich zur Wehrmacht eingezogen wurde. Auch er war Mitglied der vorläufigen Leitung in Frankfurt und galt als eine der kommenden Persönlichkeiten. Als Kirchenpräsident wurde dann jedoch Niemöller gewählt und Pfarrer Fricke kümmerte sich um die Leitung der evangelischen Hilfswerke. Besondere Verdienste erwarb er sich durch die Bau- und Wohnungsförderung, vor allem für Flüchtlinge, so z. B. in der Siedlung am Heilsberg in Bad Vilbel, das ja kirchlich zu Frankfurt gehört.

Vor allem die vier genannten Persönlichkeiten sorgten für den inneren Neuaufbau der Evangelischen Kirche in Frankfurt, die sich ja auch der Evangelischen Kirche in Hessen und Nassau (EKHN) eingliedern wollte. Ein wichtiger Schritt hierzu war der Evangelische Kirchentag in Friedberg am 30. September 1947, der unter der Leitung des Frankfurter Rechtsanwalts und Politikers Dr. Wilhelmi stattfand und »die Vereinigung der Evangelischen Kirchen von Hessen, Nassau und Frankfurt am Main« zum Ziel hatte[63]. Innerhalb Frankfurts wurde am 9. Februar 1949 in einer Versammlung sämtlicher Vertreter der später 69 Kirchengemeinden eine neue »Ordnung für den Gemeindeverband der evangelisch-lutherischen und evangelisch-unierten Kirchengemeinden in Frankfurt am Main« beschlossen, der am 2. Juli 1973 in »Evangelischer Regionalverband Frankfurt am Main« umbenannt worden ist.

Die neue Einrichtung eines Propstes für Frankfurt, zugleich als Mitglied des kirchenleitenden Amtes, wurde am 17. März 1949 von der Synode der Evangelischen Kirche in Hessen und Nassau genehmigt. Karl Goebels übernahm dies Amt mit viel neuen Ideen, Liederbücher, Lehrpläne, Kindergartenarbeit, Konfirmandenunterricht, Kirchengemeinden zu schaffen um engere Verbindung mit den Gliedern der Evangelischen Kirche in der Großstadt halten zu können. Gegenüber der neuen Kirchenprovinz, der EKHN, blieb das Verhältnis jedoch auch in der Folgezeit nicht ohne Spannungen, und das soll auch so geblieben sein;[64] es war dies eine ähnliche Entwicklung wie in der öffentlichen Verwaltung gegenüber der Landesregierung in Wiesbaden. Frankfurt am Main war und ist eben ein selbstbewußtes Gemeinwesen. Außerdem war sich die Evangelische Kirche in Frankfurt am Main dessen bewußt, daß »ein Drittel« sämtlicher Kirchensteuereinnahmen in der EKHN in Frankfurt aufgebracht wurden[65].

In der Stadt Frankfurt begann die Kirchenleitung auch damit, soziale Einrichtungen weiter auszubauen. Kindergärten, Mütterkreise, gemeindliche Jugendarbeit, nicht zuletzt evangelische Frauenarbeit mit Helferkreisen wurden aufgebaut. Dazu kamen Gemeinde-Schwesternstationen, die besonders wichtig für die häusliche Krankenpflege geworden sind. Nicht zuletzt gelangte auch die Kirchenmusik zu neuer Blüte, vor allem durch den Organisten an der Dreikönigskirche in Sachsenhausen, Professor Helmut Walcha, der mehrfach das gesamte Werk von Johann Sebastian Bach zu Gehör gebracht hat. Regelmäßige Kirchenmusikkonzerte organisierte durch viele lange Jahre Arthur Thrun mit großem Erfolg.

Das »Diakonische Werk« begann seine Arbeit in Frankfurt ab 1. August 1950. Vom Jahr 1951 an erschien auch regelmäßig wieder das »Kirchliche Jahrbuch«. Einen wesentlichen Beitrag zum allgemeinen Wiederaufbau in Frankfurt am Main leistete die Evangelische Kirche durch die »Gemeinnützige Bau- und Siedlungsgesellschaft«, die viel Grund und Boden in Erbpacht bereitgestellt hat, so in Eschersheim, Eckenheim, Praunheim und Preungesheim, vor allem auch für private Bautätigkeit in diesen Stadtteilen.

Als Beispiel für die Wiederaufbauarbeit der Kirchengemeinden möge die Katharinengemeinde dienen. 1944 war die St. Katharinenkirche vollständig ausgebrannt, nur der Turm und die Umfassungsmauern waren geblieben. Das Pfarrhaus der St. Katharinengemeinde in der Myliusstraße lag im Sperrgebiet der amerikanischen Besatzungsmacht, so konzentrierte sich das gesamte Gemeindeleben auf das zweite Pfarrhaus in der Fichardstraße, das aber erst instand gesetzt werden mußte. Büro, Kindergarten, Evangelische Stadtsynode und Leitendes Amt, sowie Evangelischer Volksdienst konzentrierte sich dort in engen Räumen. Die beiden Pfarrer Lic. Wilhelm Fresenius, der 1948 verstarb und Pfarrer Ernst Friedrich halfen selbst bei der Trümmerbeseitigung in der Katharinenkirche und sammelten für den Wiederaufbau. Pfarrer Fresenius hat sich als einer der wenigen geistlichen Herren um die Einstellung der Breslauer Theologin Dr. Katharina Staritz im evangelischen Kirchendienst in Frankfurt bemüht[66]. Mit der Stadt wurde 1950 eine Einigung dahin erzielt, daß die Katharinenkirche anstelle der Paulskirche als evangelische Hauptkirche der

Stadt auszubauen sei. Im Innern ist sie freilich sehr verändert aufgebaut worden, und leider fehlen bis heute fast alle der »in ihren theologischen Aussagen sehr interessanten Bilder der Emporen, die durch Auslagerung« erhalten geblieben und inzwischen vorzüglich renoviert worden sind[67]. Die feierliche Einweihung der Katharinenkirche, erfolgte am 24. Oktober 1954, sie nimmt seitdem die Aufgabe der evangelischen Hauptkirche in Frankfurt am Main war. Im April 1954 hatte schon in der Leerbachstraße das neue Gemeindezentrum für die Katharinengemeinde eingeweiht werden können. Zu den Wiederaufbaukosten ihrer Kirche hatten die Gemeindemitglieder auch viel beigetragen, wie in fast allen Kirchengemeinden, wovon die zahlreichen Spendemarken zum Wiederaufbau der jeweiligen Kirche Zeugnis ablegen[68].

Ganz anders war die Entwicklung in Höchst. Hier handelte es sich um eine Diasporagemeinde, die 1882 selbständig geworden war und seit den 20er Jahren zu Frankfurt gehörte. Nach dem Krieg zählte sie etwa 10 000 Mitglieder. »Trotz der Nähe zu den Farbwerken Hoechst blieben Kirche und Pfarrhaus ziemlich unbeschädigt. Das Gemeindehaus konnte bald wieder hergestellt werden.«[69]

Die weitere Entwicklung der Evangelischen Kirche in Frankfurt vollzog sich in zunehmender Nähe zu den Problemen der Stadt selbst. Obgleich die Jugendarbeit in den evangelischen Kirchen sehr gefördert worden war, so war doch die »Protestbewegung« von 1968 an »nicht im Konzept« gewesen, verursachte aber gerade auch in der Kirche heiße Diskussionen[70]. Der »bunte Garten der sogenannten 'Neuen Linken'« umfaßte die Solidarisierung mit Ostermarschierern, Vietnam-Demonstranten, Chile-Protestlern, Franco-Gegnern, oder was sonst gerade »dran« war. »Die Wechselwirkungen von Evangelischen Studentengemeinden (ESG) zu Jugendorganisationen wurden spürbar. Der christlich-marxistische Dialog, die Frage des politischen Engagements der Kirche und die Herausforderung des Sozialismus wurden in der ESG, aber auch im Religionsunterricht der Oberstufen und in Jugendkreisen heiß diskutiert.«[71] Nachdem der erste Evangelische Kirchentag nach 1945 bereits in Frankfurt am Main stattgefunden hatte, fand ein weiterer Evangelischer Kirchentag mit großer Teilnehmerzahl vom 8. bis 12. August 1956 und 1975 in den Messegebäuden Frankfurts statt. Organisator war 1975 im wesentlichen Propst Dr. Dieter Trautwein, vormals Jugendpfarrer (1963–1970), der das Amt des Propstes 1970 bis 1988 in Frankfurt am Main übernommen und mit neuen Akzenten versehen hat. Trautwein verfügte über viele Beziehungen zu ausländischen Kirchen und war selbst sehr musikalisch, komponierte und dichtete Kirchenlieder in neuem Ton, was alles dem Kirchentag sehr zugute kam. Am eindrucksvollsten wird für viele Teilnehmer der Gottesdienst auf dem Rebstockgelände geblieben sein, mit dem Blick auf die ersten Hochhäuser der Stadt Frankfurt, und die nächtlichen Feuer und Lieder zur Gitarre auf dem Römerberg.

Die Zusammenarbeit mit der Katholischen Kirche in Frankfurt hatte sich gut entwickelt. Seit 1968 gab es einen ökumenischen Beratungsdienst in der Hauptwache, seit 1960 bereits einen ökumenischen Arbeitskreis der Jugend. Schließlich war nicht selbstverständlich, z. B. für den Evangelischen Kirchentag 1975, das »Frankfur-

Auf dem Gelände vor dem Dom wird am 8. August 1956 der Deutsche Evangelische Kirchentag eröffnet

Beim Deutschen Evangelischen Kirchentag 1987 wird, wie hier am Opernplatz, viel Raum für Gespräche gelassen

ter kirchliche Jahrbuch 1975. Evangelisch. Katholisch. Freikirchlich.« herauszugeben, was der Evangelische Regionalverband besorgte, zusammen mit dem Gesamtverband der katholischen Kirchengemeinden[72].

Evangelische Kirchengemeinden in Frankfurt hatten sich längst in die innerstädtischen Auseinandersetzungen im Zuge des Stadtumbaus eingeschaltet. So besonders im Westend der Sportpfarrer Karl Zeiss und nicht zuletzt seine Frau, Dore Zeiss, der unter anderem der Bau des evangelischen Altenheims in der Brentanostraße im Westend zu verdanken ist. »Der Stadt Bestes« zu suchen, nach der Bibelstelle Jeremia 29,7, wurde zu einem oft zitierten Leitwort. Die »kurzatmige Weise des kirchlichen und städtischen Wiederaufbaus« geriet mit zunehmendem Abstand in kritische Beurteilung. Wie überhaupt die Bewegungen von 1968 an zu neuer kritischer Betrachtung führten, der Propst Trautwein deutlich Ausdruck verlieh: »Es muß neu buchstabiert werden, was es um den städtischen Wächterdienst der Kirche ist. Sie hat gewiß auch die Aufgabe, alle jene Kräfte genau zu beobachten, die den Geist und das Lebensklima bestimmen. Sie wird sich für alle Kultur einsetzen, die mitbaut an sinngebender Gestaltung des Lebens. Vorbildlich sollten die kirchlichen Gemeinden auch weiterhin bis in ihre Zusammenkünfte hinein für das Zusammenkommen mit den Fremden sein, den Neulingen in der Stadt, ob sie aus dem Ausland oder dem Inland kommen. Vorbildliche Arbeit leisten hier die Ausländerseelsorger und die

Sozialberater in der Stadt. Viele Probleme ranken sich im Blick auf die ausländischen Mitbürger um das Stichwort ›Integration‹. Bei der Suche nach konkreten Schritten darf die Vision der künftigen Stadt nicht aus dem Auge gelassen werden.« Die neue innere Aufgabe in Großstadtgemeinden, das Kümmern um die hereingeholten »Gastarbeiter«, um die noch ungewohnt vielen Ausländer, wird von Propst Trautwein deutlich auch in der Evangelischen Kirche angesprochen. Eine weit größere Rolle spielte jedoch diese Aufgabe im Bereich der Katholischen Kirche in Frankfurt am Main.

Die Caritas, unter der Leitung von Monsignore Adlhoch, kümmerte sich um 12 000 italienische und 10 000 spanische Gastarbeiter in Frankfurt am Main. Es wurden italienische und spanische Fürsorger und Sozialarbeiterinnen eingestellt und ein Centro Italiano, sowie ein Spanisches Zentrum eingerichtet. Seit 1966, also bald nachdem die ersten Gastarbeiter durch die Wirtschaftsbetriebe nach Deutschland geholt worden waren, richtete die Katholische Kirche in Frankfurt mit Unterstützung des Bistums Limburg »Katholische Missionen« für die meist katholischen Gastarbeiter aus den Mittelmeerländern ein. Priester und Ordensschwestern aus deren Heimatländern arbeiteten nun auch in Frankfurt mit[73].

Natürlich kann die Katholische Kirche in Frankfurt am Main auf mehr als ein Jahrtausend Tradition zurückblicken. Eine interessante Karte mit allen (auch ehemals) katholischen Kirchen verdeutlicht dies gut[74]. Auch infolge der größeren Traditionsgebundenheit war für die Katholische Kirche nach 1945 in Frankfurt am Main keinerlei Neuorganisation erforderlich. Wie zuvor war das Bistum Limburg zuständig und innerhalb Frankfurts der bereits 1922 gegründete »Gesamtverband der katholischen Kirchengemeinden«, für den am 1. Januar 1963 eine nunmehr alle katholischen Kirchengemeinden im Stadtgebiet umfassende Neugründung erfolgte, mit nunmehr 45 Gemeinden (oder 52 Kirchengemeinden) in sechs Dekanaten[75]. Ein kurzer Rückblick auf die Schwierigkeiten während der nationalsozialistischen Zeit findet sich in dem von Stadtdekan Greef herausgegebenen schön gestalteten Buch »Das katholische Frankfurt« von 1989. Zu erwähnen ist hier insbesondere Professor Dr. Friedrich Dessauer, der seit 1923 die »Rhein-Mainische Volkszeitung« mit wachsender Resonanz herausgab. Nachdem Pfarrer Alois Eckert am 4. April 1933 darin einen Artikel gegen Antisemitismus und die Vorgänge vom 1. April 1933 veröffentlicht hatte, ist das Haus von Friedrich Dessauer in Sachsenhausen demoliert worden. Prälat Dr. Jakob Herr kam in ein Konzentrationslager. Auch die Deportationen werden erwähnt.

Die Kriegsverluste der katholischen Kirchen in Frankfurt am Main waren auch groß. Von 29 Kirchen waren nur fünf kaum beschädigt, fünf Kirchen waren total zerstört und acht weitere zu mehr als der Hälfte. Ähnlich stellten sich die Verluste der Pfarreien dar. Im Dom war besonders das südliche Querschiff zerstört, nachdem zwischen 29. Januar 1944 und 24. März 1944 mehrere Angriffe auch den Dom getroffen hatten, vor allem durch Brandbomben[76]. Entsprechend ihren Dotationsverpflichtungen baute die Stadt zuerst den Dom und bald darauf St. Leonhard und

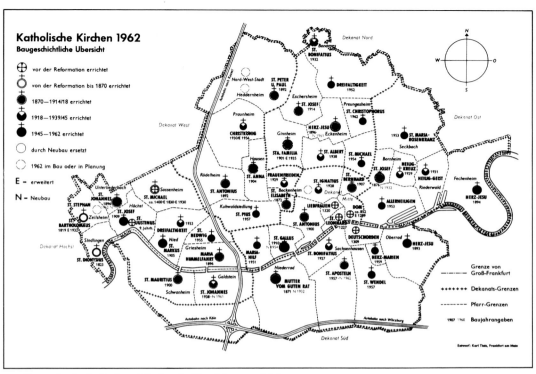

Karte der katholischen Kirchen in Frankfurt am Main

die Liebfrauenkirche wieder auf. 1946 konnte bereits Weihnachten in der Leonhardskirche gefeiert werden, im Domchor 1951 und der Dom selbst ist am 30. November 1953 feierlich wieder eingeweiht worden. Bis 1960 waren alle katholischen Kirchen wieder benutzbar, zuletzt die Deutsch-Ordens-Kirche in Sachsenhausen, nachdem der Deutsche Orden 1965 das beschädigte barocke Anwesen an Brückenstraße und Deutschherrnufer übernommen hatte. Auch sonst konnte die Katholische Kirche in Frankfurt in vielfältiger Weise beim Wiederaufbau und in der kirchlichen Arbeit auf die Hilfe verschiedener Orden rechnen.

Nach dem Krieg fragte sich vor allem die katholische Jugend, ob man einfach wieder an alte Traditionen anknüpfen könne und suchte nach Neuanfängen. Es gibt ein eindrucksvolles Bild einer Jugendversammlung vor dem beschädigten Dom, wo auch das »Überlinger Münsterspiel« aufgeführt worden ist. Besonders dem Jugendpfarrer Pehl gelang es, Jugendliche zum Beispiel für den Bahnhofsdienst zu gewinnen, wo mehr als 30 000 Menschen geholfen werden konnte. In Goldstein entstand ein Jugendwohnheim und am Unterweg 10 das »Haus der Volksarbeit«. Es setzte sich eine veränderte Einstellung der Katholischen Kirche zu ihrer Umwelt durch, nicht mehr als »fordernde Kirche«, sondern als dienende[77]. Bereits 1950 entwickelte

Fronleichnamsprozession der Pfarrgemeinde St. Bernhard 1949 mit der Bitte um Heimkehr der Kriegsgefangenen

ein »Erster deutscher liturgischer Kongreß« in Frankfurt am Main neue Maßstäbe. Vor allem Stadtpfarrer Alois Eckert war eine der treibenden Kräfte für Veränderungen, wie zur »Seelsorge vom Altar aus«. In Frankfurt gaben ja auch die linksliberalen Katholiken Walter Dirks und Eugen Kogon die viel gelesenen »Frankfurter Hefte« heraus, die sich energisch gegen restaurative Tendenzen wendeten. Die Wochenzeitung »Publik« allerdings, mit der mancherlei Hoffnungen verknüpft wurden, als sie im Gefolge der 1968er Bewegungen aus dem Deutschordenshaus heraus erschien, mußte 1972 wieder eingestellt werden. Die Bischöfe hatten ihre finanzielle Unterstützung beendet[78].

Bei soviel Aufgeschlossenheit in Frankfurt ist es verständlich, daß sich früh eine gute ökumenische Zusammenarbeit ergeben hat. Gegenüber den Zahlenverhältnissen früherer Zeiten hatte sich nach dem Krieg der katholischen Bevölkerungsanteil erheblich vermehrt und erreichte im Laufe der Zeit fast 50 Prozent. Die Dekane beider Kirchen treffen sich zweimal im Jahr, die übrigen Pfarrer alle zwei Jahre und es gibt sogar gemeinsame Studienreisen[79]. Auch die Gründung der »Rhabanus-Maurus-Akademie«, die zunächst vom Frankfurter Haus der Volksarbeit als dem katholischen Bildungszentrum ausging, stärkte das Selbstbewußtsein zur »Auseinandersetzung mit den geistigen Strömungen der Zeit«[80]. Gründer und erster Leiter dieser Akademie der Hessischen Bischöfe war Dr. Georg Gebhardt. Die katholische Kirche folgte hier der wirkungsvollen Arbeit der Evangelischen Akademien, wie sie die Akademie in Arnoldshain im Taunus bereits bewiesen hatte. Auch für die katholische Kirche stellte sich die Frage, ob Deutschland »ein Missionsland geworden« sei, denn es gäbe nur noch »christlichen Enklaven innerhalb einer meist indifferenten Bevölkerung, in der die katholischen Christen leben«. Mit ausdrücklichem Hinweis auf Pater Delp wird postuliert, daß man der Öffentlichkeit nicht mehr »das Bild einer zankenden Christenheit« zumuten dürfe. »Wir sollten uns damit abfinden, die Spaltung als geschichtliches Schicksal zu tragen und zugleich als Kreuz.«[81] Durch Jahrzehnte geschieht seitdem vieles in Frankfurt in Zusammenarbeit aller christlichen Kirchen. Die Frankfurter Caritas hat im Laufe der Jahre ein enges Netz sozialer Einrichtungen geschaffen, darunter zehn Altersheime, auch vier Krankenhäuser gehören dazu: St. Marien, St. Katharinen, St. Elisabeth und das der Barmherzigen Brüder, insgesamt mit 1400 Betten. Schon 1968 gibt es 40 Kindertagesstätten mit 130 Mitarbeitern und 24 ambulante Krankenpflegestationen, in denen 71 Ordensschwestern arbeiten. Auch eine katholische Eheanbahnungsstelle existiert erfolgreich bereits seit 30 Jahren.

Über die Frauenarbeit in der Katholischen Kirche schreibt in »Dom und Stadt« die bekannte ehrenamtliche Stadträtin der CDU – der damaligen Zeit noch entsprechend bezeichnet sie sich selbst als »Stadtrat« – Dr. Charlotte Schiffler (1909–1992) mit Hinweis auf die vielen Pfarrhelferinnen, über die Arbeit im Mädchenheim und die Ausbildung für die Altenpflege. Weit entfernt von feministischen Forderungen war man um die 1960er Jahre auch in der katholischen Kirche. Charlotte Schiffler schreibt: »Frauenarbeit im Dienst der Kirche will nicht mehr, als Gott wieder

Eine Wallfahrt für Frieden und Rückkehr der letzten Kriegsgefangenen zur »Frauenfriedenskirche« in Bockenheim am 23. September 1951

Heimat geben unter den Menschen«[82]. Charlotte Schiffler hat sowohl durch die Aufnahme mehrerer Kinder in ihre Familie, wie auch durch ihr Eintreten für die Siedlung Neve Schalom in Israel (eine Kooperative für Juden, Moslems und Christen), weit über Frankfurt hinaus Wirksamkeit entfaltet. Dies gilt auch für eine zweite, allzu früh verstorbene Frankfurterin in der katholischen Arbeit: Dr. Gusti Gebhardt. Gusti Gebhardt baute die katholische Familienarbeit und die Erziehungsberatung bis zur heilpädagogischen Beratung sehr erfolgreich auf und kümmerte sich bald auch um die Familien, die Frauen und Kinder der zahlreichen katholischen Gastarbeiter in Frankfurt am Main. Einige moderne Einrichtungen für internationale Familienarbeit gehen auf sie zurück.

Als Beispiel für die Arbeit katholischer Kirchengemeinden sei auf St. Sebastian in der Nordweststadt verwiesen. Für diese Kirche wurde durch Stadtpfarrer Eckert am 4. Juli 1965 der Grundstein gelegt. Für die im Aufbau befindliche Nordweststadt war noch eine zweite katholische Kirche vorgesehen, mit dem Namen des Märtyrers

Sebastian, einem römischen Offizier. Aus dem römischen Kastell Nida sind bei den Bauarbeiten zur Nordweststadt noch viele Reste gefunden worden. Die Kirche St. Sebastian ist aus Naturstein gemauert und erhielt 1977 auch einen Turm mit dreistimmigem Geläut. Rund 3000 Katholiken gehören zur Gemeinde, die auch in die Römerstadt hineinreicht. Dort sind nicht mehr viele Kinder anzutreffen, wie so oft in vor Jahrzehnten bezogenen Siedlungen; in der Gemeinde aber handelt es sich um eine gesunde berufliche Mischung. Die Zahl der Ausländer nahm in den letzten Jahren ständig zu. Schon 1970 entstand die »Nachbarschaftshilfe St. Sebastian« mit vielen Aktivitäten, unter anderem einer Kleiderkammer. Für die »Nachbarschaftshilfe« erhielt die Kirchengemeinde 1979 von der Stadt Frankfurt die »Walter Möller-Plakette« für bürgerschaftliches Engagement verliehen.

3.4. Der Römer und Tod im Amt

Der »Römer« ist in Frankfurt am Main – und wohl darüber hinaus – ein Begriff. Heute versteht man darunter eigentlich die ganze Stadtpolitik und Stadtverwaltung. An sich ist »Römer« der altüberlieferte Name für das mittlere der weitberühmten drei Giebelhäuser, die oft symbolisch für die Stadt Frankfurt am Main verwendet werden. Korrekt wäre es auch, als »Römer« den gesamten Komplex zwischen Römerberg – Limpurger Gasse – Buchgasse – Bethmannstraße, also alle Gebäude, die zum Rathaus gehören, zu bezeichnen. Erstaunlicherweise hat sich die alte und reiche Stadt Frankfurt am Main, als das alte Rathaus vor dem Dom aufgegeben werden mußte, weil dort der Domturm gebaut werden sollte, weder damals, 1405, noch später ein Rathaus erbaut. Vielmehr wurden nach und nach vorhandene Gebäude gekauft und meist etwas umgebaut. Zu Ende des 19. Jahrhunderts gehörten zwölf alte, zwischen dem 14. und dem 17. Jahrhundert erbaute Gebäude zu dem überaus reizvollen Römer-Komplex. Diese Baugruppe spiegelte wie kaum eine andere die wechselvolle und überwiegend glückliche Geschichte der alten Stadt mit ihren Aufgaben für das Heilige Römische Reich Deutscher Nation.

Um 1900 gab es dann unter Oberbürgermeister Adickes den ersten, sehr erheblichen Eingriff, um Platz für größere Neubauten zu schaffen. Die Straßenführung wurde geändert und die breitere Bethmannstraße durchgebrochen. Im alten Römergeviert sind die Häuser Frauenrode, Viole und Schwarzenfels im südwestlichen Teil abgebrochen und durch erheblich größere Neubauten ersetzt worden. Der Eindruck eines alten Baukomplexes blieb gleichwohl erhalten, weil die Fassade der fünf Häuser am Römerberg so blieb, wie sie sich nach dem Anbau des wilhelminischen Balkons mit ausschmückenden vier Kaiserstandbildern darbot, und weil vor allem das Wanebachhöfchen mit dem Zugang vom Norden und das Römerhöfchen mit dem Zugang vom Süden überaus reizvolle Anblicke boten. Auch die Neubauten von 1900 mit ihren mancherlei neugotischen oder Neorenaissance-Zutaten sind oft von Touristen für mittelalterliche Bauten gehalten worden.

Im März 1944 zerstörten zwei Bombenangriffe den gesamten Römerkomplex nahezu vollständig. Jahrelang haben die Stadtpolitiker an einen Wiederaufbau nicht zu denken gewagt, angesichts der vielen anderen Probleme in der Stadt und der grassierenden Wohnungsnot. Gleichwohl war – spätestens ab 1947 klar, daß »der Römer« wieder als Rathaus instand zu setzen sein werde, sobald dies eben ging. Die neugotischen Bauteile waren zum Teil im Erdgeschoß oder in den Kellern bald wieder nutzbar zu machen, von den mittelalterlichen Bauten am Römerberg waren wenigstens Teile der Fassaden erhalten geblieben. Das ganze sah gespenstig aus und bildete eine wirkungsvolle Kulisse für viele Aufnahmen, die insbesondere 1946 und 1947 beim Bürgereinsatz zur Trümmerbeseitigung gemacht worden sind. Die ersten Sicherungsarbeiten begannen schon 1945. Denn im Ratskeller war die Steuer- und Hauptkasse untergebracht, und darüber die wertvolle Magistratsaktei. Dieser Teil ist mit Notdächern abgedeckt worden, ebenso zum Schutz gegen Frost und Regen die offenen beiden großen gotischen Räume: die Römerhalle und die Schwanenhalle. Der Rathaus-Südbau von 1900 an der Bethmann-Straße war auch teilweise wieder instand zu setzen, aber nur mittels Zementflachdächern, die 1947 provisorisch im 3. Obergeschoß eingezogen werden konnten. Dies waren oft lebensgefährliche Arbeiten[83]. Für das Hoch- und Tiefbauamt sind etliche Dienstzimmer einzurichten gewesen. Zur Jahrhundertfeier der Paulskirche war es glücklicherweise gelungen, den Ostflügel des Rathauses Nord – am Paulsplatz neben der Paulskirche – wieder in Ordnung zu bringen, so daß die Finanzverwaltung dort einziehen konnte. Da etliche Schmuckteile dieses neugotischen Bauwerkes bei der Wiederherstellung weggefallen und zur Holzersparnis nur ein Flachdach eingezogen worden ist, bot sich nun die Fassade neben der Paulskirche weit weniger störend dar als früher.

Gleich nach der Währungsreform konnte auch die Westhälfte dieses Rathausteiles für die Stadtkämmerei wieder hergestellt werden; die Finanzverwaltung ist schließlich das Rückgrat einer Stadtverwaltung und will ordentlich untergebracht sein. Die anderen zentralen Verwaltungsteile waren noch immer über die Stadt zerstreut, der Oberbürgermeister in der Lindenstraße, das Stadtparlament tagte im Saal der Handwerkskammer in der Bethmannstraße. So beschlossen Magistrat und Stadtverordnetenversammlung im Sommer 1950, den Wiederaufbau des Rathauses anzupacken. Die Vorarbeiten sollten unverzüglich beginnen. Dr. Ing. Wolf, Stadtrat für das Bauwesen, ging die schwierige Aufgabe sorgsam an. Er schlug vor, das Bauvorhaben zu teilen. Das Hochbauamt sollte lediglich die Aufstockung des Rathausflügels an der Bethmannstraße mit den Häusern Salzhaus und Frauenstein, den beiden nördlichsten Häusern am Römerberg, planen und leisten. Die Instandsetzung aller übrigen Bauten, nämlich Löwenstein, Römer, Limpurg und Silberberg, zugehörige Büros und Nebenräume sollten privaten Architekten übertragen werden. Hierzu wurde ein begrenzter Wettbewerb bei Frankfurter Architekten veranlaßt. Außerdem erhielt Theo Derlam, als langjähriger Kenner der Raumverhältnisse im Rathaus und Betreuer aller Frankfurter Baudenkmäler[84] den Auftrag, Vorschläge für den Wiederaufbau zu unterbreiten. Am 20. Juli 1950 beschloß die Stadtverordneten-

Trotz der Trümmer am Römerberg wird auch gefeiert, hier mit Hochheimer Wein aus dem städtischen Weingut, 29. bis 31. Juli 1950

versammlung, den Auftrag, Entwürfe auszuarbeiten, an die Architekten Schaupp, Dipl.-Ing. W. Schultz und an die Architektengemeinschaften Apel-Letocha-Rohrer-Herdt und Meid-Romeick zu vergeben. Aus den eingereichten Entwürfen, alle interessant und gut ausgeführt, wurde schließlich eine Variante der Architekten-Gemeinschaft Apel u. a. ausgewählt. Maßgeblich hierfür war hauptsächlich die geniale Idee, aus dem großen Raum des alten Bürgersaals sowohl den neuen Plenarsaal der Stadtverordnetenversammlung, wie auch den Magistratssitzungssaal zu gestalten, und auch die Eingangslösung, nämlich eine neue große Treppe vom Römerberg aus zugänglich zu machen. Bei den erheblichen Veränderungen, die für die alten Bauten vorgesehen worden sind, ist der Mut aller Beteiligten zu bewundern. Aus einer höchst schwierigen Situation der Zerstörung ist es gelungen, eine neuartige und insgesamt gute Lösung zu finden. Natürlich kann man bedauern, daß das Wanebachhöfchen nicht wieder hergestellt worden ist, wie auch, daß die Lösung des Hochbauamtes etwas bürokratisch geriet, wie sie ja auch verhindert hat, die vorhandenen geschnitzten Tafeln am Salzhaus wieder anzubringen. Ein Vergleich der Lagepläne vor und nach der Zerstörung zeigt die fatale Neigung von städtischen Bauämtern, alte geschwungene Linien zu begradigen. So sind die Gebäude und

Büroräume eben auch von einer gewissen Langeweile und die alte leichte Biegung an der Bethmannstraße ist leider verschwunden. Früher hatte man dadurch die Häuser aus verschiedenen Bauperioden gut aneinandergebunden. Glücklicherweise ist diese Begradigung nicht auch am Römerberg selbst passiert, denn die Besonderheit dieser Baugruppe liegt nicht zuletzt in der Schrägstellung der Fassaden. Sie ist auch bei den beiden neu hochgezogenen Häusern beim Wiederaufbau exakt beibehalten worden, vielleicht aber nur, weil beim Salzhaus, und beim Haus Frauenstein, das Erdgeschoß mit den Renaissanceteilen noch vorhanden gewesen ist.

Was hat sich nun bei den übrigen Baukörpern alles verändert und ist der Wiederaufbau insgesamt als gelungen zu bezeichnen? Diese Frage wird man wohl bejahen können, wenn auch jeder, der mit Blick für architektonische Gestaltung in den Römer kommt, bemerken wird, daß mit dem neuen Haupteingang – notgedrungen – erhebliche Eingriffe hatten vorgenommen werden müssen. Trotzdem ist es gelungen, mit dem Betreten des Rathauses, wenn man die große Treppe hinaufsteigt, etwas wie Feierlichkeit und dabei doch Offenheit und Zugänglichkeit zu vermitteln, und dies ist eine bemerkenswerte Leistung und sehr gut für ein Rathaus, das in erster Linie für die Bürger und die Repräsentation der Stadt da sein sollte.

Unter manchem anderen endgültig verloren ist einer der wichtigsten alten Räume: die obere Ratsstube, das Kurfürstenzimmer mit seinen wertvollen Stuckarbeiten und Malereien. Hier hatten die Kurfürsten des alten Reiches beraten, bis sie sich endlich einig waren, wer als neuer König gewählt oder als Kaiser gekrönt werden sollte. Der Rat der Stadt Frankfurt hatte diesen Raum 1732–1735 durch den Stadtbaumeister Johann Jakob Samhammer künstlerisch ausgestalten und verschönern lassen. Dazu wurde 1741 die Kaisertreppe prächtig von der Römerhalle aus hinauf gebaut. Heute sind davon nur noch die untersten vier Stufen in der Römerhalle und die schönen schmiedeeisernen Geländer samt Tor vorhanden und führen in den etwas kahlen Vorraum im Erdgeschoß. Anstelle des Kurfürstenzimmers findet sich jetzt im zweiten Geschoß der große Vorraum, von dem aus sowohl das Zimmer des Oberbürgermeisters, wie auch der Magistratsvorraum und der Kaisersaal zu erreichen sind.

Die Stadtverordnetenversammlung hatte am 18. Januar 1951 das Ausführungsprojekt der Arbeitsgemeinschaft Apel-Letocha-Rohrer-Herdt hinsichtlich des Grundrisses genehmigt, aber dagegen gestimmt, das Salzhaus in der alten Form wieder aufzubauen. Allerdings sollte die Vorlage des Hochbauamtes für die Römerecke nochmals überarbeitet werden. Allen diesen Beschlüssen gingen natürlich ausführliche Debatten und Beratungen in den Ausschüssen voraus. Gegen den Aufbau Salzhaus sind vermutlich vor allem finanzielle Gründe ins Feld geführt worden, denn sparsam war man bei dem Bauvorhaben Römer durchaus. Am 17. Mai 1951 ist dann der Wiederaufbaubeschluß nach erneuten Debatten ergangen. Schon im Herbst 1952 konnten dank der Anstrengung aller Beteiligten, nicht zuletzt der Frankfurter Aufbau AG, die wichtigsten Räume bezogen werden. Dies war eine ganz besondere Bauleistung, denn die Kombination von Bauten sehr alter Substanz mit neuen, und dies über Trümmern, verlangte ganz besondere Maßnahmen und viele handwerkliche Fähigkeiten. Auch später war dies bei Umbauten im Römer nicht anders und oft gab es irgendwelche Überraschungen, mit denen niemand rechnen konnte[85]. Der neugotische Teil des Rathauses ist auch gleich mit hochgezogen worden, wobei man statt des früheren Dachgeschosses ein weiteres Geschoß aufstockte. Die nunmehr fünfgeschossigen Gebäude um drei Höfe bergen einen großen Teil der Frankfurter Stadtverwaltung und der Räume für die Stadtverordnetenfraktionen. Beim Wiederaufbau 1952 sind die beiden Türme nicht in voller Höhe von 1900 wieder hergestellt worden, sondern wurden recht geschickt in flacher Form abgedeckt. Dies hat jahrelang zu Diskussionen um eine Wiederherstellung geführt, die aber zu kostspielig gewesen wäre und niemand reklamierte die Nutzung der Turmzimmer. So wird der originalgetreue Wiederaufbau wohl unterbleiben, was dem Stadtbild nicht schadet.

Die erste Sitzung des Stadtparlaments im neuen Plenarsaal fand am 18. September 1952 statt. Der schlichte, holzgetäfelte Saal mit Tribüne für die Besucher hat stets beeindruckt und er hat sich bewährt. Der Magistratssitzungssaal, in dem ohne Mikrofon gesprochen werden kann, ist ebenso ein bemerkenswert würdiger Raum geworden. In der Wandelhalle vor dem Magistratssaal sind bald große Ölbilder der

Das Stadtparlament im neuerbauten Plenarsaal

Der Kaisersaal wird am 9. Juni 1955 wiedereingeweiht. Sitzend von links: Bürgermeister Dr. Leiske, Stadtverordnetenvorsteher Edwin Höcher, Ministerpräsident Georg August Zinn, Bundespräsident Theodor Heuß, Oberbürgermeister Kolb

früheren Oberbürgermeister aufgehängt worden: Mumm von Schwarzenstein, Miquel, Adickes und Voigt. Ein weiteres Bild des letzten und bedeutenden Oberbürgermeisters bis 1933, Dr. Ludwig Landmann, fehlte allerdings. Nur mit Mühe gelang es dem Oberbürgermeister Kolb im Magistrat durchzusetzen, als eben auch ein Stückchen »Wiedergutmachung«, daß 3000 DM aus einer Halbmillionen-Bausumme, die für den Römer eingespart worden war, für ein Bild von Landmann bestimmt werden konnte[86]. Schließlich wurde der Maler Runze beauftragt, für 2000 DM das Bild zu malen. 1000 DM waren für den Rahmen vorgesehen. Man war eben wirklich sparsam damals, oftmals an falscher Stelle. Sparsamkeit zeigte sich auch bei Auseinandersetzungen im Magistrat um den Wiederaufbau des Kaisersaals. Dieser historisch so bedeutsame Festsaal ist nämlich mit einigem Abstand zuletzt erst fertiggestellt worden. Mittel für Rednerpult und Sitzmöbel für Kaisersaal und Römerhallen wurden in einer Magistratsvorlage vom 19. Dezember 1955 von den Stadtverordneten erbeten[87] und offenbar nachträglich bewilligt, so daß endlich vom Jahr 1955 an auch der Kaisersaal wieder zur Verfügung stand, und zwar in der seit dem 16. Jahrhundert gegebenen Form und mit den Kaiserbildern aus dem 19. Jahrhundert.

In der Magistratssitzung vom 11. Mai 1953 legte Stadtrat Dr. Wolf eine vorläufige Finanzierungsübersicht zum Wiederaufbau des Rathauses vor[88] und vermerkte stolz, daß 570 000,- DM Minderausgaben zu verzeichnen seien, verknüpft mit der Anfrage, ob hiervon der Kaisersaal ausgebaut werden könne. Ein kleines Modell sei vorhanden und die Pläne der Architektengemeinschaft Apel u. a.; Oberbürgermeister Kolb ist auch für diesen Vorschlag, Stadtrat Rudolf Menzer jedoch strikt dagegen. Stadtrat Menzer war offensichtlich oft der erste Sprecher der SPD-Gruppe und meistens folgten ihm die andern Stadträte der SPD. Diesmal also erklärte er energisch, aus optischen Gründen und wegen dringenden anderen Bedarfs müßten die eingesparten Gelder anderweitig verwendet werden: nämlich für ein Kasino, das die Bediensteten der Stadt mit Recht verlangen könnten. Ferner sei die Magistratsaktei sehr schlecht untergebracht, und, »damit die im Keller arbeitenden Bediensteten genügend Licht bekämen« müßten die Kellernotfenster befestigt werden[89]. Und er hat noch weitere Alternativen: der Eingang Bethmannstraße zum Rathaus müsse verbessert werden. Verschiedene Zimmer im Rathaus wären zu unterteilen, was allein etwa 300 000 DM koste. Und schließlich bleibe der Fahrstuhl öfter hängen. Ja, innerhalb der SPD-Fraktion hätten einige sogar vom Kaisersaal als »Kitsch« gesprochen und einen ganz anderen Aufbau gewünscht. Bei so viel Widerstand gab der Oberbürgermeister nach und Kolb faßte zusammen, die Küchenräume hätten Vorrang, aber man solle mit der Planung für den Kaisersaal beginnen, damit das nicht fünf bis zehn Jahre daure. Auch der Kämmerer, Klingler, war gegen den Ausbau, aber innerhalb von zwei Jahren könnten sich wohl Mittel dazu finden. Stadtrat Fay war auch für Aufschub, Stadtrat Rasor mochte wenigstens die Planung retten. Schließlich wurden ganze 5000 DM für die Planung Aufbau Kaisersaal zur Verfügung gestellt. Auch später wurde der Kaisersaal noch öfter angeführt, vornehmlich dann, wenn gravierende Probleme eine sofort zu finanzierende Lösung verlangten. Das war zum Beispiel der Fall beim Thema »Beseitigung der Bunkerunterkünfte«[90]. Man beschloß unter anderem, daß nur Einzelpersonen in Bunker eingewiesen werden sollten, während zur Zeit noch 670 Familien mit 2594 Personen, darunter über 1000 Kinder unter 14 Jahren in den 14 Bunkern und vier Lagern der Stadt lebten. Es handele sich meist um Frankfurter Familien, die durch die Lockerung der Wohnungszwangswirtschaft und gestiegene Mieten ihre Wohnung verloren hätten. Meist seien die Männer in Arbeit und verdienten durchschnittlich um 300 DM im Monat, also ganz normal. Auf der anderen Seite habe Frankfurt eine starke Anziehungskraft auf Flüchtlinge aus der Sowjetzone. Zur weiteren Bearbeitung dieses Problems, das ausdrücklich als vorrangig vor einem Ausbau des Kaisersaals bezeichnet wird, berief der Magistrat eine Kommission. Geräumt konnten die Bunker allerdings erst mehrere Jahre später werden, aber Obdachlose auf den Straßen gab es auch dann so gut wie nicht. Zum Thema »Wiederaufbau Rathaus« berichtete in der Magistratssitzung am 15. Juni 1953 Bürgermeister Leiske, daß auf Wunsch von Stadtrat Menzer der Ratskeller als Kasino »in Aussicht« genommen sei, sobald die bestehenden Verträge mit der Binding-Brauerei gelöst werden könnten, was bald zu erwarten sei. Stadtrat Menzer berichtete dazu, daß er vorsorglich Stadtrat Wolf gebeten habe, bei den Planungen für den Südteil des Rathauses einen Speisesaal vorzusehen. Dies ist auch erfolgt und der große und helle Saal hat bis in die späten 1980er Jahre den Mitarbeitern der Stadt Frankfurt gut gedient.

Wie schwierig es war, den verschiedenen Wiederaufbaunotwendigkeiten gerecht zu werden, zeigt sich auch an den anderen Plänen, die im Magistrat zu dieser Zeit (1953) erwogen worden sind. Da findet sich bereits ein Antrag auf Wiederaufbau des Leinwandhauses am 13. April 1953 (Tagesordnungspunkt 11). Allerdings bittet Stadtrat vom Rath als zuständiger Dezernent, da von der kleinsten Partei, der FDP gestellt, in schwacher Position, nach einer langen Sitzung um Rückstellung, was natürlich erfolgte. Das Leinwandhaus ist schließlich nach vielen Bemühungen erst im März 1984 fast originalgetreu fertiggestellt worden. Um das Karmeliterkloster wurde auch bereits seit 1953 der Wiederaufbau erörtert. Ein Vorschlag von Stadtrat Miersch, das Kloster der katholischen Kirche zu überlassen, auch zum Wiederaufbau, fand keine Zustimmung[91]. Aber dann ist es schwierig, eine sinnvolle Nutzung zu finden. Zunächst nutzte die Sozialverwaltung den wiederaufgebauten Teil, auch die Künstler erhalten Räume unter dem Dach. Schließlich konnte das Stadtarchiv ab 1959 dort ein neues Domizil beziehen. Im Laufe der Jahre wurden die berühmten Ratgeb-Fresken mehrfach restauriert und schließlich der Kreuzgang teilweise zu deren Schutz verglast. Das Dach über der großen Karmeliterkirche konnte aber erst im Jahre 1987 im Zusammenhang mit der Neueinrichtung des Museums für Vor- und Frühgeschichte angebracht werden. Nicht alles dauerte so lange. Am 15. Juni 1953 wurde von Stadtrat vom Rath ein Antrag auf Neubau der Stadt- und Universitätsbibliothek im Magistrat eingebracht. Das Ergebnis war zunächst Rückstellung, bis ein Universitätsvertrag mit dem Land erreicht sei. Aber, im Jahre 1964, konnte der Neubau der Frankfurter Stadt- und Universitätsbibliothek, Architekt Ferdinand Kramer, im Universitätsbereich an der Bockenheimer Landstraße eingeweiht werden[92]. Und an der Eschersheimer Landstraße kaufte die Stadt – recht günstig – das Gelände, das der Hessische Rundfunk gerade geräumt hatte für die Staatliche Hochschule für Musik, die von der Stadt Frankfurt am Main finanziert wird.

Der Universitätsvertrag mit dem Land Hessen, der jeweils 50 Prozent Finanzierung durch Stadt und Land vorsah, mit einigen Ausnahmen zu Ungunsten der Stadt, wurde am 10. September 1953 einstimmig in der Stadtverordnetenversammlung verabschiedet. Eingeschrieben waren damals 5800 Studenten. Mit amerikanischen Stiftungsgeldern ist für diese Studentenzahl ein für die damalige Situation sehr großzügiges Studenten-Club-Haus im Gelände der Universität errichtet und am 22. Februar 1953 eingeweiht worden.

Die Stadt zählte zu Ende des Jahres 1953 rund 55 000 Einwohner mehr als zu Vorkriegszeiten, ein Zeichen der Attraktivität Frankfurts in den Wiederaufbaujahren, in denen es fast keine Arbeitslosigkeit gab. Am 10. Dezember 1953 besuchte Oberbürgermeister Kolb den 600 000sten Einwohner der Stadt, das Baby Margrit-Ricarda Wöber, und gratulierte den Eltern aufs herzlichste.

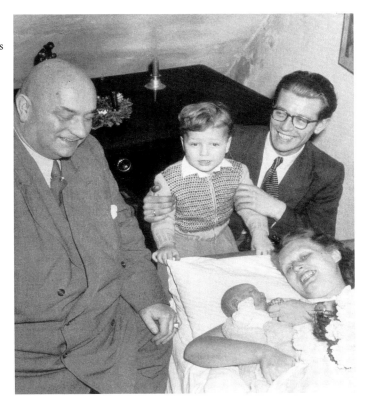

Der 600 000. Einwohner der Stadt Frankfurt am Main ist ein Baby namens Margrit-Ricarda Wöber. Oberbürgermeister Kolb besucht und beglückwünscht die Familie am 10. Dezember 1953

Der deutsche Buchhandel, stark gefördert durch den Oberbürgermeister konnte nach all den Schwierigkeiten in Leipzig nunmehr in der Nähe des Goethehauses im Großen Hirschgraben zu Frankfurt am Main eine neue Heimat finden. Am 3. Mai 1953 ist das Haus eingeweiht worden. Auch die beiden Hauptkirchen, der katholische Dom und die evangelische Katharinenkirche, sind in diesen Jahren durch die Stadt fertiggestellt worden, der Kaiserdom am 29. November 1953 und die Kirche St. Katharinen am 24. Oktober 1954.

Mitten im Neubaugebiet der alten Frankfurter Altstadt zwischen Bethmannstraße und der neuen Straße »An der Paulskirche« (seit 1953 in Erinnerung an den Aufstand am 17. Juni 1953 »Berliner Straße«) war inzwischen der Bundesrechnungshof entstanden, wohl auch als Kompensation für die entgangene Hauptstadtwürde. Immerhin ist das große Bürogebäude von ansehnlicher Art im Stil der damaligen Zeit und inzwischen denkmalgeschützt. Eingeweiht wurde der Bundesrechnungshof – der ebensogut auf grüner Wiese oder heute in Potsdam arbeiten könnte – am 19. November 1953. Trotz der vielen anderen Wiederaufbauvorhaben – zum Beispiel der Kleinmarkthalle an der Ziegelgasse – brachte es die Stadt Frankfurt im Jahre 1954

1952 erhält der amerikanische Hochkommissar John J. McCloy anläßlich seiner Übersiedlung nach Bonn die Goetheplakette der Stadt von Oberbürgermeister Kolb im Goethehaus überreicht

fertig, alle Bunker zu räumen und für die Insassen Lager oder Übergangswohnungen vorzusehen, ab Juli 1954 lief dies Programm. Einen Einschnitt ganz anderer Art, nämlich den Übergang vom Besatzungsregime zur zivilen Auslandsvertretung bedeutete das Richtfest für das amerikanische Generalkonsulat in der Siesmayerstraße am 17. August 1954. Aus den Akten geht hervor, daß Oberbürgermeister Kolb längst in relativ vertrautem Verkehr mit dem Hochkommissar McCloy stand und daß freundliche Geburtstagsgrüße ausgetauscht worden sind, auch nach dessen Umzug von Frankfurt nach Bonn. 1956 räumten die Amerikaner endlich auch die Römerstadt als letztes beschlagnahmtes Viertel.

Im Römer selbst konnte der von Stadtrat Menzer seinerzeit so strikt angemahnte Sozialbau am 31. Oktober 1955 übergeben werden. Alle die hier nur zum Teil erwähnten Wiederaufbauleistungen der Stadt, gingen immens ins Geld. Für 1956 überschritt der Haushalt der Stadt Frankfurt am Main zum ersten Mal die 300 Millionen DM-Grenze. Zwar ist jede Kreditaufnahme der Stadt gründlich erwogen worden, bis sie von der Stadtverordnetenversammlung genehmigt wurde, aber insgesamt geriet der Haushalt doch etwas außer Kontrolle, obgleich die Zahlen heute außerordentlich niedrig erscheinen. Die FAZ mahnte im Herbst 1956 denn auch an, die Finanzen der Stadt müßten besser mit den Aufgaben in Einklang gebracht werden, was leicht gesagt war, angesichts des noch immer vorhandenen Nachholbedarfs.

Im Sommer 1956 war man im Römer natürlich längst schon auf die Kommunalwahl im Herbst eingestellt. Es entspann sich eine heftige Diskussion um eine mögliche Erweiterung des hauptamtlichen Magistrats – allzeit ein beliebtes Thema zwischen den Parteien und besonders virulent, wenn ohnehin Veränderungen anstehen und jüngere Leute nachrücken wollen. Auch zu diesem Thema meinte die FAZ später, Oberbürgermeister Kolb hätte sollen mit der Faust auf den Tisch schlagen, um die Sache zu beenden. Aber dies war nicht sein Stil eher versöhnlichen Aushandelns. Außerdem war der Oberbürgermeister krank und seit Frühsommer in Bad Nauheim zur Erholung. Am 1. August 1956 kehrte er in den Römer zurück, begrüßt von einem Meer von Blumen und vielen Gratulanten, denn dies war der Tag, an dem er vor zehn Jahren das Amt des Frankfurter Oberbürgermeisters übernommen hatte.

Sicher auch im Hinblick auf die Kommunalwahl am 28. Oktober 1956 nutzte der Oberbürgermeister die Gelegenheit, in der Stadtverordnetenversammlung am 6. September 1956 einen Rückblick auf die 10jährige Amtszeit zu halten, die ein Jahr nach Kriegsende begonnen hatte. Er erinnerte dabei an seine Antrittsrede und zitierte nochmals, was er – als religiöser Sozialist – für besonders wichtig erachtete: es ist der »Grundsatz der Gerechtigkeit und Objektivität, den wir Deutsche lernen müssen, einander zu achten, auch dann, wenn wir in anderem politischen Lager stehen.« Es wäre zu wünschen, eine Synthese zu finden zwischen den ethischen Kräften der modernen Arbeiterbewegung und den ewigen Werten des Christentums[93]. Edwin Höcher, der Stadtverordnetenvorsteher, zitierte diese Worte nochmals nur kurze Zeit später, am 23. September, bei der Trauerfeier für Walter Kolb in der Frankfurter Paulskirche. Die Nachricht vom Tod des überaus populären Stadtoberhauptes verbreitete sich am Donnerstag, dem 20. September 1956 in Windeseile. Der Oberbürgermeister hatte noch am Vortag bis in die Abendstunden in seinem Amtszimmer gegenüber der Paulskirche im Römer gearbeitet. Zu Hause, kurz nach Mitternacht, ereilte ihn ein Herzschlag. Keiner der früheren Oberbürgermeister seit 1867 war im Amt verstorben und da Walter Kolb außergewöhnlich bekannt und beliebt war in seiner Stadt, war die Trauer groß und echt. Zehn Jahre Amtszeit sind lange, wie sich seitdem erwiesen hat, da bislang keiner der nachfolgenden Oberbürgermeister über diesen Zeitraum für die Stadt hat wirken können. Am Samstag, den 21. September 1956, standen viele Tausende Frankfurter den ganzen Tag über an, um in der Römerhalle an der Bahre vorbeizuziehen und von ihrem Oberbürgermeister Walter Kolb Abschied zu nehmen. Aus den vielen Kondolenzschreiben und von den Reden bei der Trauerfeier geht vor allem eines hervor: Walter Kolb wurde ganz besonders wegen seiner Persönlichkeit geschätzt, nicht in erster Linie als Fachmann und weithin bekannter Kommunalpolitiker, sondern als Mensch mit einem guten Herzen und viel Wohlwollen und Freundlichkeit für seine Mitmenschen, besonders für die

Schwachen und Hilfsbedürftigen. In den schweren Jahren der Nachkriegszeit war gewiß gerade diese Wesensart in der zerstörten Stadt hoch willkommen, zumal der Oberbürgermeister Kolb Optimismus ausstrahlte und ein fröhlicher Mensch gewesen ist.

Auch die Trauerfeier in der Paulskirche zeigte die Wertschätzung, die dem ersten nach 1945 gewählten Oberbürgermeister der Stadt Frankfurt am Main von allen Seiten entgegengebracht wurde. Es war eine hochansehnliche Versammlung mit bewegenden Ansprachen von Kirchenpräsident Martin Niemöller, Bürgermeister Dr. Walter Leiske, Stadtverordneten-Vorsteher Edwin Höcher, dem Vorsitzenden der SPD, Erich Ollenhauer, dem Präsidenten des Hessischen Landtags Heinrich Zinnkann, denn Kolb war ja seit 1950 für die westlichen Vororte Frankfurts auch im Hessischen Landtag, ferner sprachen Ministerpräsident Georg August Zinn und Bundespräsident Theodor Heuß.

Der Hessische Ministerpräsident Zinn hatte schon am Todestag über den Hessischen Rundfunk eine Ansprache gehalten und betont »an der Spitze der alten Freien Reichsstadt, die Einzigartiges in Planung und Aufbau geleistet hat, fühlte sich Walter Kolb vom ersten Tag an am rechten Platz. Das empfanden auch immer wieder seine Mitbürger.« Walter Kolb habe in der Arbeit mehr gesehen, als nur zum Nutzen der Bürger einer Stadt zu wirken. »Er wußte, daß der soziale Charakter eines Staates im wesentlichen von den Gemeinden her geformt wird und daß der gesellschaftliche Fortschritt nur so lange gewährleistet ist, als er aus den tausendfachen Quellen der gemeindlichen Selbstverwaltung strömt.«[94]

Kirchenpräsident Niemöller, der am Sonntag die Trauerfeier eröffnete, sprach von dem väterlichen Freund und gütigen Berater, »wir haben ihn nicht nur geachtet, und wir haben ihn nicht nur verehrt, wir haben ihn lieb gehabt.« Er zitierte auch den Konfirmationsspruch, den Walter Kolb stets bei sich getragen habe: »Es ist ein köstlich Ding, daß das Herz fest werde, welches geschieht durch Gnade.« Niemöller hob aber auch hervor, mit einem leichten kritischen Unterton, welchen Problemen Politiker zumeist gegenüberstehen: »In dem langen Parteileben, da hätte sein Herz wohl eng werden können, wie es leicht und oft geschieht, aber wir wissen es alle, daß die Grenzen seiner Partei für ihn niemals zu Gefängnismauern geworden sind, hinter denen er die Wirklichkeit und die anderen nicht mehr klar gesehen hätte. Sein Herz blieb fest und blieb weit, und so kam das Wunder zustande, daß er Freunde fand in allen Lagern und daß er diese Freunde behalten konnte.«[95]

Die vielen zusätzlichen Aufgaben, die der Oberbürgermeister übernommen hatte, für Turnerbund und Tierschützerverein und viele andere Organisationen zählte Bürgermeister Leiske auf. Als wichtigster Wesenszug von Walter Kolb erschien ihm, den Schwachen und mühselig Beladenen helfen zu wollen. Der Bürgermeister nutzte die Gelegenheit, vor den vielen auswärtigen Gästen auch zu sagen: »Hinter der äußeren Fassade unseres fortgeschrittenen Wiederaufbaus verbirgt sich auch in dieser Stadt noch viel materielle und seelische Not.« Der Stadtverordneten-Vorsteher Höcher wies besonders darauf hin, daß dem Oberbürgermeister

Kolb vor allem anderen am Herzen gelegen habe, die Paulskirche als Vaterhaus der deutschen Demokratie rechtzeitig zur Jahrhundertfeier wieder aufzubauen. Ebenfalls mit einem Hinweis auf die Bedeutung der Paulskirche sprach Ollenhauer, daß es für Walter Kolb allzeit wichtig gewesen sei, die Ideen und Gedanken von Freiheit und Demokratie und von der Einheit des Vaterlandes lebendig zu erhalten. Der Vorsitzende der SPD hatte den jungen Jurastudenten Kolb schon 1921 als Vorsitzenden des sozialistisch-republikanischen Studentenbundes der Bonner Universität kennengelernt. Zum Abschluß der Gedenkreden sprach Bundespräsident Heuß, ebenfalls mit einer Anspielung auf den »Republikanischen Studentenbund« in Bonn, zu dem Walter Kolb ihn im Jahre 1922 zu einem Vortrag eingeladen hatte. Schon damals habe der junge Student »Sorge um die Staatsgesinnung« gezeigt, wie dann auch erst recht nach 1945. Seitdem sei er oft mit Walter Kolb zusammengekommen und wolle den »gesamtdeutschen Rang« seiner Arbeit hervorheben. So sei es sehr wichtig, daß der Frankfurter Oberbürgermeister »den deutschen Verlagen eine Mitte neu zu bereiten verstanden habe«. Besonders geschätzt habe er immer an Walter Kolb, »im breitesten Sinne das Wissen, was geistig-kulturelle Werte in dieser Zeit für die kommende Zeit bedeuten.«[96]

Das Städtische Orchester unter Generalmusikdirektor Solti umrahmte die Trauerfeier mit Musik von Bach und Mozart. Von der Paulskirche aus begab sich der Trauerzug zum Hauptfriedhof, durch eine dichtstehende Menge der Frankfurter Bürger. Frankfurt trauerte.

Mit einer Auswahl der Kondolenzschreiben hat eine der engeren Mitarbeiterinnen des Oberbürgermeisters Kolb, Heli Knoll, erste Pressechefin der Stadt und dann Tierschützerin, ein schönes Buch veröffentlicht, zusammen mit einem Lebensbild des verstorbenen Oberbürgermeisters[97].

Eindrucksvoll sind die Stimmen aus Berlin. Der Regierende Bürgermeister, Otto Suhr, schrieb aus dem Krankheitsurlaub: »einer der populärsten Oberbürgermeister Deutschlands ist aus dem Leben geschieden. Er wurde ein Opfer seines 18-Stunden-Tages.«[98] Auch Suhrs Stellvertreter als amtierender Bürgermeister, Franz Amrehn, äußerte sich ausführlich in einer Gedenkrede im Sender Freies Berlin: »Dem Oberbürgermeister Kolb dankt aber vor allem Berlin für die Fülle von Hilfe, die er unserer Stadt geistig und materiell geleistet hat. Er war ein Mann, der im Bund die Gewissen dafür wachhielt, daß Berlin das Herzstück des ganzen Deutschland geblieben war und daß das Eintreten für diese Stadt Prüfstein und Maßstab für die Bemühungen um unsere Einheit abgab.« Diese Stimmen sind umso bemerkenswerter, als in die Amtszeit des Oberbürgermeisters Kolb bekanntlich die Hauptstadtentscheidung gefallen ist und sie zeigen, daß die Bemühungen der Stadt Frankfurt zu keinerlei Mißstimmung gegenüber Berlin geführt haben. Vielmehr war seinerzeit Walter Kolb als einer der ersten zur Luftbrückenzeit nach Berlin geflogen. Die Stadt Frankfurt am Main hielt zu ihrem Wort: Berlin ist die Hauptstadt Deutschlands.

Auch die Fülle der ausländischen Kontakte, die Kolb von Frankfurt aus aufgenommen hatte, so schwer das in den ersten Nachkriegsjahren gewesen ist, werden

Trauerzug für OB Kolb am 23. September 1956

durch die Kondolenzschreiben deutlich. So hatte der Frankfurter Oberbürgermeister die ersten Beziehungen zu französischen Gemeinden anbahnen helfen, aus denen sich später die wirkungsvollen Partnerschaften vieler großer und kleiner Gemeinden in beiden Ländern entwickelt haben.

Selbstverständlich kondolierte auch der Deutsche Städtetag, den der Frankfurter Oberbürgermeister mit hatte aufbauen helfen. Das Präsidium allerdings überließ er dem Regierenden Bürgermeister von Berlin, was dieser dankbar vermerkte. Bei einer der ersten Buchmessen, so erinnert sich der Vorsteher des Börsenvereins Friedrich Georgi, sprach Kolb beim Empfang der ausländischen Buchhändler und Verleger von der Römertreppe aus, eindrucksvoll und mit geschlossenen Augen »ein bewegter, ein wissender und in aller Überlegenheit bescheidener Mensch«[99]. Weitere bedeutende Persönlichkeiten äußerten sich freundschaftlich: Albert Schweitzer und Fritz von Unruh. Das Schreiben aus Lambarene zeigt auch die Besorgnis des Arztes, der die Beanspruchung des Frankfurter Oberbürgermeisters beobachtet hatte, als er 1951 zur Verleihung des Friedenspreises des deutschen Buchhandels in Frankfurt am Main gewesen war: »Es hat eine große Bedeutung in Frankfurts Geschichte, daß dieser Mann der Stadt, die in Trümmern lag, zur Verfügung stand und ihr eine Auferstehung bereitete, die denjenigen, die sie miterlebten, wie ein Wunder anmutete und ein Gegenstand des Staunens für die kommenden Geschlechter bleiben wird.«[100] Um den Dichter Fritz von Unruh hatte sich Frankfurts Oberbürgermeister laut Briefwechsel persönlich gekümmert. So schrieb von Unruh denn auch von seinem Freund, der »große Demokrat, der mutige Verteidiger der Volksfreiheit, der unermüdliche Arbeiter am Wiederaufbau Frankfurts«[101].

Mit großer Anerkennung äußerten sich die Vertreter der Jüdischen Gemeinde Frankfurts: ein Mann, »der den Gedanken der Humanität zu seinem Lebensprinzip machte«, habe Zeit seines Lebens mit einem Volk gefühlt, »das im Laufe seiner Geschichte so viel und so oft leiden mußte. Als Frankfurter Oberbürgermeister ließ Walter Kolb in den zehn Jahren seiner Amtstätigkeit nichts unversucht, um die Jüdische Gemeinschaft in Frankfurt tatkräftig bei dem Wiederaufbau ihres einstmals blühenden Gemeindelebens zu unterstützen.«[102] Anfang August 1956 hatte in Frankfurt am Main der Evangelische Kirchentag stattgefunden, auf den sich Walter Kolb gefreut hatte und an dem er mehrfach teilnahm, schon von Krankheit gezeichnet, wie es in dem Kondolenzschreiben heißt[103]. »Er wußte, wie wichtig es war, nach dem Zusammenbruch in den Jahren des Niedergangs der so schwer geschlagenen und zum Teil verzweifelnden deutschen Jugend Wege in die Zukunft zu weisen. So setzte er sich an die Spitze des Deutschen Turnerbundes« heißt es von dieser Seite[104].

Selbstverständlich nahm auch die Frankfurter Presse Stellung. Freundlich äusserte sich Karl Gerold in der »Frankfurter Rundschau« (21. September 1956): »Es ist das Unsagbare an tätiger Nächstenliebe, das dieser Mann strahlender Popularität bescheiden zu verbergen wußte«. Etwas kritischer schrieb die FAZ, die insbesondere an der Verwaltungsführung einige Defizite vermerkte, aber doch betonte: »Die politische Welt Deutschlands ist um eine markante Persönlichkeit ärmer geworden.«[105] Es blieb auch nicht aus, daß in den Medien sehr rasch, »die Nachfolgefrage« erörtert worden ist. Die Abendpost zeigte am 6./7. Oktober 1956 bereits die Porträts von nicht weniger als 13 »im Gespräch« befindlichen Nachfolgern, von Carlo Schmid, Max Brauer über den früheren Stadtverordneten Schaub bis Stadtrat Rudi Menzer. Der Kommentar dazu lautete u. a., ob SPD oder nicht, uns interessiert, »ob der neue Mann seine Parteizugehörigkeit auch hinter dem Amt so stark zurücktreten lassen kann, wie es Kolb tat.« Dies in der Tat war und blieb ein Grundproblem der Spitzenpolitiker in Frankfurt am Main, soweit sie der mächtigen SPD angehörten. Die SPD äußerte bemerkenswerterweise vier Wochen vor der Kommunalwahl, am 28. September 1956 in der Frankfurter Rundschau, sie beabsichtige keineswegs, »vollendete Tatsachen« zu schaffen, obgleich sie derzeit die absolute Mehrheit im Römer halte. Der Fraktionsvorsitzende der SPD-Stadtverordneten-Fraktion, Präsident Heinrich Kraft, werde aber in Kürze den Wahlvorschlagsausschuß einberufen und öffentliche Ausschreibung beantragen. Die SPD tat sicher gut daran, nicht einige Tage vor der Wahl einen neuen Oberbürgermeister auszugucken. Außerdem brachte die Kommunalwahl am 28. Oktober 1956 dann eine noch erheblich verbesserte Mehrheit, nämlich 50 Sitze für die SPD, 23 für die CDU und sieben für die FDP. Dies war auch eine Bestätigung und ein Lob der Wähler für die bemerkenswerte Aufbauleistung in Frankfurt am Main.

3.5. Wirtschaft und Verkehr wachsen schnell

Wie die erfolgreiche Zusammenarbeit des Oberbürgermeisters Kolb mit der Frankfurter Wirtschaft und der Industrie- und Handelskammer zustande kam, verriet der Präsident der IHK, Dr. Petersen, erst nach Kolbs Tod. Gleich nach dessen Amtsantritt nämlich habe ihn, Petersen, der neue Oberbürgermeister gefragt, wie am besten Fühlung mit der Frankfurter Wirtschaft aufzunehmen sei. So habe sich der Gedanke ergeben, daß der Oberbürgermeister in gewissen Zeitabständen die für Frankfurt maßgeblichen Industriebetriebe besuchen solle. Durch diese Besuche und durch die Art, wie Kolb sich dabei gab, habe er die »Achtung und Zuneigung der Unternehmer und der Arbeiterschaft gewonnen, die stets durch den Betriebsrat zugegen war«. Diese Besuche hätten wohl auch ihre Auswirkung auf die »ungeheure Popularität« dieses Oberbürgermeisters gehabt. Wenn auch später solche regelmäßigen Besuche wegen Arbeitsüberlastung eingestellt worden seien, so habe doch stets enge Verbindung bestanden[106].

Auf Anregung aus der Stadtverordnetenversammlung war im Dezember 1949 bei Bürgermeister Dr. Walter Leiske eine kleine »Abteilung für Wirtschaftsförderung« eingerichtet worden, verbunden mit einem »Fünferrat« aus Magistratskollegen und Fachleuten. Später kamen die drei Fraktionsvorsitzenden dazu, was sich sehr bewährte. Die Stadt Frankfurt hatte sich nach dem Ende der Hauptstadtträume ganz bewußt auf das vorrangige Ziel der Wirtschaftsförderung eingestellt, mit großem

Erfolg – wie die nächsten Jahrzehnte zeigten. Diese Abteilung »Wirtschaftsförderung« hatte ihre Prinzipien, es gab zwar Investitionsmittel, aber keine Betriebskredite. Sie lebte vom »Vertrauen in die unternehmerische Leistung« und verfolgte hauptsächlich drei Ziele: 1. ein wirtschaftsförderndes Klima in der Stadt zu schaffen, 2. der ortsansässigen Wirtschaft zu eigener Kraftentfaltung zu verhelfen und schließlich 3. »fremde Kraftströme« hereinzuholen und an Frankfurt zu binden. Einige gut bebilderte Publikation unterstützte diese Bemühungen[107]. Eine weitere Initiative der Stadtverordnetenversammlung ging dahin, auch den Mittelstand und insbesondere das Handwerk zu fördern. Es gab damals in Frankfurt 11 500 Handwerksbetriebe mit etwa 50 000 beschäftigten Personen. Leiske hob hervor, welch große Leistung die Bauarbeiter in Frankfurt aufzuweisen hätten, bei den vielen Großbaustellen und weiterer Privatinitiative. Es gehe der Stadt bei der Wirtschaftsförderung vor allem darum, die Arbeitsplätze zu sichern und durch wachsende Steuerkraft zu helfen, nach den seelischen und geistigen Verwüstungen der Zeit von 1933 bis 1945 zur Wiederaufrichtung der Menschen beizutragen. Der »Sog nach Frankfurt war groß«, aber dies habe auch sehr viel zusätzliche und Nachtarbeit der planenden Verwaltung vorausgesetzt. Dafür könne man jetzt Glückwünsche aus dem In- und Ausland einheimsen, und, mehr noch, den Dank der Heimatvertriebenen, vor allem ihrer Frauen, für die Integration in der Stadt am Main.

Etwas kritischer und von außen betrachtete die FAZ die Frankfurter Wirtschaftspolitik. Sie verlangte von dem Nachfolger Kolbs, gemeinsame Initiative mit der Frankfurter Wirtschaft zu entwickeln. »Im Geiste einträchtiger Zusammenarbeit wurden die ökonomischen Voraussetzungen für die Entfaltung der Stadt geschaffen,« und die FAZ zählt auf nur »einige der markantesten Vorgänge des letzten Jahrzehnts«: der Ausbau des Messe- und Ausstellungswesens, des Flughafens, des Fernstraßennetzes, und Wohnungsbau. »Nur diese zusammengefaßte Kraft von bürgerschaftlicher Selbstverantwortung, die nicht alles vom Vater Staat erwartet, und kommunalpolitische Initiative, die nicht jedes von ihm erhofft, vermochte schließlich auch die schwere Enttäuschung zu überwinden, die Frankfurt 1949 erleben mußte, als Bonn zur Bundeshauptstadt bestimmt wurde.«[108]

Zum Thema »Bonn« urteilte um die gleiche Zeit der Frankfurter Bürgermeister Dr. Walter Leiske, der seit 1953 auch als Bundestagsabgeordneter der CDU die Verhältnisse dort gut kannte: »Wenn denn einmal, hoffentlich früher als später, der Tag der Wiedervereinigung näherrückt, wird allerdings die Rückführung des derart aufgeblähten Bezirks Bonn auf wieder normale Verhältnisse sehr schwerwiegende Probleme aufgeben; sie werden gewiß viel schwieriger zu lösen sein, als jemals im Falle der Wahl Frankfurts zu befürchten gewesen wäre.«[109]

Bereits drei Jahre nach der Hauptstadt-Absage stellte sich die Frankfurter Wirtschaft in stetigem Aufwärtstrend dar. Allein die Wiederherstellung zerstörter Gebäude und Anlagen, aber auch Neubauten, zeigen außergewöhnliche Anstrengungen sowohl der einzelnen Betriebe, wie auch der Bauwirtschaft, die das alles auf einmal zu bewältigen hatte[110]. Die Veröffentlichung »Frankfurts Wirtschaft baut auf« von 1952, mit eindrucksvollem Bildmaterial, ist eine gute Quelle für die Dynamik der Stadt. Sie zeigt, wie Frankfurt am Main Arbeitskräfte von überall her anzog, trotz großer Wohnungsnot. In der Hanauer Landstraße, wie auch im Osthafengebiet, waren Zerstörungen zu verzeichnen. Am meisten jedoch in den innenstadtnahen Bereichen, in denen sich viele traditionelle Firmen angesiedelt hatten.

Als erstes Hochhaus in Frankfurt am Main galt der Neubau der AEG Süd am Theodor-Stern-Kai, mit zwölf Stockwerken und langem Bürotrakt. Architekt war Heinrich Assmann, 1950 war der gesamte Bau bereits fertig[111]. Ein besonders schönes Beispiel für Wiederaufbau bot die Stempel AG in der Heddrichstraße 106–114, Schriftgießerei und Lynotype-Maschinenfabrik. Bei der Wiederherstellung 1950 sind drei Stockwerke aufgestockt worden. Wie bei so manch anderem Frankfurter Betrieb wurde allerdings in späteren Jahren die Produktion an dieser Stelle aufgegeben. Das Haus selbst übernahm der S.Fischer-Verlag, der sich dort neuzeitlich-modern einrichtete[112]. In der Gutleutstraße 110 wurde 1950/51 das Frankfurter Druckhaus H.Bauer KG gebaut. Der Architekt war Ernst Leichum[113]. Die Bauersche Gießerei, Schriftgießerei war in der Hamburger Allee 45 größtenteils 1944 zerstört, 1948 begann bereits der Wiederaufbau mit Aufstockung[114]. Die Hartmann und Braun AG in der Falkstraße und Gräfstraße in Bockenheim, die Registrierinstrumente zum Eichen herstellt, hatte bis 1952 ebenfalls ihre Produktionsstätte wieder aufgebaut[115]. Zu 80 Prozent zerstört war die VDO Tachometer GmbH in der Königstraße 103, ein weltbekanntes Unternehmen, das aber bald wieder produzieren konnte. Ebenfalls 1944 zerstört worden war das Werk I der Telefonbau- und Normalzeit (Telenorma) in der Mainzer Landstraße 134–142. Bereits 1945 begann der Wiederaufbau durch den Architekten Udo von Schauroth. Ein Neubau entstand als Werk II in der Kleyerstraße 79–83 1950/51 vom gleichen Architekten[116]. Dort hatten auch die Adler-Werke Heinrich Kleyer AG, ihr Domizil die »nach schweren Kriegsschäden von über 50 Millionen DM und angeordneter Demontage ihrer Automobilfabrik das Schwergewicht ihrer Fabrikation auf die Herstellung von modernsten Büromaschinen, Motorrädern und Fahrrädern verlagert« hatten und die bekannte Adler-Standard UNIVERSAL-Schreibmaschine produzierten, sowie das Motorrad Adler M 200. Die Fertigungshalle I war 1950 erstellt und zusätzlich wurden Tochterwerke als »Vereinigte Werkzeug-Maschinenfabrik« begründet[117]. VDM, die Vereinigten Deutschen Metallwerke, ergänzten ihre Anlagen in Heddernheim durch einen Neubau der Verwaltung[118]. Ein weiteres schönes Verwaltungsgebäude erstellten die Continental-Gummiwerke für ihre Frankfurter Niederlassung in der Mainzer Landstraße 152/217, da das alte Gebäude 1944 ausgebrannt war[119]. Die Metallgesellschaft, deren Haus Reuterweg 2 lange von den Amerikanern beschlagnahmt worden war, erweiterten ihre Verwaltungsbauten im Reuterweg 14 durch einen Neubau[120].

Die Chemische Industrie in Frankfurt hatte die wenigsten Kriegsverluste zu beklagen. An der Mainkur in Fechenheim erstellten die Casella-Werke 1951 einen Produktionsneubau zur Textilveredelung[121] und die Farbwerke Hoechst bauten bereits 1950 eine Penicillin-Erzeugungsanlage und vermehrten die Forschungs- und Produktionsstätten für Stickstoffdünger und anderes[122]. Die Khasana GmbH, Parfümeriefabrik in der Karlsruherstraße 15/17 konnte ebenfalls vor 1952 ihre Produktionsstätte wiederaufbauen[123] – und die CHEMAG – Chemikalien AG, erstellte ein schönes neues Verwaltungsgebäude, das später unter Denkmalschutz gestellt wurde, 1952 in der Senckenberganlage 10–12. Es ist ein Werk des Architekten Ernst Balser[124].

Natürlich waren auch die Banken am Wiederaufbau und Neubau beteiligt, allerdings in den ersten Nachkriegsjahren noch nicht in dem Ausmaß, wie später. Das Gebäude der Frankfurter Bank, Neue Mainzer Straße 69–73/Taunusanlage war 1944 zerstört worden, der Wiederaufbau begann bereits 1946 bis 1951 durch den Architekten J. Schmidt. Ebenfalls in der Neuen Mainzer Straße, Nr. 30, entstand durch die Architekten Alois Giefer und Hermann Mäckler das Bankhaus Georg Hauck & Söhne[125]. Am Untermainkai, Nr. 23–25 erstellte die Deutsche Verkehrs- und Kreditbank 1950 einen Neubau, Architekt J. Bischof[126].

Versicherungen begannen ebenfalls mit ihren Bauten, vorweg die Allianz AG, deren Verwaltungsgebäude am Opernplatz, 1943 teilzerstört, stand bereits wieder 1950[127]. Hotels sind in den ersten Wiederaufbaujahren anscheinend sehr wenige entstanden. Heraus ragt nur der »Hessische Hof« am Platz der Republik 40, ein Gebäude, das 1952 von der Holzmann AG neunstöckig erstellt worden ist. Die Klage nach mangelnden Hotelzimmern blieb ja auch noch für einige Zeit bestehen. Abgesehen von den Rundfunkbauten am Dornbusch konnten die Medien offenbar zunächst auf vorhandene Bauten zurückgreifen. Erwähnt wird lediglich das dpa Gebäude Untermainkai 56 (vormals DENA, Deutsche Nachrichten Aktien-Gesellschaft), die auch die Sendemasten am Heiligenstock errichtet hatte. Das schöne alte dreistöckige Haus war im Krieg ausgebrannt und wurde 1949/50 wieder aufgebaut und dabei um ein Stockwerk aufgestockt. Es handelt sich um die vom Rath'sche Villa. So ist auch in der ersten Wiederaufbauzeit doch vielfach Rücksicht genommen worden auf vorhandene Bausubstanz, was dem Stadtbild sehr zugute kam. Probleme in dieser Hinsicht bahnten sich schon damals an im Westend, dem innenstadtnahen Wohngebiet, in das schon während des Wiederaufbaues Bürobauten hineindrängten oder ihren Altbesitz wiederherstellen wollten. Als Neubau entstand an der Bockenheimer Landstraße 42 das Gebäude der »Alte Leipziger Lebensversicherungs-Gesellschaft«, die sich bis in die Liebigstraße ausdehnte und später nach Oberursel übersiedelte. Natürlich blieb der Bürocharakter der Neubauten von 1950 dann beibehalten. Ebenfalls ein Neubau wurde für das Verbandshaus des VDA (Verband der Automobilindustrie) in der Westendstraße 61 erstellt. Die Elektrizitäts-Actien-Gesellschaft baute ihren Besitz in der Guiollettstraße 48 1951/52 wieder auf (vormals W. Lahmeyer & Co.). So verhängnisvoll im Hinblick auf spätere Entwicklungen diese frühen Büronutzungen im Westend zu beurteilen sind, so muß man doch sehen, daß in den Jahren um 1950 beinahe jedes Bauvorhaben in der immer noch stark kriegszerstörten Stadt höchst willkommen gewesen ist[128].

Für die Werbewirtschaft, die sich später in der Stadt so ausbreiten sollte, war ganz wichtig der Wiederaufbau des Hauses der Deutschen Städtereklame, seit 1922 in Frankfurt am Main ansässig, in der Eschenheimer Anlage 33/34. Dies Anwesen war 1944 völlig zerstört worden und wurde 1948/49 durch Architekt Karl Meinke wiederaufgebaut. Ebenfalls gute Entwicklungschancen ergaben sich für die Neckermann-Versand-AG, die zunächst am Ostbahnhof ein großes Gebäude 1951 erstellte und erst später in die Hanauer Landstraße als bedeutender Gewerbestraße umgezogen ist, Architekt Hans Hacht[129]. Ein Arbeiter-Wohnheim ist in der Hanauer Landstraße gebaut worden, von der Firma Voigt & Haeffner AG. Auch die Bank Deutscher Länder baute 1951/52 für ihre Mitarbeiter, dreistöckige Doppelhäuser in der Reinhard- und Ulrichstraße[130].

Die Nahrungsmittelindustrie und der Lebensmittelhandel brauchten natürlich auch neue oder wiederzuerrichtende Bauten. Als »modernstes Flaschenmilchwerk und Eiskreme-Anlage Deutschlands«[131] entstand die »Moha-Milchversorgung Frankfurt (M) GmbH« in Sossenheim 1951. Schade & Füllgrabe erbauten eine Lebensmittel-Zentrale mit einem großen Lagerraum von 15000 qm an der Hanauer Landstraße 161–173[132] und die Deutsche AG für Nestle-Erzeugnisse ließ ihre Verkaufszentrale in einem schönen alten Gebäude in der Mainzer Landstraße 193, zerstört 1944, schon von 1947 an wieder aufbauen. Architekt war Carl Wissenbach[133]. Später hat sich die Nestle AG ein großes Gebäude in der neuen Bürostadt Niederrad erbaut. Nicht zuletzt das erst in der Nachkriegszeit bekannt und berühmt gewordene Getränk Coca Cola erhielt für die Zweigniederlassung Frankfurt am Main in der Rheingau-Allee 100 einen modernen, leicht wirkenden Neubau, der 1952 fertiggestellt war[134].

Der Wirtschaft dienende Gebäude wurden natürlich auch von Stadt und Bund erstellt. So war die teilzerstörte Großmarkthalle wieder aufzubauen, was bis 1949 gelang, und dazu kam ein neues Verwaltungsgebäude in der Rückerstraße 6, das 1951 bezogen wurde[135]. Eine große fabrikmäßige Anlage war nötig für die Trümmerverwertungs-GmbH Frankfurt, die schon 1946 im Osthafen von der Lurgi errichtet, mittels einer Bandsinteranlage nach dem auf Hüttenwerken erprobten Verfahren die »Mitverwertung nichtbrauchbarer Anteile von Feinschutt« sicherstellte und so dazu beitrug, daß keine riesigen Trümmerberge aufzuhäufen waren[136]. Der Bund baute, vielleicht auch als Kompensation für entgangene Haupstadtfunktionen, neben dem Rechnungshof auch einen großen Verwaltungsbau an der Adickes-Allee 40 für die ernährungswirtschaftlichen Stellen des Bundesministeriums für Ernährung, Landwirtschaft und Forsten. Die Frankfurter Mühlen mußten am Osthafen-Südbecken wieder aufgebaut werden. In den stark kriegszerstörten Häfen waren zahlreiche Umschlagseinrichtungen und Betriebe wieder instand zu setzen[137]. Wirtschaftseinrichtungen waren auch im Zuge des Messeausbaus notwendig, z.B. ein modernes Messerestaurant, sowie am Flughafen, wo der Flughafendienst sich bald äußerst hilfreich für die Frankfurter Wirtschafts- und Handelsunternehmen entwickelte. Bei den großen Anstrengungen allein auf dem Gebiet des Neu- oder Wiederaufbaus, wovon hier nur Ausschnitte gezeigt werden konnten, blieb es nicht aus, daß Umsatz und Steueraufkommen der Frankfurter Wirtschaft sich kräftig ausweiteten.

Selbstverständlich setzten die bemerkenswerten Erfolge der Frankfurter Wirtschaft voraus, daß viele tüchtige Menschen beteiligt waren. Die Gewerkschaftszentrale der Industriegewerkschaft Metall konnte ihren Sitz in der Wilhelm-Leuschner-Straße wieder einnehmen, nachdem die Amerikaner das beschlagnahmte Gebäude bald freigegeben hatten. Langsam gelang es von hier aus, auch die Bezirksverbände wieder zu organisieren. Die Lohnabschlüsse mit der Metallindustrie, gewissermaßen der Leitfaden für alle übrigen gewerkschaftlichen Bemühungen, blieben recht gemäßigt. 1951 kam es nach gescheiterten Tarifverhandlungen erstmals zu einem Flächenstreik in der Bundesrepublik, bei dem die vereinigten Arbeitgeberverbände dann sehr rasch nachgegeben haben[138]. So konnten auch die Arbeitnehmer in den Schlüsselindustrien im noch jungen Staat Bundesrepublik Deutschland am Zuwachs des Sozialprodukts beteiligt werden, was dem sozialen Frieden sehr zugute gekommen ist.

In der Kongreßhalle auf dem Frankfurter Messegelände tagte vom 4. bis 9. Oktober 1954 der 3. Bundeskongreß des Deutschen Gewerkschaftsbundes

Das Ehrenbürgerrecht der Stadt Frankfurt am Main wird dem Bankier Hermann Josef Abs am 15. Oktober 1981 im Kaisersaal durch Oberbürgermeister Dr. Wallmann verliehen

Zahlreiche Unternehmerpersönlichkeiten hatten in Frankfurt am Main ihren Arbeitsschwerpunkt. Hiervon können nur einige erwähnt werden, an der Spitze der spätere Ehrenbürger der Stadt, Hermann Josef Abs, 1901 in Bonn geboren. Nicht zuletzt ihm hat die Stadt Frankfurt die Konzentration einer wachsenden Zahl von Banken mit zu verdanken. Für die Bundesrepublik ist besonders wichtig geworden, daß es dem erfahrenen Bankier gelang, am 27. Februar 1953 das Londoner Schuldenabkommen abzuschließen. Ohne das wäre der wirtschaftliche und politische Aufstieg Deutschlands kaum möglich gewesen, so sagte 1981 bei der Verleihung der Ehrenbürgerwürde Oberbürgermeister Dr. Wallmann. Hermann Josef Abs war auch Berater des ersten Bundeskanzlers Adenauer in Fragen der Finanzpolitik. 1957–1967 war er Vorstandssprecher der in Frankfurt wieder eingerichteten Deutschen Bank und 1967 bis 1976 deren Aufsichtsratsvorsitzender. Für mehrere Frankfurter Kulturinstitute engagierte sich Hermann Josef Abs tatkräftig und bis ins hohe Alter. Er starb am 5. Februar 1994.

Kein Gegenspieler, aber ebenfalls gelernter Bänker, wie die Frankfurter sagen, und im anderen politischen Lager beheimatet, war Walter Hesselbach. Er wurde am 21. Januar 1915 in Frankfurt am Main, in Bockenheim, geboren und erhielt einen wichtigen Teil seiner Bankausbildung im Haus einer jüdischen Privatbank. Es blieb für ihn stets selbstverständlich, sich für jüdische Angelegenheiten einzusetzen und den Staat Israel möglichst zu unterstützen. Dies war recht gut möglich über die »Bank für Gemeinwirtschaft«, die 1958 als Bank der Deutschen Gewerkschaften in Frankfurt am Main in deren Auftrag von Hesselbach gegründet worden ist. Als ehrenamtlicher Stadtrat der SPD wirkte Walter Hesselbach im Frankfurter Magistrat von 1952 bis 1977 und hatte großen Einfluß in der Partei- und Stadtpolitik. Er starb am 5. November 1993.

Chef im Vorstand der »Farbwerke Hoechst«, die nach der Entflechtung der IG-Farben 1951 neugegründet wurden und bald großen Aufschwung nahmen, war Professor Karl Winnacker über viele Jahre. Den Neuanfang und die beträchtliche Ausdehnung hat das Werk weitgehend ihm zu verdanken, auch die Aufnahme neuer Produktionszweige im Bereich Pharmaka oder Düngemittelherstellung. Dies bekam allerdings der Umwelt nicht so ohne weiteres. Winnacker erzählte einmal selbst bei einem der festlichen Essen im Frankfurter Hof, daß die Farbwerke der Höchster Fischerzunft einiges Geld zahlten, damit sie über das Verschwinden der Fische im Main nicht lamentierten.

Alois Ammerschläger, der sich früh an der Zeil einen guten Platz für sein Kaufhaus sicherte, machte daraus eine besonders beliebte und gut sortierte Einkaufsstätte für Damenoberbekleidung. Auch er ist bis ins hohe Alter tätig und bestim-

Die jüdische Gemeinde zu Frankfurt verleiht am 19. August 1989 durch ihren Vorsitzenden Ignaz Bubis (links) das silberne Ehrensiegel an den Bankier Dr. h. c. Walter Hesselbach für seine Verdienste um Israel

mend. Von den offenbar guten Gewinnen stiftet er häufig für gute Zwecke. Um 1950 war Präsident der Industrie- und Handelskammer Dr. Alfred Petersen. Diese für einen sehr großen Teil der Frankfurter Unternehmen wichtige Selbstverwaltungskörperschaft, die auch für Ausbildung und Förderung sorgte und durchaus politischen Einfluß zugunsten der Mitglieder ausübte, konnte im Laufe der Jahre ihr Domizil an der Börse ausbauen. Fritz Dietz, Handelsherr, übernahm 1964 die Präsidentschaft. Er engagierte sich bald für den Wiederaufbau des Opernhauses und konnte viele Frankfurter Bürger für Spenden gewinnen. Dies war ein wichtiger Beitrag zum schließlich im Frühjahr 1977 erfolgten Aufbaubeschluß, wenn auch die gesammelten Mittel bei weitem nicht ausreichten.

Für das Handwerk, in seiner wirtschaftlichen Bedeutung nicht zu unterschätzen, gab es die Handwerkskammer an der Bockenheimer Landstraße. Auch in den zum Teil altehrwürdigen Handwerken und unter den Innungsmeistern waren bedeutende Persönlichkeiten. Gerade in den Aufbaujahren waren viele bemüht, Verbandspolitik und das Ausbildungswesen in den einzelnen Handwerken wieder ordentlich ingang zu bringen. So beispielsweise der Steinmetz und Bildhauermeister Hugo Uhl, in Frankfurt am Main 1918 geboren[139]. Unverkennbare Werke von Hugo Uhl sind in nicht wenigen Frankfurter Spielplätzen, oder auch im Stadtwald zu finden.

Zwei Jahre nach der Währungsreform war natürlich für die allermeisten Frankfurter Betriebe noch kein goldenes Zeitalter gekommen. Das Wachstum und die Entwicklung der Frankfurter Wirtschaft seit 1950 konnten statistisch zum ersten Mal seit dem Krieg anhand der Umsätze und der Umsatzsteuererhebung nach damaliger Gesetzgebung für die Jahre 1954 und 1955 voll erfaßt werden[140]. Die Jahresumsatzsteuerstatistik für die beiden Jahre 1954 und 1955 stellt einen gewaltigen Aufschwung fest, nämlich um plus 47,4 Prozent seit 1950: das »Wirtschaftswunder«. Die Gesamtsumme betrug 1955 rund 14,4 Milliarden DM[141]. Hier sind die Bankenumsätze noch nicht einmal einbezogen, weil sie nur pauschaliert erfaßt und niedrig besteuert wurden. Bei der statistischen Aufgliederung der Wirtschaftsbereiche nach Industrie, Handwerk und Kleingewerbe, Großhandel, Einzelhandel und Sonstige Wirtschaftsbereiche liegt im Steueraufkommen der Stadt Frankfurt der Großhandel an erster Stelle mit 1955 (abgerundet) 5,5 Milliarden DM, gefolgt von der Industrie mit 4,4 Milliarden DM und dem Einzelhandel mit 1,2 Milliarden DM. Steuerpflichtige gab es natürlich in den Großbetrieben der Industrie erheblich weniger als in den anderen Sparten. So werden für die Chemische Industrie ganze 93 Steuerpflichtige angegeben, aber mit einem Umsatz von 1,5 Milliarden, also 1 556 818 000 DM. Die Kunststoffverarbeitung hat überhaupt nur sechs Steuerpflichtige, die 9,5 Millionen DM erwirtschafteten. Im Großhandel wurden 3262 Steuerpflichtige gezählt und im Einzelhandel natürlich erheblich mehr, im gleichen Jahr 1955 insgesamt 7469, und das sind 9,3 Prozent weniger als im Vorjahr. Auch in den anderen Sparten ließ sich jetzt schon ein Konzentrationsprozeß hin zu größeren Betrieben feststellen[142].

Am größten ist die Zahl der Steuerpflichtigen bei den »Sonstigen Wirtschaftsbereichen« nämlich 13 383, das Steueraufkommen freilich erheblich niedriger. Bei

»Handwerk und Kleingewerbe« liegen die Daten gerade umgekehrt. In den Erläuterungen zu den statistischen Angaben zeigt sich eine zeitgemäße Unsicherheit bei der Interpretation dessen, was unter »Sonstigen Wirtschaftsbereichen« zu verstehen sei: nämlich das »Dienstleistungsgewerbe, also aus Handelsvertretern, Gastwirtschaften, u.ä.«[143] Von »Tertiärem Sektor« war damals noch nicht die Rede, aber die aufmerksamen Statistiker bemerkten natürlich, daß sich hier besonders rasche Entwicklungen vollzogen. So ist auch – reichlich unklar – davon die Rede: »Die hohe Zahl der Steuerpflichtigen innerhalb des Öffentlichen Dienstes wird weitgehend durch die »Freien Berufe« bestimmt«, deren Anteil am Gesamtumsatz 27 Prozent betrage[144]. Besser heißt es dann in der nächsten Tabelle »Öffentlicher Dienst und Dienstleistungen im öffentlichen Interesse«. Jedenfalls wird gefolgert, – und im Hinblick auf die spätere besonders starke Entwicklung der Wirtschaftsbereiche im Tertiären Sektor in Frankfurt am Main war die Prognose von 1956 ganz richtig – »daß in der stärkeren Inanspruchnahme von Dienstleistungen und Verkehrswirtschaft (größte Zuwachsraten mit 17,8 bzw. 16,7 Prozent) die starke wirtschaftliche Aufwärtsbewegung der Stadt zum Ausdruck kommt.«[145]

Im Gefolge des wirtschaftlichen Aufstiegs ergaben sich auch besondere Verdienstmöglichkeiten, so sollte das 24jährige Callgirl Rosemarie Nitribitt über 100 000 DM Vermögen hinterlassen haben, als man die Edel-Prostituierte am 1. November 1957 in ihrem Frankfurter Appartement ermordet auffand. Die Mordtat ist nie aufgeklärt worden und es wurde viel gemunkelt von besonderen Beziehungen zu den Reichen und Mächtigen. Die ganze Republik beschäftigte sich mit diesem so glanzvoll erscheinenden kurzen Leben der jungen Frau und schon 1958 drehte Rolf Tiller einen Film: »Das Mädchen Rosemarie«. Beides, Film wie das Ereignis selbst, waren sehr geeignet, Glanz und Elend der anderen Großstadtseite mit Prostitution und Verbrechen aufzuzeigen und dabei die Stadt Frankfurt in ein schräges Licht zu versetzen, das noch recht lange die öffentliche Meinung mitbeeinflußte.

In der Landwirtschaft lagen die Zahlen natürlich ganz erheblich niedriger: 2,4 Prozent aller Steuerpflichtigen gehörten zu diesem Wirtschaftsbereich, auf den aber nur 0,2 Prozent des Frankfurter Wirtschaftsumsatzes entfielen. Andererseits war Frankfurt am Main damals – der Zahl der landwirtschaftlichen Betrieb nach – gewissermaßen das größte Dorf Hessens – und ist dies auch geblieben.

Wie schon in der Broschüre von 1952 bringt das Statistische Amt der Stadt auch für das Umsatz-Steueraufkommen, also die Wirtschaftskraft der Stadt Frankfurt am Main, einen Vergleich mit Hessen[146]. Daraus ergibt sich, daß Frankfurt am Main bei Industrie und Großhandel vorne lag, während der Einzelhandel im Lande Hessen etwa vergleichbar mit dem in Frankfurt war. Aber im Gesamtumsatz holte Hessen auf: 1954 hatte Frankfurt noch einen Anteil von 43,9 Prozent, 1955 waren es 41,8 Prozent. Die Frankfurter Wirtschaft konnte sich in diesen Jahren des sogenannten Wirtschaftswunders stetig weiterentwickeln. Für 1960 heißt es in den Statistischen Monatsberichten[147], das Jahr 1960 sei eines der erfolgreichsten gewesen. Der

Gesamtumsatz der Frankfurter Wirtschaft erhöhte sich auf 22,7 Milliarden DM (22 793 295 000) und hatte sich seit 1950 mehr als verdoppelt. An der Spitze lag wiederum der Großhandel mit plus 23,3 Prozent gegenüber dem Vorjahr.

Von den Handwerksbetrieben war noch immer die Bauwirtschaft ganz besonders beansprucht. Sie erwirtschaftete 1955 rund ein Drittel des gesamten Umsatzes im Handwerk, rund 170 Millionen DM. Damit lag die Bauwirtschaft vor dem Nahrungsmittelhandwerk, das auf 141 Millionen DM kam. Arbeitslose gab es in Frankfurt am Main so gut wie keine[148]. Bald begann die Wirtschaft, vor allem die Großbetriebe, sich nach neuen Arbeitskräften umzusehen: im Ausland.

Natürlich hatte die starke Entfaltung der Wirtschaft in allen Sparten erhebliche Auswirkung auf das Verkehrsgeschehen. Beim Wiederaufbau der Stadt hatte man schon mit dem Anwachsen des Kraftfahrzeugverkehrs gerechnet, aber niemand hatte vorausgesehen, daß von einem »Sättigungsgrad« noch sehr lange nicht die Rede sein konnte. Zunächst war die Stadt froh, den Straßenbahnbetrieb wieder herstellen zu

Polizeipräsident Dr. Littmann und ein Frankfurter Polizeibeamter erläutern einen der ersten Parkometer, von denen ab 1. September 1954 insgesamt 74 in der Innenstadt und um den Hauptbahnhof aufgestellt wurden

»Berliner Tage« beging die Stadt Frankfurt am Main vom 4. bis 7. Oktober 1958. Die Autobahn als gute Verbindung nach Berlin wird vom Regierenden Bürgermeister Willy Brandt und vom Frankfurter Oberbürgermeister Werner Bockelmann gewürdigt

können. Dann kam, wie auch in anderen Städten, eine Diskussion auf, die Schienenfahrzeuge der öffentlichen Verkehrsmittel nähmen dem Individualverkehr den Raum weg, und es wurden auch in Frankfurt Omnibusse verstärkt eingesetzt, allerdings nicht als Ersatz für Straßenbahnen. Auch um den ruhenden Verkehr mußte man sich bald Sorgen machen: 1954 sind die ersten Parkometer am Hauptbahnhof aufgestellt worden, und am 18. September 1956 weihte man das erste Frankfurter Parkhaus an der Hauptwache ein. Dies war immerhin ein recht schöner Bau, nach Entwürfen der Architekten Meid und Romeick, der später unter Denkmalschutz gestellt wurde.

Ganz stolz ist man in Frankfurt und weit darüber hinaus gewesen, als die beiden Nord-Süd- und Ost-West-Autobahnen am »Frankfurter Kreuz« sich schnitten und so die Mittellage der Mainstadt wieder einmal sichtbar wurde. Eine feierliche Einweihung wurde am 10. Juli 1956 inszeniert. Die Verkehrsführung war ja auch ein großer Fortschritt. Aber sie verbrauchte mit der Kleeblattlösung sehr viel an Grund und Boden im Stadtwald, was damals noch nicht sonderlich beachtet worden ist.

Außerordentlich wichtig war der Ausbau des Flughafens Rhein-Main mit seiner kleinen, hübschen Empfangshalle, die freilich schon bald nicht mehr ausreichte.

Am schwierigsten erwies sich bald die Bewältigung des Individualverkehrs, zumal es hier auch psychologische Barrieren gab. Schließlich war der Erwerb eines Autos in diesen Jahren noch etwas Besonderes und der ganze Stolz von jung und alt, und man wollte mit dem Auto natürlich auch überall in der Stadt herumfahren, halten und parken können. Die Zahlen verdeutlichen die Situation, die von den Verkehrsplanern – und allen anderen – permanent falsch eingeschätzt worden ist. Ende 1945 fuhren in Frankfurt am Main so gut wie keine Kraftfahrzeuge in deutschen Händen, nämlich 1680 Pkw und 2562 Lastkraftwagen. Die Amerikaner flitzten mit ihren Jeeps umeinander und hatten ihre riesigen Lastkraftwagen. 1950 waren in Frankfurt am Main schon 29034 Kraftfahrzeuge zugelassen, davon 14059 Pkw. 1956 waren es bereits insgesamt 71621 KfZ und davon 47725 Pkw[149], also mehr als dreimal soviel. Schließlich wurde geschätzt (1964), daß die jährliche Bestandszunahme an Kraftfahrzeugen durchschnittlich 13 Prozent betrage[150]. Wie sollte man mit einer solchen Zuwachsrate fertig werden? Der Magistrat mit einem weitblickenden Oberbürgermeister reagierte zunächst so, daß die Verkehrsplanung im Mai 1959 aus der Stadtplanung herausgelöst und ein eigenes Verkehrsplanungsamt gegründet wurde, woraus im Oktober 1961 ein selbständiges Verkehrsdezernat entstand.

3.6. Wissenschaft und Kultur haben es schwer

Eine unabdingbare Notwendigkeit der kommunalen Politik besteht darin, zwischen wünschbaren Investitionen zu entscheiden und Präferenzen herzustellen. In diesem oft langdauernden Entscheidungsprozeß spielen viele Faktoren eine Rolle, die finanziellen Möglichkeiten sind keineswegs allein ausschlaggebend. Der politische Wille, dies oder jenes vorzuziehen, ist mindestens so wichtig, wie auch das politische Gewicht der einzelnen agierenden Persönlichkeiten, sowohl im Magistrat, wie auch in erster Linie in der Mehrheitsfraktion der Stadtverordnetenversammlung. Dazu kommen die mehr oder minder gut feststellbaren Anregungen der öffentlichen Meinung oder bestimmter Gruppen und Stadtquartiere und anderes mehr. Was lebensnotwendig ist oder so erscheint, kann mit Unterstützung rechnen. Aber als Beispiel: eine Feuerwehr zu haben ist immer einsichtig, wie sie ausgestattet sein soll, ist schon nicht mehr unumstritten.

So lebhaft ein Teil der Frankfurter Bürgerschaft in den ersten Nachkriegsjahren an Theaterereignissen in noch so primitiver Umgebung, an neuen Büchern oder an bislang unterdrückter Musik oder Kunst interessiert war, so schwierig war es doch, in den Wiederaufbaujahren im Bereich der Kulturpolitik mehr zu tun als eine möglichst gute und zeitgerechte Wiederherstellung verlorener oder zerstörter Institutionen anzustreben.

Dazu kam, daß das »Amt für Wissenschaft, Kunst und Volksbildung« praktisch erst von 1950 an durch ein eigens allein mit Kulturaufgaben beauftragtes Magistratsmitglied wahrgenommen worden ist. Gegenüber vielen anderen Städten war dies allerdings ein erheblicher Fortschritt, der im Laufe der Jahre die Entfaltung des Frankfurter kulturellen Lebens und des vielfältigen Angebots wesentlich erleichterte. Sicher nicht zuletzt, um die FDP in die Magistratspolitik einzubinden – sie hatte bei der Kommunalwahl 1948 immerhin 23,6 Prozent der Stimmen auf sich vereinigt und 1952 noch 14,4 Prozent – stellte die FDP nun erstmals ein hauptamtliches Magistratsmitglied mit dem Kunsthistoriker Dr. Karl vom Rath, der diese Aufgabe bis 1970 wahrgenommen hat. Bis dahin war die Kulturpolitik zum Teil neben anderen Aufgaben oder nur für kurze Zeit einem Stadtrat anvertraut worden. Eine Ausnahme stellte Dr. Keller dar, der 1928 von Leipzig kommend, für zwölf Jahre in den Magistrat gewählt worden war und dann mit der abgestuften Aufgabe als Amtsleiter über die nationalsozialistische Zeit hinweg bis Anfang der 1950er Jahre für die Frankfurter Kulturpolitik, auch für den Wiederaufbau der Universität verantwortlich gewesen ist in einer möglicherweise problematischen Kontinuität. Karl vom Rath zählt als seine Vorgänger weiter auf: Ernst Beutler, Max Beckmann und die Stadträte Hellmut Reinert, Heinrich Seliger und Peter Müller[151]. Ein Mitglied der FDP hatte als Dezernent natürlich nur die relativ kleine Fraktion der Liberalen als Hausmacht hinter sich, die 1950 noch 19 und 1952 dann zwölf Stadtverordnete umfaßte (in späteren Wahlen immer weniger). Auch dies hat den Einfluß und die Durchsetzungskraft des Stadtrats eingeschränkt. Andererseits war Dr. vom Rath ein sowohl kenntnisreicher wie auch liebenswürdiger Mann und in allen Fraktionen geschätzt.

Noch bestimmender für die Tatsache, daß es bis in die 1970 Jahre hinein erheblich schwieriger gewesen ist als später, kulturpolitische Projekte durchzusetzen, war die in allen Rathäusern und insbesondere in der Verwaltung vorherrschende Auffassung, es handele sich bei Ausgaben für Kultur um »unrentierliche Ausgaben«. In allen Statistiken ist das so behandelt worden und hat natürlich die Mentalität der Beteiligten geprägt. Die Rentierlichkeit kultureller Aufwendungen ist auch viel schwerer nachzuweisen, als etwa die der Finanzverwaltung oder der Müllabfuhr. Ein Umdenken in diesem Punkt, zum Beispiel auch unter dem Aspekt ein vielfältiges kulturelles Angebot als Standortvorteil anzusehen, hat erst Jahrzehnte später eingesetzt.

Als Karl vom Rath 1950 sein Amt als Kulturdezernent antrat, war die erste schwierige Wiederaufbauphase bereits vorüber. Dies galt auch für die Johann Wolfgang Goethe-Universität, für die die Stadt Frankfurt am Main sich nicht nur – wie in der preußischen Zeit seit 1920 – zur guten Hälfte finanziell verantwortlich fühlte. Die alten Gremien der Universität wurden 1946 wieder eingerichtet: Großer Rat mit Vorsitz des Oberbürgermeisters und unter Beteiligung je eines weiteren Magistratsmitglieds und eines Stadtverordneten aus Frankfurt am Main, sowie der Stifter, der Landesvertreter und weiterer Persönlichkeiten aus dem kulturellen

Leben, ferner das Kuratorium, ebenfalls mit Vertretern der Gremien im Römer und natürlich jeweils der Universität selbst. Da die Gebäude der Universität im Krieg zu fast 80 Prozent beschädigt oder zerstört worden waren, gab es allein deswegen große Probleme, und ebenso durch die Beschlagnahmungen der Besatzungsmacht. Alle diese äußeren Schwierigkeiten sind aber übertroffen worden durch die inneren und personellen, die nötig waren, um die Universität nach den nationalsozialistischen Jahren, die zu großer Beschränkung in jeder Beziehung geführt hatten, wieder in einem neuen Geist mit angesehen Gelehrten aufzubauen. Insgesamt und für alle Fakultäten ist die Geschichte der Universität bis 1950 anschaulich und detailliert beschrieben in Notker Hammersteins großem Werk »Die Johann Wolfgang Goethe-Universität Frankfurt am Main, Von der Stiftungsuniversität zur Staatlichen Hochschule.«[152]

Von einer rein staatlichen Hochschule konnte man freilich in diesen Jahren noch nicht sprechen. Die Stadt Frankfurt war erheblich beteiligt, sowohl an den Unterhaltskosten, wie auch an den Wiederaufbaukosten, die sich allein für die Stadt auf etwa 700 Millionen DM beliefen, eine für damals sehr große Summe. Die Stadt hatte dafür auch ein gewisses Mitspracherecht bei Berufungen. Als zum Beispiel die Medizinische Fakultät dazu neigte, den Rasseforscher Otmar Freiherr von Verschuer wieder zu berufen[153] – er hatte bis in die Kriegsjahre das Erbbiologische Institut in Frankfurt geleitet und als Professor für Anthropologie die sogenannte Rassenlehre der Nationalsozialisten, die so fürchterliche Folgen gehabt hat, durchaus beeinflußt –, verhinderte die Stadt im Verbund mit dem Wiesbadener Ministerium solche Pläne.

Im Magistrat sprach sich insbesondere Stadtrat Miersch dagegen aus, eine Persönlichkeit wie von Verschuer, die so belastet war, wieder nach Frankfurt zu holen. Professor von Verschuer erhielt dann einen Ruf an die Universität Münster und hat dort noch längere Zeit gelehrt. Zu seinem Frankfurter Institut, das die Amerikaner sogleich 1945 zu schließen anordneten[154], hatte auch der Mediziner Josef Mengele als wissenschaftlicher Assistent gehört. Er wurde »als zur Zeit Wehrmacht« noch in den Listen des wissenschaftlichen Personals geführt, die die Amerikaner im Juli 1945 nachdrücklich beanstandeten und erst dann »mit sofortiger Wirkung vorläufig des Amtes enthoben«[155]. Bekanntlich war Mengele einer der sogenannten Ärzte in den Vernichtungslagern gewesen, der unzählige Menschen in die Gaskammern geschickt und zu Versuchen mißbraucht hat.

Man muß den Frankfurter Dienststellen zugute halten, daß sie hiervon im Sommer 1945 sehr wahrscheinlich noch nichts wissen konnten. Aber die Leichtfertigkeit, mit der man später versucht hat, Professor von Verschuer an seinen alten Tätigkeitsort wieder zurückzuholen, macht betroffen.

Das medizinische Personal der Universität gehörte weitgehend zu den städtischen Bediensteten, was bis zur endgültigen Übergabe der Universität an das Land Hessen (1967) so geblieben ist und von den Medizinern auch ganz gerne gesehen wurde. Diese komplizierten Regelungen hingen mit der Krankenhausversorgung zusammen, für die die Stadt eben auch aufkommen mußte. Einige der Stiftungen deckten den Bedarf an Krankenhauseinrichtungen mit ab, so für die Orthopädie das Friedrichsheim, und für die Zahnheilkunde das Carolinum. Bei diesen Stiftungen, wie auch vielfach sonst, hatte die Stadt aber zuzuzahlen, nachdem die meist beträchtlichen Vermögen schon in der ersten Inflation der zwanziger Jahre verloren gegangen waren.

Die Frankfurter Universität konnte am 1. Februar 1946 wieder feierlich eröffnet werden, in Gegenwart des damaligen Oberbürgermeisters Dr. Blaum, des Hessischen Ministerpräsidenten und von Vertretern der Militärregierung[156]. Wesentlich war, daß die Universität bald wieder angesehene Gelehrte zu ihrem Lehrkörper zählen konnte: Professor Franz Böhm wurde von Freiburg geholt, Professor Max Horkheimer kam später wieder nach Frankfurt und mancher Gelehrte kehrte aus der Emigration zurück, so Professor Fritz Neumark aus Ankara, jedoch nicht alle mochten wiederkommen und nicht alle wurden wieder zurückberufen. Professor Beutler nahm den Lehrstuhl für Deutsche Philologie wahr und Professor Otto Vossler den für Neuere Geschichte. Er wirkte auch an der Paulskirchenfeier 1948 mit und an den Beratungen zur Hessischen Verfassung.

Zum Studium beworben hatten sich erheblich mehr Studenten als schließlich zugelassen worden sind, u.a. wegen der Bestimmungen der Besatzungsmacht hinsichtlich der Beteiligung an nationalsozialistischen Organisationen. Die Universität hatte jedenfalls klein anzufangen, auch wegen fehlender Lehrkräfte und fehlender Räume. Alle Studenten mußten einen Tag im Semester mit Aufräumungsarbeiten verbringen. Die Studentinnen fanden sich im halbzerstörten Senckenbergmuseum, wie ein eindrucksvolles Bild zeigt, unter dem Gerippe von Dinosauriern ein und klopften Steine zur weiteren Verwendung zurecht[157].

In diesen Aufbaujahren bemühte sich die Universität auch, einen Beitrag zum Kulturleben der Stadt zu leisten. Bereits im Sommersemester 1946 wurde ein Lehrgang »zur wissenschaftlichen Fortbildung Berufstätiger« begonnen, der viel Zuspruch fand und der durch die Professoren Hallstein und Böhm – u.a. – gefördert worden ist. »Die Kurse stünden jedermann frei, der an einem demokratischen Neuanfang interessiert ist«, schrieb die Frankfurter Rundschau am 7. Juni 1946 zu diesem Vorhaben. Langsam gelang der Universität auch, ausländische Verbindungen wieder aufzunehmen. Im Wintersemester 1948/49 las in der Johann Wolfgang Goethe-Universität – in deutscher Sprache – der bekannte amerikanische Dichter Thornton Wilder, dessen Theaterstücke damals so große Resonanz auf deutschen Bühnen fanden[158].

Den vereinigten Anstrengungen von Universität und Stadt Frankfurt gelang es auch, die »Akademie der Arbeit« wieder in der Universität einzurichten. Die Stadt leistete dazu und leistet bis heute einen beträchtlichen finanziellen Zuschuß und kann drei Teilnehmer aus ihren Mitarbeitern zu den Kursen entsenden. Schon 1946 begann ein Ausschuß mit den Vorbereitungsarbeiten, hierzu gehörten Willi Richter, und die weiteren Gewerkschafter Heinrich Sauer und Theodor Thomas – früherer

Die Johann-Wolfgang-Goethe-Universität in Frankfurt am Main richtete bald Ferienkurse für Ausländer ein. August 1958

Thornton Wilder erhielt am 6. Oktober 1957 den Friedenspreis des deutschen Buchhandels in der Paulskirche. Neben ihm (rechts) Bundespräsident Theodor Heuß und (links) Oberbürgermeister Werner Bockelmann

Einweihung der »Akademie der Arbeit« am 1. Mai 1957 auf dem Gelände der Frankfurter Universität. Rechts: Professor Dr. Rajewski, vormaliger Rektor der Universtität; Willi Richter, 1. Vorsitzender des DGB; Hans Gottfurcht, Vertreter der internationalen Gewerkschaftsbewegung; Ministerpräsident Georg August Zinn von Hessen; Ministerpräsident Fritz Steinhoff von Nordrhein-Westfalen

Stadtverordnetenvorsteher in Frankfurt am Main, sowie Ernst Michel und Wilhelm Sturmfels, der dann die Leitung der Akademie übernahm[159].

Als der 200. Geburtstag von Goethe gefeiert worden ist, zum 28. August 1949 also und vorher, hatten Stadt und Universität diese Veranstaltungen gemeinsam vorbereitet. Es gelang mit dem Goethe-Kongreß ein für damalige Zeit bemerkenswertes Ereignis[160], zu dem auch die Rede von Thomas Mann am 25. Juli 1949 in der Paulskirche beigetragen hat.

Ohne die enge Verflechtung von Universität und Stadt wären diese gemeinschaftlichen Unternehmungen kaum erfolgt. Sie bewährten sich auch für die Stadt- und Universitätsbibliothek, für die schon bei den ersten Überlegungen zum Ausbau der schwer mitgenommenen Universitätsgebäude neue Regelungen angestrebt worden sind[161]. Eine endgültige Regelung in dieser und in anderen Fragen der Universität ließ sich freilich erst 1953 erreichen, als endlich am 10. September, eine förmliche Vereinbarung über die Finanzierung der Universität je zur Hälfte zwischen Stadt Frankfurt am Main und Land Hessen abgeschlossen worden ist.

Außer der Universität und der auch der Hochschule dienenden Stadtbibliothek hatte die Stadt Frankfurt damals, und zum Teil bis heute, noch weitere kleinere wissenschaftliche Institutionen zu unterhalten oder zu bezuschussen. Dies beruhte meist auf Tradition und ist durch Verträge, für diese Institutionen recht günstig, abgesichert worden. So hatte die Stadt schon in den zwanziger Jahren das angesehene Frobenius-Institut übernommen, das besonders von Wissenschaftlern und Politikern aus Afrika gerne aufgesucht worden ist. Zur »Allgemeinen Wissenschaftspflege« im städtischen Kulturhaushalt gehörte des weiteren das Max-Planck-Institut für Biophysik, das Gmelin-Institut für anorganische Chemie und manch andere Einrichtung. Nicht zuletzt die »Staatliche Musikhochschule« und die »Staatliche Hochschule für Kunst« werden zur Hälfte oder mehr von der Stadt Frankfurt bezahlt, wie das in den dreißiger Jahren geregelt worden war. Alle diese Institutionen wären kaum zu neuer Wirksamkeit gelangt, wenn die Stadt nicht kräftig beim Wiederaufbau geholfen hätte.

Bald nach der Währungsreform sah es die nach kulturellen Ereignissen ausgehungerte Frankfurter Bevölkerung als vordringlich an, das Theaterleben wieder in Ordnung zu bringen. Zwar hatte 1947 bereits Paul Hindemiths von den Nationalsozialisten verschmähte Oper »Matthis der Maler« uraufgeführt werden können[162] und die Schauspielaufführungen im Börsensaal erfreuten sich großer Beliebtheit. Aber dies waren doch alles Provisorien. Die spätere Chefin des Frankfurter Volkstheaters, Liesel Christ, stadtbekannt und beliebt, die nach Kriegsende von ihrem letzten Engagement in Görlitz zu Fuß heim nach Frankfurt gewandert war, erzählt, wie sie schon bald nach 1945 im Börsensaal wieder spielen konnte. Aber: »die Leut hawwe Stühl mitgebracht«[163]. Die junge Schauspielerin ist damals weit über Frankfurt hinaus bekannt geworden, als sie die Mamma Hesselbach in Wolf Schmidts Rundfunkserie »Die Familie Hesselbach« spielte. In leicht hochdeutsch getöntem Frankfurterisch wurden da in höchst vergnüglicher Weise die Schwächen des Alltags aufs Korn genommen, und der große Erfolg lag wohl darin, wie Liesel Christ meinte »Die Leut hawwe sich mit der Familie Hesselbach identifiziert«[164].

Ein großes Verdienst des Kulturdezernenten vom Rath ist es gewesen, dafür zu sorgen, daß die schon vor seiner Zeit ingang gebrachten Pläne zum Wiederaufbau des Theaterwesens rasch vorankamen und daß sehr gute Leute für Frankfurt am Main gewonnen werden konnten. In diesen Bestrebungen unterstützt wurde er von dem durchaus musisch veranlagten Oberbürgermeister Kolb. Am Tag vor Weihnachten im Jahr 1951 ist das »Große Haus« feierlich mit Richard Wagners »Meistersinger von Nürnberg« eröffnet worden. Als Generalmusikdirektor fungierte ab 1. September 1952 bis 1961 Georg Solti. Generalintendant für Oper und Schauspiel war bis 1968 Harry Buckwitz, der zum 11. September 1950 berufen worden ist.

Das »Große Haus« war an der Stelle des alten Schauspielhauses aufgebaut worden, unter Nutzung einiger erhaltener Teile und bot für 1450 Besucher Platz. Die Doppelnutzung für Oper und Schauspiel war erst beendet, als zu diesem Baukomplex östlich das Schauspielhaus und südöstliche das Kammerspiel angebaut worden ist, zusammen mit den erforderlichen Nebenräumen und einigen Appartementwohnungen. Dies dauerte aber noch geraume Zeit und ging nicht ohne große Kämpfe um die Finanzierung ab. Verkehrsbauten, wie das Parkhaus am Theater, was

Beim Abschiedsabend für Generalmusikdirektor Georg Solti am 19. Juni 1961 agiert Generalintendant Harry Buckwitz vor den Tafeln mit den Daten sämtlicher Opernaufführungen

Karikatur über die Neubauplanungen für die städtischen Bühnen in der »Frankfurter Rundschau«, 1956

freilich auch leichter zu erstellen war als ein komplizierter Theaterneubau, schafften es schneller. Das Parkhaus bot Platz für 750 Autos und ist am 15. April 1961 in Betrieb gegangen. Erst am 7. Mai 1960 erfolgte die Grundsteinlegung für die »Theater-Doppel-Anlage«, Architekt war Otto Apel. Der Beschluß für dieses kostspielige Bauvorhaben war am 27. November 1958 in der Stadtverordnetenversammlung erfolgt. Fünf Jahre später, am 14. Dezember 1963, konnte schließlich die ganze Theateranlage feierlich eingeweiht werden. Dies erfreuliche Ereignis verursachte in der Stadt Frankfurt heftige Dispute, weniger zu dem künstlerischen Ereignis der Aufführung von Goethe's Faust, sondern zu den sogenannten »Goldwolken«. Hierbei handelte es sich um »Kunst am Bau«, um die künstlerische Bereicherung der Theateranlage, die für den Publikumsverkehr vor den eigentlichen Theatersälen einen langen schmalen Gang erhalten hatte, der die beiden Theaterbauten miteinander verbindet. Um diesen nicht sehr attraktiven, zwangsläufig hohen und schmalen Längsraum in seinem Erscheinungsbild zu verbessern, hatte sich der Kulturdezernent in Zusammenarbeit mit dem ungarischen Künstler Kemeny eine Lösung einfallen lassen, nämlich durchgehend goldgefärbte Metallgebilde aufzuhängen. Damals gab das erheblichen Gesprächsstoff ab. Die Lösung war gut und alle haben sich daran gewöhnt. Stadtrat vom Rath hatte auch sonst eine glückliche Hand in der rechtzeitigen Beschaffung bedeutender Kunstwerke, bevor sie gänzlich unerschwinglich wurden. In dem Foyer zwischen den beiden Theaterhäusern ist ein großes, schönes und phantasievolles Gemälde von Marc Chagall aufgehängt worden, die Comedia dell'Arte. Auch die Entwürfe zu dem Gemälde befinden sich in diesem »Chagall-Saal«. Das Opernhaus erhielt eine Henry Moore-Plastik, gut aufgestellt am Aufgang zum ersten Rang. Später kam zu diesen Kunstwerken im Besitz der Stadt eine ebenfalls bedeutende Statue von Ossip Zadkine, die Gefährdung und Zerrissenheit des Menschen darstellend, im überaus nüchternen Eingangs- und Katalogssaal der Stadt- und Universitätsbibliothek.

Auch Privattheater entstanden in diesen Jahren wieder neu, meist mit Wiederaufbauhilfe der Stadt, die sich dann auch auf die laufenden Kosten bezog. So »privat« waren alle diese Theater nicht, daß sie nicht recht erhebliche Summen im Haushalt der Stadt Frankfurt ausgewiesen bekommen hätten, bis auf ein einziges, das durch lange Jahre vorgab, stolz darauf zu sein, keine städtischen Mittel zu erhalten: die »Schmiere« im Keller des Karmeliterklosters. Schon 1955, am 22. Dezember ist im Zoo-Gesellschaftshaus das »Kleine Theater« von Fritz Remond eröffnet worden, das seitdem dort eine gern besuchte Spielstätte unterhält. Im Oktober 1960 wurde am Bahnhofsvorplatz, sehr zum Bedauern vieler Frankfurter, das kriegszerstörte Schumann-Theater abgerissen. Es hinterließ im Variete-Angebot durchaus eine Lücke, die lange nicht gefüllt worden ist. 1963 konnte die »Komödie«, gegenüber der Theaterdoppelanlage in der Neuen Mainzer Straße Nr. 18 als zweites Privattheater eröffnet werden und findet mit seinem Angebot meist leichterer Muse recht gute Resonanz. Für die gesamte Theaterarbeit in Frankfurt am Main hatte die Stadt im Haushaltsjahr 1965 21,2 Millionen DM aufzuwenden, ein großer Betrag angesichts des Kulturhaushaltes, der damals die Höhe von 74,6 Millionen DM innehatte. Folglich sind diese Summen auch immer wieder umkämpft gewesen. Gelegentlich diente das als Vorwand, gegen die Auswahl der Stücke anzugehen. So hat die CDU-Stadtverordnetenfraktion lange Zeit bekämpft, sozusagen im Gefolge des Kalten Krieges, daß Harry Buckwitz als einer der ersten Theaterintendanten in Westdeutschland mehrfach Stücke von Bert Brecht aufführte, mit beträchtlichem Erfolg übrigens.

Während die Theaterprobleme für etliche Jahre als gelöst angesehen werden konnten, war dies für andere Bereiche, zum Beispiel die Museen, durchaus nicht der Fall. Hier gibt es zahlreiche Beispiel dafür, daß es äußerst schwirig war, auch nur Ersatz für kriegszerstörte Bauten bewilligt zu bekommen. Für die meisten Museen hatten die Bestände glücklicherweise durch rechtzeitige Auslagerung gerettet werden können. Die Rückführung und provisorische Lagerung in den ersten Nachkriegsjahren verlangte von allen Beteiligten viel Mühe und Improvisationskunst. Beispielsweise ist für das Historische Museum der Stadt schon im Januar 1952, im Zuge der Wiederaufbauplanungen, südlich der Nikolaikirche ein Platz reserviert worden. Aber erst durch die großzügige Spende von vier Millionen DM durch die Sparkasse von 1822 ist schließlich von 1964 an das Bauvorhaben ingang gekommen. Die Gesamtkosten beliefen sich auf 17 Millionen DM[165]. In der Zwischenzeit hat gerade dieses Museum in den zugewiesenen Teilen, im Bernusbau und im Burnitzbau, vor allem auch mit dem jungen Museumsleiter Dr. Gerhard Bott, und dann Dr. Herbert Stubenvoll sich durchaus einen Platz im Kulturleben erobern können.

Das Museum zum Goethehaus, für das allein das Freie Deutsche Hochstift verantwortlich war und ist, wobei natürlich auch die Stadt erheblich, und zwar ein Drittel der laufenden Kosten zuschießt, konnte drei Jahre nach dem Wiederaufbau von Goethes Geburtshaus zum 28. August 1954 eingeweiht werden. Das Städel, die berühmte Frankfurter Gemäldesammlung, war schon von 1946 an wieder aufzusuchen. Professor Ernst Holzinger, von 1937 bis 1972 im Amt des Direktors, verantwortlich einerseits der Administration des Städel und andererseits, für die integrierte Städtische Galerie, auch der Stadt, führte dieses Haus mit großem Selbstbewußtsein. Die von bürgerschaftlichen Stiftungen getragenen Einrichtungen lassen sich gegenüber der städtischen Verwaltung und Kulturpolitik nicht so fein säuberlich trennen, wie das soziologische Betrachtungen nahelegen wollen[166]. Auch das Liebieghaus, die nun wiederum Städtische Skulpturensammlung, unterstand zum Kummer ihres tüchtigen jungen Leiters, Dr. Werner Beck, auch dem Direktor des Städel und der Städtischen Galerie. Der erste Bauabschnitt dieses wegen seiner Übersichtlichkeit und besonders wegen seiner ausgewählt qualitätvollen Kunstschätze sehr beliebten Museums konnte am 20. August 1955 der Öffentlichkeit wieder zugänglich gemacht werden. Für das noch relativ junge »Museum für Vor- und Frühgeschichte« fand sich 1953 bis 1989 ein Platz im wasserumgebenen Holzhausenschlößchen, das einst Hans Thoma in einem malerischen, im Städel hängenden Bild als »in der Öd« festgehalten hatte. Nunmehr allerdings hatte sich längst um das Schlößchen und den

Holzhausenpark die Stadt ausgedehnt. Im Juli 1961 ist für das Museum für Kunsthandwerk, dessen umfangreiche Sammlung alter Möbel und wertvoller Ostasiatica provisorisch untergebracht waren, die Villa Metzler, Schaumainkai 15, als Domizil in Aussicht genommen worden. Aber noch Jahre später mußte der Kulturausschuß bei einem Besuch feststellen, daß diese zwar sehr schön gelegene Villa wohl als Anfang für Museumszwecke dienen könnte, daß sie aber erst gründlich in allen Stockwerken zu überholen sei. Daß es gerade diesem Museum in den 1980er Jahren dann gelungen ist, als gut dreimal so großen »Ergänzungsbau« eines der schönsten Museumsgebäude Frankfurts durchzusetzen, war in erster Linie der äußerst tüchtigen Museumsdirektorin Dr. Anneliese Ohm zu verdanken.

Für ein anderes Museum, ebenfalls am Schaumainkai in eine Villa einquartiert, für das Bundespost-Museum, brauchte die Stadt nun gar nicht aufzukommen. Es war, am 31. Januar 1958 eingeweiht, von Berlin ausgelagert worden, da sich das alte Reichspostmuseum im Ostteil der Stadt befand.

Frankfurt am Main ist eine der Städte mit weit ins 19. Jahrhundert zurückgehender Versorgung der Bürgerschaft mit Büchern. Die mehr wissenschaftlich orientierte Stadtbibliothek der alten Reichsstadt stammt schon aus dem 16. Jahrhundert. Bücher spielten immer eine gewisse Rolle, natürlich auch und besonders in privatem Besitz, wovon zahlreiche Buchhandlungen um die Hauptwache ein Zeugnis ablegen. Die Städtischen Volksbüchereien waren auch schon im 19. Jahrhundert gegründet. In der Wiederaufbauzeit nach 1945 waren sie erstmals einer Dame anvertraut, Dr. Gertrud Gelderblom, die als aktives Vorstandsmitglied in bibliothekarischen Organisationen auch die Kontakte zur internationalen Kollegenschaft wahrnahm. So war es denn nicht verwunderlich, daß zu Beginn des Jahres 1954 die Hauptbücherei – in der Weißadlergasse mehr provisorisch untergebracht – endlich auch auf Freihandausleihe umgestellt worden ist. Allerdings hindert die in Frankfurt, wie auch in anderen deutschen Städten, höchst individuell entwickelte Systematik bedauerlicherweise daran, sich auch in anderen Büchereien schnell zurechtzufinden. Immerhin konnte das Netz der Zweigstellen soweit ausgebaut werden, daß 1963 im April bereits die 20. örtliche Bücherei eröffnet worden ist. Der Direktor der Stadt- und Universitätsbibliothek, Professor Dr. Hans W. Eppelsheimer, hatte schon sehr früh nach der offenbar gewordenen Teilung Deutschlands darauf gedrängt, in Frankfurt eine zweite »Nationalbibliothek«, die Deutsche Bibliothek, zu begründen. 1959 war es dann soweit, und diese ganz überwiegend durch die Stadt Frankfurt geförderte Einrichtung konnte am 24. April in Anwesenheit von Bundespräsident Heuß eingeweiht werden. Seitdem erscheint dort die wöchentliche Nationalbibliographie als zuverlässiges Informationsinstrument. Zwei Jahre vorher, am 6. Mai 1957, eröffneten Vertreter des US-Außenministeriums den Neubau des »Amerika-Hauses« im Rothschildpark an der Staufenstraße. Noch immer war diese Bibliothek modernen Zuschnitts für Deutsche eine Fundgrube und wichtige Informationsquelle, wenn auch nicht mehr so aufgesucht wie in den ersten Nachkriegsjahren.

Inzwischen war auch das Volksbildungsheim am Eschenheimer Turm wieder aufgebaut und konnte mit einem Anbau 1963 erweitert werden, in dem auch das hochangesehen Dr. Hoch'sche Konservatorium Platz fand. Die Volksbildungsarbeit mit Volkshochschule und angegliedertem Theaterdienst blickte in Frankfurt auf eine gewichtige Tradition bis ins ausgehende 19. Jahrhundert zurück. Die Zusammenarbeit mit den Gewerkschaften und die meist recht enge und auch persönliche Verbindung zu den Parteien im Römer trugen dazu bei, daß es der Volkshochschule und ihrem Träger, dem Bund für Volksbildung, nicht an Unterstützung mangelte. Da es für Erwachsenenbildung und Volkshochschularbeit damals praktisch keine Laufbahnvorschriften gab, konnten in diesem Aufgabengebiet politisch interessierte und engagierte Leute, denen Bildungsarbeit als ein lohnendes Arbeitsgebiet erschien, auch ein berufliches Tätigkeitsfeld finden. So zum Beispiel Walter Möller, der spätere Oberbürgermeister, Fred Gebhardt, später Landtagsabgeordneter und ehrenamtlicher Stadtrat und in den 1970er Jahren Karsten Voigt, späterer Bundestagsabgeordneter. Die Genannten gehörten alle zur SPD, im Laufe der Zeit verschob sich die politische Orientierung im Volksbildungsheim eher nach weiter links und dann zu den »Grünen«. Die Frankfurter Volkshochschule als die mit Abstand größte in Hessen und meist wohldotiert, spielte auch in der gesamten hessischen Erwachsenenbildung eine gewichtige Rolle[167]. Außerdem hatten und haben der Hessische Landesverband für Erwachsenenbildung und die Pädagogische Arbeitsstelle des Deutschen Volkshochschulverbandes in Frankfurt am Main ihren Sitz, so daß die Mainstadt auch ein Zentrum für den Tertiären Sektor der Bildungsarbeit geworden ist.

Ein Beispiel dafür, wie bei aller städtischen Förderung Einrichtungen in ihrer Wirkung und Anziehungskraft sehr stark von den leitenden Persönlichkeiten abhängen, ist das Institut für Modeschaffen, das am 3. Juli 1959 in einem prächtigen Haus an der Mörfelder Landstraße eröffnet worden ist. Diese Neueinrichtung sollte dazu beitragen, Frankfurt auch zu einem Zentrum der Damenoberbekleidung zu machen, auch mit den in der Firma Hoechst entwickelten neuen Kunststoffen (Trevira). Die Mittel für das Institut für Modeschaffen waren zwar fast bei jeder Haushaltsberatung umkämpft, aber solange Frau Emy Grassegger das Haus mit viel Ideen und Energie leitete, blieben sie erhalten. Später ist dann lediglich eine Fachschuleinrichtung daraus geworden und der Glanz früherer Tag ist verschwunden.

Dem Kulturdezernenten vom Rath gelang es, einige weitere Glanzlichter zu setzen: so zum Beispiel mit dem Marshallbrunnen am Opernhaus, der am 27. Oktober 1963 in Anwesenheit der Frau des verstorbenen amerikanischen Außenministers der Öffentlichkeit übergeben worden ist. Die Anregung dazu kam von der Industrie und Handelskammer. Hiermit setzte die Stadt Frankfurt dem amerikanischen Außenminister George Marshall ein schönes Denkmal als Dank für das seinerzeit 1947 gestartete »European Recovery Program« (ERP), das viel zum erfolgreichen Wiederaufbau in Westdeutschland beigetragen hat. Das Brunnenrund mit den drei modern gestalteten Frauenkörpern von Toni Stadler und ergänzt durch eine Schrifttafel mit dem Zitat aus Faust II, dem Dank der drei Grazien – Agleia, Hegemone,

Zum Dank für die Marshallplanhilfe, das »Europäische Wiederaufbauprogamm« (ERP) von 1947, erstellte die Stadt Frankfurt am Main den »Marshall-Brunnen«, nahe der Alten Oper. Am 27. Oktober 1963 wurde er in Anwesenheit der Witwe des amerikanischen Außenministers, Katherine B. T. Marshall, und deren Tochter eingeweiht. Dahinter von links: die Vertreter der IHK, Dr. Krull und Präsident Dr. Bartmann, Oberbürgermeister Bockelmann, Bürgermeister Menzer

Euphrosine – fand allerdings zu Anfang überhaupt keine Anerkennung bei der Frankfurter Bevölkerung. Das legte sich später und das Kunstwerk ist akzeptiert[168].

Zum Gedenken an den 20. Juli 1944 und die Opfer des deutschen Widerstandes ist 1962 das Mahnmal in Preungesheim an diesem Tag enthüllt worden, denn in der Strafanstalt Preungesheim waren auch Frankfurter Widerstandskämpfer hingerichtet worden.

Das in Frankfurt zu jeder Zeit ausgeprägte bürgerschaftliche Engagement zeigte sich natürlich auch im Bereich Kultur. So gründete sich am 22. März 1957 das Kuratorium »Kulturelles Frankfurt«, ein Verein zur Förderung kultureller Bestrebungen, der noch existiert und durch Diskussion viel bewirkt hat. Dahinter steht, wie auch bei anderen Frankfurter Einrichtungen, ein Geldinstitut als stiller Förderer. Die wichtigste, wenn auch nicht erfolgreichste Rolle, spielten die Bemühungen, das bis auf den Grund zerstörte Opernhaus am Opernplatz wieder aufzubauen. Bereits im Jahre 1952, um die Weihnachtszeit, sind die ersten Aufrufe hierzu vermerkt. In der städtischen Kulturpolitik fanden solche Überlegungen aber erst in den 1960er Jahren Resonanz und führten zu vielen und heftigen Auseinandersetzungen im Römer, zumeist innerhalb der SPD-Mehrheitsfraktion im Stadtparlament. Die horrenden Kosten des Vorhabens wirkten lange Zeit durchaus abschreckend. Die Ruine und ihre Mahnung blieben.

Nahezu die meisten Ausgaben – über die Jahre zusammengenommen – hatte die Stadt für Universitätsbauten aufzubringen. Im Juni 1956 konnte der größte Institutsneubau der Universität, das Biologische Institut am Ende der Siesmayerstraße, eingeweiht werden. Benachbart zum Palmengarten schloß sich daran der Botanische Garten der Universität, auch für Frankfurter Bürger zugänglich. Am 4. Mai 1957 war der Neubau für die Akademie der Arbeit zu beziehen, in dem Kursteilnehmer auch wohnen können, Ecke Mertonstraße/Gräfstraße, mitten im Gelände der Johann Wolfgang Goethe-Universität. Ziemlich genau ein Jahr später war dann auch der neue Hörsaaltrakt an der Gräfstraße in Benutzung zu nehmen. Wie auch die Seminargebäude für die Philosophische Fakultät in der Gräfstraße, die am 27. Januar 1961 übernommen worden sind, waren dies Bauten des Architekten Ferdinand Kramer. Er kam aus der Bauhaustradition und entsprechend nüchtern sind diese

Die Frankfurter Johann-Wolfgang-Goethe-Universität beging am 10. Juni 1964 feierlich ihr 50jähriges Jubiläum. Vor dem Hauptgebäude versammeln sich die Professoren, noch in traditionellen Talaren. – Links Kultusminister Professor Ernst Schütte im Gespräch mit Rektor Prof. Dr. Alfred Rammelmeyer, rechts Bürgermeister Rudolf Menzer

Bauten ausgefallen. Später stellte sich auch heraus, daß sie in vieler Beziehung unpraktisch waren. Und die Idee, die Hörsäle sämtlich ohne Fenster anzulegen, hat – so meinen manche – »1968« und später nicht gerade zur Harmonisierung beigetragen, viel eher Aggressionen befördert. Die Übernahme der Hochschule für Erziehung, vormals in Jugenheim an der Bergstraße – in die Universität Frankfurt (ab Mai 1961) führte auch zu neuem Raumbedarf, der zunächst mit einem alten Fabrikgebäude an der Sophienstraße befriedigt worden ist. Schließlich konnte 1961 im November ein von der Stadt gebautes Studentenwohnheim am Beethoven-Platz eröffnet werden. Es erhielt den Namen »Walter Kolb Heim«. Am 10. Juni 1964 beging die Universität ihre 50 Jahr-Feier als eine der jüngsten deutschen Universitäten überhaupt. Bei den Festlichkeiten damals traten die Professoren gleichwohl in den altertümlichen Talaren auf – es sollte das letzte Mal sein.

ANMERKUNGEN

1 Alle statistischen Angaben aus: Frankfurt am Main 1945–1965, S. 11–18.
2 Erwin KESTER, Frankfurter Gästebuch 68, Frankfurt am Main 1968, S. 25/26.
3 KESTER, S. 97.
4 Horst KRÜGER, Tiefer deutscher Traum, Reisen in die Vergangenheit, München 1983, S. 218/219.
5 Mag.Akten 3080//1, Bd. 1, 20. Mai 1949.
6 Mag.Akten 3800, 16. September 1949.
7 Ebd., 22. März 1950.
8 Ebd., 13. Februar 1950 ff.
9 Ebd., 13. Februar 1950.
10 Frankfurt am Main und seine Bedeutung für Hessen, Im Auftrag des Magistrats, hrsg.v. Statistischen Amt der Stadt Frankfurt am Main, Frankfurt am Main 1951.
11 Ebd., S. 82.
12 Ebd., S. 90.
13 Ebd., S. 87.
14 Ebd., S. 18,20.
15 Ebd., S. 26 f.
16 Ebd., S. 26 f.
17 Ebd., S. 36.
18 Ebd., S. 39 f.
19 Ebd., S. 52.
20 Ebd., S. 49.
21 Ebd., S. 55 f.
22 Ebd., S. 68.
23 Ebd., S. 60–73.
24 Ebd., S. 73, 76.
25 Ebd., S. 22 f.
26 Hans DAUER – Karl MAURY, Frankfurt baut in die Zukunft, Frankfurt am Main 1953, S. 23.
27 Ebd., S. 20 f.
28 § II/164.
29 MAURY/DAUER, S. 41 f. und 36.

30 MAURY/DAUER, S. 34f.
31 Heinz-Ulrich KRAUSS, Aus Frankfurter Geschichte, MS, S. 120.
32 MAURY/DAUER, S. 42.
33 MAURY/DAUER, S. 52.
34 Stationen des Vergessens. Der Börneplatz-Konflikt. Begleitbuch zur Eröffnungsausstellung Museum Judengasse. Frankfurt am Main 1992.
35 MAURY/DAUER, S. 34.
36 Francofordia Sacra, Photographien von Anselm Jaenicke, Mit historischen Texten und Beiträgen von Joachim Proescholdt und Hans Wolter, Hrsg. v. Waldemar KRAMER, Frankfurt am Main 1983.
37 Es gab in Frankfurt acht Synagogen und 35 Bethäuser/Betstuben. Die Synagogen wurden allesamt Opfer der Pogrome ebenso die Mehrzahl der Betstuben. Vgl. Adolf DIAMANT, Zerstörte Synagogen vom November 1938, Frankfurt 1978.
38 Francofordia Sacra, S. 7.
39 Ebd., S. 139.
40 Ebd., S. 140.
41 Gerlind SCHWÖBEL, »Ich aber vertraue«, Katharina Staritz, Eine Theologin im Widerstand, Schriftenreihe des EV. Regionalverbandes, Bd. 15, Frankfurt ²1990.
41a Laut Namensliste (gezählt) in: Der Aufbruch. Reconstruction. An American Weekly. New York, 27. April 1945.
42 Stadtkanzlei, Israelit. Gemeinde 1530 – Bd. 2.
43 Ebd., 10. Dezember 1945.
44 Ebd., Stadtkanzlei.
45 Ebd., Stadtkanzlei, Blatt 219.
46 Stadtkanzlei. Vgl. Bericht des Kriminal-Assistenten Strunk vom 5. April 1949 über die Protestversammlung im Philanthropin.
47 Ebd., Blatt 208.
48 Ebd., 24. August 1950.
49 M 236, 1956.
50 Protokoll der Stadtverordnetenversammlung vom 27. September 1956.
51 Ebd., Blatt 140–148.
52 Ebd.
53 Ernst SCHÄFER, Pflüget ein Neues, Bericht über den Wiederaufbau der evangelischen Kirche und ihrer Gemeinden in Frankfurt am Main nach dem Zweiten Weltkrieg, Frankfurt am Main 1983, S. 13ff.
54 SCHÄFER, S. 45.
55 Die evangelische Kirche in Frankfurt am Main, Geschichte und Gegenwart, Hrsg. v. Christoph FÜHR – Jürgen TELSCHOW, Frankfurt am Main 1978, XVI, S. 247ff.
56 SCHÄFER, S. 45.
57 Die evangelische Kirche, S. 247.
58 Ebd., S. 48.
59 Ebd., S. 45.
60 Ebd., S. 48.
61 Ebd., S. 20ff.
62 Ebd., S. 20.
63 Ebd., S. 55.
64 Ebd., S. 56.
65 Ebd., S. 69.
66 SCHWÖBEL, S. 79f.
67 Ebd., S. 76. Siehe auch ST. Katharinen zu Frankfurt am Main, Hrsg. v. Joachim PROESCHOLDT, Frankfurt am Main 1981. Darin Beiträge von Marie LILEK-SCHIRMER, Die Emporengemälde, S. 164–188 und Joachim PROESCHOLDT, Aus der Chronik der Nachkriegszeit, S. 299–315.
68 Ebd., S. 159ff.

69 Ebd., S. 74.
70 Die evangelische Kirche, S. 258f.
71 Die evangelische Kirche, S. 258.
72 Redaktion Pfarrer Michael Frodien, Pastor Otmar Schulz, Frankfurt am Main 1974.
73 Dom und Stadt, Katholisches Leben in Frankfurt am Main, Hrsg. Bischöfl. Kommissariat und Katholische Volksarbeit, Frankfurt am Main 1968, S. 59; Das Katholische Frankfurt einst und jetzt, Hrsg. von Klaus GREEF, Frankfurt am Main 1989, S. 73f.
74 Dom und Stadt, S. 123.
75 Ebd., S. 127f und Das katholische Frankfurt, S. 73.
76 Das katholische Frankfurt, S. 68f.
77 Ebd., S. 71.
78 Ebd., S. 199.
79 Ebd., S. 199ff.
80 Ebd., S. 73ff.
81 Ebd., S. 73f.
82 Dom und Stadt, S. 65.
83 Hermann MEINERT – Theo DERLAM, Das Frankfurter Rathaus, Seine Geschichte und sein Wiederaufbau, Frankfurt am Main 1953, S. 30ff.
84 MEINERT/DERLAM, S. 33.
85 MEINERT/DERLAM, S. 35ff.
86 Mag.Prot. 3452, am 27. Februar 1953, 11. Mai 1953 und 15. Juni 1953.
87 Prot.d.Stadtv.-V. P 1067, 19. Januar 1956; M 468.
88 Mag.Prot. 3452, Top. 8.
89 Ebd., S. 13.
90 Mag. Prot., 3452, 21. Dezember 1953, Top 8.
91 Mag. Prot., 3452, 27. April 1953, Top 6.
92 Mag. Prot. 3452, 22. Juni 1953.
93 Oberbürgermeister Dr. h. c. Walter Kolb, 1902–1956, Hrsg. von der Stadtverwaltung Frankfurt am Main 1956, S. 16.
94 Ebd., S. 6.
95 Ebd., S. 11.
96 Ebd., S. 26.
97 Walter Kolb, Ein großer Oberbürgermeister, Bearb. Helli KNOLL, Frankfurt am Main 1956.
98 Ebd., S. 57.
99 Ebd., S. 60.
100 Ebd., S. 60, hs. Einlage.
101 Ebd., S. 56.
102 Ebd., S. 62.
103 Ebd., S. 79.
104 Ebd., S. 80.
105 FAZ, 21. September 1956.
106 Walter KOLB, S. 50.
107 Frankfurts Wirtschaft baut auf! Ein Bildband über die Fortschritte im Wiederaufbau der Stadt, Frankfurt am Main 1952, S. XIf.
108 FAZ, 21. September 1956.
109 Franz LERNER, Frankfurt am Main und seine Wirtschaft, Wiederaufbau seit 1945, Frankfurt am Main 1958, S. 15. Bürgermeister Leiske, MdB, »Schlüssel zum wirtschaftsförderlichen Erfolg, Rückblick und Ausblick«, in: LERNER, S. 7–16.
110 LERNER, S. 94 und S. 138ff.
111 Frankfurts Wirtschaft baut auf, S. 111.
112 Ebd., S. 108.
113 Ebd., S. 117.
114 Ebd., S. 161.

115 Ebd., S. 132.
116 Ebd., S. 130.
117 Ebd., S. 158.
118 Ebd., S. 178.
119 Ebd., S. 147.
120 Ebd., S. 112.
121 Ebd., S. 179.
122 Ebd., S. 181.
123 Ebd., S. 116.
124 Ebd., S. 104.
125 Ebd., S. 96.
126 Ebd., S. 99.
127 Ebd., S. 90.
128 Ebd., S. 154.
129 Ebd., S. 144.
130 Ebd., S. 141.
131 Ebd., S. 169.
132 Ebd., S. 155.
133 Ebd., S. 160.
134 Ebd., S. 164.
135 Ebd., S. 166.
136 Ebd., S. 113.
137 Ebd., S. 172.
138 Hans PLEITGEN, Auf einen Blick, Ein Überblick über die Geschichte und die Politik der Metallgewerkschaften, 1901–1988, Frankfurt am Main 1989, S. 61 ff.
139 Hugo UHL, Festschrift zum 75. Geburtstag, Gewidmet vom Bundesinnungsverband der Deutschen Steinmetz-, Stein- und Holzbildhauerhandwerks, Frankfurt am Main 1993, S. 15 ff.
140 Statistische Monatsberichte, Statistisches Amt der Stadt Frankfurt am Main, Heft 12, 1956, »Die Umsätze der Frankfurter Wirtschaft in den Jahren 1954 und 1955«, S. 229 ff.
141 Ebd., S. 230.
142 Für die einzelnen Wirtschaftsparten siehe LERNER, S. 187 f., 503.
143 Statistische Monatsberichte 1956, S. 231.
144 Ebd., S. 235 f.
145 Ebd., S. 236.
146 Ebd., S. 236 ff.
147 Statistische Monatsberichte, Heft 2, 1962, S. 22 f.
148 LERNER, S. 123 ff.
149 Statistische Monatsberichte, Heft 12/1956, S. 243.
150 Frankfurt am Main 1945–1965, S. 17.
151 Frankfurt am Main 1945–1965, S. 72.
152 Notker HAMMERSTEIN, Die Johann Wolfgang Goethe Universität Frankfurt am Main. Von der Stiftungsuniversität zur Staatlichen Hochschule, Neuwied/Frankfurt 1989, Bd. 1, S. 547 ff.
153 Ebd., S. 675.
154 Ebd., S. 586 f.
155 Ebd., S. 586.
156 Ebd., S. 624 ff.
157 Ebd., Abb. 80, S. 712.
158 Ebd., S. 743.
159 Ebd., S. 692 ff.
160 Ebd., S. 760.
161 Ebd., S. 709.
162 Wendelin LEWEKE, Berühmte Frankfurter, 57 Begegnungen mit der Geschichte, Frankfurt am Main 1989, S. 245.

163 Liesel CHRIST, Mei Frankfort, Aus der Reihe »Ganz Persönlich«, Beschreibungen in Zusammenarbeit mit dem ZDF, Freiburg 1992, S. 17.
164 Ebd., S. 19.
165 Günter ROTERMUND – Friedrich W. JUNG, Das neue Historische Museum, Hrsg. vom Hochbauamt, Frankfurt am Main 1973.
166 Andreas HANSERT, Bürgerkultur und Kulturpolitik in Frankfurt am Main, Eine historisch-soziologische Rekonstruktion, in: Studien zur Frankfurter Geschichte, Bd. 33, Frankfurt/Main 1992.
167 Rudi ROHLMANN, Im Dienst der Volksbildung, Dienstleistung und Politik für die Volkshochschulen in Hessen in den Jahren 1945–1989, Frankfurt am Main 1991.
168 Der Marshall-Brunnen von Toni Stadler, Einf. v. Doris SCHMIDT, Aufn. v. Bernhard Dörries, Frankfurt am Main 1965.

4.
Stadtpolitik auf neuen Wegen

4.1. Weichenstellung für lange Dauer

Die Frankfurter Stadtverordnetenversammlung wählte am 10. Januar 1957 – einstimmig, wie das bis einschließlich 1972 üblich gewesen ist – den damaligen Oberbürgermeister von Ludwigshafen, Werner Bockelmann, in das Frankfurter Amt. Bei Beteiligung des Hessischen Innenministers Heinrich Schneider und in Anwesenheit des Hessischen Ministerpräsidenten Georg August Zinn führte der Stadtverordnetenvorsteher, Edwin Höcher, am 4. April 1957 den neuen Oberbürgermeister der größten hessischen Stadt in seine Aufgabe ein. Dabei erinnert der Vorsteher an die »Trümmerstadt« von 1945 und an die großen Leistungen des verstorbenen Oberbürgermeisters Walter Kolb für den Wiederaufbau der schwer mitgenommen Stadt. Man habe nach einem Amtsnachfolger gesucht, der »die Fähigkeit besitzt, das einmalige Aufbauwerk in mühevoller Arbeit zum Segen unserer Bürgerschaft zu vollenden.«[1]

Weder der Vorsteher, noch die SPD Fraktion mit ihrem Vorsitzenden Heinrich Kraft, noch auch die übrigen Mitglieder der Stadtverordnetenversammlung scheinen sich damals im klaren gewesen zu sein, daß sie mit dem neuen Oberbürgermeister, der natürlich der SPD angehörte, jemanden nach Frankfurt geholt hatten, der weit davon entfernt war, lediglich das Werk seines Vorgängers fortzusetzen. Bockelmann galt auch damals schon als ausgewiesener Kommunalpolitiker und als energischer Verfechter der kommunalen Selbstverwaltung. Der Jurist hatte entsprechende Erfahrungen seit 1945 in der Verwaltungsspitze von Lüneburg und dann in Ludwigshafen sammeln können, allerdings noch nicht mit der komplizierten hessischen Magistratsverfassung. Aber er war in dem Dutzend Jahre seit Kriegsende viel gereist und hatte sich mit Kommunalpolitikern mancher Länder über zukünftige Aufgaben der Städte ausgetauscht. In den Gremien des Deutschen Städtetages arbeitete er intensiv mit und hatte bereits zahlreiche Veröffentlichungen zu kommunalpolitischen Aufgaben vorzuweisen[2]. 1907 als Sohn eines deutschen Bankiers in Moskau geboren und zunächst dort aufgewachsen, besaß Bockelmann eine gewisse Weltläufigkeit, die in Frankfurt am Main zwar nicht außergewöhnlich war, aber auch nicht gerade alltäglich. Natürlich konnte er fließend Russisch, was beispielsweise in Israel oft von großem Vorteil gewesen ist. In mancherlei Hinsicht unterschied sich die Persönlichkeit des neuen Oberbürgermeisters erheblich von der Walter Kolbs. Für Bockel-

Werner Bockelmann wurde am 10. Januar 1957 zum Oberbürgermeister gewählt. Er steht zwischen Bürgermeister Dr. Walter Leiske und seiner Fau Rita, links Stadtverordnetenvorsteher Edmund Höcher

mann hat dies das Arbeiten in Frankfurt zwar nicht erleichtert, für die Stadt aber war dieser Oberbürgermeister ein großer Gewinn. Kein anderer hat in der Nachkriegszeit die Entwicklung der Stadt Frankfurt am Main so energisch und vorausschauend verändert und geprägt wie Werner Bockelmann.

Bockelmann war kein »Volkstribun«, was wohl auch niemand von ihm erwartete. Es ist ihm trotz aller Bemühungen offensichtlich nicht leicht gefallen, die Frankfurter Bevölkerung wirklich für sich zu gewinnen. Das mag lediglich an dem Unterschied zur populären Art seines Vorgängers gelegen haben. Denn unzufrieden waren die Frankfurter mit dem Oberbürgermeister, der sieben Jahre für die Stadt gewirkt hat, ganz und gar nicht, aber sie liebten ihn nicht gerade. Ganz offensichtlich schätzten ihn die meisten Magistratskollegen mehr als die Stadtverordneten der eigenen Fraktion, was wiederum mit der betont nüchtern-sachlichen Art auch seiner Reden im Parlament zusammenhängen mochte, vielleicht auch mit dem ebenso intelligenten wie trickreichen Fraktionsvorsitzenden Ewald Geißler. Am wenigsten gelang ein gutes Einvernehmen nach der noch fast einstimmigen Wiederwahl am 22. November 1962 – auf zwölf Jahre, also bis 1975 – mit den Spitzen der Frankfurter Sozialdemokratie. Von dort wurde viel Druck ausgeübt und einige der Mitglieder des Unterbezirksvorstandes, die zugleich im Magistrat saßen, dürften sich dabei besonders ausgezeichnet haben, so die starke und in der Partei fest verankerte Persönlichkeit des jungen Verkehrsdezernenten Walter Möller. Die Auffassung, in erster Linie der Stadt Frankfurt am Main und der Bürgerschaft verpflichtet zu sein, ist wohl von seiten der Parteigremien nicht durchweg geteilt worden. So geriet der Oberbürgermeister Bockelmann bald in die Zwickmühle, die auch späteren Magistratsvorsitzenden in Frankfurt das Leben schwer machen sollte. Bockelmann rieb sich gesundheitlich auf und dies führte zu seinem vorzeitigen Verlassen des Postens in Frankfurt am Main am 29. Juni 1964. Aller Wahrscheinlichkeit nach war den Kontrahenten einfach die überlegene Persönlichkeit zuwider und dem Oberbürgermeister die Kleingeisterei, denn er hatte Kommunalpolitik auf lange Sicht im Sinn, hatte darüber ausreichend nachgedacht, überblickte die Zusammenhänge und die Möglichkeiten, Entwicklungen zu bestimmen und notwendige Veränderungen herbeizuführen und war ein ausgezeichneter Verwaltungsfachmann, der Ziele auch durchzusetzen wußte.

Die beiden Seiten dieses latenten Konfliktes spiegeln sich noch fast drei Jahrzehnte später in einem Leserbrief der langjährigen ehrenamtlichen Stadträtin Elli Horeni, den sie auf ein höchst erstaunliches Interview des seinerzeit schon von Bockelmann eingestellten Chefs des Frankfurter Presse- und Informationsamtes geschrieben hat. Dieser meinte unter anderem, »Bockelmann war ein Herr mit großbürgerlichen Attitüden, sehr international interessiert, aber auch schusselig und zerstreut.« Dazu die mit Recht empörte Stadtälteste Horeni: »Bockelmann war ein hervorragender Kenner der Verwaltung, mit guten Drähten zur Wirtschaft, er hat internationale Kongresse nach Frankfurt geholt.« Er war eine große Stütze für das Theater, das es bei den Wiederaufbauerfordernissen von zahlreichen Schulen u. a. schwer hatte. »Alle Aufgaben hat er mit einer Selbstverständlichkeit gefördert und beraten, was nur mit großer Konzentration und realen Einschätzungen möglich war. Immer strahlte er große Ruhe aus und wußte sehr überzeugend zu argumentieren.«[3]

Die Weichenstellungen für die Entwicklung der Stadt Frankfurt am Main, die im wesentlichen Oberbürgermeister Werner Bockelmann eingeleitet hat, sind die folgenden:
– U-Bahn-Bau in Abstimmung mit der Bundesbahn
– stadtinterne Verwaltungsreform
– Teilverlagerung der Universität zum Niederurseler Hang
– Haushaltsentlastung durch Beteiligung des Landes Hessen an der Finanzierung (Investitionsliste)
– bundesweite Gemeindefinanzreform
– Nordweststadt und ähnliche Planungen
– kulturelles Programm
– Stadtregion.

Alle diese genannten Aufgabenbereiche sind zu einem großen Teil während der Amtszeit von 1957 bis 1964 in Gang gebracht oder abgeschlossen worden. Weniger glücklich verlaufen sind die ebenfalls schon in diesen Jahren begonnenen ersten

Stadtverordnetenvorsteher Edwin Höcher verleiht 1956 die Würde der »Stadtältesten« an die schon vor 1933 bewährten ehemaligen Stadtverordneten Marie Bittorf (SPD) und Alois Brisbois (CDU)

Am Rand des Grüneburgparks können junge Frankfurter die Regeln des Straßenverkehrs lernen. Der »Jugendverkehrsgarten« wurde am 18. Oktober 1960 eingeweiht

Frankfurt am Main wird zu einem Zentrum des Fremdenverkehrs. Am 13. Februar 1958 beginnt das erste indische Verkehrsbüro für Deutschland, Holland, Österreich und die Schweiz seine Arbeit unter Leitung von Frau Biswas

Goldmedaillengewinner der Olympiade von 1960 werden am 13. September vor dem Römer empfangen: der Dressurreiter Josef Neckermann (rechts) und Armin Hary, der Hürdenläufer (Bildmitte)

Im Sommer 1962 treffen sich im Park des neuen Altersheims der Arbeiterwohlfahrt, dem »Johanna-Kirchner-Heim«, die Verwandten der Namensgeberin, die 1944 als Widerstandskämpferin hingerichtet worden war: die Schwester Betty Arndt (Bildmitte), die Tochter Lotte Schmidt (rechts daneben), Else Stunz (in der zweiten Reihe von rechts), Rudi Arndt und der Stadtverordnetenvorsteher Heiner Kraft

Vorbereitungen zur City-Erweiterung ins Westend und zur Bundesgartenschau, die für 1967 fest eingeplant worden war. Wenn die aufgezählten erfolgreichen Vorhaben nun im einzelnen und sehr verkürzt dargelegt werden, so sollte nicht vergessen werden, daß Kommunalpolitik darüber hinaus im Nebeneinander höchst unterschiedlicher Aufgabenwahrnehmung besteht, daß die Kooperation der städtischen Körperschaften und der vielen nachgeordneten Gremien und Verwaltungsdienststellen gewahrt bleiben muß und nicht zuletzt die Information und Unterstützung durch die Öffentlichkeit und Bürgerschaft möglichst zu gewinnen ist. Außer den hier eingehender behandelten Aufgaben waren natürlich die vielen anderen notwendigen Investitionen voranzutreiben: der weitere Ausbau und Wiederaufbau von Wohnungen, Schulen, Straßen, Versorgungsleitungen und vieles mehr, nicht zu vergessen die Großvorhaben wie Flughafen und Messe[4].

4.1.1. U-Bahn-Bau in Abstimmung mit der Bundesbahn

Ein Dutzend Jahre nach Kriegsende gab es in der Bundesrepublik Deutschland lediglich zwei Städte mit einem unterirdischen Nahverkehrssystem: Hamburg und Berlin, woran die DDR in Ost-Berlin beteiligt war. Gegenüber diesen Millionenstädten nahm sich Frankfurt am Main mit seinen über 600 000 Einwohnern doch recht klein aus, wenn die Überlegungen zur Verkehrsbewältigung auf ein neues Nahverkehrssystem kamen. Dies war zu Ende der 1950er Jahre durchaus der Fall, und zwar gerade wegen der Enge der Stadt einerseits und einem rapiden Anwachsen des Personenkraftverkehrs andererseits. Ende 1958 überschritt die Zahl der in Frankfurt gezählten Kraftfahrzeuge die 100 000er Grenze und es begann ein Rätselraten über den »Sättigungsgrad«. 1965 waren es bereits 175 000 Kraftfahrzeuge, darunter 15 600 Lastkraftwagen. Mit diesen Zahlen und dem raschen Zuwachs lag Frankfurt am Main an der Spitze der deutschen Städte. Dazu kam bei dem günstigen Arbeitsplätzeangebot, gerade auch innerhalb des Alleenringes, die große Zahl der Einpendler, etwa 180 000 täglich. Kurz, der Straßenraum reichte bei weitem nicht aus, und Zuwachs war noch immer zu erwarten.

Vor allem Oberbürgermeister Bockelmann steuerte energisch darauf zu, von den Stadtverordneten einen entsprechenden Grundsatzbeschluß zu bekommen, der freilich noch offen ließ, wie das System aussehen sollte. Walter Möller, damals Vorsitzender der SPD-Stadtverordnetenfraktion, beantragte in deren Namen am 5. April 1960 sich auf die damals moderne »Allweg-Bahn« festzulegen, ein Schnellverkehrs-

In den Frankfurter Hauptbahnhof fuhr am 8. November 1957 erstmals eine elektrische Lokomotive ein. Die Eröffnung des elektrischen Eisenbahnverkehrs in Deutschland erfolgte am 19. November 1957 in Frankfurt am Main

system auf Ständern. Bockelmann hingegen war von vornherein für eine unterirdische Lösung, von der man allerdings annehmen mußte, daß sie erheblich kostspieliger werden würde. So wurde am 7. Juli 1960 im Stadtparlament zunächst beschlossen, eine Kostenklärung für die drei Systeme Allwegbahn, U-Bahn und Unterpflaster-Straßenbahn einzuholen. Eine »Planerische Gesamtübersicht« zu erarbeiten, wurde Professor Leibbrand, München, beauftragt. Dieser sprach sich für eine Übergangslösung aus, die es erlaube, zunächst auch Straßenbahnwagen unterirdisch verkehren zu lassen und das System langsam umzustellen. Ob dies die bestmögliche Lösung war, kann dahingestellt bleiben. Ohnehin mußte die Stadt auf diesen Berater bald verzichten, da er am 23. Juli 1961, der Kriegsverbrechen beschuldigt, verhaftet worden ist. Der Haushalt für das Jahr 1962, pünktlich eingebracht am 12. Oktober 1961, überschritt zum ersten mal die Milliardengrenze. Trotzdem ging nun die Nahverkehrsplanung rasch voran, an diesem Tag wurde Walter Möller als Stadtrat gewählt und machte sich für das neue Verkehrsdezernat energisch und durchsetzungsfähig an die Arbeit. Die Finanzierung des Großunternehmens Tiefbahnbau war damals praktisch völlig offen, wenn auch Verhandlungen mit Land und Bund bereits stattgefunden hatten. Es war und blieb ein mutiges Unternehmen, als dritte Stadt in Deutschland mit dem Bau der U-Bahn zu beginnen. Den ersten Rammschlag für die U-Bahn am 28. Juni 1963 begleitete auch Bockelmann. In der Eschersheimer Landstraße ist dafür ein großes Volksfest gefeiert worden.

Besonders wichtig war von Anbeginn, daß der Oberbürgermeister dafür sorgte, die Bundesbahn in die Planungen einzubeziehen, so daß beispielsweise der Bahnhof »Hauptwache« gleich für beide Systeme geplant werden konnte und ebenso die Streckenführungen in Abstimmung zueinander. Daß dies alles nicht so ganz glatt ging, zeigt eine Bemerkung Bockelmanns beim Abschied: er habe sich gefreut, daß der Verkehrsdezernent Walter Möller »diese Überlegungen zu den seinen gemacht hat«[5].

Die Stadt hatte ja auch früher schon im engen Zusammenwirken mit der Bundesbahn erhebliche Vorleistungen für das Staatsunternehmen erbracht, nämlich bei der Elektrifizierung der Bahn im Frankfurter Gebiet und in der Region: jährlich seit 1953 etwa zehn Millionen DM zur Minderung der Zinslast. Das Ziel des Magistrats dabei war: Die »Elektrifizierung aller wesentlichen Strecken, die über Frankfurt führen, zu fördern«[6].

Die Zusammenarbeit war also angebahnt und hat sich im Laufe der Zeit sehr bewährt, wenn auch die Stadt dafür erhebliche finanzielle Vorleistungen für die S-Bahn erbringen mußte.

4.1.2. Stadtinterne Verwaltungsreform

Bockelmann, der als Oberbürgermeister oder Stadtdirektor praktische Erfahrung aus Städten mit anderen Gemeindeordnungen als in Hessen mitbrachte, hatte durchaus einen Blick für die Struktur der Frankfurter Stadtverwaltung. Diese hatte ja in einer völlig zerstörten Stadt und unter den Bedingungen der Militärregierung aufgebaut werden müssen. So war vieles erneuerungsbedürftig, insbesondere einzudämmen war der »Partikularismus der Dezernate und Ämter« wie die FAZ am 24. November 1962 beschrieb. Bei diesen Bestrebungen sah sich der Oberbürgermeister erheblich behindert durch die Vorschriften für die sogenannten »einhunderteinunddreißiger«, also in nationalsozialistischen Zeiten unterschiedlich engagierte Stadtbeamte und Angestellte, die nach dem Gesetz entsprechend Artikel 131 des Grundgesetzes wieder oder weiter zu beschäftigen waren. Dies waren recht viele, wie ein großes Konvolut im Stadtarchiv ausweist. Es bedürfte eingehender Überprüfung, ob auf diese Weise zum Beispiel die wegen ihrer Verfolgungsarbeit an Sinti und Roma schwer belasteten Mitarbeiter im Frankfurter Gesundheitsamt, Professor Robert Ritter und Eva Justin zu ihren Frankfurter Ämtern gekommen sind[7]. Jedenfalls fühlte sich Bockelmann durch die Auswirkungen des Artikels 131 GG erheblich eingeengt[8]. Mit als wichtigste Veränderung in der Stadtverwaltung galt dem Oberbürgermeister die Einrichtung eines sehr leistungsfähigen Hauptamtes anstelle der alten »Stadtkanzlei«, eines Organisationsamtes sowie eines Amtes für moderne Presse- und Öffentlichkeitsarbeit und manch andere innere Reform, so die Herauslösung der Verkehrsaufgaben aus dem Dezernat Planung und Bau in einem eigenen Amt im Jahre 1959. Angesichts der greifbaren Veränderungen im wachsenden Stadtverkehr, wohl auch nicht unbeeinflußt von persönlichen Interessen, ist dann ein neues Dezernat für Walter Möller gebildet worden, bislang Fraktionsvorsitzender der SPD-Stadtverordnetenfraktion, als hauptberuflicher Stadtrat für Verkehr, gewählt am 12. Oktober 1961.

4.1.3. Teilverlagerung der Universität zum Niederurseler Hang

Die Johann Wolfgang Goethe-Universität in Frankfurt am Main hatte als letzte Stiftungsuniversität in der Bundesrepublik Deutschland aus Tradition und Überzeugung viele gute Freunde in der Frankfurter Stadtpolitik. Der Vorsitz im »Großen Rat« der Universität wechselte zwischen Rektor und Frankfurter Oberbürgermeister; Repräsentanten der Stadtverordneten waren in diesem Gremium und im Kuratorium ebenfalls vertreten. Schließlich finanzierte die Stadt die Universität zur Hälfte. So fühlte man sich durchaus mitverantwortlich für die weitere Entwicklung der Frankfurter Universität. Die Stadt stellte das Gelände für den Neubau der »Akademie der Arbeit« an der Ecke Mertonstraße/Gräfstraße im Erbbaurecht ohne Erbbauzinsen zur Verfügung. Der Große Rat war am 7. Dezember 1955 einverstanden und die Stadtverordnetenversammlung stimmte am 9. Februar 1956 zu. Das Stadtparlament fertigte ein Gutachten an über die Eignung des Niederurseler Hanges als Erweiterungsgelände und zwar für die naturwissenschaftliche Fakultät und die Kliniken der Medizinischen Fakultät. Im Klinikum Sachsenhausen waren einige Kriegszerstörungen und vor allem Abnutzung der älteren Baulichkeiten Anlaß zu Neuplanungen, wie auch das Erfordernis nach neuen Kliniken, zum Beispiel für

Neurologie und anderes. Nachdem das Rebstockgelände und auch das Ginnheimer Wäldchen als Erweiterungsgebiet erörtert worden waren und beide Areale auf erheblichen Widerstand stießen, war vor allem der zuständige Dezernent, Stadtrat Dr. Hans Kampffmeyer, bemüht, die Planungen in Niederursel voranzubringen. Die Städtischen Körperschaften faßten auch Beschlüsse, die allerdings mehr vorbereitender Art blieben, der Magistrat am 19. November 1962. Jedenfalls begann die Stadt bald damit, Gelände für die Universitätserweiterung Niederurseler Hang zusammenzukaufen, nicht gerade zur Freude der Frankfurter Bauern, die dort Felder hatten. Denn die Stadt sah darauf, daß bei der gegebenen Zweckbestimmung die Bodenpreise niedrig blieben[9].

4.1.4. Haushaltsentlastung durch Beteiligung des Landes an der Finanzierung

Noch nicht lange im Frankfurter Amt, bat Oberbürgermeister Bockelmann die Hessische Landesregierung zu einem Besuch nach Frankfurt am Main. Sehr ausführlich, vielleicht auch ein wenig ermüdend, trug er am 20. Dezember 1957 dem Kabinett Zinn die Situation der Stadt Frankfurt vor, die ja noch immer zahlreiche Wiederaufbauleistungen nach den Kriegszerstörungen zu erbringen hatte. Diese Aktion gipfelte in ganz konkreten Wünschen an das Land. »Hilfe des Landes wäre angebracht«: nämlich bei solchen Institutionen, die staatliche Aufgaben erfüllen. Hierzu wurden aufgezählt: Staatliche Ingenieurschule, Staatsbauschule, Staatliche Hochschule für Musik, Staatliche Hochschule für bildende Künste, Wiederaufbau oder Neuaufbau der Universitätskliniken, Polizeikostenzuschuß (damals gab es noch eine städtische Polizei in schmucken dunkelblauen Uniformen), und nicht zuletzt Beteiligung am Schuldendienst für den städtischen Haushalt[10].

Dies war also eine gewichtige Liste und es kann angenommen werden, daß vor und nachher intensiv hierüber zwischen Wiesbaden und Frankfurt am Main verhandelt worden ist. Das Ergebnis war so überzeugend nicht, aber dieser Vorstoß leitete eine des öfteren wiederholte Verhandlungsreihe der Stadt ein, die nach und nach dazu führte, daß immer mehr ursprünglich von der Stadtgemeinde wahrgenommene sehr finanzträchtige Aufgaben auf das Land Hessen übergeleitet wurden. Eine Entwicklung, wie sie auch andernorts zu beobachten ist, wenn auch nicht so greifbar wie bei der ehemals Freien Stadt mit ihren noch immer umfassenden überkommenen Aufgaben. Diese finanziell bedingte Entwicklung bedeutete natürlich auch eine schleichende Einschränkung des Gewichts der kommunalen Selbstverwaltung. Das Ergebnis dieser ersten Verhandlungen des Frankfurter Oberbürgermeisters und Magistrats war: die Staatliche Ingenieurschule und die Staatsbauschule sind vom Land übernommen und später als Fachhochschule geführt worden und am 6. September 1962 kam ein Universitätsvertrag zustande, bei dem sich das Land auch zu Zuschüssen für die Kliniken verpflichtete, die aber weiterhin städtisch blieben. Dieser Vertrag war von der Stadtverordnetenversammlung als Voraussetzung für alle weiteren Verpflichtungen, etwa die Neubaupläne am Niederurseler Hang, dringend

»Frankfurts Verkehr – Pläne werden Wirklichkeit«, so hieß eine Ausstellung im September und Oktober 1963, die auf reges Interesse stieß; rund 42 000 Besucher wurden gezählt

gefordert worden. Alle anderen Positionen blieben weiterhin in der Finanzhoheit und -verpflichtungen der Stadt Frankfurt am Main – bis zu den nächsten Verhandlungen fünf Jahre später.

4.1.5. Investitionsliste

Um die Finanzen der an sich reichen Stadt Frankfurt am Main stand es bereits in den 1960er Jahren nicht besonders gut. Die Kosten des Wiederaufbaus der vielen Kriegszerstörungen nahm der Stadt niemand ab, eine horrende Belastung des Schuldenstandes. Dieser betrug laut Aussage des Kämmerers Klingler schon 1959 insgesamt 659 Millionen DM und wuchs bis 1964 auf 1,5 Milliarden, also 1 500 000 000 DM an[11]. Angesichts solcher Schulden ist der Mut von Oberbürgermeister, Kämmerer, dem ganzen Magistrat und der Stadtverordnetenversammlung zu den damals beschlossenen Investitionen durchaus bewundernswert. Der ordentliche

Von der öffentlich zugänglichen Plattform des Henninger-Turmes in Sachsenhausen schaut Oberbürgermeister Werner Bockelmann über die Stadt

Haushalt selbst belief sich 1960 auf 461 Millionen DM und auf 363 Millionen im außerordentlichen Teil. Angesichts dieser Sachlage ist natürlich viel über Investitionen geredet worden und die erst von Bockelmann eingeführte Investitionsliste mit Aufzählung aller geplanten Vorhaben für drei oder vier Jahre im vorhinein begegnete zunächst einigem Widerstreben. Die Frankfurter Presse vermutete gar 1964, dies sei der Hauptgrund für das Weggehen von Bockelmann gewesen, was dieser nachdrücklich verneinte. Vielmehr waren Magistrat und Stadtverordnete durchaus von der Absicht des Oberbürgermeisters zu überzeugen, daß die Investitionspolitik der Stadt in den Griff zu bekommen sein müsse. Die Investitionspolitik der Stadt müsse »straff und planvoll geführt werden«. Dabei könne er versichern, daß weder vor ihm noch in seiner Amtszeit irgendwelche Investitionen überflüssig gewesen wären. Aber die Stadt stehe jetzt am Rande der Belastungsfähigkeit. Und gemessen an dem, was für Frankfurt in den nächsten zehn Jahren zu leisten sei, »ist auch diese Stadt arm, trotz des höchsten Steueraufkommens«[12].

4.1.6. Bundesweite Gemeindefinanzreform

Angesichts der finanziellen Erfordernisse für die zukünftige Stadtentwicklung, wie sie sich anhand der Investitionsliste offenbarten, wurde sehr einsichtig, daß das derzeitige Finanzierungssystem nicht ausreiche, um die notwendigen Aufgaben einer Stadtgemeinde wie Frankfurt am Main erfüllen zu können. Dies galt aber keineswegs nur für Frankfurt, und der Oberbürgermeister dieser Stadt wurde nicht müde zu betonen, daß die deutschen Städte seit 1945 sich bereits um 13 Milliarden DM verschulden mußten. Während die alte klassische Vorkriegsformel des Finanzfachmanns Popitz immer vorgesehen habe, daß sich die Gemeindeeinnahmen etwa dreigeteilt gleichmäßig belaufen sollten auf: 1. Gewerbesteuer, 2. Grundsteuer, 3. Zuschläge zur Einkommensteuer – später: Zuweisungen der Länder, existiere diese Dreiteilung überhaupt nicht mehr. Geblieben sei praktisch die Gewerbesteuer, die für manche Städte 80 Prozent der Einnahmen ausmache, so für Frankfurt am Main, zusammen mit der Lohnsummensteuer. Gerade diese Steuern seien aber sehr konjunkturabhängig. Viele deutsche Städte hätten bereits die Verschuldungsgrenze erreicht, während die Länder und insbesondere der Bund sich kaum hätten verschulden müssen. Auch die Stadt Frankfurt könne den Investitionsbedarf für die nächsten vier Jahre von einer Milliarde DM nicht sicherstellen. Die Verschuldung der Stadt liege bei 700 Millionen, ein Drittel davon durch die Stadtwerke, der Kapitaldienst betrage im ordentlichen Haushalt rund 60 Millionen DM. Bei dieser Sachlage sei die Inangriffnahme der neuen Aufgaben im Städtebau unlösbar. Wenig oder nichts werde zur Sicherung der Aufgabenerfüllung der großen Städte getan. Es sei also eine umfassende Neuordnung nötig, denn auch die Städte seien ein Teil der Lebensordnung in der Bundesrepublik Deutschland[13].

Es war klar, daß Weitblick und Tatkraft Bockelmanns diese Überlegungen nicht leere Worte bleiben ließen. Seine spätere Position im Deutschen Städtetag und die freundschaftliche Verbindung zu seinem Nachfolger als Frankfurter Oberbürgermeister, Willi Brundert, der 1967 auch Präsident des Deutschen Städtetages wurde, ergaben die Voraussetzungen für eine dann 1969 auch tatsächlich erreichte Gemeindefinanzreform, die bislang die einzige geblieben ist, die diesen Namen verdient.

4.1.7. Nordweststadt und ähnliche Planungen

Am 26. Februar 1959 beschloß die Stadtverordnetenversammlung den Bau der Nordweststadt, also ein neues Wohngebiet für etwa 25000 Bewohner. Unter den vielen Neusiedlungen nach dem Krieg, ist dies das größte Vorhaben, und auch das am besten gelungene. Es sollten die Stadtteile Römerstadt, Niederursel, Heddernheim und Praunheim durch die Neusiedlung miteinander verbunden werden, und ein großzügiges Einkaufszentrum die gesamte Versorgung leisten. Die zu bauende U-Bahn sollte eine gute Anbindung an die Innenstadt sichern. Es war also ein Großvorhaben, für das sich Stadtrat Dr. Kampffmeyer schon seit 1957 enthusiastisch einsetzte. Bedauerlicherweise ist der technische Planungsname hängen geblieben, obgleich man doch sogar das Namensschild der vormals römischen Siedlung »Nida«, vermutlich aus dem 3. Jahrhundert n. Chr., bei Ausschachtungsarbeiten gefunden hatte. Oberbürgermeister Bockelmann unterstützte diese Großplanung aus voller Überzeugung, ja deutet sogar ein ähnliches Vorhaben an: die Planung Heiligenstock im Nordosten der Stadt, die, für etwa 75000 Bewohner vorgesehen, der dauernden Wohnungsknappheit in Frankfurt am Main hätte steuern können. Bekanntlich ist sehr viel später aus angeblich klimatischen Erwägungen diese Planung bedauerlicherweise gestoppt worden, obgleich die Nassauischen Heimstätten und wohl auch andere längst Grundstücke für den späteren Wohnungsbau erworben hatten. Heute gibt es am Heiligenstock einen neuen Friedhof, sehr schön gelegen.

Am 7. März 1960 wurden die ersten Pläne für die Nordweststadt gutgeheißen und der Architekt Walter Schwagenscheidt mit dem Vorhaben beauftragt[14]. Es handelte sich um eine Baufläche von 170 Hektar, eine seltene Aufgabe für Städtebauer, die mit vielen neuen Ideen vorbildlich gelöst worden ist.

4.1.8. Kulturelles Programm

1957, bald nach Amtsübernahme, besichtigte Oberbürgermeister Bockelmann sämtliche kulturellen Einrichtungen der Stadt und ließ sich deren Sorgen und Vorstellungen vortragen[15]. Dann überlegte er sich ein »kulturelles Programm«[16], für dessen Verwirklichung und Finanzierung er sich nachdrücklich und im Einvernehmen mit dem Kulturdezernenten Dr. Karl vom Rath einsetzte. Auf diese Weise kam die Stadt zur Theaterdoppelanlage – feierlich und unter Mitwirkung des Oberbürgermeisters am 14. Dezember 1963 eingeweiht, im geistreichen Spiel mit dem ganzen Ensemble: »Die Stadt hat ihre Pflicht getan, Theater, tue du die deine«[17]. Zu dem kulturellen Programm gehörte auch der Wiederaufbau des Steinernen Hauses, des Städels und die Planung für das Historische Museum, das beim Weggang des Oberbürgermeisters freilich noch nicht realisiert war. Ähnlich erging es auch den ebenfalls schon erörterten Planungen für den Wiederaufbau der Opernhausruine. Die Kosten sind damals auf »mehr als 50 Millionen DM« geschätzt worden[18].

4.2. Konzeption Stadtregion

Der von Oberbürgermeister Bockelmann wiederholt gebrauchte Begriff »Stadtregion«, eingängig und seinen theoretischen Überlegungen zugrunde liegend, spielte gleichwohl im Frankfurter Alltag keine große Rolle. Vielmehr versuchte Bockelmann geduldig und mit vielen Besuchen in den Nachbargemeinden der Großstadt Frankfurt für seine Ideen einer abgestimmten Zusammenarbeit zu werben. Damit hatte er auch Erfolg, zumal er für die ersten Schritte die Finanzkraft Frankfurts mit einbringen konnte.

1962, am 22. November schreibt die Frankfurter Neue Presse, was sich der Oberbürgermeister in zehn Jahre wünsche. An erster Stelle stand da: »... ein funktionierender Regionalverband und eine bildschöne Nordweststadt. Die Naturwissenschaftliche Fakultät und die Medizinische Fakultät mit dem Klinikum auf der Niederurseler Höhe sollen gebaut sein. Im Innenbereich fährt die Tiefbahn. An der Nidda dehnt sich ein Erholungsgebiet. Der Römerberg und das Opernhaus sind wiederaufgebaut«. Im Nachhinein ist leicht festzustellen, daß sich nicht alles bis 1972 hatte realisieren lassen, aber in diesem Jahr gab es jedenfalls eine funktionierende »Regionale Planungsgemeinschaft Untermain« (RPU), die Tiefbahn fuhr und über die anderen Vorhaben wurde geredet. Den Weg zur RPU hatte die »Gesellschaft für Regionale Raumordnung im engeren Untermaingebiet« bahnen helfen, wofür die Stadt Frankfurt einen Planer, Professor Wortmann von der TH Hannover, mit dem Auftrag finanzierte, die Region unter den Gesichtspunkten von Verkehrsplanung und Siedlungsentwicklung zu bearbeiten[19]. Vorausgegangen war im September 1961 eine »Arbeitsgemeinschaft für das engere Untermaingebiet«, mit dem Vorsitzenden Werner Bockelmann. Diese Arbeitsgemeinschaft holte Professor Wortmann zur Ausarbeitung eines ersten Regionalplanes. Besonders wichtig war bei all diesen Vorhaben, daß sie im Einvernehmen mit den Nachbargemeinden in Gang gesetzt werden konnten, denn sonst wäre gar nichts geschehen. Dies Einvernehmen war ein Ergebnis des Verhandlungsgeschicks und der vielen Nachbarschaftsbesuche des Frankfurter Oberbürgermeisters.

Werner Bockelmann gehörte zu den nicht allzuvielen Kommunalpolitikern, die sich bemühten, über ihre Aufgaben grundsätzlich nachzudenken, neue Entwicklungstrends rechtzeitig zu erfassen, auf Lücken aller Art und insbesondere in der Gesetzgebung hinzuweisen und für Abhilfe einzutreten. Insofern war er geradezu bestimmt für das seit 1964 übernommene Amt im Deutschen Städtetag, das ihm alle

Chancen bot, die aus praktischer kommunalpolitischer Arbeit und theoretischem Durchdringen der Aufgaben gewonnenen Erfahrungen nun zugunsten aller deutschen Städte umzusetzen. Seit jeher arbeitet der Deutsche Städtetag ohne viel Aufhebens, aber sehr wirksam und mit exzellenten Mitarbeitern in einer nur kleinen Dienststelle. Allerdings ist auf Werner Bockelmann nach dessen Unfalltod 1967, der eine große Lücke riß, kaum ein adäquates geschäftsführendes Präsidialmitglied gefolgt, eben auch nicht mehr ein vormaliger Oberbürgermeister einer so bedeutenden Stadt wie Frankfurt am Main.

Auch als Frankfurter Oberbürgermeister war Bockelmann bemüht, seine Überlegungen zu kommunalpolitischen Problemen zu vermitteln. Als eine der wichtigsten Schriften aus dieser Zeit kann der Vortrag in der Baseler Universität vom 15. Juni 1961 gelten[20]. Das Fazit dieser Überlegungen wird gleich zu Anfang hervorgehoben: die rechtlichen und finanziellen Voraussetzungen zur Erneuerung der Städte und zum Städtebau seien durchaus »unzulänglich« geblieben. Bei dem modischen Gerede über die »Krise der Stadt« müsse man auch deren Vorteile bedenken, aber die Veränderungen berücksichtigen. So die von Jean Fourastier aufgewiesenen Entwicklungen hin zu einer Dienstleistungsgesellschaft. Innerhalb der »City von Frankfurt« beispielsweise befänden sich 60 Prozent aller Arbeitsplätze. Bei sinkender Einwohnerzahl wachse der Ring rund um die großen Städte, und ohne besondere Planung ergäbe sich so eine »Mantelbevölkerung« der Stadt, mit der Folge entsprechender Verkehrsbelastungen, die wiederum den Bau eines Massenverkehrsmittels erfordern. »Diese strukturellen Veränderungen bestimmen die neuen Aufgaben des modernen Städtebaus.« Für die Zukunft sei notwendig, mehr als nur den »juristischen Begriff der Stadt« zu beachten, nämlich die »Struktur der Stadt«, wie sie sich heute als »einheitliches Siedlungs- und Wirtschaftsgebiet darstellt«[21].

Die These Bockelmanns hierzu war folgende: »Die juristische Verwaltungsstruktur der Stadt deckt sich nicht mehr mit der realen Siedlungsstruktur«[22]. Deshalb werde die »wirkliche Stadt« oft als »Ballungsraum« bezeichnet, besser sei aber »Stadtregion« – ein guter Begriff, der sich leider nicht ganz durchgesetzt hat. Die Abhilfe, die man früher gewählt habe, also die Eingemeindung benachbarter Orte, sei zwar auch heute noch in Einzelfällen legitim, könne aber das Problem nicht lösen und habe Nachteile. Denn die eingemeindete Gemeinde büße Selbständigkeit und Freiheit ein, so daß dies Verfahren nur mit größter Zurückhaltung geübt werden sollte. Und außerdem sei Eingemeindung unbrauchbar für die Probleme ganzer Stadtregionen, bei denen es sich ja um eine Vielzahl von Gemeinden handelt, was dann wieder Dezentralisierung verlange, etwa wie in Hamburg und Berlin in Bezirke. Demgegenüber stellte Bockelmann als Ziel heraus: »Eine Stadtregion muß auf der Grundlage einer einheitlichen, gemeinsamen Planung der beteiligten, im übrigen selbständig bleibenden Gebietskörperschaften erneuert werden.« Die Notwendigkeit dieses Prinzips werde zwar kaum bestritten, aber die rechtlichen Schwierigkeiten würden nicht behoben, so daß die Rechtsentwicklung hinter der realen Entwicklung herhinke.

Außer der Eingemeindung gäbe es noch das Instrument des Zweckverbandes nach dem »Zweckverbandgesetz« vom 7. Juni 1939. Der Nachteil sei aber, daß es sich dabei nur um betimmte Aufgabegebiete handeln könne. Außerdem habe das neue Bundesbaugesetz vom 23. Juni 1960 gerade in Sachen der Planungshoheit Veränderungen gebracht und die Aufstellung von Bebauungsplänen in die Hoheit der Gemeinden gegeben (für die kleineren Gemeinden lag sie bislang bei den Landkreisen). Da die Gemeinden gerade erst die Planungshoheit für die Bauleitplanung (Flächennutzungspläne und Bebauungspläne) erhalten haben, wachten sie nun darüber und es könne nur freiwillig gebildete Planungsverbände geben. Auch gäbe es in Deutschland nur das Beispiel des 1920 gegründeten »Ruhrsiedlungsverbandes« und sonst keine Erfahrungen, da die intensiven Bemühungen von Frankfurt am Main und Hannover bislang zu keinem Erfolg geführt hätten. Bockelmann spielte hier auf gesetzliche Veränderungen in Sachen Regionalplanung durch die Gemeinden an, die bei den Landtagen zu liegen hätten. Dort aber seien zuviele Vertreter auch kleiner Gemeinden Abgeordnete, so daß sich kaum etwas ändern werde. Es bliebe also nur die freiwillige Zusammenarbeit der Gebietskörperschaften, wie beispielsweise für Frankfurt die Arbeitsgemeinschaft »Engeres Untermaingebiet«, deren erarbeitete Pläne aber leider keinerlei Rechtsverbindlichkeit hätten. Denn im Frankfurter Raum verteile sich die Planungshoheit auf rund 120 Gemeinden. Die Rechtsverbindlichkeit der Planungen sei aber eine Lebensfrage, nicht nur für die Kernstadt Frankfurt in ihrer »Raumenge«, sondern auch für die »Einzelinteressen« in der Stadtrand-Region und notwendig für die beiderseitige Erneuerung. Die Folgen der gegenwärtigen Situation sei nämlich: »unrationelle Flächennutzung, mangelnde Koordinierung der Siedlungspolitik, unzureichende Berücksichtigung der Grün- und Erholungsgebiete, Gefahren für Luft und Trinkwasser«[23].

Dagegen stünden die Aufgaben: Einheitliche Siedlungspolitik, gemeinsame Lösung der Verkehrspolitik, einheitlicher Wille für Versorgung mit Energie und Wasser, Entsorgung der Abfälle, Müllverbrennungsanlagen und Kläranlagen, sowie Sicherung der Grünflächen. Für all dies fehlten in Deutschland aber jegliche gesetzliche Grundlagen, ganz im Gegensatz zur USA mit den ausgewiesenen »Metropolitan Areas«. Diese erhalten zugewiesene Aufgaben und können sich durch Umlagen finanzieren.

Die Hoffnung Bockelmanns angesichts dieser defizitären Situation in Deutschland war, die in Entwicklung befindlichen Landesplanungsgesetze oder Gesetze zur Raumordnung könnten Aufgaben auf die zu bildenden Planungsverbände der Gemeinden übertragen. Dies ist bekanntlich nicht in dem gewünschten Ausmaß in den Folgejahren geschehen, vielmehr hat sich die Landesplanung, in Hessen sowohl im Ministerium wie auch durch die Regierungspräsidien, allzuviele Aufgaben vorbehalten. Somit hat sich bislang nicht ergeben, was Werner Bockelmann sich 1961 wünschte: »Eine solche Regelung, die eine Begrenzung staatlicher Zuständigkeiten zu Gunsten eines kommunalen Verbandes bedeuten würde, wäre ein Zeichen einer besonderen Anerkennung der kommunalen Selbstverwaltung. Es wäre ein Durchbruch kommunalen Denkens, der beispielhaft werden könnte.«[24] Damit wäre, so meinte Bockelmann, die von der Rechtsordnung noch nicht erfaßte Realität »Stadtregion« gesichert.

Zum Thema Eigentum an Grund und Boden und Einschränkung durch Planung, also Bodenordnung, das Kernproblem der Stadtplanung, ging Bockelmann auf die geschichtliche Entwicklung ein. Das »Preußische Fluchtliniengesetz« vom 2. Juli 1875, 1902 für Frankfurt am Main ergänzt durch das »Umlagengesetz« – was alles in Frankfurt gleich nach Kriegsende noch eine Rolle spielte – habe durch ein »Reichsstädtebaugesetz« 1932 erneuert werden sollen, was dann nicht mehr verabschiedet worden ist. So habe sich ein knappes Jahrhundert mißbrauchter Baufreiheit ergeben, und damit sei das Erbe eines Jahrtausends verletzt worden. Im neuen Bundesbaugesetz sei beispielsweise die »Zusammenlegung« herausdebattiert worden, ein Verfahren, was sich gerade in Frankfurt am Main bewährt habe. Dieses Gesetz stelle Einzelinteressen über die »Interessen der Gesamtheit«. Schließlich sei zu bedenken, daß in deutschen Großstädten Eigentum an Grund und Boden nur etwa drei bis vier Prozent der Einwohner besäßen. Schon Otto von Gierke habe 1889 den sozialgebundenen Gebrauch des Eigentums verlangt und gefordert, dies rechtlich zu ermöglichen[25]. Da dies keineswegs erfolgt sei, bleibe zukunftsgerechte Stadtplanung äußerst schwierig.

Im dritten Teil seines Vortrags ging Bockelmann auf die Finanzerfordernisse moderner Städte ein, am Beispiel von Frankfurt am Main. 1.) Seien die Verkehrsverhältnisse völlig neu zu ordnen. Die unterirdische »zweite Ebene« werde gebraucht, für das Verkehrsmittel, für Parkhäuser und der Ausbau auch der Straßen in den Innenstädten sei notwendig, insgesamt für viele hundert Millionen DM. 2.) Sei die Sanierung alter Stadtteile erforderlich, ebenfalls zu sehr hohen Kosten. 3.) Da in die Stadtregion ständig neuer Zuzug erfolge, sei großzügige Neuerschließung von Wohngebieten, möglichst schornsteinlos mit Fernwärme, dringlich. Die Stadt Frankfurt entwickele gerade so ein Wohngebiet für etwa 30000 Einwohner (die Nordweststadt), mit parkierungsfreien Straßen und Fußwegen, getrennt vom Autoverkehr. Auch hierfür werden erhebliche Investitionen benötigt. 4.) Eine Grünflächen-Planung und Absicherung dieser Flächen sei notwendig, sowie die Kosten für Abfallentsorgung, Müllverbrennungsanlagen und Kläranlagen seien aufzubringen.

Als man in Frankfurt am Main gerade kürzlich eine Investitionsliste für drei Jahre ab 1962 aufgestellt habe, wobei viel Wünschenswertes gestrichen worden sei, habe sich ein Gesamtbedarf nicht unter einer Milliarde DM ergeben. Es stehe fest, daß das derzeitige Gemeindefinanzierungssystem dies nicht hergebe. Auch die Stadt Frankfurt könne in den nächsten vier Jahren den Investitionsbedarf von einer Milliarde DM nicht sicherstellen. Bislang sei ein Auskommen nur durch die Gewerbesteuer und durch Verschuldung möglich gewesen. Somit seien die aufgezeigten neuen Aufgaben im Städtebau »unlösbar«, wenn nichts zur Verbesserung der Aufgaben der großen Städte erfolge, wofür es im Ausland Beispiele gäbe – so in England, Schweden, USA und Holland[26].

Oberbürgermeister Bockelmann hatte sich viel im Ausland umgesehen und über Reisen nach Israel, USA, Moskau und Indien lesenswerte Berichte veröffentlicht[27]. Schon sehr früh nahm er Beziehungen zu Israel auf und sprach darüber auch in Frankfurt, so am 9. Dezember 1958 bei der »Vereinigung der Freunde der Johann Wolfgang Goethe-Universität«, und zwar im Festsaal des Studentenhauses zum Thema: »Israel und seine arabischen Nachbarn (Beobachtungen auf einer Reise im mittleren Osten) mit Lichtbildern«[28]. Die Lichtbilder waren selbst aufgenommen, fotografieren war ein Hobby von Bockelmann. Anschließend lud die Frankfurter Gesellschaft für Handel, Industrie und Wissenschaft durch Dr. Schmidt-Polex zum geselligen Beisammensein in die Siesmeyerstraße 12 ein. Kosten für das Abendessen: DM 5,50.

Frau Rita Bockelmann, die ihren Mann mehrmals auf Israel-Reisen zusammen mit den älteren Söhnen begleitet hatte, auch zu archäologischen Ausgrabungen im Negev, schaltete sich ebenfalls früh und aktiv in die Förderung der Beziehungen zu Israel ein, was Ende der 1950er Jahre noch höchst ungewöhnlich war. Rita Bockelmann konzentrierte sich auf die Jugend Alya, die Unterstützung der Einwanderung von jungen Leuten nach Israel; ansonsten übernahm sie, wie die meisten der späteren Gattinnen der Frankfurter Oberbürgermeister auch, den Vorsitz im Müttergenesungswerk Frankfurt. Da die damalige Führungsschicht in Israel überwiegend aus Osteuropa stammte, kamen dem Frankfurter Oberbürgermeister seine guten Kenntnisse der russischen Sprache sehr zu statten und förderten enge Verbindungen. Diese bestanden auch zur Gewerkschaftsbank in Frankfurt am Main, der Bank für Gemeinwirtschaft und ihrem Direktor, dem ehrenamtlichen Stadtrat Walter Hesselbach.

Eine besondere Angelegenheit war die Reise einer Delegation des Frankfurter Stadtparlaments nach Japan im Jahre 1958, um dort die Folgen der Atomwaffenabwürfe auf Hiroshima und Nagasaki zu studieren. Diese Reise begann am 20. Mai und hatte weitere Aktivitäten in Frankfurt am Main zur Folge. In diesen Jahren war es noch nicht üblich, über die verheerenden Folgen von atomaren Ausstrahlungen, wie sie auch von Atomversuchen ausgingen, viel zu wissen oder darüber viel zu reden. Außerdem stand die Art der Bewaffnung der gerade begründeten Bundeswehr zur Debatte. Die SPD startete in dieser Zeit die Arbeitsgemeinschaft »Kampf dem Atomtod«, den Vorsitz hatte Werner Bockelmann übernommen. In Frankfurt verschaffte ihm das etlichen Ärger von den anderen Parteien. Gegen die Einberufung einer Kundgebung auf dem Römerberg zum 3. Juni 1958, auf dem Briefbogen des Oberbürgermeisters und ohne Magistratsbeschluß zur Verkehrssperrung, protestierte die Deutsche Partei durch ihren hessischen Vorsitzenden Derichsweiler und verlangte beim Hessischen Minister des Innern die Einleitung eines Disziplinarverfahrens gegen Bockelmann. Die CDU erhob auch heftige Vorwürfe[29]. Bockelmann wehrte sich energisch und betonte, er bemühe sich, sein Amt objektiv zu führen und in der Frankfurter Arbeitsgemeinschaft gegen den Atomtod seien Persönlichkeiten aus verschiedenen Parteien und ohne jegliche Parteibindung. Die in der ganzen

Aktion zur Aufklärung über die Folgen der Atombombenversuche, 1958 am Roßmarkt

Kundgebung der Aktion »Kampf dem Atomtod« auf dem Römerberg am 3. Juni 1958

Begeistert begrüßen viele Frankfurter den US-amerikanischen Präsidenten John F. Kennedy bei der Anfahrt zum Römer am 25. Juni 1963

Bundesrepublik beachtete Versammlung in der Paulskirche »Gegen den Atomtod« am 18. Januar 1959 bildete zunächst den Abschluß dieser Aktivitäten, zumal in der Öffentlichkeit nach und nach ein realistischeres Bild über die Gefahren von Atomwaffen und Atomwaffenversuchen entstand.

Die Frankfurter Bevölkerung und selbst die FAZ waren ansonsten sehr damit zufrieden, wie dieser Oberbürgermeister für die Stadt repräsentierte[30]. Hierfür gab es viele Gelegenheiten, nicht nur bei großen Kongressen, wie dem des Internationalen Pen-Clubs am 19. Juli 1959 oder beim Welt-Öl-Kongreß am 19. Juni 1963, beim feierlichen Abschluß des Partnerschaftsvertrags mit der Stadt Lyon am 16. Oktober 1960. Zu diesem Kongreß gab es eine Premiere, die später mit ebenso großem Erfolg oft wiederholt worden ist: ein »Frankfurter Abend« in den Römerhallen, bei dem man auf Bänken an den weiß gescheuerten Tischen saß und das Frankfurter Nationalgericht: Rippchen mit Sauerkraut und Apfelwein serviert bekam. Für die meist recht verwöhnten Gäste war dies jedesmal eine erfreuliche, eben ganz andersgeartete Abwechslung, und sie haben Frankfurt zumindest in dieser Beziehung in guter Erinnerung behalten.

Darüberhinaus hatte der Frankfurter Oberbürgermeister in den sieben Jahren seiner Frankfurter Zeit oft in der Paulskirche bei den verschiedenen Ehrungen – Goethepreis der Stadt oder Friedenspreis des Deutschen Buchhandels – für die Stadt zu sprechen[31]. Das wichtigste aller dieser internationalen Ereignisse war zweifellos der Besuch des amerikanischen Präsidenten John F. Kennedy am 25. Juni 1963, der sich im Kaisersaal auch in das Goldene Buch der Stadt eingetragen hat. Oberbürgermeister Bockelmann überreichte mit kurzer Ansprache eine Kassette mit zwei Schreiben von 1848, welche die schon damals engen Beziehungen dokumentieren[32]. Zu Kennedy's Ansprache auf dem Römerberg strömten die Frankfurter in gänzlich ungewohnter Menge und es gab bald kein Durchkommen mehr. Glücklicherweise waren 1963 Fernseh-Direktübertragungen schon durchaus üblich und Fernsehapparate in vielen Familien vorhanden, so daß gut zu verfolgen war, was sich auf dem Römerberg ereignete. Der so jugendlich wirkende mächtige Mann begeisterte mit seiner englischen, Satz für Satz gut ins Deutsche übersetzten Ansprache die eng gedrängt auf dem Römerberg und weit darüber hinaus stehende Menge außerordentlich. Offenbar hatten die Frankfurter, wie später dann auch die (West)Berliner,

Kennedy bei seiner sehr beachteten Ansprache in der Paulskirche am 25. Juni 1963

durchaus ein Gefühl dafür, daß dieser Zuversicht ausstrahlende 35. Präsident der Vereinigten Staaten mit seiner »atlantischen Vision« einer neuen Zusammenarbeit zwischen den USA und Europa, ein Politiker besonderer Bedeutung gewesen ist. In seiner Ansprache in der Paulskirche ging Kennedy auch darauf ein, daß dieses Gebäude zur »Wiege der deutschen Demokratie« zähle und betonte damit zugleich die Kontinuität demokratischen Denkens in Deutschland, das von 1933 bis 1945 so schmählich verraten worden war[33]. Zur Erinnerung an diesen bedeutenden Besuch ließ die Stadt Frankfurt ein Jahr später an der Ostseite der Paulskirche eine Tafel mit dem Profil Kennedy's anbringen, mit einem Satz aus seiner Paulskirchenrede, der zugleich ein Aufruf an die Zeitgenossen war: »Niemand soll von dieser unserer atlantischen Generation sagen, wir hätten Ideale und Visionen der Vergangenheit, Zielstreben und Entschlossenheit unseren Gegnern überlassen.« Am 22. November des gleichen Jahres 1963 ist Kennedy in Dallas, der Großstadt im Süden der USA, ermordet worden; auch in Frankfurt am Main waren Betroffenheit und Trauer groß.

In diesen Herbsttagen 1963 fanden in Frankfurt am Main die letzten Vorbereitungen für den großen »Auschwitz-Prozeß« statt. Allein den zähen Bemühungen des Hessischen Generalstaatsanwaltes Fritz Bauer war es zu danken, daß es überhaupt zu diesem Prozeß gegen die 22 Angeklagten kam. Alle waren von 1942 an in die Vernichtungsmaschinerie des Dritten Reiches eingebunden, alle hatten sich im Vernichtungslager Auschwitz betätigt. Der Prozeß begann am 20. Dezember 1963 im Plenarsaal des Frankfurter Römers und dauerte bis 19. August 1965. Nun war zu Beginn die deutsche Öffentlichkeit noch immer nicht besonders daran interessiert, sich mit den ungeheuerlichen Vorgängen auseinanderzusetzen, die im Krieg dazu geführt hatten, Millionen von jüdischen Menschen, und Hunderttausende von Zigeunern aus ihrer angestammten Heimat zu deportieren, sofort zu ermorden oder ihre Arbeitskraft bis zum Tode auszunutzen.

Die Nürnberger Prozesse der Alliierten, 1946 und mit Folgeprozessen bis 1949, hatten alle diese Vorgänge bereits behandelt und dokumentiert. Aber in den ersten Nachkriegsjahren unterlagen die notgedrungen mit sich selbst und mit Alltagssorgen ausgelasteten meisten Deutschen gewissermaßen einer emotionalen Sperre, die eine Auseinandersetzung mit diesen wenige Jahre zuvor im Krieg veranstalteten Verbrechen kaum zuließ. Umso notwendiger war, was Fritz Bauer 1961 auch zur Begründung der Vorbereitungen zum Auschwitz-Prozeß schrieb, daß Bewältigung der deutschen Vergangenheit eben heiße, »Gerichtstag halten über uns selbst«, um die gefährlichen Faktoren in der deutschen Geschichte bewußt zu machen. Inzwischen war auch die zeitgeschichtliche Forschung in Deutschland soweit, die Fakten einigermaßen geklärt zu haben, die zur Vernichtung des europäischen Judentums durch das nationalsozialistische Deutschland geführt hatten. Der Frankfurter Auschwitz-Prozeß begegnete also einer aufmerksamer gewordenen Öffentlichkeit und die Presse berichtete regelmäßig und ausführlich. Die zahlreichen Zuschauer konnten erleben, meist zu ihrer großen Überraschung, daß sich gerade auch die ganz widerlichen und grausamen Verhaltens beschuldigten Angeklagten äußerlich in nichts unterschieden von zahllosen anderen Mitmenschen. Man konnte also darüber nachdenken, was in Diktaturen erlaubte äußere Umstände alles ermöglichen lassen, wenn nicht feste Wertvorstellungen entgegenstehen. So wurde doch bei vielen ein Bewußtsein geschärft für den ersten Artikel des Grundgesetzes: »Die Würde des Menschen ist unantastbar« und dafür, wie wichtig die politischen Bedingungen in einem Rechtsstaat sind.

Besonders schwierige und belastende Situationen ergaben sich durch die Notwendigkeit, durch Zeugenaussagen, 170 waren geladen, jedem einzelnen Angeklagten nachzuweisen, was er vor rund zwanzig Jahren getan habe. Die aus aller Welt, meist aus Polen, Israel und der Tschechoslowakei nach Frankfurt am Main geholten Zeugen wurden nun im Prozeß mit der für sie so entwürdigenden, grausamen Vergangenheit wieder konfrontiert und dann allein gelassen. Es bleibt ein großes Verdienst so mancher Frankfurter Frauen, voran Ulla Wirth aus Kronberg und Frau Bonhoeffer aus Frankfurt, von sich aus eine sorgsame und einfühlsame Betreuung der jüdischen Zeugen mit Hilfe des Roten Kreuzes organisiert zu haben. Hermann Langbein, der Berichterstatter für das jüdische Auschwitzkomitee, hob diese Leistungen bei späterer Gelegenheit besonders hervor[34].

Der Auschwitzprozeß begann am 20. Dezember 1963 im Plenarsaal des Römers und wurde am 3. April 1964 im neueröffneten Frankfurter Bürgerhaus Gallus fortgesetzt. Links, vor der Reihe der Bewachungsmannschaften, die Angeklagten in drei Reihen, davor die Bank der Rechtsanwälte und Nebenkläger. Im Vordergrund Zuschauer

4.3. Parteipolitik und Wahlen

Für das Jahr 1963 beschrieb eine Zeitschrift mit einem netten Bild des Frankfurter Oberbürgermeister und seiner Frau die Stadt am Main mit ihren Widersprüchen[35]. In keiner Stadt stoße das Gestern und Morgen so hart aufeinander wie in Frankfurt. Es gäbe genau so viele Bankangestellte wie Schüler, auf zehn Deutsche komme ein Auto, auf zehn Frankfurter zwei Autos. Die Straßen seien überfüllt. Alle 160 Sekunden fahre ein Zug im Hauptbahnhof ein, alle acht Minuten lande ein Flugzeug, zur Messezeit alle sechs Minuten. »Diese Stadt ist so bedrängt wie bedrängend, versteinert und verträumt, historisch gewachsen und fast amerikanisiert.«

Seit der ersten Kommunalwahl nach dem Krieg, seit 1946, hielt die Sozialdemokratie unangefochten die Mehrheit – allerdings nur bei Kommunal- und Landtagswahlen. Bei den Bundestagswahlen 1953 und 1957 machte auch in Frankfurt am Main die CDU das Rennen, wenn auch nur knapp[36]. Von 1961 bis zur Bundestagswahl am 3. Oktober 1976 gewann wiederum die SPD in Frankfurt alle Wahlen, bis auf eine, wenn auch nicht immer mit absoluter Mehrheit. Die eine Ausnahme: die Landtagswahl vom 27. Oktober 1974 brachte der CDU eine Mehrheit mit 46,5 Prozent, die SPD erzielte 40,9 Prozent. Die Wahlergebnisse im Überblick zeigten also eine Dominanz der SPD, aber keine unbestreitbar sicheren Mehrheiten. Nur machte sich die recht machtgewohnte Frankfurter SPD dies kaum klar. Dabei war auch schon in den ersten Jahrzehnten der Bundesrepublik festzustellen, daß die Frankfurterinnen und Frankfurter sehr wohl überlegten, zu welchem Parlament sie gerade zu wählen hatten, und daß ihr Wahlverhalten sich leicht verändern konnte.

Spätestens ein Jahr vor jeder Kommunalwahl begann die Frankfurter Parteiführung der SPD damit, die Weichen zu stellen. Bei der CDU und FDP war dies kaum anders. Weitere Parteien spielten keine Rolle mehr, nachdem die Stadtverordneten von Deutscher Partei oder BHE (Bund der Heimatvertriebenen und Entrechteten) von CDU oder SPD aufgesogen worden waren. Die Kommunalwahl 1960, drei Jahre nachdem Oberbürgermeister Bockelmann sein Amt angetreten hatte, gewann die SPD klar mit 50,7 Prozent. Am 22. November 1962 war der Oberbürgermeister im Stadtparlament auf zwölf weitere Jahre – öffentlich unbestritten – wiedergewählt worden. Warum gab es dann anderthalb Jahre später eine »Oberbürgermeisterkrise«, die die meisten Beteiligten zum Nachteil der Stadt Frankfurt und der SPD ins Gerede gebracht hat?

Jedenfalls standen für Herbst 1964 wiederum Kommunalwahlen an, und dies bringt Parteien allemal zu neuer Aktivität. Trotz aller Turbulenzen hat sie übrigens die SPD wiederum – und zwar mit 53,5 Prozent – gewonnen. Da waren aber längst die Positionen so mancher handelnden Personen verändert worden, und zwar auf energisches Eingreifen des Landesvaters, des Ministerpräsidenten Georg August Zinn in Wiesbaden hin und durch eine Pressekampagne.

Bald nach der Wiederwahl Bockelmanns ergaben sich im Frühjahr 1963 gesundheitliche Beeinträchtigungen, Kreislaufstörungen und Ähnliches. Dazu mögen Sor-

OB Bockelmann
und seine Frau Rita

gen um die Schuldenlast der Stadt beigetragen haben, vermutlich aber auch zunehmende Spannungen mit der Spitze der eigenen Partei, in die sich Bockelmann in Frankfurt nie so ganz hatte einfühlen können. Die Schulden der Stadt beliefen sich bei der Haushaltseinbringung für 1964, also zum 26. August 1963 auf 1,3 Milliarden DM, bei einem Umfang des Ordentlichen Haushalts von 733 Millionen DM und des außerordentlichen Haushalts von 727 Millionen DM. Frankfurt war somit zwar die höchst verschuldete Stadt Deutschlands, hatte aber solche Einnahmen, daß der Oberbürgermeister sagen konnte, »die Grenze des Tragbaren ist noch nicht erreicht«[37]. Im Frühjahr 1964 stellte die hellhörige FAZ fest, es seien wieder Gerüchte da, Bockelmann werde Frankfurt verlassen. Es sei im Deutschen Städtetag in Köln seit längerem die Position des Hauptgeschäftsführers offen. Der Unterbezirksvorstand der SPD nahm dazu zunächst keine Stellung und erklärte dann, eine eventuelle Entscheidung liege bei Bockelmann. Es wurde aber auch nicht verlautet, man wolle den Oberbürgermeister unbedingt in Frankfurt halten.

In dem Spiel vor und hinter den Kulissen hat dann sicher die Haushaltsklausur der sozialdemokratischen Stadtverordneten-Fraktion – traditionsgemäß im Gasthaus Adler in Schmitten im Taunus – eine gewisse Rolle gespielt. Sie fand statt im April 1964. Vermutlich waren längst vorher im Unterbezirk und in engeren Gesprächskreisen vor allem des linken Flügels Absprachen getroffen, die dann im Taunus der

Zum »Tag des Baumes« am 8. Mai 1964 zeigt sich der Bürgermeister und Gründezernent der Stadt Frankfurt, Rudi Menzer, aktiv im Stadtwald. Rechts Forstdirektor Rupert

Fraktion beigebracht werden konnten. Dabei hatte sich folgende »Paketlösung« abgezeichnet: wenn Bockelmann gehe – womit offensichtlich gerechnet worden ist – solle Rudolf Menzer, seit dem Ausscheiden des langjährigen Bürgermeister Dr. Walter Leiske (CDU) dessen Nachfolger, das Amt des Oberbürgermeisters übernehmen. Stadtrat Walter Möller war als Bürgermeister vorgesehen und der Vorsitzende des SPD-Unterbezirks, Oberstudiendirektor Emil Bernt, als hauptberuflicher Schuldezernent. Dies Paket war auch eine Art Kompromißlösung zwischen den beiden Flügeln der SPD, denn Bernt wurde eher dem rechten Flügel zugerechnet.

Rudi Menzer, in der SPD beliebt, aus der Arbeiterschaft aufgestiegen und schon vor 1933 Stadtverordneter, seit Kriegsende wieder in politischen Ämtern erfolgreich für die Stadt Frankfurt am Main tätig, erschien vielen sozialdemokratischen Stadtverordneten auch als gute Lösung in der entstandenen Situation. Menzer selbst hat sich später sehr oft verärgert über die damaligen Pläne seiner Kollegen geäußert. Es war ja auch ziemlich offensichtlich, daß der bereits fast 60 Jahre alte Rudi Menzer auf diese Weise einen guten, aber kurzen Abgang aus der Kommunalpolitik erhalten sollte und einer der beiden anderen aus dem Paket als Oberbürgermeister folgen könne. Von Schmitten aus beriet die SPD-Führung am 13. April 1964 und mehrfach im Gasthaus Sandplacken am Feldberg, argwöhnisch beäugt von der Frankfurter Presse.

Wer bei dem Paketplan zur Ablösung des ja noch amtierenden Frankfurter Oberbürgermeisters Bockelmann noch alles – und wie – mitgespielt hat, entzieht sich der Kenntnis der Nicht-Mitwirkenden. Mit Sicherheit ist folgende Kombination anzunehmen: außer den zwei Hauptbeteiligten Möller und Bernt, waren noch der ehrenamtliche Stadtrat Walter Hesselbach, der Fraktionsvorsitzende Ewald Geißler und Joseph Lang beteiligt.

Dieser, langjähriges Mitglied im Frankfurter SPD-Unterbezirksvorstand und überzeugter Gewerkschafter, kenntnisreicher Buchhändler im Gewerkschaftshaus und Gesprächspartner, überall als »Jola« bekannt, war einer der einflußreichsten Sozialdemokraten in Frankfurt am Main, seit seiner Rückkehr aus der Emigration. 1950 kamen er und seine ebenso für die sozialistische Sache engagierte Frau Erna nach Frankfurt am Main[38]. Er gehörte von 1957 bis 1973 dem Unterbezirksvorstand der SPD an, war besonders eng mit Walter Möller befreundet und kam aus der Tradition der vor 1933 weit links agierenden Sozialisten, die den rechten Weg auch zu humanem Leben für alle suchten. Jola war ein glänzender Redner und ein guter Freund. »Nichts haben wir ohne ihn getan.« Und »ohne jemals ein öffentliches Amt

Die Gewerkschaften kämpfen im Frühjahr 1964 »Für soziale Sicherheit – gegen Preiserhöhungen und sozialen Rückschritt«. In der Fankfurter Kongreßhalle versammeln sich die Vertreter von 400 000 organisierten Arbeitnehmern in Hessen am 8. Januar 1964

Beim Ostermarsch der Atomwaffengegner marschiert am 30. März 1964 auch der Präsident der Evangelischen Kirche in Hessen und Nassau, Martin Niemöller, zeitweilig mit (dritter von links)

anzustreben, hat Jola dennoch das politische Leben in Frankfurt beeinflußt wie kaum ein anderer«, so sagte viel später Walter Hesselbach von ihm und daß er »mehr für diese Stadt und die Bürger dieser Stadt getan, als viele, viele in kommunalen Ämtern«, so Rudi Arndt[39].

Es wurde also auf dem Sandplacken verhandelt, in Schmitten viel geredet und als alle nach Frankfurt am Main zurückgekehrt waren, stand die »Frankfurter Lösung« fest. Nun hatten die Gremien des Deutschen Städtetages, in Lübeck tagend, den neuen Hauptgeschäftsführer oder das neue geschäftsführende Präsidialmitglied Werner Bockelmann erst noch zu wählen. Diese Wahl im Präsidium des Hauptausschusses war für den 13. April 1964 angesetzt und ging sehr positiv für Bockelmann aus. Es lag nun bei Bockelmann, ob er annehmen werde. Er bat sich Bedenkzeit aus bis Ende April 1964. Bevor noch Bockelmann sich definitiv geäußert hatte, veröffentlichte Ewald Geißler als Vorsitzender der SPD-Stadtverordneten-Fraktion am Mittwoch, 15. April, die Paketlösung als Vorschlag der SPD. Bockelmann sei damit einverstanden. Darauf titelte die FAZ: »die Oberbürgermeisterkrise ist da«[40]. So wunderte sich von den Journalisten niemand mehr, daß Bockelmann am 20. April

1964 seinen Rücktritt zum 30. Juni 1964 erklärte. Wie andere Frankfurter Zeitungen auch, war die FAZ keineswegs einverstanden mit dieser Art der Nachfolgeregelung, und die meisten Frankfurter Bürger waren höchst erstaunt und wohl auch enttäuscht, daß der Oberbürgermeister Bockelmann die Stadt verlassen wollte, weil sie von den ganzen Spannungen und Verhandlungen nichts mitbekommen hatten.

Allerdings war in der Frankfurter Rundschau schon am 14. April durch den langjährigen Berichterstatter aus dem Römer, Jürgen Hoyer, ein wenig auf die »Frankfurter« oder »Innere Lösung« vorbereitet worden. Als dies Paket nun am Abend des 15. April allgemein bekannt gegeben wurde, protestierte als erstes die CDU heftig, und zwar, weil man sie in die Verhandlungen überhaupt nicht eingeschaltet habe. Der Stadtkreisvorsitzende, Stadtrat Ernst Gerhardt erklärte, er habe diese Entwicklung seit langem kommen sehen; der Fraktionsvorsitzende der CDU, Dr. Freiwald, jedoch fand alles kaum glaubhaft und jedenfalls sehr bedauerlich. Im Höchster Kreisblatt war am 17. April 1964 das Erstaunen von FDP und CDU zu lesen, daß die SPD nicht die angekündigte Stellungnahme des Oberbürgermeisters am 20. April 1964 abgewartet habe. An diesem Tag kommentierte die FAZ »Unruhe« in der Mitgliedschaft der Frankfurter SPD, die anderer Meinung sei als die »Manager« der Partei. Die Mitglieder nämlich dächten mit Sorge an die kommende Kommunalwahl. Der Stadtverordnetenvorsteher Heinrich Kraft suchte zu vermit-

Eine der ersten Schluckimpfungen gegen Kinderlähmung verursachte im April 1964 lange Schlangen am Karmeliterkloster

teln: man müsse Verständnis haben für den Oberbürgermeister, wenn er weggehen wolle. Der Weggang sei zu bedauern. Schließlich habe er »Frankfurt ein gutes Stück vorwärts gebracht«[41].

Der Oberbürgermeister begab sich auf dringenden Rat seiner Ärzte ins Krankenhaus und die Presse stürzte sich auf die vorgeschlagenen Personen, insbesondere auf den OB-Kandidaten Menzer[42] und auf Emil Bernt, den Nicht-Frankfurter, Flüchtling aus dem Sudetengau. Nach und nach gelang es insbesonders dem Feldzug der FAZ, Emil Bernt Unregelmäßigkeiten in den Examina (angeblich fehlendes Abitur) nachzusagen und ihn so aus dem Feld zu schlagen. Rudi Menzer hatte schon vorher am 2. Juni 1964 resigniert erklärt, er stünde für die Kandidatur nicht zur Verfügung.

Dem vorausgegangen war eine Aussprache mit dem hessischen Finanzminister, Rudi Arndt, den der Ministerpräsident zu diesem Zweck nach Frankfurt gesandt hatte. Bockelmann selbst erklärte, »es war der nachdrückliche Rat meiner Ärzte und meine eigene schmerzliche Erfahrung, die mich vor der ungeheuren physischen Belastung scheitern ließ.«[43] Er bemühte sich um die Regelung seiner Pensionsangelegenheiten und hatte die Freude, aus Anlaß der 50-Jahrfeier der Frankfurter Universität am 10. Juni 1964 von der sozialwissenschaftlichen Fakultät, auf Vorschlag des Dekans Walter Rüegg, der geistvolle Menschen zu schätzen wußte, die Ehrendoktorwürde verliehen zu bekommen. Zur Verabschiedung am 29. Juni 1964 fanden sich zunächst nur Magistratsmitglieder ein und der Stadtverordnetenvorsteher Heinrich Kraft. Rudi Menzer als Bürgermeister und Vertreter hielt eine kurze, recht warmherzige Ansprache und dankte für den Magistrat und Bockelmann selbst gab in längeren und bemerkenswerten Ausführungen seinen Nachfolgern gewissermaßen ein Vermächtnis für die Entwicklung der Stadt auf den Weg[44].

Bockelmann wohnte noch eine Weile in Frankfurt, nun ohne die Strapazen allwochenendlicher Repräsentationsverpflichtungen und erholte sich bald sehr gut. Als Journalisten der Frankfurter Neuen Presse ihn in seinem neuen Amt in Köln aufsuchten, hieß es erfreut am 10. Oktober 1964: »Er sieht glänzend aus. Das ist ein anderer Bockelmann als man ihn aus seinen letzten Frankfurter Wochen in Erinnerung hat. Statt eines müden, abgekämpften und zerfurchten Menschen mit grauer und kranker Gesichtsfarbe, der völlig überanstrengt wirkte, begegnet man jetzt einem fröhlichen, gesund aussehenden Mann voller Energie und Spannkraft. Die Sorgenfalten sind verschwunden. Mit Begeisterung berichtet er von seiner neuen Arbeit …«.

Um diese Zeit war der von Wiesbaden vorgeschlagene Nachfolger für Werner Bockelmann schon gut zwei Monate im Amt: Professor Dr. Willi Brundert (SPD), seit kurzem erst Leiter der Staatskanzlei der Hessischen Landesregierung und Staatssekretär. Am 2. Juli 1964 hatte die Stadtverordnetenversammlung Brundert einstimmig gewählt und nach dem vorausgegangenen Desaster war auch in der SPD wieder Ruhe und Zuversicht für die Kommunalwahlen am 25. Oktober 1964 eingekehrt. Natürlich gab es auch Enttäuschte. Aber es ergaben sich auch neue Möglichkeiten. So übernahm der Vorsitzende der SPD-Stadtverordneten-Fraktion, Ewald

Am 2. Juli 1964 verkündet Stadtverordnetenvorsteher Heiner Kraft die einstimmige Wahl des neuen Oberbürgermeisters Professor Dr. Willi Brundert (SPD). Neben Kraft als Schriftführerin die Stadtverordnete Betty Arndt. In der ersten Sitzreihe von links die Stadtverordneten Reinhard Brunk, Gerhard Weck, Ewald Geißler (alle SPD), Adalberg Schwarz (CDU), Dr. Friedrich Freiwald (Fraktionsvorsitzender der CDU), daneben der Stellv. Stadtverordnetenvorsteher Prof. Dr. Max Flesch-Thebesius (CDU); ganz rechts der Fraktionsvorsitzende der FDP, Stadtverordneter Gottfried Voitel

Geißler, der als guter und scharfer Redner bekannt war, zum Ende der Wahlperiode den Posten des Vorsitzenden der Nassauischen Heimstätten, also eines der bedeutendsten Wohnungsbau-Unternehmen in Hessen und entsprechend dotiert. Geißler zog nach der Kommunalwahl als ehrenamtlicher Stadtrat in den Magistrat ein. Für Stadtrat Möller änderte sich insofern die Situation, als er bald in Nachfolge für Emil Bernt als Vorsitzender des Frankfurter Unterbezirks der SPD gewählt werden konnte. Für den neuen Oberbürgermeister, der Frankfurt nur aus seiner Studentenzeit kannte, war die Vorgeschichte seiner Übersiedlung in die Mainstadt nicht gerade erleichternd. Glücklicherweise hatte er ein fröhliches Gemüt und freute sich auf das Amt in Frankfurt und auf die Frankfurter.

4.4. Die U-Bahn fährt

Im Jahr 1965 erreichte die Stadt Frankfurt am Main die bislang höchste Einwohnerzahl[45], nämlich 694 577 Einwohner. Bürger waren ja nicht alle, die Anwerbung von ausländischen »Gastarbeitern« hatte längst größeren Umfang angenommen; allerdings blieben die meisten zunächst ohne ihre Familien in mehr oder minder angemessenen Unterkünften der Firmen wohnen. Seit Herbst 1945 hatte die Einwohnerzahl kontinuierlich zugenommen und es konnte angenommen werden, daß die 700 000 bald erreicht sein würden. Das war aber nicht der Fall, vielmehr verlor die Stadt bis weit in die 1970er Jahre ebenso kontinuierlich eine größere Zahl ihrer Bürger und es wurde von »Stadtflucht« geredet. Diese Entwicklung vollzog sich auch in anderen großen Großstädten; wie so oft war jedoch der neue Trend in Frankfurt besonders ausgeprägt. Am Ende dieser von zunehmendem Wohlstand begünstigten Entwicklung zeigte sich – statistisch feststellbar – eine Veränderung in der Einkommensstruktur der Frankfurter Bevölkerung: Main-Taunus-Kreis und Hochtaunus-Kreis holten im Sozialprodukt und Steueraufkommen pro Kopf auf und in Frankfurt wuchsen die Ausgaben für Sozialhilfe an. Im wesentlichen sind wohl in diesen Jahren einkommensstärkere Familien ins Umland abgewandert, wo es noch billigeres Bauland gab. Die ständige Wohnungsknappheit in Frankfurt und die steuerliche Förderung für Einfamilienhäuser taten ein übriges. Die Umgebung von Frankfurt, vor allem der Taunushang, ist mehr und mehr zugesiedelt worden.

In Frankfurt waren diese ersten Jahre des U-Bahn-Baus auch alles andere als angenehm. Das Herzstück der Stadt um die Hauptwache war ein einziger großer Bauplatz, dem auch die Hauptwache selbst zu weichen hatte. Dazu kamen auf Jahre hinaus Belastungen, die viele Vorurteile gegenüber der Stadt am Main zu fördern geeignet waren. Von 1966 an Demonstrationen mit den unvermeidlichen Verkehrsstörungen, Bürgerproteste im Westend und die Studentenrevolte mit Hausbesetzung und anderen Folgen. Lichtblicke gab es jedoch auch: Die U-Bahn konnte 1968 mit einem großen Volksfest für die erste Strecke Hauptwache-Nordweststadt-Zentrum in Betrieb genommen werden. In der Nordweststadt richteten sich die Leute ein. Nach der allgemeinen Rezession um 1967 und der städtischen Sparphase gelangten die städtischen Finanzen insbesondere durch die Gemeindefinanzreform wieder in besseren Zustand.

Willi Brundert hatte es als Oberbürgermeister dieser unruhigen Jahre durchaus nicht leicht. Außerdem sah er sehr wohl, was in der Stadt hätte geschehen sollen: vor allem die Fertigstellung der Innenstadt mit dem Dom-Römerberg und der Alten Oper, und überhaupt weitere Förderung der kulturellen Einrichtungen. Aber dafür war das Geld nicht da. Während zum Beispiel später leichthin gleich zwei ständig zu verleihende Preise – der Adorno-Preis für musikalische Verdienste und der Beckmann-Preis für Künstler mit der Dotierung in der Höhe des Goethepreises der Stadt gestiftet werden konnten, mußte sich Oberbürgermeister Brundert für den neueingerichteten Otto-Hahn-Preis die Preissumme von 25 000 DM bei der Frankfurter

Industrie erbitten. Otto Hahn, Ehrenbürger der Stadt, war in Frankfurt geboren und besuchte die Stadt gelegentlich gerne. Mit ebensolchem Vergnügen wie Brundert selbst nahm auch der über 80jährige weltberühmte Atomwissenschaftler an Frankfurter Abenden in den Römerhallen teil. Nach seinem Tode (28. Juli 1968) wurde in Sachsenhausen der Otto-Hahn-Platz (vorher Holbein-Platz) umgetauft und später die Büste am Ort des Geburtshauses in der Nähe der neuen Kleinmarkthalle aufgestellt, vor allem aber die Stiftung begründet. In der Präambel heißt es: »Die Stadt Frankfurt am Main fühlt sich ihrem großen Sohn und Ehrenbürger Professor Dr. Otto Hahn besonders verpflichtet. Durch seine großartigen wissenschaftlichen Leistungen auf dem Gebiet der Atomforschung, die ihre höchste Anerkennung durch die Verleihung des Nobelpreises gefunden haben, schuf er die Grundlage für die Nutzung der Atomenergie. Daß die Ergebnisse seiner wissenschaftlichen Forschung, die nach seinem Willen ausschließlich friedlichen Zwecken dienen sollten, auch zu Vernichtungszwecken benutzt wurden, hat ihn seelisch tief getroffen. Deshalb hat Otto Hahn immer in vorderster Reihe gestanden, wenn es galt, die kriegerische Nutzung der Atomkraft zu ächten.«

Die Stiftung wollte jungen Wissenschaftlern dienen und Persönlichkeiten, die sich »um die friedliche Verwendung der Atomenergie im Sinne Otto Hahns verdient gemacht haben.«[46] Der Preis wird bestimmungsgemäß alle zwei Jahre am 8. März verliehen. Es war allerdings gar nicht so leicht gewesen, der Bestimmung von der ausschließlich »friedlichen Nutzung der Atomenergie« bei der Auswahl der Preisträger gerecht zu werden, und dann geriet später die gesamte Atomenergie in scharfe öffentliche Kritik. Deshalb verlor der Preis mit dem Namen des nach Goethe berühmtesten Sohnes der Stadt an Gewicht.

Es mußte gespart werden in diesen Jahren. Das Historische Museum, mühsam und zuerst nur durch Spenden finanziert, konnte 1972 eingeweiht werden. Aber der vom Hochbauamt entworfene Betonbau fand keineswegs die Zustimmung der meisten Politiker im Römer. Mehr Zuspruch erhielt die Gestaltung der Stadthistorie durch den Direktor Dr. Stubenvoll, der mit wenig Mitteln sehr ansprechende Ausstellungen für das Frankfurter Publikum zu gestalten wußte, z. B. Puppenhäuser aus Frankfurter Familien. Später geriet das Historische Museum freilich sehr in die Kontroverse um seine zunächst aggressive und dann häufig wechselnde Museumspolitik. Das Museum für Kunsthandwerk hatte damals überhaupt noch kein ständiges Domizil und es blieb dem Vorsitzenden des Kulturausschusses, Dr. Ulrich (FDP) und den übrigen Ausschußmitgliedern vorbehalten, den Kulturdezernenten Dr. vom Rath darin zu unterstützen, das einigermaßen vernachlässigte Haus Schaumainkai 14 restaurieren und für Museumsbestände bereitstellen zu lassen.

Seine Überlegungen zur Förderung der Kulturaufgaben in einer Stadt wie Frankfurt am Main faßte Brundert nach seiner Wiederwahl (am 19. März 1970) in einem Schreiben an die Stadtverordnetenversammlung zusammen. Er betrachte als eine der »wichtigsten Aufgaben der Zukunft die Aktivierung unserer Kulturpolitik, an deren Entwicklung unsere Bürger mit erkennbar wachsendem Interesse im letzten

Oberbürgermeister Willi Brundert mit seiner Frau Irmela beim Apfelwein in Sachsenhausen. Gegenüber sitzen der hessische Ministerpräsident Georg August Zinn und seine Frau

Jahr Anteil genommen haben. Unsere Stadt darf nicht nur Finanzzentrum, Handelsstadt, Messestadt und Verkehrszentrum sein, so wichtig dieser Charakter für die Entfaltung unserer Wirtschaftskraft auch immer bleiben muß. Unsere Bürger wollen vielmehr ihre Stadt an ihrem Daseinsbereich im ganzen empfinden. Dazu gehört entscheidend die Intensivierung des geistigen, sozialen und kulturellen Lebens.«[47]

Durchaus im Unterschied zu seinem Vorgänger hatte der Oberbürgermeister Brundert Spaß daran, unter die Leute zu gehen, hier und da selbst einzukaufen, beim Wäldchestag mitten dabei zu sein, oder in Sachsenhausen gelegentlich beim Apfelwein mit den Frankfurtern zu plaudern[48]. Am besten ergab sich Gelegenheit hierzu bei den »Tagen der offenen Tür«, einem langen Wochenende meist im September, das seit 1961 vom Presse- und Informationsamt veranstaltet wird und allen Bürgern ermöglicht, der Stadtverwaltung in ihren vielfältigen Verzweigungen hinter die Kulissen zu schauen. Mit zunehmendem Interesse begaben sich meist über hunderttausend Frankfurter an die verschiedensten Orte: Kanalisation sowohl wie Theaterprobebühne, U-Bahn-Stellwerk wie Plenarsaal der Stadtverordnetenversammlung und Räume der Rathaus-Fraktionen. Kaum war die Eröffnung am Freitagnachmittag, schon strömten ununterbrochen Frankfurter Bürger die große Treppe hinauf um

Am »Tag der offenen Tür«, 5. und 6. September 1964, unterhält sich der neue Oberbürgermeister in seinem Dienstzimmer mit Frankfurterinnen und Frankfurtern

dem obenstehenden Oberbürgermeister die Hand zu drücken, was freilich nicht allen gelang. Willi Brundert freute sich über den Zustrom, lachte und scherzte mit vielen und war ein guter Gastgeber für Apfelwein und Brezeln im weiten Flur des Römer-Obergeschosses.

Dieser Oberbürgermeister, 1912 in Magdeburg geboren und nach Kriegsgefangenschaft auch wieder dorthin zurückgekehrt, der acht Jahre wegen seiner sozialdemokratischen Überzeugung von 1949 bis 1957 von den DDR Machthabern eingesperrt worden war und fünf Jahre in Einzelhaft verbringen mußte, war – vielleicht gerade wegen dieser harten Jahre, außerordentlich kontaktfreudig, was die Frankfurter Bevölkerung sehr zu schätzen wußte. Auch um seine engeren Mitarbeiter bekümmerte er sich und vergaß nicht, für besondere Gelegenheiten meist selbst ein Geschenk auszusuchen. Mit den Magistratskollegen aus allen Parteien hatte er ein gutes Zusammenwirken entwickelt und bemühte sich auch darum, wenigstens die Stadtverordneten der SPD-Mehrheitsfraktion näher kennen zu lernen. Dies war auch wichtig, denn 1966/67 wurden mehrere Magistratsposten aus Altersgründen frei und Brundert wollte einiges verändern, brauchte also die Zustimmung des Stadtparlaments.

Nach zwanzigjähriger Amtszeit schied der bewährte Stadtkämmerer Dr. Klingler (CDU) aus und sollte durch einen Sozialdemokraten ersetzt werden. Dem Oberbürgermeister war dies besonders wichtig, weil sich die Finanzkrise der Stadt nur zu deutlich abzeichnete. Die CDU hatte bis zum Ausscheiden des Bürgermeister Dr. Walter Leiske (zum 1. Juli 1960) diese Position innegehabt und wollte, wenn sie schon den Kämmerer nicht mehr stellen könnte, den Bürgermeisterposten haben und zwar für den Stadtrat Dr. Wilhelm Fay. Bürgermeister war nun aber seit dem 10. März 1960 Rudi Menzer, dem 1964 schon einmal ein bitterer Verzicht zugemutet worden war. Dies geschah ihm nun ein zweites Mal. Menzer, verständlicherweise ziemlich erbost, hat trotz des in Aussicht stehenden Landtagsmandats zeitlebens diesen politisch bedingten Positionswechsel aus dem Römer nach Wiesbaden nicht verwunden.

Im Magistrat gab es noch weitere Veränderungen: Stadrat Ernst Gerhardt löste den ebenfalls von der CDU gestellten Stadtrat Dr. Rudolf Prestel (bis 30. Juni 1966) als Sozialdezernent ab, was nach dessen langer Amtszeit für etliche Einrichtungen durchaus neue und positive Akzente brachte. Als Schuldezernent anstelle von Professor Dr. Theodor Gläß konnte Willy Cordt gewonnen werden, der sich in seiner bedauerlich kurzen Amtszeit (3. Juni 1965 bis zum Unfalltod am 7. Juni 1968) wegen seiner ruhigen Art in aufgeregter Zeit und wegen seinen klaren Konzeptionen besondere Zuneigung erworben hatte. Sein Nachfolger wurde Professor Dr. Peter Rhein, der später einerseits situationsangepaßt die permissive Pädagogik der Kita's förderte um noch später der CDU beizutreten. Als hauptamtlicher Stadtrat schied aus der Stadtregierung auch der bewährte Stadtrat Karl Blum aus Höchst, lange Zeit für Gesundheit zuständig und stolz auf das mühsam durchgesetzte Höchster Krankenhaus, das einzige rein städtische in Frankfurt am Main. Neu kam auch Dr. Hans Kiskalt (SPD); nach einer Amtsperiode nicht wieder gewählt, wechselte er später zur CDU. Kiskalt war für städtische Einrichtungen zuständig und erwarb sich Verdienste insbesondere durch die Neuregelung der Wasserversorgung aus dem hessischen Ried für die Stadt Frankfurt am Main und die anhängenden Taunusgemeinden.

Auch im ehrenamtlichen Magistrat in der VI. Wahlperiode 1964 bis 1968 fanden sich interessante Persönlichkeiten. Zunächst die vier Frauen: Betty Arndt, Dr. Waltraud Boss, Elli Horeni (alle SPD) und Dr. Charlotte Schiffler (CDU). Dann die altbewährten Sozialdemokraten Albert Buschang, Heinrich Ditter, Hans Eick, Walter Hesselbach und Ewald Geißler. Die CDU vertraten Dr. Hans von Freyberg, Dr. Hans Loskant, Dr. Karl Rasor und die FDP Heinz Herbert Karry, zugleich hessischer Landtagsabgeordneter und später Minister für Wirtschaft und Verkehr.

Es wäre eine völlige Verkennung, aus den bemerkenswert freundlichen und bürgernahen Umgangsformen des Oberbürgermeisters Brundert schließen zu wollen, die sachlichen Aufgaben seines Amtes seien ihm weniger wichtig gewesen. Bereits mit der Antrittsrede am 27. August 1964 ließ er erkennen, daß ihm die wichtigsten Probleme der Stadt Frankfurt durchaus schon geläufig waren und daß er sich dazu eine Meinung gebildet hatte. Zusätzlich war es ihm wichtig, drei Monate vor der Kommunalwahl zu betonen, das Amt des Oberbürgermeisters könne »trotz seines politischen Hintergrundes wesensmäßig nicht als Parteiamt aufgefaßt werden,« es müsse vielmehr »erfüllt sein von der steten Bereitschaft, für alle Bürger in gleicher Weise und ohne Ansehen der Person wirken zu wollen«[49].

Wie in vielen späteren Ansprachen, Reden und Aufsätzen, manchmal professoral etwas weit ausholend und oft in freier Rede, gab der Oberbürgermeister Professor Dr. Brundert auch in der ersten Rede vor dem Frankfurter Stadtparlament zu verstehen, worum es ihm neben aller sachlichen Problematik besonders ging: das demokratische Bewußtsein der Bürger zu festigen, wie auch den Bekennermut zu einer Partei zu dokumentieren, aber verbunden mit der Bereitschaft zu Toleranz und Sachlichkeit; ferner um die Mitwirkung der Bürger[50], somit auch um die Selbstverwaltung der Gemeinden, die eben diese Mitwirkung am ehesten ermögliche. Als Ziel stellte Brundert heraus, es müsse der Leitgedanke »unserer Arbeit der Wille sein, für alle Bürger unserer Stadt das Leben in sozialer, aber auch kultureller Hinsicht immer lebenswerter zu machen.«[51]

Im einzelnen hob der neue Oberbürgermeister gleich ein halbes Dutzend Aufgaben besonders hervor. Erstens: Er halte eine »planvolle Koordinierung« der Aufgaben für eine moderne Stadtentwicklung notwendig[52], auch im Zusammenhang mit »Fragen der Raumordnung«, was beides er auch als eigenen Aufgabenbereich ansehe[53]. So begrüße er es ausdrücklich, daß sich schon am 12. Mai 1964 die Gesellschaft für regionale Raumordnung im Untermaingebiet auf eine Satzung für die Bildung einer Planungsgemeinschaft Untermaingebiet im Sinne des Landesplanungsgesetzes geeinigt habe. Er hoffe auf die Zustimmung der Kollegen der benachbarten Stadt- und Landkreise, denn »Einmütigkeit der Auffassungen« halte er als Voraussetzung für eine intensive Zusammenarbeit[54]. Zweitens bot ihm die Situation mit dauernden Verkehrsstauungen in Frankfurt, bei der höchsten Motorisierung unter den deutschen Städten, und die massive Verdichtung des Verkehrs in der Innenstadt Anlaß, die »beschleunigte Durchführung des kühn begonnenen U-Bahn-Baues« im Zusammenwirken mit der Bundesbahn voranzutreiben. Er freue sich, so fuhr Brundert fort – in richtiger Einschätzung des Gewichts der einzelnen Dezernenten, denn ein anderer wurde gar nicht erwähnt – »daß mir von dem zuständigen Dezernenten ein Gesamtverkehrsplan erläutert werden konnte«. Der zuständige Dezernent war Walter Möller, unstreitig die durchsetzungsfähigste Persönlichkeit im Magistrat und es ist erstaunlich, daß bereits in der Antrittsrede Brunderts auf einen Sachverhalt hingewiesen wurde, der später zu nicht wenigen Spannungen Anlaß gab. Der neue Oberbürgermeister sagte nämlich, soweit er es übersehe, sei »jedoch geboten, alle für den U-Bahn-Bau Verantwortlichen daran zu erinnern, daß grundsätzlich die Technik für den Menschen und dessen Bedürfnise da ist und nicht umgekehrt der Mensch für die Technik«[55].

Drittens erinnerte Brundert an die hohe Zahl von Verkehrstoten und Verkehrsopfern, nämlich 1963 im Stadtgebiet von Frankfurt 114 Verkehrstote – davon 57 Prozent Fußgänger – und 6591 Verletzte, und überlegte wie dem entgegenzusteuern

Eine Versammlung der RPU (Regionale Planungsgemeinschaft Untermain) am 7. September 1966 in Eppertshausen, Kreis Dieburg. Am Rednerpult der Verwaltungsdirektor der RPU, Reinhard Sander. Vorstandsvorsitzender ist der Frankfurter Oberbürgermeister Brundert (sechster von links), rechts neben ihm Hans Schmidt, der Leiter des Frankfurter Hauptamtes, dann Stadtrat Ernst Gerhardt (CDU)

sei, etwa durch Verkehrsbelehrung und Verkehrslenkung. Neben den Verkehrsaufgaben war für Brundert weiterhin der Wohnungsbau unbestritten von großer Bedeutung, obgleich schon viel geleistet wurde. Es müsse die Innenstadt »wieder wohnwürdig gestaltet werden«, betonte er, und es sei der Stadtkern durch moderne Wohngebiete zu ergänzen, wie zum Beispiel in der Nordweststadt.

Schließlich – und fünftens – ging der Oberbürgermeister auch auf einen besonderen Problemfall ein und den »Wunsch mancher Bürger nach dem Wiederaufbau der Opernhausruine«. Die Pläne für einen Umbau oder Ausbau zu einem Kongreß – und Konzertsaal seien eine gewiß vertretbare Lösung. Aber, in Ansehung der anderen wichtigen Aufgaben und der großen finanziellen Belastung sei es »nicht zu rechtfertigen« aus dem öffentlichen Haushalt hierfür rund 50 Millionen DM zur Verfügung zu stellen. Etwas anderes ist es, wenn die wesentliche Finanzierung durch die Aktivität der Bürger außerhalb der öffentlichen Haushaltsmittel zustande käme.

Die Probleme der Universität – vorsichtig angedeutet mit dem Hinweis auf die »mehrfach aufgeworfene Frage, ob die Universität auf die Dauer Stiftungsuniversität bleiben sollte«, wurden nur allgemein behandelt, aber mit dem Hinweis, daß diese Aufgaben nur in enger Zusammenarbeit mit den zuständigen Ressorts der Landesregierung gelöst werden könnten, und zwar gerade wegen der »allgemeinen Bedeutung der Hochschule für unsere moderne Gesellschaft«.

Zum Schluß kam der Oberbürgermeister auf das schwierigste Problem zu sprechen, das die ganze nächste Legislaturperiode bestimmen sollte: die Finanzen der Stadt Frankfurt am Main. Zwar sei Frankfurt seit 1945 »nicht nur zum größten Bankenzentrum in der Bundesrepublik geworden, sondern gehört heute zu den wichtigsten Finanzzentren der westlichen Welt überhaupt. Hier haben unter anderen die Deutsche Bundesbank, die Deutsche Bank, die Dresdner Bank, die Bank für Gemeinwirtschaft, die Landeszentralbank Hessen, die Hessische Landesbank ihren Sitz. Im ganzen sind in Frankfurt 84 Bank- und Kreditinstitute vertreten.«[56] Die Finanzen der Stadt aber lägen im argen. Und zwar nicht wegen Fehldispositionen der Verwaltung, vielmehr sei der eigentliche Grund für die hohe Verschuldung, daß die Stadt Frankfurt nach 1945 für den Wiederaufbau und für solche Investitionsvorhaben, die sich aus der besonderen Dynamik des Wirtschaftsstandortes ergeben, einen Kapitalbedarf benötigte, der durch eigene Einnahmen nicht gedeckt werden konnte[57]. Die hauptsächlich durch Investitionen bedingte Gesamtverschuldung der Stadt Frankfurt wurde zum 31. Juli 1964 mit rund 1,5 Milliarden DM angegeben. Diese Situation zu bewältigen, bedürfe es weniger des Mutes, als ruhiger Überlegung, auch der Geduld und vor allem äußerster Sparsamkeit.

Da alle Großstädte in der Bundesrepublik in ähnlicher Lage seien, deutete Brundert an, worin wohl auch er die eigentliche Abhilfe sah: in der »Forderung nach einem neuartigen Finanzausgleich und einer Finanzreform«[58]. Vorerst allerdings sah

Vorbereitung für den Fastnachtszug 1965 im Februar. Das Geld reicht eben nicht für alles Wünschenswerte

er für Frankfurt die Aufgabe, die Investitionsliste nochmals durchzuforsten und möglichst langfristige Sparpläne aufzustellen.

Dies war also die Botschaft kurz vor einer Kommunalwahl: die Probleme der Stadt und ihre Verschuldung sind deutlich und unverschleiert offen gelegt worden. Die Kommunalwahl selbst – am 25. Oktober 1964 – gewann die SPD trotzdem mit 46 Sitzen zu 26 der CDU und neun der FDP, also mit absoluter Mehrheit und 53,5 Prozent.

Oberbürgermeister Brundert hatte 1964 sehr zurecht vom »kühn begonnenen U-Bahn-Bau« gesprochen. Das Großbauvorhaben – zeitweise auch »Stadtbahnbau« benannt – ist insgesamt, in seinen Dimensionen, Bauproblemen, Zeitablauf und Finanzierungsfragen eigentlich nur mit dem mittelalterlichen Dombau zu vergleichen. Es wurde als notwendig befunden und deshalb angefangen, obgleich die Finanzierung völlig ungesichert war. Ohne den energischen und entschlußfreudigen Verkehrsdezernenten Stadtrat Walter Möller wäre die in Frankfurt recht kompliziert verlaufende Planung kaum so rasch in effektives Bauen umzusetzen gewesen. Schließlich mußte ja für jede Planung und dann für jeden Bauabschnitt auch die Zustimmung der Stadtverordnetenversammlung eingeholt werden. Magistrat und Stadtverordneten aber war völlig klar, daß bei dem horrenden Finanzbedarf für das neue Verkehrssystem vieles andere wortwörtlich auf der Strecke bleiben mußte. Somit konnte nur jemand, der die Mehrheitspartei, also die SPD, politisch hinter sich wußte, dies auf Jahrzehnte die städtischen Finanzen in Anspruch nehmende Projekt auch rasch und effektiv umsetzen. Als Vorsitzender des SPD-Unterbezirksvorstandes und Exponent des traditionell starken linken Flügels der Frankfurter SPD gelang Walter Möller auch die parteipolitische Absicherung problemlos – solange er Stadtrat war. In diesem Amt konnte er in seinem Dezernat Verkehrsplanung, Stadtbahn-Baubüro, Straßenbauamt und dazu noch 1966 die Direktion der Stadtwerke vereinigen.

Trotz dieses Gewichtes waren die Diskussionen in der SPD-Stadtverordnetenfraktion oft recht heftig, keineswegs ist jede Planungsabsicht unbesehen übernommen worden. Beispielsweise ergaben sich starke Meinungsverschiedenheiten bei der Planung der ersten Strecke durch die Eschersheimer Landstraße, weil natürlich abzusehen war, was die strikte Trennung durch die ab Dornbusch oberirdisch geführte U-Bahn-Linie für den Stadtteil bedeutete. Trotzdem blieb die Planung wie vorgesehen, der Finanzen wegen. Für die 3,2 km Tunnelbaustrecke vom Dornbusch bis zur (vorläufigen) Ausfahrtrampe in der Großen Gallusstraße, in vorgesehener und eingehaltener Bauzeit 1963 bis 1967, waren 83 Millionen DM projektiert. Für die gesamte erste Ausbaustufe, die später mehrfach verändert worden ist, waren es 424 Millionen DM. Über Planungen und Bau des gesamten Stadtbahnbauvorhabens haben zwei junge Leute später eine vorzügliche Übersicht aus dem Blickwinkel von Verwaltung und Stadtbahnbauamt verfaßt und sind 1986 von dem damaligen Baudezernenten, Dr. Hans-Erhard Haverkampf, glücklicherweise zu diesem Vorhaben ermutigt und gefördert worden[59]. Im einzelnen wäre sonst nur schwer nachzuvoll-

Im Juni 1966 konnte zwischen der Stadt Frankfurt am Main und dem Land Hessen ein Vertrag zur Finanzierung der Frankfurter Verkehrsbauten geschlossen werden. Von links: Oberbürgermeister Brundert, der hessische Minister für Wirtschaft und Verkehr, Rudi Arndt, Stadtrat Walter Möller und Reinhard Brunk vom Stadtbahnbauamt

ziehen, wie sich dieses Großprojekt bei den vielfachen Veränderungen eigentlich entwickelt hat.

In Frankfurt am Main ergaben sich so manche Planungs- und Bau-Schwierigkeiten aus dem von Anfang an vorgesehenen Bestreben, stufenweise eine Überleitung von einem Verkehrssystem – mit Straßenbahnen – zum anderen Schienenverkehr – nämlich unterirdisch – ohne größere Unterbrechungen zu ermöglichen. Die Stadt München, die später angefangen hat als Frankfurt, setzte dagegen auf ein reines U-Bahn-System und hatte außerdem im Hinblick auf die Olympiade 1972 bald vielfache Unterstützung. In Frankfurt mußte die effektive Unterstützung und Mitplanung der Bundesbahn für das S-Bahn-System auch erst mühsam ausgehandelt und deswegen vorfinanziert werden. In einer Kostenzusammenstellung 1964 sind für die Ausbaustufe I – bis 1975 – für die U-Bahn 565 Millionen DM und für die Bundesbahnstrecke 320 Millionen vorgesehen[60]. Kurz vor der Kommunalwahl 1964 gelang es, am 23. Oktober einen Vertrag zwischen Stadt und Bundesbahn zum Abschluß zu bringen, der einen gemeinsamen Bau- und Finanzierungsplan vorsah.

Ab 4. Oktober 1968 fährt – endlich – auch in Frankfurt am Main die U-Bahn

Oberbürgermeister, Verkehrsdezernent und Präsident der Bundesbahndirektion Frankfurt unterzeichneten feierlich.

Der Bau der unterirdischen Verkehrsführung warf natürlich auch eine Fülle an technischen Problemen auf. Die Stadt hatte sich mit dem Leiter des Stadtbahnbauamtes, Diplom-Ingenieur Herbert Spieß, einen versierten Fachmann gesichert, der vorher vor allem in Berlin Erfahrungen im U-Bahn-Bau gewonnen hatte. Nur baute man in Berlin mit märkischem Sand, in Frankfurt aber stellte sich heraus, daß der Untergrund vielfach aus verschiedenartigem Felsgestein bestand, und das war weit schwieriger zu durchdringen. Bergmännische Bauweise wurde möglichst der Kosten wegen reduziert, aber die offene Bauweise brachte erhebliche Behinderungen für den oberirdischen Verkehr. Außerdem war mit Schadenersatzforderungen von Geschäften oder Bauherrn zu rechnen und mit vielen anderen Unwägbarkeiten. Stadtverordnete und Magistratsmitglieder konnten sich gewöhnlich erst ein Bild machen, wenn die Strecke längst mit Beton ausgegossen war. Davon, wie mühsam das Bauen unter der Erde für die Arbeiter wirklich gewesen ist, konnten sich allenfalls Tunnelpatinnen überzeugen, sonst durfte niemand in die unfertigen unterirdischen Baustellen. Glücklicherweise haben sich bei den ganzen Bauten nur wenige Unfälle ereignet, aber Tote waren doch zu beklagen[61].

Am 4. Oktober 1968 war es soweit: es konnte ein weiterer Bau- und Finanzierungsvertrag mit der Bundesbahn abgeschlossen werden, der auch die Versorgung des Frankfurter Umlands mit Nahverkehrszügen bis 1976 vorsah. Vor allem aber fuhr an diesem Tag – mit großem Feiern an der Hauptwache und im neuen Nordwest-Zentrum – zum ersten Mal die U-Bahn-Linie A 1 – offiziell auf der neuen Strecke. Natürlich machten die Frankfurter aus diesem Ereignis ein großes Volksfest und den ganzen Tag konnte man umsonst fahren. Oberbürgermeister Brundert hielt an der Hauptwache eine Ansprache, zu der Bundesverkehrsminister und auch Frankfurter Bundestagsabgeordneter Georg Leber (SPD) sowie der Hessische Ministerpräsident Georg August Zinn und viele andere Gäste gekommen waren. Stadtrat Möller fuhr selbst den ersten Zug – nicht ohne vorher ein wenig geübt zu haben – durch eine Papierwand in der Hauptwache und dann weiter. Im Nordwest-Zentrum wurde ebenfalls die U-Bahn gefeiert und gleichzeitig das imposante Bauwerk aus viel Beton eingeweiht[62]. Die Fertigstellung der ersten U-Bahn-Linie war ein Lichtblick für die von Baulärm, Dreck und Umleitungen geplagte Frankfurter Bevölkerung, die sich freilich noch gut zehn Jahre mit Lärm und Umwegen, Baustellen und Verkehrsstau in der Innenstadt abfinden mußte.

Aber das war in diesen Jahren noch nicht alles an Behinderungen aller Art und Problemen für die Politiker im Römer. Die Einwohnerzahl nahm ab, die Wohnun-

In das Goldene Buch der Stadt tragen sich am 15. Mai 1966 der Architekt der Nordweststadt, Prof. Schwagenscheidt, und Prof. Ernst May ein. Oberbürgermeister Brundert und Stadtverordnetenvorsteher Kraft schauen zu

Eine Demonstration der Frankfurter Jugendverbände und Studenten gegen die Notstandsgesetzgebung am 27. Juni 1967

gen in Frankfurt nahmen sogar zu – von 1960 mit 219 460 auf 268 548 im Jahr 1968 – das heißt die Ansprüche an Wohnraum konnten sich etwas besser realisieren lassen. Noch mehr stieg die Anzahl der Autos: von 90 806 im Jahr 1960 auf 175 182 im Jahr 1968. Arbeitslose wurden in diesem Jahr ganze 1713 gezählt. Die Wirtschaft war dabei, die Rezession zu überwinden. Nur die Gemeindesteuereinnahmen in Frankfurt waren mit rund 445 Millionen nicht so hoch, daß sie für die begonnene Großinvestition hätten ausreichen können[63].

Andere politische Probleme, nicht allein auf Frankfurt bezogen, machten sich nachdrücklich bemerkbar. In Bonn wurden die Notstandsgesetze beraten, und es entwickelten sich daraus die ersten Demonstrationen, denen in den nächsten Jahren gerade in Frankfurt noch so viele folgen sollten. Am 29. Oktober 1966 fanden sich auf dem Römerberg Tausende zu einer Protestversammlung »Notstand der Demokratie« zusammen, um gegen die Notstandsgesetzgebung zu demonstrieren. Später wurde erzählt, was nicht überprüft werden kann, aber von Kennern der Umstände für durchaus wahrscheinlich gehalten wird, daß sich einige Universitätsprofessoren – darunter Alexander Mitscherlich – aufmachten und im Gewerkschaftshaus in der Wilhelm-Leuschner-Straße den Vorsitzenden der IG Metall, Otto Brenner, zu überzeugen suchten, die Gewerkschaften müßten doch jetzt einen Generalstreik gegen die Notstandsgesetzgebung ausrufen. Antwort des Gewerkschaftsführers: Die Deutschen Gewerkschaften streiken nicht gegen das Parlament.

4.5. Politik für die deutschen Städte

Der Frankfurter Oberbürgermeister Professor Dr. Willi Brundert wurde im Juni 1967 zum Präsident des Deutschen Städtetages gewählt und nahm dies ebenso wichtige wie arbeitsaufwendige Amt wahr bis zu seinem frühen Tod 1970. In dieser Zeit – es war die der Großen Koalition – standen Entscheidungen an, die die finanzielle Situation der deutschen Städte und Gemeinden bis heute prägen. Brundert war von Haus aus Steuer- und Wirtschafts-Jurist, mit Berufs- und Lehrerfahrungen in diesem Gebiet, und mit einigen Jahren Praxis in der Leitung der Hessischen Finanzschule in Rotenburg an der Fulda. Er überblickte das schwierige Feld der Probleme um die sachgerechte Verteilung der Steuermittel zwischen Bund, Ländern und Gemeinden und konnte daher ebenso aus Sachkunde wie auch von Amts wegen mit Bundesregierung, Bundestag und Bundesrat im Namen der Städte und Gemeinden verhandeln.

Die Bundesregierung mit dem Kanzler Kurt Georg Kiesinger, dem Außenminister Willy Brandt und den Innenministern Paul Lücke und Ernst Benda (ab 2.4.67) hatte eine »Kommission für die Finanzreform« eingesetzt. Und der Deutsche Städtetag hatte sich natürlich, und auch im Auftrag der übrigen zwei Kommunalver-

Willy Brandt beim Bundestags-Wahlkampf in Frankfurt am Main, 25. August 1965

Konrad Adenauer, der frühere Bundeskanzler, freut sich über den ersten Band seiner »Erinnerungen 1945–1953«, der bei der Buchmesse im Oktober 1965 vorgestellt wird

bände, darum bemüht, die dort angestellten Überlegungen zur Finanzreform auch für die Städte und Gemeinden wirksam werden zu lassen. Das sogenannte »Troeger-Gutachten« dieser Kommission hatte jedenfalls eine Reform der Gemeindefinanzen auch als notwendig angesehen, aber Vorschläge gemacht, mit denen der Deutsche Städtetag nicht übereinstimmte[64].

Die Politik des Deutschen Städtetags lief darauf hinaus, folgende Ziele zu erreichen: 1.) Eigenständige Finanzquellen für die Gemeinden zu erhalten; 2.) in Anbetracht der gestiegenen Aufgaben die Einnahmen zu verbessern, und 3.) falls – wie vorgeschlagen – die Gewerbesteuer als die Haupteinnahmequelle der Gemeinden verändert werden sollte – dafür ein gleichgewichtiges Steueraufkommen sicherzustellen. Die 3. Forderung ist ihrer Kompliziertheit wegen nicht verwirklicht, nur immer beredet worden. Die 1. und 2. Forderung hat der Städtetag einigermaßen erreicht, wenn auch nicht ganz in seinem Sinne. Es wurde ein Satz von etwa 15 Prozent der örtlich aufkommenden Einkommensteuer den Gemeinden zugesprochen und dies im »Gemeindefinanzreformgesetz«[65] festgelegt.

Willi Brundert ist nicht müde geworden, in Wort und Schrift die Argumente hierfür vorzubringen, auf Bundestagsabgeordnete einzuwirken und insbesondere durch den Deutschen Städtetag – zunächst vereint mit dem Hauptgeschäftsführer Werner Bockelmann – für die Belange der Städte zu kämpfen. Schließlich war ihm die prekäre Finanzsituation in seiner eigenen Stadt Frankfurt am Main nur allzu geläufig. Die wichtigsten Argumente bei diesen Bemühungen waren folgende: In der Weimarer Republik flossen den Gemeinden etwa 30 Prozent des gesamten Steueraufkommens im Deutschen Reich zu; bei einem wesentlich größeren Aufgabenvolumen dagegen 1967 nur noch knapp zwölf Prozent des Steueraufkommens in der Bundesrepublik[66]. Die Wiederaufbauleistungen von 1945 an, bei denen die Städte weitgehend sich selbst überlassen waren, hatten zu »außergewöhnlichen Investitionen verpflichtet. Aus der dadurch bedingten Verschuldung sind Folgerungen zu ziehen, die primär darin bestehen müssen, die heute geschwächte Investitionskraft der Gemeinden wieder herzustellen und zu verstärken.«[67] Auch bot sich der Vergleich der Schuldenlasten zwischen Gemeinden, Ländern und Bund an – die beiden letzteren hätten ja »Juliustürme« ansammeln können – am besten mit den populären Zahlen »Schulden pro Kopf der Bevölkerung«: für die Städte ergeben sich 2455 DM, für die Länder 640 DM, an Bundesschuld 625 DM je Einwohner[68]. Diese hohen Schulden-Summen der Städte und Gemeinden wiederum entstanden wegen der angestiegenen Aufgaben, nicht zuletzt beispielsweise durch Verkehrsinvestitionen für die ganze Region, die man kaum den Städten allein zuschreiben könne. Der überwiegende Teil aller Investitionen in der Bundesrepublik werde aber zu zweidrittel in den Städten und Gemeinden geleistet, deren überhohe Verschuldung aus allgemeinpolitischen Erwägungen heraus behoben werden müsse. Und so mahnt der Frankfurter Oberbürgermeister und Städtetagspräsident: »Wird die Lebenskraft der kommunalen Selbstverwaltung durch den Entzug der zur Aufgabenerfüllung notwendigen Finanzmittel beeinträchtigt, so führt die daraus folgende Funktionsminderung, die sich bis zur Funktionsunfähigkeit steigern kann, zwangsläufig zu nachteiligen Auswirkungen auf das gesamte öffentlichen Leben und birgt eine Gefahr für die demokratische Staatsordnung an sich.«[69]

Die Stadt Frankfurt bot um diese Zeit mit ihrer Verschuldung und so knapp gewordenen städtischen Finanzen ein genaues Anschauungsbeispiel für diese Warnungen. Da zeitweise gerade noch für drei Monate Mittel vorhanden waren, um die städtischen Bediensteten zu bezahlen, wurden zunächst die großen Ausgaben reduziert: Die seit langem fest eingeplante Bundesgartenschau wurde abgesagt und damit, nach damaliger Schätzung, 50 Millionen DM eingespart. Trotz einigen Widerstandes in den städtischen Körperschaften gelang es sodann, die Stiftungsuniversität als Landesuniversität zu etablieren. Am 20. Juni 1967 konnte der Überleitungsvertrag abgeschlossen werden. Die gesamten der Stadt gehörenden Gebäude und Grundstücke, samt den 700 Millionen DM Wiederaufbaukosten nach 1945 gingen ersatzlos an das Land, das fortan für den Haushalt der Johann Wolfgang Goethe-Universität allein aufzukommen hatte. Die Stadt übernahm einen Anteil weiterer Kosten für die Kliniken und anderes, die sich auf etwa 70 Millionen jährlich beliefen. Die Verfassung der Universität mit Großem Rat und Kuratorium sollte eigentlich weiter bestehen, diese Gremien sind dann aber bald infolge der Studentenrevolte nicht mehr einberufen, allerdings auch nie formal aufgelöst worden.

Den größten politischen Ärger für die Öffentlichkeit und deshalb für die Stadtverordneten verursachten aber die kleinen Kürzungsbeträge. Der Kämmerer, Hubert Grünewald, vormals Ministerialdirigent in Wiesbaden, verordnete rigoros eine zehn Prozent Kürzung aller Zuschüsse an die vielen Vereine unterschiedlicher Sparten, die über den Haushalt der Stadt bezuschußt wurden. Einsprüche der Betroffenen kamen von allen Seiten. Selbst die Polizeipferde wollte der Kämmerer abschaffen, das verhinderten schließlich zahlreiche Proteste (und Spenden) aus der Bevölkerung. Gleichwohl war den städtischen Körperschaften klar, daß äußerste Sparsamkeit in der reichen Stadt unabweisbar sei, und entsprechend wurde beschlossen. Für Oberbürgermeister und Kämmerer war bei diesen Sparaktionen der Vorsitzende der Mehrheitsfraktion, Gerhard Weck, eine große Stütze. Er kam, ähnlich wie Brundert, aus Sachsen und war dort nach 1945 als Sozialdemokrat auch in Verfolgung und Verhaftung geraten. Die notwendigen Einsparungen hatten auch bedauer-

Carlo Schmid, Professor der Frankfurter Universität und Vizepräsident des Deutschen Bundestages (SPD), erhält am 28. August 1967 den Goethepreis der Stadt Frankfurt

Demonstranten am Sängerfest-Denkmal vor der Paulskirche fordern: »Carlo! Gib die 50000 dem VIETCONG«, 28. August 1967

liche Folgen. Es ist erörtert worden, die Kosten für die städtischen Bühnen auf 14,7 Millionen DM festzuschreiben, damals eine nicht einmal sehr hohe Kürzung, aber dies Ansinnen bewirkte den Weggang des beliebten und erfolgreichen Generalintendanten Harry Buckwitz, der erklärte, seinen Vertrag, der am 31.8.1968 ablief, nicht verlängern zu wollen.

In diesem Spar-Jahr 1967 gab es trotzdem eine ganze Reihe erfreulicher Ereignisse und Einweihungen, so am 28. April das Bürgerhaus in Nied, die Verleihung des Goethepreises am 28. August an Professor Carlo Schmid, die Einweihung eines großen Altenzentrums, dem Victor-Gollancz-Heim in Höchst am 6. November, am 20. Dezember die Inbetriebnahme des Fernheizwerkes in Niederrad und nicht zuletzt am 10. November die Grundsteinlegung für die Deutsche Bundesbank, für die endlich in der Gewann »Diebsgrund« ein Platz gefunden worden war. Die Bundesbank hatte 1957 die Bank Deutscher Länder in Frankfurt abgelöst, und es war ganz selbstverständlich, daß sie im Bankenzentrum der Bundesrepublik – Frankfurt am Main – beheimatet blieb.

Über die »erschreckende Haushaltsentwicklung in einer der steuerstarken Großstädte der Bundesrepublik« berichtete in diesen Jahren der Kämmerer Grünewald eingehend. Auch er beklagte »eine nachträgliche Übernahme der durch Kriegszerstörungen bedingten Wiederaufbaukosten war bei Bund und Ländern nicht zu erreichen«[70].

So mußte die Stadt – trotz der Abgabe der Universität, was allerdings eine erhebliche Haushaltsentlastung war, – Gewerbesteuer und Grundsteuer erhöhen, so daß sich schließlich ein ausgeglichenes Haushaltsergebnis für 1967 ermöglichen ließ. Noch in anderer Hinsicht verschaffte sich die Stadt Entlastungen, unter anderem durch Personaleinschränkung. Der U-Bahn-Bau hatte – nach langen Beratungen in der SPD-Fraktion – im Los 21 (Ausfahrt zur Eckenheimer Landstraße) der Finanzen wegen unterbrochen werden müssen, bis sich endlich anteilige Finanzierungen durch Bund und Länder abzeichneten. Gleichwohl so mahnte der Kämmerer, bleibe eine sehr hohe Belastung durch den Schuldendienst auf viele Jahre bestehen. »Die Grundgesetzänderungen zur Gemeindefinanzreform werden gegenwärtig im Bundestag beraten. Die Stadt Frankfurt am Main hat in allen Verbänden und politischen Körperschaften um eine Verbesserung der Entwürfe gerungen. Der Ausgang dieses Gesetzgebungswerkes wird die Zukunft der kommunalen Selbstverwaltung in der Stadt Frankfurt am Main ebenso wie in den anderen deutschen Großstädten entscheidend beeinflussen.«[71]

Diese Äußerungen zeigen die Belastungen, die natürlich insbesondere beim Oberbürgermeister und Präsident des Städtetages Brundert lagen, aber auch bei den engeren Mitarbeitern. Im Büro des Oberbürgermeisters war dies lediglich ein persönlicher Referent, der Jurist Richard Burkholz, der mit Brundert von der hessischen Finanzschule gekommen war. Selbstverständlich hatten weder Stadtverordnetenvorsteher noch Stadträte damals eine Position für persönliche Referenten, und das Büro des Oberbürgermeisters hatte auch mühsam in der SPD-Fraktion durchgekämpft werden müssen. Obgleich Brundert infolge der langen Haftjahre gesundheitlich geschwächt war, ließ er sich dies nie anmerken, wenn er auch zu seinem Leidwesen keinen Tropfen Alkohol wegen geschwächter Leber zu sich nehmen konnte. Die zusätzliche Belastung durch das Amt im Städtetag, auch als Präsident des Deutschen Bühnenvereins, versuchte er wegzustecken und blieb gleichmäßig freundlich seiner Umgebung zugewandt. Gelegentlich war in kleineren Gremien einiges von Spannungen zu merken, verursacht auch durch versuchte Einflußnahme aus der Fischerfeldstraße, dem Sitz des Unterbezirksvorstandes der SPD, verkörpert durch den energischen Verkehrsdezernenten Walter Möller.

1967 sorgte Brundert dafür, daß dem vormaligen Frankfurter Oberbürgermeister Bockelmann zum 60. Geburtstag (23. September), die Goethe-Plakette der Stadt Frankfurt am Main verliehen wurde, wegen seiner »Verdienste um die Erhaltung und Fortführung der kulturellen Tradition dieser Stadt«. Es war dies wenigstens noch eine gute Geste, welche die Stadt Frankfurt am Main für einen ihrer bedeutendsten Oberbürgermeister gab. Bei einer Dienstreise am 7. April 1968 kam Werner Bockelmann infolge einer Massenkarambolage auf der Autobahn ums Leben. Dies war ein großer Verlust für den Deutschen Städtetag, gerade in seinem damaligen Kampf um

Im neuerbauten U-Bahnhof Miquel-Allee fand am 24./25. Mai 1966 eine Sitzung des Deutschen Städtetages – hier das Präsidium – statt. Von rechts in der ersten Reihe der Oberbürgermeister von München, Dr. Hans Jochen Vogel, als dritter Werner Bockelmann, geschäftsführendes Präsidialmitglied, dann Alfred Dregger, Oberbürgermeister von Fulda, und Willi Brundert, Oberbürgermeister von Frankfurt am Main

verbesserte Gemeindefinanzen. Edgar Salin widmete Bockelmann einen von Freundschaft bestimmten Nachruf. Er zitierte darin den Brief eines Mitarbeiters, des ebenso tatkräftigen wie liebenswürdigen Beigeordneten im Deutschen Städtetag für Kulturaufgaben Rüdiger Robert Beer, dem die Städte vor allem in den Aufbaujahren viel zu danken hatten: »Werner Bockelmann war ein Herr – er war ein großer Herr – er war ein großer russischer Herr. Was heißt: es war ein Vergnügen, mit diesem Kavalier zusammenzuarbeiten, und die darin liegenden Schwierigkeiten nahm man gern in Kauf.«[72] Am 11. April 1968, als Werner Bockelmann in Lüneburg beerdigt wurde, hingen am Römer in Frankfurt am Main die Fahnen auf Halbmast. Eine Abordnung aus dem Römer gab das letzte Geleit: Oberbürgermeister Brundert, Stadtverordnetenvorsteher Heinrich Kraft, Bürgermeister Dr. Wilhelm Fay, sowie die Stadträte Dr. Hans Kampffmeyer und Ewald Geißler, auch der persönliche Referent Hans Schmidt.

Nach geraumer Zeit ist im Römer, in der Magistratsvorhalle, das Ölbild der Darmstädter Künstlerin Ricarda Jacobi angebracht worden, das Bockelmann in lockerer, in Frankfurt eher ungewohnten Haltung zeigt. Frau Rita Bockelmann, mit ihren Söhnen anwesend, war erfreut über das gute Bild. Auch sie hatte sich während der Frankfurter Zeit in vielen Aufgaben engagiert[73]. Oberbürgermeister Brundert gedachte des Verstorbenen in einer kurzen Ansprache. Er würdigte Werner Bockelmann als einen »bedeutenden Kommunalpolitiker«, sein Porträt solle die Betrachter erinnern, »welche hervorragende Rolle Werner Bockelmann gespielt und was er in schweren Jahren nach dem Krieg geleistet habe,« denn er sei »einer der großen Oberbürgermeister der Stadt Frankfurt am Main« gewesen[74]. Im Römer war man sich damals einer solchen Würdigung ansonsten kaum bewußt, abgesehen von einigen langjährigen Magistratsmitgliedern. Gerade im Vergleich der Rathauspolitik über Jahrzehnte hat Brunderts Beurteilung durchaus Bestand.

1969, am 27. Mai, hielt in Mannheim der Frankfurter Oberbürgermeister Brundert als Präsident des Deutschen Städtetages eine bemerkenswerte Rede zum Thema dieser 15. Hauptversammlung: »Im Schnittpunkt unserer Welt: Die Stadt!« Zu diesem Thema war weit auszuholen, von Vorstoß in den Weltraum über Kernenergie, bis zu Hoffnung auf Frieden trotz so mancher Spannungsfelder in der Welt. Auch Frankfurter Erfahrungen spiegelten sich in dem Hinweis, in den meisten modernen Industriestaaten werde viel »von der Berechtigung der Unruhe in der Jugend« gesprochen. Brundert meinte dazu: »Neben den anerkannten Forderungen der jungen Generation nach Reformen in den verschiedenen Lebensgebieten unserer Gesellschaft sehen wir uns aber dem Wirksamwerden kleinerer anarchistischer Minderheiten gegenüber, die ausdrücklich die Zerstörung der jetzigen Gesellschaftsordnung als Ziel verkünden.«[75] Beide Aspekte, sowie auch ihre Vermischung, waren um diese Zeit hauptsächlich in Frankfurt am Main und Berlin bereits überdeutlich zu bemerken.

Für den Städtetag waren Brundert andere Probleme vordringlicher, natürlich die Gemeindefinanzreform, aber auch die Forderung nach dem Städtebauförderungsgesetz, sowie Fragen der Raumordnung. Das Thema »Schnittpunkt« gab leicht die Möglichkeit, auf die Bedeutung der Kernstädte in ihrem Umland hinzuweisen und daraus die Forderung abzuleiten, Raumordnung müsse »der zentralen Funktion der Stadt gerecht« werden[76].

In Frankfurt am Main war Willi Brundert seit vier Jahren gewählt als Verbandsvorsitzender der neugebildeten »Regionalen Planungsgemeinschaft Untermain« (RPU), gegründet am 19. August 1965. Er war daher mit Raumordnungsfragen wohl vertraut. Die Stadt Frankfurt finanzierte über 50 Prozent der neuen Dienststelle, hatte aber auf eine der Einwohnerschaft entsprechende Vertretung in der Verbandsversammlung, die 62 Mitglieder zählte, verzichtet, um die Regionalplanung voran zu bringen. Dem Frankfurter Oberbürgermeister waren die mannigfaltigen Schwierigkeiten zwischen Kernstadt und Umlandgemeinden für eine koordinierte Planung durchaus bewußt. Er forderte daher, die Städte als »integrierte Zentren größerer Räume anzuerkennen und die integrierende Wirkung zu sehen, die wiederum von ihnen auf die sie umgebenden Räume ausstrahlt«[77]. Auch diese Überlegungen des Deutschen Städtetages waren ein Argument, die schnelle Verabschiedung des Städtebauförderungsgesetzes im Bundestag zu verlangen, damit die Städte auch der erweiterten Funktionen für das Umland gerecht werden könnten.

Die Überlegungen des Frankfurter Oberbürgermeisters als Sprecher der deutschen Städte gipfelten in seinen Schlußsätzen, die wiederum seine Überzeugung spiegelten, daß demokratische Verantwortung und kommunale Selbstverwaltung untrennbar zusammengehören: »Die Stadt von heute ist zu einem empfindlich reagierenden Organismus geworden, der die Entwicklungstendenzen in allen öffentlichen Bereichen widerspiegelt und verstärkt. Diese Reaktionen zu erkennen und zur rechten Zeit politisch zu reflektieren, ist unsere wichtigste Aufgabe. Sie bildet den wesentlichen Inhalt unseres Mandats, das wir von unseren Bürgern im Rahmen der kommunalen Selbstverwaltung bekommen haben. Die Erfüllung aller Einzelaufgaben aus den Erkenntnissen des Fortschritts und zugleich der demokratischen Verantwortung ist der sicherste Weg, der kommunalen Selbstverwaltung innerhalb unserer Gesamtordnung den ihr adäquaten Rang zu gewährleisten. Aus diesem Geist und in der Hoffnung auf optimale Erfolge werden wir daher unsere Arbeit unbeirrt fortsetzen.«[78]

4.6. Bürgerprotest und Studentenrevolte

Die Worte, mit denen 1969 Oberbürgermeister Brundert seine Rede vor der Hauptversammlung des Deutschen Städtetags schloß, waren leider in Frankfurt am Main in einem Punkt – nämlich bei den Plänen für das Westend – überhaupt nicht berücksichtigt worden. Die theoretisch so richtige Analyse hatte gelautet: »Die Stadt von heute ist zu einem empfindlich reagierenden Organismus geworden, der die Entwicklungstendenzen in allen öffentlichen Bereichen widerspiegelt und verstärkt.« Und es sei die Aufgabe der gewählten Mandatsträger, diese Reaktionen »zu erkennen und zur rechten Zeit politisch zu reflektieren.«[79] Es konnte auch sein, daß Brundert gerade aus den Ereignissen im Frankfurter Westend, die schließlich bundesweit Beachtung gefunden haben, zu seiner Einschätzung und Mahnung gekommen war.

Während es für die Westendkonflikte, den Bürgerprotest und eine der ersten und wirksamsten Bürgerinitiativen, die »Aktionsgemeinschaft Westend e.V.«, ausreichend gute Darstellungen gibt, kann man das für den Frankfurter Teil der weltweiten Studentenrevolte der »1968er Jahre« nicht sagen. Allen Verzweigungen wie auch dem Zusammenhang mit dem Westendkonflikt nachzugehen, verlangte ausschließliche Beschäftigung mit diesem Thema. Selbst wenn jemand in allen drei Handlungsebenen, dem Westend, der nahegelegenen Universität und dem Römer jeweils aktiv war, können nur einige Linien verfolgt werden. Festzuhalten bleibt vorweg, daß diese unruhigen Jahre zwischen 1968 und 1975 nicht wenigen der Verantwortlichen in der älteren Generation, gerade wenn sie zu den Reformwilligen gehörten, viel Kraft und wohl auch Gesundheit abverlangt haben. Zwei Frankfurter Oberbürgermeister sind in diesen Jahren viel zu früh in ihren Fünfzigern im Amt verstorben.

Die Pläne für das Westend reichen weit zurück in die Zeit des Oberbürgermeisters Bockelmann. Damals ist der nicht sehr konkrete »Dreifingerplan« entwickelt worden, der ein Ausgreifen der wirtschaftlichen Nutzung für Büros und Verwaltungen ins Westend in drei Linien als »Verdichtungszone« vorsah. Den Stadtverordneten vorgelegt oder gar von ihnen beschlossen wurde dieser Plan freilich niemals. Die Geheimhaltungsversuche der Stadtplanung und Bauverwaltung haben sich denn auch später und für viele Jahre zu einem ganz erheblichen Konfliktstoff zwischen Stadtverordnetenversammlung, das heißt dem zuständigen Planungs- und/oder Bauausschuß, und der »laufenden Verwaltung« entwickelt. In diesem für die Effektivierung und Politisierung der Arbeit der Bürgerschaftsvertreter entscheidend wichtigen Feld hat in Frankfurt am Main im Laufe dieser Jahre, aber endgültig erst 1976/77 die Stadtverordnetenversammlung obsiegt[80]. Die juristische Bestätigung für die Zuständigkeit der Stadtverordnetenversammlung, nach förmlichem Beschluß, oder dem Beschluß des von ihr beauftragten Ausschusses, ergab sich aus den beiden Gutachten, welche die Stadtverordnetenversammlung im Dezember 1976 in Auftrag gegeben hatte[81].

Zugespitzt ging es bei diesen Auseinandersetzungen darum, ob Planungen der Verwaltung, etwa im Hinblick auf die Höhenausnutzung von Grundstücken, was erhebliche Wertsteigerungen bedeuten kann, frühzeitig »öffentlich« bekannt werden sollten oder nicht. Tatsächlich hat sich in Frankfurt herausgestellt, daß diejenigen, die betroffen waren, seien es die Grundstücksbesitzer oder die Bauherren oder alle beide, meist in der Lage waren, sehr früh durch Verwaltungskontakte oder sonstwie herauszubekommen und gelegentlich auch zu beeinflussen, was sich aus den Planungsvorgaben ergeben könnte. Die Stadtverordneten in ihrem zuständigen Ausschuß hingegen waren nicht informiert und erhielten erst erheblich später von den im Westend üblichen Ausnahmegenehmigungen nach § 34 des Bundesbaugesetzes, wenn überhaupt, Kenntnis. Aber sie wurden konfrontiert mit den Protesten der von Vertreibung bedrohten Bürger des Westends. Die Stadtverordneten wollten deshalb in den anstehenden Entscheidungsprozessen[82] viel früher informiert werden und Einfluß ausüben können.

Ferner ging es um das Prinzip »Öffentlichkeit« oder öffentliche Diskussion. Angesichts der verheerenden Entwicklung im Westend: Aufkauf von Grundstücken und Mietervertreibung, Zerstören und gesteuertes Abwohnen von Häusern durch Überbelegung mit Gastarbeitern, Abriß gut erhaltener und schöner Wohnhäuser und allgemein drohende Verslumung[83], setzte sich schließlich und nach vielen internen Diskussionen in der Mehrheitsfraktion der Wille durch, Veränderungen des Verwaltungshandelns herbeizuführen und zwar vor allem durch breite öffentliche Diskussion. Die Überzeugung dabei war, daß durch die Erörterung aller Standpunkte dem Gemeinwohlinteresse am besten gedient werden könnte[84]. Dieses Prinzip hat sich bewährt. Es wurden Anhörungen veranstaltet, die AGW kam ausführlich zu Wort, die Sitzungen des Planungsausschusses, mit den Vorsitzenden Martin Berg und dann Karlheinz Berkemeier, wurden zunächst »presseöffentlich«

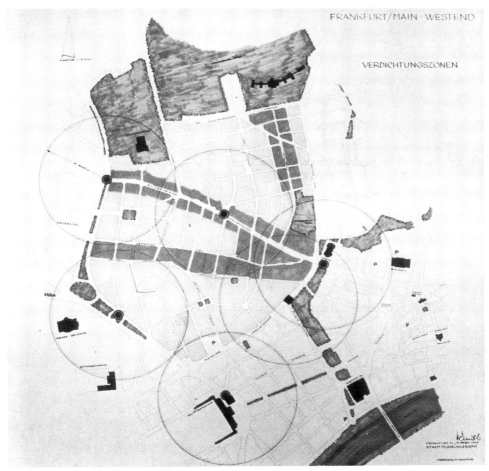

Der »Dreifingerplan«, mit dem die Verwaltung die Umgestaltung des Westends einleiten wollte

und dann – nach Änderung der Hessischen Gemeindeordnung – öffentlich. Die Verwaltung rückte von den Leitlinien des Dreifingerplans ab und gemeinsam wurde angesteuert, mehr Transparenz in die Westendplanung zu bringen. Das gelang mit einem »Strukturplan« und dann endlich auch mit einem gültigen Bebauungsplan für das Westend. Dies war aber erst 1977 erreicht[85]. Die Probleme, besonders durch bereits erteilte Baugenehmigungen und Schadenersatzforderungen der Bauherren blieben noch lange für die Stadtpolitik bestehen. Aber das Westend konnte sich neu entwickeln und ist, nicht zuletzt durch verschiedene Anstrengungen der Aktionsgemeinschaft Westend, wie zum Beispiel Wettbewerb »Farbige Häuser«, wieder zu einem der beliebtesten Wohngebiete Frankfurts geworden.

Die früheste der verschiedenen Ursachen für das Desaster im Frankfurter Westend lag bereits im Bestreben der CDU-geführten Bundesregierung von 1960, die

Wohnraumbewirtschaftung aus der Nachkriegszeit abzuschaffen. Dies sollte erreicht werden durch das »Gesetz über den Abbau der Wohnungszwangswirtschaft und über ein soziales Mietrecht« vom 23. Juni 1960, den sogenannten »Lücke-Plan«. Danach war die Wohnungsbewirtschaftung aufzuheben, sobald zum 1. Juli in einer Gemeinde das rechnerische Wohnungsdefizit am vorausgegangenen 31. Dezember weniger als drei Prozent betrug. In Frankfurt am Main war dieser – ja keineswegs zufriedenstellende Zustand defizitärer Wohnungsversorgung – am 1. Juli 1965 erreicht und zum Mißfallen besonders der Sozialpolitiker wurde Frankfurt »weißer Kreis«. Die Mieten stiegen beträchtlich und es war wieder schwierig, in Frankfurt am Main eine Wohnung zu finden. Genau zu diesem Zeitpunkt verstärkten sich die Überlegungen von Stadtplanung und Verkehrsplanung, das Büroflächen- und Arbeitsplatzangebot im Bereich der Innenstadt und um die entstehende U-Bahn zu vergrößern. Es wurden entsprechend dem Dreifingerplan im Westend, die ersten Baugenehmigungen für höhere Ausnutzung erteilt[86].

Unter dem Gesichtspunkt der weiteren Verdichtung des Innenstadtverkehrs – und dem auch deswegen notwendigen Bau des Massenverkehrsmittels – bemerkte der Verkehrsdezernent Walter Möller um diese Zeit: »Die City weitet sich aus. Sie verdichtet sich nicht nur in der Vertikalen durch zunehmende Hochhausbebauung, sondern greift in benachbarte frühere Wohnbezirke über. Besonders deutlich ist dieser Vorgang im Westend beiderseits der Bockenheimer Landstraße zu beobachten, wo die Wohnungen in steigendem Umfange einer Nutzung als Büroräume zugeführt und die bisher relativ locker genutzten Altbaugebiete in den kommenden Jahrzehnten einer modern verdichteten Bebauung weichen werden.«[87]

Hier war nun freilich die Rechnung ohne den Wirt gemacht, jedenfalls ohne die Bürger des Westends. Diese bemerkten natürlich erst geraume Zeit später, was sich da abspielte und dies auch nur ungenau, nämlich erst ab 1968/69. Die Stadtplanung konnte bis dahin auch den Stadtverordneten ihre Vorstellungen ziemlich ungestört vortragen, denn auch die Stadtverordneten waren damals mit den komplizierten Baurechtsfragen noch wenig vertraut. So übernahmen sie kritiklos die Erklärung der Experten, daß für einen Bauantrag (im Westend) eine Mindestgrundstücksgröße von 2000 qm erforderlich sei. Dies aber bedeutete faktisch ein Zusammenkaufen unter allen möglichen Umständen, oft mit viel Geld im Spiel und jedenfalls mit Mietervertreibungen. Es ist möglich, daß sich auch die Stadtplaner dies nicht so vorgestellt haben, wie es sich dann in der Realität ergab. Die Westend-Probleme zeigten jedenfalls den Stadtverordneten in der Mehrheits-Fraktion nach vielen internen Diskussionen das drohende Konfliktfeld und führten zu einer energisch betriebenen Veränderung der Verwaltungspraxis, durch Beschluß vom 10. Oktober 1968 und schließlich zur Veränderungssperre für das Westend durch Beschluß vom 17. September 1970[88].

Den letzten Anstoß zur Gründung einer Bürgerinitiative in regulärer Vereinsform, eben der »Aktionsgemeinschaft Westend e.V.« (AGW) am 14. April 1969, gab die von der Stadtplanung wärmstens empfohlene und dann auch von den Gremien, aber bereits mit viel Kritik, beschlossene Hochhausbebauung für die Südwestdeutsche Genossenschaftszentralbank im restlichen Rothschildpark. Auch deswegen hatte Oberbürgermeister Brundert eine Bürgerversammlung im Palmengartensaal mit bis dahin ungewohnter Proteststimmung im Februar 1969 zu bestehen und im Dezember des gleichen Jahres gab die AGW eine berühmt gewordene kleine Schrift im schwarzen Umschlag heraus: »Ende oder Wende. Westend.«[89] Darin befand sich bereits ein Plan des gesamten Westends mit exakter Bestandsaufnahme nach Büro- und Wohngebäuden, Hochhausbauten usf. Es war die Stärke der AGW von Anfang an, »kritisch und konstruktiv«[90] zu sein, viel zu arbeiten, Fakten zu sammeln, mit der Stadtplanung zu verhandeln und Alternativen zu unterbreiten. Dies Verfahren hatte durchaus Erfolg.

Die erste Hausbesetzung in Frankfurt am Main, im Westend, Eppsteiner Straße 47, ging am 19. September 1970 vonstatten. Diese Angelegenheit erreichte sogleich das gewünschte Aufsehen, schließlich war man in der ganzen Bundesrepublik Deutschland an derartiges Vorgehen damals nicht gewohnt. Die Meinungen dazu waren geteilt, auch dieses Westendhaus war bereits aufgekauft und hatte längere Zeit leer gestanden, während doch noch immer Wohnungen sehr knapp waren. Außerdem hatte inzwischen die Studentenbewegung das Publikum durchaus an Regelverletzungen der verschiedensten Art gewöhnt. Nach einigen weiteren ähnlichen Vor-

Die erste Hausbesetzung in Frankfurt am 19. September 1970 in der Eppsteiner Straße 47

Auf die Konflikte im Westend machte die AGW unter anderem durch eine Demonstration der Bürger am 16. August 1970 aufmerksam. In der ersten Reihe von links die unermüdliche Kämpferin Dore Zeiss, der ehrenamtliche Stadtrat Dieter Rudolph (FDP), die Stadtverordnete und spätere Landtagsabgeordnete Ruth Beckmann (CDU)

kommnissen versuchte die Stadtpolitik für die schließlich nicht ganz wenigen besetzten Häuser im Westend einen Ausweg zu finden, was allerdings nur für kurze Zeit gelang[91]. Die Hausbesetzungen haben die Öffentlichkeit durchaus auf die Probleme der durch Stadtentwicklungsplanungen angestoßenen Umwandlung eines vormals intakten Wohngebietes hingewiesen, nur war man im Römer längst hierzu kritisch aufmerksam und tätig geworden. Und die AGW plante ihrerseits sehr vernünftige Alternativen, oder rief die braven Bürger sogar am 16. August 1970 zu einer durchaus friedlichen Demonstration mit schwarzen Fahnen zur Hauptwache auf.

Die Hausbesetzungen hingen natürlich mit der Studentenbewegung zusammen. Die illegale Inanspruchnahme von Wohnraum war selten durch Not verursacht, sie wurde vielmehr ideologisch begründet mit dem Kampf gegen kapitalistische Verwertungsmodelle und selbstrechtfertigend entschuldigt mit angeblichen Bemühungen um Erhaltung von Wohnraum. Dies letztere hat in Einzelfällen auch zugetroffen, meist aber nicht, wie Handwerker nach so mancher Räumung berichteten. Es handelte sich bei diesem radikalen Vorgehen um eine Mischung von ideologiegesteuertem Handeln, spielerischer Aktivität und bequemer und billiger Selbstversorgung mit Wohnraum, zumeist von Studenten und Studentinnen, die auch die Wohnform »WG« – Wohngemeinschaft – ausprobieren wollten. Der Zusammenschluß zu einem sogenannten »Häuserrat« von 1972 an hat die Sache weiter politisiert und auch Unterstützung von den linken Rändern der SPD oder anderer Gruppierungen herbeigeführt, bis hin in Volkshochschulunternehmungen. Aber es ist ein Märchen, wenn – mit zunehmendem Abstand immer mehr – öffentlich stolz vermeldet wird, erst die Hausbesetzungen oder der »Häuserkampf« oder der »Häuserrat« hätten die Wende im Westend herbeigeführt.

Die eigentliche Studentenrevolte entwickelte sich in Frankfurt am Main zunächst langsam und mit den gleichen Daten wie in Berlin, Heidelberg und einigen anderen Universitätsstädten. Es gab das ferne Vorbild Stanford und Berkeley in Kalifornien und vage Übermittlungen von der Kulturrevolution in China. Die Demonstrationen um die Notstandsgesetze wirkten noch nach, als bei dem Besuch des persischen Schahs in Berlin am 2. Juni 1967 im Gerangel einer Demonstration der Student Benno Ohnesorg durch einen unverantwortlichen Polizeischuß ums Leben kam. Die Protestwelle ging daraufhin bei den Studenten durchs ganze Land, und oft war auch reale Angst mit im Spiel. Glücklicherweise hat sich in Frankfurt am Main trotz aller Auseinandersetzungen in sieben Jahren kein solches Ereignis wie das in Berlin wiederholt.

Die Studentenrevolte in Berlin verlief vielfach anders, zumal in der geteilten Stadt reale Revolutionsziele, wie etwa eine Räterepublik für ganz Berlin, in phantasievollen Köpfen durchaus eine Rolle spielten, während es in Frankfurt mehr um theoretische Begründungen für den anti-imperialistischen Kampf oder die außerparlamentarische Opposition ging, mit oder ohne marxistische Grundlage. Die Argumentation hatte oft einen utopischen Zug und angesichts des Vietnam-Krieges war die Sehn-

Eine »Demo« von Studenten gegen das geplante Hochschulrahmengesetz, 1. Dezember 1971

sucht nach allgemeinem Frieden und Wohlfahrt in aller Welt meist mitgemeint. Die Kerngruppe war zunächst der SDS, dessen Bundesvorstand in Frankfurt residierte. Es gab lange Diskussionen in der damals bevorzugten linksintellektuellen Sprache, die freilich schon allein eine unüberwindbare Barriere zu den doch so herbeigewünschten »Massen« bildete. Als der Oberbürgermeister Brundert einmal in die Universität zu einem großen Teach-in gebeten wurde, und auch kam, war eines der Argumente, es seien »auch Arbeiter dabei«. Die konnte man allerdings suchen, obgleich keine fünf Minuten weg ein großer Betrieb neben der Universität besteht. Der Einfluß der wirklichen Arbeiterbewegung blieb auf neue Begriffsbildungen beschränkt, auch in Gesetzestexten, wie z. B. »Betriebseinheit« statt des guten alten »Instituts«. Von Solidarität als einem Ziel der Arbeiterbewegung hat sich jedenfalls in der Studentenrevolte allenfalls in kleinsten Kreisen etwas gezeigt. Wohl aber haben die zahllosen Vollversammlungen in der Universität oder Demonstrationen auf Frankfurts Straßen ein Gemeinschaftserlebnis vermittelt, nach dem sich junge Leute sehr wohl sehnen konnten.

Im Jahr 1968 gab es in Frankfurt drei Höhepunkte der studentischen Aktivitäten: Am Gründonnerstag war in Berlin der redegewaltige und intellektuell überragende Studentenführer Rudi Dutschke von einem rechtsextremen Täter angeschossen und lebensgefährlichen verletzt worden. Daraus entwickelten sich als Protestveranstaltungen und im Zusammenhang mit den ohnehin geplanten Ostermärschen die Osterunruhen, die ein großes Polizeiaufgebot nach sich zogen. An Straßenkämpfe erinnernde Zustände ergaben sich bei dem Versuch der studentischen Aktivisten, die Auslieferung von Erzeugnissen der Springerpresse insbesondere von »Bild« zu verhindern. Aus schwer nachvollziehbaren Gründen verursachte sodann die Verleihung des Friedenspreises des deutschen Buchhandels an einen Exponenten der Dritten Welt, den Staatspräsidenten von Senegal, weithin als Dichter der Negritude bekannt, Leopold Sedar Senghor am 22. September 1968, eine durchaus nicht gewaltfreie Demonstration, die den Weg zwischen Paulskirche und Frankfurter Hof für mehrere Stunden absperrte. Als der Außenminister der Bundesrepublik, Willy Brandt, mit seinem Gast schließlich nach längerer Irrfahrt vor dem Frankfurter Hof ausstieg, war ihm der Ärger über das Verhalten der revoltierenden Studenten anzusehen. An deren Spitze standen die Brüder Karl-Dietrich und Frank Wolff und Daniel Cohn-Bendit, sowie Günter Amendt und H. J. Krahl.

Die Wahlen zur Stadtverordnetenversammlung am 20. Oktober 1968 interessierten die aufmüpfigen Studenten weniger, sie waren damals zwar an grundsätzlichen gesellschaftspolitischen Fragen interessiert, aber durchaus unpolitisch gegenüber Tagesereignissen. Bei den Wahlen siegte wiederum die SPD mit 42 Sitzen, die CDU

Kultusminister Professor Ernst Schütte (links) versucht eine Diskussion mit streikenden Studenten der Frankfurter Universität. Rechts Daniel Cohn-Bendit, 7. Januar 1969

Protest ehemaliger Widerstandskämpfer gegen die Wahl der fünf NDP-Stadtverordneten in den Römer. Auf dem Plakat sind Namen von früheren Fankfurter Stadtverordneten aufgeführt, die in der NS-Zeit verfolgt oder – wie Albrecht Ege und Stephan Heise – umgebracht worden sind, 14. November 1968

Proteste der neuen feministischen Frauenbewegung bei einer Veranstaltung »50 Jahre Frauenwahlrecht in Deutschland« in der Paulskirche, November 1968. Umringt am Rednerpult Oberbürgermeister Brundert, der für die Stadt begrüßen wollte

erhielt 25 und die FDP neun Sitze. Aber – Ergebnis möglicherweise auch der unruhigen Umstände – die NPD zog mit fünf Sitzen in den Römer ein.

Am 12. November 1968 ereignete sich zum ersten Mal ein Zwischenfall in der Paulskirche, womit niemand gerechnet hatte. In der Universität selbst hatte es sich zwar durchaus eingebürgert, bei Veranstaltungen unliebsame Meinungen zu unterdrücken, andere nicht reden zu lassen, das Mikrofon wegzunehmen oder sonstwie zu stören, aber in der Paulskirche bei einer Veranstaltung des Magistrats mit Rede des Oberbürgermeisters Brundert das Mikrofon zu entreißen und das Rednerpult zu besetzen – das war nun wirklich unerhört. Außerdem handelte es sich um eine überwiegend von Frauen besuchte Veranstaltung des Magistrats, nämlich um eine Erinnerung an 50 Jahre Frauenwahlrecht in Deutschland. Vorbereitet war dies durch die Arbeitsgemeinschaft sozialdemokratischer Frauen (ASF) in Frankfurt am Main und das Stadtarchiv hatte dazu eine sehr gute Übersicht zum Thema Frauenwahlrecht und Politikerinnen in Frankfurt am Main – bis 1933 – ausgestellt. Es blieb einigen Aktivistinnen der neuen feministischen Bewegungen vorbehalten, hiergegen nun handgreiflich zu demonstrieren. Natürlich gelang es den Sozialdemokratinnen bald, einige Ordnung wieder herzustellen, wobei es für viele verwunderlich blieb, daß die Vorsitzende der ASF in Frankfurt überhaupt nicht eingriff. Dies war damals Christel Guillaume.

In den Jahren 1969 und 1970 spitzte sich vieles zu. In der Universität wurde das Rektorat im Hauptgebäude besetzt, was bei den vielen damit verknüpften Ärgernissen unter anderem dazu führte, daß sich der Amtsleiter für mehr als ein Jahr krank meldete und die schwierig gewordene Arbeit im Rektorat den Damen dort überließ. Polizei wurde gerufen und Studenten waren darüber zumeist empört. Der Rektor selbst, der liberale Soziologe Professor Rüegg aus Bern, der erfolgreiche Universitätspolitik in großem Stil zu machen verstand – auch als Präsident der Westdeutschen Rektorenkonferenz – geriet in seiner eigenen Universität zunehmend in Bedrängnis. Denn tolerant war die Studentenrevolte zu keinem Zeitpunkt und bei keiner der verschiedenen Gruppierungen.

In Frankfurt war einer der hervortretendsten Studentenführer, sehr eloquent Hans-Jürgen Krahl[92], der, trotz seiner antiautoritären Rhetorik gleichwohl bei mindestens einem Frankfurter Abend im Römer gesehen worden ist und sich dort recht wohl fühlte. Er kam im Februar 1970 bei einem Verkehrsunfall ums Leben. Ein Auszug aus der Grabrede seiner Genossen, die wie er zumeist aus dem SDS hervorgegangen waren, zeigt den eigenwilligen Sprachgebrauch und den utopischen Grundzug der außerparlamentarischen Opposition: »Und nun frage ich: was hat es denn getan, das bürgerliche Europa? Es hat die Kulturen untergraben, die Vaterländer zerstört, die Nationen zugrundegerichtet, ›die Wurzel der Vielfältigkeit‹ ausgerottet. Kein Deich mehr, kein Bollwerk. Die Stunde der Barbaren ist gekommen. Des modernen Barbaren. Die amerikanische Stunde. Gewalt, Maßlosigkeit, Vergeudung, Merkantilismus, Bluff, Herdentrieb, die Dummheit der Vulgarität, die Unordnung.« ... »War es nicht in erster Linie die aktive Wahrnehmung geschichtlichen

Professor Dr. Walter Rüegg, Rektor der Johann-Wolfgang-Goethe-Universität (Bildmitte), und der Leiter der Hauptabteilung Bildung des Hessischen Rundfunks, Dr. Gerd Kadelbach, sprechen mit Dr. Altenhain vom Fischer-Verlag, vermutlich über das Funkkolleg, das mit dem Titel »Wirtschaft und Gesellschaft« durch die Zusammenarbeit der drei Institutionen erstmals 1967 veranstaltet wurde

Terrors und der unmittelbare Eindruck der imperialistischen Unterdrückungskriege, die uns, noch bevor wir uns theoretisch Klarheit über diese Phänomene verschafft hatten, zum Widerstand motivierte und in Aktionen zusammenführte?« ... »Aber die erdrückende Erfahrung dieser imperialistischen Gewalt als eines Weltsystems hat nicht Resignation und Passivität, sondern Empörung bewirkt: die praktische Entschlossenheit, bestehende Gewaltverhältnisse zu brechen. Erst dadurch konnten wir begreifen lernen, was revolutionäre Gewalt als befreiende Kraft der Abschaffung von Unterdrückung, Ausbeutung und überflüssiger Herrschaft bedeutet.«[93]

Die universitätsinternen Auseinandersetzungen um die Forderungen der Studenten nach Mitbestimmung oder »Drittelparität« und die daraufhin erfolgten Versuche, durch recht komplizierte Gesetzgebung zum Teil auf diese Vorstellungen einzugehen, können hier nicht weiter verfolgt werden. Für nicht wenige Hochschullehrer der Johann Wolfgang Goethe-Universität waren die Jahre der Studentenrevolte durch zahllose Gremiensitzungen und vielfache Störungen in den Lehrveranstaltungen ein erheblicher psychologischer Streß und für Forschung, Studium und Lehre nicht sehr ergiebig. Auch Hochschullehrer wie Jürgen Habermas, Theodor Adorno oder Ludwig von Friedeburg, der spätere Hessische Kultusminister, blieben nicht unbehelligt. Für andere bot sich ein neues Betätigungsfeld in vielen Diskussionen, für Dritte die Möglichkeit eines Dauerarbeitsplatzes in der Universität. Bei den Erinnerungsveranstaltungen der »68er« hat man die Schwierigkeiten nach einem Vierteljahrhundert wohl auch eingesehen, wie etwa Peter Schneider: »Ich glaube, ich war damals kein Demokrat«[94].

Der Schwung, Aufbruchsstimmung wie Repression der ersten beiden Jahre 1968 und 1969 verloren sich bald. Die Revoltenstimmung blieb in Frankfurt am Main noch für mehrere Jahre und hatte erhebliche Auswirkungen auf die Politik in der Stadt, direkt und indirekt, negativ wie positiv. Zum Positiven gehört die Einführung der Ortsbeiräte, in Frankfurt am Main entschieden eine Verbesserung der Mitwirkung der Bürger und Einwohner in der Stadtpolitik. Zum Negativen gehörten die Auswirkungen des sogenannten »Häuserkampfes«, die Art und Weise der Ablösung des Polizeipräsidenten Dr. Gerhard Littmann und ähnliche Versuche gegenüber dem Generalintendanten des Theaters, Ulrich Erfurt, schließlich innerparteiliche Veränderungen im Verfahren und in der Satzung der Frankfurter SPD. Diese weisen alle in Richtung auf verstärkten Einfluß von Parteigremien gegenüber gewählten Mandatsträgern, was von den politischen Gegnern bald als »Imperatives Mandat« bezeichnet worden ist.

Die Studentenbewegung zerfiel in den Jahren nach 1969 in mehrere nicht immer überschaubare Gruppierungen, oder wurde von Parteien aufgesogen: radikal Gestimmte von der DKP, 1968 gegründet, weit mehr noch die reformistisch Gesinnten von der SPD, nach der Wahl von 1969 und mit dem Beginn der sozialliberalen Koalitionsregierung in Bonn. Die ganz Radikalen und Verzweifelten begaben sich auf den Weg, der mit den zwei Kaufhausbränden in Frankfurt am Main am 2. April 1968 eröffnet worden ist: die Brände waren bekanntlich von Andreas Baader und Gudrun Enßlin gelegt, die dann zu Exponenten der RAF (Rote Armee Fraktion) geworden sind.

Der SDS (Sozialistischer Deutscher Studentenbund), der sich 1960 mit Nachhilfe der SPD von dieser getrennt hatte, ein »Intellektuellenklüngel«, »theoriesüchtige puristische deutsche Intellektuellenkreise«[95], bemüht um Bearbeitung neomarxistischer oder psychoanalytischer Theorien, wie auch der kritischen Theorie von Adorno oder Literatur von Habermas, führte 1968, am 14. September in Frankfurt am Main, eine Bundesdelegiertenkonferenz durch. Bei dieser erstrahlte der »neue Star der Revolte«[96] Danny Cohn-Bendit. Aber es zeichnete sich auch die Isolierung des SDS ab, der, nach dem Zerfall der Studentenbewegung, zunehmend zu einer Belastung der demokratischen Linken in der Bundesrepublik geworden sei, wie Karsten Voigt meinte, und es habe begonnen der »Aufschwung der Jusos«[97]. Als »Erbverwalter« sah Frank Wolff gleich mehrere »Ehemalige« im Bundestag: Norbert Gansel, Manfred Roth, Karsten Voigt.

Innerhalb der Hochschule spielten noch andere eine Rolle: die KPD/ML, die maoistische Variante der KPD, die eiserne Disziplin von ihren Anhängern verlangte und nicht zuletzt die Frauenbewegung, wie sie sich ebenfalls schon 1968 herausgebildete hatte, in Frankfurt im Konflikt mit den Männern vom SDS als »Weiberrat«.

Die bereits 1951 gegründete Studentenzeitung »Diskus«[98], die von Ostern 1968 an als »Arbeiter-, Schüler- und Studentenzeitung« ein reines Agitationsblatt geworden war, erhielt prompt die Gelder der Hessischen Landesregierung gesperrt – bis 1970 – wurde aber auch anderwärts, so nach eigenen Erzählungen des ehrenamtlichen Stadtrats Ewald Geißler, von der Nassauischen Heimstätte unterstützt. Die Redakteure waren, vor allem vor 1968, in Frankfurt angesehene Leute[99]. Die Studentenzeitschrift, die durch längere Artikel mehr analytische Bedeutung hatte, erwies sich allerdings »in den Jahren des Häuserkampfes« 1972 bis 1974 als durchaus tagespolitisch orientiert. So wirkte die 68er Bewegung in Frankfurt am Main noch lange nach.

Über das »Ergebnis« der Studentenrevolte ist viel diskutiert und geschrieben worden. Die Einschätzung hängt gewiß auch von dem höchst unterschiedlichen subjektiven Erlebnishintergrund ab. Man wird wohl sagen können, daß die inneruniversitären Ergebnisse größer waren als die nach außen: Abbau der übertriebenen Titelsucht; im Umgang der Professoren und Studenten miteinander eine begrüßenswerte Auflockerung; im Umgang der Studenten untereinander und mit anderen jungen Leuten durch das Duzen eine wünschenswerte Annäherung über Bildungsschranken hinweg; Veränderung eines allzu konservativen Lebenszuschnitts im Alltag und vieles an Lebensumständen mehr. Die demokratische Entwicklung im Land ist zeitweise eher gefährdet als gefördert worden, um sich dann zu stabilisieren[100].

ANMERKUNGEN

1 Mitteilungen der Stadtverwaltung Frankfurt am Main, Nr. 15, 13. April 1957, S. 104.
2 Ausführliche Literaturliste in: Edgar SALIN, Nachruf Werner Bockelmann, in: Deutscher Städtetag, Jg. 1968, S. 227 ff. und in SDr. d. List-Gesellschaft, 15. Juni 1968, S. 241–251.
3 Frankfurter Neue Presse, 6. Mai 1991, Leserbrief Elli Horeni zu Interview Joachim Peter.
4 Ausführlich aufgezählt in: Mitteilungen der Stadtverwaltung Frankfurt am Main, 4. Juli 1964, Abschiedsrede für Oberbürgermeister Dr. h. c. Werner Bockelmann, Stadt. Vorst. Heinrich Kraft, Nr. 27, S. 241 ff.
5 Ebd., 29. Juni 1964, Abschiedsrede Bockelmann.
6 Mag. Protokoll 3452, Sitzung 11. Juni 1953, Mag.Beschluß Nr. 477.
7 In: Sinti und Roma in Frankfurt/Main, Hrsg. v. Verband Deutscher Sinti und Roma, Darmstadt 1993, S. 27.
8 STvVg beschließt am 27. September 1956 die Mag.Vorlage M 243 »Stellenplanänderungen im Zusammenhang mit dem Gesetz zu Art. 131 GG«.
9 Planungen Niederurseler Hang, Untersuchungen über die Möglichkeit einer Standortverlagerung der medizinischen und naturwissenschaftlichen Fakultät der Johann-Wolfgang Goethe-Universität auf den Niederurseler Hang, Hg. Stadtplanungsamt, Frankfurt am Main 1969.
10 Die überörtlichen Aufgaben der Stadt Frankfurt am Main, Vortrag von Oberbürgermeister Bockelmann anläßlich des Besuches des hessischen Kabinetts in Frankfurt am Main am 20. Dezember 1957.
11 Ebd.
12 Mitteilungen der Stadtverwaltung, Nr. 15, 13. April 1957.
13 Werner BOCKELMANN, Rechtliche und finanzielle Voraussetzungen zur Erneuerung der Stadt, Vortrag gehalten am 15. Juni 1961, Universität Basel, in: Die Stadt steht zwischen Gestern und Morgen, BOCKELMANN/HILLEBRACHT/LEHR, Sonderdruck Tübingen 1961, S. 101–117, hier: S. 114 f.
14 Hans KAMPFFMEYER, Die Nordweststadt in Frankfurt am Main, Wege zur neuen Stadt, Frankfurt am Main 1968, Band 6, S. 9 ff.
15 FELSCH, Aus der Chefetage des Römers, S. 60 f.
16 Mitteilungen der Stadtverwaltung, 4. Juli 1964, Abschiedsrede Bockelmann.
17 FAZ, 29. Juni 1964, »Die sieben Jahre von Werner Bockelmann«.
18 Mitteilungen der Stadtverwaltung, 4. Juli 1964, Abschiedsrede Bockelmann.
19 FAZ, 24. November 1962.
20 BOCKELMANN, S. 101–117.
21 Ebd, S. 104.
22 Ebd., S. 104.
23 Ebd., S. 107.
24 Ebd., S. 108.
25 Ebd., S. 112.
26 Ebd., S. 115 f. mit Hinweis auf Wolf SCHNEIDER, Überall ist Babylon.
27 Werner BOCKELMANN, Aus meinem Reisetagebuch 1958–1960–1961–1962, Hannover 1963.
28 S 2/61 A, Werner Bockelmann, Amtszeit, 1957–1964.
29 Frankfurter Neue Presse, 4. Juni 1958.
30 FAZ, 27. August 1964.
31 Auflistung der Goethepreisträger, der Inhaber der Goetheplakette und der Ehrenplakette der Stadt bis 1964 in: Frankfurt am Main 1945–1965. Ein 20-Jahresbericht der Stadtverwaltung Frankfurt am Main, Hrsg. vom Magistrat 1965, S. 285 ff.
32 Mag. Protokoll 3500„ Sitzung 24. Juni 1963. Inhalt der Kassette: Nachbildung der »Adresse der Deutschen Brüder in dem freien Staatenbunde Amerikas an das Deutsche Volk« aus Anlaß des 1848er Parlaments und das »Schreiben der Gesandten der Vereinigten Staaten am Preußischen Hof, Major Andrew Jackson Donaldson an den Reichsminister des Inneren und der auswärtigen Angelegenheiten Anton Ritter von Schmerling« vom 24. Juli 1848.

33 Text der Ansprachen von J. F. Kennedy in Frankfurt am Main, in: Präsident Kennedy in Deutschland, Sonderdruck des Presse- und Informationsamtes der Bundesregierung, 1963, S. 42ff und 46ff.
34 Beim Kongreß »Fritz Bauer und der Auschwitz-Prozeß«, Frankfurt am Main, 17.–19. Dezember 1993. Veröffentlichung ist angekündigt vom Fritz Bauer-Institut in Frankfurt am Main.
35 Revue 40/1963, in: S 2/61 A, Werner Bockelmann, Amtszeit 1957–1964.
36 Die Frankfurter Wahlergebnisse 1946 bis 1989 siehe im Anhang.
37 FAZ, 29. Juni 1964, Die sieben Jahre mit Werner Bockelmann.
38 Vgl. Lehrstück in Solidarität, Briefe und Biographien deutscher Sozialisten 1945–1949, Hrsg. von Helga GREBING, Stuttgart 1983. Biographie: S. 349. Erna Lang, geb. Demuth, verw. Halbe; S. 350ff. Joseph Lang.
39 Joseph LANG, 1902–1973 (Trauerfeier), Jola zu Ehren, Unterbezirk Frankfurt der SPD, Frankfurt, S. 9, 22f.
40 FAZ, 16. April 1964.
41 Ebd., 18. April 1964.
42 Ebd., 16. April 1964.
43 Frankfurter Neue Presse, Wendelin LEWEKE, Die Aera Bockelmann, 21. April 1987.
44 Mitteilungen der Stadt Frankfurt am Main, 4. Juli 1967.
45 Frankfurt am Main 1965–1968, Ein Vierjahresbericht der Stadtverwaltung Frankfurt am Main, Hrsg. vom Magistrat, Frankfurt am Main 1969, S. 14f.
46 Otto-Hahn-Stiftung der Stadt Frankfurt am Main, Zum 90. Geburtstag ... am 8. März 1969, Hrsg. vom Amt für Wissenschaft, Kunst und Volksbildung 1969, S. 29ff.
47 In memoriam Willi Brundert. Hg. Presse- und Informationsamt der Stadt Frankfurt am Main, o. J. (1971), Vorw. Walter Möller, hier: S. 7.
48 FELSCH, Aus der Chef-Etage des Römer, Frankfurt am Main 1981, S. 75–104.
49 Willi BRUNDERT, Verpflichtung zur Demokratie, Reden und Aufsätze, Hrsg. v. Jürgen BRUNDERT und Richard BURKHOLZ, Hannover 1970, S. 27. Darin Bibliographie der Schriften Brunderts, S. 157–160.
50 Kommunale Selbstverwaltung als älteste Form bürgerschaftlicher Mitbestimmung, S. 28–43, in: Willi BRUNDERT, ebd.
51 Ebd., S. 26.
52 Ebd., S. 26.
53 Ebd., S. 19ff.
54 Ebd., S. 22.
55 Ebd., S. 19ff.
56 Ebd., S. 17.
57 Ebd., S. 24.
58 Ebd., S. 24.
59 Jens KRAKIES/Frank NAGEL, Stadtbahn Frankfurt am Main, Eine Dokumentation, Stadt Frankfurt am Main 1988, Mit Bibliographie S. 228–231, hier: S. 32.
60 Ebd., S. 34.
61 Lt. fernmündlicher Aussage des Amtes gab es acht Todesfälle zu beklagen.
62 Ebd., S. 39 und Abb. 151ff.
63 Frankfurt am Main 1965–1968, Ein Vierjahresbericht, S. 15.
64 Die Finanzreform und die Gemeinde, Sammelband zum Gutachten der Sachverständigenkommission, Mit einer Einführung v. Prof. Dr. NEUMARK und Beiträgen v. Oberbürgermeister Prof. Dr. BRUNDERT u. a., 1966, Schriftenreihe des Vereins für Kommunalwissenschaften, Berlin, Bd. 14.
65 Gemeindefinanzreformgesetz vom 12. Mai 1969, 2. Änderung 25. Januar 1979, BGB II, Nr. 4. S. 97.
66 Gesunde Gemeindefinanzen, in: BRUNDERT, Verpflichtung zur Demokratie, S. 77.
67 Ebd., S. 78.
68 Ebd., S. 85, (mit exakten Angaben der DM Schuldenbeträge).

69　Ebd., S. 86.
70　Frankfurt am Main 1965–1968, Ein Vierjahresbericht, S. 23.
71　Ebd.
72　In: »Deutscher Städtetag«, Jg. 1968, S. 227 ff.
73　Im Müttergenesungswerk, für die Jugend-Alya und Israel, auch für Ausstellungen des Tschechischen Filmkünstlers Jiri Trinka, die von Frankfurt aus durch die Bundesrepublik gingen (Oktober 1958).
74　Mitteilungen der Stadtverwaltung Frankfurt am Main, 21. Juni 1969, S. 184.
75　Mitteilungen der Stadtverwaltung, Nr. 23, 1969 und Sonderdruck des Presse- und Informationsamtes (S. 1/2). sowie in: BRUNDERT, Verpflichtung zur Demokratie, S. 61–71.
76　In: BRUNDERT, Im Schnittpunkt unserer Welt, Die Stadt, Referat vor Städtetag 1969 in Mannheim, Sondr. aus Mitteilungen Nr. 23/1969, Presse- und Informationsamt Frankfurt am Main, S. 5.
77　Ebd., S. 5.
78　Ebd., S. 9.
79　Ebd., S. 9.
80　Als methodisches Mittel hierzu entwickelte sich mit der Zeit das »Objektblatt«, eine genaue Information über jedes »wichtige« Bauvorhaben.
81　Beschluß des Ältestenausschusses am 11. November 1976, § 4312, auf Antrag der FDP, drei Fragen durch Rechtsgutachten klären zu lassen.
82　Die Gutachten: 1.) Günter Püttner, Speyer und Frankfurt am Main: »Die Zuständigkeit von Stadtverordnetenversammlung und Magistrat in hessischen Städten bei der Erteilung von baurechtlichen Ausnahmegenehmigungen.« Erstattet von Prof. Dr. jur. G. PÜTTNER, Frankfurt am Main, im April 1977, 38 Seiten. – Das weitaus klarere Gutachten zur Fragestellung. 2.) Werner Thieme, Hamburg: »Rechtsgutachten über die Verteilung der Zuständigkeit zwischen Stadtverordnetenversammlung und Magistrat nach hessischem Gemeinderecht.« Erstattet von Prof. R. W. THIEME, Hamburg, Juli 1977, 49 Seiten.
83　Greta HERR/Georg HOCH, »Westend«, Selb-Verlag 1979.
84　Die beste Darstellung der Westendprobleme ist nach wie vor: Rudolf Heinrich APPEL, Heißer Boden, Stadtentwicklung und Wohnprobleme in Frankfurt am Main. Eine Publikation des Presse- und Informationsamtes der Stadt Frankfurt am Main aus der Schriftenreihe »Frankfurter Probleme – Frankfurter Antworten«, Frankfurt 1974, S. 45 ff.
85　Stadtverordnetenbeschluß 24./25. Februar 1977, Bebauungsplan Nr. 320 Westend, Teilweise (Bockenheimer Landstraße) auf Einspruch des Hess. Innenministeriums leicht verändert und im Sommer 1977 als Bebauungsplan Nr. 420 Westend vom Stadtparlament beschlossen.
86　APPEL, S. 24 ff.
87　Frankfurt am Main 1945–1965, Ein 20-Jahresbericht, darin: Walter MÖLLER, Neue Wege der Verkehrspolitik, S. 38.
88　APPEL, S. 30 ff.
89　Ende oder Wende, Westend. Studie zur Situation des Westends von Frankfurt am Main, Unter Mitarb. v. Odina BOTT, Otto FRESENIUS u. a., Frankfurt 1969.
90　APPEL, S. 40 ff.
91　APPEL, S. 54 ff.
92　Hans-Jürgen KRAHL, Konstitution und Klassenkampf, Zur historischen Dialektik von bürgerlicher Emanzipation und proletarischer Revolution, Schriften und Reden, 1966–1970, Frankfurt am Main 1971.
93　Aus »Rede zur Beerdigung des Genossen Hans-Jürgen Krahl«, Unterz. Detlev Claussen, Bernd Leineweber, Oskar Negt, in: Perspektiven Nr. 16, Mai/Juni 1993, Dokumentation, S. 45.
94　Der Schriftsteller Peter Schneider bei einem Vortrag zum 25 jähr. Jahrestag der APO im Frankfurter Römer 1993, in: FAZ, 22. März 1993.
95　Frank WOLFF/Eberhard WINDAUS, Was ist von der Studentenbewegung noch übrig geblieben?, in: Frankfurter Rundschau, 22. Januar 1977, gek. Vorwort aus: »Studentenbewegung 1967/69«, Protokolle, Materialien, Sitzungsprotokolle des SDS, Hrsg. ders.

96 Karsten VOIGT, Der Rechtstrend ist nicht gottgewollt, Anmerkungen zu einer Dokumentation der Studentenbewegung 1967/69», in: Frankfurter Rundschau, 19. März 1977, S. III.
97 Ebd.
98 Monika WEBER-NAU, Studentenbewegung im Spiegel der Druckerschwärze, FAZ 25. Juli 1980 (30 Jahre Diskus), Aufstieg, Radikalisierung und Niedergang.
99 Ebd., Herbert Heckmann, Klaus Scheunemann und später Till Schulz. Siehe auch S3, M 13020 – Studentenbewegung.
100 WEBER-NAU, ebd.

5.
Unregierbare Stadt?

5.1. In drei Jahren drei Oberbürgermeister

In den 1970er Jahren kam in elektronischen und gedruckten Medien auf, alle möglichen großen Städte in aller Welt, in der Bundesrepublik Deutschland vorzugsweise Frankfurt am Main, als »unregierbar« zu bezeichnen. Bei genauerem Zusehen hätte sich dies auch damals schon als grober Unfug erweisen können. Die Stadt Frankfurt am Main ist keinen Augenblick unregierbar gewesen, auch wenn studentische Aufzüge, Polizeieinsätze zur Räumung besetzter Häuser, Blockierung von Straßenbahnschienen für geforderten »Nulltarif«, die vielen Samstagsdemonstrationen und schließlich die gewaltsamen Umzüge eines sogenannten »Schwarzen Blocks« oder Autonomer mit der Spur zahlreicher eingeschlagener Fensterscheiben, besonders der vielen Banken in Frankfurt, die Stadt nicht sonderlich friedlich erscheinen ließen. Alle diese Ereignisse waren punktuell und haben das Leben in einer großen Stadt zwar stören, aber keineswegs lahmlegen können.

Der dritte der Oberbürgermeister in den Jahren 1970 bis 1972, Rudi Arndt, hat sich mit einem lesenswerten, von Ironie nicht freien Buch gegen die angebliche »Unregierbarkeit« verwahrt[1]. Aber er ließ auch keinen Zweifel daran, wie anstrengend die Aufgabe in Frankfurt am Main gewesen ist. Dabei galt er allgemein als »Vollblutpolitiker« und, was wichtiger ist, er kannte die Stadt und die regierende Partei genau seit Jahren und war selbst von 1952, erst 25 Jahre alt, bis 1956, Stadtverordneter in Frankfurt am Main. Nach dem Tod Walter Kolbs wechselte Arndt als dessen Nachfolger in den Hessischen Landtag. Arndt schreibt 1975: »Als ich mich Ende 1971 bereit erklärte, die Nachfolge meines Freundes Walter Möller anzutreten, glaubte ich ziemlich genau zu wissen, was mich erwartete. Als Wirtschafts-, Verkehrs- und Finanzminister des Landes Hessen und als Frankfurter Abgeordneter im Landtag hatte ich genügend Möglichkeiten, mir ein ungefähres Bild der mich erwartenden schwierigen Aufgaben zu machen. Aber ich muß zugeben, daß es noch schwerer und noch anstrengender wurde, als ich gedacht habe«[2].

Die Magistratsverfassung mit ihrem Kollegialprinzip ist sehr geeignet, auch in Spannungssituationen zu ausgewogeneren Lösungen zu kommen und selbst bei Todesfällen die unausweichlichen Zwischenzeiten bis zu einer Neuwahl gut zu überbrücken. In diesen Jahren 1970 bis 1972 mußte Bürgermeister Dr. Wilhelm Fay, CDU, zweimal für einen verstorbenen Oberbürgermeister der SPD einspringen und hat dies sehr angemessen geleistet.

Als Ergebnis von Demonstrationen, Polizeieinsätzen und Häuserbesetzungen spitzten sich zu Anfang des Jahres 1970 die Spannungen in Frankfurt am Main reichlich zu. In der Stadtverordnetenfraktion der SPD versuchten einige zur Entspannung beizutragen und durchzusetzen, die Polizisten sollten Namensschilder oder Nummern tragen, damit den Vorwürfen der Mißhandlungen, etc. nachgegangen werden könne. Dies war nicht zu erreichen. Das Problem blieb durchaus länger in der Diskussion. Oberbürgermeister Walter Möller ließ in der letzten Magistratssitzung, der er vorsitzen konnte, eine entsprechende Vorlage wegen unzulänglicher Formulierungen zurückstellen[3]. Die Frankfurter Polizei war damals noch städtisch, gleichwohl gelang es den reformfreudigeren Stadtpolitikern nicht, die Erkennbarkeit der Polizeibeamten zu sichern, lediglich Visitenkarten sollten gedruckt werden. Ein anderes Vorhaben ist in Frankfurt jedoch auf Druck der Stadtverordneten der SPD gelungen, nämlich einen Psychologen für die Polizei einzustellen. Den Kommunalpolitikern war klar, daß viele unnötigen Reibereien würden unterbleiben können, wenn wenigstens auf seiten der Polizeibeamten Verständnis für so manches verwunderliche Verhalten der revoltierenden jungen Leute geweckt werden könne. Völlig gelungen ist das freilich nicht.

Zu konstatieren bleibt, daß trotz zahlloser Konfrontationen in den nächsten Jahren, trotz Steinwürfen der einen Seite und Wasserwerfern oder Schlagstockeinsätzen der Polizei, allzu schlimme Verletzungen auf beiden Seiten vermieden werden konnten. Dem radikalen Flügel innerhalb der Frankfurter SPD genügten allerdings die Bemühungen der Politiker im Römer nicht. Auf einem der vielen Parteitage der damaligen Zeit, am 29. Januar 1970, griff Wolfgang Rudzio, Delegierter und Juso-Mitglied, die Frankfurter Polizeiführung und insbesondere den Polizeipräsidenten Dr. Littmann scharf an, warf ihm Unfähigkeit vor und verlangt wegen angeblicher Übergriffe bei Demonstrationen, Littmann in den einstweiligen Ruhestand zu versetzen[4].

Diesem ersten Vorstoß war noch kein Erfolg beschieden, wohl aber dem zweiten beim Parteitag am 14. Februar 1970. Da wurde dann mit Mehrheit der Delegierten gefordert, den Polizeipräsidenten Littmann in den Ruhestand zu schicken. Dazu kommentierte die Frankfurter Rundschau am 17. Februar 1970, dies »ist ein glatter Verstoß gegen das Gesetz und gegen die Hessische Gemeindeordnung«. Die Neue Presse wußte gar am 18. Februar aus dem SPD-Unterbezirksvorstand zu berichten, daß das Verhalten im Fall Littmann für die Wiedernominierung von Magistratsmitgliedern »ausschlaggebend sein könne«. Erst unter einem neuen Oberbürgermeister beschloß dann der Magistrat mit Mehrheit am 13. Juli 1970 den Polizeipräsidenten Dr. Littmann in den einstweiligen Ruhestand zu versetzen. Dagegen protestierte der Vorsitzende der CDU-Stadtverordneten-Fraktion, Dr. Jürgen Moog, heftig. Während der Auseinandersetzungen um den Polizeipräsidenten im Frühjahr 1970 mußte sich Oberbürgermeister Brundert infolge der Leiden aus seinen DDR-Haftjahren ins Krankenhaus begeben.

Es war auch nicht nur der »Fall Littmann«, der gewiß nicht zur Besserung des Gesundheitszustands von Oberbürgermeister Brundert beigetragen hat. Seine Amtszeit lief 1970 aus und es entstand die Frage der Wiederwahl. Für einen Teil der Parteigewaltigen und den linken Flügel des SPD-Unterbezirks war diese Frage – im Gegensatz zur Bevölkerung, der Öffentlichkeit und der großen Mehrheit der SPD-Stadtverordnetenfraktion – durchaus nicht von vornherein klar mit ja zu beantworten. Es gelang dann aber doch, auch widerstrebende Gemüter zu beruhigen und am 19. März 1970 ist Brundert für wiederum sechs Jahre als Frankfurter Oberbürgermeister von der Stadtverordnetenversammlung mit 67 von 81 Stimmen wieder gewählt worden. Er bedankte sich aus dem Krankenhaus für das Vertrauen, und im Römer hoffte man auf seine baldige Rückkehr. Dies war ihm nicht vergönnt, am 7. Mai 1970 ist Professor Dr. Willi Brundert nach sechs Jahren im Amt als Frankfurter Oberbürgermeister gestorben. Die Frankfurter begleiteten die Trauerfeier in der Paulskirche und den Trauerzug zum Hauptfriedhof trotz Regenwetter in großer Anzahl. Die Kränze, auch dem Präsidenten des Deutschen Städtetags gewidmet, umsäumten den ganzen Rasen vor der Trauerhalle. In der Paulskirche nach einer Reihe bedeutender Persönlichkeiten sprach Willy Brandt, als Bundeskanzler und Vorsitzender der Sozialdemokratischen Partei Deutschlands, auch als Freund des Verstorbenen. Er erinnerte, daß Willi Brundert »schon in jungen Jahren sich in die Reihen jener gestellt hatte, die die Weimarer Republik sichern und das Unheil der Diktatur von unserem Volk abwenden wollten.« ... »Die gleichen Ideale, die unseren verstorbenen Freund in den Widerstand gegen den Nationalsozialismus führten, verpflichteten ihn, sich auch gegen eine neue Diktatur aufzulehnen, die von außen nach Deutschland getragen wurde.« ... »Als Not am Mann war, folgte er dem Ruf nach Frankfurt, dieser traditionsreichen Stadt der deutschen Demokratie und der Weltoffenheit, die ihn als ihren Oberbürgermeister brauchte.« ... »Wir anderen ... konnten uns immer wieder davon überzeugen, daß er diese Stadt nicht im Sinne einer Routine verwaltete. Sein ganzes Wesen, sein großes Können und das tiefe Wissen um das Leid vieler Menschen auch in Zeiten des wirtschaftlichen Aufstieges ließen Willi Brundert zu einem Oberbürgermeister werden, der weit über die Mauern seiner Stadt hinaus Beispiele setzte.«

»Zum Geleit« schrieb sehr warmherzig in einer »Gedenkschrift zum Tode des Frankfurter Oberbürgermeisters« im August 1971 der Nachfolger im Amt, Walter Möller: »Frankfurt hat von seinen Oberbürgermeistern immer viel gefordert. Diese Stadt, betriebsam und hektisch, international und geschäftig, traditionsbewußt und stets verändert, hat Brundert genauso wie seine Vorgänger gepackt und beansprucht. Wer wüßte es besser als der, der heute die Bürde und Last dieses Amtes zu tragen hat.« ... »Seine Arbeit war kein Zuckerschlecken, denn in seine Zeit fielen die großen Aktionen der studentischen Jugend; der ungestüme Drang nach mehr Demokratie heischte Antwort und Verständnis. Die Finanznot der Städte wurde deutlich, und

Frankfurt sah seine wichtigsten und notwendigsten großen Bauobjekte wie etwa die U-Bahn gefährdet. Oft brannte das Licht im Oberbürgermeisterzimmer lang in die Nacht hinein. Für solch schwere Stunden entschädigten festliche Empfänge im Römer, der Trubel der Volksfeste, der Abend beim Apfelwein in Sachsenhausen. Volkstümlichkeit und Bürgernähe konnte Brundert aus vollem Herzen genießen: das war für ihn nicht Sache des Amtes, sondern fröhliches Mitleben, Mitfeiern. Es war die Sonnenseite, und viele Bürger kannten nur diese«[5].

Die Nachfolge war schnell und unproblematisch geregelt, die stärkste Persönlichkeit im Magistrat bot sich an und innerhalb der SPD gab es auch keinen Widerstand gegen den Unterbezirksvorsitzenden und Verkehrsdezernenten Walter Möller, der sich nicht nur bei seinem engsten Anhang, dem linken Flügel seiner Partei, großer Beliebtheit erfreute. Verhandlungen mit den beiden Partner-Parteien im Magistrat ergaben bei der Frankfurter CDU Zustimmung zur Wahl Möllers. Der Landesvorsitzende Dregger allerdings hatte Einwendungen: »Möller stehe nicht in der liberalen Tradition der Frankfurter Oberbürgermeister«, dies »mache es für CDU und FDP problematisch, Möller zu unterstützen. Es werde sich bald zeigen, ob Möller in seinem Amt angemessene politische Positionen beziehen werde.« Andernfalls werde »die Frankfurter CDU mit ihrer praktischen kommunalen Politik« für Widerstand sorgen[6]. Die FDP zögerte noch etwas, stimmte dann aber zu, nachdem feststand, daß ihr Stadtverordneter Dr. Bodo Helmholz als Nachfolger für den Verkehrsdezernenten Möller in den hauptberuflichen Magistrat gewählt werden sollte. Bei der SPD war ein Parteitag nötig, der am 26. Mai 1970 den Vorschlag, Walter Möller als Oberbürgermeister zu nominieren, mit großer Mehrheit unterstützte mit 276 gegen 43 Stimmen, bei zwölf Enthaltungen. Bereits am 11. Juni 1970 erfolgte in der Stadtverordnetenversammlung die Wahl Möllers mit 64 ja und 13 nein-Stimmen zum Oberbürgermeister und am 9. Juli 1970 die Einführung in das Amt im Römer.

Inzwischen hatte sich eine bedeutsame Veränderung in Bezug auf die Beschlußfassungen im Rathaus ergeben, deren Gewicht und Problematik damals weniger erfaßt worden war. Auf dem Januar-Parteitag der SPD 1970 war in mißverstandener, vielleicht auch bewußt mißbrauchter, zeitgemäßer Demokratisierungsvorstellung beschlossen worden, daß erst das Votum des Unterbezirksparteitages eingeholt werden müsse, bevor über freie oder freiwerdende Stellen im Magistrat die Stadtverordnetenfraktion zu entscheiden habe. Dies war natürlich eine erhebliche Gewichtsverschiebung und machte jede Neubesetzung im Magistrat von öffentlich ausgetragenen Entscheidungen und eventuellen Machtkämpfen auf Parteitagen abhängig. Dazu kam, daß wenig später auch Satzungsänderungen dahingehend erfolgten, daß Stadtverordnete von ihrem Beratungsrecht bei Parteitagen ausgeschlossen wurden. Waren sie nicht als Delegierte in ihren Ortsvereinen gewählt, konnten sie auch nicht innerhalb der Partei um ihre Auffassungen kämpfen. Es war also ein Sieg der Parteiorganisation mit ihrer spezifischen Delegiertenauswahl über die von der Bevölkerung gewählten, persönlich bekannten und verantwortlichen Mandatsträger

Eine Luftaufnahme von 1971 zeigt Fankfurt etwa von Höhe Hauptbahnhof nach Osten, angeschmiegt an die leichte Biegung des Mains. Noch ist das Hochhaus der Bank für Gemeinwirtschaft (BfG) am Theaterplatz nicht begonnen worden

Oberbürgermeister Walter Möller zeigt, wie er sich die Umgestaltung von Zeil und Hauptwachenplatz vorstellt. Links von ihm Stadtrat Dr. Hans Kampffmeyer, hinter beiden Dr. Klaus Daumann, der persönliche Referent des Oberbürgermeisters

Wegen des U-Bahn-Baus findet der Weihnachtsmarkt 1970 am Platz vor der Ruine des Opernhauses statt. Eine »Wiederaufbau-Tombola« wird durch Oberbürgermeister Möller, den Präsidenten der IHK, Fritz Dietz, und den hessischen Minister für Wirtschaft und Verkehr, Heinz Herbert Karry, (links) begründet

im Römer. In Frankfurt am Main war dies alles vor allem ein Sieg des linksradikalen Flügels der SPD – ein Pyrrhussieg.

In der Antrittsrede des neuen Oberbürgermeisters Walter Möller am 9. Juli 1970 – noch mit der Amtskette, die er später nicht mehr tragen mochte – ging er geschickt auf so manche in der Öffentlichkeit laut gewordene Vorbehalte ein. Noch vor seiner Wahl habe er ein Telegramm bekommen mit dem Text »es lebe die sozialistische Republik Frankfurt am Main«. Es werde aber keine »sozialistische Republik« geben, vielmehr werde die Stadt »systemimmanent« verwaltet werden[7]. Der Schwerpunkt der Antrittsrede lag bei dem Thema, das Möller seine gesamte kurze Amtszeit hindurch vordringlich einer Lösung näher gebracht sehen wollte. Es war die Kernfrage: »Wie können und wollen wir in den nächsten Jahrzehnten innerhalb der Verdichtungsgebiete leben?«

Hierzu gehöre der Ausbau der Stadtentwicklungsplanung, eingebettet in kommunale Gesamtentwicklungsplanung und Berücksichtigung der Stadt Frankfurt als Wirtschaftsmetropole und deshalb mit Sonderstellung in der Bundesrepublik und in Hessen. Gegenüber den bisherigen Planungsüberlegungen sei nötig: »Planung in neuen Dimensionen«. Außerdem suchte der neue Oberbürgermeister auch eine Vision der »menschlichen Stadt« aufzuzeigen, nicht zuletzt, weil er wußte, welche Strapazen durch den Ausbau der unterirdischen Verkehrssysteme den Bürgern in der Innenstadt noch zuzumuten sein würden. So wurde als kulturelles Programm entwickelt: »Die Stadtmitte muß ein Herrschaftsbereich für den Fußgänger werden. Man muß sich von diesem Gebiet einfach angezogen fühlen, man muß es lieben«[8]. Dieses Gebiet solle wieder als Plaza, als Treffpunkt, als Anziehungspunkt für gemeinsame Aktivitäten angenommen werden. Der neue Kulturdezernent, der gesucht werde, solle – wie alle Bürger – auch hierüber nachdenken: »Mauern werden heute leicht errichtet, aber Räume werden nur schwer ausgefüllt.« Persönlich habe er sich längst zum Wiederaufbau der Alten Oper bekannt, ließ Möller seine Zuhörer wissen. Auch der Platz sei ein Zeugnis des großbürgerlichen 19. Jahrhunderts in Frankfurt und hiervon sei nur wenig erhalten geblieben. Frankfurt brauche einen Konzertsaal in der Alten Oper. »Aber die Alte Oper muß für alle Bevölkerungsschichten mehr sein, wenn das geforderte finanzielle Engagement verantwortbar werden soll«, so wären auch die Formen der sogenannten Subkultur zu berücksichtigen, die Avantgarde der jeweiligen Künste, ein ständiges Diskussionsforum, ein Mittelpunkt, wie es das Volksbildungsheim wegen seiner beengten Raumverhältnisse niemals wird sein können; ein Center 1975 für ein »Frankfurt der Zukunft«. Die neuen kulturellen Initiativen für diese Stadt müßten auch aus privaten Quellen kommen, in Form der vielen Clubs, Diskussionsgruppen, Galerien, Studios und Experimentiertheater. Fragen der Organisationsstruktur für Volkshochschule und Volksbüchereien seien zu lösen, und für das Theater. Hierzu wird Dürrenmatt zitiert: »so stehen wir der paradoxen Tatsache gegenüber, daß die Stadt durch enorme Subventionen die Theaterplätze nicht nur verbilligt, sondern Theater erst möglich macht, während eine Minderheit der Bürger, aus deren Steuergeldern die

Subventionen bezahlt werden, den Vorteil, den sie sich selber schaffen, auch wahrnehmen, kurz, daß heute zwar jedermann ins Theater gehen kann, aber verhältnismäßig nur wenige wollen. Unsere heutigen Theater sind Symbole einer Scheinkultur.«

Es ist vom Neuaufbau in den nächsten Jahren die Rede: Jugend-Center und Leinwandhaus, Karmeliterkloster und Historisches Museum, bei alle dem müßten die Ansprüche an die Finanzierung durch die Bürger ins rechte Maß gebracht werden zu den Ansprüchen der Bürger an diese Einrichtungen. Jedenfalls sei künftig der Kulturpolitik besonderer Rang und »Ausstrahlungskraft« zuzumessen.

Der neue Oberbürgermeister wurde zu Wahl und Amtsantritt in der Presse auch mit seinem Lebenslauf vorgestellt, obgleich er doch seit langem in der Frankfurter Stadtpolitik sehr maßgeblich beteiligt war. Walter Möller wurde am 7. April 1920 in Frankfurt am Main geboren, der Vater starb früh, er war auch ehrenamtlicher Stadtrat in der Nachkriegszeit 1918/20 gewesen. Die Familie zog nach Norddeutschland und dann nach Berlin. Deshalb sprach Möller eigentlich kein Frankfurterisch, obgleich als einziger aller Oberbürgermeister in der Mainstadt geboren. Walter Möller gehörte zu den Jahrgängen, die sieben Jahre ihres Lebens bei der deutschen Wehrmacht zu verbringen hatten. 1945 ließ er sich nach Frankfurt am Main entlassen. Eine Schwester war hier mit dem späteren Bundestagsabgeordneten Georg Stierle verheiratet, der auf den jungen Walter Möller schon früh im Sinne sozialistischen Denkens eingewirkt hatte. Möller kam so in Verbindung mit einer der sozialdemokratischen Familien-Dynastien in Frankfurt am Main und wohl auch dadurch gleich zum ersten Nachkriegslehrgang der Akademie der Arbeit. Einige Jahre war er als Journalist, auch für den Hessischen Rundfunk tätig und übernahm dann die Leitung der Volkshochschule im Frankfurter Bund für Volksbildung. Die politische Laufbahn ging rasch voran: 1948 einer der jüngsten Stadtverordneten, 1953 stellvertretender Fraktionsvorsitzender, 1960 Fraktionsvorsitzender der SPD und 1961 hauptberuflicher Stadtrat für das Verkehrsdezernat. Eine besondere Fähigkeit zeichnete Walter Möller aus: er war in der Lage sehr knapp und präzise zu sagen, um was es jeweils ging, und dies ist in der Politik, die schließlich wesentlich aus Überzeugung der Mitwirkenden oder der Gegner durch das Wort besteht, eine ganz wichtige und hilfreiche Sache. Als Stadtrat zeigte sich dies auch in den Fragestunden des Stadtparlaments: die Antworten des Stadtrates Möller waren schon ihrer Kürze wegen und wegen ihrer klaren Aussage äußerst geschätzt. Für den Oberbürgermeister war diese Fähigkeit, verbunden mit einem ungeheuren Arbeitswillen und viel Energie zur Durchsetzung vorgenommener Ziele, eine gute Mitgift. Jedoch gleich das erste Jahr im neuen Amt brachte aufreibende Turbulenzen in der Stadtpolitik.

Der neue Oberbürgermeister sah sich nun konfrontiert mit dem »Fall Littmann«, und er sorgte in der praktisch ersten Magistratssitzung, die er zu leiten hatte, für die Entlassung des Polizeipräsidenten in den vorzeitigen Ruhestand[9]. Proteste dagegen blieben nicht aus, insbesondere aus der CDU-Stadtverordnetenfraktion. Aber Möl-

Wie der Karikaturist Ernst Heidemann sich den Wiederaufbau des Opernhauses vorstellte, zeigte die »Neue Presse« bereits am 12. September 1970

ler war nun einmal als Unterbezirksvorsitzender mit den Absichten und Forderungen der Delegierten-Mehrheit der Frankfurter Sozialdemokraten gut vertraut. Er hatte übrigens vor der Wahl angekündigt, seinen Vorsitz in der Frankfurter Parteiorganisation niederzulegen und hielt sich daran. Nachfolger wurde bei nächster Gelegenheit der junge Frankfurter Bundestagsabgeordnete Fred Zander, der aus der IG Metall kam.

Nun war ein neuer Polizeipräsident in der schwierigen Stimmungslage der Mainstadt zu suchen. Aus den verschiedenen Bewerbern entschied sich Oberbürgermeister Möller nicht für einen erfahrenen Polizeifachmann, sondern für einen nachdenklichen jüngeren Juristen aus dem Wiesbadener Innenministerium. Der Magistrat folgte ihm darin und zum 1. Oktober 1970 wurde Knut Müller Frankfurter Polizeipräsident, einige Tage nachdem das erste Haus im Frankfurter Westend besetzt worden war.

Für Anfang 1971 war für das Dezernat Innere Verwaltung ein neuer Dezernent zu suchen. Die Amtszeit von Stadtrat Dr. Hans Kiskalt (SPD), seit sechs Jahren dafür zuständig, lief aus. Der Unterbezirksvorstand der SPD hatte die Stadtverordnetenfraktion bereits am 19. Juni 1970 wissen lassen, es wäre angezeigt, Stadtrat

Kiskalt nicht zur Wiederwahl vorzuschlagen, weil der Parteitag diesem Vorschlag nicht zustimmen werde. Die Fraktion beschloß denn auch am 1. Juli 1970 entsprechend, mit nur einer Stimme Mehrheit, und am 14. Januar schied Stadtrat Kiskalt aus dem Magistrat aus[10]. Nachfolger wurde zum 29. April 1971 der Rechtsanwalt Peter Jäkel (SPD), der von den Jungsozialisten favorisiert wurde.

Ende 1970 war auch das Kulturdezernat wieder besetzt. Stadtrat Hilmar Hoffmann (SPD) wurde als Nachfolger des FDP Politikers Dr. Karl vom Rath am 12. November 1970 von der Stadtverordnetenversammlung gewählt. Dem Vorschlag von Oberbürgermeister Möller und dem ehrenamtlichen Stadtrat Friedrich Franz Sackenheim gaben Unterbezirksvorstand und Fraktion mehrheitlich den Vorzug vor der Bewerberin aus der SPD-Stadtverordnetenfraktion. Hoffmann kam aus Oberhausen mit einigen neuen Ideen und konnte bald in Frankfurt am Main das erste »Kommunale Kino« in einer deutschen Stadt durchsetzen. Ein »Büchereientwicklungsplan« für die Städtischen Volksbüchereien (später »Stadtbücherei«) lag beschlossen vor, ohne Kosten für die Stadt ausgearbeitet von der Vorsitzenden des Kulturausschusses mit der Büchereileitung. Dieser Entwicklungsplan war dann kontinuierlich über viele Jahre für den Ausbau der Büchereidienste in allen Frankfurter Stadtteilen und in einigen Schulen dienlich. Die Mehrheitsfraktion war in diesen Jahren allen Kulturaufgaben weit mehr aufgeschlossen als früher. Dies hing auch mit der Studentenbewegung zusammen, vor allem aber mit den Neubesetzungen in der Fraktion nach der Kommunalwahl von 1968. Damals war nämlich eine strikte Trennung zwischen Amt und Mandat eingeführt worden, die sogenannte Inkompabilität, zwischen politischem Mandat in allen hessischen Parlamenten und Berufsausübung in der Körperschaft, die das jeweilige Parlament ja auch kontrollieren sollte. Es konnten also nicht mehr, wie bislang, städtische Bedienstete zugleich Stadtverordnete sein und so stieg auch in der SPD-Fraktion der Anteil gut ausgebildeter Berufstätiger aus verschiedenen Sparten, mit Interesse für die Aufgaben städtischer Kulturpolitik.

Der Kulturausschuß hatte sich auch mit Problemen des Denkmalschutzes befaßt, nicht zuletzt veranlaßt durch die Situation im Westend und den Abriß so mancher schöner alter Häuser. Die Aktionsgemeinschaft Westend ihrerseits hatte sich seit geraumer Zeit dem Denkmalschutz zugewandt, weil man darin nicht zu Unrecht eine Möglichkeit sah, gute Bausubstanz erhalten zu helfen. Der Vorsitzende, Architekt Fresenius, Mitglieder wie Odina Bott und Hans Georg Wolf betätigten sich auf diesem Gebiet theoretisch wie auch ganz praktisch und arbeiteten der Stadtverordnetenversammlung zu. Jedenfalls konnte mit Wirkung zum 10. Februar 1972 eine Frankfurter Denkmalschutzliste als Ortssatzung verabschiedet werden, durchaus bevor ein Landesgesetz solche Schutzaufgaben übernahm. Oberbürgermeister Möller war gegenüber diesen Überlegungen sehr aufgeschlossen und es gelang auch, einen Denkmalpfleger einzustellen, der bei Maßnahmen der Stadtentwicklung und der Bauverwaltung für die Einhaltung von Denkmalschutz sorgen konnte. Er bekam bald viel zu tun. Der sonst so technisch orientierte Oberbürgermeister trat entspre-

Bevor für den U-Bahn-Bau am Römerberg eine riesige Baugrube entsteht, sichern Archäologen den Verlauf alter Mauern und andere Funde. In der Mitte Dr. Otfried Stamm, der aufopferungsvoll diese Arbeiten leitet

chend der Vorstellung einer attraktiven Innenstadt als Treffpunkt und angenehmem Aufenthaltsort außer für Denkmalschutz auch zum Beispiel für Brunnen mit laufendem Wasser unter den Platanen vor der wiederaufgebauten Hauptwache ein[11]. Es hatte einen Wettbewerb gegeben, bei dem unter anderem hohe Säulen mit darüberrinnendem Wasser vorgeschlagen worden waren, mit Kosten von 376 400 DM. Im Magistrat war keine Einigung zu erzielen, welcher Konzeption der Vorzug zu geben sei, so wurde alles vertagt und ist schließlich überhaupt unterblieben.

Oberbürgermeister Möller konnte auch sonst nicht immer sofort im Magistrat seine Vorstellungen durchsetzen und bestand wohl auch nicht darauf, wenn er zu großen Widerstand spürte, was zuweilen von seiten der CDU-Stadträte der Fall war. So war es bei den Überlegungen zum Umweltschutz. Es sollte eine Bestandsaufnahme der in Frankfurt anstehenden Probleme gemacht werden. Von einem Gutachten für 25 000 DM war die Rede, und dann sollte ein Arbeitsstab eingerichtet werden. Die CDU-Stadträte lehnten dies ab, besonders wegen der vorgesehenen Person[12]. Deutlicher Widerstand der CDU-Politiker Stadtrat Gerhardt und Bürgermeister Dr. Fay ergab sich in der gleichen Magistratssitzung zum Thema »Büro des Oberbürgermeisters«, zumal die Vorstellungen Möllers sehr wohl die Absicht einer Veränderung der Verwaltungsstrukturen erkennen ließen. Die Sitzung fand zwar nur drei Tage vor Weihnachten statt und gewiß stand die meist recht opulente Magistrats-Weihnachtsfeier in Aussicht, trotzdem war das Widerstreben der CDU-Politiker mehr als spürbar. Es sollte das Oberbürgermeister-Büro einen zweiten Referenten bekommen und das Gehalt des ersten angehoben werden, so daß das Büro am Hauptamt vorbei agieren könne. Stadtrat Ernst Gerhardt meinte, es werde auf »monolithische Verwaltungsstrukturen« hingearbeitet und man könne nicht zustimmen, daß das Büro des Oberbürgermeisters Aufträge von sich aus erteile. Man habe auch Bedenken gegen die vom Oberbürgermeister geplante »dezernatsübergreifende Koordination durch den Oberbürgermeister«, denn das »Interesse der Kollegialverfassung« des Magistrats stünde dem entgegen. Schließlich wurden auch die Überlegungen zum neuen Büro des Oberbürgermeisters auf 1971 vertagt, die Vorlage dazu aber bei geringfügigen Änderungen beschlossen.

Es wird an diesen längeren Erörterungen deutlich, was auch die Veränderung des Oberbürgermeisterzimmers in ein nüchtern weiß ausgekleidetes Büro veranschaulichte, daß Möller die Absicht hatte, neue Ideen durchzusetzen, wie beispielsweise Umweltschutzfragen, aber auch die Absicht, den ihm zustehenden Kompetenzbereich auszuweiten. Natürlich ergab das Spannungen, in ähnlicher Weise wie bald darauf im Umgang mit den benachbarten Gemeinden und ihren Bürgermeistern in Sachen Regionalstadt.

Weit gravierender als die gegensätzlichen Auffassungen im Magistrat waren aber die Schwierigkeiten auf ganz anderem Gebiet, dem der Hausbesetzungen, die munter weitergingen. Die FAZ überschrieb am 25. November 1970 eine längere Aufzählung wie folgt: »Statt eines Kommentars: Chronique scandaleuse« und berichtete dann von einigen weiteren Hausbesetzungen, nicht ohne anzukreiden, daß der Oberbürgermeister untätig bleibe, ja zunächst die erste Aktion, die Besetzung des leerstehenden Hauses Eppsteinerstraße 47 begrüßt habe.

Tatsächlich hatte Möller die erste Hausbesetzung als »Denkanstoß« bezeichnet und auch das geltende Bodenrecht mit als Ursache angeführt[13]. Das Bewußtsein einer breiten Öffentlichkeit für diese Probleme müsse geschärft werden, um eine weitergehende Gesetzgebung durchzusetzen und damit »der Gesetzgeber sich diese Aufgabe nicht allzu leicht macht, wozu in Bonn durchaus Tendenzen bestehen«[14]. Auch andere Äußerungen des Frankfurter Oberbürgermeisters mit der Forderung nach Grund und Boden in öffentlichem Eigentum, zumindest in Verdichtungsgebieten, konnten durchaus Mißverständnisse heraufbeschwören. Solche Denkansätze entsprachen den damals in manchen Zirkeln der SPD gepflegten Überlegungen. Für Oberbürgermeister Möller gehörte dies wohl alles in erster Linie zu Utopien als Ausdruck »schöpferischer Phantasie«, die für die Aufgaben der kommenden Jahre dringend benötigt werde – so hatte er es schon in der Antrittsrede ausgeführt. Angesichts der sehr realen Hausbesetzungen und der dann bald entstehenden Forderungen in der Presse und von den jeweiligen Besitzern diese zu beenden, waren solche Positionen für einen Amtsinhaber durchaus schwierig. Möller hat dies auch gesehen und auf einem Parteitag am 28. November 1970 keinen Zweifel gelassen, daß er weitere Hausbesetzungen mißbilligte. Schon am 17. November erklärte er zusammen mit dem Polizeipräsidenten Müller, daß diese Besetzungen einen »Straftatbestand« darstellten und einen »schwerwiegenden Eingriff in die bestehende Rechtsordnung«[15]. Die Hausbesetzer ihrerseits beharrten auf ihrem Standpunkt, wie in einem Flugblatt des »Hausbesetzerkollektivs« vom 24. Oktober 1970 dargelegt: »Selbsthilfe ist der einzig richtige Ausweg! Laßt Euch nicht aus den Häusern vertreiben! …«[16]. Inzwischen gelangte die »Untätigkeit der Frankfurter Polizei« gegenüber Hausbesetzungen zum Gegenstand einer kleinen Anfrage der CDU-Bundestagsfraktion an den Innenminister Genscher, am 19. November 1970.

Die Situation für den Frankfurter Oberbürgermeister war ziemlich konfliktträchtig geworden, denn die linke Gefolgschaft des Parteitages hatte praktisch schon die Unterstützung aufgekündigt. Es hatte sich der anarchistische Grundzug des linken Flügels der Frankfurter Sozialdemokratie wieder einmal gezeigt, der noch allen sozialdemokratischen Amtsträgern im Römer schwer zu schaffen gemacht hat. Auf dem Parteitag unterstützte der neugewählte Stadtverordnete und Delegierte, Rechtsanwalt Christian Raabe den Oberbürgermeister mit dem Argument: »Wer glaube, Rechtstitel durch Gewalt ändern zu können, werde sehr bald merken, wie leicht man dabei ins Schlittern gerate«.

Der Parteitag fand einen passablen Ausweg mit dem Beschluß, die Polizei solle mit angemessenen Mitteln vorgehen, Wohnungen sollten zur Verfügung gestellt werden, auch für Obdachlose, denn »Obdachlosigkeit ist genauso eine Störung der öffentlichen Sicherheit und Ordnung wie Hausbesetzungen«. Zur vorläufigen Entspannung trug auch bei, daß über die Römerpolitik der Fraktionsvorsitzende Martin Berg und Stadtkämmerer Rudi Sölch berichten konnten, es seien Bestrebungen schon angelaufen, im Benehmen mit städtischen Wohnungsgesellschaften Lösungen für das Hausbesetzerproblem zu finden. Diese Lösungen bestanden in Mietverträgen zur vorübergehenden Nutzung in diesen Häusern. Für eine kurze Weile hat dies zur Beruhigung beigetragen, aber dann stellte sich heraus, daß diese Verträge in keiner Weise eingehalten wurden, die Mieter unangemeldet wechselten, Mieten nicht gezahlt wurden und bei all diesen Verhaltensweisen auch Räumungsklagen nicht auf übliche Weise zum Ziele kommen konnten. Konflikte blieben für die nächsten Jahre bestehen[17].

Das »Direktorium« in den städtischen Bühnen, rechts Peter Palitzsch, Direktor des Schauspiels, daneben Hans Neuenfels, zuständig für Oper und Ballett, 22. Februar 1971

Konflikte, die für einen kleineren Bereich wichtig wurden, von der Öffentlichkeit auch stark beobachtet, entstanden durch die mit viel Nachdruck vorgetragene Forderung nach Mitbestimmung im Theater. Es konstituierte sich am 13. Oktober 1970 ein »künstlerischer Beirat«, der zunächst auch einige Entspannung bewirkte, aber nicht für lange.

Die erfreulichen Ereignisse der Frankfurter Stadtpolitik im zuende gehenden Jahr 1970 waren andere: am Flughafen Anfang Oktober die Einweihung der Lufthansa-Flugzeugwartungshalle, in der sechs Jumbos und 14 andere Flugzeuge gleichzeitig überholt werden konnten, am Niederurseler Hang Beginn der ersten Bauarbeiten für die Universitätserweiterung am 2. November und nicht zuletzt der Partnerschaftsvertrag mit Mailand am 20. Oktober 1970. Mit dieser Partnerschaft war der Ring der jeweils zweitgrößten oder zweitwichtigsten Städte des jeweiligen Landes als Partner untereinander geschlossen: Lyon, Birmingham, Mailand, Frankfurt am Main. Eine andere Partnerschaft, für die sich Oberbürgermeister Möller damals, mit voller Unterstützung der Mehrheitsfraktion im Stadtparlament engagierte, kam wegen Ablehnung der anderen Seite leider nicht zustande: die Partnerschaft mit der Stadt Leipzig.

5.2. Regionalstadt – Ortsbeiräte – Umlandverband

In der »Frankfurter Rundschau« erschien am 11. November 1971 ein Artikel »Gemütlich unter der Zeil«, eine futurologische »Rückschau aus dem Jahr 1980«, mit allerlei Zukunftsperspektiven, von denen sich einige dann auch verwirklicht haben. Verfasser war Walter Möller, der Frankfurter Oberbürgermeister. Unter anderem schilderte er, daß die gesamte Innenstadt innerhalb der Wallanlagen zum Fußgängerbereich geworden sei, lediglich mit Zufahrten zu den Parkhäusern und Straßen zur Andienung der Geschäfte. Die Grundstückswerte seien eingefroren und eine Stadtentwicklungsgesellschaft »trieb in den folgenden Jahren nicht nur den Bau neuer Stadtteile wie Heiligenstock und Hilgenfeld voran, sondern förderte auch die Sanierung der gesamten Innenstadt« ... Die größere Rendite sei bei Einrichtungen zu erzielen, »die der menschlichen Kommunikation, dem kulturellen Leben und sonstigen verschiedenen Freizeitbedürfnissen dienten. Für Büro- und Geschäftsnutzung waren die Flächen am Stadtrand und in den neuen Randstädten meist interessanter. So wandelte sich die Innenstadt zu einem Treffpunkt der Region«[18].

Stadt- und Regionalplanung, so hatte Möller schon in seiner Antrittsrede hervorgehoben, seien für ihn Schwerpunkte seiner Arbeit. Außerdem kündigte er an, einen kleinen Beraterkreis für Magistrat und Stadtverordnetenversammlung einrichten zu wollen »um über Formen und Funktionen der kommenden Regionalstadt des Jahres 2000 nachzudenken«[19]. Selbstverständlich hatte er, wie sein Vorgänger auch, den Vorsitz in der »Regionalen Planungsgemeinschaft Untermain« (RPU) übernommen. Aber deren auf Erstellung eines Regionalplans ausgerichtete Aufgabe erschien ihm keineswegs genügend. Er sah als unausweichlich an, kräftige Eingriffe in die bestehenden Verwaltungsstrukturen vorzunehmen, um zu einer größeren Einheit zu kommen. Es sollte damit durch Einheitlichkeit des Planungsgebietes und des Wirtschaftsraums Region eine weit bessere Nutzung der Ressourcen erzielt werden. Die noch etwas vage Konzeption der »Regionalstadt« hatte durchaus utopische Züge und sie rief großen Widerstand hervor.

Es war die Zeit der sogenannten Gemeindereform mit vielen Zusammenlegungen kleinerer Orte durch den Hessischen Landtag, um durch größere und hauptamtlich geleitete Verwaltungseinheiten größere Effektivität zu erzielen. Bekanntlich ist dies ganze Verfahren, das nicht immer im Einklang mit den betroffenen Gemeinden und oft ohne Rücksichtnahme auf historische Bindungen und andere Traditionen über die Runden ging, später weit weniger gelobt worden, als zur Entstehungszeit. Man muß die Idee der Regionalstadt auch in diesem Zusammenhang sehen, aber sie war auch eine spezifische Zukunftsvorstellung des Frankfurter Oberbürgermeisters Walter Möller. Die CDU entwickelte demgegenüber die Konzeption eines »Stadtkreises«, aber auch dieses Modell war nicht konkret ausgearbeitet.

Möller fand für seine Überlegungen zwar die Unterstützung des Frankfurter Unterbezirksvorstandes der SPD, aber schon in der Stadtverordnetenfraktion war die Begeisterung reichlich gedämpft, nur von vornherein dagegen wollte man auch

Ein Plakat von 1973 in Dörnigheim zeigt die bestehende Abneigung gegen ausgreifende Frankfurter Pläne

nicht sein. Es wurde also abgewartet, wie sich das Projekt entwickeln werde. Es geriet zu einer Katastrophe in den ohnehin oft gespannten Beziehungen der Kernstadt Frankfurt am Main zu ihren Nachbargemeinden und konnte dann einfach nicht mehr verfolgt werden.

Eine deutliche Niederlage holte sich Möller und der Frankfurter Anhang auch auf dem Bezirksparteitag der SPD-Hessen-Süd in Grünberg. Obgleich der Frankfurter Oberbürgermeister ein überzeugender Redner war und außerdem sehr bekannt überall in der SPD, gelang es ihm nicht, auch nur eine leichte Unterstützung zu seinen Überlegungen zu erhalten. Empört zogen Möller und Frankfurter Delegierte darauf aus. Dies war kein gutes Vorzeichen. Noch niederschmetternder war aber ein anderes Vorkommnis. Oberbürgermeister Möller hatte die Bürgermeister der Umgebung in den Frankfurter Römer eingeladen und natürlich kamen auch alle. Der Plenarsaal war am 10. Februar 1971 voll besetzt und der Frankfurter Oberbürgermeister erläuterte seinen Gästen, was er mit dem Vorschlag »Regionalstadt« verstand und beabsichtigte[20].

Im Städtebaubericht 1970 der Bundesregierung, im Landesentwicklungsplan Hessen 1980, überall werde eine funktionale und territoriale Verwaltungsreform gefordert. Für das Rhein-Main-Gebiet als nach dem Ruhrgebiet zweitgrößtem Verdichtungsgebiet sei dies vordringlich. Nur eine vertrauensvolle gleichberechtigte

Zusammenarbeit könne das Problem dieses Gebiets lösen, bei seinen starken Wachstumstendenzen und Ausstrahlungen in den EG-Raum hinein. Probleme der Planung und Verwirklichung humaner Lebensbedingungen stünden an. All die Aufgaben seien nicht zu lösen, »wenn der Kernraum Frankfurt am Main/Offenbach und sieben Landkreise mit weiteren 250 Gemeinden und Städten eine kommunale Selbstverwaltung zelebrieren, die von den wirklichen funktionalen und technischen Verflechtungen und Abhängigkeiten immer mehr ausgehöhlt wird.« Die Bürger dieses Raumes erlebten die Probleme täglich, am Arbeitsplatz, auf den Straßen, sie fragten nach den unterschiedlichen Tarifen und der Bodenspekulation, nach Abfallhalden und nach dem erhofften Verkehrsverbund. Kurz, es bestünde ein fast undurchschaubares Gestrüpp von Zuständigkeiten.

Die gegenwärtige Verwaltungsstruktur stamme aus dem vorigen Jahrhundert und man verlange nach leistungsfähigen Organisationseinheiten. »Darum brauchen wir eine völlige Neugliederung der Aufgaben und Grenzen der Verwaltungseinheiten.« Dafür böten sich die drei Denkmodelle an: »Regionalstadt (Vorschlag Frankfurt am Main) – Regionalkreis oder Stadtkreis (Vorschlag Städtebund) – Nachbarschaftsverband (Vorschlag Landräte).«

Mit dem Modell Regionalstadt solle ein Optimum an Leistungsfähigkeit, gleichberechtigter Mitbestimmung, Durchschaubarkeit und Kontrolle gesichert werden. Und: »Die heutige Stadt Frankfurt am Main schlägt mit diesem Modell ihre Selbstauflösung vor«. Das Gebiet von 1,3 Millionen Einwohnern solle in fünf Bereiche eingeteilt werden, davon sei einer, der Mittelpunkt, die Innenstadt Frankfurt. Es würde eine zentrale Regionalversammlung und fünf dezentrale Bezirksversammlungen geben und eine neue Form moderner, kooperativer Verwaltungsführung.

Dieses Modell entziehe der Stadt Frankfurt die stets gefürchtete dominierende Rolle und sei eine wirksame Waffe gegen Eingemeindungen. Zur vollen Wirksamkeit sei aber erforderlich, daß in zentraler Aufgabenfüllung erledigt werde die Dispositionshoheit über die Fläche, über wichtige kommunale Einnahmen, über Investitionsplanung und über die Organisationsplanung. Im übrigen bliebe möglichst viel Entscheidungsfreiheit bestehen.

Der Verkehrsverbund werde von der Regionalversammlung überwacht. Die 82 Gemeinden der Regionalstadt würden ihre Flächennutzungsplanung und Finanzhoheit weitgehend an zentrale Instanzen abgeben müssen. Ohne diese Voraussetzungen sähe sich die Stadt Frankfurt freilich nicht in der Lage, wesentliche Teile ihres heutigen Stadtgebietes anderwärtig einzugliedern. Allerdings liege dies im langfristigen Interesse der Stadt Frankfurt und aller Städte im gemeinsamen Wirtschaftsraum. Denn die Entwicklungsmöglichkeiten Frankfurts seien beengt. Die Bedeutung der umliegenden Gemeinden im Verdichtungsgebiet werde aber eher steigen. Dies sei auch unter dem Gesichtspunkt vernünftiger Umweltbedingungen zu begrüßen.

Die Stadt Frankfurt werde zwar noch länger für zentrale Aufgaben aufkommen müssen: Flughafen, Messe, Theater und so fort, aber die Nachbarn müßten im gemeinsamen Wirtschaftsraum an diesen Ausgaben beteiligt werden. Es handle sich um eine Summe von 60 bis 70 Millionen DM. Aber bei gemeinsamer Interessenwahrnehmung könne dies alles kaum auseinandergerechnet werden. Die Stadt Frankfurt wolle zur Gebietsreform ein Modell vorlegen »das diesen gemeinsamen Interessen und Verpflichtungen entspricht«. Damit schloß Oberbürgermeister Möller im Plenarsaal des Römers seine Rede. Obwohl die zuhörenden Kommunalpolitiker bis auf wenige Ausnahmen der SPD angehörten, rührten sich keine Hände zum Applaus. Die sämtlichen Nachbarn Frankfurts waren weit entfernt davon, in den ausgreifenden Plänen des Frankfurter Oberbürgermeisters irgendwelche für sie und für ihre Gemeinden reizvollen Überlegungen zu entdecken. Und sie machten ihre Ablehnung deutlich.

Der »Möller-Plan« oder die Konzeption »Regionalstadt« war etwas orientiert an der Groß-Berliner-Entwicklung der 1920er Jahre und den Berliner Bezirken. Dies Modell paßte aber weder der Zeitströmung nach, noch nach den territorialen Voraussetzungen ins Rhein-Main-Gebiet um Frankfurt am Main. Insbesondere waren bei diesen Überlegungen alle historischen Traditionen einfach ausgeschaltet, und das geht nicht gut. Verwaltungsgrenzen sind auch historisch bedingt, so leicht lassen sie sich nicht verändern. Das Konzept der Regionalstadt ist eindeutig zentralistisch ausgerichtet, und das paßte eigentlich nicht in die Zeitströmungen der Mitbestimmung.

Schließlich war die Idee der kommunalen Selbstverwaltung, die der Vorgänger Möllers, Oberbürgermeister Brundert, in ihrem Zusammenhang mit demokratischem Gemeinwesen so herausgestellt hatte, über den funktionalen Überlegungen gänzlich vernachlässigt. Es konnte schließlich auch nicht gut angenommen werden, daß die verschiedenen Amtsinhaber, Bürgermeister und Landräte, sich so ohne weiteres davon überzeugen lassen sollten, daß sie und ihre Ämter ganz überflüssig seien. Und zu alledem noch Geldforderungen anzumelden war sicher auch ein Beitrag zur gänzlichen Ablehnung des Projekts. Es ist auch dabei geblieben.

Auffallen mag immerhin, daß die territoriale Abgrenzung des »Möller-Plans« daran erinnert, wie die Amerikaner in einer Sternstunde 1945 nahezu das gleiche Gebiet um Frankfurt am Main exemt stellen wollten. Aber damals war damit keine Auflösung der Stadt Frankfurt am Main oder anderer Gemeinden verbunden, sondern im Gegenteil eine beträchtliche Stärkung der Kernstadt und des ganzen Distrikts.

Es ist anzunehmen, daß Walter Möller in künftigen Jahren seine Konzeption der Regionalstadt modifiziert und weiterentwickelt hätte. Dies war ihm aber nicht vergönnt. Bei der Eröffnung des Freibades Eschersheim am 8. Mai 1971 zog sich der Oberbürgermeister offenbar eine Herzschwäche zu, die am nächsten Tag zu einem Herzinfarkt führte[21]. Im Römer war das Entsetzen groß, Oberbürgermeister Möller war im Krankenhaus und es war absehbar, daß die Rekonvaleszenz Zeit brauchen werde. Die Nachricht von der Krankheit des Oberbürgermeisters überbrachte der sehr betroffene Stadtverordnetenvorsteher Willi Reiss der kleinen Gruppe, die in der

Wandelhalle vor dem Magistratssitzungssaal gerade das Bild des verstorbenen Oberbürgermeisters Willi Brundert enthüllen wollte. Es stammte von der gleichen Künstlerin wie das Bild des Oberbürgermeisters Bockelmann. Es ist oft als etwas zu düster in Farbe und Ausdruck kritisiert worden.

Nach einer Kur konnte Oberbürgermeister Möller erst zum 6. September 1971, dem Wochenende der »Offenen Tür«, wieder im Römer begrüßt werden. In der Zwischenzeit hatte Bürgermeister Dr. Fay die Vertretung ausgeübt. Möller stürzte sich sofort wieder in die Arbeit. Da war am 17. Oktober 1971 die Verleihung des Friedenspreises des deutschen Buchhandels an Gräfin Dönhoff, für die Walter Möller besonders gern ein Grußwort sprach, als Verteidigerin der sozial-liberalen Entspannungspolitik und als »Lohn für konsequentes Denken, verbunden mit Mut beim Schreiben«[22].

In der Verkehrspolitik entwickelte sich Neues: die Intercity-Züge der Deutschen Bundesbahn verbanden seit dem 27. September 1971 Frankfurt am Main mit 33 Städten in der Bundesrepublik. Am 7. Oktober forderte Oberbürgermeister Möller Städte und Landkreise in der Region auf, sich an den Kosten des S-Bahn-Baues zu beteiligen, damit dies Programm vorangehe.

Der anstrengende Tagesablauf eines Frankfurter Oberbürgermeisters war nach der vermutlich zu kurzen Rekonvaleszenz zuviel an Beanspruchung. Bei der Rückfahrt von einem Besuch in Wiesbaden bei Rudi Arndt ereilte den Oberbürgermeister Walter Möller in der Nacht vom 16. auf den 17. November 1971 ein zweiter Herzinfarkt, der dies aktive Leben sofort auslöschte. Bestürzung und Trauer im Römer und in der Stadt waren groß. Der dritte Frankfurter Oberbürgermeister war im Amt verstorben. Walter Möller ist nur 51 Jahre alt geworden.

Zur Trauerfeier in der Paulskirche kam der Kanzler der Bundesrepublik wieder nach Frankfurt und Willy Brandt sprach auch diesmal in bewegenden Worten den Trauernden Trost zu. Der Trauerzug bewegte sich entlang der U-Bahn-Strecke durch die Eschersheimer Landstraße in Erinnerung an die Energie, mit der Walter Möller den U-Bahn-Bau in Frankfurt realisiert hatte. Wiederum stand die Bevölkerung eng gedrängt am Straßenrand oder gab das letzte Geleit. Vielen wurde bange um dies mörderische Amt im Römer und mancher stellte sich die Frage, wie es denn wohl dem noch unbekannten Nachfolger ergehen werde. Einer der engeren Frankfurter Freunde, der ehrenamtliche Stadtrat Friedrich Franz Sackenheim, formulierte das Gedenken an den Politiker Walter Möller wie folgt:[23]

»In seiner Partei und in der Öffentlichkeit wurde er als Linker getadelt und gelobt, es focht ihn nicht an. ›Wenn links heißt‹, sagte er, ›für Fortschritt und volksnahe Politik einzutreten, dann bin ich gern ein Linker.‹ Danach handelte er. Das widersprüchliche Wort von der konkreten Utopie – er machte es verständlich. Er dachte an morgen, entwickelte Modelle, prüfte sie in zahllosen Diskussionen und versuchte die Ergebnisse in die Wirklichkeit umzusetzen. Ihm schien das Ziel, die Gesellschaft zu humanisieren, nicht unerreichbar. Daran zu arbeiten, schien ihm auch auf dem Gebiet der kommunalen Politik sinnvoll. Walter Möller war radikal –

radikal im Sinne des Wortes. Er wollte an die Wurzel der Dinge um zu verändern: nicht mit Gewalt, denn sein Weg war der evolutionär herbeigeführter Reformen. Dies war für ihn rationale linke Politik«[24].

Die Nachfolgefrage wurde auch diesmal von der Frankfurter SPD-Führung rasch entschieden. Schon kurz nach Willi Brunderts Tod war unter verschiedenen Namen auch der des Hessischen Wirtschafts- und Finanzministers Rudi Arndt in der Presse genannt worden, der in Frankfurt am Main wohl bekannt war und in jüngeren Jahren selbst Stadtverordneter im Römer gewesen ist. So war es naheliegend, ihm das schwierige Frankfurter Amt anzutragen und er sagte bald zu. Schon am 16. Dezember 1971 ist der hessische Finanzminister Rudi Arndt von der Stadtverordnetenversammlung einstimmig zum Oberbürgermeister der Stadt Frankfurt am Main gewählt worden. Allerdings war in Wiesbaden noch etliches abzuwickeln, so daß Arndt das Frankfurter Amt erst am 4. April 1972 antreten konnte.

In der Zwischenzeit versah wiederum Bürgermeister Fay vertretungsweise das Amt des Verwaltungschefs. Es geschahen aber auch sonst in Stadt- und Parteipolitik bedeutsame Veränderungen, nicht zuletzt im Magistrat. Eine solche Veränderung von großem Gewicht war die Einführung der Ortsbeiräte. In der Sitzung am 10. Mai 1972 beschloß die Stadtverordnetenversammlung, für elf Bereiche der Stadt, die nach der Hessischen Gemeindeordnung seit 1971 ermöglichten Ortsbeiräte einzuführen. Diesem Beschluß waren insbesondere in der Mehrheitsfraktion lange Diskussionen um die Abgrenzung und den Charakter dieser neuen Institution vorausgegangen.

Zunächst war zu klären, ob man die Ortsbeiräte in Frankfurt am Main überhaupt haben wollte und ob flächendeckend, ob die neuen Ortsbeiräte in den Ortsbezirken als Außenstellen der Stadtverwaltung eingerichtet werden sollten, oder ob sie der Stadtverordnetenversammlung zugeordnet werden sollten. Spätestens seitdem Willi Reiss als Stadtverordnetenvorsteher fungierte (seit 11. Februar 1971), hat sich die Stadtverordnetenversammlung durchaus als »Stadtparlament« und nicht etwa als Institution der Verwaltung verstanden und deshalb war es naheliegend und ist dann auch so beschlossen worden, die Ortsbeiräte der Stadtverordnetenversammlung und deren Büro zuzuordnen. Ein weiteres Problem ergab sich mit der jeweiligen Abgrenzung der Ortsbeiräte. Die Ortsbeiräte, die verschiedene Stadtteile vertreten, sind in Frankfurt am Main nach Einwohnerzahl höchst unterschiedlich geraten. Dazu gingen die Meinungen seinerzeit sehr auseinander. Der neue Vorsitzende der SPD-Stadtverordnetenfraktion, Hans Michel, der Martin Berg seit Juli 1972 abgelöst hatte, kam aus den »Westlichen Vororten«. Und die Vertreter dieser Stadtteile meinten jedenfalls, man könne Goldstein, Griesheim, Nied, Schwanheim, Sindlingen, Sossenheim, Unterliederbach und Zeilsheim nicht voneinander trennen. So wurde für diese acht Stadtteile ein einziger Ortsbeirat eingerichtet, der Ortsbeirat 6 – »Westliche Vororte«, mit der Einwohnerzahl einer Großstadt. Später ist das beklagt worden, vor allem, nachdem für die neu eingemeindeten Orte im Norden der Stadt jeweils ein Ortsbeirat vorgesehen worden ist, der sich besser um die Belange eines einzigen Stadtteils kümmern konnte. Die Einteilung in zunächst elf, dann 15 und schließlich mit Bergen-Enkheim, das 1977 zu Frankfurt am Main stieß, 16 Ortsbeiräte ist so geblieben. Die einzelnen Stadtteile, die bislang noch nicht erwähnt worden sind, wurden also wie folgt in Ortsbeiräte zusammengefaßt:

Ortsbeirat 1: Bahnhof – Gallus – Gutleut – Innenstadt
Ortsbeirat 2: Bockenheim – Kuhwald – Westend
Ortsbeirat 3: Nordend
Ortsbeirat 4: Bornheim – Ostend
Ortsbeirat 5: Niederrad – Oberrad – Sachsenhausen
Ortsbeirat 6: Goldstein – Griesheim – Höchst – Nied- Schwanheim – Sindlingen – Sossenheim – Unterliederbach – Zeilsheim
Ortsbeirat 7: Hausen – Industriehof – Praunheim – Rödelheim – Westhausen
Ortsbeirat 8: Heddernheim – Niederursel – Nordweststadt
Ortsbeirat 9: Dornbusch – Eschersheim – Ginnheim
Ortsbeirat 10: Berkersheim – Bonames – Eckenheim – Frankfurter Berg – Preungesheim
Ortsbeirat 11: Fechenheim – Riederwald – Seckbach
Ortsbeirat 12: Kalbach (gehört zu Frankfurt am Main seit 1972)
Ortsbeirat 13: Nieder-Erlenbach (gehört zu Frankfurt am Main seit 1972)
Ortsbeirat 14: Harheim (gehört zu Frankfurt am Main seit 1972)
Ortsbeirat 15: Nieder-Eschbach (gehört zu Frankfurt am Main seit 1972)
Ortsbeirat 16: Bergen-Enkheim (gehört zu Frankfurt am Main seit 1977)

Zum ersten Mal wurden die Ortsbeiräte in der Kommunalwahl am 22. Oktober 1972 gleichzeitig mit der Stadtverordnetenversammlung gewählt. Von mancher Seite wurden diese neuen politischen Gremien mit einiger Skepsis betrachtet, man konnte ja auch im vorhinein nicht genau wissen, wie sich nun die nach HGO § 81 ff. gewählten Ortsbeiräte entwickeln würden. Sie haben sich in Frankfurt am Main ausgezeichnet entwickelt und haben sich sehr bewährt.

Die Ortsbeiräte sind als Folge der Gemeindereform eingeführt worden. Sie können aber auch als Ergebnis der 1968er Bewegungen verstanden werden, zumindest als indirekte Folge. Denn die damals eingeforderte Mitbestimmung hat sich auch auf die Bürgerschaft in den Städten ausgewirkt. Das Willy-Brandt-Wort von »mehr Demokratie wagen« ist für Frankfurt am Main mit der neuen Institution in die Praxis umgesetzt worden. Es ist kein Zufall, daß die Ortsbeiräte zur Kommunalwahl im Herbst 1972 in die Hessische Gemeindeordnung als Kann-Bestimmung aufgenommen worden sind. Im Gegensatz zu anderen hessischen Großstädten war man in Frankfurt am Main im Römer durchaus gewillt, diese Möglichkeit zu nutzen und den kleinen Stadtteilparlamenten, die je nach Einwohnerzahl aus 13 bis 19 Mitgliedern bestehen, gute Arbeitsmöglichkeiten zu verschaffen.

Die Ortsbeiräte haben die Aufgabe, sich um alle Belange in ihrem Ortsbezirk zu kümmern. Es sind ihnen einige Aufgaben zur endgültigen Beschlußfassung übertragen und dies ist mit der Zeit etwas ausgeweitet worden, so zum Beispiel die

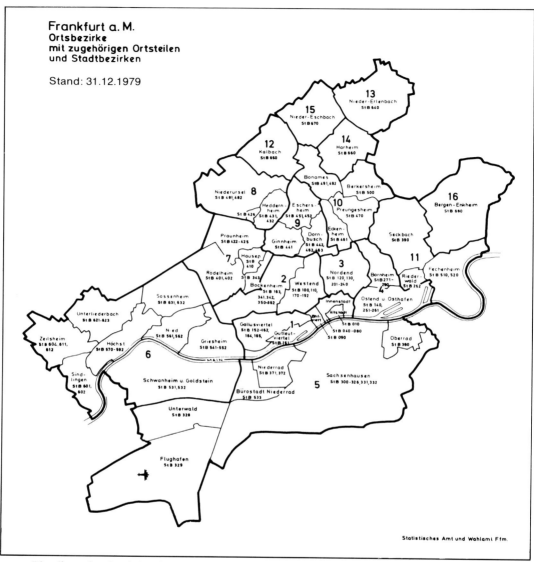

Einteilung der Ortsbeiratsbezirke

Benennung von Straßennamen, Einrichtung von Kinderspielplätzen, und anderes mehr. Die Ortsbeiräte können sich mit Anregungen oder Anträgen an die Stadtverordnetenversammlung wenden, die über einen Beschluß in solchen Angelegenheiten zu entscheiden hat. Außerdem bearbeiten die Ortsbeiräte auch den Haushalt der Stadt unter dem Gesichtspunkt ihres Bereichs. Da sämtliche 16 Ortsbeiräte in Frankfurt sehr bald recht effektiv und nach strikten parlamentarischen Regeln tätig geworden sind, gut unterstützt vom Büro der Stadtverordnetenversammlung, sind sie auch bald ernst genommen und von der Tagespresse sehr beachtet worden.

Inzwischen haben sich noch weitere Funktionen für die Ortsbeiräte ergeben. Die Kleinparlamente sind natürlich eine gute Schulung für die Tätigkeit der Stadtverordneten und nicht wenige der Ortsbeiratsmitglieder rückten bei der nächsten Wahl in den Römer ein. Da die Arbeit im Ortsbeirat aber bei weitem nicht so zeitaufwendig ist wie im Stadtparlament, bietet sich hier für beanspruchte Personen eine gute Möglichkeit der politisch wichtigen Mitarbeit. Als ein besonders wichtiger Beitrag zur demokratischen Mitwirkung der Bürgerschaft sind die Bürgerfragestunden anzusehen, wie sie sich in Frankfurt am Main entwickelt haben. So wird in den meisten Ortsbeiräten zu Beginn einer Sitzung für eine Stunde ermöglicht, Fragen oder auch Anregungen von den Anwesenden an die Ortsbeiratsmitglieder zu richten. Eine Form der direkten Demokratie, die sich durchaus bewährt hat.

Nach zwanzigjährigem Bestehen der Ortsbeiräte wurde deren Arbeit in einer Feierstunde gewürdigt. Der Stadtverordnetenvorsteher Hans Busch (SPD) sagte bei dieser Gelegenheit: »Der Ortsbeirat ist das Gremium, in dem Stadtteilpolitiker mit engem Bürgerkontakt arbeiten, und er ist damit ein Musterbeispiel für bürgernahe Politik. Die Orts- und Bürgernähe wird von den Frankfurtern hoch geschätzt«[25]. Und das Ortsbeiratsmitglied Nikolaus Burggraf (CDU) äußerte sich in grundsätzlichen Betrachtungen, jedoch skeptisch zu den wiederholten Versuchen der Kompetenzerweiterung und der Absicht, die Ortsbeiräte zu Entscheidungsorganen zu machen oder sie gar zu einem Verwaltungsorgan umzugestalten. Dieser Skepsis ist durchaus zuzustimmen und zu hoffen, daß derlei Strukturveränderungen, für die gelegentlich Vertreter besonders der kleineren Parteien eintreten, nicht herbeigeführt werden. Burggraf bemerkte ferner: »Als Institution ist der Ortsbeirat bei den Vereinen, Bürgerinitiativen, Kirchen und so weiter verankert und beweist so natürlich Bürgernähe. In den öffentlichen Veranstaltungen, insbesondere in den öffentlichen Ortsbeiratssitzungen kommt dies nur bedingt zum Ausdruck, wenn man von der Bürgerfragestunde absieht, die allerdings eine sehr populäre Veranstaltung geworden ist und nach meiner Meinung zu Recht auch in der Zukunft befürwortet werden wird«[26]. Burggraf kam zu dem Schluß, dem völlig zuzustimmen ist: »Die Ortsbeiräte sind durch ihre zwanzigjährige Entwicklung ein fester Bestandteil der Selbstverwaltung der Stadt Frankfurt am Main geworden.« Frankfurt am Main hat mit mehr Bürgernähe mehr Demokratie gewagt und dabei durchaus gewonnen.

Mit Wirkung zum 1. Januar 1975 ist der »Umlandverband Frankfurt« als neue Körperschaft des öffentlichen Rechts durch ein hessisches Landesgesetz vom 11. September 1974 gebildet worden. Dem Entscheidungsprozeß im Hessischen Landtag gingen natürlich langwierige Verhandlungen und Einflußnahmen vielerlei Art voraus. Der Hauptakteur hierbei war zweifellos die Stadt Frankfurt am Main mit ihrem Oberbürgermeister Rudi Arndt.

Seit den Tagen des Oberbürgermeisters Werner Bockelmann, also seit 1957, hatte sich die Stadt Frankfurt mit ansehnlichen Vorleistungen darum bemüht, zu Zusam-

Stadtkämmerer Hermann Lingnau (links) ließ seine Rede zum Haushaltsplan 1974 durch den Frankfurter Maler Ferry Ahrlé illustrieren. Hier werden die Bemühungen der Stadt um ein gutes Verhältnis zu den Umlandgemeinden dargestellt: Oberbürgermeister Arndt mit offenen Händen...

menarbeit und Planungsabstimmungen im Frankfurter Umland zu kommen; von »Stadtregion« war damals schon die Rede. Der Vorstoß Walter Möller allerdings, die Idee einer »Regionalstadt« mit völliger Veränderung der kommunalen Verwaltungsgrenzen, hatte so heftigen Widerstand in der Nachbarschaft Frankfurts hervorgerufen, daß die Situation zunächst völlig verfahren war. Immerhin bestand die »Regionale Planungsgemeinschaft Untermain« mit einem Verwaltungsstab und mit aus den verschiedenen Gemeinden delegierten Kommunalpolitikern als parlamentarisches Gremium. Die Aufgaben der »RPU« waren jedoch begrenzt auf die Vorbereitung und Aufstellung eines Regionalen Raumordnungsplans des damals recht großen Planungsgebietes, das sich durch das Kinzigtal bis nach Schlüchtern erstreckte. Die Probleme des Frankfurter Umlands konnten auf diese Weise auch nicht gelöst werden. Wie sollte nun ein halbwegs einvernehmliches Vorgehen mit den Nachbarn Frankfurts erreicht werden? Es war eine bemerkenswerte politische Leistung, daß es dem Oberbürgermeister Arndt tatsächlich gelang, dies Einvernehmen herzustellen. Natürlich halfen Parteiverbindungen dazu, aber vielleicht noch mehr ein »Hochheimer Kreis« von benachbarten Kommunalpolitikern, der oft und gern im Frankfurter Weingut in Hochheim, tagte. In der CDU gab es einige, wenn auch kaum prinzipielle Widerstände gegen das in Vorbereitung befindliche Umlandgesetz. Die Frankfurter Stadtverordnetenversammlung verabschiedete ziemlich spät auf Antrag der

SPD-Fraktion[27] einige Abänderungsvorschläge, die allerdings nicht durchweg berücksichtigt worden sind. So hieß es, die Bezeichnung »Verbandsdirektor« für den Vorsitzenden des – dem Magistrat vergleichbaren – Vorsitzenden des Verbandsausschusses sei »nicht richtig gewählt«. Denn die »Bezeichnung Verbandsdirektor ist aus dem Reichszweckverband-Gesetz übernommen. Die dem damaligen Gesetz anhaftende Ausgestaltung des Führerprinzips hat mit den Führungsprinzipien einer modernen Verwaltung und der wachsenden Bedeutung kollegialer Entscheidungsgremien nichts mehr gemein. Demgegenüber sollte klar gestellt werden, daß auch im neu zu schaffenden Umlandverband das Kollegialprinzip wie es im Gemeindeverfassungsrecht des Landes Hessen verankert ist, uneingeschränkt Geltung besitzt«[28]. Trotz dieses Einwandes blieb es bei der Bezeichnung »Verbandsdirektor«. Aus der weiteren Begründung des Frankfurter Antrags geht hervor, daß insbesondere darauf gedrängt wurde, eine größere Zahl von ehrenamtlichen Beigeordneten, neben dem zunächst nur einen hauptamtlichen, für den Verbandsausschuß vorzusehen; dies aus dem einfachen Grund, daß möglichst die »Teilnahme der Hauptverwaltungsbeamten der bedeutendsten im Verbandsgebiet liegenden Gebietskörperschaften«[29] ermöglicht werde. Natürlich war man sich in Frankfurt am Main der Schwierigkeiten und persönlichen Empfindlichkeiten gerade mancher Bürgermeister im Umland bewußt und wollte integrierend wirken. Zum Schluß heißt es in der Stellungnahme: »Die Stadt Frankfurt am Main ist davon überzeugt, daß die schwierige Anlaufphase nur dann erfolgreich durchlaufen werden kann, wenn es mit der angedeuteten Besetzung gelingt, die kommunalpolitisch engagiertesten und am besten befähigten Persönlichkeiten für die Verbandsausschußarbeit zu gewinnen«[30].

Zu § 3 des Umlandverband-Gesetzes schlug die Stadt Frankfurt eine Abänderung vor, die vermutlich eine seitdem jahrelang andauernde Auseinandersetzung hätte verhindern können. Die Begründung lautete »aus technischen und organisatorischen Gründen erscheint es nicht sachgerecht, dem Verband die Aufgabe der Abfall- und Abwasserbeseitigung als eigene Aufgabe zu übertragen. Dies insbesondere im Hinblick auf die sich dann ergebenden Schwierigkeiten bei der Überwachung und Instandhaltung der einzelnen Anlagen«[31]. Schließlich wußte man in der großen Frankfurter Verwaltung, was sich auf diesen Gebieten an technischen und organisatorischen Aufgaben stellte. Auch dieses Verlangen ist jedoch vom Landtag nicht erfüllt worden und in den genannten Aufgabengebieten hat sich keine klare Lösung erreichen lassen.

Nachdem das Umlandverbandsgesetz nun in Kraft getreten war, wählte die Frankfurter Stadtverordnetenversammlung in der ersten Sitzung des Jahres 1975 die zwölf Vertreter und zwölf Stellvertreter, die die Stadt Frankfurt für die Übergangszeit gemäß § 20 (2) des Gesetzes in den Verbandstag schicken konnte. Die Listenwahl, durchaus zwischen den Rathausparteien vorher abgesprochen, ergab für die SPD sechs Delegierte (Rudi Arndt, Willi Reiss, Stadtkämmerer Rudi Sölch und den Fraktionsvorsitzenden Hans Michel, sowie die beiden Stadtverordneten Karlheinz Berkemeier und Dr. Frolinde Balser), die CDU stellte fünf Persönlichkeiten (den

Fraktionsvorsitzenden Dr. Hans-Jürgen Moog, Stadtrat Ernst Gerhardt, die Stadtverordneten Hermann-Josef Kreling, Günter Pfaff und Walter Martin), die FDP wählte den Stadtverordneten Hans-Rudi Saftig.

Fast alle Genannten haben dann jahrelang und engagiert im Umlandverband Frankfurt mitgearbeitet, ab 1977 als direkt gewählte Abgeordnete. Im Frühjahr 1975 waren die Fraktionen im Umlandverband zu bilden und die Absprachen über die künftige Verbandsspitze konnten beginnen. Es war dabei klar, daß als »Verbandsdirektor« der Frankfurter Oberbürgermeister Rudi Arndt völlig unumstritten sei, ehrenamtlich und in Personalunion, und daß folglich der ehrenvolle, wenn auch weit weniger einflußreiche Posten des Verbandsvorsitzenden jedenfalls nicht auch noch von Frankfurt zu besetzen wäre. Absprachegemäß wurde denn auch bei der konstituierenden Sitzung am 14. März 1975 im Frankfurter Römer Herbert Rott (Offenbach) hierfür gewählt. Es waren 92 Vertreter aus den damals noch 68 Gemeinden anwesend. Die Frankfurter und Offenbacher waren ihrer großen Einwohnerzahl wegen mit jeweils zwei Stimmen ausgestattet. So ergab sich für die Wahl Arndts als »Verbandsdirektor« bei 111 abgegebenen Stimmen 98 Ja-Stimmen und acht Nein-Stimmen. Für die CDU war vorgesehen, den Bürgermeister von Dreieich, Hans Meudt, als ehrenamtlichen Ersten Beigeordneten zu wählen und somit als Stellvertreter Rudi Arndts, was auch so geschah. Im Verbandsausschuß – der Verwaltungsspitze des Umlandverbands – fanden sich schließlich illustre Vertreter der kommunalen Gebietskörperschaften rund um Frankfurt zusammen: sechs von der SPD, vier von der CDU und ein FDP-Vertreter[32].

Es war offensichtlich und auch allseits geteilte Absicht, den Umlandverband als kooperative Institution aufzufassen, einmal aus Prinzip, zum anderen, weil der Beginn ohnehin schwierig genug war. Denn in den Reihen der CDU-Kommunalpolitiker gab es doch auch Widerstände gegen eine kommunalübergreifende Einrichtung. So war es äußerst geschickt, daß es gelang, im Frühjahr 1975 zu einer »Vereinbarung« zwischen Vertretern der SPD, CDU und FDP zu gelangen, die die künftige Zusammenarbeit, auch über die Kommunalwahl 1977 hinaus, regeln wollte: Die Parteien erklärten darin ihre Bereitschaft zur Zusammenarbeit in allen wichtigen politischen, sachlichen und personellen Fragen und sie verpflichteten sich, zu einem kooperativen und verbandsfreundlichen Verhalten in Fragen des Umlandverbandes beizutragen.

Diese Auffassung hat auch für die kommenden Jahre die Arbeit im Umlandverband Frankfurt weitgehend geprägt, bis die neue Partei der »Grünen«, auch noch gänzlich unerfahren im politischen Getriebe, ab 1981 für einige Komplikationen sorgte.

Aber zunächst ergriff 1975 Rudi Arndt energisch das Ruder und ohne die Personalunion mit dem Frankfurter Oberbürgermeister hätte der Umlandverband kaum so gut anlaufen können. Daß nur zwei Jahre später, nach der Kommunalwahl 1977, die eine CDU-Mehrheit auch in Frankfurt am Main brachte, der neue Oberbürgermeister Dr. Walter Wallmann nicht gewillt war – und ihm wohl auch

Eine Versammlung der inzwischen in mehreren Kommunalparlamenten und im Umlandverband Frankfurt vertretenen »Grünen« am 28. Oktober 1984 im Frankfurter »Haus der Jugend«

von seinen Parteifreunden abgeraten worden ist – sich auch noch die Bürde eines Umland-Verbandsdirektors zuzuziehen, hat erheblich zum Auseinandertriften von Kernstadt und Umland beigetragen und den Elan des Beginns dieser Zusammenarbeit doch wesentlich eingeschränkt. Das war alles 1975 noch nicht vorauszusehen, als der neugewählte ehrenamtliche Verbandsdirektor (Aufwandsentschädigung DM 150,- im Monat) seine überzeugende Rede hielt. Dieser 14. März 1975 werde eine »wichtige Markierung« setzen, nämlich zwischen der mühsamen Vorbereitung und dem, was die politischen Kräfte im Rhein-Main-Gebiet nun daraus machten. Neben allerlei Modellentwürfen hätten auch eine Rolle gespielt »Begriffe wie Hochheimer Kreis, Flughafengespräche, Koalitionsabsprachen, Woythalien, Groß-Frankfurt, und es müßten viele Namen von politischen Persönlichkeiten genannt werden, die sich für oder gegen, bzw. sowohl für als auch gegen irgendwelche Lösungen ausgesprochen haben«[33]. Arndt mahnte – was natürlich immer ein Problem eines solchen Verbandes ist – sich nicht von Einzelinteressen der Mitglieder dieses Verbandes leiten zu lassen.

Denn »immer stärker überwiegt die Erkenntnis, daß ohne Zusammenarbeit, ohne gemeinsame Verantwortung die Probleme in diesem Verdichtungsraum Rhein-Main nicht mehr gelöst werden können. Die Diskrepanz zwischen den Wirtschafts- und Siedlungsräumen einerseits und der verwaltungsräumlichen Gliederung andererseits ist so deutlich geworden, daß die Notwendigkeit der zwischengemeindlichen Zusammenarbeit nur noch von ganz wenigen bestritten wird, die die Zeichen der Zeit nicht erkennen.« Und weiter: »Das gegenseitige Vertrauen, das Verstehen der Interessenlage des anderen, die Überwindung des Gegensatzes zwischen den Vertretern der Kernstädte und des Umlandes, das ist die entscheidende Aufgabe, die vor uns steht.«

Mit diesen Worten war durchaus umrissen, was die wichtigsten Grundlagen des Handelns im Umlandverband von Anfang an waren und auch geblieben sind. Als einziger hauptamtlicher Beigeordneter im Umlandverband wurde Alfred Schubert (SPD) bestimmt, Kommunalpolitiker aus Bergen-Enkheim und später langjähriger und erfolgreicher Bürgermeister in Hattersheim. Für die Verwaltung der neuen Institution konnte durch einen Überleitungsvertrag die gesamte RPU übernommen werden. Dort tätige Beamte sind in der einen oder anderen Form in den Umlandverband integriert worden, so Reinhard Sander (SPD), der sich später vor allem im Umweltschutz engagierte, und Dr. Alexander von Hesler (CDU), der sehr erfolgreich die neuartigen Planungsaufgaben im Umlandverband entwickelte[34].

Von der Kommunalwahl im März 1977 an sind die Abgeordneten im Umlandverband direkt durch die Bevölkerung in fünf Wahlkreisen gewählt worden, also zusammen mit den jeweiligen Stadtverordneten und Mitgliedern der Ortsbeiräte, dazu kamen in kreisangehörigen Gemeinden noch die zu wählenden Mitglieder der Kreistage. Ob die Direktwahl – wie erhofft – dem Umlandverband tatsächlich größere Resonanz in der Bevölkerung eingetragen hat, ist schwer zu sagen. Ohne diese direkte Beteiligung der Bevölkerung wäre aber aller Wahrscheinlichkeit nach der neuen Institution weit weniger Interesse entgegengebracht worden, was in den Medien doch durchaus der Fall war. Das so gewählte Parlament des Umlandverbandes, der »Verbandstag«, zählte 105 Abgeordnete und war damit nach dem Hessischen Landtag und vor der Stadtverordnetenversammlung von Frankfurt am Main (mit inzwischen 93 Stadtverordneten) das zweitgrößte Parlament in Hessen. Den Verbandsvorsitzenden stellt jeweils die größte Fraktion, und dies war von der Wahl 1977 bis zur Wahl 1989 die CDU-Fraktion. Da es sich im Verbandstag des Umlandverbandes meist um Abgeordnete mit langjähriger politischer Erfahrung und Bewährung in ihren jeweiligen Kommunalparlamenten oder Magistraten handelte, war der Umgangston der Abgeordneten recht kollegial und auch in den Fraktionen weit friedlicher als etwa im Frankfurter Stadtparlament. Diese Zusammensetzung bedeutete aber auch, wenigstens bis weit in die 1980er Jahre hinein, eine absolute zahlenmäßige Dominanz der Männer. Erst langsam, durch die Wahl von Abgeordneten der »Grünen« und Quotenbeschlüsse der SPD, sowie Nachziehen bei der CDU änderte sich diese Repräsentation, ferner durch parteiinterne Beschlüsse, besonders bei den Grünen und in der SPD in Frankfurt am Main, die auch Doppelmandate verhindern sollten. Dieses Prinzip hat sich allerdings erst seit 1985 ergeben und es ist zu kurz, um die Auswirkung zu beurteilen. Vermutlich besteht sie darin, die Verbindung zur kommunalen Basis und das damit verknüpfte Problemverständnis zu verlieren. Ob dies durch den weiteren Blick in die übergemeindlichen Problemstellungen des Umlandverbandes ersetzt werden kann, muß sich erst noch erweisen.

Nachdem die CDU 1977 die Kommunalwahl nicht nur in Frankfurt am Main – und in vielen anderen Städten und Gemeinden in Hessen – gewonnen hatte, ebenso im Umlandverband Frankfurt, ergab sich eine neue Situation. Als Verbandsdirektor fungierte nun der Frankfurter Stadtverordnete der CDU und langjähriges Mitglied im Planungsausschuß der Stadt, Hermann-Josef Kreling hauptamtlich. Die Verwaltung und die Zahl der hauptamtlichen Beigeordneten wurde ausgeweitet und mit der Zeit konnten geeignete Büro- und Sitzungsräume »Am Hauptbahnhof 18« in Frankfurt am Main bezogen werden. Der Umlandverband etablierte sich – abgetrennt vom Römer – als selbstständige Institution in jeder Weise, auch wenn die meisten Plenarsitzungen nach wie vor im Frankfurter Römer stattfanden. Eine repräsentative Veröffentlichung zum Zehnjahres-Jubiläum legt von dieser Verselbständigung Zeugnis ab[35].

Bei allen Schwierigkeiten des Neuansatzes nach der Kommunalwahl 1977 hatte der Umlandverband doch in diesem Zeitraum vor allem auf zwei Gebieten erhebliche Erfolge aufzuweisen: in der Planungsberatung der Mitgliedsgemeinden und in der Vorbereitung eines einheitlichen und rechtsgültigen Flächennutzungsplans für das ganze große Gebiet von insgesamt 1427,62 Quadratkilometern und seinen (1985) 1 484 962 Einwohnern. Um den Bestimmungen des Bundesbaugesetzes und der Gesetzeshoheit der Gemeinden in der Bauplanung zu entsprechen war hierfür eigens die »Gemeindekammer« vorgesehen, die abschließend abzustimmen hatte und in der jede Gemeinde, ob Frankfurt am Main oder Grävenwiesbach im Hintertaunus, durch ein Mitglied vertreten war. Die Verabschiedung des Flächennutzungsplans war eine bemerkenswerte Leistung aller Beteiligten; diese Arbeit hat das Zusammengehörigkeitsgefühl der Politiker im Gebiet des Umlandverbandes beträchtlich gestärkt, trotz aller oftmals heftigen Auseinandersetzungen. Endgültig und nach allen vorgeschriebenen Anhörungen verabschiedet worden ist der Flächennutzungsplan am 6. März 1985. Zu besichtigen, ja im wörtlichen Sinne zu betreten, ist er seitdem im Vorraum des Umlandverbandes »Am Hauptbahnhof 18« in Frankfurt am Main. Eine solche Zusammenarbeit ist bislang keiner anderen vergleichbaren Institution in der Bundesrepublik Deutschland gelungen. Natürlich muß der Flächennutzungsplan den Veränderungen und Bedürfnissen entsprechend weiterentwickelt werden. Zum Beispiel hat sich spätestens zu Ende der 1980er Jahre herausgestellt, daß in den meisten Gemeinden zu wenig Bauland ausgewiesen worden ist, Bauland für den Wohnungsbau. Diese somit bewirkte Verknappung hat auch zur beträchtlichen Verteuerung des Wohnungsbaus beigetragen, die Mieten ansteigen lassen und die Wohnungsdefizite in Frankfurt und Umland allzusehr erhöht. Ursachen für die eben zu geringe Ausweisung von Bauland waren aber auch ökologische Überlegungen und nicht zuletzt die sehr restriktiven Vorgaben der hessischen Landesplanung, die hier und überhaupt in der regionalen Raumplanung meinte, die Entwicklung auf präzis ausgerechnete Zuwachszahlen der Einwohnerschaft je Gemeinde vorher bestimmen zu können. Für Frankfurt am Main beispielsweise sind die vorgegebenen Zuwachszahlen viele Jahre früher längst überschritten worden. Es wäre wünschenswert, was bereits der Frankfurter Oberbürgermeister Bockelmann gefordert hatte, die Selbstverwaltungsrechte der Städte und Gemeinden auch in der Regionalplanung mehr zu berücksichtigen und überhaupt die Regionalplanung weniger in bürgerfernen Ministerialbüros zu entwerfen, als sie vor Ort durch die Kommunen und deren überörtliche Zusammenarbeit entwickeln zu lassen.

War der Flächennutzungsplan und die damit verknüpfte Entwicklung von vielerlei Planungshilfen ein überzeugender Erfolg des Umlandverbandes, so kann man das in Sachen Abfallbeseitigung nicht sagen. Der Verbandsdirektor Kreling und die CDU planten hierfür eine Müllverbrennungsanlage im Frankfurter Osthafen, der die SPD erst zuzustimmen geneigt war, dann aber unter dem Einfluß von Grünen und von ökologisch orientierter Politik die Zustimmung verweigerte. So kam diese Müllverbrennungsanlage nicht zustande und die Abfallbeseitigung und Müllverwertung im Verbandsgebiet nicht recht voran.

Im Bereich Freizeitplanung und Erholung, für den längere Zeit der hauptberuflich und von der FDP gestellte Beigeordnete Rudolf Saftig verantwortlich war, gelang auch nicht alles, trotz oftmals langwieriger Erörterung. Immerhin hat sich entlang des Mains ein im Sommer viel benutzter Radfahrweg von Frankfurt bis Seligenstadt und teilweise auch nördlich des Mains einrichten lassen, wie auch der Ausbau des Mühlheimer, aus Kiesseen entstandenen Erholungsgebietes. Natürlich gingen alle diese Aufgaben nicht ohne Finanzierung ab. Der aus Umlagen der Mitgliedsgemeinden gespeiste Haushalt betrug 1985 im Verwaltungsetat 25 374 000 DM und im Vermögensetat 95 792 500 DM, also abgerundet 120 Millionen DM, und damit doch unvergleichbar viel weniger als der Haushalt der Stadt Frankfurt am Main, entsprechend der jeweils ganz anderen Aufgabenstellung.

5.3. Frankfurter Querschnitt um 1975

Im Zusammenhang mit den vorbereitenden Beratungen für den »Umlandverband Frankfurt« hatte die Frankfurter Stadtverordnetenversammlung bereits am 13. September 1973 einen Bericht des Magistrats eingefordert, der »eine möglichst detaillierte Dokumentation über den Verflechtungsgrad von Umlandgemeinden zur Stadt Frankfurt am Main« darlegen sollte. Außerdem wurde gewünscht, die Leistungen der Stadt Frankfurt am Main »Für die Bürger der Nachbarstädte Bad Vilbel, Bergen Enkheim und der Gemeinde Zeppelinheim« möglichst aufzuzeigen. Erst am 26. Januar 1976 legte der Frankfurter Magistrat schließlich diesen Bericht[36] vor. Vermutlich war die lange Dauer dieser Beantwortung nicht durch den üblichen

Verwaltungsablauf verursacht – die Stadtverordnetenversammlung hätte dann ja auch anmahnen können –, sondern vielmehr durch die Bemühung, den entstehenden Umlandverband nicht durch Angaben zu behindern, die bei den Nachbargemeinden Unwillen hätten hervorrufen können. Außerdem versteckte sich dahinter, im zweiten Punkt, wohl auch die Absicht, Argumente für die gewünschte Eingliederung von Bad Vilbel, Bergen-Enkheim und Zeppelinheim zu erhalten. Bekanntlich hat sich dies Bestreben nur mit Bergen-Enkheim realisieren lassen. Mit einem sehr guten Vertrag versehen, erklärte sich die selbständige Gemeinde Bergen-Enkheim im Kreis Hanau damit einverstanden ab 1977 zur Stadt Frankfurt am Main zu gehören. Bei den beiden anderen Orten gelang es der Stadt Frankfurt nicht, sie in den Stadtverband einzubeziehen. Bad Vilbel wollte, schon wegen des Bades und bewiesener selbständiger Entwicklung, keineswegs zu Frankfurt gehören und das kleine Zeppelinheim (mit 1988 etwa 1600 Einwohnern), das aber wegen der Gemeindegrenzen und des Grundbesitzes, sowie der daraus folgenden Steuereinnahmen vom Frankfurter Flughafen überaus interessant war, zog es vor, sich nach Neu-Isenburg zu orientieren. So war diese zweite Frage für den Bericht zum Zeitpunkt der Beantwortung nicht mehr sonderlich relevant.

Die Antworten zur Frage der Verflechtung von Kernstadt und Umlandgemeinden zeigen auf, welch engmaschiges Netz da im Laufe der Zeit entstanden ist, ganz besonders im Verkehrsbereich. Schon um 1975 wurde mit täglich rund 250 000 Ein- und Auspendlern gerechnet, die zu 46 Prozent mit öffentlichen Verkehrsmitteln und zu rund 50 Prozent mit dem Pkw zur Arbeit führen. Den Rest stellten dann wohl Mitfahrer, Radfahrer oder sogar Fußgänger. Trotz vieler Verkehrszählungen, Befragungen oder sonstigen, meist recht teuren Untersuchungsmethoden, sind alle diese Zahlen Annäherungswerte und natürlich auch vom Arbeitsplatzangebot in der Stadt Frankfurt am Main abhängig. Für alle Verkehrsplanung wichtig war und ist, den jeweiligen Anteil von Individualverkehr und Nutzung des öffentlichen Verkehrsangebots im Auge zu behalten, in der Fachsprache meist als »modal split« bezeichnet. In der Beurteilung und in den Bemühungen, eventuell zu Veränderungen zu kommen, unterscheiden sich die politischen Parteien in diesem Punkt ziemlich stark. SPD und später noch energischer die Grünen suchen im allgemeinen den Individualverkehr einzudämmen, CDU und FDP steuern in etwa ein Gleichgewicht an oder bevorzugen doch den Straßenausbau zur Förderung des privaten Fahrzeugs. Ganz unterschiedlich können so die Gewichte in der Verkehrsplanung gesetzt werden, und dies mit jeweils sehr erheblichen Mittelverschiebungen. Da außerdem alle Verkehrsplanungen recht langfristiger Natur sind, zeigen sich die Auswirkungen oft erst erheblich später.

Bereits seit Ende der 1950er Jahre ist in Frankfurt am Main eine Verkehrspolitik mit Bevorzugung des öffentlichen Personen-Nahverkehrs, aber zugleich auch mit Ausbau von guten Straßenverbindungen getätigt worden, und zwar durchaus über die Stadtgrenzen hinaus. Dem diente insbesondere der Verkehrsverbund zwischen den Frankfurter Dienststellen, also den Stadtwerken, und der Deutschen Bundesbahn für das entsprechende Nahverkehrsnetz. Mit dieser wichtigen Neuerung konnte seit 26. Mai 1974 im Rahmen eines Verkehrs- und Tarifverbundes ein Streckennetz gemeinschaftlich angeboten werden. Im Rahmen des »Frankfurter Verkehrs-Verbundes« (FVV) wirkten so Vertreter der Gebietskörperschaften Bundesrepublik Deutschland, Land Hessen und Stadt Frankfurt am Main zusammen, waren und sind »im Rahmen ihrer politischen Verantwortung und finanziellen Mitwirkung« entscheidend auch am weiteren Ausbau beteiligt. Es gab also nun einen einheitlichen und abgestimmten Fahrplan und die Benutzer können seitdem U-Bahnen, Straßenbahnen, städtische Busse oder die S-Bahnen mit dem gleichen Fahrschein im jeweiligen Tarifgebiet in Anspruch nehmen – bis an die Stadtgrenze Offenbach allerdings. Denn in Offenbach hatte man sich gegen den Verkehrsverbund gesperrt.

Auf diese Weise sind seit 1974 2,5 Millionen Einwohner im Gebiet zwischen Mainz-Wiesbaden, Friedberg, Hanau und Darmstadt in den FVV einbezogen, somit auch fast alle Gemeinden im Umlandverband Frankfurt, allerdings ohne die im nördlichen Teil des Hochtaunuskreises gelegenen. Die U-Bahnen, die Straßenbahnen und die Busse der Frankfurter Stadtwerke überfahren an vielen Stellen die Stadtgrenzen, so zum Beispiel nach Bad Homburg, Oberursel, Bad Vilbel, Neu-Isenburg, Zeppelinheim, Karben, Hattersheim, Kelsterbach und Offenbach. Alle diese Gemeinden gehören auch dem Umlandverband Frankfurt an. Die Stadtwerke Frankfurt bemerken allerdings in dem Bericht zu den »Verflechtungsgraden« lapidar: »Eine finanzielle Beteiligung dieser Gemeinden an den nicht durch Fahrgeldeinnahmen gedeckten Kosten der Nahverkehrsbedienung konnte bisher noch nicht erreicht werden.« Die so entstehende Kostenunterdeckung war eben durch die Stadt Frankfurt zu tragen. Am teuersten kam die Stadt Frankfurt der Bau der S-Bahn-Strecken, die allerdings auch mitten ins Herz der Stadt, zur Hauptwache und an die Zeil, die Besucherströme heranführen können. Von 1968 bis 31. März 1974 beliefen sich die Kosten für Planung und Bau des S-Bahnstrecken im Stadtgebiet auf die beträchtliche Summe von 881,0 Millionen DM, wovon die Stadt 37 Prozent aufzubringen hatte und bis 1974 bereits 207,0 Millionen bereitgestellt hat[37]. 118 Millionen fehlten zu diesem Zeitpunkt noch, das Land Hessen stellte einen einmaligen Zuschuß von 20 Millionen DM bereit und finanzierte sonst die U-Bahn mit. Der Rest der S-Bahnkosten lag beim Bund. Außer der Stadt Frankfurt hatte sich damals keine Gemeinde am Ausbau der S-Bahn finanziell beteiligt. »Insoweit erbringt die Stadt Frankfurt erhebliche direkte (finanzielle) und indirekte (Verbesserung der Infrastruktur) Leistungen für das Umland.« Vor allem bleibt festzuhalten, daß ohne die Finanzierung durch die Stadt Frankfurt der Verkehrsverbund mit der Bundesbahn erst gar nicht zustande gekommen wäre.

Eine sehr beträchtliche Verflechtung mit vielen Gemeinden des Umlands, zum Teil schon seit dem 19. Jahrhundert, besteht in der Wasserwirtschaft, sowohl in der Zuführung des Trinkwassers, als auch in der Abwasserwirtschaft. Wie teuer moderne Anlagen gerade hierfür sind, ist in der breiten Öffentlichkeit wenig bekannt. Die Frankfurter Stadtverordneten stellten für Ausbau- und Investitionsplanung der Klärwerke auf Antrag des Stadtrats Dr. Kampffmeyer um 1970 Beträge bereit, die über zwei Milliarden DM hinausgingen, durchaus noch bevor das Bundesabwassergesetz dann einigermaßen wirksame Auflagen machte.

Von den Frankfurter Stadtwerken werden die folgenden Gemeinden ganz oder teilweise mit Trinkwasser versorgt: Kelsterbach, Friedrichsdorf, Bad Homburg, Königstein, Kronberg, Neu-Anspach, Oberursel, Steinbach, Usingen, Wehrheim, Maintal und Bergen-Enkheim, Altenhain, Eschborn, Eppstein, Fischbach, Hattersheim, Kelkheim, Liederbach, Neuenhain, Schwalbach, Bad Soden, Sulzbach. Alle diese Gemeinden liegen im Umlandverband, darüberhinaus erhalten noch einige wenige Gemeinden und einige Großabnehmer von Frankfurt am Main das Wasser auf der Grundlage langfristiger Lieferverträge. Das unentbehrliche Trinkwasser kommt aus den Wasserwerken Ried Ost und West im Rheintal und aus dem Vogelsberg. Ein kleinerer Anteil wird aus eigenen Anlagen gewonnen, auch aus Mainwasser, das zunächst im Stadtwald versickert. Es ist also eine komplizierte Verflechtung im Frankfurter Umland, die von den Frankfurter Stadtwerken bedient werden muß. Hierbei, wie auch bei der Abwasserversorgung wird durch steigende Preise weitgehende Kostendeckung für die laufenden Kosten erreicht.

Es gibt natürlich noch eine Reihe anderer Einrichtungen, die auch dem Umland dienen. So wird z.B. die Großmarkthalle am Ostpark, die unter Denkmalschutz gestellt worden ist, überwiegend für Belieferung und Ankauf aus dem Umland genutzt. Nicht zuletzt Theaterbesucher kommen natürlich auch aus der Umgebung in die Kernstadt, an den abends parkenden Bussen abzulesen. Bei den anderen Kultureinrichtungen, den Museen, der Volkshochschule, im Palmengarten oder im Zoo der Stadt Frankfurt ist nicht so genau auszumachen, wer Frankfurter Bürger ist und wer nicht. Die Stadt stellt ihre Einrichtungen auch großzügig zur Verfügung, und nur in Zeiten äußerster Sparsamkeit kommt immer einmal wieder der Gedanke auf, daß doch auch andere zu den Vorhaltekosten beisteuern könnten – ein überflüssiges Gedankenspiel. Es ist die Aufgabe der Kernstadt, mehr zu bieten als die kleineren Städte und Gemeinden ringsum.

Zu Ende des Jahres 1974 entließ die »Frankfurter Rundschau« ihre Leser mit einem amüsant durchgezogenen ABC von allerlei Frankfurter Anspielungen. Sie zeigen, daß in der Stadt gerade genug Gegensätze und Probleme vorhanden waren[38].

Frankfurter ABCinema

Adrian: »Sie küßten und sie schlugen ihn«
Berkemeier: »Alles auf eine Karte«
CDU: »Jagd auf linke Brüder«
Demonstranten: »Die Sommersoldaten«
Edler: »Klau'n wir gleich die ganze Bank«
Frankfurt: »Maloche, Bier und Bett«

Gastarbeiter: »Unter Geiern«
Helaba: »Das Millionending«
Innenstadt: »Die Wüste lebt«
Jusos: »Bring mir den Kopf von Alfredo«
Kitas: »Der Widerspenstigen Zähmung«
Lingnau: »Das letzte Hemd hat keine Taschen«
Müller, Knut: »Ein Mann sieht rot«
Nitzling: »Die Gentlemen bitten zur Kasse«
Oberbürgermeister: »Dynamit in der Schnauze«
Parlament: »Jubel, Trubel, Superschau«
Römer: »Schreckenskabinett«
Selmi: »Die Ausgebufften«
Theater: »Den Faust im Nacken«
Verkehrsverbund: »Bohr weiter Kumpel«
Westend: »Wer stirbt schon gern unter Palmen?«
Zeitungen: »Denen ist nichts heilig«

5.3.1. Bürger, Einwohner und Ausländer

Wer war überhaupt Frankfurter Bürger? Damals wie später ist die Frage so leicht nicht zu beantworten. Im strengen Sinne gehören dazu nur die wahlberechtigten, mündigen Bürger der Stadt, die aber stets nur kurz vor Wahlen gesondert angegeben werden. Außerdem erfolgte 1970 in Hessen, um diese Zeit auch in den anderen Bundesländern, eine Ausdehnung des Wahlrechts und der Rechtsmündigkeit um drei Jahrgänge, also für die 18 bis 21jährigen jungen Leute. Auch dies war unter anderem noch eine Spätfolge der 1968er Revolte der jungen Generation. Das Ergebnis der in Hessen hierfür notwendigen Volksabstimmung ist von der somit begünstigten Jugend recht selbstverständlich in Anspruch genommen worden, und die vorher von so mancher besorgten Mutter geäußerten vielerlei Befürchtungen sind keineswegs eingetreten. Man war nun eben mit 18 Jahren bereits mündig, auch als Schüler oder Lehrling.

Die Einwohnerzahl Frankfurts – die »Wohnbevölkerung«[39] – wird zum 31. Dezember 1975 angegeben mit 642 738 Personen und hierunter waren insgesamt 116 494 Ausländer. Dies war ein Ausländeranteil von 18,1 Prozent, der höchste unter den sieben größten Städten der Bundesrepublik Deutschland, worunter Frankfurt am Main als die kleinste rangierte nach (West) Berlin (9,3 Prozent), Hamburg (6,8 Prozent), München (16,8 Prozent), Köln (11,4 Prozent), Essen (5,2 Prozent) und Düsseldorf mit 10,7 Prozent Ausländeranteil[40].

Daß sich da gut und gern die Bevölkerungszahl einer ganzen Großstadt im Frankfurter Stadtgebiet aus allen möglichen Ländern eingefunden hatte, war noch kaum allgemein bewußt geworden. Natürlich hatten in Frankfurt am Main seit eh und je Menschen aus vielen anderen Ländern gelebt, aber dies waren doch weit

Zuerst kamen angeworbene, meist männliche ausländische Arbeitnehmer allein. Hier genießen zwei eine Arbeitspause, 1969

weniger gewesen und sie gehörten auch meist anderen sozialen Gruppen an: Bankiers, Kaufleute, Diplomaten. Nun aber handelte es sich ganz überwiegend um sogenannte »Gastarbeiter« oder – wie die Gewerkschaften sich bemühten im Sprachgebrauch einzuführen – um »ausländische Arbeitnehmer«. Der stärkste Zuwachs war laut Statistik bald nach der Rezession von 1967 erfolgt, als die Fabriken überall nach Arbeitskräften riefen; in den Zeiten vor Automatisierung und Robotern erschien dies unumgänglich. Zunächst richteten die verschiedenen Werke auch Unterkünfte ein, in denen mehr oder minder gut oder billig gewohnt werden konnte. Der Umwandlungsprozeß, wie er insbesondere im südlichen Westend eingesetzt hatte, verführte dort so manchen Bauherren dazu, ein Wohnhaus, das abgebrochen werden sollte, so mit Gastarbeitern überzubelegen, daß die gewünschte Abbruchreife sich nur allzubald abzeichnete. Die Aktionsgemeinschaft Westend wurde nicht müde, auf diese Mißstände hinzuweisen.

Auch aufmerksame Ärzte sprachen von der vielfach unzulänglichen Unterbringung und dadurch verursachte Krankheiten. Im Magistrat der Stadt war die große Zuwanderung ausländischer Arbeitskräfte auch nicht übersehen worden. Oberbürgermeister Walter Möller hatte bereits am 1. Juni 1971 einen Untersuchungsauftrag zur Situation der Gastarbeiter in Frankfurt am Main an die Soziologin Maria Borris erteilt. Die sehr sorgsame Ausarbeitung lag dem Magistrat bereits im Oktober 1972 vor und die Veröffentlichung als Buch kam 1973 heraus[41]. Das Vorwort schrieb

Möllers Nachfolger, Rudi Arndt, mit besonderem Dank an die Verfasserin, Frau Dr. Borris, und mit dem Wunsch, angesichts der aufgezeigten großen Aufgaben sollten sich die betroffenen Städte zu einer gemeinsamen Aktion zusammenfinden, zu der auch die finanzielle Hilfe von Bund und Land notwendig sei. Leider ist eine solche Aktion zur damaligen Zeit, in der Asylprobleme noch keine Rolle spielten, nicht zustande gekommen. »Ein besonderer Vorzug ist darin zu sehen«, so schrieb Arndt, »daß die Studie vor allem aus der Sicht der ausländischen Arbeitnehmer selbst das Verhältnis zu der neuen Umgebung untersucht. Es wurden auch ihre Wünsche eruiert, welche politischen Rechte sie gerne erwerben möchten, damit ihre Integration besser gelingt.«

Ist die Integration gelungen? Gewiß nicht in dem Maße, wie schon 1971 von den Ausländern in Frankfurt gewünscht. In mancher Beziehung aber auch wieder besser, als damals vorherzusehen. Eine der großen Überraschungen bei Kenntnisnahme der Untersuchung war es, daraus zu lernen, daß die allermeisten der zugewanderten Gastarbeiter sich keineswegs vorgenommen hatten, zu einem bestimmten Zeitpunkt wieder in ihr Heimatland zurückzukehren. Vielmehr schoben die meisten jegliche

Die Ankunft einer ausländischen Gastarbeiterfamilie in Frankfurt am Main zeichnete der von der Volkshochschule geförderte türkische Arbeitnehmer Trumbetas. Ausgestellt am Sonntag, 3. September 1978

Entscheidung in dieser Sache vor sich her, sie wußten einfach nicht, wie sich ihre Zukunft gestalten werde oder entwickeln solle. Diese Situation kommentierten die Verfasser der Studie so: »Aus der Unberechenbarkeit entsteht eine Perspektivlosigkeit, die nur durch Träume oder durch utopische Vorstellungen zu kompensieren ist, welche sich weniger auf Berufe als auf Sparziele richten.«[42] Ein großer Teil der ausländischen Arbeiter wollte die Familie nachholen; waren beide Eltern in Deutschland, so wollten fast alle (90 Prozent) unbedingt ihre Kinder auch im Gastland haben. Die Kinder über elf Jahre, die schon in Frankfurt am Main waren, gingen zu rund 80 Prozent in die Hauptschule, 15 Prozent in die Mittelschule und der Rest aufs Gymnasium. Bemerkenswert ist, daß beim Schulbesuch kein gravierender Unterschied zwischen Mädchen und Jungen feststellbar war. Einen Beruf erlernten freilich nur 59 Prozent der über 15 Jahre alten Ausländerkinder. Nach negativen Verhaltensweisen der Deutschen wurde in der Untersuchung auch gefragt. Es zeigte sich in den Antworten so mancherlei Verständnislosigkeit auf deutscher Seite, an oberster Stelle übrigens mit 56 Prozent die Aussage: »Sie glauben, daß wir nur von ihnen lernen müssen, und sie nichts von uns.«[43] Nur neun Prozent der Befragten hatten nichts von irgendwelchen Vorurteilen der Deutschen bemerkt. Kein Wunder, daß – nach Nationalitäten etwas unterschiedlich – ganz vorrangig angegeben wurde, man wolle für die Zeit in der Bundesrepublik einen verbesserten rechtlichen Status haben; an der Spitze dieser Forderungen standen Spanier und Italiener, am Schluß Jugoslawen. Dieser Wunsch ist bei allen Nationalitäten hauptsächlich von den Männern vorgetragen worden[44].

Die Autoren der Studie beließen es nicht bei Umfragen und Analysen, sondern stellten ein »Sofortprogramm für die Stadt Frankfurt« zusammen[45]. Darin wurde unter Hinweis auf ähnliche Studien in anderen Städten oder Bundesländern angeregt, der Städtetag möge sich der Problematik annehmen und aufgrund des vorliegenden Materials den akuten Bedarf an Wohnungen, Kindergärten, Schulplätzen, usw. ermitteln, zumal die Wirtschaft noch bis 1980 eine Zuwanderung von ausländischen Arbeitskräften als erforderlich ansehe. Im »Zehn Punkte-Sofort-Programm« für Frankfurt wird gefordert: 1. Die bislang nicht eingeschulten Ausländerkinder sollten erfaßt und zur Schule geschickt werden; 2. In den Schulen, etwa im Sozialkundeunterricht, müßten die Vorurteile deutscher Kinder gegenüber ausländischen Schülern abgebaut werden; 3. verbesserte Programme zum Erlernen der deutschen Sprache müßten angeboten werden; 4. In den Jugendhäusern müßte man sich intensiver und mit gezielten Programmen um junge Ausländer kümmern; 5. An der Volkshochschule müßte der Deutschunterricht für Erwachsene erweitert werden; 6. Das Kulturamt solle ein Freizeitprogramm für die ausländischen Arbeitnehmer entwerfen und fördern; 7. Beamte und Angestellte einzelner städtischer Ämter müßten freundlicher mit Ausländern umgehen; 8. Maßnahmen gegen Mietwucher seien nötig; 9. Die Wohnverhältnisse der Ausländer müßten besonders bei Konzentration von mehr als 25 Prozent in einer Straße besser beobachtet werden. Schließlich 10. könnten die Stadtbezirksvorsteher, die als Mittler zwischen Verwaltung und Bürger-

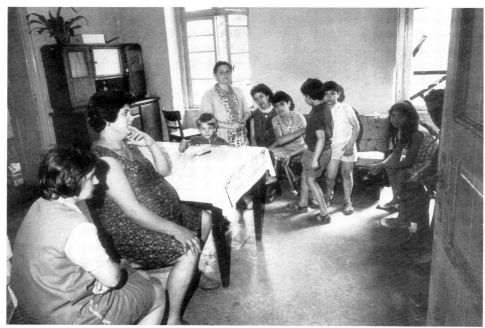

Wohnungen der Gastarbeiter waren meist teuer, eng und überbelegt, hier in der Hanauer Landstraße, Juli 1971

Spanische Gastarbeiter protestieren am 7. Februar 1965 an der Opernhausruine gegen die Diktatur in ihrem Heimatland

schaft fungieren, für die Integration der ausländischen Arbeiter in den Stadtvierteln aktiv eingesetzt werden, etwa bei Bürgerversammlungen, bei denen die ausländischen Arbeiter ihre Beschwerden vortragen könnten.

Soweit das »Sofortprogramm«. Einige Punkte griffen die Stadtverordneten auf, so die Beschwerde über mangelnden Schulbesuch, die sich insbesondere bei den Berufsschulen nur schwer beheben ließen, in den anderen Schulen aber doch einigermaßen. In der Volkshochschule wurde eine Abteilung für Ausländer, vor allem zur Sprachförderung eingerichtet und mit der Zeit gab es auch Hausaufgabenhilfen und ähnliche Förderungen[46]. Aber ein gezieltes Programm für eine bessere Integration aller über hunderttausend Ausländer in Frankfurt am Main ist nicht zustande gekommen, auch nicht die Ausarbeitung von Standards für die Versorgung von Ausländern in den Großstädten durch den Deutschen Städtetag.

Die Integration hätte gewiß schneller und besser gefördert werden können, wenn nur ein ausreichendes Angebot an Wohnungen vorhanden gewesen wäre. Immerhin verschwanden in diesen Jahren die Ansammlungen von Italienern und Türken im Frankfurter Hauptbahnhof, die offenbar dort ihr Heimweh bekämpfen wollten. Vielmehr wurden die Forderungen deutlicher, zumindest in der Stadtpolitik mitwirken zu dürfen, d. h. also das »kommunale Wahlrecht« zu erhalten. Dies ist nicht gelungen, unter anderem, weil es ein solches nur auf Kommunen beschränktes Wahlrecht in Deutschland nicht gibt. Ausschlaggebend für eine überwiegend restriktive Ausländerpolitik auf allen Ebenen der Bundesrepublik war aber eher die Tatsache, daß es in allen Parteien erhebliche Vorbehalte gegenüber einer vorbehaltlosen Eingliederung der zahlreichen Ausländer gab. In der SPD und bei der FDP waren diese Vorbehalte weniger ausgeprägt, aber sie waren stark genug, keine Verbesserungen des Rechtsstatus eintreten zu lassen. In der Praxis blieb die Ausländerpolitik den Städten und ihren Ordnungsämtern überlassen.

So ist es ein bemerkenswertes Zeugnis für die außergewöhnliche Integrationskraft der Stadt Frankfurt am Main, daß es bei dem hohen Prozentsatz der Ausländer zu keinen besonderen Problemen unter der Frankfurter Wohnbevölkerung gekommen ist. Es stellte sich vielmehr ein eher etwas distanzierter, aber im ganzen freundlicher Umgang miteinander ein, gefördert nicht zuletzt durch die vielen neuen Gaststätten und die zahlreichen interessanten kulinarischen Angebote der vielen Frankfurter ohne deutschen Paß.

Die Frankfurter Wirtschaftsunternehmen, derentwegen ausländische Arbeitskräfte geholt worden waren, konnten in diesen Jahren ihre Umsätze erheblich steigern. Die Jahresumsatzsteuerstatistik für 1976 wies ein Ergebnis von über 102 Milliarden DM aus[47], erarbeitet von den 22 283 steuerpflichtigen Betrieben. Gegenüber der ersten Nachkriegsangabe von 1955 war dies ein Zuwachs von 87,6 Milliarden DM, eine außergewöhnliche Steigerung! An der Spitze dieser beachtlichen Wirtschaftstätigkeit stand wiederum der Großhandel mit 20,8 Milliarden, gefolgt von der Chemischen Industrie (16,3 Mrd. DM) und dann der Elektrotechnik (13,8 Mrd. DM). Der Maschinenbau in Frankfurt belief sich auf 1,7 Mrd. DM. Die

Im Laufe der Zeit eröffneten insbesondere von den Bewohnern veranstaltete Straßenfeste Wege zu einer vernünftigen Integration. Hier: die Berger Straße im Stadtteil Bornheim, dem »Lustigen Dorf«, am 31. Mai 1980

sämtlichen übrigen Wirtschaftsbereiche, die von der Statistik zusammengefaßt wurden, z. B. Hotels, Friseurgewerbe, Reinigungen, Rechtsanwaltspraxen, Verlage usf. kamen insgesamt auch auf 19,2 Mrd DM steuerbaren Umsatzes. Die Frankfurter Banken sind in dieser Statistik nicht enthalten.

Im produzierenden Gewerbe hatte sich die Anzahl der Steuerpflichtigen erheblich vermindert infolge der Konzentrationsprozesse. So waren dies in der chemischen Industrie nur noch 39 steuerpflichtige Betriebe; im Großhandel war eine ähnliche Entwicklung festzustellen, hier wurden 2374 Unternehmen gezählt, gegenüber 3262 im Jahre 1955.

Diese wenigen ausgewählten Zahlen können, auch im Vergleich zu den Angaben von 1950 oder 1955, auf einen Blick die außergewöhnlich starke und wachsende Wirtschaftskraft der Stadt am Main verdeutlichen. Ein Vergleich mit anderen deutschen Städten zeigt dies ebenso. Insofern war die 1949, nach der Enttäuschung über Bonn als Bundeshauptstadt eingeleitete Politik der Stadt höchst erfolgreich, sich eben auf die Wirtschaftskraft der alten Handels- und Wirtschaftsstadt zu stützen und diese nachdrücklich auszubauen.

Starke Wirtschaftskraft bedeutet natürlich auch hohes Steueraufkommen, wovon allerdings die Gemeinden nur einen relativ kleinen Anteil erhalten. Für das Jahr 1975 sah dies für Frankfurt am Main im Vergleich mit anderen deutschen Städten wie folgt aus: die Gemeindesteuereinnahmen betrugen 946 Millionen DM, umgerechnet je Einwohner waren dies 1488 DM, aber die Schulden beliefen sich auf 1592 Millionen DM, was umgerechnet je Einwohner 2503 DM an Schulden bedeutete[48]. Für den Stadtstaat Hamburg sind die Zahlen: 977,2 Millionen DM Gemeindesteuereinnahmen, je Einwohner 464 DM, die Schulden 10442 Millionen DM, je Einwohner 4985 DM Schulden, also etwa doppelt so hoch wie in Frankfurt am Main. In München ergaben sich an Gemeindesteuereinnahmen 1220 Millionen DM, je Einwohner somit 926 DM; an Schulden 2656 Millionen DM, je Einwohner waren dies 2020 DM Schulden. Auch bei nicht unerheblicher Schuldenbelastung stand somit die Stadt Frankfurt im Städtevergleich sehr gut da und galt zurecht als reiche Stadt.

Im Haushalt der Stadt Frankfurt für 1975 waren außer den Gemeindesteuereinnahmen natürlich noch andere Einnahmen verzeichnet. Er belief sich auf insgesamt 2,75 Mrd. DM, davon im Verwaltungsbereich 1934 Mio. DM und im Vermögenshaushalt 821 Mio. DM und war natürlich ausgeglichen.

Im Statistischen Jahrbuch der Stadt Frankfurt für diese Jahre finden sich keine Angaben zum Bankwesen, was doch einen besonders gewichtigen Teil des Frankfurter Wirtschaftslebens darstellte. Inzwischen waren nämlich im Vergleich zu 1950 nicht nur die Anzahl der Banken und Kreditinstitute erheblich gewachsen, sondern auch deren Bedeutung und Geschäftsvolumen.

Die Landwirtschaftlichen Betriebe in Frankfurt sind für 1971 und 1979 gezählt worden und haben sich in diesem Zeitraum sogar, jedenfalls nach der Statistik, vermehrt und zwar nach Zahl der Betriebe – von 332 auf 362, und nach Größe der bearbeiteten Fläche von 2586 Hektar auf 4439 Hektar[49].

Eine wichtige Größe bei den statistischen Angaben läßt sich leider nicht für das Stadtgebiet Frankfurt am Main auffinden, da Arbeitslose immer nur im »Arbeitsamtsbezirks« gezählt werden. Es ist schon oft beklagt worden, daß diese statistische Unzulänglichkeit die einzelnen Städte und Gemeinden daran hindert, Abnahme oder Anwachsen von Arbeitslosigkeit in ihrem Verwaltungsbereich verfolgen zu können. Das wäre aber Voraussetzung für rechtzeitig eingeleitete Gegenmaßnahmen. Für den Arbeitsamtsbezirk Frankfurt wurden für 1975 als arbeitslos angegeben insgesamt 17089 Personen, darunter 6532 weiblich[50]. Für sämtliche Berufsgruppen waren 7613 offene Stellen gemeldet, darunter 3470 für Frauen. Arbeitslosigkeit war also zu konstatieren, wenn auch noch nicht gravierend.

Auf der anderen Seite gab es deutliche Anzeichen für Wohlstandsvermehrung. Dies zeigte sich nicht nur in der Abnahme der Bevölkerung im Stadtgebiet, was auch auf Wünsche nach besserem Wohnumfeld zurückzuführen war, sondern vor allem in der noch immer anhaltenden Zunahme von Autos. Die vom Statistischen Amt der Stadt fortgeschriebene Wohnbevölkerung hatte ihren Höhepunkt schon 1964 mit 693110 Einwohnern erreicht. Für das Jahr 1975 wurden 642738 Einwohner angege-

Eine Sitzung des Bundesbankrates 1971. Zweiter von links Wirtschaftsminister Prof. Dr. Karl Schiller (SPD), daneben der Präsident der Bundesbank, Karl Klasen

ben, also hatten demnach 50372 Personen das Stadtgebiet von Frankfurt am Main verlassen. Nahezu die gleiche Zahl von Menschen bewegt sich übrigens in Frankfurt am Main jährlich bei Zu-, Weg- und Umzügen. Eindeutig bei diesen Zahlen ist nur, daß sich die Bevölkerung beträchtlich vermindert hatte, »Stadtflucht« war das Stichwort hierzu. Wirklich exakte Zahlen haben für ein bestimmtes Datum eigentlich nur die üblicherweise alle runden Jahrzehnte stattfindenden Volkszählungen geliefert, so für 1970 in Frankfurt 668532 Einwohner[51].

Bei den noch immer allseits geliebten Autos zeigte sich eine gegenläufige Entwicklung. 1975 sind die Pkw's in Frankfurt am Main angestiegen auf 205055 Wagen, dazu kamen noch 21320 andere Kraftfahrzeuge. Auf die Bevölkerung bezogen kamen in Frankfurt auf 1000 Einwohner 315 Personenkraftwagen; auch dies war mit Abstand die größte Relation unter den vergleichbaren Städten, gefolgt von Stuttgart mit 309 Pkws auf 1000 Einwohner, und dann Nürnberg mit einer Meßzahl von 293:1000[52]. Dazu kamen in Frankfurt weit über hunderttausend Einpendler täglich in ihren Autos, die dann Parkplätze suchten.

Angesichts dieser Verkehrsbelastung in Frankfurt ergab sich als neue Zielsetzung eine ausführliche Diskussion um Fußgängerbezirke im Innenstadtgebiet. Entgegen den Wünschen der Verwaltung machte die Stadtverordnetenversammlung, oder genauer der Planungsausschuß, hier energische Vorstöße. Auf Anregung des Ausschuß-Vorsitzenden Karlheinz Berkemeier (SPD) konnte 1974 ein Beschluß durchgesetzt werden, die sogenannte »Freßgass«, also die Kalbächergasse und die Große Bockenheimer Straße in eine Fußgängerzone umzuwandeln[53]. Die Verwirklichung dieses Beschlusses dauerte lange, zumal erst noch die Tunnel für U- und S-Bahn zu bauen waren. Bewährt hat sich dann diese Verbesserung im Innenstadtbereich sehr, wie auch die Umwandlung der Zeil in einen äußerst stark besuchten Fußgängerbereich.

Viel Sensibilität für solcherart Stadtgestaltung brachte der neue Dezernent für Stadtplanung mit, der Architekt Hans Adrian, der vom 18. November 1971 bis Februar 1975 in Frankfurt am Main wirkte. Er löste den langjährigen Bau- und Planungsdezernenten Dr. Hans Kampffmeyer ab. Auf Kampffmeyer und seine Mitarbeiter geht die Planung der ersten Hochhäuser und auch die City-Erweiterung ins Westend zurück. Beiden Projekten hatten zwar Magistrat und Stadtverordnetenversammlung, letztere sogar meist einstimmig, ihr Plazet gegeben. Allerdings war die in Fraktionssitzungen und in den zuständigen Ausschüssen oftmals vorgetragene Kritik am Verfahren, besonders im Westend, weder bei der Verwaltung, noch bei dem Planungsdezernenten Kampffmeyer auf offenes Verständnis gestoßen. Als dann

»Parlamentsabend« im Höchster Bolongaro-Park, 7. Juli 1972

nicht mehr übersehbarer öffentlicher Ärger und erhebliche Pressionen innerhalb der SPD entstanden waren, wurde ein Sündenbock gesucht und in Hans Kampffmeyer auch gefunden. Mit einiger Ironie stellte dieser ein Jahr später fest, daß die Plakate der SPD, die für die Kommunalwahl am 22. Oktober 1972 werben sollten, die Hochhaussilhouette von Frankfurt am Main zeigten. Diese Wahl brachte übrigens der SPD – bislang letztmals – eine absolute Mehrheit von 50,1 Prozent mit 48 Sitzen in der Stadtverordnetenversammlung; die CDU errang 38 Sitze und die FDP deren sieben. Die Mehrheit der SPD mit drei Sitzen war also so überwältigend nun auch wieder nicht.

5.3.2. Veränderungen im Römer

Weniger die Kommunalwahl 1972 als der Ablauf der Wahlzeiten von hauptberuflichen Magistratsmitgliedern bewirkte einige weitreichende Veränderungen in Magistrat und Stadtverordnetenversammlung. Am 20. April 1972 löste Rudi Sölch, Diplom-Volkswirt, seit 23. Januar 1969 Stadtkämmerer in Frankfurt am Main, den langjährigen, von der CDU gestellten und allseits geschätzten Bürgermeister Dr. Wilhelm Fay ab. Gleichzeitig wurde auch der Stadtrat Karl Bachmann (CDU), zuständig für städtische Betriebe, nicht wiedergewählt. Diesem Verfahren, dem die Mehrheitsfraktion der SPD nur mit recht ungemütlichen Gefühlen nachkam, ging ein Beschluß des SPD-Parteitages voraus, den nun aber wiederum auch viele Stadtverordnete als richtig ansahen. Es ging um das Problem, wie zu erreichen sei, daß sich im Magistrat die politischen Mehrheitsverhältnisse deutlich spiegeln könnten, wie man also mit Recht von einer »Stadtregierung« im parlamentarischen System sprechen könne. Die aus vordemokratischer Zeit stammende Magistratsverfassung sicherte hingegen die Kontinuität aller in der Stadtpolitik beteiligten Kräfte im Magistrat. Seit 1919 war die Magistratsverfassung ergänzt durch das ehrenamtliche Element, jeweils im Verhältnis zu den Ergebnissen der letzten Kommunalwahl. Dadurch wurde dem Wahlergebnis anteilig Rechnung getragen, aber eben nur durch feststehende Vertretung aller Parteien und Gruppen im ehrenamtlichen Magistrat. Nun wollte man eine auf Parlamentsmehrheiten beruhende Stadtregierung. In Frankfurt am Main hatte zudem seit der ersten Wahl nach 1945 eine Allparteienkoalition mit Selbstverständlichkeit gewirkt.

Da die Gesetzeslage in Hessen zunächst nicht zu verändern war, sollte in Frankfurt die als wünschenswert angesehene »Politisierung«, also die klare Abgrenzung der Verantwortlichkeiten, eben durch Veränderung der politischen Zusammensetzung der hauptberuflichen Magistratsmitglieder erreicht werden. Das Opfer dieser Zielvorstellungen wurden die gerade zur Wiederwahl anstehenden Magistratsmitglieder der CDU.

Erst später, nämlich 1974, ist die Hessische Gemeindeordnung insoweit verändert worden, daß gemäß § 76[54] die Abwahl von hauptamtlichen Magistratsmitgliedern ermöglicht wurde. Die Vorstellung hierbei war, daß dies in größeren Städten und Landkreisen in bestimmter Frist nach einer Kommunalwahl erfolgen könne, um eben die einer eventuellen Mehrheit entsprechende politische Vertretung im Magistrat sicherzustellen. Daß sich die so eröffneten Abwahlmöglichkeiten auch noch zu ganz anderen Zwecken verwenden ließen, wie sich später zeigte, war eigentlich nicht intendiert.

Der Oberbürgermeister dieser Jahre, Rudi Arndt, kommentierte diese Veränderung, die er selbst durchaus nicht gewünscht hatte, schließlich so: »Mein Amtsantritt im April 1972 fiel mit dem Ende der Römerkoalition zusammen. Es ist sicherlich unstreitig, daß die von mir damals angesprochenen Konsequenzen dieses kommunalpolitisch bedeutsamen Schrittes eingetreten sind. Die politische Konfrontation in Frankfurt wurde seitdem deutlicher, und die politische Verantwortlichkeit für das Geschehen in dieser Stadt ist für jeden Bürger klarer geworden.«[55] Und weiter: »Die härtere kommunalpolitische Konfrontation hat – wie der Widerhall in Presse, Funk und Fernsehen zeigt – zu einer sehr viel stärkeren Beachtung der Kommunalpolitik in der Öffentlichkeit geführt.«[56] Da nun die Sozialdemokratische Partei die alleinige Verantwortung für die Kommunalpolitik im Römer übernommen habe, sei allerdings auch die Auseinandersetzung über die richtigen Lösungen innerhalb der SPD lebhafter geworden und mehr beachtet von der Öffentlichkeit. Dabei ginge es aber weit mehr um den Realitätssinn der im Römer Verantwortung tragenden Kommunalpolitiker, als um parteipolitische Flügelkämpfe. Ein Stadtverordneter oder ein Magistratsmitglied müsse eben »sehr viel deutlicher den Zwang der Realitäten« sehen als diejenigen, »die es nicht verwinden wollen, daß ihre idealistischen Wunschvorstellungen durch die tatsächlich vorhandenen sogenannten Sachzwänge der gesellschaftlichen Wirklichkeit getrübt werden.«[57]

Der Frankfurter Magistrat veränderte sich also. Bei der durchsetzungsfähigen Art des Oberbürgermeisters Arndt, gerade auch auf Parteitagen der SPD, bei denen er sehr deutlich zu machen wußte, was er für rechtens oder für vernünftig hielt, gelang es trotz der Mitbestimmung seitens der Parteitage den Magistrat überwiegend mit ausgewiesenen Kommunalpolitikern zu besetzen. Das Bürgermeisteramt übernahm der bisherige Stadtkämmerer Sölch; Stadtkämmerer wurde Hermann Lingnau. Auf den freiwerdenden Magistratsposten von – damals nur sieben – hauptamtlichen Stadträten rückte Martin Berg ein, bis dahin Vorsitzender der SPD-Fraktion. Berg erhielt seinen Vorstellungen und dem Plazet des Parteitags entsprechend als Aufgabengebiet das Sozialdezernat zugewiesen, und Stadtrat Gerhardt, der als einziges Mitglied der CDU im Magistrat verblieb, übernahm die Ressorts von Stadtrat Bachmann. Verkehrsdezernent war seit 1973 ein enger Mitarbeiter von Walter Möller, der Direktor der Stadtwerke Hans Joachim Krull. Als Planungsdezernent arbeitete seit 1975 Dr. Hans-Erhard Haverkampf, Volkswirt und in seiner Aufgabe für die Stadt Frankfurt am Main höchst effizient.

Infolge der Magistratsumbildung stand nun 1972 in der SPD-Fraktion die wichtige Neubesetzung des Vorsitzes der Mehrheitsfraktion an. Anfang des Jahres 1970 hatte Martin Berg die Geschäftsführung der Fraktion von Günter Guillaume übernommen, der damals als Referent nach Bonn überwechselte und erst am 30. Juni 1971 sein 1968 übernommenes Stadtverordnetenmandat niederlegte. Vorsitzender der SPD-Fraktion war seit 1964 Gerhard Weck, der im Herbst 1970 aus der Stadtverordnetenfraktion ausschied, um die Leitung der Wohnheim GmbH zu übernehmen. Als deren Direktor gelang es ihm, das große Zentrum für ältere Menschen im Marbachweg zu erstellen, eine vorbildliche Anlage mit Wohnen, Pflegeheim und Tagesklinik. Gerhard Weck starb am 30. März 1974. Bei seiner Beerdigung sah man zum letzten Mal in Frankfurt am Main auch den langjährigen vormaligen Fraktionsgeschäftsführer Günter Guillaume; er war übrigens allseits seines Fleißes und seiner Freundlichkeit wegen geschätzt worden. Guillaume erzählte, daß er mit Willy Brandt zum Urlaub in Norwegen gewesen sei und demnächst nach Südfrankreich reise, und wurde von allen, die dies mit anhörten, sehr darum beneidet. Daß Günter Guillaume dann bald als Spion der DDR enttarnt worden ist und so zum Sturz des Bundeskanzlers Brandt beigetragen hat, diese allseits bekannten Tatsachen waren damals gänzlich außer jedem Vorstellungsbereich.

Martin Berg, seit 1. Oktober 1970 Vorsitzender der SPD-Fraktion, deren Stellung er auch gegenüber den Parteigremien zu stärken suchte, weil er als Pragmatiker zu handeln gewohnt war, gelangte also im April 1972 in den hauptamtlichen Magistrat. In der SPD-Fraktion begann die Suche nach einem neuen Vorsitzenden. Recht bald fiel die Wahl auf einen der jüngsten Stadtverordneten, auf Hans Michel, gewerkschaftlich eingebunden und bewährt. Die Fraktionsführung lag bei ihm viele Jahre lang in guten Händen, er versah sie mit Geschick, Einfühlungsvermögen und Loyalität. Aus dem Bereich der Gewerkschaften kam auch der Stadtverordnetenvorsteher Willi Reiss, Vorsitzender des DGB-Kreises Frankfurt am Main. Nach dem Tod von Heiner Kraft wurde er im Januar 1971 einstimmig in dieses Amt gewählt und hat die Aufgabe bis August 1976 wahrgenommen. Als Stadtverordnetenvorsteher führte er einige Neuerungen ein, so den Parlamentsabend an einem Sommerabend im Park des Höchster Bolongaro-Schlosses. Dies wurde eine ebenso beliebte wie erfolgreiche Veranstaltung, die auch zahlreichen eingeladenen Bürgerinnen und Bürgern, die bei gemeinnützigen Aufgaben mitwirkten, Gelegenheit verschaffte, mit Kommunalpolitikern in angenehmer Umgebung zu sprechen. Natürlich waren da auch zahlreiche Vertreter der verschiedenen Medien anwesend, ebenso Bundes- und Landespolitiker und -politikerinnen. Ferner begannen Diskussionsabende von Stadtverordneten mit eingeladenen Frankfurterinnen und Frankfurtern am großen runden Tisch im Limpurgsaal, wie auch das sogenannte »Parlateen«. Dies war eine Einladung an junge Leute, die im Sitzungssaal im Römer mit Stadtpolitikern ins Gespräch kommen sollten. In den unruhigen Jahren im Nachgang zur Studentenrevolte ging das nicht immer gut. Sehr beliebt war bei den Stadtverordneten das endlich hinter dem Sitzungssaal eingerichtete kleine Kasino oder »Kommunikationszentrum«, wo man sich auch stärken konnte. Schließlich kamen die meisten Stadtverordneten von einem anstrengenden Berufsalltag etwa alle vier Wochen am Donnerstag um 16 Uhr in den Römer zur Parlamentssitzung, die dann oft viele Stunden und bis nach Mitternacht dauerte. Auch Oberbürgermeister Arndt flüchtete gerne einmal von der Magistratsbank in die kommunale Schenke, wo Bier und Frikadellen warteten. Das aber mißfällt der CDU und FDP, die dann nicht mehr wissen, wen sie im Plenarsaal attackieren sollen. Arndt läßt das kalt: «Ich halte mich immer da auf, wo die meisten Stadtverordneten sitzen.»[58]

Am wichtigsten war die stetige Bemühung des Stadtverordnetenvorstehers Willi Reiss, die Stadtverordnetenversammlung insofern aufzuwerten, als er nahezu ausschließlich vom »Stadtparlament« sprach. Es gab ja immer noch die von manchen Juristen vertretene Fehlauffassung, diese oberste Institution der hessischen Gemeinden sei ein Teil der Verwaltung. Daraus war dann leicht zu folgern, daß es mit der Kontrolle eben dieser Verwaltung nicht so weit her sein könne und sich die Verwaltung auch nicht besonders um die Stadtverordnetenversammlung zu bekümmern brauche. Eben an diesem Punkt hatte sich in Fragen der Stadtplanung und Baugenehmigungen der Konflikt zwischen Stadtverordnetenversammlung und

Das Übergewicht der Exekutive – Stadtverordnete haben es nicht leicht. »Der Römer. Das Parlament der Stadt Frankfurt.« September 1976

ihrem Planungsausschuß einerseits und der Planungs- und Bauverwaltung andererseits ergeben. Der Konflikt endete zunächst mit dem Abschied des zuständigen Dezernenten Dr. Kampffmeyer und dann mit erheblich erweiterten Informationsanforderungen an die Verwaltung. Dies abzusichern und auf eine rechtliche Grundlage zu stellen war die Nachfolgerin von Willi Reiss, Dr. Frolinde Balser, bemüht, die am 19. August 1976 auf Vorschlag der SPD-Fraktion einstimmig in das Amt der Stadtverordnetenvorsteherin gewählt worden ist. Die bereits früher erwähnten Gutachten, insbesondere das des Verwaltungsrechtlers Professor Püttner[59], bestätigten die Auffassung der Stadtverordneten. Das Ergebnis ist seitdem ein weit selbstbewußteres Verhalten, Fragen und Entscheiden der Stadtverordneten im wichtigen Planungsausschuß, sofern sie ihre Aufgaben und Möglichkeiten dort ausschöpfen. Die Wahl der neuen Stadtverordnetenvorsteherin erregte einiges Aufsehen, weil dies Amt bislang nur von Männern wahrgenommen worden ist. Aber schließlich gab es seit 1972 eine Präsidentin des Deutschen Bundestages, Annemarie Renger, warum also nicht auch in einer Großstadt eine Parlamentspräsidentin. Zu ihrer Wahl erklärte sie, daß sie vor allem mit den Bürgern noch mehr als bisher in Kontakt kommen wolle, und weiter: »Die parlamentarische Volksvertretung, die unsere Stadtverordnetenversammlung ist und sein will, bezieht ihre Stärke und Ausstrahlungskraft nicht so sehr aus ihrer Alltagsarbeit mit der umfangreichen Papierflut von Vorlagen des Magistrats oder durch die Beratung von Beschlüssen über Ausgaben und Investitionen in dieser Stadt. Es ist vielmehr der lebendige Kontakt mit der Bürgerschaft, der dies alles bewirkt. In den letzten Jahren sind ganz bewußt durch das Stadtparlament Gelegenheiten zu Begegnungen und Gedankenaustausch geschaffen worden. Dies Zusammenwirken, aus dem die freiheitliche Demokratie nach unserem Verständnis lebt, wollen wir fortsetzen und ausbauen. Alle Stadtverordneten und ihre Parteien pflegen diesen Kontakt mit der Bürgerschaft und bringen seine Ergebnisse in die Beratungen ein. Je mehr unsere Bürger hierbei und in den Ortsbeiräten ihrer Stadtteile mitwirken, desto mehr können sie sich im Stadtparlament repräsentiert fühlen. Das möchten wir gerne erreichen oder befestigen, im Bewußtsein und mit dem Ziel, daß Frankfurt am Main für möglichst viele Frankfurter und für Fremde nicht nur interessant sein möge als große Stadt, sondern auch liebenswert mit ihrer Tradition, ihrer Zukunftsoffenheit und steten Lebendigkeit.«[60]

Nicht gelungen ist der Stadtverordnetenvorsteherin die Absicht, das Stockwerk oberhalb des Plenarsaals ausbauen zu lassen und dadurch auch einige Räumlichkeiten für die im Römer ja nicht sehr behausten Stadtverordneten zu gewinnen, oder, für die umfangreichen Papiere, die jeder Stadtverordnete erhält, Schließfächer im Erdgeschoß anzubringen. Die ehrenamtlich tätigen Stadtverordneten sind gegenüber den Mitarbeitern der Verwaltung eben doch in mancherlei äußerlicher Hinsicht benachteiligt.

Etwas anders steht es in dieser Beziehung mit den Stadtverordneten, die zugleich in ihren Fraktionen hauptberuflich tätig sind. Dies waren in den großen Fraktionen zwei oder drei, die eben als Stadtverordnete Führungs- oder Geschäftsführungsaufgaben für ihre Stadtverordnetenfraktion wahrzunehmen hatten. Es hat sich so im Laufe der Zeit eine unterschiedliche Situation unter den Stadtverordneten entwickelt, die als nicht unproblematisch zu werten ist. Aber dies ist ein Zugeständnis an die zunehmende Kompliziertheit der Politik in allen ihren Verzweigungen in einer großen Stadt, was hauptberufliche Bearbeitung erforderlich macht. Jedenfalls hatte sich der um 1972 gemachte Vorschlag des Stadtverordneten Berkemeier bald durchgesetzt, Assistenten für die Fraktionen nach Anteil ihrer Stärke einzustellen. Es ließ sich dann nicht ganz vermeiden, daß zumindest diejenigen Assistenten, die zugleich Stadtverordnete waren oder wurden, in einer gewissen Hierarchie weiter oben rangierten, einfach durch den Vorteil am Ort der politischen Entscheidungen auch berufstätig zu sein. Andererseits glich sich die Stadtverordnetenversammlung so in gewisser Weise dem Magistrat an, wo ja auch hauptberuflich und ehrenamtlich Tätige in einem Gremium sitzen und entscheiden.

Die in der VIII. Wahlperiode eingetretenen Veränderungen im Römer waren 1976 bedingt durch die Berufung des Frankfurter Bürgermeisters Rudi Sölch zum Verwaltungschef des Zweiten Deutschen Fernsehens in Mainz. Von 1977 an wirkte Sölch dann weiterhin als ehrenamtliches Magistratsmitglied für die Stadt Frankfurt am Main. Als Bürgermeister folgte auf ihn Martin Berg, der aber das Sozialdezernat

Beim Frankfurter Wirtschaftsforum am 25. September 1974 führen CDU-Politiker Gespräche. Von links: Schatzmeister Walter Leisler-Kiep, der Ministerpräsident von Rheinland-Pfalz, Helmut Kohl, und der Präsident der Frankfurter IHK, Fritz Dietz

als Aufgabengebiet beibehielt. So war ein Stadtratsposten freigeworden und das Ressort Wirtschaft. In diese Position wurde Willi Reiss gewählt, bislang Stadtverordnetenvorsteher. Er hatte sich somit auch um den Ausbau der Messe und die Förderung des Flughafens zu kümmern.

Neben den Frühjahrs- und Herbstmessen hatten sich die Fachmessen längst als besonders zugkräftig erwiesen, so die Automesse, die ACHEMA für chemischen Apparatebau und nicht zuletzt die Buchmesse mit ihrem Internationalen Charakter. Die Turbulenzen, die im Nachgang zur Studentenrevolte sich in diesen Jahren vor unliebsamen Verlagen oder Ländern, so etwa an persischen Buchständen abspielten, konnten glücklicherweise die Buchmesse nicht dazu bringen, sich einen anderen Standort zu suchen. Immerhin ist dies erörtert worden und eine Verlegung der Buchmesse wäre ein außergewöhnlich herber Verlust für Frankfurt am Main gewesen. Denn die Frankfurter Buchmesse ist nicht nur ein wirtschaftlich bedeutsames Ereignis, sondern hatte sich mehr und mehr zu einem Treffpunkt von Bücherliebhabern, von Intellektuellen unterschiedlicher Art und Bedeutung, ja sogar von Politikern entwickelt, die sich in dieser anregenden Umgebung sehen lassen wollten. Manche hatten ja auch selbst Bücher geschrieben und signierten nun eifrig oder gaben Interviews. Bei keiner anderen Messe waren die Medien so bemüht, Atmosphärisches einzufangen und zu berichten, auch über die zahlreichen Veranstaltungen, die in der Stadt die Buchmesse begleiteten. Als besonderer Anziehungspunkt hatte sich der vom Kulturdezernenten Hilmar Hoffmann und seinem Amt entwickelte sogenannten »Literaturzirkus« in den Römerhallen einen Platz erobert. Bei Musik und Kleinkunstbegleitung lasen unter den gotischen Gewölben ausgewählte, meist sehr moderne Literaten aus ihrem Werk oder wurden interviewt. Und das Fernsehen war natürlich auch dabei. Der Verbreitung von Büchern und der Lesekultur in Deutschland waren alle diese spezifisch Frankfurter Ereignisse sehr förderlich, ganz besonders natürlich die zum Abschluß der Buchmesse jeweils am Sonntagvormittag stattfindende Verleihung des »Friedenspreises des deutschen Buchhandels« in der Paulskirche. 1975 erhielt diese hochberühmte Auszeichnung der französische Politikwissenschaftler und Freund Deutschlands, der in Frankfurt am Main geborene, seinerzeit mit seinen Eltern gezwungenermaßen ausgewanderte angesehene Schriftsteller Alfred Grosser.

Im Messegelände selbst entstand um diese Zeit die Halle 10; sie hätte der Dauerausstellung einzelner Wirtschaftszweige dienen sollen, was sich dann allerdings nicht so entwickeln ließ. Während der Frühjahrs- und Herbstmessen war aber die Halle 10 ein vielbesuchter Standort für die ausgestellten, meist sehr schönen Porzellan- und Glassachen aus aller Welt, für den »gedeckten Tisch«.

Der neue Frankfurter Flughafen, den am 14. März 1972 der Bundespräsident Gustav Heinemann und der damalige Hessische Finanzminister Rudi Arndt, bereits als Oberbürgermeister in Frankfurt am Main gewählt, einweihten, war für 30 Millionen Fluggäste ausgelegt. Um 1975 waren die Anfangsschwierigkeiten, etwa die der teuren Gepäckbeförderungsanlage, überwunden und, da die Fluggastzahl bei weitem

Messebauten können auch für andere Veranstaltungen genutzt werden wie hier die Festhalle beim Evangelischen Kirchentag 1975

Der Fluß steht im Mittelpunkt des traditionellen Mainfestes, hier am 5. August 1973

nicht erreicht war, erwies sich das schöne neue Gebäude als geräumig und recht angenehm, trotz der weiten Wege zu den Flugsteigen. Vor allem im Frachtaufkommen konnte der Frankfurter Flughafen sich bald in die Konkurrenz der Flughäfen in London und Paris einreihen. Für die Wirtschaft im gesamten Raum um Frankfurt am Main waren die günstigen Möglichkeiten der Luftfracht und der raschen Flugreise in nahezu alle wichtigen Orte der ganzen Welt von außerordentlichem Vorteil. Nicht zuletzt erwies sich der Flughafen mit den Nebenbetrieben als ein zunehmend gesuchter Arbeitgeber. Auch für Kommunalpolitiker aller Parteien hatte die FAG (Flughafen Aktien Gesellschaft) meist günstige Arbeitsplätze übrig. Die Zahl aller Arbeitsplätze stieg über die in den Höchster Farbwerken, auf rund 35 000. Es war klar, und zu dieser Zeit auch noch unbestritten, daß der Frankfurter Flughafen ein außerordentlich wichtiger Faktor für die Wirtschaft im gesamten Rhein-Main-Gebiet sei.

Die einschneidenste Veränderung, jedenfalls was das Stadtbild von Frankfurt am Main anbelangt, war in den 1970er Jahren zweifellos der damals begonnene und noch nicht beendete Bau von Hochhäusern, womit durchaus mehr als die Stadtsilhouette verändert worden ist. Nahezu in jedem Jahr zeigte sich das Stadtbild gewandelt. Ansichtspostkarten von Frankfurt am Main, die endlich nach den Jahren der Zerstörung wieder zahlreich auf dem Markt waren, zeigten oft schon ein Jahr später ein überholtes Bild. Die Stadt strotzte vor Dynamik und Wandlungen.

Für jedes einzelne Hochhaus könnte eine lange Geschichte geschrieben werden, weil sich bis zur Fertigstellung eines solchen Bauwerkes meistens verschiedenartige Schwierigkeiten ergeben haben. Es sind auch schon in der Anfangszeit des Frankfurter Hochhausbaues solche Bauvorhaben verhindert worden, schließlich bedeuteten sie fast immer einen nicht unwesentlichen Eingriff ins Umfeld: Verschattung, gesteigertes Verkehrsaufkommen an Autos und Fußgängern und andere Belastungen mehr auf Dauer, und zunächst erheblichen Baulärm. Gewöhnlich wehrten sich die Nachbarn oder ließen sich ihre Zustimmung gut vergelten. Als beispielsweise bei dem allseits sehr begrüßten Bauvorhaben des Evangelischen Regionalverbands im Westend, in der Brentanostraße ein Altenwohnheim zu errichten, schließlich die sechste Nachbarschaftsbeschwerde eingegangen war, wäre das Bauvorhaben beinahe gescheitert. Dabei ging es gar nicht um ein Hochhaus, aber um höhere Ausnutzung. Der sechste Beschwerdeführer hingegen wollte an der Ecke Bockenheimer Landstraße, Brentanostraße selbst ein Hochhaus errichten, anstelle des seit Jahrzehnten bestehenden und beliebten Cafés Laumer[61]. Gegen dieses Vorhaben entstanden im Westend natürlich öffentlich vorgetragene und laute Proteste. Schließlich gelang es der Verwaltung, nach den vereinten Bemühungen von Ortsbeirat, Stadtverordneten, Aktionsgemeinschaft Westend und öffentlicher Debatte, den Bauherrn dazu zu bewegen, von seinem Vorhaben abzusehen, obgleich die Verwaltung bereits Zusagen gegeben hatte. Allerdings kostete dies der Stadt eine große Summe. Oberbürgermeister Arndt war für diesen Ausweg und so war das Problem bereits 1976 gelöst. Andere Bauherren hatten in ähnlicher Situation mit Prozessen und Schadensersatzklagen in mehrstelliger Millionenhöhe gedroht und manche auch geklagt, was die Rechtsstelle der Stadt auf Jahre beschäftigte. Zur Freude des Westends und vieler Gäste, nicht zuletzt bei der Buchmesse und anderen Ereignissen, gibt es das Café Laumer nach wie vor.

Es ging nicht immer so glimpflich ab. Für das Bauvorhaben Bockenheimer Landstraße 111 und 113, sowie Schumannstraße 69 und 71, ebenfalls im Westend, gab es einen recht guten Entwurf für ein Hochhaus, der stadtseits auch Zustimmung erlangt hätte, jedoch nie gebaut worden ist. Ein Bauantrag für dieses Gelände war im April 1973 bereits öffentlich bekannt[62]. Folglich hatten sich die zuständigen Gremien, Magistrat und Ausschuß der Stadtverordnetenversammlung, wie auch die Verwaltung mit dem Vorgang zu befassen.

Nun waren aber diese in Universitätsnähe gelegenen Häuser von zahlreichen Studenten und anderen jungen Leuten besetzt, die nicht gewillt waren, sich an den seinerzeit mit der Wohnheim GmbH geschlossenen Vertrag zu halten, die »Wohnzwischennutzung« zu beenden und auszuziehen. Es lag ein Gerichtsurteil vor,

Im Westend reißen Proteste und Prozesse nicht ab, wie das Plakat zeigt, Juli 1973

wonach dies zum 31. Oktober 1973 zu erfolgen habe. Der Planungsausschuß wollte sich am 3. September 1973 mit dieser Angelegenheit befassen. Hier schalteten sich die Frankfurter Jusos ein und verlangten »keine Räumung und kein Abbruch mehr«, was zu Gegenartikeln mit Klarstellung der Voraussetzungen führte[63]. Die Rechtslage war – jedenfalls im Römer – durchaus klar und als der Bauherr die Räumung verlangte, kam es in der Bockenheimer Landstraße am frühen Morgen des 21. Februar 1974 zu einer der schwerwiegendsten Auseinandersetzungen mit der Polizei, denn die Hausbesetzer hatten sich verbarrikadiert und waren auf Kampf statt Räumung eingestellt. Bilder aus diesem Straßenkampf sind später immer wieder zitiert worden, wobei selten an das Recht des Bauherren gedacht worden ist, dem die Bauverwaltung doch zu Ankäufen zugeredet hatte[64]. Denn es handelte sich an dieser Stelle um die Eingangssituation zur inneren Stadt, die dann erst viel später durch die nicht besonders hohen Bauten der »Kreditanstalt für Wiederaufbau« (KfW) recht gut gestaltet worden ist.

Für die zweite Generation der Hochhäuser, die erst in der zweiten Hälfte der 1970er Jahre oder in den 1980er Jahren fertiggestellt worden sind, können die beiden Türme der Deutschen Bank mit ihrer Spiegelfassade als Modellfall gelten. Von der Gestaltung her ist dies zweifellos ein gutes Bauwerk geworden. Dem ausgeführten Bau sind mindestens zwei andere Entwürfe vorausgegangen. Der Eindruck der Großzügigkeit des ganzen Bauwerkes verdankt sich allerdings wesentlich der Tatsache, daß das Grundstück praktisch an die weite Grünanlage im vormaligen Wallgebiet und den Straßenraum davor angrenzt. Das Grundstück der Deutschen Bank selbst ist vollständig für den Bau ausgenutzt worden. Dies ist aber das Hauptproblem der Hochhäuser im engeren Stadtgebiet, denn diese brauchen viel Grundfläche,

Im September 1976, zum »Tag der offenen Tür«, sind folgende Hochhäuser im Bau (von links): Dresdner Bank, Bank für Gemeinwirtschaft (BfG); die Hessische Landesbank ist bereits erstellt

um den Bau herum, soll die Nachbarschaft nicht behindert werden und das Bauwerk großzügig wirken. Für die Grundstücke Taunusanlage 12–15 gab es bereits 1969 Bauanfragen. Im wesentlichen handelte es sich um das »Löwenstein'sche Palais«, ein Neo-Renaissance-Gebäude, das bei der Einnahme Frankfurts im März 1945 durch Beschuß weitgehend zerstört worden war und in diesem Zustand verblieben ist. Erste Entwürfe der Architekten Giefer und Mäckler lagen vor und die Verwaltung förderte offensichtlich die Bauabsichten[65]. Der zuständige Ausschuß war jedoch weniger einverstanden, Denkmalschutz spielte auch eine Rolle und inzwischen wurde das Grundstück, in bester Lage und deswegen sicher mit Gewinn, mehrfach veräußert. Im Planungsausschuß ist schon früh verlangt worden, anstelle eines großen Blockes zwei Türme zu bauen, auch um die Verschattung zu vermindern und den Luftaustausch zu fördern. Auf dieser Grundlage hat dann die Deutsche Bank 1979 das Grundstück erworben und in bemerkenswert kurzer Zeit den Bau der Architekten Hanig, Scheid, Schmidt (ABB-Gruppe) bis 1984 fertig gestellt.

Dem Denkmalbeirat der Stadt gelang es, das Haus Klüberstraße 20 – gegen den Willen der Deutschen Bank – zu retten, wodurch heute diese kleine Straße noch

Blick von der Terrasse des Interconti-Hotels, wo am 16. Mai 1980 Mitarbeiter der Japan Airlines empfangen wurden. Ganz links im Hintergrund der Fernsehturm und die Bundesbank, vorne Dresdner Bank, Zürichhaus und Südwest-Genossenschaftsbank im Rothschildpark, Hessische Landesbank, Commerzbank und BfG ganz rechts

immer einen Gesamteindruck guter alter Bausubstanz vermittelt, wenn auch überschattet von den mächtigen beiden Türmen der benachbarten Bank.

Die Hochhausbauten, die seit Beginn der 1970er Jahre das Frankfurter Stadtbild laufend so stark verändern, haben wegen der vielen neuartigen Probleme Magistrat, Verwaltung und Stadtverordnete auch vor viele neuartige Aufgaben gestellt, für die erst mit der Zeit annehmbare Lösungen zu finden waren. Der zur Entlastung gedachte Ausweg, in Niederrad eine »Bürostadt« zu entwickeln, in der hohe Bauten problemlos entstehen konnten, hat nicht dazu geführt, die Hochhäuser andernorts zu verhindern. Die Stadt Frankfurt, längst zum Bankenzentrum der Bundesrepublik geworden, hat jedoch nicht nur dem Druck der Banken nachgegeben, die sich in enger Verbindung zu entfalten wünschten, sondern ist mit dem Übergang zum Hochhausbau auch der Tatsache eines sehr engen, geradezu kleinen Innenstadtbereichs gerecht geworden. Dabei ist es gelungen, auch in der Silhouette, den Bereich um Dom und Römer, also die eigentliche Altstadt, einigermaßen frei zu halten von den modernen Bauriesen. Die Stadt Frankfurt am Main ist noch dabei, sich ein neues türmereiches Aussehen moderner Art zu geben, in Deutschland ungewohnt, aber vielleicht nur eine zeitangepaßte Veränderung der türmereichen spätmittelalterlichen Stadt.

5.4. Sozialpolitik und Sport

Die Auseinandersetzungen um Hochhäuser, Abrißhäuser, leerstehende Häuser und »Zweckentfremdung«, also die Umwandlung von Wohnungen in lukrativer zu vermietende Büros, all diese sozialpolitisch durchaus relevanten Vorgänge, veranlaßten die Stadtverordnetenversammlung zu einer grundlegenden Beschlußfassung. Schauplatz all dieser Veränderungen war hauptsächlich, aber nicht ausschließlich, das Frankfurter Westend.

Nach langen Diskussionen und Vorarbeiten legte der Magistrat am 15. Mai 1972 ein umfangreiches Papier der Stadtverordnetenversammlung zur Beschlußfassung vor: »Städtische Maßnahmen zur Sicherung der Sozialbindung von Grundeigentum«, kurz als »Sozialbindungspapier« bezeichnet[66]. Nach einigen Abänderungsanträgen, insbesondere von der FDP-Fraktion, denen zumeist nicht zugestimmt worden ist, konnte diese »Allgemeine Dienstanweisung zum Verbot der Zweckentfremdung von Wohnraum in der Stadt Frankfurt am Main« einstimmig verabschiedet werden. Dies war schon sehr erstaunlich, denn es handelte sich um nicht weniger als um den Versuch, das Grundrecht nach Grundgesetzgebot Artikel 14 (2) »Eigentum verpflichtet. Sein Gebrauch soll zugleich dem Wohle der Allgemeinheit dienen«, auf die Praxis in der Stadt Frankfurt am Main anzuwenden. Grundlage war das 1971 verabschiedete Gesetz zur Verbesserung des Mietrechts und zur Begrenzung des Mietanstiegs. Aber das Frankfurter Sozialbindungspapier enthielt mehr als das

Verbot der Zweckentfremdung, mit genauer Regelung eventueller Ausnahmen. Es enthielt auch eine praktische Anwendung des Grundgesetzartikels, nämlich in Teil C: »Beschluß über die Errichtung einer zweckgebundenen Rücklage zur Sozialbindung des Grundeigentums«, mit einer Reihe von Bestimmungen, wann und wie Ablösesummen, Geldbußen und Zwangsgelder zu erheben seien und daß sie allesamt dem öffentlich geförderten Wohnungsbau zugute kommen sollten. Mit dieser Bestimmung wurde auch besser als bisher geregelt, welche Auflagen bei etwaigen Ausnahmegenehmigungen, zum Beispiel hinsichtlich der Höhenausnutzung von Neubauten nach Vernichtung von Wohnungen, möglich sein könnten, denn hier war doch etwas Wildwuchs in den Sitzungen des Planungsausschusses eingetreten. Da diese Sitzungen »presseöffentlich« waren, handelte es sich aber nicht um geheime Absprachen. Nach einem Jahr erkundigte sich die SPD-Fraktion nach den inzwischen erfolgten Verfahren und nach den sonstigen Ergebnissen, worauf der Magistrat immerhin unter anderem berichten konnte, daß bislang 224000 DM eingegangen seien[67].

Alle, die sich in Frankfurt am Main in Sachen des »Sozialbindungspapiers« engagiert hatten, betrachteten diesen Beschluß als großen Sieg und Gewinn für die Allgemeinheit, angesichts der horrend gestiegenen Immobilienpreise im engeren Stadtgebiet. Andere hingegen zogen vor Gericht. Erst geraume Zeit später ist vom Hessischen Staatsgerichtshof in Kassel das Frankfurter Sozialbindungspapier als rechtens anerkannt worden. Am wichtigsten war auf lange Sicht das damit ermöglichte harte Vorgehen gegen Zweckentfremdung von Wohnraum geworden, das allerdings von der CDU in ihrer Verantwortung nach 1977 nicht ausgeschöpft worden ist.

Die Frankfurter Sozialpolitik ist gemäß alter Tradition der Stadt seit 1946 auch in anderer Hinsicht zum Vorbild für sozialpolitische Lösungen geworden und hat mehrere Bundesgesetze beeinflußt: so das »Soforthilfegesetz« und das »Lastenausgleichsgesetz«, die Reform des »Jugendwohlfahrtgesetzes«, und schließlich das Bundessozialhilferecht[68].

Der CDU Politiker Stadtrat Dr. Prestel startete seine Aufbauarbeit für 20 Jahre kommunale Sozialarbeit 1946 damit, die verschiedenen Träger zur »Vereinigten Frankfurter Wohlfahrtspflege« zusammenzufassen. In der Frankfurter Sozialpolitik ist auch immer gut mit den kirchlichen Trägern zusammengearbeitet worden. Vielfach haben eigens gegründete, somit stadtnahe Vereine, einen Teil der Sozialaufgaben übernommen, so für Altersfürsorge, Wohnheim-Versorgung, Beschützende Werkstätten usf. Die SPD-Mehrheit hat im Magistrat bis zum Ende der Römerkoalition 1972 dem Vertreter der CDU das Ressort Sozialpolitik überlassen und nahezu allen sozialpolitischen Planungen zugestimmt oder sie selbst gefördert. Das Verdienst des Stadtrats Prestel war insbesondere, durch die Einrichtung von »Sozialstationen« Aufgaben zu bündeln und den hilfesuchenden Bürgern in ihrem Stadtgebiet entgegenzukommen. »Kinderkrippe, Kindergarten, Beratungsstellen für Mütter und Säuglinge, Jugendberatung, Erziehungsberatung sind hier ebenso vereinigt wie der gesamte soziale Beratungsdienst sowie die Außenstellen von Jugend- und Sozialamt. Hier findet die Bevölkerung Rat und Hilfe in allen Lebenslagen.«[69]

Im Juli 1966 löste Stadtrat Ernst Gerhardt, der schon sechs Jahre dem Magistrat angehörte, Stadtrat Prestel als Sozialdezernent ab und übernahm gleichzeitig von Stadtrat Karl Blum auch das Ressort Gesundheit. Stadtrat Blum hatte das Verdienst, das einzige große städtische Krankenhaus Frankfurts in Höchst, woher er stammte, durchgesetzt zu haben. Alle anderen Krankenhäuser in der Stadt Frankfurt haben andere Träger und waren zum Teil recht alte Stiftungen, bei denen meist die Stadt durchaus mitfinanzierte. Stadtrat Gerhardt war zugleich Vorsitzender des Kreisverbandes der CDU in Frankfurt am Main und somit recht einflußreich. Trotz der Rezession Ende der 1960er Jahre gelang es ihm, insbesondere in der Altenarbeit voranzukommen, da man auch damals schon die statistisch leicht begründbare Einsicht hatte, der Anteil der Älteren werde erheblich zunehmen, nämlich von 1965 mit zwölf Prozent auf 14 Prozent im Jahre 1970[70] und entsprechend weiter. Jugendhäuser waren schon zu Zeiten des Oberbürgermeisters Kolb eingerichtet worden, nun wurden »Altenpläne« der Stadt Frankfurt beschlossen und der »Frankfurter Verband für Altersfürsorge e.V.« richtete auch Altenclubs ein. Zunächst rund 80, später noch weit mehr. In diesen Gruppen, übers Stadtgebiet verstreut, konnten sich die älteren Bürger bei Kaffee und Kuchen treffen und die ehrenamtlich tätige Clubleiterin hatte meist ein Programm organisiert. Außerdem ermöglichte die Stadt Frankfurt Tagesfahrten und auch Urlaubsreisen für Ältere. Am wichtigsten war dann die Einrichtung von betreuten Altenwohnanlagen in der Absicht, den älteren, nicht so sehr bemittelten Bürgern der Stadt möglichst lange ein selbständiges Wohnen zu ermöglichen. Die Zahl der Wohnplätze in diesen Einrichtungen nahm rasch beträchtlich zu, wie die Aufstellung zeigt[71].

Entwicklung der Sozialeinrichtungen in Frankfurt am Main[72]

	Altenwohnungen Plätze	Alten- und Pflege- Plätze	Sozial- stationen
1970	1331	4352	8
1972	1727	4312	8
1974	1911	4024	8
1976	3042	4023	8
1978	3111	3920	9
1980	3715	3855	9
1982	4975	3823	10
1984	5809	3864	10
1986	6094	3844	10
1988	7577	3784	10
1990	8106	3953	10

	Kinder-tagesstätten	Kinder-krippen	Kinder-heime	Kinder-häuser
1970	90	8	7	11
1972	91	8	12	11
1974	114	9	12	11
1976	115	9	9	15
1978	116	9	8	10
1980	111	9	9	10
1982	109	9	6	11
1984	109	9	8	9
1986	109	10	8	8
1988	110	10	8	9
1990	113	10	8	11

	Kindertagesstätten anderer Träger	Kinderkrippen desgl.	Bürgerhäuser
1970	Keine Angaben	Keine Angaben	11
1976	202	Keine Angaben	18
1980	190	29	23
1984	204	29	25
1988	218	29	33

Das Land Hessen habe mit dem »Hessischen Sozialplan für alte Menschen« die städtischen Initiativen nachhaltig gefördert, wie Stadtrat Gerhardt zu erwähnen nicht vergaß.

Eine Besonderheit Frankfurter Sozialvorsorge bleibt zu nennen: 1967 konnte das »Henry und Emma Budge Heim«, in nationalsozialistischer Zeit geschlossen und beschlagnahmt, mit einem Neubau im Osten der Stadt, in der Wilhelmshöher Straße, endlich wieder eröffnet werden. In dieser großzügigen Stiftung aus den 1920er Jahren leben je zur Hälfte ältere Menschen jüdischen und christlichen Glaubens in angenehmer Umgebung zusammen, so die Bestimmung der Stiftung, die inzwischen auch städtische Mittel erhält. Für viele jüdische Emigranten ist das Haus in der Wilhelmshöher Straße nach ihrer Rückkehr zur neuen Heimat geworden. In Frankfurt am Main entspricht gerade diese Einrichtung, die sich sehr bewährt hat, der Tradition der liberalen Stadt.

Nach dem Bruch der Römerkoalition 1972 übernahm der Vorsitzende der SPD-Stadtverordnetenfraktion, Martin Berg, am 7. Juli als neugewählter Stadtrat das Sozialdezernat von Stadtrat Ernst Gerhardt, der von da ab das Ressort Gesundheitswesen und öffentliche Einrichtungen verwaltete. Stadtrat Berg hatte von Oberbürgermeister Arndt, der die gesamte Verwaltung neuordnete, ein Superdezernat zugewiesen erhalten: neben dem Sozialen auch Freizeit, Palmengarten, Zoologischen Garten und das Gartenamt. Diese in sich recht verschiedenen Aufgaben versah Martin Berg mit Geschick und Energie, so daß er ganz selbstverständlich in das Amt des Bürgermeisters einrückte, als diese Position mit dem Weggang von Bürgermeister Rudi Sölch im August 1976 frei wurde. Das Sozialdezernat behielt er freilich, es bot in einer Stadt wie Frankfurt am Main sehr viel Gestaltungsmöglichkeiten und galt überdies der SPD als ureigenstes Gebiet.

Zum Sozialdezernat gehörte in Frankfurt auch die Förderung des sozialen Wohnungsbaus, eine besonders wichtige und schwierige Aufgabe, bei der es dem neuen Dezernenten darauf ankam, für eine gute soziale Mischung der Bewohner neuer Wohngebiete zu sorgen. Als vormaliger Vorsitzender des Planungsausschusses war Martin Berg mit Fragen des Wohnungsbaus sehr wohl vertraut, ebenso mit der Verteidigung von Grünflächen gegen Bebauungsgelüste, für die er ernsthaft auch gegenüber Magistratskollegen eintrat, durchaus bevor die Partei der Grünen sich bemerkbar machte. 1972 konnte die Sozialstation Bockenheim fertiggestellt werden, wofür sich auch die Vorsitzende des Sozialauschusses der Stadtverordnetenver-

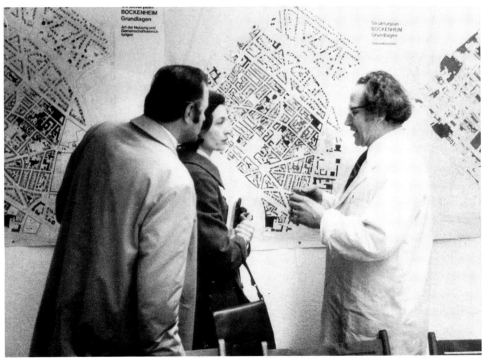

Im Stadtteil Bockenheim ist viele Jahre lang ein vorbildliches Stadtsanierungs-Konzept durchgeführt worden. Interessierte Bürger konnten sich frühzeitig informieren und beraten lassen, 1975

sammlung, Lisy Alfhart (SPD) nachdrücklich verwendet hatte. In Bockenheim war die Neuansiedlung von Ausländern deutlich zu bemerken. Für die ständig zunehmende Zahl der ausländischen Einwohner in der Stadt verlangte Martin Berg »völlig neuartige Überlegungen und Versuche«[73]. Solche sind allerdings in den folgenden Jahren kaum zustande gekommen.

Sehr stark bemühte sich der Sozialdezernent um die Jugendlichen, auch die Aufmüpfigen, deren es nicht wenige in diesen Jahren gab. Die Studentenbewegung habe im Sommer 1969, so schrieb Martin Berg weiter, die Lehrlinge und jungen Arbeiter »entdeckt«, und nicht zuletzt die aus Erziehungsheimen entflohenen Jugendlichen. Für deren Aktionen wurde Frankfurt am Main geradezu zu einem Ausgangspunkt. In Höchst begann bekanntlich Ulrike Meinhof eine sozialorientierte journalistische Arbeit mit solchen Jugendlichen und Lehrlingen, die sie allerdings nicht lange fortsetzte[74]. Mit Unterstützung des Landeswohlfahrtsverbands wurde für diese Jugendlichen in Frankfurt Wohngruppen geschaffen. Die Studenten waren bald von deren Entwicklung enttäuscht und Sozialarbeiter übernahmen die Betreuung der Wohngruppen von sechs bis sieben Leuten, wodurch immerhin eine neue Art öffentlicher Erziehung für Jugendliche entstanden ist.

Das Jugendamt bemühte sich natürlich auch um alleinstehende Mütter und deren Kinder, zumal die Bundesgesetzgebung in diesen Jahren die Rechte der nichtehelichen Kinder und ihrer Mütter erheblich verbesserte. Martin Berg wollte das Jugendamt, geleitet von Herbert Faller, in der SPD am linken Flügel orientiert, von einer Hoheitsverwaltung zu einer modernen Leistungsverwaltung entwickeln. Drogenabhängigkeit spielte in diesen Jahren noch keine erhebliche Rolle und die Unsicherheit in diesem Gebiet war groß. Man setzte auf Entzug und hoffte, etwa in Wohngruppen, den Jugendlichen dann in ein wieder normales Leben zu helfen. Später ist die Hermann Hesse-Schule in Frankfurt am Main gegründet worden, die, speziell für (ehemals) Drogenabhängige eingerichtet, Schulabschlüsse in unkonventioneller Form anbietet. Treffpunkt der noch relativ kleinen Drogenszene in diesen Jahren war der Marshallbrunnen am Opernplatz, später dann die Anlage vor dem Stadtbad Mitte.

In den sozialen Ämtern der Stadt arbeiteten damals 1486 Personen, es gab 120 Plätze für Nachwuchskräfte und etwa 100 für Praktikanten aller Aufgabengebiete. Die Sozialverwaltung hat schließlich erhebliche Summen zu bewegen, auch in den 1970er Jahren. Stadtrat Berg läßt dies sorgsam auflisten: Hilfe zum Lebensunterhalt wurde 1971 in 7312 Fällen mit rund DM 21,7 Millionen ausbezahlt, bei steigender Tendenz. Dazu kam »laufende Hilfe«, im gleichen Jahr in Höhe von rund 20,9 Millionen DM, und nicht zuletzt das Wohngeld, ebenfalls mit steigender Tendenz, 1971 in Höhe von DM 12,7 Millionen. Immerhin konnte die Stadt zur gleichen Zeit für Sozialwohnungen 105,5 Millionen DM ausgeben.

Ein besonders wichtiges Sozialprogramm konnte 1971 und 1972 durch gute Zusammenarbeit zwischen dem Sozialausschuß und seiner Vorsitzenden, Lisy Alfhart und dem Sozialdezernenten Martin Berg gestartet werden. Ziel war die Auflö-

Sozialdezernent Bürgermeister Martin Berg erläutert am 27. Januar 1977 den Kommunalen Altenplan

sung der Obdachlosenunterkünfte der Stadt – mit Ausnahme der Ahornstraße – und die Überleitung der Betroffenen durch einen Stufenplan erst in Einfachwohnungen und dann in richtige Sozialwohnungen. Dies gelang einigermaßen bis 1977; in den Frankfurter Straßen waren Obdachlose und Bettler kaum noch zu sehen, obgleich 1971 noch 2610 Menschen in den Obdachlosenunterkünften gezählt worden waren.

Unter den mancherlei Initiativen, die der Sozialdezernent mit seinen Mitarbeitern in diesen Jahren veranlassen konnte, seien nur genannt die Werkstatt für Rentner im Öderweg, die Seniorenkarte für ältere und weniger bemittelte Bürger, die »Seniorenzeitschrift«, die unentgeltlich in Apotheken und Ämtern ausliegt und, weil gut gemacht, auf reges Interesse stößt. Auch die ehemaligen Frankfurter, die emigrieren mußten, erhalten diese Zeitschrift in alle Welt zugeschickt und scheinen sie durchaus mit Interesse zu lesen. Schließlich ergab sich die Möglichkeit, beim Wiederaufbau des Dom-Römer-Bereichs nach Fertigstellung der U-Bahn neben den Ausgrabungen einen Seniorentreff einzurichten, der bald recht beliebt wurde, weil eben mitten im Stadtgetriebe gelegen. Sozialpolitik erlangte in diesen Jahren einen guten Aufschwung und verbesserte Mittelausstattung.

5.4.1. Sport in Frankfurt am Main

Nach 1945 ist die Stadt Frankfurt auch zu einem Sportzentrum geworden, wovon spätestens ab 1972 gesprochen werden konnte. In diesem Jahr wurde im Stadtwald, nahe den Stadion-Anlagen, das »Haus des Deutschen Sports« eingeweiht, ein Zentrum für verschiedene Sportorganisationen und gewissermaßen das Verwaltungszentrum des deutschen Sportes. Schon vor 1965 waren an dieser versteckten Stelle zwei Sportschulen entstanden, deren Besucher die Anlagen im nahen Stadion benutzen konnten. Natürlich hatte die Stadt Frankfurt bei allen diesen Anlagen kräftig mitfinanziert.

Schon Oberbürgermeister Walter Kolb hatte seinerzeit die Präsidentschaft des Deutschen Turnerbundes übernommen und sich auch ernsthaft um diese Aufgabe gekümmert. Freilich war der populäre Frankfurter Oberbürgermeister bei seiner Körperfülle kein Turner, wohl aber ein begeisterter Schwimmer, und dem Sport jedenfalls zugetan. Zunächst hatte die Stadt für den Wiederaufbau der vielfach zerstörten Sportanlagen und Turnhallen zu sorgen, nahezu zweidrittel aller Anlagen waren zerstört. Und das schönste aller Frankfurter Schwimmbäder, das Stadionbad, hatte die US-Besatzungsmacht zunächst beschlagnahmt. Alle Sportvereine waren vorsichtshalber aufgelöst worden. Dieser Zustand dauerte allerdings nicht lange.

Nach der Währungsreform ging der Aufbau neuer Sportanlagen für die gesamte Bevölkerung und für den Leistungssport zügig voran. Dabei fällt auf, daß für das Sachgebiet Sport eigentlich nie ein Magistratsmitglied vorzugsweise zuständig gewesen ist – bis, erst 1989, die Stadtverordnete Sylvia Schenk (SPD), Juristin und frühere Olympiasiegerin, mit einem solchen Dezernat betraut wurde. Gleichwohl hat sich das Gebiet Sport in Frankfurt am Main glänzend entwickelt. Das Geheimnis dieses erstaunlichen Faktums liegt wohl darin, daß Sport in allen seinen Teilen eine sehr populäre Angelegenheit ist, nicht nur zur Ausübung, sondern ebenso zum Zuschauen oder zum sonstwie Miterleben. Selbstverständlich hatten die zahlreichen Sportvereine in allen Parteien in der Stadtverordnetenversammlung »ihre Leute«, und entsprechend harmonisch ist denn auch meist im Sportausschuß zusammengearbeitet worden. Dies zeigen die rapide steigenden Aufwendungen für diesen Teil des Frankfurter Haushaltes. Die Akzeptanz aller Aufwendungen für diesen Sektor war eben sehr groß, es herrschten ganz andere Voraussetzungen als beispielsweise für die Kulturförderung durch den städtischen Haushalt, die von weit weniger Stadtverordneten getragen und in der Öffentlichkeit lange Jahre erheblich schwerer durchzusetzen gewesen ist. So konnte also der Sport sich sehr gut entwickeln, auch ohne die besondere Aufmerksamkeit von Magistratsmitgliedern. Das Ressort Sport ist nämlich vielfach anderweitig angehängt worden, zunächst an die Verwaltung der Schulen, eine Aufgabe, die den jeweiligen Dezernenten meist völlig in Anspruch nahm. Im Gegensatz beispielsweise zur Schulpolitik, auch zur Kulturpolitik, ist Sport für kontroverse politische Auffassungen ziemlich ungeeignet und gilt meist allseits als förderungswürdig. Außerdem hatte das Frankfurter Sportamt durch viele Jahre hin ausgezeichnete Amtsleiter, die sich für die Entwicklung des gesamten Sportbereichs sehr stark und erfolgreich engagierten.

Bis 1965 waren im Stadtgebiet von Frankfurt am Main wieder 20 Sportanlagen und 33 neue Spielfelder entstanden. Systematisch ist mit dem Aufbau von Bezirkssportanlagen in verschiedenen Stadtteilen begonnen worden, zunächst in Niederrad und Fechenheim. Wie so oft später wurde der Fußballsport durchaus bevorzugt behandelt, etwa bei dem Bau einer neuen Anlage am Bornheimer Hang, für die drei Millionen DM aus landes- und städtischen Mitteln aufzuwenden waren. Für die vielen zerstörten Schulturnhallen baute man zunächst vier Bezirksturnhallen, um den Schulsport einigermaßen sichern zu können. Die zwei existierenden Hallenbäder dienten mit zusätzlichen Einrichtungen auch als Reinigungsbäder und für medizinische Bäder. Die Flußbäder, vor dem Krieg gerne aufgesucht, konnten bald nicht mehr in Anspruch genommen werden, der zunehmenden Wasserverschmutzung wegen. So wurden die Flußbäder an der Nidda in Höchst und Hausen bald zu Beckenbädern umgebaut.

Auch andere Sportarten sind bald schon gefördert worden, zum Beispiel mehrere Bootshäuser für die Ruderer, zwei Rollschuhfelder und die Pferderennbahn in Niederrad[75].

Am 21. Mai 1960 wurde feierlich das »Stadtbad Mitte« eingeweiht, ausnahmsweise in den Wallanlagen nah dem Eschenheimer Turm mit großer Fensterfront gebaut. Dieses Bad, auch der günstigen Lage wegen äußerst beliebt, wurde später unter Denkmalschutz gestellt, als besonders gut gelungenes Bauwerk. Von der zweiten Hälfte der 1960er Jahre an ging überall die Benutzung der Reinigungsbäder zurück. Endlich gab es mehr und mehr ausreichende Badezimmer in den Wohnungen, die Reinigungsbäder konnten bald fast ganz abgeschafft werden. Am 14. Mai 1966 ist in Rödelheim das große Brentanobad, nach dem Umbau vom Flußbad zum Beckenbad, eröffnet worden. Es verfügt über 830 qm Wasserfläche und viel Platz für die Besucher, die in großer Zahl kamen. Auch in der Nordweststadt konnte ein Hallenbad im Nordwest-Zentrum (1968) eröffnet werden, und im September 1970 ein weiteres in Bornheim. Die Stadt hatte jetzt sechs Hallenbäder; in allen Bädern sind jährlich drei Millionen Besucher gezählt worden. Es kamen weitere Bäder hinzu, im Mai 1971 das Freibad Eschersheim. Die Eröffnung des Bades an einem kalten Tag ist für Oberbürgermeister Walter Möller dann verhängnisvoll geworden.

Die Versorgung der verschiedenen Stadtgebiete mit Bezirkssportanlagen ging weiter: 1971 konnte eine solche auch an der Ginnheimer Landstraße eröffnet werden, in der Nähe des Universitätssportgeländes. Angekündigt wurde bei dieser Gelegenheit, daß eine »Trimmanlage« noch dazu kommen werde; das Trimmen für jedermann war gerade große Mode und entsprechende Geräte sind an vielen Wegen eingebaut worden. Später hat man sie dann fast vergessen.

Natürlich gab es in den Frankfurter Sportanlagen auch internationale Wettkämpfe, die von großen Teilen der Bevölkerung mit Spannung verfolgt worden sind.

Am 31. Juli 1966 wird die deutsche Fußball-Nationalmannschaft auf dem Balkon des Magistratssitzungssaals von einer begeisterten Menge begrüßt

Eines der großen Sportereignisse war für Frankfurt und seine Sportfans zweifellos der Einzug der Frankfurter Eintracht in das Endspiel um die Deutsche Meisterschaft in Berlin. Schon bald nach Kriegsende konnte der Verein seinen Spielbetrieb wieder aufnehmen, zumal 1952 die neue Sportanlage am Riederwald eingeweiht wurde. Doch ihre große Zeit hatte die Fußballmannschaft erst in den Endfünfzigern, wo sie am 28. Juni 1959 in einem dramatischen Finale die Kickers aus Offenbach 5:3 schlug. Erstmals war die Eintracht Deutscher Meister und am nächsten Tag bereiteten 300000 Frankfurter der Mannschaft einen rauschenden Empfang[76].

Im September 1966 trat im Waldstadion Cassius Clay gegen seinen Herausforderer Karl Mildenberger um die Boxweltmeisterschaft an. Im gleichen Jahr gab es

Radweltmeisterschaften in der Radrennbahn[77] und ein internationales Reitturnier. 1968 war die Aufmerksamkeit auf ein Hallenhandball-Endspiel um die Europameisterschaft zwischen Bukarest und Prag gerichtet. Am meisten Spannung und vorhergehende Diskussionen ergaben sich 1974 um die Fußballweltmeisterschaft. Dafür kam nur das Stadion infrage, aber der Deutsche Fußballverband hatte spezielle Wünsche hinsichtlich des Ausbaus. Schließlich hat die Stadtverordnetenversammlung diesen Ausbau beschlossen, allerdings sollte er mit 19 Millionen limitiert sein, einschließlich einer neuen Flutlichtanlage – denn das Fernsehen, seit einigen Jahren farbig, sollte doch Aufnahmen machen können. Die Kosten beliefen sich schließlich auf 27 Millionen DM, wofür glücklicherweise Land und Bund mit aufkamen. Immerhin war das Frankfurter Stadion nun in bester Form und auch für Leichtathletikwettkämpfe geeignet.

In den späteren Jahren ist der Ausbau der Sportstätten weniger den Zahlen nach, als vielmehr in einer Art Modernisierung und Verfeinerung vor sich gegangen. Natürlich spielten die zahlreichen Sportvereine eine große Rolle, sie wollten möglichst eigenverantwortlich zu verwaltende Sportstätten haben und erhielten im allgemeinen dazu erhebliche Zuschüsse. Um 1970 gab es etwa 290 Sportvereine, 1988 aber 447 Vereine[78]. Der Zuwachs an Vereinsmitgliedern war weniger stark: von 1970 rund 95000 Mitgliedern auf 1988 etwa 129000, es trat also wohl eine größere Spezialisierung im Vereinswesen ein. An Turnhallen wurden 1970 insgesamt 156 gezählt, 1988 dann noch zwölf weitere. Die Sportanlagen nahmen in diesem Zeitraum von 121 auf 156 zu; dazu kamen noch über 300 Tennisplätze. Die teuren Hallenbäder konnten auch vermehrt werden, von sechs auf acht und vor allem mit dem hart diskutierten »Rebstockbad« um eine sogenannte Erlebnisanlage. Dieses Bad zu erstellen kostete an die 40 Millionen DM. Allerdings war der Zulauf beachtlich und nach Auskunft der Sportverwaltung trage sich dieses Bad, das seinerzeit im wesentlichen der für Sport auch zuständige Stadtrat Professor Dr. Peter Rhein durchgesetzt hatte. Eingeweiht wurde es am 14. November 1983. Bei den Summen, die mittlerweile für moderne Sportanlagen aufzuwenden waren, ist erklärlich, daß in den Stadtverordnetenfraktionen längere Diskussionen erforderlich wurden, bis zugestimmt worden ist. Das ist freilich fast immer dann doch erfolgt. So ging es mit der Eissporthalle auf dem Dippe-Meß-Gelände am Riederwald, die sich auch bald großer Beliebtheit erfreute, und später auch mit der Leichtathletikhalle in Kalbach. Allerdings blieb der Ausgabenanstieg nicht aus: 1979 sind für laufende Kosten des gesamten Sports in Frankfurt am Main 44,9 Millionen DM aufgewendet worden, 1988 waren es dann aber 94,0 Millionen DM. Bei der guten Ausstattung mit Sportanlagen war es kein Wunder, daß langsam die Idee aufkam, die Stadt Frankfurt am Main könne und solle sich für Olympische Spiele bereitmachen, etwa im Jahr 2000 oder 2004. Dafür ist auch einiges getan worden an Vorbereitung, bis nach dem Fall der Mauer zwischen den beiden deutschen Staaten die Stadt Frankfurt am Main sofort zugunsten von Berlin Abstand genommen hat von all solchen Zukunftsplänen.

5.5. Dom – Römerberg und Kultur

Der Römerberg in Frankfurt am Main gehörte jahrhundertelang zu einem der historisch bedeutendsten Plätze in Deutschland, europäische Geltung war ihm nicht abzusprechen. Solange auch die Frankfurter Messen dort stattfanden, war er voll quirligen Lebens, wie beispielsweise Heinrich Heine in seinem »Rabbi von Bacharach« bildhaft schilderte. Vom Römer zum Dom hatten sich auf dem berühmten Krönungsweg (Alter Markt) seit 1562 insgesamt zehn prunkvolle Krönungszüge durch die eng bebaute Altstadt bewegt. Und auf dem Römerberg versammelte sich die Bürgerschaft von Frankfurt am Main zu Huldigungen und vor allem zum Feiern. Später, als die wirtschaftlich so bedeutsamen Messen in den Römerhallen und am Mainufer keinen Platz mehr hatten und an den Stadtrand verlegt worden sind, war der Römerberg immer noch Treffpunkt für Frankfurter und Fremde, versehen mit angesehenen Gaststätten in der Häuserzeile gegenüber dem Römer, mit lebhaftem Wochenmarktgetriebe und nicht zuletzt wichtig als Zugang zur schönen Altstadt mit ihren Fachwerkhäusern und engen Gassen. Es gab dort auch die eine oder andere Schirn von Metzgern und Bäckern, also den Würstchenbuden früherer Zeiten, die freilich weit ansehnlicher gewesen sind als ihre späteren Nachfolger. 1945, nach dem Krieg, war dies alles vorbei und Trümmer umgaben den vormals so eindrucksvollen Römerberg, der nun als Platz überhaupt nicht mehr bestand.

Es sollte mehr als man gemeinhin einer Generation an Jahren zugesteht dauern, bis der Römerberg als Platz wieder erstanden ist. Diese Baugeschichte zu verfolgen als städtebaulich äußerst wichtigen und schwierigen Entscheidungsprozeß, um den sich viele Fachleute in der Verwaltung und freie Architekten ebenso bemüht haben, wie die gewählten Kommunalpolitiker und nicht zuletzt die sehr beteiligte und sich äußernde Frankfurter Bürgerschaft samt den Zeitungen, dies ist faszinierend.

1973 fragte der Chefredakteur der angesehen Architekten-Zeitschrift »Bauwelt« zum Auftakt einer Artikelserie über den Frankfurter Römerberg und den Bereich zum Dom hin: »… ausgespart oder liegengeblieben?«[79]

Die Frage war sehr berechtigt, denn in den 1960er Jahren bot sich zwischen Braubachstraße im Norden, dem Dom, und der Mainuferbebauung aus Anfang der 1950er Jahre (»Frankfurter Lösung«) und den zwei einsam stehenden 1951 neuerbauten Häusern am Ostrand des vormaligen Platzes ein eher chaotisches Bild. Stadtverordnete, die zum Römer eilten und manch andere nutzten die Freifläche zwischen einigen Restmauern gern als Parkplatz. Die Frage aus der »Bauwelt« ist so zu beantworten, daß diese Fläche westlich des Frankfurter Doms zunächst um 1950, von der »Frankfurter Lösung« ausgespart worden ist, aus guten Gründen, dann aber liegen blieb, und dies war wahrscheinlich auch kein Fehler. Denn es haben von 1949 an viele Überlegungen und mindestens drei vollständige Wettbewerbe zur Bebauung dieses Frankfurter Herzstücks stattgefunden. Dazu kamen zusätzlich etliche Veränderungen der jeweiligen Ergebnisse durch weiterführende Überlegungen oder andere Bedingungen. Zu letzteren gehörte zum Beispiel der 1. März 1969 einsetzende

U-Bahn-Bau mit Bahnhof »Römerberg«, woran 20 Jahre vorher noch niemand gedacht hatte.

Alle Frankfurter Oberbürgermeister, von Walter Kolb bis Walter Wallmann, und natürlich nicht sie allein, sondern die jeweiligen Stadtverordnetenversammlungen, Magistrate und Verwaltungen, alle hatten sich um die Gestaltung dieses Bereichs zu kümmern. Es könnte auch sein, daß noch weitere Aufgaben anstehen, daß zum Beispiel der Teil der offen gelegten Ausgrabungen, der »Historische Garten«, westlich vom Domturm noch nicht seine endgültige Formung gefunden hat[80].

Die Vorschläge für die Bebauung des insgesamt 6000 qm großen Areals, das dann später stets mit »Dom-Römer-Bereich« bezeichnet worden ist, beginnen bereits 1949, im Zusammenhang mit dem großen Wiederaufbauprogramm für das gesamte Gebiet bis zur Hauptwache und Zeil, der »Frankfurter Lösung«. Bewußt hat man damals das Herzstück seiner historischen Bedeutung wegen ausgespart, aber doch drei verschiedene Bebauungsvorschläge beiläufig erörtert, darunter die Vorstellung der Frankfurter Altstadtfreunde für einen historisch getreuen Wiederaufbau, was aber von keinem Stadtpolitiker unterstützt werden konnte.

1950/51 gab es einen »Altstadtwettbewerb«, ohne Vorgabe irgendwelcher Nutzungsmöglichkeiten. Das bleibende Ergebnis dieses ersten Versuchs war, daß auf jeden Fall die Mainfront mit Wohnhäusern zu schließen sei. 1952 bis 1955 war zunächst der Römer selbst wieder als Rathaus aufzubauen. Dann veranlaßten Oberbürgermeister Bockelmann und sein Baudezernent Kampffmeyer einen internationalen »Dom-Römer-Wettbewerb« 1962/63. Im Vorwort erinnerte Oberbürgermeister Bockelmann an die Bedeutung dieses »inneren Kernraumes der Stadt Frankfurt«, den Bruno Taut die »Stadtkrone« genannt habe[81]. Es hatten sich 54 Architekten beteiligt[82]. Preisträger waren die Frankfurter Architekten Bartsch und Thürwächter, deren Vorschläge dann auch lange Zeit der weiteren Diskussion als Grundlage dienten[83]. Geschickt hatte der Planungs- und Baudezernent, Hans Kampffmeyer, die Situation genutzt und den auch notwendigen Verwaltungsbau für die technischen Ämter mit in die Planvorgaben eingebracht. Dafür hoffte man damals auch noch, den an Braubach- und Domstraße liegenden überaus häßlichen Bau des Hauptzollamtes mit in die Bauvorhaben einbeziehen zu können, was sich aber als unmöglich erwies.

Tatsächlich hat sich die Bebauung so entwickelt, daß zunächst von Norden her, entlang der Braubachstraße, für die Verwaltung das »Technische Rathaus« geplant worden ist und von Süden her, hinter den Bauten der Mainfront, entlang der alten Saalgasse, das Evangelische Gemeindezentrum zu bauen begonnen wurde. Damit blieb die Mittelzone immer noch frei und der Planung bedürftig. In diesem Stadium setzte die Stadtverordnetenversammlung nach 1964 zunächst einmal durch, daß im Mittelfeld eine gründliche »Altstadtgrabung« vorgenommen werden konnte, bevor weiter gebaut worden ist. Es sind auch etliche Funde zustande gekommen, insbesondere, was man nicht wußte, kamen Reste der karolingischen Bebauung auf dem Domhügel zutage, die Römer hatte man schon eher mit einigen Spuren in dieser hervorragenden Siedlungsanlage vermutet[84]. Der Ausgräber, Dr. Otfried Stamm, nutzte die Situation und drang darauf, daß am Saalhof »des riches palas«, der alte Staufer-Palas, wie er meinte, ausgebaut werden müsse. Mittel dafür waren schließlich durchzusetzen, obgleich die wenigen Historiker in der Stadtverordnetenversammlung der Meinung waren, daß dieser östliche Gebäudeteil, der nördlich an die Saalhofkapelle anschloß, wohl kaum ein staufischer Palas gewesen sein könne, den man eher an der Mainfront zu suchen habe. Wie auch immer, es kam nur darauf an, Mittel für solche Bauten in der Zeit der Rezession frei zu bekommen, und das ist gelungen. Die Saalhofkapelle, das älteste, aus dem 11. Jahrhundert stammende Bauwerk im alten Stadtbereich Frankfurts, konnte dann später (1970) auf Antrag aus der Stadtverordnetenversammlung auch wieder hergestellt werden. Erst durch die Kriegszerstörungen ist dieser Teil des alten Salier- oder Stauferpalastes, von Umbauung befreit, sichtbar geworden und gehört seitdem zum Historischen Museum.

Die Planungs- und Bauvorhaben im Dom-Römer-Bereich kamen trotz der Nachwirkungen der Rezessionsphase im Jahr 1969 wieder in Gang, nicht zuletzt wegen der U-Bahn-B-Linie (später Linie 4), deren Vorstoßen in diesen Bereich abzusehen war. Die Beschlüsse zur Finanzierung der U-Bahn waren gefaßt, eine riesige Baugrube tat sich vor dem Römer auf und zog sich beinahe bis zum Dom hin. Die beiden Häuser gegenüber dem Römer, die aus der ersten Aufbauzeit stammten, mußten abgerissen werden und niemand trauerte ihnen nach. Es war hohe Zeit Klarheit zu schaffen, wie alles nach Fertigstellung des U-Bahn-Baus weitergehen sollte.

Die Stadtverordnetenversammlung richtete 1969 deswegen eigens einen Sonderausschuß »Bebauung Dom-Römer-Bereich« ein, dem der Vorsitzende der Mehrheitsfraktion, Gerhard Weck, vorstand. Auch der Vorsitzende der CDU-Fraktion, Dr. Jürgen Moog, gehörte diesem Ausschuß an[85]. Auf Beschluß der Stadtverordnetenversammlung vom 24. April 1969 hatte der Magistrat am 1. Dezember 1969 die entscheidende Vorlage »Bebauung des Dom-Römerberg-Bereichs; hier: 1. Bau- und Finanzierungsvorlage« M 530 eingebracht. Zu dieser weitausgreifenden »Gesamtkonzeption« gehörte nun ein umfassendes Programm, das zuvor natürlich in der Mehrheitsfraktion der SPD hatte erst durchgesetzt werden müssen. Und dies war nicht einfach gewesen, am wenigsten hinsichtlich des »Technischen Rathauses«. Neben dem »Historischen Museum«, für das der Magistrat schon 1959 einen Platz südlich der Nikolai-Kirche hatte reservieren lassen, waren in dieser Vorlage eigentlich nur die Planungen für das »Technische Rathaus« wirklich konkret beschrieben.

Die Gesamtkonzeption sah also vor: 1. den Bau des U-Bahnhofes Römerberg; 2. den Neubau eines Museumstraktes, sowie Wiederaufbau und Ausbau des Staufersaales, des Bernus- und des Burnitzbaues im Saalhofkomplex als »Historisches Museum«; 3. den »Bau des Verwaltungsgebäudes Rathaus Planung-Bau«; 4. den Bau einer zwei- bis dreigeschossigen Park- und Erschließungsebene, also einer Tiefgarage mit Abdeckung, genannte »Substruktion«, auf der weitergebaut werden könnte; dazu der »Historische Garten« als Tiefzone mit den Resten römischer und karolingischer Bauten oder Mauern; 5. Hochbauten in der Mittelzone, über die erst nach Abschluß der Tiefbauten Einzelaussagen gemacht werden könnten; 6. das Leinwandhaus und 7. Maßnahmen zur Gesamterschließung, Fußgängerzonen usw.

Zur Finanzierung waren lediglich 14 620 000 DM für die Bauten des Historischen Museums und 45,75 Millionen DM für das Technische Rathaus ausgewiesen. Für die Substruktion waren als Voranschlag 16 Millionen angegeben. Insgesamt waren also schon diese Teilbauten reichlich kostspielig mit etwa 76 Millionen DM.

Zu diesem Magistratsvortrag M 530 vom 1. Dezember 1969 erhob sich in der Öffentlichkeit, statt Zustimmung, daß nun endlich der Dom-Römer-Bereich bebaut werden sollte, eine große Protestwelle, und zwar gegen das geplante Technische Rathaus. Bürgerinitiativen wurden gegründet, die Bau- und Planungsverwaltung gab ihrerseits Informationsblätter heraus[86]; Unterschriften gegen den Verwaltungsbau an dieser Stelle wurden zu tausenden gesammelt und umfangreiche Alternativplanungen vorgelegt für einen Bau am Dominikanerplatz (später wieder rückbenannt in Börneplatz)[87]. Selten gab es in Frankfurt am Main derart viele Proteste gegen ein Bauvorhaben, wobei in diesem Falle die protestierende Bevölkerung sich hauptsächlich gegen die befürchtete Behinderung des Dom-Anblickes an dieser Stelle wandte, aber auch gegen den Verwaltungsbau. Dabei ist freilich nicht berücksichtigt worden, daß jeder kommerzielle Bau vermutlich noch weit störender gewesen wäre, denn die Architekten bemühten sich, durch zurückgenommene Gestaltung im südlichen Bereich den Domblick nicht zu verstellen, und durch Auflockerung in drei Turmzonen das große Gebäude eleganter erscheinen zu lassen. Es wurde schließlich auch wie geplant gebaut. Die Frankfurter nannten die drei Türme respektlos »Elefantenfüsse«, gewöhnten sich aber schließlich an den Bau, der 1972/73 bezogen werden konnte und später einen Architektur-Preis erhielt.

Die Stadtverordneten hatten sich mit der Protestwelle natürlich auseinanderzusetzen und waren ihrerseits auch recht unsicher, was die übrige Planung für den Dom-Römer-Bereich anging. So war schon bevor der Magistrat seinen Vortrag einbrachte, eine öffentliche Anhörung des Sonderausschusses »Bebauung Dom-Römer-Bereich« für den 16. Oktober 1969 im Plenarsaal des Römers angesetzt[88]. Bei dieser ausführlichen Befragung des Städtebaubeirates durch die Stadtverordneten sprachen sich die meisten der Architekten eindeutig für den vorliegenden Bebauungsvorschlag aus dem Wettbewerb 1962/63 aus, das hieß für das Technische Rathaus und für eine moderne Bebauung der restlich verbliebenen Mittelzone. Wortführer war zumeist der bekannte Architekt Alois Giefer, der das Flughafenempfangsgebäude baute und später auch das Leinwandhaus in historisch getreuem Wiederaufbau erstellte. Den zuhörenden SPD-Stadtverordneten kam dies natürlich sehr entgegen, denn man wollte den Bau- und Planungsdezernenten Kampffmeyer mit seiner Planung für die eigenen Mitarbeiter nicht im Stich lassen. Außerdem gab es auch keine anderen Vorstellungen, was an dieser Stelle etwa gebaut werden sollte. Zudem gehörte zur Planung für das Technische Rathaus auch, daß im Erdgeschoß an der Südseite mehrere Gaststätten mit Sitzgelegenheiten draußen und auch Läden eingeplant waren. Das konnte also durchaus der Belebung der bislang tristen Gegend dienen und dies war ja auch beabsichtigt.

In der Anhörung ging es mehr noch um die übrigen Planungen. Der Vorsitzende, Gerhard Weck, betonte mehrmals, man wisse, daß in der Bevölkerung nach wie vor viele Einwendungen gegen die so moderne Planung der Mittelzone vorhanden seien, daß diese Auffassungen an die Kommunalpolitiker herangetragen würden. Darauf Giefer: »Da möchte ich nur sagen, von unserem Ausschuß gibt es keine einzige Meinung in dieser Richtung vom historischen Aufbau oder so. Ich glaube, das werden mir die Kollegen bestätigen. Da kann ich ruhig für alle sprechen.«[89] Im Laufe der mehrstündigen Anhörung gab es dann aber doch eine Gegenstimme des Architekten Drevermann, nämlich daß er »mit der Platzwand an der Ostseite von Anfang des Wettbewerbs nicht einverstanden gewesen« wäre. Aber er habe sich dem Urteil erstklassiger Experten wie Hillebrecht und anderen gefügt, die die weite Öffnung der Platzwand für richtig hielten. »Ich bin der Auffassung, daß der Römerberg darunter leiden wird«, zuviel Öffnung und zu wenig Wände zu haben. »Der Römerberg hieß ja mal die ›gut Stubb‹ von Frankfurt.« Seiner Meinung nach müsse der Römerberg im Osten wieder so geschlossen werden wie bisher[90]. Stadtverordnete der SPD hatten sich nach der Römerbergfront erkundigt[91], aber nur der Stadtverordnete Riedel (CDU) sagte klipp und klar: »Ich bin dafür, daß man die Ostseite des Römerbergs historisch getreu aufbaut«[92]. Und weiter: »Wir brauchen uns der Vergangenheit Frankfurts nicht zu schämen. Noch immer beschäftigen sich breite Schichten Frankfurts mit diesem Problem. Es stünde der Stadt Frankfurt gut an, für künftige Generationen ein Zeugnis hinzustellen, das den Menschen klar macht, was damals hier gewesen ist.«

Der ebenfalls der CDU angehörende Stadtverordnete Freiherr von Bethmann betonte ähnlich, ihm erschiene es richtig, die Ostfront des Römerbergs geschlossen zu halten, dafür aber vor dem Dom viel freien Platz zu lassen. So gingen die Meinungen weiter hin und her, jedoch war deutlich geworden, daß der Städtebaubeirat mit sehr großer Mehrheit die Planungen für das moderne Bauen befürwortete.

Über die Magistratsvorlage M 530 ist dann lange beraten worden, beschlossen wurde sie erst am 19. März 1970, dem Tag, an dem die Stadtverordnetenversammlung den erkrankten Oberbürgermeister Willi Brundert für eine zweite Amtsperiode wiederwählte. Brundert schrieb den Stadtverordneten mit seinem Dank für die Wiederwahl unter anderem, daß seiner Auffassung nach keinen Aufschub dulde, »der Ausbau des Dom-Römer-Bereiches, auf den ich in den letzten Jahren wiederholt hingewiesen habe. Nur so kann die uns optisch und psychologisch stark belastende große Wunde des letzten Krieges endlich geschlossen werden. Damit muß ich allerdings aus gegebenem Grund die Anregung verbinden, die Diskussion der Bebauung nicht ausschließlich auf das Technische Rathaus zu begrenzen«. Weiter ging Brundert in seinem Schreiben auf den »Ausbau der Opernhausruine« ein, über die voraussichtlich in absehbarer Zeit eine Entscheidung fallen werde, »sicher zu Gunsten einer Nutzung als Kongreß- und Konzerthalle«[93].

Mit dem Hinweis auf die »Opernhausruine« schnitt der Oberbürgermeister ein seit langem virulentes Problem an. Die Frankfurter Bürger, soweit sie sich engagierten, waren eigentlich am Wiederaufbau des Opernhauses mehr interessiert, als an dem weit komplizierteren Bauvorhaben Dom-Römerberg-Bereich. Unstreitig waren beides Vorhaben zur Behebung von Kriegsfolgen. Aber selbst die reiche Stadt Frankfurt sah sich nicht in der Lage, beide Bauvorhaben gleichzeitig zu finanzieren. So hat für lange Jahre eigentlich das jeweils andere Projekt die Verwirklichung des einen behindert. Gleichwohl sind die Planungen vorangetrieben worden und fanden auch Befürworter in der Mehrheitsfraktion, wenn auch keine Mehrheit bis kurz vor der Wahl im Frühjahr 1977. Da es über den Wiederaufbau »Alte Oper« eine gute und ausführliche Darstellung von Wilfried Ehrlich gibt[94], wird hier das noch weit verwickeltere Vorhaben Wiederaufbau Dom-Römerberg in den Vordergrund der Betrachtung gestellt.

Der weitere Fortgang der Beschlußvorlage zur Bebauung des Dom-Römer-Bereichs brachte Gegenanträge von FDP und CDU, die allem zustimmten, nur nicht dem Technischen Rathaus. Die SPD-Fraktion hat dann die gesamte Vorlage mit ihrer Mehrheit am 19. März 1970 beschlossen, und 1972 konnten Teile des Technischen Rathauses bereits bezogen und im Dezember 1972 auch das Historische Museum eingeweiht werden.

In der Zwischenzeit war der U-Bahn-Bau im Untergrund vorangekommen und auch die Tiefgaragen fertig gestellt. Die teure und vielberedete »Substruktion« stellte sich nun fast als Stoppelacker dar, als Stahlrohre, die etwa einen Meter hoch, jeweils gebündelt, aus der Betondecke herausragten. Denn es sollte ja weiter gebaut werden, nur war zu diesem Zeitpunkt zwar viel an Plänen vorhanden, aber nichts beschlossen. Die Fachleute machten den Stadtverordneten klar, daß aus technischen Gründen diese Stahlstreben ummantelt werden müßten, sollten nicht irreparable Schäden eintreten. Dies kostete wiederum vielstellige Summen und brachte die sogenannte »Höckerzone« zuwege. Inzwischen hatte Stadtrat Adrian das Stadtplanungsdezernat übernommen und engagierte sich mit viel Verständnis und grundsätzlichen Überlegungen[95] für den Fortgang der Arbeiten im Dom-Römerberg-Bereich. Später war Stadtrat Haverkampf zuständig, und ihm gelang es, durch mancherlei Grün und Bänke, die Höckerzone wenigstens einigermaßen erträglich zu machen. Eine Dauerlösung war dies natürlich nicht. Es war die Zeit der drei allzurasch aufeinanderfolgenden Oberbürgermeister, inzwischen also Rudi Arndt, der zunächst einmal abwartete, was die jeweiligen Dezernenten nun in dem unfertigen Bereich voranbrächten.

1971 hatte nämlich die Stadtverordnetenversammlung auf Vorschlag der SPD-Fraktion beschlossen, in der Mittelzone ein »Kulturelles Zentrum« zu errichten. Die Zentrale der Stadtbücherei sollte dorthin, ein Teil der Volkshochschule, möglichst die Jugendmusikschule, ein Kabarett, eine Graphische Werkstatt war von dem Künstler Christian Kruck vorgeschlagen, Ausstellungsflächen und noch so manches mehr war angeregt. Man wollte den bislang ziemlich brach liegenden Dom-Römer-

Während im Westen der Innenstadt weitere Hochhäuser gebaut werden, bietet sich das Herz der Stadt am Römerberg lediglich als Substruktion mit »Höckerzone« dar, Juli 1979

berg-Bereich auf jeden Fall belebt sehen. Stadtrat Hilmar Hoffmann, gerade erst in Frankfurt gewählt, fügte seinerseits das Verlangen nach einem »Audiovisuellen Kommunikationszentrum« hinzu[96]. Dies war nun alles zusammen zuviel und so ging zunächst einmal gar nichts voran. Für die Stadtbücherei, die, auch kriegsbeschädigt, unbedingt neue Räumlichkeiten brauchte, ließ sich an der oberen Zeil ein Mietobjekt finden, das dem damaligen Leiter, Dr. Joachim Vogt, mehr zusagte, als weiter auf den Neubau am Römer zu warten. So entfiel das einzige Objekt, für das unbestritten möglichst sofort Raum benötigt wurde. Man konnte noch zuwarten, was den städtischen Finanzen zugute kam.

Die Höckerzone konnte nun aber nicht unbeschränkte Zeit so bleiben, wie sie sich darbot. Außerdem war für den Herbst 1976 nicht nur mit der Bundestagswahl, sondern in Hessen auch mit einer Kommunalwahl zu rechnen, (die Kommunalwahl ist dann allerdings um ein halbes Jahr verschoben worden mit der Begründung der Gemeindereform und der Notwendigkeit einer längeren Vorbereitungszeit in manchen neuzusammengewürfelten Städten und kleineren Gemeinden). Am Römerberg behalf man sich in Frankfurt zunächst mit Verbesserungsmaßnahmen. Dazu gehörte die Beschaffung von Kandelabern im Stil von 1900 und mit dem Stadtwappen, vor allem aber die sachgerechte Pflasterung des großen Römerbergplatzes. Hierzu mußten eigens Facharbeiter aus Italien geholt werden, die es noch verstanden, eine harmonische Musterung auf den Boden zu bringen. Dabei ist östlich des Gerechtigkeitsbrunnens, am Samstagsberg, dafür gesorgt worden, den Fund eines schwer erklärbaren großen Mauerrings[97] durch Pflasterung zu kennzeichnen. Angestoßen durch die Situation im Westend, auch durch die Proteste gegen das Technische Rathaus, hatten Stadtverordnete und Magistrat gelernt, daß es klüger ist, eine Konfliktvermeidungsstrategie in Sachen Stadtplanung zu betreiben. Man bemühte sich deswegen rechtzeitig die Bevölkerung in eine Diskussion einzubeziehen, und dann erst zu entscheiden, was geschehen soll. So wurde nun also verfahren. Der Vorsitzende des Sonderausschusses »Dom-Römerberg«, Hans Michel, zugleich Vorsitzender der SPD-Stadtverordnetenfraktion, hatte das Presse- und Informationsamt der Stadt veranlaßt, eine Broschüre mit dem Titel: »Zur Diskussion: Was kommt zwischen Dom und Römer?« über die »noch nicht abgeschlossene Diskussion« zum Römerberg herauszubringen, zumal es auch noch einen neuen Vorschlag gäbe. Dies war die Überlegung des Oberbürgermeisters Rudi Arndt, »die Front zum Römerberg in Anlehnung an historische Beispiele wieder zu bebauen«[98].

In der gut aufgemachten Broschüre von 1975 wird erst das Projekt aus dem Wettbewerb 1962/63 mit Skizzen dargelegt, auch der Architekt, Anselm Thürwächter kommt zu Wort. Dann erst schreibt Rudi Arndt auf sechs Seiten, angereichert mit hübschen Zeichnungen, über seinen Vorschlag. Übersichtlich sind die drei möglichen Lösungen mit jeweils pro und contra dargelegt. Inzwischen hatten sich die Parteien im Römer auch einigermaßen festgelegt, die FDP nämlich für einen großen, freien Platz vor dem Dom und bis zum Römer, die CDU auf möglichst viel Wohnbebauung in diesem Areal und in der SPD waren die Meinungen geteilt. Einerseits und offiziell war man für ein Bildungszentrum, wobei der Oberbürgermeister schrieb, daß »die Wunschliste immer größer wurde«, nämlich mit der Verwaltungsschule, mit einer »neuen Schirn«, mit Kabarett und Pressezentrum, und andererseits hatte auch in der SPD die Idee des Wiederaufbaus der historischen Ostzeile Anhänger gewonnen. Oberbürgermeister Arndt vertrat diese Zielsetzung unumwunden und in gewohnter Deutlichkeit.

Der Oberbürgermeister, in Frankfurt am Main aufgewachsen und mit Altstadt und Römerberg, wie sie vor dem Krieg gewesen waren, sehr wohl vertraut, war sicher überzeugt von seiner Idee, zumal der Wunsch nach Wiederherstellung des alten Bildes am Römerberg spürbar in der Bevölkerung Resonanz hatte. Als Finanzexperte war der Oberbürgermeister aber auch klug oder listig genug zu sehen, daß der von ihm angeregte Wiederaufbau, nämlich zunächst nur der Ostzeile, das kostengünstigste von allen Vorhaben gewesen wäre. Die Anhänger dieser Vorstellung suchten ihrerseits Rudi Arndt zu überzeugen, daß »historischer Wiederaufbau« dann aber möglichst korrekt in der alten Weise erfolgen müsse. Dies schien auch möglich, weil versichert worden ist, daß seinerzeit Städelschüler Haus für Haus genau vermessen und aufgezeichnet hatten. Die Diskussion um die verschiedenen Vorschläge dauerte nun geraume Zeit und die Idee des historischen Wiederaufbaus gewann mehr und mehr an Zustimmung. Andere hielten dagegen und sprachen von »Puppenhäuschen« oder Modernitätsscheu. Arndt war das gleichgültig, und in seinem Kommunalpolitischen Situationsbericht machte er deutlich, daß es ihm nichts ausmache, als Banause in dieser Sache beurteilt zu werden. Er halte den historischen Aufbau für den richtigen Weg und die Architekten sollten einsehen, daß das, was sie bauen, vor allem den Bürgern gefallen müsse.

Die Diskussion auf diese Schiene zu lenken war auch deswegen geboten, wie Arndt weiter ausführte[99]. weil alle Parteien versprochen hätten, für den Wiederaufbau der »Alten Oper« als Konzert- und Kongreßhalle zu sorgen. Dies werde 60 bis 80 Millionen kosten, und der Beitrag der Aktionsgemeinschaft Opernhaus oder anderer Spender könne immer nur einen kleinen Teil dieser Mittel abdecken. Man müsse also dafür sorgen, daß die geplanten Großprojekte, Oper und Römerberg, den möglichen finanziellen Rahmen nicht sprengten. Die Diskussion war wieder eröffnet. In dem Zustand, wie er nach Abschluß der U-Bahnbauten und einigen Verbesserungen erreicht war, blieb vorerst der Römerberg mit einer offenen Ostflanke. Die definitive Entscheidung über den Wiederaufbau, vor allem der Ostzeile des alten Platzes, dieses stand noch immer aus.

Am Domturm wurde 1975/76 tatkräftig renoviert. Hierfür war die Stadt Frankfurt zuständig nach dem Dotationsvertrag. Bei dieser Überholung der gotischen Zierrate am »Parrturm« ist nicht so vorgegangen worden wie in Köln, nämlich durch handwerkliches Nacharbeiten, sondern es wurde ein schnelleres modernes Verfahren mit formbarer Masse angewandt. Dem Anblick des Domturms hat dies nichts ausgemacht, der Haltbarkeit der ergänzten Teile hoffentlich auch nicht. Leider ist es nicht gelungen von diesem Zeitpunkt an eine »Dombauhütte« zu installieren, die sich um das bedeutende Bauwerk ständig zu kümmern hätte. Der Treppenaufgang zum Domturm war nach Abschluß der Arbeiten wieder geöffnet. Man konnte also im Sommer für 50 Pfennig den Turm besteigen und vom ersten Absatz sehr gut die Höckerzone zwischen Dom und Römer betrachten, und nach Westen zu, über den berühmten drei Stufengiebeln der Römerbauten, die ersten Hochhäuser der Stadt.

Nachdem Oberbürgermeister Arndt 1975, entgegen den Vorstellungen der SPD-Mehrheit in Unterbezirksvorstand und Fraktion, für den historischen Aufbau der Ostzeile am Römerberg eingetreten war, gewissermaßen einen Stein ins ruhige Wasser geworfen hatte, zog dies immer weitere Wellen. Zustimmung aus großen Teilen der Bürgerschaft war spürbar, aber auch scharfe Ablehnung, ganz besonders bei den sogenannten Meinungsführern in den verschiedenen Medien. Der Magistrat zog daraus die Konsequenz, weitere konkrete Diskussionsgrundlagen erarbeiten zu lassen und richtete 1976 eine »Planungsgruppe« ein, die einen Vorentwurf für die Mittelzone erstellen sollte, und zwar für beide Varianten. Dieser Planungsgruppe gehörten allerdings die Architekten an, die den 1. Preis beim Wettbewerb 1962/63 gewonnen hatten, die natürlich auch gerne bauen wollten. Aber sie hatten den klaren Auftrag des Dezernenten für Bau und Stadtwerke, Jochen Krull, Gestaltungskriterien zu entwickeln, »unter welchen technischen Bedingungen ein Wiederaufbau der im Krieg zerstörten Ostzeile am Römerberg möglich wäre.«[100] Außerdem sollten auch für einen eventuellen neuen Architektenwettbewerb Kriterien entwickelt werden. Die Gruppe wies auf die technischen Schwierigkeiten hin, die durch die existierende Substruktion nun einmal vorgegeben seien. Fair und vorsichtig argumentierend kam die Planungsgruppe zu dem Ergebnis, daß 1.) das Haus »Engel« an der nördlichen und der »Schwarze Stern« an der südlichen Seite einen Aufbau wohl lohnend erscheinen ließen, daß diese Gestaltung aber auf keine Fall bloß »historisierend« sein dürfe; 2.) das Nutzungsprogramm von 1971 reduziert werden müsse; und 3.) wurde schon hier auf die Schwierigkeiten verwiesen, die sich von einer historischen Ostzeile für die Anschlußbauten im Mittelfeld ergeben würden[101]. Eigentlich warnte die Planungsgruppe auch vor dem historischen Wiederaufbau, denn er sei schwierig und teuer[102]. Auf die vorbildlichen Lösungen des Wiederaufbaus in Warschau und Danzig eingehend wurde angemerkt, daß solche Bauleistungen nur akzeptabel seien, wenn man »bis in die Details die früheren Vorbilder kopiert.« Dann wies die Planungsgruppe auf den wesentlichen Punkt hin, der für eine moderne Lösung ebenso gelte, wie für eine historische: »Eine große Bedeutung für die städtebauliche Gesamtsituation kommt der Entscheidung zu, ob der Römerberg an seiner Ostseite im Verlauf der alten Bauflucht wieder geschlossen wird oder eine deutliche Öffnung zum Dom behält.«[103]

Im Zusammenhang mit dieser weiteren Diskussionsgrundlage wurde im Stadtarchiv eine Expertise über die Bedeutung des gesamten Areals für die Stadt Frankfurt am Main eingeholt. Diese Anfrage hatte eine vorzügliche, knapp gefaßte Darstellung zur Folge, die später auch veröffentlicht worden ist. Sie beginnt damit, festzustellen: die Altstadt zwischen Dom und Römer »ist die Keimzelle der Stadt Frankfurt«. Allerdings ist ein klarer Hinweis für eine zu treffende Entscheidung welcher Art die Bebauung der Westseite des gesamten Bereiches sein solle, daraus auch nicht zu entnehmen. So heißt es abschließend: »Der Historiker wird eingedenk der Tatsache, daß sich Frankfurt in seiner Erscheinungsform öfter gewandelt hat, nicht unbedingt für einen historisch getreuen Wiederaufbau einzelner Partien oder ganzer Komplexe plädieren. Er wird jedoch raten, dem gotischen, ursprünglich in das Gewirr der Altstadtdächer eingebundenen und deshalb im Sockelbereich wenig gegliederten Domturm wieder ein angemessenes Ambiente und der Stadt im Bereich ihrer historischen Keimzelle wieder die qualitätvolle Mitte zu geben.«[104] Ein Paar Jahre vorher hatte Hans Adrian in seinem Beitrag zur »Bauwelt« zum Thema Dom-Römerberg-Bereich gesagt, »es sei daran erinnert, daß die Städte handeln müssen«.

Zum Thema Handeln der Städte ist das Projekt Dom-Römerberg-Bereich in Frankfurt am Main ein Musterfall, aber auch ein Beleg für die Kontinuität der langfristigen Planungen in einer Stadt. Denn inzwischen hatte im März 1977 eine Kommunalwahl stattgefunden, die einschneidende Veränderungen zur Folge hatte.

371

Gleichwohl gingen die Planungsvorstellungen für den Römerberg und die Mittelzone weiter – mit leichter Akzentverschiebung, hin zur Bevorzugung des historischen Wiederaufbaus der Ostzeile. Bis auf die Spitze des Magistrats und der Stadtverordnetenversammlung bleiben die handelnden Personen ja weitgehend die gleichen, wenn auch die SPD nunmehr in der Opposition sich wiederfand.

Neben dem Problem, historischer Wiederaufbau der Ostzeile oder nicht, gab es ja auch, und deutlich genug, ein Strukturproblem für diesen Bereich. Seit 22 Jahren war das Gebiet vor der Römerfront zwar nicht wüst und leer, aber auch nicht besonders attraktiv, wenn auch langsam verbessert und endlich ohne die parkenden Autos. Nicht erst seit Kriegsende hatte sich das Gebiet um die Hauptwache zu einem anderen Mittelpunkt der Stadt entwickelt, und mit der Sperrung der Zeil für Autos, die probeweise 1975 veranstaltet worden ist, zeigte sich erst recht die Anziehungskraft dieser dem Kommerz gewidmeten Zone. Die Fußgängerströme bewegten sich dort und nicht zum Römer hin. Die neue Berliner Straße konnte als weitere Sperre fußläufiger Beziehungen zum alten Mittelpunkt der Stadt hin wirken. Und was – außer dem Römer selbst – war schon besonderes am Römerberg zu erreichen? Die wenigen Läden verursachten keinen zusätzlichen Fußgängerstrom: eine leichte Verbesserung trat ein mit den Cafés, Gaststätten und Läden, die beim Bau des Technischen Rathauses abfielen. In der ursprünglichen Planung für den Römerberg-Bereich hatten auch ein Kaufhaus (»für gute Form«) und ein Hotel eine Rolle gespielt, was alles Mangels Belebung wieder fallen gelassen worden ist, glücklicherweise, muß man wohl sagen. Den hauptsächlichen Anteil an Fußgängern stellten die Sachsenhäuser, oder alle anderen, die über den Eisernen Steg schnell über den Main kommen wollten. Der Römerberg war also insoweit auch Durchgangsstraße. Aber die Zeil und Hauptwache, Handel und Verkehr, Einkaufen und Treffpunkte, hatten vorerst das alte Bürgerzentrum ins Hintertreffen geraten lassen. Ob nun – wie geplant – Bauten für kulturelle Aktivitäten genügend Anziehungskraft ausstrahlen könnten, oder eben die Platzgestaltung selbst? Oder ob nicht doch eher für mehr Wohnraum zu plädieren wäre; dies letztere war die Meinung der CDU-Fraktion. In diesem Stadium wurde intern und in der Stadt weiter diskutiert, bis dann 1980 eine Entscheidung gefallen ist: für den historischen Wiederaufbau, aber erst nach einem neuen Architekten-Wettbewerb.

Die jahrelange Diskussion um die Neugestaltung des Dom-Römerberg-Bereiches erbrachte, sozusagen als Nebenergebnis, für die Kommunalpolitik eine neue Einschätzung der städtischen Kulturpolitik. Denn es sollten ja die neuen Bauten für Kultur sein, die diesen ganzen Bereich wieder richtig beleben könnten. Die neue Wertschätzung städtischer Kulturpflege war außerdem sehr gefördert durch die mancherlei Aktivitäten des Kulturdezernenten Hilmar Hoffmann. Als erste Neuerung hatte er die Idee des »Kommunalen Kinos« mitgebracht und dies Vorhaben auch durchgesetzt, es wurde ein großer und vielfach nachgeahmter Erfolg. Viele Städte haben im Lauf der Zeit diese Einrichtung für Film-Interessierte übernommen und das sind nicht nur junge Bürger. In Frankfurt war noch dazu günstig, daß ein

Durch eine Plakataktion versuchte Kulturdezernent Stadtrat Hilmar Hoffmann erfolgreich, das ehemals dem Städel gehörende Bild der »Börnerplatz-Synagoge« von Ludwig Beckmann für Frankfurt zurückzukaufen

sehr tüchtiger Leiter für das Kommunale Kino gewonnen werden konnte. Zunächst kam das Kommunale Kino im Historischen Museum unter. Hoffmann setzte neue Akzente auch durch die großzügige Förderung von Aktivitäten aus den mancherlei nach 1968 entstandenen Initiativen, wie etwa dem Club Voltaire in der Kleinen Hochstraße oder dem »Sinkkasten«, der bevorzugten Diskothek in der Innenstadt Frankfurts. Außerdem wurden in der Sommerzeit mit beträchtlicher Resonanz Programme wie »Lieder im Park« gestartet. Oder sonntägliche Jazz-Konzerte im Hof des Historischen Museums, sie fanden ein kenntnisreiches Publikum und ähnliches galt auch für eine Serie von Jazz-Konzerten in Höchst. Über die bestehenden Kulturinstitutionen hinaus gelang so eine Belebung der kulturellen Szenerie in der Innenstadt, aber auch in Stadtteilen. Gefördert worden sind solche Akzente durch die Leitlinie »Kultur für alle«, die der Kulturdezernent ausgab, und die er auch durch eines seiner Bücher untermauerte[105]. Dieser Aspekt, die Angebote der durch die öffentlichen Hand geförderten Kulturarbeit auch allen Bürgern zugute kommen zu lassen, war griffig formuliert. So neu allerdings waren weder Formulierung noch Absicht, denn schon 1848 hatten die Demokraten im Paulskirchenparlament als Parole ausgegeben: »Wohlstand, Freiheit und Bildung für alle«[106]. An das Paulskirchenparlament hätte 1973, nach 125 Jahren erinnert werden sollen. Es kam allerdings, trotz entsprechender Hinweise aus dem Kulturausschuß, damals nur eine sogenannte »Revolutionszeitung« zustande, die sich mehr mit der Gegenwart beschäftigte, als mit der für die deutsche Demokratie so wichtigen Tradition der Paulskirche.

Einige Schwierigkeiten gab es mit den Städtischen Bühnen, und zwar mehr als das üblich ist. Die Forderung nach Künstlerischem Beirat und Mitbestimmung war eine der Ursachen. Diese Wünsche sind zunächst auch zugestanden worden. Außerdem tendierten die einzelnen Bühnen schon damals zu möglichst großer Selbständigkeit, was das Zusammenwirken beeinträchtigen mußte und den Apparat beträchtlich verteuerte.

Eine Diskussion im »Club Voltaire« nach Dichterlesung mit Anna Seghers (links) am 5. Oktober 1965

Ein »Summertime«-Programm im Holzhausenpark. Im Hintergrund das Holzhausen-Schlößchen

Die Oper mit dem Generalmusikdirektor Christoph von Dohnany 1972–1977 war zwar glanzvoll und anerkannt, doch das Schauspiel unter dem Direktor, der aus der DDR kommen konnte, litt unter mancherlei allzu realistischen Versuchen. Spitzzüngig kritisierte Marcel Reich-Ranicki 1975 die Situation: »Dieses Frankfurter Publikum beweist seine unzweifelhafte Qualität, indem es meist – sogar bei Premieren – durch Abwesenheit glänzt. Während das Schauspielhaus von weltfremden Menschen geleitet wird, die es gut meinen, aber leider keinen Sinn für Theater haben, ist das Opernhaus in der Hand von Fachleuten – und meist zurecht ausverkauft.«[107]

Die anderen Theater produzierten ihre eigenen Probleme, vorweg das TAT, das eigentlich für Kinder und Jugendliche spielen sollte. Trotz alledem gelang es dem Kulturdezernenten, den Etat im Einzelplan 3 »Kultur« von Haushaltsjahr zu Haushaltsjahr ansteigen zu lassen. Dies ist eine bemerkenswerte Leistung, in deren Gefolge die kulturellen Aktivitäten sich entfalteten und bald der ganzen Stadt und ihrem Ruf zugute kamen.

Entsprechend waren die Pläne des Kulturdezernenten für die nächste Wahlperiode. So erläuterte Hilmar Hoffmann in einer Pressekonferenz am 1. Februar 1977 die Programmpunkte, die er nach der Kommunalwahl am 20. März 1977 zu beginnen oder zu realisieren hoffte[108]. Hoffmann betonte eingangs seine Leitlinie: »Weil alternative Kulturpolitik von einem erweiterten Kulturbegriff ausgeht, der die Kultur der Wenigen zur Kultur der Vielen umschlagen möchte, müssen entsprechende Chancen für eine Teilhabe aller Bürger organisiert werden.« Das hieße, die »alten Kulturinstitute« müßten geöffnet und neue Gelegenheiten geschaffen werden, wie etwa mit »Summertime in Frankfurt«, mit neuen Veranstaltungen in einigen Parks.

Außerdem sprach der Kulturdezernent von der »Verwirklichung der Idee des Museumsufers«, zunächst durch zusätzliche Ausstellungsflächen für das Museum für Kunsthandwerk. Dann wird, etwas ungeordnet, wiedergegeben: »Beginn der Planung Leinwandhaus; Einrichtung eines Musikinstrumente-Museums; Fertigstellung des Dalberghauses; Skulpturengarten im Liebieghaus; Erklärung des Frankfurter Waldes zum Erholungswald durch Satzung; Ausbau des Spielparks Schwanheim und Fechenheim; Erweiterung des flächendeckenden Angebots im Bereich der Volkshochschulen mit Neueinrichtung einer Hauptstelle Ost; Abgrenzung der Sammelgebiete der Museen und Erarbeitung einer Ankaufskonzeption; Durchführung der Jahresausstellung des Deutschen Künstlerbundes 1977; Wiederaufbau der Alten Oper; Fertigstellung des 24-Stunden-Hauses im City-Zoo; Ausbau des Nidda-Zoos mit Wisentgehege; Schaffung eines Naherholungsgebietes durch Öffnung der Parks am Schaumainkai.« Hoffmann vergaß auch nicht auf die erfolgreichen Veranstaltungen bei der Buchmesse »Literaturzirkus im Römer« und die Reihe »Literarischer Mittwoch« hinzuweisen. Schließlich konnte für die Stadtbüchereizentrale das Bieberhaus an der oberen Zeil eingerichtet und so auch die Musikbibliothek wieder eröffnet werden. Und der Goethepreis für den berühmten Filmregisseur Ingmar Bergman habe die in Frankfurt besonders geförderte Pflege dieser künstlerischen Sparte verdeutlicht.

In dieser bemerkenswerten Rück- und Vorschau rangiert das Opernhaus an nicht besonders hervorgehobener Stelle. Nun war dies für viele Frankfurter Bürger ein ganz primäres Projekt der städtischen Kulturförderung. Von aufgeschlossenen Politikern im Römer ist das ebenso gesehen worden, war aber erst nach jahrelangem Kampf auch durchzusetzen. Schon im März 1971 und dann am 17. Mai 1971 hatte sich der damalige Oberbürgermeister Walter Möller für den Wiederaufbau eingesetzt. Er veranlaßte ein Zusammentreffen von Kommunalpolitikern[109] mit dem Präsidenten der Industrie- und Handelskammer, Fritz Dietz, der sich so sehr für die Aktionsgemeinschaft Opernhaus engagierte. Der Geschäftsführer dieser Bürgerinitiative, Kröger, wurde beauftragt, gemeinsam mit Vertretern der Stadt in einer Arbeitsgruppe »Alte Oper« Kontakte mit Architekten aufzunehmen. Innerhalb der SPD gab es allerdings erhebliche Widerstände gegen ein so teures Projekt, die erst kurz vor der Kommunalwahl 1977 abgebaut werden konnten. Bei der letzten

Wie alljährlich hat die Heinrich-Kraft-Stiftung, mit Unterstützung der Frankfurter Schausteller, Waisenkinder zum Weihnachtsmarkt eingeladen, 1976

Plenarsitzung am 24. Februar 1977 ist schließlich der Beschluß zum Wiederaufbau der »Alten Oper« gefaßt worden, mit allen Stimmen der Stadtverordneten.

Der Vorsitzende der SPD-Stadtverordnetenfraktion, Hans Michel, teilte am 4. Februar 1977 in einer Pressekonferenz mit, die Fraktion wolle bis zur Kommunalwahl »nichts Wesentliches unerledigt lassen«[110]. In der Mehrheitsfraktion war der Beschluß für den Wiederaufbau der Alten Oper bereits am 2. Februar 1977 gefaßt worden, und zwar sollte der Wiederaufbau nach den – noch nicht sehr konkretisierten – Plänen des Magistrats erfolgen, als Konzert- und Kongreßhaus und er sollte möglichst bis 1980, zum 100jährigen Jubiläum, beendet sein. Ferner war noch zu beschließen: das Gartenbad Rebstock; der Flächennutzungsplan und der Bebauungsplan für das Westend; die Einrichtung einer kommunalen Rechtsberatungsstelle und schließlich Regelungen für Ladenschlußzeiten in S-Bahn-Stationen. Über alle diese Punkte war sich die Fraktion schließlich einig geworden – aber eben sehr spät.

Neujahrsempfang der Stadt im Januar 1977. Von links: der hessische Minister des Innern, Ekkehard Gries, der hessische Minister für Wirtschaft und Verkehr, Heinz-Herbert Karry, der Doyen des Konsularischen Korps, Roselinde Arndt, Ministerpräsident Holger Börner, Oberbürgermeister Rudi Arndt, Stadtverordnetenvorsteherin Dr. Frolinde Balser, der Vizepräsident des Deutschen Bundestages, Hermann Schmitt-Vockenhausen

5.6. Wahlsieg der CDU und neuer Stil

Am Sonntag, dem 20. März 1977, gingen 71,8 Prozent der 435 222 wahlberechtigten Frankfurterinnen und Frankfurter zu den Urnen und konnten jeweils drei Stimmzettel abgeben: einen für die Stadtverordnetenversammlung, einen für den Ortsbeirat und zum ersten Mal auch einen für den Verbandstag des Umlandverbands. Im Römer, wo wie üblich das Wahlzentrum für die sämtlichen 482 Wahlbezirke der Stadt Frankfurt am Main eingerichtet war, gab es schon nach den ersten Hochrechnungen lange Gesichter bei der SPD und ungläubiges Staunen bei der CDU. Bald stand das Ergebnis fest: nämlich eine vollständige Umkehr der politischen Kräfte in der Stadt Frankfurt am Main, so hatten es die Wähler bestimmt. Bei der letzten Kommunalwahl im Herbst 1972 waren 48 Stadtverordnete der SPD gewählt worden und 38 der CDU, sowie sieben der FDP. Nunmehr lautete das Ergebnis: 38 der SPD und sogar 50 Stadtverordnete der CDU, fünf von der FDP. Dies war – überhaupt zum ersten Mal in Frankfurt am Main – eine absolute Mehrheit für die Christlichen Demokraten.

Als erster gratulierte Hans Michel, der Vorsitzende der SPD-Fraktion, Jürgen Moog, dem Vorsitzenden der CDU-Fraktion zu diesem Wahlsieg. Der eigentliche Wahlsieger, der Marburger Bundestagsabgeordnete und dortige Stadtverordnetenvorsteher Dr. Walter Wallmann, von der CDU als Gegenkandidat zu Oberbürgermeister Rudi Arndt aufgestellt, war noch nicht im Römer zu sehen. Vor dem Zimmer des Oberbürgermeisters tat sich derweil Aufregendes: einer großen Schar von Journalisten erläuterte Oberbürgermeister Arndt, daß er angesichts des Wahlergebnisses zurücktreten werde. Mit einer »galgenhumorähnlichen Ironie« so schrieb die Neue Presse am nächsten Tag, war Arndt bereit, keiner weiteren Frage auszuweichen. Da jedoch drehten sich die Journalisten einer nach dem anderen um, denn über die Römertreppe kam der neue Mann und vermutlich nächste Oberbürgermeister, Dr. Walter Wallmann, in Sicht. Plötzlich stand Rudi Arndt allein und Wallmann war von Fotografen und fragenden Journalisten umringt. Politik ist oftmals eine harte Sache.

Noch viel später kam der Vorsitzende der Frankfurter FDP, »gefaßt und sogar schon wieder fröhlich und bereit, die Niederlage einzugestehen«, zumal er aus Bonn Kummer gewohnt war. Andreas von Schoeler, MdB, tat sich mit dem Wahlergebnis leichter, weil sich danach für die FDP jegliche Koalitionsfrage erübrigte und somit auch ein möglicher Bruch in der ohnehin kleinen Partei. Schließlich regierte in Bonn wie in Wiesbaden eine sozialliberale Koalition, in Frankfurt aber hatte die FDP, wenn auch nicht einmütig, einen Wahlkampf für die Ablösung der SPD geführt und auf ein eventuelles Zusammengehen mit der CDU gehofft. Die Fraktionsvorsitzende, Inge Sollwedel, in der Wahlkampfzeitung abgebildet zusammen mit der hessischen Staatssekretärin Hildegard Hamm-Brücher, blieb allerdings in dem Leitartikel in dieser Zeitung recht offen auch für andere Lösungen und bat lediglich um Stimmen zur Stärkung und »Besinnung auf die Frankfurter Tradition eines weltoffenen, liberalen Bürgergeistes«[111].

Andreas von Schoeler gratulierte dem Wahlsieger Walter Wallmann, den er ja auch vom Bundestag her kannte. Alle anderen Parteigruppierungen, die noch kandidiert hatten, blieben bei dieser Wahl zusammen unter 2,7 Prozent. Das Wahlergebnis war absolut eindeutig: die Verantwortung für die politische Führung in der Stadt Frankfurt am Main lag nunmehr ausschließlich bei der CDU.

Wallmann, umgeben von CDU-Politikern, darunter natürlich auch der Frankfurter CDU-Kreis-Vorsitzende Dr. Heinz Riesenhuber, Walter Wallmann strahlte in die Kameras; Grund genug hatte er ja dazu und von dem unerwarteten Rücktritt Rudi Arndts hatte er möglicherweise noch nichts vernommen. Die Fama nämlich, die vom fernen Marburg zu den Frankfurter sozialdemokratischen Politikern im Römer vorgedrungen war, hatte besagt, dieser Dr. Wallmann sei wohl viel mehr an einer Bonner Karriere interessiert als an der Kommunalpolitik, und die Frankfurter

SPD hatte diese Kandidatur so ernst nicht genommen. Gleichwohl stand Wallmann auch in Marburg an Platz 1 der Stadtverordnetenliste für die Kommunalwahl. Er mußte sich nach dem Rücktritt des Frankfurter Oberbürgermeisters nun binnen einer Woche entscheiden und das Bundestagsmandat aufgeben.

Zu Jahresbeginn hatte die Frankfurter Rundschau noch unter »Wünsche von Prominenten« für 1977 ironisiert: Dr. Wallmann werde sich ein Dauerticket des FVV kaufen, damit er Frankfurt kennen lerne. So unbekannt, wie es vielfach behauptet wurde, war Walter Wallmann in Frankfurt am Main keineswegs, jedenfalls nicht in der CDU. Als die Frankfurter CDU nämlich anfangs der 1970er Jahre, nicht viel anders als in der SPD nur allzuoft üblich, in heftigen inneren Kämpfen lag, wurde Dr. Walter Wallmann aus Marburg als Schlichter geholt. Es gelang ihm damals, den Frieden wieder herzustellen und den Zwist zwischen der Gruppe »Adel und Banken«, das war natürlich die Bezeichnung der Gegner, und der Gruppe der eher sozial und liberal eingestellten CDU-Leute, aus der Welt zu schaffen. Diese innerparteiliche Friedensstiftung war ganz sicher eine gute Voraussetzung für den unerwarteten Wahlsieg der CDU. Bei einigen Spitzenleuten der SPD war die Niederlage so unerwartet übrigens nicht, denn parteiinterne Meinungsumfragen hatten das dann eingetretene Ergebnis für Süd-Hessen einigermaßen zutreffend vorausgesagt. Wahrscheinlich war es ein Fehler, diese Prognose wie ein Staatsgeheimnis zu hüten, statt damit um rege Wahlbeteiligung der Anhänger zu werben. Aber schließlich bleibt vor jeder Wahl die Hoffnung, es werde so schlimm schon nicht kommen, und auch Meinungsforscher könnten sich ja irren. Bei der Kommunalwahl 1977 irrten sie nicht und insofern war es nur konsequent, daß Oberbürgermeister Arndt, dem Prinzip der politisch aufgefaßten Stadtregierung folgend, nach der Wahlniederlage das Oberbürgermeisteramt frei machte. Erleichtert wurde ihm dieser Entschluß gewiß auch dadurch, daß er eine Pension als ehemaliger hessischer Minister als Rückhalt erwarten konnte. Nur sollte sich niemand täuschen, es ist nicht einfach, ein wichtiges und gut wahrgenommenes politische Amt freiwillig aufzugeben.

Die Zusammensetzung der Stadtverordnetenversammlung in Frankfurt am Main war noch am Wahlabend klar, ebenso die des Umlandverbandes, in dem die CDU auch eine absolute Mehrheit gewonnen hatte[112]. In den Ortsbeiräten lagen die Ergebnisse im Trend, waren aber, wie das die Erfahrung schon gezeigt hatte, im einzelnen je nach Stadtteilen unterschiedlich. Komplizierter war die Sachlage im Magistrat und die Frankfurter Zeitungen fingen in den nächsten Tagen alle damit an, die Wahlzeiten der einzelnen hauptberuflichen Magistratsmitglieder aufzuzählen. Rudi Arndt war zwei Jahre vor dem Ende seiner Amtszeit zurückgetreten und gedachte, sein Stadtverordnetenmandat wahrzunehmen, denn da war er natürlich gewählt. Fest stand jedenfalls, daß der neue Oberbürgermeister von der CDU mit einem überwiegend aus SPD-Stadträten zusammengesetzten Dezernententeam zu regieren haben werde. Keine leichte Aufgabe, dies war schon sofort klar. Gerade diese Frankfurter Situation zeigte eben auch, wie berechtigt die Argumente für eine zu ermöglichende Veränderung auch des hauptamtlichen Magistrats nach Kommunalwahlen tatsächlich waren.

Die Situation in Frankfurt stellte sich wie folgt dar: Bürgermeister Martin Berg (SPD) war gewählt bis 1982, Stadtkämmerer Hermann Lingnau (SPD) bis 1981, der Schuldezernent Professor Dr. Peter Rhein (SPD) bis 1980, er hatte übrigens zum Gelächter der Frankfurter Zeitungen und von nicht wenigen Politikern im Römer bei Bekanntwerden des CDU Wahlsieges etliche Schulakten in den Frankfurter Stadtwald verbringen lassen. Kulturdezernent Hilmar Hoffmann (SPD) hatte zu seinem Vorteil eine lange Amtsperiode noch vor sich, denn er war gerade erst 1976 wiedergewählt worden, also bis 1982. Der Planungsdezernent, Dr. Hans-Erhard Haverkampf (SPD), hatte noch eine Frist bis 1981 und der Dezernent für Bau und Stadtwerke, Jochen Krull (SPD) bis Anfang 1979, eine Zeitspanne, die er nicht ausfüllen konnte, da er am 11. November 1980 bei einem Unfall im Urlaub zu Tode kam. Die Stadträte Willi Reiss und Peter Jäckel hatten ein Wahlperiode bis 1980 und 1983 noch vor sich. Einzig von dem Gesundheitsdezernenten, Ernst Gerhardt (CDU), seit langem hauptberufliches Magistratsmitglied in Frankfurt am Main, war uneingeschränkte Unterstützung für den neuen Oberbürgermeister Walter Wallmann zu erwarten. Es ist nun die Frage, ob eine so einseitig parteipolitisch orientierte

Der Wahlsieger am 20. März 1977: Dr. Walter Wallmann, umringt von Journalisten und Parteifreunden im Frankfurter Römer

Betrachtungsweise der Sachlage gerecht wird. Schließlich waren alle diese hauptberuflichen Magistratsmitglieder darauf vereidigt, ihr Amt nach bestem Wissen und Können wahrzunehmen. Und bei allen Spannungen, die zweifellos entstanden sind, haben selbstverständlich auch die SPD-Dezernenten in Loyalität für die Stadt Frankfurt am Main gearbeitet.

Zum neuen Oberbürgermeister der Stadt Frankfurt am Main ist am 15. Juni 1977 Dr. Walter Wallmann von der CDU-Stadtverordnetenfraktion im Stadtparlament gewählt und dann von besonders vielen Seiten beglückwünscht worden.

In der Zwischenzeit, von Ende März bis Juni 1977, hatten sich die meisten Mitarbeiter in den Amtsstuben der Stadtverwaltung an die neue Situation und an neue Amtsträger gewöhnt. Aber selbst im Büro der Stadtverordnetenversammlung hatte es anfangs viel Unsicherheit gegeben, auch Besorgnis um etwaige personelle Veränderungen, die nicht ganz ausgeblieben sind. Insgesamt zeigten gerade auch diese Irritationen, daß – jedenfalls vom demokratietheoretischen Standpunkt aus – es hohe Zeit gewesen ist, auch in Frankfurt am Main Stadtregierung und Opposition einmal zu wechseln. Nur, wen es gerade zur Ablösung traf, für den war dieser Wechsel durchaus nicht nach Wunsch.

Ganz allgemein bleibt die Frage, wieso überhaupt ein derartiger Einschnitt in der Verteilung der politischen Mandate möglich gewesen ist. Die CDU-Stadtverordnetenfraktion hatte nunmehr einen Vorsprung von sieben Sitzen, das war ziemlich viel. Denn sieben Sitze, dies war in den letzten Jahren die Fraktionsstärke der FDP gewesen, die bei der Wahl 1977 auf nur fünf Sitze zusammengeschmolzen ist. In Prozentzahlen hatte die CDU 51,3 Prozent gewinnen können, die SPD 39,9 Prozent und die FDP 6,0 Prozent. Alle übrigen Parteien kamen auf insgesamt 2,7 Prozent, darunter die NPD auf 0,7 und die DKP auf 1,5 Prozent. Eine Partei der Grünen gab es noch nicht.

Nur ein halbes Jahr vorher, bei der Bundestagswahl 1976, waren diese Ziffern in Frankfurt anders verteilt: die SPD gewann mit 44,7 Prozent, die CDU erlangte 43,1 Prozent und die FDP kam auf 10,5 Prozent[113]. Dieser Unterschied im Wahlverhalten ist lediglich ein Beleg dafür, daß die Wählerinnen und Wähler sehr wohl wissen und abwägen, für welches Parlament sie bei einer Wahl die Politikerinnen und Politiker bestellen.

Ein Vergleich mit den Wahlergebnissen der Kommunalwahl 1977 in Hessen zeigt freilich, daß das Frankfurter Ergebnis im Trend von ganz Hessen lag, und zwar für die CDU mit plus 11,5 Prozent exakt in gleicher Höhe; bei dem Verlust der SPD lag Frankfurt am Main etwas schlechter als im hessischen Durchschnitt. In ganz Hessen hatte die SPD bei dieser Kommunalwahl um 8,4 Prozent – gegenüber 1972 – verloren, in Frankfurt am Main war ein Verlust von 10,2 Prozent entstanden.

Betrachtet man nur das Durchschnittsergebnis für alle kreisfreien Städte in Hessen, so ergab sich gegenüber der Kommunalwahl von 1972 in Frankfurt am Main für die CDU ein Gewinn von 2,02 Prozent, für die SPD ein Verlust von 1,01 Prozent und für die FDP ein Verlust von 0,02 Prozent[114].

Zusammengenommen besagen aber alle diese Zahlen nur eines: die SPD, seit 1946 in Frankfurt am Main führend, hatte nach nunmehr 31 Jahren die Kommunalwahl in dieser Stadt gründlich verloren. Natürlich zerbrach man sich vielerorts die Köpfe bei der Frage nach den möglichen Ursachen. An erster Stelle ist da wohl zu nennen, daß viele Wähler nach so langer Zeit einfach auch einmal eine andere Partei und andere Leute in der Verantwortung sehen wollten. Für ganz Hessen spielte die Gebietsreform eine wichtige Rolle, meistens zum Nachteil der SPD. Sodann gab es natürlich auch viele einzelne Gründe, auch eine gewisse Arroganz der in Frankfurt schon gewohnheitsmäßig regierenden Sozialdemokratie. Beispielsweise hatte sich das 1972 gezeigt, als die SPD die absolute Mehrheit gewonnen hatte und im Stadtparlament glaubte, daraus einen Anspruch auf alle Ausschuß-Vorsitze und auf alle durch Stadtverordnete zu besetzenden Mandate in den verschiedenen Gesellschaften der Stadt ableiten zu sollen. In der SPD-Fraktion war dieser Übermut heftig umkämpft gewesen, aber eine Mehrheit dafür hatte sich durchgesetzt und im Römer ist dann dieses Verfahren viele Jahre lang als eine Art von Usurpation angegriffen worden, nicht zu unrecht. Bei ihrem Wahlsieg 1977 beging die CDU diesen Fehler wider den parlamentarischen Geist wohlweislich nicht.

Die CDU hatte den Wahlkampf auch mit den Themen Sicherheit und Kriminalität in Frankfurt geführt, und da gab es in dieser Stadt stets Defizite zu beklagen. Nach der Statistik und einer sehr genauen Analyse betrug die Steigerung von 1972 bis 1977 insgesamt 10,7 Prozent, was sich natürlich als erschreckende Ziffer darlegen läßt[115]. Zählt man nur einfach alle Straftaten zusammen – wovor in der Statistik ausdrücklich gewarnt wird – so fand 1976 in Frankfurt am Main alle 7,5 Minuten eine Straftat statt. Zieht man aber die Straftatbestände »Leistungserschleichung« ab, so beträgt das Volumen nur noch 2,9 Prozent an Zuwachs. Straftaten »gegen das Leben«, also Mord und Totschlag, hatten sich statistisch nicht wesentlich verändert, sie betrugen 1972 insgesamt 58 Fälle und 1976 deren 50. Ein beträchtlicher Zuwachs hatte sich aber bei den »Rohheitsdelikten und Straftaten gegen die persönliche Freiheit« ergeben, nämlich um 204 Fälle auf 4176 in 1976. In den stets sehr akkurat bearbeiteten Berichten des Statistischen Amtes der Stadt wurde denn auch nachdrücklich darauf aufmerksam gemacht, daß gerade im Bereich der Kriminalstatistik eine Menge an Unwägbarkeiten zu berücksichtigen sind. Dazu gehöre auch der Hinweis auf die schlichte Tatsache, daß in der Stadt Frankfurt am Main sich täglich beträchtlich mehr Menschen aufhalten, als dort wohnen, daß also die »Tagbevölkerung« sich auf 865 564 nach den Berechnungen der Statistiker beläuft, die »Nachtbevölkerung« dagegen nur auf 669 635[116]. Unbestreitbar blieb allerdings die Feststellung von der Zunahme an Kriminalität in den leichteren Diebstahlfällen und eben bei den »Rohheitsdelikten«.

Im Wahlkampf für die Kommunalwahl 1977 spielte auch eine sogenannte Spendenaffaire eine große Rolle, die von Seiten der CDU dem Oberbürgermeister Arndt persönlich anzuhängen versucht worden ist. Es ging dabei um 100 000 DM, die angeblich für die Vergabe der Parkmöglichkeiten am Flughafen der Frankfurter SPD zugeflossen seien, was durchaus möglich und in anderen Parteien auch nicht unüblich gewesen sein könnte. Die daraus abgeleiteten persönlichen Angriffe waren ebenso überflüssig, wie etliche Jahre später die persönlichen Angriffe auf den hessischen Ministerpräsidenten Wallmann, wegen angeblicher persönlicher Kontakte mit zweifelhaften Figuren aus dem Frankfurter Bahnhofsviertel, in dem Bemühen der Stadt, Kriminalität dort einzudämmen und einschlägige »Gewerbe« anderswohin zu verlegen. Wahlkampfparolen sollten sachlich sein und die Bevölkerung über anstehende Probleme informieren, aber nicht ad personam angreifen. Das gilt auch für Gruppen. So war ganz sicher die Wahlkampfzeitung der Frankfurter Jusos von 1977 nicht gerade hilfreich für Stimmengewinne der SPD. Sie zeigte auf dem Titelbild Nonnen und die wohl witzig sein sollende Überschrift »Herz-Jesu-Orden übernimmt Frankfurter Kitas«[117]. Nun waren die Kitas durchaus ein kommunaler Streitpunkt. Bei einer Kampfabstimmung in der SPD-Stadtverordnetenfraktion, einige Zeit vor der Wahl, hatte eine Mehrheit von nur zwei Stimmen die weitere Existenz der Kitas gerettet – bis zur Kommunalwahl 1977. Die FDP hatte vernünftigerweise diejenigen Kindertagesstätten schließen lassen wollen, bei denen sich die Elternproteste und sonstigen Einwände häuften, beispielsweise die im Westend. Die CDU hat die Situation dann sogleich nach ihrem Wahlsieg bereinigt, damit aber auch generell die Ansätze moderner liberaler Erziehungsmethoden eingeschränkt, die – vernünftig gehandhabt – durchaus auch in einigen Kitas sinnvoll angewandt worden waren.

Es gab noch mehr Ärgernisse, die gerade vor der Wahl stark diskutiert worden sind, so zum Beispiel die erläuternden zahlreichen Schrifttafeln im »Historischen Museum«. Der zuständige Mitarbeiter, Dr. Dieter Hoffmann, hatte in etwas einseitiger Weise geglaubt, sehr lange und zweifellos linkslastige Texte den Exponaten beigeben zu sollen, statt sich um objektive sozialgeschichtliche Erklärungen in allgemeinverständlicher und kurzer Form zu bemühen. Die »Schrifttafeln« waren Anlaß zu erheblichen Auseinandersetzungen in der Stadtverordnetenversammlung und in der Presse und sie sind vorgeführt worden als Musterbeispiel nicht objektiver sozialdemokratischer Kulturpolitik. Immerhin geriet das Historische Museum so in den Mittelpunkt kulturpolitischer Auseinandersetzungen, was der Kulturdezernent in den Plenumsdebatten denn auch verteidigte, und das Museum hatte viel Zulauf. Es konnte damals aber noch in fortlaufender Ausstellung die Geschichte der Stadt Frankfurt darbieten. Diese Beispiele mögen genügen um darzulegen, daß es 1977 etliche sachliche Konfliktpunkte in der Wahlkampfauseinandersetzung gab, und Wahlkämpfe sollen ja durchaus Gelegenheit zur Diskussion um gegensätzliche Auffassungen bieten.

Kein Thema im Wahlkampf 1977 war die finanzielle Situation der Stadt. Oberbürgermeister Arndt war schließlich hessischer Finanzminister gewesen und weder Stadtkämmerer noch SPD-Mehrheitsfraktion hatten die Absicht, die Verschuldung ungebührlich hoch steigen zu lassen. Die CDU übernahm im März 1977 einen ausgeglichenen Haushalt mit Rücklagen und lediglich angemessener Schuldenlast.

Trotz des unerwartet hohen Wahlsieges, der in der Presse auch außerhalb Frankfurts interessiert zur Kenntnis genommen und kommentiert worden ist, ließ die Frankfurter CDU die Dinge langsam angehen. Gleichwohl war ein Stilwandel in der Stadtpolitik bald festzustellen. Dies lag im wesentlichen an den außerordentlich unterschiedlich strukturierten Persönlichkeiten des alten und des neuen Oberbürgermeisters der Stadt Frankfurt am Main. Während Rudi Arndt einfach so daher kam und allenfalls eine flapsige Bemerkung zu anderen machte, trat Dr. Wallmann auf, und zwar stets in Begleitung beschützender Polizei. Es wurde erzählt, dies hinge damit zusammen, daß er in Bonn Vorsitzender des Guillaume-Untersuchungsausschusses gewesen und eben persönlich gefährdet sei. Im Römer wurde von ihm nahezu jedermann freundlich begrüßt und Damen nicht selten mit Handkuß. Arndt dagegen hatte die etwas hemdsärmelige Art des Umgangs und des Redens geradezu kultiviert, übrigens unterstützt von der Presse- und Informationsstelle der Stadt. Wahrscheinlich war dies eher eine Schutzmauer zum Verbergen genauer Beobach-

Wie üblich werden auch 1977 junge, nach Frankfurt versetzte Polizisten in den Römer eingeladen. Oberbürgermeister Dr. Walter Wallmann unterhält sich mit ihnen, links neben ihm Polizeipräsident Knud Müller

tung und wacher Intelligenz. Denn in der Frankfurter SPD mit ihrem selbstverständlichen Duzen allerseits waren Abweichungen nach oben gar nicht so sehr geschätzt und konnten leicht als Herausforderung gewertet werden. Sogar als Vorsitzender des Bezirks Hessen-Süd hatte Rudi Arndt keineswegs immer einen leichten Stand innerhalb seiner Partei, auf die er doch angewiesen war, aber er verstand es selbst in den spannungsreichen Jahren besser als die meisten anderen Oberbürgermeister der SPD, mit dieser in Frankfurt leicht anarchistischen Partei umzugehen und sich zu behaupten. Man wird sagen können, daß dieser so robust erscheinende Politiker für die unruhigen Jahre in Frankfurt am Main gerade am rechten Platz gewesen ist. Aber diese Jahre waren vorbei und es entsprach den Vorstellungen vieler Bürger nun weit mehr eine Persönlichkeit im Rathaus zu wissen, die offensichtlich sehr gut in die Finanz- und Bankenstadt zu passen schien. Der konservative Zuschnitt von Oberbürgermeister Wallmann und die offensichtliche, geradezu dankbare Anerkennung der eigenen Parteifreunde in der CDU, die nun auch besser zum Zuge kommen konnten, ließen zumindest nach außen keinerlei Spannungen in der großen konservativen Volkspartei erkennen. Der neue Oberbürgermeister hatte insofern den Rücken völlig frei für die Gestaltung der Frankfurter Politik.

ANMERKUNGEN

1 Rudi ARNDT, Die regierbare Stadt, Warum die Menschen ihre Stadt zurückgewinnen müssen, Stuttgart 1975. Vgl. auch Dieter REBENTISCH, Regierbarkeit und Unregierbarkeit der Städte in der Ära der sozialliberalen Koalition 1969–1982, in: Otto BORST, Die alte Stadt. Zeitschrift für Stadtgeschichte, Stadtsozialisation und Denkmalpflege, Jg. 16, Stuttgart/Berlin/Köln 1989, S. 498–510.
2 ARNDT, S. 12.
3 Mag. Akten 3541, Protokoll vom 15. November 1971, Punkt C 7.
4 S 3, A 7290 »Fall Littmann«.
5 In memoriam Willi Brundert, Gedenkschrift zum Tode des Frankfurter Oberbürgermeisters, Trauerreden, Beileidsbezeugungen, Würdigung in der Presse, Hrsg. v. Presse- und Informationsamt der Stadt Frankfurt am Main 1971, S. 57.
6 Frankfurter Rundschau, 26. Mai 1970.
7 Frankfurter Rundschau, 11. Juli 1970. Antrittsrede im Wortlaut: Mitteilungen der Stadtverwaltung, 18. Juli 1970, S. 237–245.
8 Walter MÖLLER, Neue kulturelle Initiativen, S. 39ff, in: »Was bleibt.« Walter Möller in seinen Aufsätzen, Reden, Zitaten, Interviews. Hrsg. v. Presse- und Informationsamt der Stadt Frankfurt am Main 1972.
9 S 3. A 7290. »Fall Littmann«.
10 Zum Fall Kiskalt siehe S 3. A 7290. »Fall Littmann«.
11 Mag.Protokolle 3536, Sitzung am 21. Dezember 1970, Tagesordnungspunkt 17.
12 Ebd., TOP 18.

13 Interview in »Konkret«, Nr. 21, 8. Oktober 1970, in: Möller: Was bleibt ..., S. 31 ff.
14 Möller, Was bleibt ..., S. 33.
15 FAZ, 25. November 1970.
16 S 3-A 9588. Das »Kollektiv« bestand aus den Hausbesetzern der Häuser Eppsteiner Straße 47, Liebigstraße 20, Corneliusstraße 24 und Kettenhofweg 109. Und Zeitungsberichte.
17 Rudolf Appel, a. a. O., S. 56 ff. Mit exakten Angaben zu den Mietrückständen.
18 Walter Möller, ebd., S. 28 ff.
19 Mitteilungen der Stadtverwaltung, 18. Juli 1970.
20 Regionalstadt Frankfurt – Möller-Plan, »Worum geht es bei der Gebietsreform?«, in: Möller, S. 15–20.
21 Felsch, S. 123 ff.
22 Möller, S. 59.
23 In: Sozialdemokrat, Hrsg. SPD Bezirk Hessen-Süd.
24 S 2/440–5 Walter Möller, in: Sozialdemokrat, Bezirk Hessen-Süd und in: Wir vom Gaswerk, 4/1971.
25 Hans Busch, Zwanzig Jahre Ortsbeiräte in Frankfurt am Main, in: Amtsblatt für Frankfurt am Main, Dezember 1992, S. 895 f.
26 In: Stadtverordnetenversammlung der Stadt Frankfurt am Main, Jahresbericht 1992, XII. Wahlperiode, Seite 76 f.
27 Antrag 770 vom 7. August 1974: »Stellungnahme der Stadt Frankfurt a.M. zum Gesetzentwurf der Fraktionen von SPD und FDP im Hessischen Landtag für ein Gesetz über den Umlandverband Frankfurt am Main, Landtagsdrucksache 7/5370«. Magistrats-Vortrag 245.
28 Ebd.
29 Ebd.
30 Ebd.
31 Ebd.
32 Namen, in: »Mitteilungen der Stadtverwaltung Frankfurt am Main, Nr. 12, 22. März 1975, S. 103 f. Dort auch Rede Rudi Arndts.
33 Ebd. – »Woythalien«: bezieht sich auf den Landrat von Hanau, Martin Woythal (SPD), der sich – erfolgreich – gegen eine Einbeziehung in den Umlandverband sperrte. Die FAZ bezeichnete ihn einmal recht zutreffend als »barocke Persönlichkeit«.
34 Zum Beispiel: Planungshilfen (für die Gemeinden), hrsg. v. Umlandverband Frankfurt 1988 (und später), Luftbilder, Thematische Karten, Pläne, Methoden, Statistik – Loseblattsammlung DIN A 4.
35 Leben voller Kontraste, Umlandverband Frankfurt, Heimat für 1,5 Millionen Menschen. Hrsg. v. Umlandverband Frankfurt in Zusammenarbeit mit Prof. Dr. Eugen Ernst und d. Umschau Verlag Frankfurt a. M. Mit zahlreichen Abb. Fotografie Dietmar Buchelt, Frankfurt am Main 1986, 223 S. – Darin verkleinerte Abb. des Flächennutzungsplans auf S. 220/221.
36 B 68. »Dokumentation über Verflechtungsgrade der Umlandgemeinden«, 26. Januar 1976, 22 S.
37 Verhandlungen im Zusammenhang mit dem FVV-Vertrag; B 68, Bericht des Magistrats, 26. Januar 1976.
38 Frankfurter Rundschau, 31. Dezember 1974. Hanns Adrian, der Planungsdezernent – Karlheinz Berkemeier, Stv. und Vorsitzender des Planungsausschusses – Helaba, Hessische Landesbank, damals in großen Schwierigkeiten wegen fehlender Kreditabsicherung – Kitas, die stark kritisierten neuen Kindertagesstätten – Hermann Lingnau, der Stadtkämmerer – Knut Müller, der Polizeipräsident – Erich Nitzling, Schatzmeister der Frankfurter SPD, später Landtagsabgeordneter – Oberbürgermeister Rudi Arndt – Selmi, Bauherr des Hochhauses am Platz der Republik.
39 Statistisches Jahrbuch, Frankfurt am Main 1976, Hrsg.v. Statistischen Amt der Stadt, Bericht von K. H. Asemann, S. 142.
40 Ebd.
41 Maria Borris, Ausländische Arbeiter in einer Großstadt. Eine empirische Untersuchung am Beispiel Frankfurts unter Mitarb. v. Peter Raschke u. Gerhard Hofmann. Frankfurt am Main 1973.
42 Ebd., S. 73.

43 Ebd., S. 213.
44 Ebd., S. 224.
45 Ebd., S. 233–236.
46 Anfrage des Stv. Dr. Karl Becker (CDU) vom 17. April 1974, Nr. A-626. Betr.: »Ausländische Arbeitnehmer in Frankfurt a. M.« und Bericht des Magistrats B 72 vom 11. Februar zur CDU-Anfrage vom 5. Dezember 1973. Der Arzt Dr. Karl Becker war ab 1976 langjähriger Bundestagsabgeordneter der CDU.
47 Umsätze der Frankfurter Wirtschaft 1976: 102 047 489 000 DM, in: Statistisches Jahrbuch Frankfurt am Main 1979, S. 48.
48 Ebd., S. 144 (Bevölkerungs- und Wirtschaftszahlen deutscher Großstädte im Jahre 1975).
49 Statistisches Jahrbuch Frankfurt am Main 1983, S. 55.
50 Statistisches Jahrbuch Frankfurt am Main 1976, S. 41.
51 Ebd., S. 7.
52 Ebd., S. 144/145.
53 Antrag der SPD-Fraktion Nr. 638 vom 8. Mai 1974 Betr.: »Innerstädtisches Fußgängerstraßennetz«.
54 76 der HGO, 8. Aufl. 1974, Hg.: Müller, Göbel.
55 Rudi ARNDT, Zur kommunalpolitischen Situation der Stadt, Hrsg. v. Presse- und Informationsamt d. Stadt Frankfurt am Main, Frankfurt am Main Oktober 1974, S. 4.
56 Ebd.
57 Ebd.
58 DERS., Mit Humor ans Schienbein, Stille, feine Anmerkungen eines Stadtoberhauptes, Hrsg. Presse- und Bildungs GmbH, Zusammenstellung: Herbert Stettner, Frankfurt am Main 1976, S. 18.
59 Prof. Dr. jur. Günter PÜTTNER, Die Zuständigkeit von Stadtverordnetenversammlung und Magistrat in hessischen Städten bei der Erteilung von baurechtlichen Ausnahmen und Befreiungen, Frankfurt am Main, April 1977, Ms. 38 S.
60 Der Römer, Das Parlament der Stadt Frankfurt am Main, Hrsg. Das Parlament der Stadt Frankfurt, Text und Redaktion Katja Berkemeier, September 1976, S. 1.
61 Beginn der Verhandlungen ab 11. März 1974 (Protokoll der Arbeitsgruppe »Planen, Bauen, Verkehr und Kultur«) der SPD-Fraktion. – Niederschrift der (72. presseöffentlichen) Sitzung des Ausschusses für Stadtentwicklung, Bauleit- und Gesamtverkehrsplanung am 9. Juni 1975. Seite 8 zu Flächennutzungsplanänderung und Bebauungsplan Westend, Nr. 320, Protokollhinweis des Stadtrates Dr. Haverkampf zu »Café Laumer« und Prozeßrisiko.
62 Mitteilungen der Stadtverwaltung vom 14. April 1973.
63 Frankfurter Rundschau vom 31. Juli 1973; Neue Presse vom 31. Juli; FAZ vom 30. Juli 1973 und Frankfurter Rundschau vom 1. August 1973.
64 So in der durchaus akzeptablen Darstellung von Ignatz Bubis am 23. April 1993 in der Frankfurter Rundschau, S. 12: »Ich war zu allem entschlossen. Der Häuserkampf, der Faßbinder-Konflikt und die jüdische Identität«.
65 Bau-Voranfrage Nr. 18162 von November, Magistratsbeschluß 2405/69 mit Zusagen. Laut Objektblatt zu M614 sollten mit GFZ (Geschossflächenzahl) 7,0 34–36 Geschosse aufgebaut werden könne. Dazu Briefentwurf vom 16. Dezember 1971.
66 Vortrag des Magistrats, 15. Mai 1972, 18 S. und 4 Anlagen. Kaum verändert in: Mitteilungen der Stadtverwaltung Frankfurt am Main, 1972, Nr. 43, S. 362–364. Auszug aus Beschluß der Stadtverordnetenversammlung vom 6. Juli 1972, § 3365. »Städtische Maßnahmen zur Sicherung der Sozialbindung von Grundeigentum«.
67 Antrag der SPD-Fraktion vom 10. Mai 1973, A. 172. Bericht des Magistrats vom 3. September 1973, B 297.
68 Stadtrat Dr. Rudolf PRESTEL, in: Frankfurt am Main 1945–1965. Ein 20 Jahresbericht, Frankfurt am Main 1966, S. 56 ff.
69 Ebd.
70 Stadtrat Ernst GERHARDT, Dezernent Soziales und Gesundheit, S. 41 ff, in: Frankfurt am Main 1965 bis 1968, Frankfurt a.M. 1969.

71 Siehe Auflistung: Sozialeinrichtungen der Stadt Frankfurt 1970–1990.
72 Alle statistischen Angaben aus den »Daten. Fakten. Zahlen.« Informationsblätter des Presse- und Informationsamtes der Stadt Frankfurt am Main.
73 Stadtrat Martin BERG: Dezernat IX, Soziales und Freizeit, S. 120ff, in: Frankfurt am Main 1969 bis 1972, Frankfurt am Main 1973.
74 Mario KREBS/Ulrike MEINHOF, Ein Leben im Widerspruch, Reinbek bei Hamburg 1988, S. 287–199. Bei diesem Aufenthalt in Frankfurt im Sommer 1969 lernte sie Andreas Baader und Gudrun Enßlin kennen.
75 Alle Angaben aus: Frankfurt am Main 1945 bis 1965, Hrsg. v. Magistrat der Stadt Frankfurt am Main 1966.
76 Vgl. NEUMANN, Herbert, Eintracht Frankfurt. Die Geschichte eines berühmten Sportvereins, Düsseldorf 1974. TOBIEN, Wolfgang/FRANZKE, Rainer, Die Eintracht. 80 Jahre Fußballzauber, Taunusstein o. J.
77 »Die Weltmeisterschaft 1966 war das letzte Großereignis auf der Radrennbahn im Frankfurter Waldstadion.« S. 263–272, in: Ereignisse, Sport in der Region, Hrsg. Peter RHEIN/Fritz WEBER/ Michael WEBER, Frankfurt a. M. 1993.
78 Diese und nachfolgende Angaben nach »Daten.Fakten.Zahlen.«, den Informationsblättern des Presse- und Informationsamtes der Stadt Frankfurt am Main. Vgl. auch: RHEIN/WEBER/WEBER, S. 95–99: »Die Spiele der Fußball-Weltmeisterschaft 1974 waren Höhepunkt in der Geschichte des Frankfurter Waldstadions.«
79 Ulrich CONRADS, Das alte, neue Herz Frankfurts, Der Bereich Dom-Römerberg 1945 bis 1973, in: Bauwelt 32, Berlin 1973, S. 1384–1422.
80 Denkbar wäre ja eine Glasplatte und darüber niedrige Bebauung, nach dem Muster des Kölner Rathauses und des »Fahrstuhls in die Römerzeit«.
81 Hans KAMPFFMEYER/Erhard WEISS, Dom-Römerberg-Bereich, Das Wettbewerbsergebnis, Eine Dokumentation, Frankfurt am Main 1964.
82 Ebd.
83 In »Bauwelt«, a. a. O., S. 1399f, mit Grundrissen.
84 Bericht von Otfried Stamm, der zeitweise allein oder mit wenigen Hilfskräften zu graben hatte.
85 Die weiteren Ausschußmitglieder: die Stadtverordneten der SPD: Balser, Croll, Düttmann, Herold, Pleitgen, Schmidt, Schöppner – CDU: Ganß, Kreling, Riedel und FDP: Kümmel.
86 Dom-Römerberg-Bebauung 1. Technisches Rathaus. 6 gez. Blätter mit Skizzen und Abb. Presse- und Informationsamt der Stadt Frankfurt (1969/70).
87 Flugblatt »Bürger Frankfurts wehrt euch!« Mit Abb. Modell d. Techn. Rathauses und Alternativvorschlag, sowie Protestzettel; An die Freunde Frankfurts zu senden. Ferner: »Fachgutachten mit 7 Studien zur Bebauung des Dominikanerplatzes«, hrsg. v. d. Freunden Frankfurts, im Umfang von 40 Blatt DIN A 4, mit Abb. u. a. Schriften.
88 »Protokoll über die Anhörung des Städtebaubeirates beim Stadtplanungsamt durch den Sonderausschuß« am 16. Oktober 1969.
89 Ebd., S. 6.
90 Ebd., S. 35.
91 Ebd., S. 7.
92 Ebd., S. 17.
93 Schreiben des Oberbürgermeister Brundert an die Stadtverordneten. Tischvorlage in der Plenarsitzung am 19. März 1970.
94 Wilfried EHRLICH, Alte Oper, Neues Haus, Bericht über ein Frankfurter Ereignis, Stuttgart 1981.
95 Hanns ADRIAN, in: »Bauwelt« 32, S. 1396–1398.
96 In: Bauwelt 32, S. 1409. »Ein Vorschlag für die Bebauung der Mittelzone zwischen Römer und Dom. Entwurf: Architekten Bartsch-Thürwächter-Weber nach Programmvorstellungen von Stadtrat Hilmar Hoffmann, Kulturdezernent der Stadt Frankfurt.
97 Erklärung von Elisabeth ORTH, siehe in: »Frankfurt am Main, Die Geschichte der Stadt in neun Beiträgen«, Sigmaringen 1991, S. 47/48. – Der Mauerring hat einen Durchmesser von fast 22 m und

soll sechs m dicke Mauern gehabt haben. So in: Frankfurt präsentiert: Der Römerberg, Presse- und Informationsamt der Stadt Frankfurt a. M., 1984.
98 Zur Diskussion: Was kommt zwischen Dom und Römer? Hrsg. Presse- und Informationsamt der Stadt Frankfurt am Main, Frankfurt a. M. 1975.
99 Mitteilungen der Stadtverwaltung Frankfurt am Main, 19. August 1976.
100 Zur Diskussion gestellt: Was kommt zwischen Dom und Römerberg? Planungsstudie zum Wiederaufbau im Auftrag des Magistrats der Stadt Frankfurt am Main, Dezernat Bau und Stadtwerke – Hochbauamt, Frankfurt am Main (September) 1977. Zitat, S. 78 f.
101 Ebd., S. 78.
102 Ebd., S. 41.
103 Ebd., S. 78 f.
104 Wolfgang KLÖTZER, Zwischen Dom und Römerberg, Historische Analyse, in: Archiv für Frankfurts Geschichte und Kunst 1986, Bd. 60, S. 212–214.
105 Hilmar HOFFMANN, Kultur für alle, Perspektiven und Modelle, Frankfurt am Main 1981.
106 Frolinde BALSER, Sozial-Demokratie, 1848/49–1863. Die erste deutsche Arbeiterorganisation »Allgemeine deutsche Arbeiterverbrüderung« nach der Revolution. Stuttgart 1962, 2 Bd. (Industrielle Welt, Band 2), S. 133, 341.
107 Treffpunkt Frankfurt, in: PFAFF, Kohls Lesebuch 1989, S. 103–106, Geschrieben 1975.
108 Frankfurt Wochenschau, 1. Februar 1977, in: Mappe S 3/A 12882, 1977. Auch in den Mitteilungen der Stadtverwaltung.
109 Teilnehmer am 17. Mai 1971: OB Möller, Bgm. Dr. Fay, StR Dr. Kampffmeyer, Stv. Dr. Balser, Vors. d. Kulturausschusses, Präsident Dietz und Geschäftsführer Kröger.
110 Frankfurt Rundschau, 4. Februar 1977.
111 Liberales Frankfurt, Zeitung für den Frankfurter Bürger, Hrsg. v.d. Stadtverordnetenfraktion der FDP, Nr. 2 1977, in: Mappe S 3/T 13163.
112 Frankfurter Statistische Berichte, Sonderheft 33, Kurt Asemann: Wahlbeteiligung und Wahlverhalten am 20. März 1977 zum Umlandverband, S. 88. Ergebnisse im Wahlkreis I, Frankfurt am Main und Bad Vilbel: CDU: 51,5 % = 24 Sitze. SPD: 40,0 % = 19 Sitze. FDP: 6,5 % = 4 Sitze. Gesamtergebnis aus den fünf Wahlkreisen: CDU. 52,8 % = 56 Sitze. SPD: 39,0 % = 42 Sitze. FDP: 6,5 % = 7 Sitze.
113 Frankfurter Statistische Berichte, Sonderheft 37, Die Bundestagswahl vom 3. Oktober 1976 in Frankfurt am Main, Hrsg. Statistisches Amt und Wahlamt, Frankfurt am Main 1977, S. 19.
114 Frankfurter Statistische Berichte, Sonderheft 33, S. 77. Ergebnisse der kreisfreien Städte: CDU 49,1 Prozent; SPD 41,0 Prozent und FDP 6,2 Prozent (so 1977).
115 Frankfurter Statistische Berichte, 3/1977, S. 69 ff. Die Kriminalität in Frankfurt am Main und ihre Entwicklung in den letzten fünf Jahren.
116 Ebd., S. 84.
117 Die Wahlkampf-Zeitung »Schwarzes Frankfurt, Organ zur Verdeutlichung rückschrittlicher Kommunalpolitik«.

6.
Frankfurt gewinnt an Glanz

6.1. »Prestigebauten« und Repräsentation

Zweifellos gewann die Stadt Frankfurt am Main vom Ende der 1970er Jahre an und zunehmend in den 1980er Jahren an Lebensqualität, an Urbanität und an Anerkennung bis Bewunderung von außen. In diesen Jahren konnten endlich die letzten noch offen gravierenden Verluste an Bausubstanz aus dem nunmehr rund 35 Jahre zurückliegenden Krieg durch Neugestaltung behoben werden. Dabei war die Stadt längst in ihrem Erscheinungsbild verändert, hektisch und arbeitsam, bewohnt von Zweidrittel »Eingeplackten«, bei denen allenfalls die Kinder die Frankfurter Muttersprache beherrschen. Jeder fünfte Einwohner Frankfurts war aus einem anderen europäischen oder außereuropäischen Land gekommen. Die Widersprüchlichkeit der Stadt, die noch immer ein großer Bauplatz war – der interessanteste der Republik, wie manche meinten[1], die Gegensätze verlangten von der Stadtpolitik viel an Einfühlung und Gestaltungskraft und verursachten häufig die höchst unterschiedlichen Urteile über die Stadt Frankfurt am Main. Die Situation dieser Jahre hat weitaus am besten Horst Krüger erfaßt in seinem hinreißenden Essay »Plädoyer für eine verrufene Stadt«[2]. Die Stadt vermittle ein »Gefühl der Stimmigkeit« für das geteilte Deutschland oder »es gibt hier keine Gesellschaft mehr, zu der man gehören müßte«. »Man spürt ein Gefühl von Freiheit, sonst nichts«. In der Frankfurter Kulturszene werde »blankgeputzte Gegenwart offeriert«. Da man das überraschende Kommunalwahlergebnis von 1977 in seiner Auswirkung noch nicht beurteilen könne, so bleibe doch festzustellen: »Wer immer in dieser Stadt das Ruder der Macht in den Händen hält – er muß sie, er will sie bewohnbarer und freundlicher machen«.

Die städtische Politik unter Oberbürgermeister Wallmann war durchaus in diesem Sinne bemüht und die Resonanz in der Öffentlichkeit stellte sich auch langsam ein. Die konservative »Frankfurter Neue Presse« startete im Sommer 1977 eine Leseraktion »Mein Frankfurt lob ich mir«, die natürlich entsprechende Artikel zuwege brachte. Freunde des Kulturdezernenten Hilmar Hoffmann schrieben von einer »Kultur-Offensive«[3], dieses »vielgelästerte Frankfurt hat in den letzten Jahren, zunächst fast unbemerkt, eine erstaunliche Wandlung durchgemacht«, es sei nämlich »die Stadt spürbar humaner geworden, urbaner, oder wie immer wir das nennen wollen. Hilmar Hoffmann heißt der Mann, der diesen Wandel geschaffen hat.« Und

Kulturdezernent Hilmar Hoffmann (dritter von links) bei einer Pressekonferenz im Chagall-Saal der städtischen Bühnen am 15. Februar 1977. Links daneben der damalige Verwaltungschef der Bühnen, Ulrich Schwab

so sei er »bundesweit zur Symbolfigur bürgerlicher Kulturpolitik« geworden. Zu diesem Thema hatte die Frankfurter Neue Presse kurz nach der Kommunalwahl bemerkt: »Hoffmanns Ideenreichtum, verbunden mit der kritischen Kontrolle: es wäre denkbar, daß der SPD-Mann unter günstigen Umständen ein hervorragender Dezernent der CDU-Stadt würde«[4], zumal er noch für 5½ Jahre gewählt sei. Der neue Oberbürgermeister dachte wohl ähnlich und die Entwicklung hat die Prognose bestätigt. Wallmann war viel zu klug, sich die Gestaltung der Stadtpolitik durch Förderung kultureller Aktivitäten bei den außergewöhnlichen Möglichkeiten der Stadt Frankfurt am Main entgehen zu lassen. Außerdem verstanden sich die beiden Politiker ganz gut und so hatte Hilmar Hoffmann gewissermaßen freie Hand, ohne Einengung durch die Stadtverordnetenfraktionen und deren Wünsche und Vorstellungen. Es waren einige Probleme bei den Städtischen Bühnen auch gerade gelöst, Michael Gielen für die Oper auf fünf Jahre berufen und Peter Palitzsch bis 1980 vertraglich in Frankfurt gebunden.

Zum Ende des Jahres 1977 wurde die auswärtige Presse bereits spürbar freundlicher in ihren Urteilen über die Stadt am Main. »Frankfurt baut an einem neuen

Image«[5]. hieß es da, »»Mainhatten« will seinen schlechten Ruf abschütteln und den Wiederaufbau der Innenstadt beenden.« Die Stadt bemühe sich zunehmend um den Dialog mit den Bürgern und um »Planerische Umkehr«. Dies war nun weniger zutreffend, denn der Dialog mit den Bürgern ist im Planungsbereich gerade durch die neue CDU-Mehrheit abgestoppt worden. Aus den schmerzlichen Erfahrungen des Westend-Debakels hatte man in Frankfurt gelernt, daß es Wege gab, solche Konflikte zu vermeiden. Ein solcher erfolgreich beschrittener Weg war, frühzeitig durch »Strukturpläne«, bunt gedruckt und übersichtlich, die Bürgerschaft in den betroffenen Gebieten in die Beratungen um die Bauleitplanung einzuschalten, auch durch Volkshochschulkurse. Die Erfahrungen auf diesem Wege waren gut, die frühzeitige Diskussion wurde dann auch im Bundesbaugesetz[6] vorgeschrieben, allerdings nicht die Wege dazu. Das Frankfurter Verfahren hatte sich durchaus bewährt, aber der neue Planungsdezernent der CDU, Stadtrat Dr. Hans Küppers, wollte von der Diskussion anhand von Strukturplänen nichts wissen. Dieses Verfahren ist also abgebrochen worden. Inzwischen fing man in der Stadt selbst an, die Hochhäuser schön zu finden. So schrieb Richard Kirn 1977 über »Das Leben unter Silbertürmen«, er wohnte in der altansehnlichen Klüberstraße ganz dicht an den zwei Türmen der Deutschen Bank[7]. Glücklicherweise sei der Wiederaufbau der Alten Oper begonnen[8], nur über die Platzgestaltung werde noch gestritten. Aber das »Problem Römerberg« sei noch offen, dazu werde wieder und wieder im Römer getagt.

Die CDU-Stadtverordnetenfraktion hatte nach ihrem Wahlsieg die Planungen für die Alte Oper etwas verändert, vor allem durch die Forderung nach einem Kammermusiksaal, dem späteren Mozartsaal. Dadurch ist der auch technisch nicht einfache Wiederaufbau zunächst aufgehalten und der Charakter des künftigen Hauses mehr mit der Zielsetzung Konzertveranstaltung verändert worden.

Die Hochhäuser faszinierten auswärtige Besucher und Journalisten häufig, schließlich gab es in Deutschland keine andere Stadt mit solcher Silhouette. Man wußte offenbar nicht so recht, diese Erscheinung einzuordnen und kam auf die merkwürdigsten Titel: »Warum Frankfurt vor Häßlichkeit schön ist«[9]. Die einzelnen Hochhäuser wurden da penibel aufgezählt: die Dresdner Bank mit 166,3 Meter Höhe, das Plaza-Hotel (später Marriott), zur Hälfte auch aus Büroraum bestehend, direkt an der Messe gelegen, mit 162 m, die BFG (Bank für Gemeinwirtschaft, »Hesselbach sein klein Häuschen« wie die Frankfurter amüsiert anmerkten), hat 142,7 m aufzuweisen.

Was übrigens kaum jemand wußte oder bemerkte, daß die schiffsähnlich erscheinende, ineinandergeschobene Gestaltung dieses Bauwerkes, nach Aussage des Architekten Richard Heil, den altbekannten »Handschlag« der Arbeiterbewegung symbolisieren sollte. Alle diese Bauten wurden freilich überragt vom endlich auch fertig gewordenen Fernmeldeturm mit seinen 331,14 Metern, von dessen Plattform, die gut 70 m tiefer liegt, man einen guten Rundblick auf den westlichen Teil der Stadt hat. 1979 kostete der Aufzug noch 3,50 DM und das Drehrestaurant war recht gut besucht. Trotz mancherlei Zusagen hatten leider alle anderen Hochhäuser der Stadt sich geweigert, Aussichtsplattformen oder Restaurants in ihren oberen Stockwerken einzurichten, und dies ist bedauerlicherweise so geblieben. Aber wenigstens in der äußeren Gestaltung konnte der Planungsausschuß der Stadtverordnetenversammlung Einfluß nehmen, sonst würden wohl die meisten Hochhäuser in Frankfurt ein dunkles Erscheinungsbild abgeben wie das Selmi-Hochhaus am Platz der Republik. Denn diese Art der Verglasung kommt den Bauherrn billiger.

Zum Neujahr 1978 war vom Presse- und Informationsamt im Namen des Oberbürgermeisters und des Stadtverordnetenvorstehers Hans-Ulrich Korenke an die Bürger der Stadt verkündet worden: »Frankfurts Bild verbessert sich«[10]. Zwar mußte noch von Terrorismus und Stadtflucht die Rede sein, aber doch auch von günstiger wirtschaftlicher Basis und besseren Lebensbedingungen durch Bereitstellung von Bauland. Weitaus konkreter war dann die Neujahrsbotschaft für das Jahr 1979: »Die entscheidenden Schritte sind getan«. Man könne stolz sein auf die »Finanz- und Wirtschaftsmetropole«. Jedoch sei für die Anziehungskraft der Stadt Frankfurt das »kulturelle Angebot von außerordentlicher Bedeutung«. So hoffe man 1979 das Richtfest der »alten Oper« zu begehen, neue Fußgängerstraßen einzuweihen und das »Museumsufer« zu gestalten. Das bedeute eine Verdoppelung der bestehenden Museen der Stadt Frankfurt am Main. Es seien Grundstückskäufe getätigt und Planungen für das Filmmuseum, das Architekturmuseum und das Museum für Moderne Kunst eingeleitet. Frankfurt verfüge glücklicherweise über gesunde Finanzen, obgleich der von Bonn verordnete Wegfall der Lohnsummensteuer insgesamt rund 180 Millionen DM Verlust bringe[11].

Auch für den Sport konnten Perspektiven eröffnet werden, so der Bau des Rebstockbades, die »Tour de France« durch Frankfurt am Main in 1980 und das »Deutsche Turnfest« für 1983.

In der Neujahrsbotschaft wurde allerdings nicht versäumt zu betonen, Frankfurt am Main dürfe kein Platz für Gewalt sein. Hatte es doch an der Bockenheimer Landstraße Schießereien bei der Verfolgung von Angehörigen der »Rote Armee-Fraktion« (Astrid Proll und andere) gegeben und auch die Erinnerung an die Ermordung des Chefs der Dresdner Bank – Jürgen Ponto – am 30. Juli 1977 war noch durchaus wach.

Es ist eine nicht uninteressante Frage, wie denn nun die CDU als Stadtregierungspartei ihre Politik anlegte und wie der aus der Bundespolitik gekommene Oberbürgermeister Dr. Walter Wallmann die neue Politik für die Stadt Frankfurt vertrat. Wallmann hatte dafür die recht einleuchtende Formel von »Kontinuität und Wandel« gefunden. Sein Vorgänger, Rudi Arndt, hatte nämlich als Oppositionsführer im Stadtparlament gemeint, viel könne an der Frankfurter Stadtpolitik auch von der CDU nicht verändert werden. Dem versuchte Oberbürgermeister Wallmann energisch entgegenzutreten, vermutlich wohl wissend, daß hier, wie übrigens für jede neue Regierung, eine Schwierigkeit lag. Es war jedoch durchaus möglich, Unterschiede zu verdeutlichen. Dies machte dem neuen Oberbürgermeister die

Die Trauerfeier für Flugkapitän Jürgen Schumann, der in dem gekaperten Flugzeug in Mogadischu ermordet worden ist, am 21. Oktober 1977 nahe dem Frankfurter Flughafen. Zweiter von links der Parlamentarische Staatssekretär im Bundesinnenministerium, Andreas von Schoeler, übernächster MdB Jürgen Wischnewski und Ekkehard Gries, der hessische Innenminister, Alfred Dregger, MdB Hermann Schmitt-Vockenhausen, MdB und Vizepräsident des Deutschen Bundestages

sozialdemokratische Opposition auch insofern leichter, als sie sich recht schwer tat mit ihrer neuen Rolle im Stadtparlament. Schließlich waren alle Mitglieder der Oppositionsfraktion, einschließlich des Vorsitzenden Rudi Arndt und des stellvertretenden Vorsitzenden Hans Michel, im Unterschied zu dem vormaligen Bundestagsabgeordneten Walter Wallmann, noch niemals in der Lage gewesen, einer Oppositionsfraktion anzugehören. So wurde neben- und nacheinander versucht, drei Oppositionslinien einzuschlagen, die sich alle drei als nicht besonders erfolgreich erwiesen. Erstens meinte insbesondere der vormalige Oberbürgermeister, es könne über die SPD-Mitglieder im Magistrat eine gewisse Oppositionshaltung eingenommen werden, was allenfalls zu überflüssigen Spannungen geführt hat, aber nicht zu den einer Opposition angemessenen Aufgaben, nämlich Kritik und Kontrolle auszuüben, vor allem aber Alternativen aufzuzeigen und auch zu einem Konsens zu kommen.

Zweitens ist auf dem an sich richtigen Wege der Kritik in der Sache dann aber hauptsächlich Kritik an solchen Vorhaben geübt worden, die seinerzeit von der SPD selbst beschlossen und angefangen worden waren. Man begab sich also auch noch des guten Erbes, indem beispielsweise der Wiederaufbau der Alten Oper als »Prestige Objekt« bezeichnet wurde, wie anderes auch, so die Idee des Museumsufers oder das Rebstockbad.

Der dritte Weg der Oppositionsstrategie war auch im Ansatz richtig, ist aber nicht sorgfältig genug weitergeführt worden. Es war ja schon nach zwei, drei Jahren CDU-Politik deutlich, daß die Finanzen der Stadt doch ziemlich belastet werden mußten, um nicht zu sagen überlastet. Also versuchte die SPD-Stadtverordnetenfraktion, sich hier Klarheit zu verschaffen und bat einen ausgewiesenen Finanzfachmann, Professor Dr. Fritz Neumark, um ein Gutachten zur Situation der städtischen Finanzen. Als dies Gutachten schließlich vorlag und vorgetragen wurde, ergab sich für die meisten Mitglieder der SPD-Fraktion, daß die Einnahmen der reichen Stadt Frankfurt eben so gut seien, daß auch sehr hohe Ausgabenbelastungen nicht schadeten. Vermutlich ist das Gutachten nicht genau genug gelesen worden, und außerdem war der eigentliche und kenntnisreichste Finanzfachmann der Stadtverordnetenfraktion, eben Rudi Arndt, zu diesem Zeitpunkt bereits als Europa-Abgeordneter auf einer neuen Bahn politisch-parlamentarischen Erfolgs. Die SPD-Fraktion im Römer hatte das Empfinden, daß ihr ein wirksames Argument gegen die ins Volle greifende Ausgabenpolitik der CDU nun eben fehle. So blieb es bei der Auseinandersetzung an und mit Einzelfragen, was politisch nicht sehr wirksam war.

Dagegen hatte Oberbürgermeister Wallmann von seiner Antrittsrede im Juni 1977 an, mit vielfacher Wiederholung, einige Formulierungen vorgegeben, die dann zumindest allen politisch interessierten Frankfurterinnen und Frankfurtern, geläufig geworden sind: er wolle und werde der Oberbürgermeister aller Frankfurter sein. Damit verknüpft war der Angriff auf die bisherige Stadtpolitik, die zu versachlichen sei, um »Politik nicht für das Wählerklientel einer Partei zu betreiben und es geht darum, allen Bürgerinnen und Bürgern die Überzeugung zu vermitteln, daß die Verantwortlichen im Römer für jeden Bürger ihr Amt auszuüben haben«[12]. Damit verbunden wurde die Forderung von der »liberalen Erneuerung Frankfurts«, was natürlich zumindest alle die nicht besonders schätzten, die der Meinung waren, Frankfurt am Main sei stets eine liberale Stadt gewesen.

Was einzelne Sachgebiete anbelangte, so machte Oberbürgermeister Wallmann klar, daß die CDU gewillt war, in der Schul- und Bildungspolitik und auch in der Stadtplanung, die Weichen anders zu stellen. Der letzte Schulentwicklungsplan – mit Zielsetzung Gesamtschulen und deswegen Förderstufen für die 5. und 6. Klassen – wurde aufgehoben und die Kitas in die üblichen Kindertagesstätten umgewandelt. Der neue Stadtrat Bernhard Mihm, Jurist, war für diese Veränderungen als Schuldezernent zuständig, zugleich neuerdings auch für die Erwachsenenbildung. Den Frankfurter Bund für Volksbildung e. V. veränderte die CDU-Politik in die Kommunale Volkshochschule, und die Amtsleiterstelle wurde von der CDU neu besetzt.

Der Oberbürgermeister hatte in seiner ausführlichen Rede betont, daß die Arbeit der Volkshochschule natürlich zu fördern sei, daß aber »versteckte marxistische Indoktrination« nicht angehe. Die Umwandlung der traditionsreichen Frankfurter Volksbildungseinrichtung in eine städtische Dienststelle störte übrigens außer einigen Betroffenen niemanden, vielmehr entsprach dies einer seit langem erhobenen Forderung des Hessischen Volkshochschulverbandes, an die nur wegen des Gewichtes einer Frankfurter Tradition und wegen politischer Verflechtungen niemand hatte herangehen wollen. Auch die Beschwerden des Oberbürgermeisters über das Abendgymnasium wurden vielerseits geteilt. Es war nur gut, daß mit der Zeit durch eine neue Leitung, nämlich seit 1979 die der Studienrätin Dorothee Vorbeck, später auch ehrenamtliche Stadträtin und vormalige Landtagsabgeordnete der SPD, langsam eine Veränderung der ziemlich üblen Verhaltensweisen einiger Studierender im Abendgymnasium erreicht werden konnte.

Oberbürgermeister Wallmann machte sehr deutlich, daß ihm an der Förderung städtischer Kulturpolitik viel lag. Er befaßte sich ausführlich mit den Städtischen Bühnen – nicht ohne anzumerken, daß das mangelnde Publikumsinteresse beim Schauspiel (es sei der Eindruck entstanden, »als werde das Publikum aus dem Saal gespielt«), bei einem Aufwand für Oper und Schauspiel von 45,5 Millionen DM doch einige Fragen aufwerfe[13]. Als weitere Schwerpunkte wurden erwähnt, die Alte Oper – das Richtfest konnte dann an einem kalten Tag, am 7. Dezember 1978 gefeiert werden, ferner die Finanzierung des geplanten Neubaus der Deutschen Bibliothek und das »Museumsviertel«».

Es war deutlich, daß dieser Oberbürgermeister mit Nachdruck Kulturpolitik in der Stadt Frankfurt am Main fördern wollte. Er sagte auch warum: im kulturellen Angebot der Stadt böte sich eine Alternative zum Wirtschafts- und Finanzplatz Frankfurt in all seiner Nüchternheit. Er sagte nicht, was sich aber Politiker denken können, daß es ihm und der CDU natürlich auch darauf ankomme, im kurzen Zeitraum einer Wahlperiode akzeptable Neuerungen vorzuweisen und unverwechselbare Akzente zu setzen.

So sollten gleich im Jahr 1978 definitive Beschlüsse für den Ausbau mehrerer Museen gefaßt werden, nämlich für einen »Erweiterungsbau« für das Museum für Kunsthandwerk; und für die Gründung eines Museums für Architektur. Es war auch von einem »Museum für Alte Musikinstrumente« die Rede – das einzige Objekt, das dann nicht zustande gekommen ist. Die Liste umfaßte ferner das Deutsche Filmmuseum und den Ausbau des Rothschildschen Hauses am Untermainkai für das Jüdische Museum. Auch ein Neubau für das Museum für Vor- und Frühgeschichte und die damit mögliche Wiederherstellung der Karmeliterkirche ist schon zu Beginn 1978 angekündigt worden. Schließlich wurde noch der Museumspark am Schaumainkai erwähnt als Bindeglied eines »urbanen Bildungsangebots«.

Diese Fülle, die allerdings innerhalb der SPD auf einmal kaum durchzusetzen gewesen wäre, brachte auf Oppositionsseite wiederum den Vorwurf der »Prestigeobjekte« hervor, obgleich über die meisten Planungen schon lange in der SPD-

Der »Stoltze-Turm«, Töngesgasse 34–38, wird am 21. November 1978 eingeweiht. Die Stadtsparkasse fördert das kleine Museum zum Gedächtnis des Frankfurter Dichters Friedrich Stoltze. Vor dem alten Treppenturm steht (im Profil) Professor Dr. Wolfgang Klötzer, der Direktor des Stadtarchivs

Fraktion diskutiert worden war. Die CDU hatte nichts gegen »Prestige-Objekte«, denn dies war die klug kalkulierte Politik, Kultur und Wiederaufbauleistungen könnten auch für das Image der Stadt und der sie regierenden Partei genutzt werden. Zwischen CDU und SPD nicht umstritten war die Absicht, den Dom-Römerberg-Bereich nun endlich zu gestalten.

So rückte das Projekt Dom-Römerberg-Bebauung 1978 wieder in den Vordergrund. Der hierzu gegründete Sonderausschuß war 1977 in der IX. Wahlperiode wieder eingerichtet worden. Er tagte unregelmäßig, galt aber als besonders wichtig. Die SPD konnte den Ausschußvorsitzenden stellen, dies war traditionell der Fraktionsvorsitzende, damals also der Stadtverordnete Rudi Arndt, später wieder Hans Michel. Unter Arndts Leitung machte der Ausschuß eine kurze Studienreise nach Warschau und Danzig und hatte in diesen Städten Gelegenheit, den gut gelungenen

Wiederaufbau historischer, im Krieg zerstörter Gebäude und ganzer Stadtteile oder Straßenzüge zu bewundern. Gespräche mit Fachleuten der polnischen Denkmalpflege waren ebenso nützlich. Die Eindrücke dieser Studienreise ließen eine Mehrheit davon überzeugt sein, daß ein historischer Aufbau der Ostzeile am Römerberg jedenfalls möglich sein müßte.

Die CDU beantragte 1978 einen neuen Wettbewerb auszuschreiben und die Ostzeile am Römerberg historisch aufzubauen. Die SPD stimmte dem zu, wollte aber mit einem eigenen Antrag vom 2. Juni 1978 erreichen, daß nämlich in dem neu auszuschreibenden Wettbewerb nicht von Anfang an Lösungen ausgeschlossen werden sollten, die einen anderen als den historischen Aufbau der Ostzeile planten. Die CDU und die FDP stimmten ihrerseits auch für diesen Vorschlag. In der SPD hoffte man immer noch, oder wollte jedenfalls keine Möglichkeit ausschließen, daß die geniale Idee für einen modernen Abschluß des Römerbergs doch noch einem Architekten komme und dann auch darstellbar sei.

Im März 1979 erschien eine weitere Broschüre zum Römerberg-Problem, herausgegeben vom Dezernat Bau[14]. Die Aufgabe war »Wiederaufbau der 1944 zerstörten Ostseite des Römerbergs«, mit Aufzählung der sechs Häuser, und mit dem »Schwarzen Stern«. Es handelte sich um eine sorgsame Untersuchung der Gegebenheiten im Vergleich mit dem früheren Bestand und um Vorschläge zum Wiederaufbau, der freilich im Innern die früheren Mißstände und Verbauungen der Häuser untereinander nicht wieder herstellen dürfe. Als Grundsätze für den Wiederaufbau sollten gelten, möglichst genau die historischen Formen zu wahren; jedes Haus als Einzelhaus zu bauen; abgeschlossene Wohnungen zu schaffen und im Erdgeschoß – wie früher auch – gewerbliche Räume vorzusehen. Ein größeres Problem böte sich mit den alten Treppen, stattdessen sollten an der Rückseite Treppentürme neugestaltet werden. Der Wiederaufbau für den Schwarzen Stern in der Süd-Ostecke neben der Nikolaikirche, einst ein beliebtes und feines Gasthaus, nicht zuletzt für die Hochzeitspaare, die vom Römer kamen, dieser Bau wurde von den Architekten Geiger und Henrici bearbeitet. Die Räume des Presseclubs sind auch bereits vorgesehen worden, sowie einige Wohnungen. Mit diesen Unterlagen war also nachgewiesen, daß ein historischer Wiederaufbau möglich und machbar sei.

So wurde wiederum ein Architektenwettbewerb vorbereitet. Mit einem sehr gut gestalteten Bildband im Großformat, beginnend mit der ältesten Stadtdarstellung und dem berühmten Merian-Stich von 1628, dem Altstadtgrundriß von 1867 und 1944, wurden »Grundlagen und Entscheidungshilfen«[15] den Wettbewerbsteilnehmern an die Hand gegeben. Der Wettbewerb selbst, nebst allen Ergebnissen, Protokollen der Jury und der Namensliste, ist fortlaufend dokumentiert und kann deshalb gut nachvollzogen werden[16]. Die Aufgabe war, bei den vorhandenen unterschiedlichen Positionen den historischen Aufbau zu wagen, wobei auch eine moderne Ostfassade zugelassen sei. Zu wünschen wären jedenfalls breite Zustimmung und kritische Aufnahme durch die Frankfurter Bevölkerung, und dann aber auch bald ein Beschluß für den Aufbau.

Als verbindliches Raum- und Funktionsprogramm war angegeben: 1.) Freizeit- und Kulturschirn mit »Schirntreff« 2.) Presseclub 3.) Seniorenwerkstatt 4.) Wohnen und zwar in der Ostzeile 800 qm, im Schwarzen Stern 400 qm, in den Neubauten an der Saalgasse 2480 qm, also zusammen 3680 qm Wohnfläche 5.) Läden und Gaststätten mit mindesten 8355 qm. Ferner sollten 1500 qm für Ausstellungsflächen vorgesehen werden, damit auch internationale große Ausstellungen nach Frankfurt geholt werden könnten.

Am 20. Juni 1980 fiel im Preisgericht unter dem sorgsamen Vorsitz von Professor Max Bächer die Entscheidung, und zwar einstimmig. Es waren 103 Arbeiten eingereicht und 92 zugelassen worden. Die Jury hatte mehrere lange Sitzungen. Der 1. Preis fiel in völliger Übereinstimmung auf die Arbeit Nr. 81, und dies waren junge Berliner Architekten, nämlich die Diplom-Ingenieure Dietrich Bangert, Bernd Jansen, Stefan Scholz und Axel Schultes, die »in fast idealer Weise historische und moderne Bebauung« verbunden haben[17]. Die Jury stellte ferner fest: »Das Ergebnis ist – jedenfalls nach einstimmiger Aussage der Jury – nicht zugunsten der eingereichten modernen Lösungen ausgefallen. Überzeugender waren in der Spitzengruppe

Seitenansicht des Dom-Römerberg-Modells mit den geforderten Wohnhäusern in der Saalgasse. Rechts Stadtrat Dr. Haverkampf (SPD) und links Kämmerer Ernst Gerhardt (CDU), 1981

Arbeiten, die sich an eine historische Vorgabe hielten.«[18] Die Jury von fast 30 Personen, zur Hälfte Architekten, wollte sich natürlich auch gegen Vorwürfe absichern, einer modernen Lösung keine Chance gegeben zu haben. Für den 1. Preis ist deshalb ausdrücklich argumentiert worden, er habe das engagiert diskutierte Problem des Wiederaufbaus der alten Zeile in einer überzeugenden Weise gelöst, die vom stadtgestalterischen her den Wunsch des Wiederaufbaus rechtfertigt. Es seien die heterogenen Elemente zu einer neuen Einheit zusammengefaßt, dazu komme ein Angebot offener Freibereiche. Die Jury empfahl, die Preisträger mit der Weiterentwicklung des Projektes zu betrauen. So geschah es dann auch[19].

Die aus den städtischen Gremien delegierten Preisrichter waren natürlich auch besonders interessiert an eventuellen modernen Lösungen. Es gab deren 24, und sie waren eindeutig nicht empfehlenswert. Dieses Faktum haben sich die späteren Kritiker nicht klar gemacht. Wäre eine überzeugende »moderne« Lösung für die Ostzeile da gewesen, so ist durchaus zu vermuten, daß sie vorgezogen worden wäre. Aber es war eben absolut kein solcher Vorschlag vorhanden. Auch die Preisträgergruppe hatte sich an einer modernen Lösung als Alternative versucht, aber auch dieser Vorschlag konnte niemanden begeistern. Die historische Lösung hatte sich also als die angemessenere durchgesetzt, und so ist gebaut worden. Architekt war Dr. Schirrmacher, gebaut hat das Hochbauamt.

Wer an der Entscheidung der Jury mitwirkte, wird sich vielleicht erinnern, daß das Problem der Ostzeile und der Anbindung an den übrigen modernen Teil derart die Aufmerksamkeit gefangen genommen hat, daß den anderen Bauteilen nicht soviel Beachtung zukam, wie es wohl hätte sein sollen. Die Lösung mit dem Treppenhaus als Mittelteil eines Dreier-Blocks, vorne die alten Häuser und östlich zum Dom hin ein guter Neubau, das war so überzeugend gewesen, daß die übrigen Bauteile kaum erörtert worden sind. Zum Beispiel hätte gefragt werden können, was der Tisch solle, der, im Modell fingerspitzengroß, gebaut aber in der Größe eines zweistöckigen Hauses dasteht und welche Funktion dies Gebilde denn habe. Man kann gut hinaufsteigen und hat einen schönen Blick auf den Dom von da aus, aber sonst ist eine Funktion nicht zu erkennen, es sei denn, wie dies manchmal geschieht, eine Musikkapelle spielt da oben. Man hätte vielleicht auch die Rotunde erörtern sollen, denn sie wirkt im Bereich lauter rechtwinkliger Bauten deplaziert. Die Frankfurter reden von »Engelsburg«, und dies Bauwerk verstellt auch noch den Blick zum Dom von der Nikolaikirche aus. Andererseits wirkt es als großzügiges Entree und kann auch teilweise für Ausstellungen genutzt werden. Und so weiter, kritisiert kann immer werden bei einem so komplexen Bauvorhaben.

Die Großbauten sind mit mattgelbem Mainsandstein verkleidet, damit sie dem roten Buntsandstein des Doms keine Konkurrenz machen. Dies wirkt sehr gut. Daß die lange Schirn genau der schrägen Fluchtlinie des Schwarzen Sterns zum Dom hin folgt und so den ganzen Platz einbindet, bemerkt kaum jemand[20]. Als das ganze Bauvorhaben fertiggestellt war, wurde jedenfalls viel gelästert, aber auch viel gelobt. Es ist vielleicht insgesamt keine ideale, aber doch eine gute Lösung geworden.

Oberbürgermeister Wallmann konnte mit Recht stolz darauf sein, als am 30. Januar 1981 der erste Hackenschlag für die Ostzeile getätigt worden ist, ungefähr zwei Wochen vor der Kommunalwahl 1981. Die Einweihung am 24. November 1984 wurde allseits erfreut vermerkt. Die Schirn, der Name hatte sich bald eingebürgert, ist dann am 28. Februar 1986 mit einer interessanten Ausstellung über russisches Theater in der Vorweltkriegszeit eröffnet worden und hat seitdem viele tausende Besucher in ihre exzellenten Ausstellungen gelockt.

Natürlich gab es auch mehr oder minder profunde Kritik an dem ganzen Vorhaben. Der hessische Denkmalpfleger, Professor Dr. Gottfried Kiesow konnte sich gar nicht mit der Ostzeile anfreunden. Die Landesdenkmalpflege, so schreibt er[21], sei für eine »qualitätvolle moderne Variation« gewesen; nur war die leider nicht vorhanden. Weiter bedauerte er, daß die städtischen Körperschaften offensichtlich jetzt das Bauvorhaben wollten, während es doch besser sei, noch zehn Jahre zu

Noch etwas unfertig bietet sich die Ostzeile am Römerberg zur Eröffnung des Mainfestes am 5. August 1983 dar

warten. Dies aber war nun wirklich den Frankfurtern nicht zuzumuten. Schließlich sichert sich der Denkmalpfleger ab, das ganze sei »kein Akt der Denkmalpflege«, da Denkmalpflege »an die Existenz der Originalsubstanz gebunden« sei und die Aufgabe der Denkmalpflege liege in erster Linie in der Erhaltung des Originals. So richtig das sein mag, die Originalsubstanz wurde leider im Krieg zerstört. Die Frankfurter aber sehnen sich besonders an dieser Stelle nach dem alten Erscheinungsbild, da doch die gesamte Altstadt verloren war. Und die Jüngeren hatten ganz offensichtlich auch ihre Freude an den altneuen Bauten; manche blieben auch kritisch. Die Anmerkungen des sonst bedachteren Architekturkritikers, Dieter Bartetzko, der glaubte, die neue Ostzeile mit Neuschwanstein vergleichen zu sollen, können auf sich beruhen, denn sie sind ebenso falsch wie die Wortspielformulierung »man hat einen Platz beseitigt und einen Schauplatz geschaffen«[22]. Im Gegenteil, der Römerberg als Platz war endlich, nach fast 40 Jahren, wiedergewonnen. Zur großen Freude der meisten Frankfurter konnte nach dem Richtfest der wiederaufgebauten Häuser der Weihnachtsmarkt 1983 wieder an alter Stelle stattfinden.

An repräsentativen Ereignissen fehlte es in Frankfurt am Main nicht. Immer schon waren im Römer die verschiedensten in- und ausländischen Persönlichkeiten und Gruppen empfangen worden. Waren Ausländer zu Gast, so hing deren Fahne zusammen mit der Frankfurter rot-weißen Stadtfahne am Balkon des Römers. Diese freundliche Geste ist oft erfreut zur Kenntnis genommen worden. Mit der Stadtregierung der CDU kamen einige Neuerungen auf. Nun waren alle Einladungen ausschließlich von Oberbürgermeister Wallmann unterzeichnet, auch wenn von vornherein feststand, daß er den Empfang nicht werde geben können und meist von ehrenamtlichen Stadträten vertreten werden mußte. Es gab viel öfter als früher die so beliebten Frankfurter Abende in den Römerhallen. Auch die Posten für Referenten im Oberbürgermeisterbüro und bei den Stadträten hatten sich nicht unbeträchtlich vermehrt. Bei den nächsten Haushaltsberatungen stellte es sich dann heraus, wie stark der Repräsentationsfond angewachsen war. Von Sparsamkeit konnte in diesem Bereich jedenfalls keine Rede sein, aber dem Image der regierenden Partei, wie auch dem der Stadt Frankfurt am Main, kam die großzügige Gastlichkeit im Römer durchaus zustatten.

Eine sehr vernünftige Änderung kostete der Stadt überhaupt kein Geld, machte aber die Gewichtungen hinsichtlich des obersten Organs der Stadt deutlicher. Das Amtsblatt hieß seit 1946 »Mitteilungen der Stadtverwaltung Frankfurt am Main« und enthielt unter anderem auch wichtige Reden im Stadtparlament. Der seit der Kommunalwahl 1977 amtierende Stadtverordnetenvorsteher Hans-Ulrich Korenke setzte durch, daß das Amtsblatt den Titel »Mitteilungen der Stadt Frankfurt am Main« erhielt. Außerdem waren nun auf Bronzetafeln im Stadtverordnetensaal die Namen der Ehrenbürger der Stadt zu lesen, wie auch die der Stadtältesten. Und im neugestalteten Vorraum konnten Besucher und Kommunalpolitiker, die Fotos sämtlicher verstorbenen Stadtverordnetenvorsteher betrachten, sowie die Farbfotos des gerade amtierenden Präsidiums des Stadtparlaments. In ähnlicher Weise erhielt das

»Handbuch der Stadtverordnetenversammlung« eine recht ansprechende aufwendigere Gestaltung; all dies waren Zeichen einer begrüßenswerten, auch gegenüber Magistrat und Stadtverwaltung gesteigerten Selbstachtung der ins Stadtparlament gewählten Kommunalpolitiker.

6.2. Messe Frankfurt und Flughafenausbau

Etwa in der Mitte der Wahlperiode 1977 bis 1981 hatten die regierende CDU und Oberbürgermeister Wallmann eine »Image-Studie« für die Stadt Frankfurt am Main beim Meinungsforschungsinstitut in Allensbach in Auftrag gegeben. Angesichts des immer noch vorhandenen Negativ-Bildes, das man sich vor allem außerhalb von Frankfurt machte, war zu hoffen, daß durch eine solche Untersuchung Ansatzpunkte für den Abbau der typischen Vorurteile gewonnen werden könnten. Das Ergebnis brachte den Kommunalpolitikern nicht viel Neues, aber es ist verdeutlicht worden, daß eine Image-Verbesserung sehr wohl für die Entscheidung von Unternehmen, sich in Frankfurt am Main anzusiedeln, ausschlaggebend sein könne. Die Politik des Oberbürgermeisters und der CDU-Stadtverordnetenfraktion, viel Geld zur Förderung von Kultur zu investieren, unter anderem auch in der Hoffnung, das Bild Frankfurts werde sich verbessern, fand jedenfalls durch die Allensbacher Untersuchung eine Abstützung. Nach der Kommunalwahl vom 22. März 1981 geriet die Image-Studie in Vergessenheit, sie war gar nicht mehr nötig.

Während des Wahlkampfes hatte der Vorsitzende der SPD-Fraktion, Hans Michel, zu »mehr Bescheidenheit«[23] geraten, angesichts der hohen Kosten, die der Opposition Befürchtungen verursachten. Die Zahlen, die Oberbürgermeister Wallmann nannte, waren auch exorbitant: »Die von uns beschlossenen Zukunftsinvestitionen, deren Umfang im Jahre 1981 circa 640 Millionen DM betragen wird, sind finanzierbar.«[24] Dazu kamen 1980 für die Messe 45 Millionen und für 1981 über 500 Millionen DM für Sozialhilfe.

Der Sprecher der FDP, Christian Zeis, äußerte sich in der Stadtverordnetenversammlung am 29. Januar 1981 auch zu »Prestigeobjekten«, worunter er vor allem das Bürgerhaus in Zeilsheim zählte, das mit zehn Millionen Kosten angesetzt gewesen sei und dann 20 Millionen gekostet habe; oder das Rebstockbad, das wohl auf 50 Millionen DM kommen werde; oder die Eissporthalle, die 38 Millionen kosten solle. Die FDP hingegen wollte eine Bebauung des Niederurseler Hangs, den Beginn des Alleentunnels, und den Stop des U-Bahnbaus, aber den Erhalt der Straßenbahnen[25]. Dies war eine der letzten Reden eines FDP-Stadtverordneten, denn bei der Kommunalwahl 1981 verfehlte die FDP bereits die 5%-Hürde und hat sie seitdem in Frankfurt am Main nicht wieder überschreiten können, außer in einigen wenigen Ortsbeiräten. Die CDU hingegen konnte sich freuen. Die »Weltwoche« bescheinigte ihr: »Da hat sich eine kleine Sensation abgespielt: Die Christdemokraten bauten ihre absolute Mehrheit in Frankfurt aus, in einer traditionsreichen sozialdemokratischen

Hochburg. Gleichzeitig gewannen auch die Grünen. Typisch für die ganze Bundesrepublik Deutschland?«[26].

Die neue Partei der Grünen, die sich bald »Die Grünen im Römer« nannten, hatte auf Anhieb 6,4 Prozent der Stimmen und damit sechs Sitze in der Stadtverordnetenversammlung erhalten. Die CDU verfügte jetzt über 53 Sitze und die SPD nur über 34. Die Kommunalwahl 1981 war eine glänzende Bestätigung der Politik von Oberbürgermeister Wallmann. Allerdings war das Wahlergebnis kaum noch eine Überraschung, wohl aber das schlechte Abschneiden der Liberalen und der Einzug der Grünen in den Römer. Nur allzusehr sollte sich die Beurteilung der Journalisten der »Weltwoche« bewahrheiten, jedenfalls für diese erste Wahlperiode der Grünen in Frankfurt am Main. Da hieß es nämlich: »die Grünen, diese für Politiker diffuse Gruppe schwieriger Menschen, bilden mehr als nur eine modische Laune in der bundesdeutschen Politik.« Schließlich habe es in Frankfurt am Main schon lange eine höchst anregende Alternativszene gegeben und besonders viele Bürgerinitiativen[27].

Die Grünen waren also Mitglieder der Stadtverordnetenversammlung geworden und da es sich dabei um mindestens zwei »Fundis«, Fundamentalisten, handelte, nämlich Jutta Ditfurth und Manfred Zieran, blieben Überraschungen nach Art studentischer Vollversammlungen nicht aus. Der neue Stadtverordnetenvorsteher, Hans-Jürgen Hellwig (CDU), Jurist, sprach das redegewandte neue Mitglied stets formal korrekt mit Frau von Ditfurth an, was dann sogleich zu heftiger Ablehnung führte; die Neuen hatten einen eigenwilligen Stil und wollten diesen durchaus pflegen.

Die SPD war mit ihren 34 Mitgliedern auf einem Tiefpunkt angelangt und Presseverlautbarungen führten dies unter anderem auf andauernde Streitigkeiten verschiedener Gruppen und Machtklüngel zurück. Dies stimmte sicher auch. Gewichtiger aber war die neue Konstellation, denn die Grünen nahmen vor allem der SPD Stimmen weg, was nicht sogleich realisiert worden ist. Auf dem linken Flügel der SPD sind die Neuen erfreut begrüßt worden und nicht selten gab es später allerlei Kungeleien.

Die siegreiche CDU mit ihrer noch ausgebauten absoluten Mehrheit brauchte dies alles nicht zu kümmern. Die Stadtpolitik wandte sich neuen Zielen zu, die schon länger erörtert worden sind, nämlich der Modernisierung der Messe. Die »Messe- und Ausstellungsgesellschaft Frankfurt« hatte bereits 1979/80 an das Architektenbüro Speer/Speerplan den Auftrag erteilt, für die Messe eine Gesamtkonzeption zu erarbeiten mit dem Ziel, »den Messeplatz Frankfurt in sich verändernden internationalen Messegeschäften als erste Adresse zu erhalten und den weiteren Ausbau stufenweise koordiniert betreiben zu können«[28]. Architektenwettbewerbe wurden ausgeschrieben.

Als Ergebnis erhielt der Architekt Ungers Preis und Auftrag, die Halle 9 zu bauen. Daraus wurde die große, vor allem zur Automobilmesse genutzte Halle mit Parkgelegenheit und den für Ungers charakteristischen quadratischen Fenstern. Die Fassade bietet sich dar in rotem Sandstein, mit einem Vorbau. Insgesamt ergibt dies

Die »Galleria« verbindet die großen Messehallen 8 und 9 höchst elegant. Hier wird sie 1988 für die Pelzmesse genutzt

eine schöne Eingangssituation, wenn man von Westen mit dem Auto anreist. Bedauerlicherweise ist später gegenüber ein Bürobau entstanden, bei dem niemand rechtzeitig auf die Farbgebung geachtet hat. Sie ist an sich gut mit ihrem Goldton, verträgt sich aber mit dem Bau von Ungers überhaupt nicht. Der Architekt verband seinen Bau mit der alten Halle 8 durch die großzügige »Galleria« aus viel Glas, die sich für mancherlei besondere Veranstaltungen eignet.

Die Halle 4, in der bei Buchmessen gewöhnlich die ausländischen Verlage zu finden sind, baute der Architekt Grothuysen. Die entscheidend wichtige Idee aus dem Büro Speerplan war die, das Messegelände in einen westlichen und einen östlichen Teil, mit jeweils eigenen Eingangsregelungen, aufzugliedern. Zunächst ist der westliche Teil fertig gestellt worden, dann auch ergänzt durch das »Torhochhaus« von Ungers, das alle möglichen Dienstleistungseinrichtungen für die Messe beherbergt. Auf den Anschluß an die hier vorbeifahrende S-Bahn muß die Messe allerdings noch immer warten. Der östliche Teil des Messegeländes folgte mit Neuerungen erst sehr viel später und nachdem der Messeturm als neues Wahrzeichen gebaut war.

Zuvor regte der Vorsitzende des Vorstandes der Messe GmbH, den Oberbürgermeister Wallmann eigens geholt hatte, Horstmar Stauber, noch erhebliche weitere Investitionen an, so die Brücken mit Fußgängerband zur Erleichterung für die langen Wege. Insgesamt kostete der Ausbau der Frankfurter Messe, mit Außenanlagen, erhebliche Summen, nämlich rund eine dreiviertel Milliarde DM. CDU und SPD stimmten für diesen als erforderlich angesehenen Ausbau. Die Modernisierung hat sich durchaus gelohnt und die angedrohten Abwanderungsgelüste von Ausstellern haben sich seitdem gelegt. Allerdings ist die Automobilmesse aufgespalten worden, die Lastwagen gingen nach Hannover. Dafür kamen neue Messen, so die für Kunst in der neuen Halle 1, die allerdings von der Stadt erheblich subventioniert werden muß.

Nach statistischen Überschlagsrechnungen bringt beinahe jede Messe indirekt für Frankfurt zwei bis drei Millionen DM ein. Die Modernisierung und Neugestaltung des ganzen Geländes, zuletzt mit einem schönen Glaspavillon zu Füßen des Messeturms als Eingangshalle, ist jedenfalls gelungen und war sinnvoll. Abgerundet wird das Gelände durch die Restaurierung der Festhalle von 1907, die sich nun wieder aufs beste präsentiert und vielfach genutzt wird, nicht zuletzt für Konzerte, die tausende von Jugendlichen anlocken. Vor dem Messeturm steht, eine Stiftung des Bauherrn und Architekten Helmut Jahns, die übergroße Figur des »hammering man«, der unentwegt seinen Hammer bewegt und ein Sinnbild für die arbeitsame Stadt ist. Geschaffen hat den »Hämmernden« der amerikanische Künstler Jonathan Borofsky.

Vor der Kommunalwahl 1981 gab es eine erste, noch wenig Aufsehen erregende Asyldebatte. Oberbürgermeister Wallmann hatte schon früher mehrfach auf die großen Kosten hingewiesen, die die Aufnahme von zahlreichen Asylsuchenden in der Stadt Frankfurt am Main verursachten. Auch die SPD Opposition war damit einverstanden, daß man zumindest versuchen sollte, diese Kosten der Hessischen Landesregierung in Rechnung zu stellen. Im Januar 1981 konnte man lesen, der Oberbürgermeister erwäge einen »generellen Zuzugsstopp für Ausländer«[29]. Nach einiger Zeit ließ sich auch eine Entlastung durch die Einrichtung des landeseigenen Auffanglagers in Schwalbach erreichen.

An Hauptschulen in Frankfurt sei die Zahl der ausländischen Schüler schon hoch und werde bis 1990 auf 70 Prozent anwachsen, so wurde in einem langen Artikel prophezeit. »Die Stadt, um die man nicht herumkommt. Frankfurt am Main ändert sich«[30]. Bedenklich wurde darin die Frage aufgeworfen, wie es wohl weitergehen solle mit den vielen Ausländern, und ob »das kleine Frankfurt als erste deutsche Stadt« es wohl schaffen werde, die Ausländer zu »schlucken« wie in New York. Bereits auf 90 Prozent angewachsen war beispielsweise um 1989 an der Karmeliterschule im Bahnhofsviertel die Zahl der Schulkinder, die als Nicht-Deutsche gelten, obgleich fast alle in Frankfurt am Main geboren sind. Diese Schule, mit einem engagierten Lehrkörper, galt und gilt jedoch als eine besonders gute Schule. Ausländer können eben auch als eine Chance angesehen werden. Schließlich sind die Wagemutigeren zugewandert und bieten zum Teil auch eine Bildungsreserve, wenn die Kinder ausreichend gefördert werden. Die Frage der Integration der Ausländer ist gleichwohl in den 1980er Jahren höchstens in Ansätzen gelöst worden.

In dem erwähnten ganzseitigen Artikel der FAZ von 1981 sind die nicht unbedeutenden Bauten und Verschönerungen aufgeführt, die das Stadtbild verbessern halfen: Das Leinwandhaus ist im Wiederaufbau, im Kreuzgang des Karmeliterklosters wurden durch polnische Restaurateure endlich die berühmten Ratgeb-Fresken von 1517 soweit möglich wieder hervorgezaubert, das Rebstockbad mit einer Dachkonstruktion, die an die Olympiabauten in München erinnert, könne bald eingeweiht werden; die Hauptwachenpassage hatte sich durch Fenster und neue Fußbodenkacheln beträchtlich verbessert; Brunnen und Baumbepflanzungen waren in Planung. Der Flughafen meldete mehr als zwölf Millionen Fluggäste im Jahr und als »erster Platz in der Bundesliga des Verbrechens« könne Frankfurt auch angesehen werden. Die Stadt sei eben ein »Inbegriff der Zeit, mehr als eine andere Stadt im Lande«. Die Neugestaltung der Zeil stand an und die Industrie- und Handelskammer mahnte und hoffte, diese Straße werde ein »großes Einkaufszentrum besonderer Prägung und Anziehungskraft bleiben«[31].

In dieser Kette positiver Vermeldungen fehlt noch das wichtigste Ereignis, in der Öffentlichkeit vielfach beachtet und gefeiert: Die Einweihung der wieder aufgebauten und im Inneren völlig neu gestalteten Alten Oper am 28. August 1981, Goethes Geburtstag, der in Frankfurt als doch besonderer Tag gilt. Viele Reden und eine festliche Aufführung von Mahlers 8. Symphonie zeichneten den Tag aus, vor allem aber die Begeisterung der Frankfurter Bevölkerung, die zum ersten Mal das altneue Bauwerk besichtigen konnte. Von außen waren die rußgeschwärzten Mauern sandstrahlgeputzt worden und das nun wieder helle Gebäude sah besonders am Abend und angestrahlt wirklich schön aus. Die Alte Oper ist zu einem allgemein anerkannten Anziehungspunkt in der Stadt geworden. Der Platz vor der Alten Oper war noch nicht fertig gestaltet, er sollte sich zu einem der schönsten Plätze in der Frankfurter Innenstadt entwickeln. Dazu trug nicht zuletzt der große Springbrunnen mit einfach geschwungener Granitschale bei, der nach einer Entwurfsskizze des Baumeisters von 1880 Richard Lucae, gestaltet werden konnte. Diese Skizze befand sich in Familienpapieren der Stadtverordneten und Stellvertretenden Stadtverordnetenvorsteherin Christa Metta Mumm von Schwarzenstein (CDU), die für künstlerische Gegebenheiten viel Gespür hatte und glücklicherweise das Blatt rechtzeitig hatte präsentieren können.

Der Kommunalpolitische Bericht des Oberbürgermeisters Wallmann zum Jahresende 1981 war denn auch überschrieben: »Unsere Aufgabe: Eine Stadt mit menschlichem Gesicht«[32]. Der Baudezernent Dr. Hans-Erhard Haverkampf (SPD), der von Oberbürgermeister Wallmann zur Wiederwahl vorgeschlagen worden war,

Weinfest in der »Freßgass«, am 28. August 1986. Die offiziellen Straßennamen sind Kalbächer Gasse und Große Bockenheimer Straße

hatte seinerseits beträchtlichen Anteil an diesen Bauvorhaben. Er dachte nach und bemühte sich um künstlerische Bereicherung, allerdings oft ohne Absprache mit den Gremien der Stadtverordnetenversammlung. So wunderten sich denn nicht nur die Bevölkerung, sondern auch viele Kommunalpolitiker, was denn etwa der David mit Motorradhaube, auf dem großen Goliath-Kopf am Eingang der Zeil sitzend oder der sogenannte »Brockhaus«-Brunnen auf der Ecke Zeil-Hasengasse zu bedeuten habe. Es gab noch mehr solcher wenig rückgekoppelter Bereicherungen des Stadtbildes, etwa der halbversenkte U-Bahnwagen als Eingang zur Station an der Universität, als Gag gedacht, oder die bunten Verzierungen in der Tiefgarageneinfahrt am Dom. Die Quelle dieser Einfälle ist nachzulesen[33]. Vermutlich hätte eine längere Diskussion mit den zuständigen Stadtverordneten und Ortsbeiräten zu überzeugenderen Ergebnissen geführt. Immerhin war auch für Kunst im öffentlichen Raum auf diese Weise einiges geschehen. Leider gelang es dem eigenwilligen Stadtrat nicht, den berühmten Schweizer Künstler Tinguely zu einem Beitrag für Frankfurt am Main zu bewegen.

Haverkampf betonte zurecht, daß die Stadt Frankfurt nunmehr auf dem Wege sei, einige architektonisch sehr gute neue Bauten aufweisen zu können und so die »kulturelle Infrastruktur entscheidend zu verbessern«[34]. Zwar gäbe es Kritik an einem so umfassenden »Kulturprogramm«. Aber bei der vom Kommerz bestimmten Stadt Frankfurt am Main seien solche Bauten erforderlich, um die »besondere Identität« für die Stadt zu gewinnen. »Deshalb wäre es unsinnig, das soziale Engagement gegen das kulturelle auszuspielen.«

So habe der Städtebaubeirat das Museumsufer befürwortet und die Grundstückskäufe der Stadt hätten auch Bauspekulation in dieser gewichtigen Uferzone verhindern können. Haverkampf zählte die in der Tat zumeist berühmten Architekten auf, die mit den Museumsbauten beauftragt wurden: das Museum für Kunsthandwerk von Architekt Richard Meier, New York; das Architekturmuseum von Architekt Oswald Mathias Ungers; das Museum für Vor- und Frühgeschichte von Architekt Josef Paul Kleihues; das Museum für Moderne Kunst: hierfür sei ein Planungsauftrag bereits an Hans Hollein, Wien, vergeben; dann noch das Bundespostmuseum von Architekt Günter Behnisch und das Jüdische Museum von Architekt Ante Josip von Kostelac für den Innenausbau. Mit Recht war Haverkampf stolz auf dies Frankfurter Bauprogramm mit dem »Anspruch auf eine vorbildliche Architektur«. Die Anziehungskraft der allermeisten Bauten hat sich in den folgenden Jahren überzeugend bewiesen, vorweg der von Richard Meier gestaltete »Ergänzungsbau« des Museums für Kunsthandwerk, das wie ein modernes weißes Schloß am Main wirkt.

Frankfurt ist gerade mit dem Museumsufer zum Reiseziel zahlreicher interessierter Besucher geworden, und das vielberedete »Image« der Stadt hat sich tatsächlich höchst positiv verwandelt. Nach und nach konnten die schönen neuen Bauten auch eingeweiht werden: das Museum für Kunsthandwerk am 25. April 1985; das Filmmuseum am 7. Juni 1984; das Architekturmuseum am 1. Juni 1984; das Museum für Vor- und Frühgeschichte am 28. Juni 1989. Eine bemerkenswerte Reihe ausgezeichneter Bauten war so in Frankfurt am Main entstanden. Natürlich hat sich auch die

Zahl der Besucher erheblich vermehrt, zumal alle städtischen Museen nach alter Tradition keinen Eintritt verlangten. Für 1978, wird die Besucherzahl der sämtlichen Museen angegeben mit 938 702 für 1989 mit 3 329 275[35]. Das Prinzip, »Kultur für alle« zugänglich zu machen, war in bester Weise verwirklicht.

Es gab noch andere Ausbauvorhaben in diesen Jahren, nämlich die des Frankfurter Flughafens. Sie sind keineswegs so glatt über die Runden gegangen, wie das bei den innerstädtischen Bauten der Fall war. Im Gegenteil, die Konflikte haben sich etwa von 1980 an so verschärft und waren für den sozialen Frieden, zumindest in Südhessen, so bedrohlich, weit mehr als die Studentenrevolte jemals gewesen ist, daß sie besser gesondert dargelegt werden.

Als 1979 wieder einmal ein Urteil des Verwaltungsgerichtshofes in Kassel über den schon langjährigen »Flughafenstreit« keine klare Lösung brachte, mahnte der Präsident der Industrie- und Handelskammer in Frankfurt am Main, Fritz Dietz, einen Vergleich an. Wahrscheinlich hätte auf diesem Weg viel an Streit und Leid erspart werden können, aber die Positionen waren damals schon vielzusehr gegensätzlich festgelegt.

Der Frankfurter Flughafen, als der erste kurz nach Beendigung der Kriegshandlungen 1945 wieder in Funktion und somit anderen deutschen Flughäfen gegenüber im Vorteil, hatte sich zum unbestritten wichtigsten Flughafen in der Bundesrepublik Deutschland entwickelt. Die FAG, Flughafen Frankfurt/Main Aktiengesellschaft, wurde nach Übergangslösungen 1954 gegründet. Das Aktienkapital von 600 Millionen DM (1989) befindet sich ausschließlich in öffentlichen Händen, nämlich mit einem Anteil von 45,2 Prozent des Landes Hessen, mit 28,9 Prozent der Stadt Frankfurt am Main und 25,9 Prozent des Bundes.

Entsprechend ist der Aufsichtsrat zusammengesetzt, der Vorsitzende ist der Hessische Finanzminister. Der Oberbürgermeister der Stadt Frankfurt und zwei weitere Vertreter der städtischen Körperschaften gehören dem Aufsichtsrat an. Nach § 2 der Satzung ist »Gegenstand des Unternehmens der Betrieb, die Unterhaltung und der Ausbau des Verkehrsflughafens Frankfurt am Main für die Zwecke des zivilen Flugverkehrs, einschließlich der damit zusammenhängenden Nebengeschäfte«[36].

Der Flughafen entwickelte sich prächtig und als fast einziges Verkehrsunternehmen konnte die FAG sogar Gewinn erwirtschaften: 1977 waren dies 35,2 Millionen DM und 1987 sogar 73,5 Millionen DM. Für die gesamte Rhein-Main-Region und nicht zuletzt für die Stadt Frankfurt am Main war und ist der Flughafen natürlich auch wichtig als einer der größten Arbeitgeber in Hessen. Ohne die amerikanische Air Base zählte der Flughafen 1988 46 000 Beschäftigte, davon in der FAG 9300 und bei den verschiedenen Fluglinien insgesamt 23 500. Der Rest verteilt sich auf die verschiedenen Dienstleistungsunternehmen und Einzelhandelsgeschäfte, die sich im Laufe der Zeit in der Flughafenstadt angesiedelt haben.

Denn das Verkehrsunternehmen mit allen Gebäuden ist immer größer geworden und hat fast städtischen Charakter erlangt. Etwa ab 1985 begannen neue Ausbaupläne, nachdem die so umstrittene »Startbahn-West« 1981 bis 12. April 1984 gebaut worden war. Die Betriebszahlen schienen große Pläne zu erlauben; ob dies ganz richtig gewesen ist, wird erst in Zukunft zu beurteilen sein. Nachdem Erich Becker, der jahrelang Auf- und Ausbau des Frankfurter Flughafens mit viel Anerkennung als Vorstandsvorsitzender geleitet hatte, in Ruhestand gegangen und Horstmar Stauber von der Frankfurter Messegesellschaft zum Flughafen übergewechselt war, sind die Pläne und Bauten in große Dimensionen aufgestiegen und damit offenbar auch zum ersten Mal die Defizite. Die Statistik des Flughafens, beispielsweise zwischen 1977 und 1987, ließ bei den wachsenden Zahlen jedenfalls einen Ausbau als gerechtfertigt erscheinen.

	Flugzeug-bewegungen	Fluggast-verkehr	Luftfracht-verkehr	Luftpost-verkehr
1977	212 101	14 976 362	589 864 t	79 120 t
1987	269 313	23 305 603	950 700 t	136 620 t

So beantragte die FAG beim Umlandverband Frankfurt eine Änderung des Flächennutzungsplans zugunsten einer Gewerbeflächennutzung und Nutzung für den Luftverkehr. Nach einigen Diskussionen wurde im zuständigen Umlandverband, in der Gemeindekammer, am 31. März 1987 entsprechend beschlossen[37] und das Bauvorhaben konnte ab 1988 beginnen. Die Körperschaften der Stadt Frankfurt und des Hessischen Landtags waren selbstverständlich auch eingeschaltet. Beabsichtigt war ein zusätzliches »Terminal Ost« zu erstellen, eventuell für die Lufthansa oder vorrangig zur Bedienung interkontinentaler Flüge[38], natürlich mit allen erforderlichen Nebeneinrichtungen. Es war ein großes Vorhaben und bald entstand die von der Autobahn gut sichtbare große Halle mit Glasfront. Die Hessische Landesregierung, seit der Landtagswahl vom 5. April 1987 erstmals mit einer CDU-Mehrheit, unter der Führung des Ministerpräsidenten Walter Wallmann, unterstützte die Ausbaupläne ebenso wie die CDU-Mehrheit in Magistrat und Stadtverordnetenversammlung von Frankfurt am Main.

6.3. Konflikte und Korruption

Bei der glanzvollen Entwicklung des Frankfurter Flughafens ist beinahe in Vergessenheit geraten, mit welchen Auseinandersetzungen 1980 und vor allem im Herbst 1981 dieser Ausbau hatte erkauft werden müssen. Große Teile der Region um den Frankfurter Flughafen waren damals nahezu in Aufruhr und die Polizei unentwegt im Einsatz. Für beide Seiten waren dies erhebliche Strapazen und diese ergaben nur allzuoft eskalierende Spannungen, die nicht ohne Auswirkungen auf die Stadt Frankfurt am Main geblieben sind.

Startbahngegner wollen die Flughafenmauer beseitigen, Polizisten müssen sie schützen, 1982

Der Konflikt um den Frankfurter Flughafen hat drei Menschenleben gefordert. Noch 1987, bei einer nächtlichen Auseinandersetzung am 6. Jahrestag der Hüttendorfräumung im Flughafenwald, bei der die Polizei das Gelände des Flughafens zu schützen hatte, sind – erstmals – Schüsse gefallen und zwei Polizeibeamte tödlich getroffen worden. Thorsten Schwalm, evangelisch, ist in Willingshausen-Wasenberg feierlich beigesetzt worden und Klaus Eichhöfer, katholisch, nach der Trauerfeier im Frankfurter Dom in seiner Heimatstadt Hanau. Nicht nachweislich als Folge des Konfliktes um den Ausbau der Startbahn West, was aber zu vermuten ist, wurde am 11. Mai 1981 der Hessische Wirtschaftsminister und frühere ehrenamtliche Frankfurter Stadtrat Heinz-Herbert Karry in seiner Frankfurter Wohnung im Schlaf ermordet. Die Erschütterung in der Stadt war groß. Trauer und Trauergeleit eindrucksvoll.

Dieser Mord eines Mitgliedes der Hessischen Landesregierung ist ungesühnt geblieben. Obgleich Tatwaffe und eine Leiter am Schlafzimmerfenster gefunden worden sind, war es der Kriminalpolizei nicht möglich, den Mord aufzuklären. In Frankfurt und in Wiesbaden war der Stadtrat (1960–1972) und Minister (seit 1970), der zur FDP gehörte, außerordentlich beliebt, weil schlagfertig und ideenreich. So hatte er schon damals versucht, in China Wirtschaftsverbindungen zu knüpfen.

Trauerfeier in der Paulskirche für Heinz Herbert Karry, den hessischen Minister für Wirtschaft und Verkehr, der in Frankfurt am 11. Mai 1981 ermordet worden ist. Holger Börner, der hessische Ministerpräsident, geleitet die Witwe. Vorne links Georg Leber, Vizepräsident des Deutschen Bundestages, rechts die FDP-Politiker Hans Engelhard, MdB, und die Vizepräsidentin des Deutschen Bundestages, Liselotte Funcke

Karry gehörte zu einer Frankfurter Familie, die unter der nationalsozialistischen Rassenverfolgung zu leiden gehabt hatte. Auch die politischen Auswirkungen dieser Mordtat sind zu bedenken. An dem von den Gerichten mittlerweile abgesegneten Ausbauvorhaben für den Frankfurter Flughafen änderte der Tod des Ministers natürlich nichts, aber der Nachfolger, Hans-Jürgen Hoffie (FDP), war ein weniger gefestigter Anhänger der sozialliberalen Regierung in Hessen, die damals, wie kurz darauf die im Bund, von Seiten der FDP infrage gestellt worden ist. Die FDP in Hessen hat wohl weniger an den Aufstieg der Grünen gedacht, der ihr in Frankfurt am Main doch gerade erst bei der Stadtverordnetenwahl am 22. März 1981 zum Verhängnis geworden war, als an eine »Wende« in Bonn, und ein Abspringen aus der Regierung Helmut Schmidts.

Bei dem für die Stimmungslage in der hessischen FDP wohl entscheidenden Parteitag am 17. Juni 1982 hatte zwar noch der hessische Innenminister, Ekkehard Gries, mehr zur sozialliberalen Landesregierung tendiert, vor allem aber der Bundestagsabgeordnete und parlamentarische Staatssekretär Andreas von Schoeler mit einer engagierten Rede sich für diese politische Linie ausgesprochen. Die zum Wechsel entschlossenen hessischen FDP-Politiker hat dies nicht überzeugen können und für die Hessische Landesregierung ergab sich von da ab das Problem, einen neuen Koalitionspartner suchen zu müssen, der sich allein bei den Grünen anbot.

In Frankfurt am Main lagen die politischen Konstellationen ganz anders, sozusagen im Vorlauf zur Landes- und Bundespolitik. Die CDU geführte Stadtregierung mit absoluter Mehrheit war einer Koalition zu ihrem Glück nicht bedürftig und konnte folglich auch in der Flughafenfrage sich ziemlich außerhalb der Spannungen halten. Oberbürgermeister Wallmann sprach wenig von Flughafenproblemen, die SPD-Fraktion im Stadtparlament hatte sich bei der Spaltung der südhessischen SPD in dieser Frage dafür umso mehr mit dem Ausbauproblem herumzuschlagen. Es gelang immerhin dem Fraktionsvorsitzenden Hans Michel, die Fraktion mehrheitlich auf dem Ausbaukurs zu halten, der für die Stadt Frankfurt natürlich von größter Wichtigkeit war. Die parteiinternen Auseinandersetzungen in der SPD waren dafür umso schärfer[39].

Nun hatten die Gegner des Flughafenausbaus auch einige gute Argumente anzuführen. Für die geplante »Startbahn West« war viel Waldeinschlag notwendig und der ohnehin nicht unbedeutende Lärmpegel würde sich noch erheblich verstärken, so wurde geargwöhnt. Besonders in Walldorf, zu Mörfelden gehörend, aber auch in anderen Gemeinden, war viel gebaut worden. Nicht wenige gute Bürger fürchteten den gesteigerten Luftverkehr und schlossen sich dem Protest an.

Durch Verhandlungen mit dem Flughafen und Änderung der Flugrouten, und auch durch technische Verbesserungen der Flugzeuge, konnte im Laufe der Zeit der Fluglärm etwas gemildert werden. Für die ganze Region blieb aber noch immer Lärm und Luftbelastung, insbesondere auch durch die zunehmenden Warteschleifen vieler Flugzeuge, die durch Überbelastung und Verspätungen häufig erforderlich sind. Der schärfste Protest von 1980 an kam jedoch durch überzeugte Umweltschützer, die keine weiteren technischen Ausbauten und Bodenversiegelungen entstehen lassen wollten. Dem stand nun aber das Gemeinwohlinteresse und das wirtschaftliche des Flughafens entgegen, wie schließlich auch ein Gerichtsurteil nach zehnjährigem Streit betonte. Der Flughafen bemühte sich, zu argumentieren[40] und Ausgleich anzubieten, zum Beispiel für Aufforstung – die später im Süden des Flughafens niemand haben wollte.

Bei den Umweltschützern war ein radikaler Kern auszumachen, der es zunehmend auf Auseinandersetzung mit der Polizei abgesehen hatte. Die Polizei hatte den Bauzaun um den Flughafenausbau zu schützen und so eskalierten die Konflikte nicht selten. Es entstand im »Flughafenwald« ein sogenanntes Hüttendorf, sogar mit Kapelle. Das Hüttendorf bot für nicht wenige Frankfurter, Mörfelden-Walldorfer und Bewohner anderer Orte ein Ziel für Sonntagsausflüge. Die Protestaktion organisierte »Sonntagsspaziergänge« zur Startbahn West. In den Sommermonaten war dies alles erträglich und für manche Protestler wie Polizisten war auch Spaß bei der Sache. So erzählten junge Polizisten, die wie stets im ersten Jahr ihrer Dienstzeit in Frankfurt am Main in den Römer eingeladen wurden, daß sich durch den ständigen Einsatz am Startbahngelände, bei der Flakserei zur anderen Seite hin, geradezu Freundschaften und sogar eine Ehe über den Zaun hinweg angebahnt hätten.

Für die Hessische Landesregierung war dies alles sehr viel ernster zu nehmen. Der Hessische Ministerpräsident Holger Börner ließ verlauten: »Ich hätte es mir bequemer machen können«, so war am 28. November in der Frankfurter Rundschau eine ganzseitige Anzeige überschrieben, die Auszüge aus dem Text der Regierungserklärung »zum Flughafenausbau« enthielt. Die Landesregierung hatte sich durch die ständigen Proteste, das Hüttendorf oder das 1981 eingeleitete Volksbegehren gegen den Flughafenausbau ebensowenig im Grundsatz beirren lassen, wie durch die zahlreichen parteiinternen Protestaktionen. Die Jusos, mit dem Vorsitzenden für Hessen-Süd, Gernot Grumbach, aus Frankfurt am Main sprachen sich schon am 2. und 3. Mai 1981 strikt gegen die Startbahn aus[41]. und der Frankfurter Unterbezirksparteitag der SPD mit dem Juso-Vorsitzenden Dr. Martin Wentz, desgleichen am 9. und 10. Mai 1981. Dem Landesvorsitzenden der SPD-Hessen, dem Ministerpräsidenten Börner und der SPD-Landtagsfraktion kam in dieser Situation zugute, daß die Nordhessen – vom Konfliktherd ziemlich weit weg – stets für den Ausbau der Startbahn West am Frankfurter Flughafen stimmten, und von den Südhessen ja auch einige. Ein Landesparteitag der SPD in Wiesbaden stimmte am 21. Juni 1981 dem Ausbau der Startbahn West zu. Am 1. September 1981 registrierte man in Frankfurt am Main einen Brandanschlag auf das Haus der SPD in der Fischerfeldstraße, der erheblichen Schaden anrichtete; die Täter blieben unbekannt.

In der erwähnten Anzeige sind »vier gute Gründe für den Ausbau des deutschen Luftverkehrsknotenpunktes Frankfurt« angeführt, nämlich, daß man die Erweiterung des Flughafens als Exportland benötige, daß Interkontinentalflüge gerade den Frankfurter Flughafen bräuchten; daß man die Sorgen der Arbeitnehmer um ihren Arbeitsplatz ernst nehmen müsse und schließlich viertens, daß der Flughafen seit Jahren stark überlastet sei. Was das mit erheblicher Resonanz gestartete Volksbegehren anbelangte, so berief sich die Landesregierung darauf, daß Luftfahrtrecht Bundesrecht sei und man so dem Volksbegehren nicht nachkommen könne. Schließlich hatte der Bundesminister für Verkehr, Dr. Volker Hauff (SPD), verlauten lassen, daß die Bundesregierung lediglich den Ausbau des Frankfurter Flughafens als internationalen Knotenpunkt zu fördern gedenke, und daß von daher der Bau der Startbahn West gerechtfertigt sei. So wurde denn auch verfahren. Das Hüttendorf ist am 3. November 1981 geräumt worden. Die Protestaktionen aber gingen noch längere Zeit weiter.

In Frankfurt am Main hatte sich die SPD – auf Parteitagen – mit Mehrheit gegen den Ausbau des Flughafens ausgesprochen. Nicht zuletzt dies Verhalten dürfte zur Niederlage der SPD in der Stadt Frankfurt am Main bei der Landtagswahl am 26. September 1982 geführt haben, da das Ergebnis in Frankfurt: CDU mit 44,8

Prozent und SPD mit 40,3 Prozent, vom Landestrend etwas nach unten abwich. Die Grünen, zum ersten Mal zu einer Landtagswahl angetreten, kamen in Frankfurt am Main auf 11,3 Prozent, im Landesdurchschnitt auf 8 Prozent. Zur Bundestagswahl außer der Reihe am 6. März 1983, mit der Helmut Kohl seine Kanzlerschaft absichern lassen konnte, hielt sich die CDU in Frankfurt an der Spitze und gewann mit 42,2 Prozent gegen 40,4 Prozent für die SPD. Die Grünen kamen auf 8,9 Prozent, die FDP auf 7 Prozent. Bei der bald folgenden Landtagswahl, die wegen mangelnder Mehrheiten im Hessischen Landtag erforderlich war und bei der die CDU wiederum auf einen Sieg in Hessen gehofft hatte, wendete sich das Blatt in Frankfurt freilich erneut: die SPD gewann am 25. September 1983 mit 42,6 Prozent gegen 39,9 Prozent für die CDU. Die Grünen, die der SPD-Landesregierung in Wiesbaden gerade soviel Schwierigkeiten gemacht hatten, verloren in Frankfurt leicht um zwei Prozent gegenüber der Landtagswahl ein Jahr zuvor.

Die Frankfurterinnen und Frankfurter erwiesen sich in diesen Jahren mit mehrfach vorgezogenen Wahlen wiederum in ihrem Wahlverhalten als äußerst beweglich und rasch reagierend. Bei dem Verlust von fast fünf Prozent der Stimmen für die CDU kann eine Rolle gespielt haben, daß Walter Wallmann als Spitzenkandidat der hessischen CDU angetreten war und zur Wahlhilfe auch für die FDP aufgerufen hatte (sogenannte »Leihstimmenkampagne«), daß ihm bei diesem erstaunlichen Verfahren so manche Frankfurterinnen und Frankfurter gefolgt sind und andere ihn einfach nicht als Frankfurter Oberbürgermeister verlieren wollten.

Im Frankfurter Stadtparlament brauchte Oberbürgermeister Wallmann den »Ausbau des Frankfurter Flughafens« in seinem »Kommunalpolitischen Situationsbericht« für 1982 lediglich in einer Aufzählung neben anderen Investitionsvorhaben zu erwähnen[42]. Dazu gehörten des weiteren die Strukturverbesserungen bei der Frankfurter Messe, die langfristige Energieversorgung u. a. mit Erdgas, der Ausbau des öffentlichen Personennahverkehrs und auch von Straßen. »Mit dem Beginn der Arbeiten an der Startbahn 18 West sind Stadt, Land und Bund ihrem Ziel näher gekommen, das internationale Luftverkehrskreuz Frankfurt auch in Zukunft zu erhalten«, heißt es bei Wallmann lapidar ohne alle Bezugnahme auf die noch anhaltenden Konflikte. Im Zusammenhang mit der Erwähnung der »Zukunftsinvestitionen«, unter anderem zum Erhalt der Arbeitsplätze, nannte der Oberbürgermeister auch die horrenden Summen, um die es dabei ging: »Wir haben im Jahre 1982 insgesamt 1,25 Milliarden DM zur Verfügung gestellt. Dies sei natürlich nur über eine Kreditfinanzierung möglich gewesen, die im Jahre 1983 zu einem um 110 Millionen DM erhöhten Schuldendienst führen wird.« Liest man die vom Presse- und Informationsamt der Stadt sorgsam herausgegebenen Berichte des Oberbürgermeisters Wallmann nach, so ist zu spüren, daß doch wohl zunehmend auch auf Seiten der CDU und des Stadtkämmerers die hohen Investitionssummen als Belastung empfunden worden sind. Andererseits stieg damals die Arbeitslosigkeit bereits langsam an, und schon deswegen erschienen die Investitionen, die für die Stadt ja wichtig waren, als durchaus gerechtfertigt.

Allerdings erhob sich immer wieder Kritik besonders an den Aufwendungen für Theater, Konzertsäle und Museen. Der Oberbürgermeister verteidigte diese Ausgaben mit guten, nicht nur konservativen Argumenten: »Gerade in einer Zeit, in der die Gefahr eines Zerfalls der Gesellschaft in einzelne, untereinander nicht kommunikationsfähige Gruppen groß ist, sind die traditionellen, kulturellen Institutionen der Großstädte besonders wichtige Schauplätze der Selbsterfahrung einer Gesellschaft.« Auch der »Minderheiteneinwand« sei falsch, (später sprach man von »Hochkultur«), Politik sei schließlich oft, nicht zuletzt in der Sozialpolitik wie in der Kulturpolitik, »sehr gezielt Politik für Minderheiten«. »Der oft mißbrauchte Begriff der pluralistischen Gesellschaft bedeutet eben nicht nur, daß es eine Vielzahl von Gruppenmeinungen und Gruppeninteressen gibt, sondern auch, daß diese Vielzahl von Meinungen und Interessen den Schutz und die Förderung des Gesellschaftsganzen in Anspruch nehmen darf.« Solche Überlegungen seien Legitimation genug für Museen, Theater, Bibliotheken und ähnliche Einrichtungen. Nur, so fuhr der Oberbürgermeister fort, es »ist deshalb falsch, den Sport gegen die Kultur, die

Der millionste Besucher im Frankfurter Zoo wird am 20. Juni 1979 von Stadtrat Hilmar Hoffmann begrüßt und beglückwünscht. Es ist die Familie Michael, Elke und Birgit Hoffmann, dahinter geht Zoo-Direktor Dr. Faust

Sozialleistungen gegen die Freizeitangebote auszuspielen. Nur auf eins müssen wir achten, es darf in unserer Gesellschaft keine Ausgrenzung von Gruppen stattfinden, es müssen Angebote für viele Menschen in einer Stadt vorhanden sein. Denn eben das macht die Urbanität einer Stadt aus.« Dieser Gedankengang wurde abgeschlossen mit der Überlegung, die zugleich eine Warnung ist, daß es, zumal in einer Großstadt, »soziale Defizite« wohl immer geben werde und daß man sie zu beheben suchen müsse, daß aber »jeder Versuch einen absoluten Vorrang für die Beseitigung sozialer Defizite vor allen kulturellen Anstrengungen zu proklamieren, das Ende der Kultur und damit auch der Lebensform Stadt überhaupt ist.«

Der Magistrat begann in diesem Jahr 1983 einen Versuch, einige der »sozialen Defizite« in Frankfurt am Main zu beheben, und zwar im Bahnhofsviertel. So wünschenswert es gewesen wäre, das Bahnhofsviertel als Eingangszone der Stadt in einen Zustand zu versetzen, der diese Straßen nicht gleich als solche zweifelhaften Vergnügens und konzentrierter Prostitution erkennen ließe, so schwierig war dies Unterfangen. Schließlich hatten sich seit dem Kriegsende die Veränderungen in der ehemals gutbürgerlichen Wohngegend angebahnt und waren rasch vorangeschritten. Etwa seit 1970 hatten sich noch Drogenhandel und Drogenabhängigkeit mit allen Folgen dort angesiedelt. Die Polizei sprach von einem Konglomerat sich gegenseitig verstärkender Kriminalitätsanfälligkeit in diesem gar nicht so großen Viertel und plädierte für Veränderung und durchgreifende Maßnahmen. Dies allerdings war so einfach nicht.

In der Neujahrsbotschaft der beiden Spitzenpersönlichkeiten der Frankfurter städtischen Körperschaften für das Jahr 1984, hieß es hoffnungsvoll: »Das Bahnhofsviertel wird aufgewertet und die Prostitution mit allen ihren Begleiterscheinungen untersagt werden«[43].

Gewiß hatte sich niemand der Illusion hingegeben, die Prostitution als solche untersagen zu können, gemeint war vielmehr, sie eben in andere Stadtgebiete zu verlagern. Hierfür gab es aber kaum rechtliche Möglichkeiten, außer indirekten, etwa über Maßnahmen des Baurechts, und der nachmals vielumstrittenen »Sperrgebietsverordnung«, für die nun wieder der Regierungspräsident zuständig zu sein meinte. Der Stadtverordnetenvorsteher Dr. Jürgen Hellwig und Oberbürgermeister Dr. Walter Wallmann, deren Namen unter der Neujahrsbotschaft standen – sie wird zumeist vom Presse- und Informationsamt formuliert – ließen in dem Schreiben beteuern, man sei entschlossen, im Bahnhofsviertel »ein Stück schöneres Frankfurt zu verwirklichen«.

An dieser Zielsetzung hätte die Opposition wenig auszusetzen gehabt, wenn nicht auch zu befürchten gewesen wäre, daß bei erheblichen Eingriffen in die nun einmal im Bahnhofsviertel vorhandene Struktur sogleich wieder eine Entwicklung ähnlich wie im Westend einsetzen werde. Einige Formulierungen ließen darauf schließen, so wenn es hieß: nach dem prächtigen Bahnhof wirke das Eingangstor für Frankfurt auf Fremde geradezu enttäuschend und sei viel zu »wertvoll«, um als »Hinterhof« sich darzubieten. Die Dresdener Bank hatte sich ja schon in dem Viertel ein Hochhaus gesichert, als in einer Übergangszeit der an sich zuständige Stadtverordnetenausschuß nicht beteiligt worden ist. Der Oberbürgermeister versicherte zwar in seinem kommunalpolitischen Situationsbericht in der Stadtverordnetenversammlung am 15. Dezember 1983[44], daß zur Sicherung der Baustruktur sogleich Bebauungspläne erarbeitet und mit der bisherigen Traufhöhe ausgewiesen werden sollten, um zwischen Münchener Straße und Niddastraße den »jetzigen Bestand aus der Gründerzeit« festzuschreiben. Trotzdem blieben Befürchtungen und bald darauf wollte der Siemens-Konzern ja auch ein großes Hochhaus errichten. Dies haben auch die Stadtverordneten der CDU im Planungsausschuß verhindert, und Siemens hat den Block zwischen Wilhelm-Leuschner-Straße, Mainlust und Windmühlstraße in Traufhöhe der Nachbarhäuser bebaut.

Die Politik, über das Baurecht und folglich auch über Grundstücksgeschäfte verschiedener Art, das Bahnhofsviertel sanieren zu wollen, hat nicht zum Erfolg geführt. Vielmehr sind der Leiter des Liegenschaftsamtes, der Stadtkämmerer Ernst Gerhardt und schließlich auch Dr. Walter Wallmann als Hessischer Ministerpräsident noch Jahr später wegen der nicht immer klaren Verhandlungen in diesen Angelegenheiten involviert und angegriffen worden, offenbar zu unrecht. Allerdings ist es eben ein Problem, wenn das Liegenschaftsamt der Stadt sich in Ausführung der Stadtpolitik auf Verhandlungen mit nicht im besten Ruf stehenden Bordellbesitzern einlassen soll, und ohne solche Verhandlungen wäre die Intention, das Bahnhofsviertel zu verändern, wohl schon gar nicht voranzubringen gewesen.

Im Jahr 1983 versicherte der Oberbürgermeister in seinem Situationsbericht, daß die neuen »Toleranzzonen«, also die für Prostitution erlaubten Stadtgebiete, nicht in Wohngebieten liegen würden und daß Ängste, es würden nun anderswo Zustände wie im Bahnhofsviertel entstehen, unbegründet seien. Denn die Stadt werde »mit den Mitteln des Planungs-, Gewerbe-, Gaststätten-, Jugend- und Ausländerrechts von Anfang an alle Ansätze unterbinden.« Wie die weitere Entwicklung gezeigt hat, ist außer Anfängen, zum Beispiel in der Kaiserstraße, nicht viel aus dem Bahnhofsanierungsprogramm geworden. Wünschenswert gewesen wäre es durchaus, aber die Schwierigkeiten waren bei dem gewählten Verfahren einfach zu groß.

Selbst der Kritik von ganz links außen waren die in vielen Jahren eingetretenen Umwandlungen im Bahnhofsviertel zuviel, wie ein Artikel mit mehreren Überschriften zeigt: »Im Schatten von Banken und Puff«[45]. Beklagt wird da: früher habe es an der Ecke Moselstraße/Bahnhof eine Fischstube gegeben, heute sei dort eine Peep-Show. Die Kinos in dieser Gegend zeigten nur noch Porno-Filme. An der Ecke Elbestraße/Mainzer Landstraße sei in den 60er Jahren eines der besten Beat-Lokale der Stadt gewesen, heute aber eine Kaufhalle. »Selbst die Nutten sind nicht mehr so lustig wie früher, auch wenn es oft nur Galgenhumor war. Sie sind kaserniert – in geschlossenen Häusern – auf der Straße nur noch die ganz jungen mit drogenfrischen Einstichstellen.« Der lange Artikel, der die Situation ganz gut schildert, geht weiter: »Das ganze Viertel bis ins Westend ist verseucht mit harten Drogen, aber der Oberbürgermeister aller Frankfurter verweist stolz darauf, daß die Shitwiese jetzt «sauber» ist. Hier, zwischen Bahnhof und BfG-Hochhaus, Westend und Gutleutstraße, liegt eine Welt, die neben der anderen, bürgerlichen Welt existiert, und doch ein Teil von ihr ist, Fleisch von ihrem Fleisch.«

Ein Nebenergebnis ganz erfreulicher Art hatte die Politik der Bahnhofssanierung zur Folge: durch die ausgedehnten Diskussionen zum Thema »Bahnhofsviertel« sind Bestrebungen gefördert worden, den vielfach aus dem Ausland, vorzugsweise aus Thailand, unter falschen Vorspiegelungen nach Frankfurt am Main geholten und dann zur Prostitution in den geschlossenen Häusern gezwungenen fremden Frauen zu helfen. Auch dies Problem ist zwar nicht neu, scheint aber die von Männern dominierte Szenerie immer noch wenig zu stören. Für Thailänderinnen bildete sich ein Hilfsverein[46] und auch für andere Ausländerinnen gab es wenigstens Beratungen. Mindestens ebenso wichtig war die Selbstorganisation der Prostituierten, die sich gegen die Verlagerung aus dem Bahnhofsviertel, etwa ins Osthafengebiet, zu wehren suchten. Sie konnten durch Zusammenschluß ihre Situation in einigen Punkten verbessern. Die »HWG«, ironisch doppeldeutig mit »Huren wehren sich gemeinsam« benannte Vereinigung, fand bald auch im Römer, insbesondere bei den weiblichen Stadtverordneten von SPD und Grünen ein offenes Ohr und manche Unterstützung.

Korruption war zur Mitte der 1980er Jahre eigentlich kein Thema in Frankfurt am Main. Schließlich versicherte allen, die danach fragten, ein ehemaliger Präsident des Bundesrechnungshofes, dessen Gebäude sich in der Mitte der alten Stadt ausbreitet, daß in der Bundesrepublik Deutschland die Verwaltung in Bezug auf Korruption doch sehr wenig tangiert und somit ganz in Ordnung sei. Das Revisionsamt der Stadt Frankfurt hat den Kommunalpolitikern im Prinzip auch kein anderes Ergebnis geliefert, allerdings kamen die Berichte immer so spät, daß ihre Wirksamkeit eingeschränkt war. Umso mehr Erstaunen verursachten Zeitungsberichte nicht nur in der Frankfurter Öffentlichkeit, als sich zu Ende der 1980er Jahre zeigte, daß sich bedauerlicherweise in der Stadtverwaltung doch Korruption eingeschlichen hatte.

Ans Tageslicht kam die ganze Sache durch das Aufbegehren einer Gärtnersfrau, die sich nicht länger bieten lassen wollte, daß aus dem von ihr und ihrem Mann geführten Gärtnereibetrieb dauernd erhebliche Sach- und Geldleistungen an einen städtischen Beamten beizubringen waren, wenn sie mit Aufträgen rechnen wollten. Was da so alles möglich gewesen ist und gefordert wurde – von Kleidung bis Zuchtrindern und natürlich Geld – nahm die Öffentlichkeit mit höchster Verwunderung zur Kenntnis. Ausgerechnet also das Gartenbauamt mit der wegen ihres stets sehr schönen Blumenschmucks im Römer sehr geschätzte Stadtgärtnerei bot also die Möglichkeit zu korruptem Verhalten über Jahre hinweg. Der betreffende städtische Beamte ist zu einigen Jahren Gefängnis verurteilt worden, aber der Vorgang betraf natürlich auch die für die »laufende Verwaltung« verantwortlichen Kommunalpolitiker, also den Magistrat und besonders den zuständigen Stadtrat. Dies war zur Zeit der Vorfälle Stadtrat Wolfram Brück (CDU) als Personal- und Rechtsdezernent.

Inzwischen war Brück als Nachfolger Wallmanns jedoch Oberbürgermeister geworden, und da sich im weiteren Verlauf der einmal angestoßenen Untersuchungen der Staatsanwaltschaft noch erheblich mehr an Korruption herausstellte, machte die ganze Sache dem neuen Oberbürgermeister natürlich Beschwer. Zu allem Überfluß ergab sich auch noch, daß »mindestens aber seit 1986 einer kräftig zahlenden Kundschaft die entzogenen Führerscheine vor der legalen Zeit wieder beschafft« worden sind. In diesen Fall im Bereich des Ordnungsamtes waren ein Rechtsanwalt, ein Arzt, ein Polizist, Verwaltungsmitarbeiter oder jeweils auch mehrere Vertreter dieser Berufe verwickelt. Das Gerichtsverfahren in der Sache der sogenannten »Führerschein-Mafia« zog sich hin[47]. Das Interesse einer größeren Öffentlichkeit ließ jedoch keineswegs nach, Führerscheinprobleme genießen offensichtlich besondere Anteilnahme. Die Fehlverhalten in der Stadtverwaltung haben den Frankfurter Steuerzahlern wohl einige Millionen DM gekostet, vor allem haben sie einen Vertrauensverlust gegenüber der Verwaltung gebracht. Der Oberbürgermeister suchte dies herunterzuspielen, aber erst die recht spät einsetzenden Bemühungen um eine neue Organisation, besonders im Vergabewesen, und um eine verbesserte Kontrolle, haben beruhigend gewirkt. Als Korruptionsverfahren in benachbarten Städten und Gemeinden von Seiten einer aufmerksam gewordenen Staatsanwaltschaft eingeleitet wurden, war man in Frankfurt über dieses Stadium – vielleicht vorerst – glücklicherweise hinaus.

Auch auf einem ganz anderen Gebiet kriminellen Verhaltens ereigneten sich in der Stadt Frankfurt am Main – weit früher als anderswo – schlimme Vorgänge. Sie haben sich dann wenigstens nicht wiederholt, vielleicht auch, weil sich sofort eine bürgerschaftliche Gegenaktion gebildet hatte. Am 7. Februar 1984 berichtete die Frankfurter Rundschau, in Bornheim habe es einen Brandanschlag auf ein türkisches Geschäft gegeben und Schmierereien wie »Ausländer raus«. Der Sachschaden betrug 150000 DM, Telefonterror war vorausgegangen. Vermerkt wurde dabei, daß schon im August 1983 ein anderer türkischer Laden in einem anderen Stadtteil zu hohem Schaden – 500000 DM – gekommen sei. Täter habe man in beiden Fällen nicht feststellen können. Die Bornheimer ließen die Sache aber nicht auf sich beruhen, zumal sich vor einiger Zeit schon eine Bürgerinitiative gebildet hatte und gegen den Buchladen in der Hartmann-Ibach-Straße, mit ausschließlich nationalsozialistisch verbrämtem Ideengut protestierte. Diese »Antifaschistische Bürgerinitiative Bornheim« wurde also wieder aktiv, bat die Bornheimer Bevölkerung um Mithilfe und warnte vor »neonazistischen Hetzern und Brandschatzern«. In der größeren Stadtöffentlichkeit haben diese Vorgänge damals wenig Aufsehen erregt, über den Buchladen hatte sich allerdings der Vorsitzende der SPD-Fraktion, Hans Michel, in einer Stadtverordnetensitzung beschwert. Daß das Vorhandensein von zahlreichen Ausländern in der Stadt auch als Problem empfunden werden könnte, war dann erst bei den Wahlen, zum Landtag 1985 nur vorsichtig, aber massiv von der CDU zur Stadtverordnetenwahl 1989 in die öffentliche Diskussion gebracht worden.

6.4. Wirtschaft und Wohnen

Zum Neujahrsempfang am 22. Januar 1985 konnte Oberbürgermeister Dr. Wallmann den zahlreichen Gästen, die überwiegend aus der Frankfurter Wirtschaft, aus der Politik, aus den Chefetagen vieler Behörden und aus städtischen Ämtern kamen, Fakten mitteilen, die für ihn und die CDU umso erfreulicher waren, als zum 10. März 1985 die nächste Kommunalwahl anstand. »Das Jahr 1984 war geprägt von einer wirtschaftlichen Erholung, die am Jahreswechsel zu einem auch durch wirtschaftliche Daten gestützten Optimismus für 1985 geführt hat. Mit 3,5 Prozent hat das wirtschaftliche Wachstum im Dezember stärker als erwartet zugenommen«[48] und die Preissteigerung sei mit zwei Prozent relativ stabil geblieben. Die Versammelten, einschließlich der Vertreter des Konsularischen Korps in Frankfurt am Main hörten solches gerne. Weniger erfreulich war allerdings die Einschränkung: »nur die noch immer hohe Arbeitslosigkeit trübt das Bild des wirtschaftlichen Gesundungsprozesses.« Die Arbeitslosigkeit im Arbeitsamtsbezirk Frankfurt am Main betrug damals 6,5 Prozent[49], was eben allgemein als hoch empfunden worden ist; man hatte sich noch nicht an solche Statistiken gewöhnt. Verständlicherweise wollte Oberbürgermeister Wallmann die Stadt in besten Farben zeichnen und die von ihm bestimmte Kommunalpolitik herausstellen: »unser oberstes Ziel war und ist die Wiedergewinnung der Stadt als Lebensraum für unsere Bürger«. Dies sei erfolgt durch »Stärkung des Stadtkerns« und durch die Rückgewinnung von Urbanität. Eine lebendige Stadtmitte diene auch der »sozialen Integration«. Tatsächlich hatte sich in diesen Jahren die Stadtflucht umgekehrt in eine Rückwanderung oder jedenfalls in Einwohnerzunahme in der Stadt Frankfurt am Main selbst. Dort wurden im Jahr 1986 nunmehr 613 600 Einwohner gezählt[50].

Werbewirksam, wenn auch nicht besonders gut für die Finanzen der Stadt Frankfurt, war auch der Hinweis des Oberbürgermeisters, daß die Gewerbesteuer um 15 Punkte gesenkt werden konnte, weil sich die Einnahmen aus der Gewerbesteuer so günstig gestaltet hätten.

Der Doyen des konsularischen Korps in Frankfurt am Main, der Konsul Finnlands, Kaj Weber, schon allein wegen seines Humors sehr beliebt, begann seine Ansprache mit großem Ernst und wies auf die gewichtigen Daten hin, die sich für 1984 angeboten haben: vor 70 Jahren der erste Weltkrieg, vor 65 Jahren der Versailler Vertrag, vor 60 Jahren habe Hitler sein Buch »Mein Kampf« geschrieben und »vor 50 Jahren demaskierte sich das Hitler-System endgültig im sogenannten Röhmputsch. Und vor 45 Jahren brach dann der zweite Weltkrieg aus.« Vor 40 Jahren war die Landung der Alliierten in der Normandie und der Widerstandsversuch vom 20. Juli 1944. Im Jahr 1985 überschatte dann ein Jahrestag alle anderen: der 8. Mai 1945 als Tag des Kriegsendes. Der Konsul Finnlands, Kaj Weber, sprach des weiteren davon, daß es gelingen müsse, eine »ressourcen- und umweltschonende Technik« zu entwickeln und übermittelte den Dank des konsularischen Korps für die gute Aufnahme in Frankfurt am Main, »der internationalsten aller deutschen Städte«.

Siegfried Unseld, der bekannte Verleger und Chef des Suhrkamp-Verlages, überschrieb seinen Beitrag mit »Zum Gelingen entschlossen« und entfaltete ein Loblied auf die Stadt Frankfurt, die »janusköpfig« sei. Die Kontraste, etwa der Hochhäuser zu anderen Bauten, beleuchteten den »Versuch der Stadt, Balance zu halten zwischen dem Neuen und dem Alten, auch zwischen Geist und Kommerz, und erst recht bei der Aufgabe, auszugleichen zwischen den Privilegierten und den sozial Schwachen, zwischen denen, die ihre sinnvolle Arbeit haben, und denen, die nicht nur keine sinnvolle, sondern gar keine Arbeit haben«.

Die Stadt Frankfurt am Main hatte sich ja längst zum unbestrittenen Finanz- und Wirtschaftsmittelpunkt der Bundesrepublik Deutschland entwickelt. Im Ausland hatte man dies fast eher zur Kenntnis genommen. So schrieb schon 1979 die »Financial Times« Frankfurt sei zur »Finanzhauptstadt Westdeutschlands geworden und damit auch zu einem der wichtigsten Geschäftszentren Europas«[51]. Weiter meinte die englische Zeitung: Frankfurt sei zu einem der entscheidenden Dreh- und Angelpunkte der westlichen Wirtschaftsmaschinerie geworden« und der Finanzplatz Frankfurt komme »gleichauf mit London und New York«.

In diesen Jahren, in denen bei sonst relativ günstiger Wirtschaftentwicklung eine Zunahme der Arbeitslosigkeit zu konstatieren war, stellten in der Hessischen Landesregierung einige kluge Köpfe Überlegungen für langfristige hilfreiche Maßnahmen an. Diese Überlegungen gipfelten in dem neuen Programm »Arbeit und Umwelt«, einem »ökologisch orientierten Wirtschafts- und Arbeitsplatzprogramm«. Dies wurde vom Minister für Landwirtschaft und Umwelt, Karl Schneider (SPD), zunächst im Landesvorstand der Hessischen SPD und, nach viel Zustimmung dort, am 19. Mai 1983 in der Öffentlichkeit präsentiert. Die damals neue Idee, mit der zugleich die Zustimmung und Unterstützung der Gewerkschaften gewonnen werden sollte, war die, daß Umweltpolitik und Umwelttechnik keineswegs zur Vernichtung von Arbeitsplätzen führen müsse, sondern daß auch erheblich viele neue Arbeitsplätze in neuen Tätigkeitsfeldern durch zielgerichtete Umweltpolitik gewonnen werden könnten. Es ging also auch um eine Aussöhnung mit den gewerkschaftlichen Auffassungen, die damals noch die Skepsis der Arbeiterschaft gegenüber Umweltschutzmaßnahmen vertraten. Diese von der Hessischen Landesregierung übernommene politische Leitlinie, die natürlich auch von der Zusammenarbeit zwischen SPD und Grünen im Hessischen Landtag geprägt war, entwickelte sich nach und nach zu einer der wenigen tatsächlich greifenden Leitideen zur Bekämpfung der modernen Arbeitslosigkeit.

Zur Erreichung dieses Zieles noch wichtiger geworden ist der Arbeitskampf, den die IG Metall vom Frankfurter Gewerkschaftshaus aus ein Jahr später, am 21. Mai 1984 begann. Dieser Streik wurde einer der längsten und schwersten in der Nachkriegszeit, er dauerte bis zum 27. Juni 1984. Die IG Metall wollte die 35-Stunden-Woche erkämpfen, damit die knapp gewordene bezahlte Arbeit besser auf viele verteilt werden könne. Am Ende stand die Schlichtung durch den vormaligen Gewerkschaftsführer Georg Leber, vormals Frankfurter Bundestagsabgeordneter

Kundgebung der Gewerkschaften zum 1. Mai 1984 auf dem Römerberg. Deutlich wird der große Anteil ausländischer Arbeitnehmer, auch bei dem Kampf um die 35-Stunden-Woche

(1957–82) der SPD. Die Schlichtung brachte als Ergebnis die 38,5-Stunden-Woche bei vollem Lohnausgleich für die IG Metall und die Metallbetriebe, eine Meßzahl, der sich viele andere Wirtschaftsbereiche dann angeschlossen haben. Die IG Metall hielt allerdings ihr Ziel 35-Stunden-Woche bei vollem Lohnausgleich weiterhin aufrecht.

In Frankfurt am Main, das heißt im Arbeitsamtsbezirk Frankfurt, also über die Stadt hinaus, zählte man damals, zum Ende des Jahres 1984 insgesamt 33436 Arbeitslose, darunter 15355 Frauen[52]. Das war eine Arbeitslosenquote von 6,4 Prozent, sie lag in Frankfurt etwas unter dem Bundesdurchschnitt. Zu Ende 1985 hatte sich diese Quote leicht erhöht auf 6,5 Prozent[53]. Einen guten Überblick über die wirtschaftliche Entwicklung liefern in den Statistischen Berichten jeweils die »Frankfurter Wirtschaftskurven«. Für den Zeitraum 1984 bis 1986 zeigen sich relativ wenig Veränderungen. Die Wohnbevölkerung stieg leicht wieder an, und zwar durch Zuwanderung, denn der Sterbeüberschuß bleibt bestehen.

Im produzierenden Gewerbe bleibt der Umsatz ziemlich gleichmäßig, bei den Beschäftigten zeigte sich ein kleiner Anstieg. Ebenso war es beim Preisindex. Größere Veränderungen zeigen sich jedoch im noch immer anhaltenden Zuwachs von Kraftfahrzeugen, was auch als Wohlstandszuwachs gedeutet werden kann: 234356 Kraftfahrzeuge, darunter 191970 Personenkraftwagen, die 1984 in Frankfurt am Main gemeldet waren. 1985 lauten die Zahlen: insgesamt 298915 Kfz, und darunter 241052 Pkw. Dies waren natürlich nur die in der Stadt selbst zugelassenen Fahrzeuge, dazu kamen werktäglich noch weit über 100000 Berufstätige, die immer noch mit ihren Autos in die Stadt fuhren und dann für viele Stunden einen Parkplatz beanspruchten.

Von den 25584 steuerpflichtigen Betrieben in Frankfurt am Main erzielten die wichtigsten drei Wirtschaftsgruppen nach der Statistik von 1986 hohe Umsätze. An der Spitze stand wie immer die Chemie mit sieben Milliarden DM Umsatz und rund 40000 Beschäftigten; gefolgt von der Elektrotechnik mit fünf Milliarden Umsatz und rund 24000 Beschäftigten und dann kam der Maschinenbau mit 1,2 Milliarden Umsatz und rund 11000 Beschäftigten.

Das Bauhauptgewerbe verzeichnete einen leichten Rückgang, es hatte 1985 374 Betriebe aufzuweisen und 17357 Beschäftigte. Der Jahresumsatz belief sich 1984 auf 2,1 Milliarden DM. Daß in diesem Bereich in Frankfurt am Main an sich gut zu verdienen war, bemerkte auch die Bild-Zeitung mit einer Schlagzeile am 29. Januar 1985, daß nämlich in acht Jahren 18 Milliarden DM in der Stadt verbaut worden seien.

Die Statistischen Jahresberichte der Stadt Frankfurt am Main stellten für 1985 im Rückblick eine bemerkenswerte Trendwende fest:[54] »Der seit Jahren zu beobachtende Bevölkerungsrückgang in Frankfurt am Main hat sich im Jahre 1985 nicht fortgesetzt.« Es hatte sogar ein leichtes Plus gegeben von insgesamt 1600 Einwohnern, oder + 0,3 Prozent. Die Wohnbevölkerung stieg somit wieder an und zwar auf 613600 Einwohner, darunter 136000 Ausländer oder 22,3 Prozent. Türken und

Jugoslawen bildeten jeweils die Spitzengruppe von Ausländern, mal lag die eine, mal die andere vorne. 1985 waren es die Türken mit 20 Prozent, gefolgt von den Jugoslawen mit 19,4 Prozent. Alle anderen Ausländergruppen wurden als rückläufig in ihrem Zahlenanteil gemeldet, nämlich Italiener mit zwölf Prozent, Spanier und Griechen mit jeweils sechs Prozent, angewachsen sei die Gruppe der Marokkaner auf 4,3 Prozent, es folgten US-Amerikaner mit 2,6 Prozent und jeweils 2,2 Prozent von Österreichern, Polen und Iranern.

Zwei wichtige statistische Angaben sind weder damals noch Jahre später in ihrer Bedeutung erkannt und gewürdigt worden: der Anteil der Geburten von Kindern der Ausländer belief sich in Frankfurt am Main 1985 auf 31,5 Prozent, also auf rund ein Drittel aller »Frankfurterinnen und Frankfurter« dieses Geburtsjahrgangs. Man hätte längst eine bessere Regelung der Staatsangehörigkeitsfrage finden müssen. Die Verteilung im Stadtgebiet zeigte bereits im Jahr 1985 große Differenzen, nämlich von 6,4 Prozent Ausländeranteil in Harheim bis 80,1 Prozent im Bahnhofsviertel. Gleichwohl lagen hierin die Probleme des Bahnhofsviertels nicht begründet, vielmehr ermöglichten sie offensichtlich einen Zugang zu billigerem Wohnraum.

Nach den zwei Wahlen im Jahr 1983, für den Bundestag am 6. März und für den Hessischen Landtag am 25. September, die mit unterschiedlichen Mehrheiten für CDU und SPD ausgingen, stand nun für den 10. März 1985 die Wahl zur Frankfurter Stadtverordnetenversammlung an. Es war dies die dritte Kommunalwahl, die Oberbürgermeister Dr. Walter Wallmann und die CDU zu bestehen hatten, und es gelang zum dritten Mal, in Frankfurt am Main mit 49,6 Prozent eine absolute Mehrheit für die CDU zu holen. Bislang war nur der erste gewählte Nachkriegsoberbürgermeister Walter Kolb solange im Amt geblieben. Da diese Kommunalwahl in Hessen sonst für die SPD mit durchschnittlich 43,7 Prozent recht positiv ausgegangen war, hob sich das Frankfurter Ergebnis (für die SPD 38,6 Prozent) ganz besonders günstig ab für die CDU und ihre Spitze, eben Walter Wallmann. Es war offensichtlich der Lohn für ein von den meisten Bürgern geschätztes Stadtregiment.

Dabei hatte schon nach der Landtagswahl 1983, die eine Mehrheit für die SPD auch in Frankfurt am Main ergeben hatte, der stets recht kritische Kommentator der »Frankfurter Rundschau« Gellersen gemeint, es zeigten sich bei der CDU »Müdigkeitserscheinungen«, denn »sieben Jahre Wahlversprechen« heiße auch Ankündigungen, die nicht immer realisiert werden könnten. Zum Beispiel am »Bahnhofsviertel, das nun schon lange sauber werden soll, hat der Oberbürgermeister bisher mehr herumgeredet als gehandelt.« Überhaupt könnte sich der Oberbürgermeister nach einem anderen politischen Feld umschauen, zumal das in Frankfurt am Main als »bestellt« oder doch »vorgepflügt« gelten könne. Denn angesichts der Finanzlage sei mehr ein »trister Alltag« zu erwarten. Aber, für die Frankfurter CDU sei es höchst ungewiß »was sie ohne ein Zugpferd an der Spitze überhaupt wert ist«[55].

Die SPD bekam gleich auch noch einen Seitenhieb ab, weil sie nämlich »die Schuldendebatte« nur noch »verhalten« führe. Der Grund sei wohl, daß ein »Kreditberg von über vier Milliarden« zu abstrakt sei. Dieser Vorwurf traf auch zu. Zwar hatte der Fraktionsvorsitzende der SPD, Hans Michel, in seiner Rede zum Haushalt, schon am 16. Dezember 1982 Kritik am finanziellen Aufwand geübt und gefordert auf »nicht mehr finanzierbare Großprojekte« zu verzichten[56]. Seine Stellvertreterin, die Stadtverordnete Grete von Loesch, sprach in ihrer Rede zum Haushalt 1985 unter anderem von der Zustimmung der SPD zu sinnvollen Planungen, wie dem »Lurgi«-Gelände in Heddernheim, später »Mertonviertel« genannt. Unter Hinweis auf das Gutachten von Professor Neumark, die Stadt könne sich zwar hohe Schulden leisten, folgerte sie, jetzt müsse aber auch Schluß sein mit dem Schuldenmachen, d. h. alle Vorhaben müßten zeitlich gestreckt werden[57].

Zu einem Wahlkampfthema machte die SPD-Opposition die Finanzlage der Stadt aber nicht. Vielmehr versteifte sie sich auf die Stadtteile, die vernachlässigt worden seien, ähnlich wie schon 1981, als der Bürgermeister, Martin Berg, als Gegenkandidat für Wallmann aufgestellt worden war. Dagegen konterte der Oberbürgermeister durchaus überzeugend, daß dies nicht zutreffe und von Kleinteiligkeit zeuge, daß vielmehr gerade die Stärkung des Stadtzentrums den Wandel in der nunmehr positiven Einschätzung der Stadt Frankfurt am Main verursacht habe.

Walter Wallmann hatte mit einigen spektakulären Maßnahmen, aus Überzeugung oder aus politischem Kalkül dafür gesorgt, daß eine konservative Grundhaltung bei ihm nicht angezweifelt werden konnte. Als Sprecherin der Opposition im Stadtparlament hatte Grete von Loesch im Januar 1985 die kürzlich erfolgte Reise des Oberbürgermeisters in den Appartheitsstaat Südafrika scharf verurteilt. Daraufhin gab es Proteste des in Frankfurt residierenden Konsuls von Südafrika und Eiferungen in einigen Frankfurter Zeitungen. Die CDU verteidigte diese Reise natürlich und sprach von der Förderung wirtschaftlicher Verbindungen.

Schon einige Jahre vorher hatte Wallmann ein ähnliches Zeichen gesetzt und verteidigt, als nämlich für den Goethepreis der Stadt Frankfurt im Jahr 1982 Ernst Jünger vorgeschlagen worden ist. Die SPD-Opposition warnte damals in der 14. Plenarsitzung im Sommer 1982 – erfolglos – in einer langen und nicht nur literarisch orientierten Debatte[58] über diesen konservativen Schriftsteller, unter anderem auch hinsichtlich der Wirkung einer solchen Auszeichnung »auf junge Menschen in unserem Land und auf die wiedererstehenden unterschwelligen Strömungen von Ausländerfeindlichkeit und Antisemitismus, von falschem Heldentum oder von übersteigertem Nationalismus, von Ablehnung demokratischer Gleichmacherei«, wofür das Werk Ernst Jüngers weithin stehe. Leserbriefe in den Frankfurter Zeitungen vertieften monatelang die Diskussion um Ernst Jünger. Bei der feierlichen Verleihung des Goethepreises in der Paulskirche am 28. August 1982 tat sich Oberbürgermeister Wallmann nach den voraufgegangenen Auseinandersetzungen nicht ganz leicht mit seiner längeren Begrüßungsrede, vermerkten einige Journalisten. So hieß es unter anderem: »Das Kuratorium wußte und weiß, daß die Persönlichkeit und das Werk Ernst Jüngers zum Widerspruch herausfordern. Wir sind uns auch bewußt gewesen, daß junge Menschen manches, was sich in dem Werk Ernst Jüngers als die Frucht eines jetzt 87 Jahre währenden Lebens niedergeschlagen hat, nur schwer und manchmal vielleicht gar nicht nachvollziehen können«[59]. Die Laudatio auf Ernst Jünger hielt der Berliner Verleger Jobst Siedler.

1985 hatte die SPD nach einigem Hin und Her einen überzeugenden Kandidaten für das Amt des Oberbürgermeisters anzubieten, der aber in Frankfurt am Main noch neu war: der vormalige Verkehrsminister im Kabinett Helmut Schmidt und Bundestagsabgeordnete Dr. Volker Hauff. Es war dem Unterbezirksvorsitzenden Dr. Martin Wentz, der dieses Amt im März 1983 dem Landtagsabgeordneten Fred Gebhardt abgenommen hatte, gelungen, den Esslinger Bundestagsabgeordneten Hauff für die Kandidatur in Frankfurt am Main zu gewinnen. Zum Auftakt der Kommunalwahl sprach Volker Hauff am 18. Januar 1985 im Volksbildungsheim zum Thema »Arbeit und Umwelt – für eine ökologische Modernisierung der Industriegesellschaft« und gewann sogleich die begeisterte Unterstützung der anwesenden Mitglieder der Sozialdemokratie.

Oberbürgermeister Wallmann seinerseits bemühte sich natürlich auch im Wahlkampf und sprach am 19. Januar 1985 vor dem Kreisparteitag der Frankfurter CDU, der die »programmatische Richtung unserer kommunalpolitischen Arbeit in dieser Stadt« bestimmten sollte[60]. Selbstverständlich wurden in dieser Rede die Verdienste der seither in acht Jahren geleisteten Stadtpolitik unter Führung der CDU herausgestellt. Die Angriffe auf die Politik der SPD vor dieser Zeit nahmen auch erheblichen Raum ein, jedoch würdigte Wallmann mit den Begriffen »Kontinuität und Zäsur« auch die Leistungen der Vorgänger. Auf die Rede des Herausforderers vom Vortag ging der Oberbürgermeister nur einmal ein. Er konnte sich relativ leicht tun mit dem Hinweis, die Frankfurter SPD sage zwar, was sie alles nicht wolle, nämlich »keine U-Bahnen, keine Hochleistungsstraßen, keine Müllverbrennungsanlagen und keine schienenfreie und damit fußgängerfreundliche Innenstadt«, sie sage aber nicht, was sie denn nun als geschlossenes Konzept den Bürgern vorlegen wolle.

Stadterneuerung, Modernisierungsprogramm und Baulückenprogramm waren einige Stichworte der CDU und auch – verklausuliert – der Verzicht auf die Heiligenstockbebauung: »Wir haben auf weitere Trabantenstädte verzichtet und dem damit verbundenen ökologisch schädlichen Raubbau an Freiflächen ein Ende gesetzt«. Auch vom Bahnhofsviertel war des längeren die Rede. Mit einem Hinweis auf die andere Meinung des früheren Verkehrsministers, eben Volker Hauff, forderte Wallmann die Schließung der Autobahnen um die Stadt und auch den schon lang geplanten Tunnel im Riederwald, um die Wohngebiete dort zu entlasten. Die SPD biete dagegen eine »Politik des Nichtstuns« an. Einen größeren Raum nahm der Hinweis auf den »City-Leitplan von Professor Speer« ein, der ja auch die Stadtplanungspolitik der nächsten Jahre noch bestimmten sollte.

Erwähnt wurde auch ein Bericht des gewerkschaftlich orientierten Sozialdezernenten Stadtrat Karl-Heinz Trageser an den Magistrat über »Grundsätze und Leistungen der Stadt Frankfurt für die Integration ausländischer Mitbürger« – worüber allerdings dann wenig bekannt geworden ist. Von den Grünen hielt Oberbürgermeister Wallmann offensichtlich gar nichts und ließ dies auch deutlich werden, womit zugleich die SPD als eventueller Partner getroffen werden sollte, denn von der FDP war in Frankfurt schon nicht mehr die Rede.

Nach dem wiederum eindeutigen, wenn auch etwas knapperen Sieg der CDU, oder des Oberbürgermeisters Walter Wallmann, versuchte die SPD-Opposition vernünftigerweise, ihren Kandidaten an Frankfurt zu binden. Hauff erklärte auch, er wolle sich weiter in Frankfurt engagieren und da der langjährige Frankfurter Bundestagsabgeordnete der SPD, Hans Matthöfer, am 16. September 1985 zum Bundesschatzmeister der SPD gewählt worden ist, stand schon fest, daß Volker Hauff ab der Bundestagswahl am 25. Januar 1987 den Wahlkreis 142 übernehmen solle. Diesen Wahlkreis holte allerdings die CDU mit ihrem langjährigen Abgeordneten Helmut Link. Volker Hauff gelangte jedoch über die hessische Landesliste in den Bundestag und konnte sich somit weiterhin um die Frankfurter Belange kümmern, und für die Kommunalwahl 1989 zur Verfügung stehen. Bis es soweit war, haben jedoch weltpolitische Ereignisse – Tschernobyl – dazu beigetragen, die Konstellation in Frankfurt am Main zu verändern.

Auch im Sommer 1985 beschäftigten sich nicht wenige Publikationen und Medien mit der Stadt Frankfurt am Main und zum Herbst hin sollte das infolge des »Faßbinder-Konfliktes« noch erheblich zunehmen. Frankfurt war eben eine der interessantesten Städte der Bundesrepublik Deutschland. Im August 1985 ereiferte sich die FAZ über das soeben erschienene neue Merianheft Frankfurt am Main[61]. Darin werde die Stadt »so unglaublich toll geschildert, so mondän, verrucht und durchgeistigt« und dies solle wohl der Imagepflege dienen. Dabei, so meinte das Blatt weiter, »das protzerische Großstadtgetue, immer neureich und ein Signal des Provinziellen, war bisher in Frankfurt tatsächlich unbekannt. Die Stadt lebte so selbstverständlich mit allen ihren Fehlern. Das hat sie sympathisch gemacht. Der neue Ton klingt verdächtig, bemüht, angepaßt, überhaupt nicht frankfurterisch.« Ob dies ein Spiegel der CDU-Regierungsjahre in Frankfurt sein solle?

Im Mai des gleichen Jahres 1985 hatten auch Westermanns Monatshefte einen Spezialteil der Stadt Frankfurt gewidmet und sie als »ambivalentes Gebilde« bezeichnet. Teddy Kollek, der Bürgermeister von Jerusalem, öfter in Frankfurt am Main zu Gast, habe Ende 1984 erklärt, »die Stadt hat ihre Seele wiedergefunden«. Der Frankfurter Oberbürgermeister hatte ja vor einiger Zeit eine Zwillingspartnerschaft oder Städtefreundschaft sowohl mit Tel Aviv eingeleitet, wie auch mit Kairo. In dem Merianheft war auch über versteckte Schätze zu lesen, so über die restaurierten Ratgeb-Fresken im Karmeliterkloster, oder über die Buchhändlerin im Univiertel, Melusine Hess. Eva Demski schrieb über das Leben im Gallusviertel und Klaus Viedebantt, früherer FAZ-Redakteur, begründete warum er in Frankfurt eine Zweitwohnung unterhalte. Erich Helmensdorfer, medienkundiger Journalist, ebenfalls bei der FAZ und Buchautor, faßte zusammen, Freunde von Frankfurt zu überzeugen, sei gar nicht so schwierig, sie müßten nur kommen.

Die Gegensätzlichkeit in der Stadt bleib auch dem Diskus, der Studentenzeitung nicht verborgen, die im ersten Heft 1985 fast widerwillig festgestellt hatte, die

Konturen der Szene seien unscharf geworden und eine »neue Urbanität« habe sich eingestellt. Eine genaue Beobachtung der politischen Kräfte der Stadt lieferte Frank Herterich für die Arbeitsgruppe »URBE et ORBI« in einem interessanten Artikel, der kurz vor der Kommunalwahl erschien, aber wohl nur bei den Lesern des »Pflasterstrands« noch Einfluß ausüben konnte[62].

Da wurde zunächst festgestellt, die Grünen hätten lediglich ein »zusammengezimmertes Programm«, aber man sei nicht bereit, städtische Öffentlichkeit und urbanes Leben preiszugeben, »auch nicht, wenn man es im Namen der Natur von uns verlangt.« Und weiter: »Wallmann und sein rechtsintellektueller Souffleur Gauland haben erfolgreich verstanden, das Herausputzen der City als Beitrag zur Erneuerung der Urbanität Frankfurts zu feiern, ja selbst als Wiederentdeckung der Urbanität in Szene zu setzen.« Dies habe man ihnen sehr leicht gemacht, weil die SPD in erster Linie Wirtschaftswachstum zur Verbesserung der Finanzen fordere. Es sei auch von eventueller rot-grüner Zusammenarbeit die Rede, aber ein gewichtiges »Problem einer eventuellen Zusammenarbeit auf Frankfurter Ebene ist schon heute ausmachbar: Weder die SPD-Linke noch grüne Fundamentalisten haben ein wirkliches Verhältnis zum Stadtzentrum«. Die SPD-Rechte neige dagegen insgeheim Wallmann zu, »während die grünen Realpolitiker noch unsicher herumtasten, wie sie für Urbanität und gegen Wallmann sein können.«

Eine Stadt wie Frankfurt müsse »Schrittmacher für gesellschaftlichen Wandel« sein, für neue Formen und auch für Experimente. Deshalb werde ein Alternativprogramm zur Debatte gestellt, nämlich: die Bebauung am Stadtrand müsse sich konturenschärfer von der Umgebung absetzen; die City-nahen Wohngebiete sollten sozial gemischt bleiben; die Steuervergünstigung für Eigenheimbau solle abgeschafft und die Umwandlung von Altbauten in Eigentumswohnungen verhindert werden; um die Bodenspekulation einzudämmen sollte mehr Erbpacht vergeben werden; Mittel und Wege zur Milieusicherung alteingesessener Gewerbebetriebe müßten gesucht und gefunden werden (damit nicht, wie derzeit, aus einem Kaffeehaus ein Fast-Food-Laden werde, aus Fachgeschäften Boutiquen und so fort); auf dem Wohnungsmarkt müßten auch neue Formen des Zusammenlebens erprobt werden können und dazu seien »lebensgeeignete Räume« zu bieten, also Haustypen mit unterschiedlichen Formen, für die sogenannten »WGs«, also Wohngemeinschaften, für drei Generationen, für Alleinstehende, für Behinderte, für sich selbständig machende Jugendliche, eben Wohnen und möglichst auch Arbeiten für spezielle Lebensbereiche, für Ältere und Behinderte in den Erdgeschossen und sonst in Mischung der Lebensstile. Dies seien die Ziele einer modernen kommunalen Wohnungspolitik. Dazu gehöre Wohnumfeldverbesserung, Hinterhofausgestaltung, Lärmbekämpfung, kommunales Vorkaufsrecht und Änderung der Verkehrspolitik mit mehr Straßenbahnen, sowie die Beschränkung von Parkierungs- wie auch Fahrflächen. Stadtplanung und Wohnungsbau sollen weder dem Leitbild des Parvenues folgen, noch dem das Gartenzwergs, sondern eher dem des Flaneurs im Sinne Walter Benjamins, des philosophischen Spaziergängers also.

Bis auf gelegentliche Lärmbekämpfungsmaßnahmen und Zuschüsse für Hinterhofverschönerung war die Wohnungsbaupolitik der CDU-Stadtregierung sehr anders. 1984 beklagte der Baudezernent, Stadtrat Haverkampf, daß zwar viele gute Neubauten für Museen und anderes in Planung seien, daß aber auf dem Gebiet des Sozialen Wohnungsbaus so gut wie nichts geschehe[63]. Die Chefs der kommunalen Wohnungsbaugesellschaften hätten auch keinerlei Inspiration und so fehle es an Qualität und Quantität.

Für das Heiligenstock-Gebiet oder dann eingeschränkt auf Seckbach-Nord wurde im Planungsausschuß mehrfach ein Vorschlag des Speer-Büros vorgestellt, eine Bebauung mit Ein- und Zweifamilienhäusern, also mit hohem Grundstücksverbrauch, schließlich wurde das ganze Vorhaben gestrichen. Nach der Statistik gab es in Frankfurt am Main bis Ende 1984 insgesamt 310 680 Wohnungen und ein Jahr später 312 800 Wohnungen[64]. das ist ein Zuwachs von 2120 Wohnungen in einem Jahr, sowohl privat wie auch von der Stadt gebaut. Angesichts der Nachfrage war dies erheblich zu wenig. Werden Wohnungen gezählt, so wird meist übersehen, daß in einer Stadt wie Frankfurt am Main jährlich etwa 800 Wohnungen vom Markt verschwinden, weil sie abgenutzt sind oder für andere Zwecke »entfremdet« wurden. Der Zuwachs muß also schon hoch sein, soll bei steigender Einwohnerzahl und bei wachsendem Anspruch an Wohnfläche der Wohnungsmarkt nicht vollständig zusammenbrechen.

Von »Markt« konnte aber in Frankfurt am Main schon ab Mitte der 1980 Jahre kaum noch die Rede sein. Die Politik der CDU hat dies nicht genügend berücksichtigt, Fördermittel waren allerdings kaum noch zu mobilisieren. Für Büroflächen in Frankfurt am Main forderte jedoch zu Ende der 1980er Jahre sowohl der Planungsdezernent Dr. Hans Küppers, wie dann auch Oberbürgermeister Wolfram Brück einen jährlichen Zuwachs von 100 000 qm; wie sich bald herausstellte war dies viel zu hoch gegriffen. Von der Forderung nach Wohnungen für die Arbeitskräfte, die da in die vielen Büros einziehen sollten, war aber nichts zu hören. Als Ergebnis der Schwierigkeiten in Frankfurt am Main eine Wohnung zu finden, blieben die wachsenden Mietforderungen oder überhöhte Preise für Eigentumswohnungen. 1985 konnten nach dem Statistischen Jahrbuch 3509 Wohnungen fertiggestellt werden. Die Zahl der gemeldeten Wohnungssuchenden oder auf Sozialwohnungen Angewiesenen lag aber schon 1980 um 20 000. »Die Revitalisierung Frankfurts als Wohnstadt hat auch der CDU-Bürgermeister Wallmann versprochen«, schrieb der Spiegel, aber »von sozialem Wohnungsbau ist in Frankfurt Fehlanzeige. Da bewegt sich nichts.«[65] Die Wohnungsbaupolitik der CDU-geführten Stadtregierung war jedenfalls unzulänglich und für das erste Halbjahr 1989 stellte das hessische Landesamt für Statistik fest, daß der Zuwachs von Wohnungen in Frankfurt am Main deutlich unter dem des Landesdurchschnitts liege[66]. Von 1987 auf 1988 waren dies in Frankfurt ganze 284 »Gebäude mit Wohnungen«, viel zu wenig für eine große und attraktive Stadt.

Im Sommer 1985 und erst recht im Herbst dieses Jahres gab es in Frankfurt am

Main Aufregungen und berechtigte Proteste auf ganz anderem Gebiet, und zwar weit über die Stadt hinaus. Die Städtischen Bühnen, vom Kulturdezernenten mittlerweile aufgeteilt in Sparten, Oper, Schauspiel, Ballett, konnten auch unter der Regie von Günter Rühle im Schauspiel nicht gerade Lorbeeren erringen. Vorher hatte es mit einigen Spielleitern Pannen gegeben, die für die Stadt recht hohe Entschädigungszahlungen bedeuteten. Beim Theater scheint das oft so zu sein, nicht gerade zur Freude der Kommunalpolitiker. Solange Ulrich Schwab als gewiefter Jurist die Verwaltung der Städtischen Bühnen wahrnahm, hatte es wenigstens über mehrere Jahre hinweg keine Haushaltsüberschreitungen gegeben. Nun war Schwab als Manager zur Alten Oper übergewechselt. Es war ihm der Start des Hauses, das künstlerisch unter der Leitung von Dr. Sailer, vormals beim Zweiten Deutschen Fernsehen stand, recht gut gelungen. Unglücklicherweise kamen erst Schwab und dann Rühle auf die Idee, das von Rainer Werner Faßbinder hinterlassene Stück »Die Stadt, der Müll und der Tod« unbedingt uraufführen zu wollen, zuerst in der noch im Bau befindlichen U-Bahnstation »Alte Oper«, also unter der Erde, und dann in den Städtischen Bühnen. Faßbinder, bekannt besonders als Regisseur interessanter Filme, der für kurze Zeit einigermaßen chaotisch Regie im TAT – Theater am Turm – geführt hatte, galt in Frankfurter Szene-Kreisen geradezu als Kultfigur, erst recht

Der Faßbinder-Streit in der Interpretation der Frankfurter Neuen Presse. Karikatur vom 15. August 1985

nach seinem frühen Tod. Das noch nicht aufgeführte Theaterstück, verlegt im Frankfurter Verlag der Autoren, kannte zunächst kaum jemand. Es war in weiten Passagen in einer Sprache geschrieben, die in einschlägigen Etablissements im Frankfurter Bahnhofsviertel üblich sein mag. Was viel schlimmer ist, dieses Theaterstück enthielt Sätze, die für Juden, und insbesondere für Überlebende aus den Vernichtungslagern, tief beleidigend sein mußten. Die meisten, die das Stück wirklich gelesen hatten, verstanden solche Empfindungen und verwünschten das Stück und alle, die an einer Aufführung interessiert waren. Andere wollten die ja gar nicht bedrohte »Freiheit der Kunst« schützen und waren für eine Aufführung.

Der Kulturdezernent Hilmar Hoffmann war, nach einem treffenden Artikel in der Frankfurter Allgemeinen, »sowohl dafür als auch dagegen«. Oberbürgermeister Wallmann war strikt gegen die ganze Angelegenheit und sorgte dafür, daß Ulrich Schwab in Frankfurt zu arbeiten aufhörte. Hoffmann hat ihn dann später wieder eingestellt und die Stadt hatte danach viel zu zahlen bei fehlender Gegenleistung. Es ist viel geschrieben worden über die Faßbinder-Affäre, und oft zum Nachteil der Stadt Frankfurt am Main. In einer literaturwissenschaftlichen Dissertation[67], die allerdings die Vorgänge in Frankfurt selbst weniger eingehend behandelt, wird ganz zu recht festgestellt, daß allein schon ständig nur von »jüdischen« Bauherren im Westend zu sprechen antisemitischen Vorurteilen Vorschub leiste. Es protestierten in der Faßbinder-Sache jüdische Vereinigungen in Deutschland bis hin zum israelischen Parlament.

Trotz der Diskussionen war der Schauspieldirektor nicht von seinem Vorhaben abzubringen, und zum 31. Oktober 1985 wurde die »Uraufführung« angesetzt. Inzwischen hatte sich durch die Schirmherrinnen der WIZO (Womens International Zionistic Organization) und Stadtverordnete aus SPD und CDU eine Bürgerinitiative gegen die Aufführung gebildet und es wurde an diesem Abend entsprechend demonstriert. Viel wirksamer war dann aber der Protest der Jüdischen Gemeinde selbst. Die Bühne im Kammerspiel wurde besetzt und blieb dies auch. Das Stück ist öffentlich in Frankfurt am Main nicht aufgeführt worden und der Jüdischen Gemeinde in Frankfurt hat der erfolgreiche Protest zu mehr Selbstbewußtsein verholfen. Aber geblieben ist ein Stachel, wie leichtfertig doch viele und auch gewichtige Leute und Meinungsbildner mit einer Minderheit glauben umgehen zu können.

Die Faßbinder-Affäre war eine bedauerliche Frankfurter Angelegenheit mit sehr großer und internationaler Beobachtung und überwiegend negativer Beurteilung trotz des Ausgangs. Ein internationales Ereignis brachte dann 1986 für die Frankfurter Stadtpolitik unerwartete Auswirkungen.

Am 26. April 1986 ging über die Nachrichten die Meldung, daß in der Sowjetunion, in Tschernobyl, ein Atomreaktor außer Kontrolle geraten sei. Kaum jemand wußte, wo dieser Ort liegt und wie man dies fremde Wort aussprechen oder schreiben sollte. Zufällig hatte der Umlandverband Frankfurt an diesem Tage eine Plenarsitzung und prompt brachten die Grünen einen entsprechenden Antrag ein zur Vorbeugung vor eventuellen Gefahren. Die meisten anderen hatten ihnen die Gefährdung damals nicht geglaubt. Aber dann blieben in Frankfurt doch 14 Tage lang Rasen und Sandspielplätze für Kinder möglichst gesperrt und nicht wenige Mütter waren in Sorge über die Auswirkungen dieses ersten großen Atomunglücks. Die indirekte Auswirkung für Frankfurt war eine ganz andere: Bundeskanzler Kohl brauchte für sein Kabinett einen Umweltminister und berief dafür den Frankfurter Oberbürgermeister Dr. Walter Wallmann. In Frankfurt am Main war damit die »Ära Wallmann«, wie man vielfach lesen konnte, im Juli 1986 beendet.

6.5. Wechsel im Römer

Nach gut neun Jahren als Oberbürgermeister in Frankfurt am Main verließ Walter Wallmann dieses Amt um als Umweltminister in die Bundesregierung einzutreten. In Frankfurt folgte ihm Wolfram Brück, bislang Stadtrat für Rechtsfragen und Personalwesen, zugleich auch Vorsitzender der Frankfurter CDU. Hoffnungen auf die Nachfolge im Amt des Oberbürgermeisters hatte sich auch Dr. Hans Jürgen Moog machen können, schließlich hatte er lange Jahre die CDU Fraktion im Römer geführt und war Bürgermeister der Stadt. Vor allem aber, er war Frankfurter, und sehr verbindlich, er hatte als Rechtsanwalt gearbeitet.

Brück kam aus Köln, er war Staatsanwalt und in Bonn im Verwaltungsdienst tätig gewesen. Die CDU schlug nach einiger Diskussion ihren Vorsitzenden, Stadtrat Brück, zur Wahl vor. Der neue Oberbürgermeister wurde also in der Stadtverordnetenversammlung am 14. August 1986 mit den Stimmen der CDU gewählt, die über eine Mehrheit von drei Sitzen gegenüber SPD und Grünen verfügte. Die Mehrheit war nicht besonders komfortabel, aber natürlich ausreichend. Da der neue Oberbürgermeister auch seit fast neun Jahren in der Frankfurter Stadtpolitik und Stadtregierung aktiv beteiligt war, brauchte er keine Einarbeitungszeit. Gleichwohl unterlief ihm schon bald nach seiner Amtsübernahme ein Fehler, der in der Frankfurter Bürgerschaft erhebliches Mißvergnügen bewirkte. Außerdem blieb Brück von den Ausweitungen der Korruptionsvorgänge nicht unbehelligt als früher zuständiger Dezernent. Es war also nicht mehr der Glanz großer Investitionen einer neuen CDU-Stadtregierung, der auf den neuen Oberbürgermeister zurückfallen konnte. Vielmehr handelte es sich um nüchterne Alltagsgeschäfte, und um eine aggressiver werdende Oppositionspolitik, die dem Magistrat zu schaffen machte. Von den Stadtfinanzen wurde gar nicht erst geredet, erfreulich war deren Stand bei Amtsübernahme nicht.

Es stand die Einweihung der fertiggestellten U-Bahnstrecke vom Zoo nach Hausen und zur Heerstraße an, die Linien 6 und 7 als Ost-West-Verbindung. Auf Drängen der Stadtverordneten war es auch gelungen, trotz dieses Bauwerks durch die Bockenheimer Landstraße die schönen alten Kastanien zu erhalten, ja, sie sogar mit einem Bewässerungssystem zu versorgen, so daß sich nach dem Ende der U-

Bahn-Bauzeit angenehme Fußwege der Allee, noch dazu mit Radfahrwegen, ergeben hatten. Natürlich sollte die neue U-Bahn mit einem großen Fest eingeweiht werden, zumal damit ja auch die Zeil als Fußgängerstraße fertig gestellt werden konnte. Verkündetes Ziel der CDU-Politik war die »schienenfreie Innenstadt«.

Die SPD-Opposition, oder ein Teil davon, war aber für den Erhalt einiger Straßenbahnlinien und machte daraus fast einen Glaubenskrieg, mit Einschaltung des Regierungspräsidenten und angekündigter Volksabstimmung. Es blieben auch einige Straßenbahnlinien bestehen. Oberbürgermeister Brück war über die ganze Geschichte so erzürnt, daß er das U-Bahn-Fest absagen ließ. Als einzige Strecke begann also diese U-Bahn ihren wichtigen Verbindungsdienst ohne großes Einweihungsfest – und natürlich nahmen es viele Frankfurterinnen und Frankfurter sehr übel, daß der Oberbürgermeister sie um das Fest gebracht hatte.

Trotz dieses Mißgeschicks und trotz der Finanzsituation versuchten Oberbürgermeister Brück und Stadtverordnetenvorsteher Labonté in den zum Jahr 1987 an die Bürgerschaft gerichteten Neujahrsgrüßen Optimismus auszustrahlen und wählten die Überschrift: »Den Blick in die Zukunft gerichtet«[68]. Es gab auch eine ganze Reihe positiver Dinge zu berichten: eben die neue U-Bahnstrecke Ost-West mit ihren besonders gut gelungenen Bahnhöfen, später sollte die Linie bis zur Eissporthalle und nach Enkheim verlängert werden. Für die Ausbauplanung der S-Bahn habe man gerade eine Abmachung getroffen, um sie bis nach Offenbach führen zu können. Nachdem die letzten Straßenbahnschienen vor der Alten Oper herausgenommen werden konnten, werde nun auch der Platz bald fertig gestellt sein. Das »Messe-Hochhaus«, später »Messe-Turm« genannt, das der deutsch-amerikanische Architekt Helmut Jahn plane, werde neue Akzente setzen. Im Jahr 1987 könne die Wirtschaftsförderungsgesellschaft ihre Tätigkeit aufnehmen und die »Entwicklungsachsen«, die der Architekt Albert Speer vorschlage, böten neue Perspektiven.

Schon im November 1986 hatte der Oberbürgermeister ein sehr positives Bild von Frankfurt am Main entworfen, insbesondere mit dem Hinweis auf die damals 370 niedergelassenen Banken[69]. Gerade erst habe die »Bank of China« sich in Frankfurt angesiedelt, auch ein wichtiges Handelsorgan der Volksrepublik China. Qualitätvolle Hochhäuser entstünden, so der Messeturm und ein Hochhaus am Bahnhofsplatz. Denn es würden 100 000 qm Bürofläche in jedem Jahr in Frankfurt am Main benötigt. Die »Mainmetropole ist mehr als ein Dienstleistungszentrum. Keine andere Stadt in Deutschland wird so von internationalem Flair geprägt.« Das traf gewiß zu; das Hochhaus am Bahnhofs-Parkplatz, in sehr geeigneter Lage also, ist nach langem Streit mit einer Nachbarin vorerst nicht gebaut worden; wozu vermutlich auch die einsetzende Rezession beigetragen hat. Die mehrfach von CDU-Politikern reklamierten 100 000 qm Bürofläche jährlich, die in Frankfurt am Main angeblich benötigt würden, diese Forderung hat sich bald als weit überzogen herausgestellt. Oberbürgermeister Brück hatte in seinem Artikel, nicht anders als der Vorgänger, nachdrücklich auf die Funktion eines kulturellen Angebots in der Stadt aufmerksam gemacht: »Die Kultur in der Großstadt ist ein wichtiger Faktor, wenn es um die Identifikation der Bürger mit ihrer Stadt geht« und die beträchtlichen Investitionen hätten der Stadt auch einen deutlichen Wanderungsgewinn an Einwohnern gebracht.

Mit dem Hinweis auf die Bank von China berührte der Oberbürgermeister ein im Römer schon länger beratenes Projekt, nämlich den Versuch der Stadt, ein chinesisches Handelszentrum in Deutschland möglichst nach Frankfurt am Main zu ziehen. Als Gelände hierfür stand schon in Verhandlungen das Gebiet westlich der Darmstädter Landstraße am Sachsenhäuser Berg, wo früher Brauereien und anderes angesiedelt waren, sich nunmehr aber lediglich, wie die Frankfurter sagen, »aal Gelerch« befand. Chinesen ihrerseits stifteten der Stadt Frankfurt, als Ergänzung zum berühmten Frankfurter Palmengarten gewissermaßen, einen echten Chinesischen Garten, der im Bethmann-Park zu besichtigen ist. Die Verbindungen und Planungen mit der Volksrepublik China handelseinig zu werden sind abgerissen, nachdem die Studenten und Demonstranten mit ihren Demokratiebestrebungen für China am 4. Juni 1989 in Peking auf dem »Platz des Himmlischen Friedens«, dem Tiananmen-Platz, zusammengeschossen worden sind. Die Stadt Frankfurt hat sich an die internationale Ächtung Chinas wegen dieser Vorgänge gehalten.

Das Jahr 1987 sollte durch Wahlen – gleich im Januar zum Bundestag und dann mit vorgezogener Landtagswahl im April – und durch stadtinterne Ereignisse nicht so ganz geruhsam verlaufen. Die Bundestagswahl am 25. Januar wurde von der CDU mit sechs Prozent Vorsprung in der Stadt Frankfurt hoch gewonnen, und dies hätte schon deswegen für die Landtagswahl, die regulär im Herbst 1987 anstand, eine ähnliche Entwicklung erwarten lassen können. Zunächst bewirkten die Wahlen, daß auch grundsätzliche Überlegungen in der öffentlichen Diskussion eine größere Rolle spielten, als früher, zumal sich die Presse daran beteiligte.

Kurz vor der Bundestagswahl fand am 19. Januar 1987 im Römer der übliche Neujahrsempfang statt, für den Oberbürgermeister Brück verständlicherweise optimistische Töne anzuschlagen suchte mit dem Motto: »Die Stadt als Erlebnisraum begreifen«[70]. Zunächst bedauerte er, daß es mit der Herausnahme der Straßenbahn zum Teil zu unnötigen Kontroversen gekommen sei. Insgesamt habe die Neugestaltung der Innenstadt jedoch zu höchst erfreulichen Ergebnissen geführt, nämlich zu mehr Raum für Fußgänger und Platzumgestaltung am Roßmarkt, wie am Opernplatz, in Goethestraße und Schillerstraße, Stephan- und Stiftsstraße. Wobei man konstatieren muß, daß die letztgenannten drei Straßen nicht gerade übermäßig attraktiv ausgestaltet worden sind. Bei der Goethestraße, als einer der vornehmsten von allen Einkaufsstraßen mit schicken und sehr teuren Geschäften war die CDU-Mehrheit – entgegen den Wünschen der Opposition, so verfahren wie ähnlich bei der Leipziger Straße in Bockenheim, daß nämlich eine Kombination von breiteren Fußgängerwegen mit Radfahrspur und Autoverkehr ermöglicht worden ist. Die SPD hatte reine Fußgängerstraßen gewünscht. Immerhin brachte die Kompromißlösung ein brauchbares Ergebnis, wenn dadurch auch nach wie vor allzuviele Autos in die Innenstadt hineingezogen werden. Die Schwierigkeit der Ausgestaltung von Straßenraum zu Fußgängerwegen besteht unter anderem stets darin, daß Wirtschaftsverkehr, das heißt Andienung von Waren und so fort, wie auch Zufahrten für die Feuerwehr ermöglicht werden müssen. Man kann nur selten, bei rückwärtiger Anfahrt zum Beispiel, eine ganze Straße »möblieren« und dadurch für Autoverkehr völlig absperren.

Bei der Neujahrsansprache betonte Brück auch wiederum, daß es gelungen sei, die Stadt Frankfurt am Main zu einer »Kulturmetropole von Rang« zu entwickeln. So könne die Kunsthalle Schirn auf 200000 Besucher seit ihrer Eröffnung zurückblicken. Dieser Weg werde fortgesetzt durch den Baubeginn des Museums für Moderne Kunst, der noch 1987 anstehe. Schließlich müsse die »Sammlung Ströher«, welche die Stadt vor einiger Zeit der Stadt Darmstadt abgekauft habe, auch gezeigt werden können. Zu begrüßen seien auch die Ausbaupläne des Flughafens, während im Bahnhofsviertel eine »Aufwertung« noch immer anstehe.

Hinsichtlich des in der Nähe des Doms geplanten Museums für Moderne Kunst hatte es verschiedene Probleme gegeben. Das tortenartige Grundstück gehörte der Stadt, aber es dauerte beträchtliche Zeit, die dort angesiedelten Nutzer anderweitig unterzubringen. Das Städel, als die älteste und dem Bestand nach gewichtigste Kunstsammlung in Frankfurt am Main, hatte sich eingeschaltet mit Vorbehalten, und dies nicht zu Unrecht. Auch das Städel war ja längst nicht mehr eine völlig unabhängige Bürgereinrichtung, sondern lebte aus den Beiträgen der öffentlichen Hand[71]. Außerdem hatte schon im Jahre 1908 der geniale Direktor des Städels, Georg Swarzenski, einen Vertrag mit der Stadt geschlossen und damit die »Städtische Galerie« begründet, um moderne Kunst ankaufen und ausstellen zu können, was Swarzenski, der 1933 aus sogenannten »rassischen Gründen« entlassen worden war, bis dahin in vorbildlicher Weise geleistet hat. Diese eminent wichtige Sammlung der Moderne ist dann von den nationalsozialistischen Kunsträubern vollständig beschlagnahmt und verramscht worden. Nur sehr wenig konnte nach Kriegsende teuer zurückgekauft werden. Der Vertrag besagt übrigens, daß das Städel verpflichtet sei, zweimal jährlich eine Ausstellung aus den Beständen der Städtischen Galerie darzubieten; allzu genau ist dieser Vertrag nicht eingehalten worden. Während sogar die FAZ, jedenfalls der wohlinformierte Kritiker der Römerpolitik, Dr. Günter Mick, leise anmahnte, wegen der städtischen Finanzen solle man den Neubau des Museums für Moderne Kunst, der rund 50 Millionen DM kosten solle, lieber unterlassen[72], war gerade dieser Neubau für die CDU Stadtregierung auch ein Ausweis ihrer Modernität. Es wurde also gebaut und der Bau ist vorbildlich geworden, ein weiteres Zeugnis qualitätvoller Architektur des »neuen Frankfurt« seit 1945. Das Museum für Moderne Kunst konnte schließlich am 6. Juni 1991 eingeweiht werden.

Mit der Konzeption eines »Museums für Moderne Kunst« ergab sich infolge der Vorgeschichte bald ein Kompetenzkonflikt mit dem Städel und der dortigen Administration. Diese Angelegenheit ging so aus, daß auch das Städel noch einen großzügigen Anbau in der Rembrandt-Straße erhielt in dem auch gewichtige Ausstellungen seitdem stattfanden, allerdings nicht unbedingt aus den Beständen der Städtischen Galerie. Das neue Museum für Moderne Kunst seinerseits fand ungewöhnlich starken Zuspruch, auch wegen des interessanten Baues, aber sicher auch wegen der konsequent nur auf zeitgenössische Künstler und deren jüngste Werke beschränkte Auswahl.

Noch im Januar 1987 sah sich Oberbürgermeister Brück veranlaßt den Magistrat umzubilden, in der Frankfurter Presse bekam er dafür negative Begleitmusik. Es wurde von »Entmachtung« des Bürgermeisters Dr. Moog gesprochen, weil das ganze Gebiet Wirtschaft dem relativ neuen Magistratsmitglied Udo Müller zu den Gebieten Personal und Recht auch noch übertragen worden ist. Die Stadtwerke und andere städtischen Einrichtungen und Betriebe bis zum Weingut verblieben dann für den Bürgermeister. Dem neuen Dezernat »Umweltschutz«, das Stadtrat Heinz Daum verwaltete, wurde die Feuerwehr noch eingegliedert, und Stadtrat Rhein sollte sich um die Vorbereitung der Bewerbung für die Olympiade im Jahr 2000 kümmern. Ansonsten blieb alles wie zuvor.

Den grundsätzlichen Überlegungen des Oberbürgermeisters Brück und seiner politischen Gegner, im Vorfeld einer heraufziehenden vorverlegten Landtagswahl, lagen wahlsoziologische und parteiinterne Denkansätze zugrunde, wie auch Aussagen zur Stadtentwicklungspolitik. Beides kam weniger aus dem Römer, als von Seiten der Frankfurter SPD einerseits und des von der CDU geführten Stadtregierung beauftragten privaten Architekturbüros Albert Speer andererseits.

Der sehr überzeugungsfähige Architekt Speer war sozusagen der wichtigste Stadtplaner der Stadtregierung geworden, das Stadtplanungs- und Hochbauamt mehr nur ausführende Stelle. Ein Vortrag von Albert Speer wurde, nur leicht gekürzt, im Februar 1987 in der »Frankfurter Rundschau« abgedruckt, unter dem Titel »Der Traum von der ›intelligenten Stadt‹«[73]. Wie schon der Titel verspricht, war dies ein durchaus interessanter Beitrag zur Sache. Zunächst erfolgte eine Abgrenzung von »Alpträumen« als da sind die »autogerechte Stadt« oder die »Metastadt«. Dagegen setzte Speer die »positiven Realitäten« in der Stadt Frankfurt am Main. Dazu zählte er: das Museumsufer, das Messegelände, die Entwicklung im Westend und die Stadtsanierung, wie zum Beispiel in Bockenheim. Als in Rechnung zu stellende Faktoren bezeichnete der gewiefte Architekt, die Geschwindigkeit der Veränderungen, die Konkurrenz der Städte untereinander und die sich ändernden Wertmaßstäbe.

Wertmaßstäbe für den Architekten Albert Speer waren ganz offensichtlich auch die modernen Möglichkeiten der Hochhausbebauung, von denen er meinte, es könnten noch mehr im Bankenviertel entstehen. Auch für die ›Entwicklungslinie‹ Mainzer Landstraße hatte er ja im nördlichen Teil, also im Westend, noch zwei Hochhäuser vorgesehen, die Speer übrigens sogar bei kritischen Westendbewohnern so vorzustellen wußte, daß sie keineswegs auf Ablehnung stießen. Für dieses Vorhaben mußte dann allerdings das vielgenutzte Parkhaus an der Ecke Westendstraße abgerissen werden.

Gerade diese Hochhäuser haben später zum Wahlverlust der CDU erheblich beigetragen, denn es handelte sich auch um den Bruch des Versprechens, den Westendbebauungsplan nun auch einzuhalten. Die Proteste waren groß, je näher diese gewaltigen Bauvorhaben rückten. Im Fortgang dieser Angelegenheiten versuchte der Planungsdezernent Dr. Küppers, der vermutlich selbst von der Notwendigkeit dieser beiden Hochhäuser an diesem Westendrand gar nicht sehr überzeugt war, die Sache wenigstens durch einen nachgeschobenen Teilbebauungsplan für diesen Baubereich zu stützen. Die CDU-Mehrheit genehmigte diesen Bebauungsplan, aber die Konflikte blieben noch lange.

In seinem Artikel hatte Albert Speer gerade die »Eigenverantwortung der Bürger« angemahnt, die ihnen am Westendrand allerdings entwunden worden war. Im übrigen plädierte er für ein »modernes Management« unter der Beteiligung aller Interessengruppen, denen er offenbar einen erheblichen Spielraum zuzugestehen bereit war. »Stadtmarketing« sollte stattfinden, während, so wurde etwas boshaft festgestellt, bei der offiziellen Stadtplanung sich »hektische Stagnation« eingenistet habe, wie ein neuer Planungsbegriff aus dem Büro des Architekten Ungers laute. Es ist offensichtlich, daß bei den riesigen Bauvorhaben und ihren Kosten auch die Konkurrenz zwischen beamteten und freien Architekten und Planern nicht ohne Auswirkung geblieben ist. Einem wirklich ernsthaften und deshalb auch längere Zeit benötigenden Diskussionsprozeß diente dies freilich nicht. Bemerkenswert waren die Überlegungen von Speer, die öffentlichen Investitionen sollten nunmehr weniger in »öffentliche Bauten« gehen, als in den »öffentlichen Raum«. Das heiße also Ausgestaltung der Plätze, mehr Flaniermöglichkeiten, Geschwindigkeitsbegrenzungen, und möglichst die Berufspendler auf den Öffentlichen Personennahverkehr umzuleiten.

Innerhalb der Parteien setzte sich besonders die SPD mit den greifbaren Veränderungen in der Stadt- und Bevölkerungsstruktur auseinander und schuf dadurch auch neuen Konfliktstoff. Für jeden, der nur ein wenig Statistiken verfolgte, war längst deutlich, was die Arbeitsstättenzählung von 1987 für Frankfurt am Main ergeben hatte, daß nämlich die Dienstleistungsbetriebe der Industrie den Rang abgelaufen hatten[74], weil nur noch 18,5 Prozent aller Beschäftigten im »verarbeitenden Gewerbe« tätig seien. Gezählt wurden insgesamt 558 852 Beschäftigte; also wiederum eine sehr große Zahl von Einpendlern in das relativ kleine Stadtgebiet, mit für 1987 – dem Jahr auch der zunächst so umstrittenen Volkszählung, ausgewiesenen 618 266 Einwohnern[75].

Ein Artikel in der SPD-Zeitschrift »Vorwärts« mit dem Titel »Warum der Römer nicht mehr rot ist«, erregte besonders in Frankfurt am Main bei Interessierten Aufmerksamkeit. Da wurde auf eine Dissertation hingewiesen, die inzwischen auch als Buch vorlag[76]. Es ging um die These, daß besonders in Großstädten sich eine »neue Mittelschicht« herausgebildet habe. In Frankfurt gehörten dazu beispielsweise rund zwei Fünftel aller Wähler, so daß es folglich für die Parteien darauf ankomme, diesen »Dienstleistungswählern« ein attraktives Angebot zu machen. Die Union sei dabei entschieden im Vorteil, während es der SPD bislang nicht gelungen sei, ein Bündnis von ihren alten zu den neuen Wählerschichten zu begründen. Vielmehr seien die Aktivisten in der SPD »angegrünter« als ihre Wählerschaft, während in der CDU in diesem Punkt relativ große Übereinstimmung herrsche.

Der Vorsitzende der Frankfurter SPD, Martin Wentz, hatte schon seit geraumer Zeit solche Gedanken vertreten und versucht, seine Partei darauf einzustimmen. Dies ging parteiintern nicht ohne Konflikte ab, aber im Mai 1987 lag eine Erstfassung von »Leitlinien sozialdemokratischer Kommunalpolitik« vor, die, in den Ortsvereinen heftig diskutiert, am 31. Oktober 1987 jedoch vorläufig beschlossen werden konnten, nicht ohne daß weiterer Diskussionsbedarf angemeldet worden ist. Die Frankfurter Rundschau druckte den »umstrittenen Entwurf« in Auszügen ab[77] mit der Überschrift: »Die Stadt, in der aller geistige Ausdruck unserer Gesellschaft lebt«. Die nüchterne Feststellung war unter anderem, es komme darauf an, neue Wählerschichten zu gewinnen und neue Akzente, zum Beispiel solche wirtschaftspolitischer Art zu setzen. Folglich wurde jetzt der Ausbau des Frankfurter Flughafens akzeptiert und die Chemische Industrie als Hauptwirtschaftszweig desgleichen als zu fördern angesehen. Hochhäuser waren nicht mehr umstritten, jedoch die Stadtteile wenigstens berücksichtigt als wichtige Wohngebiete. Kurz, es war der Versuch, alte und neue Denkstrukturen innerhalb der Frankfurter SPD zu vereinbaren. Am 26. Januar 1988 konnte dann die zuende beratene Broschüre »Frankfurts Zukunft gestalten« in guter Aufmachung den Frankfurter Kommunalwahlkampf einleiten.

Allerdings war über dem Streit um die Entwicklung von besser angepaßten Frankfurter »Leitlinien« inzwischen die Landtagswahl in Hessen für die SPD verloren gegangen. Natürlich gab es dafür auch andere Gründe, vor allem den, daß sich das Wiesbadener Bündnis mit den Grünen nicht als haltbar erwiesen hatte. Immerhin gewann die CDU bei dieser Wahl in Frankfurt am Main einen Vorsprung vor der SPD von fast zehn Prozent; die Aussichten für die Kommunalwahl 1989 erschienen danach für die SPD in der Stadt nicht gerade rosig. Die Auswahl des Kandidaten für das Oberbürgermeisteramt wurde umso wichtiger.

Die Gründe für das Auseinanderbrechen der hessischen Regierungskoalition zwischen SPD und Grünen, die der Ministerpräsident Holger Börner nach anfänglichem Zögern mit allem guten Willen am 12. Dezember 1985 schließlich eingegangen war, sind weitgehend von den Grünen und ihrem ersten Minister, dem beliebten Joschka, also Joseph Fischer, im Streit um die Hanauer Plutonium-Produktion der Firma Alkem-Nukem herbeigeführt worden, nicht ohne die indirekte Unterstützung des linken Flügels der SPD, der mehr mit den Grünen als mit dem hessischen Ministerpräsidenten verbunden schien. Am 9. Februar 1987 erklärte Holger Börner, er nehme den »Rücktritt« des Umweltministers Fischer an, am 10. Februar erklärte er seinen eigenen Rücktritt und bat Hans Krollmann, den Kultusminister und Vorsitzenden des SPD-Bezirks Hessen-Nord, um die Stellvertretung und möglichst Nachfolge im Vorsitz des SPD-Landesverbands. Nun ging alles Schlag auf Schlag. Der in ganz Hessen beliebte vormalige Ministerpräsident Holger Börner, allzeit

Der hessische Ministerpräsident Holger Börner besucht das neue jüdische Gemeindezentrum in Frankfurt am 29. Oktober 1986. Fast der gesamte Vorstand der jüdischen Gemeinde schaut interessiert dem Gespräch mit einem Kindergartenkind zu. Von rechts: Dr. Salomon Korn, Trude Simonsohn, Ignaz Bubis, Rechtsanwalt Adler, Esther Sharell, die Vorsitzende des Gemeinderates, und Stadtverordneter Michael Friedman

schlagfertig, war müde geworden und wohl auch enttäuscht, außerdem ernstlich erkrankt; er zog sich zurück und der Hessische Landtag beschloß am 17. Februar seine Auflösung und die Neuwahl zum 5. April 1987.

Bekanntlich hat bei dieser Wahl der mit Bonner Ministerwürden ausgestattete vormalige Frankfurter Oberbürgermeister Dr. Walter Wallmann den Ausgang für sich und die CDU entscheiden können. Der Stimmenunterschied betrug ganze 1502 Stimmen mehr für die CDU, die sogleich mit der FDP eine Koalition einging. Die Mehrheit für diese Koalition war äußerst knapp. CDU und FDP hatten zusammen 49,9 Prozent der Stimmen erlangen können, die SPD und die Grünen 49,6 Prozent, das bedeutete zwei Sitze mehr im Landtag, also 61 zu 59 Sitzen für die CDU-FDP-Koalition. Am 23. April 1987 wählte der Hessische Landtag Dr. Walter Wallmann zum Hessischen Ministerpräsidenten, und den Vorsitzenden der FDP in Hessen, Dr. Wolfgang Gerhardt, der das Ministerium für Wissenschaft und Kunst übernahm, zum Stellvertreter.

In Frankfurt entwickelte sich hingegen die parteipolitische Konstellation in anderer Weise. Mit großer Mehrheit wählte der Unterbezirksparteitag der Frankfurter SPD am 30. Oktober 1987 den Kandidaten für das Amt des Oberbürgermeisters: Dr. Volker Hauff. Da es inzwischen in Frankfurt bereits einen neuen Konflikt mit der CDU-geführten Stadtregierung gegeben hatte, der große Erregung in Teilen der Bürgerschaft verursachte, erschien die Kandidatur Hauffs dieses mal auch viel aussichtsreicher, trotz der gegenläufigen Entwicklung im Land Hessen. Die bewegliche Bürgerschaft der Stadt Frankfurt am Main reagiert eben weitgehend unabhängig von Partei- und Wahlkonstellationen anderswo.

»Ist Frankfurt weltstädtisch?«. Eine solch heikle Frage stellte die Binding-Brauerei bei ihrem traditionellen Abendschoppen im Oktober 1987 zur allgemeinen Diskussion. Am elegantesten beantwortete Siegfried Unseld diese Frage, nämlich mit ja. Er verdeutlichte: Frankfurt sei eine »europäische Stadt«[78]. Ob nun weltstädtisch oder europäisch wurde auch in der »Frankfurter Bilanz« für das Jahr 1987 nicht weiter geklärt. Der Kommentator der FAZ, Günter Mick, stellte fest, daß die CDU zwar bei der Hessen-Wahl gewonnen habe, aber doch ohne »besondere Strahlkraft«[79]. Es seien «die Debatten über den Börneplatz, das schwierigste und schwerwiegendste Thema dieses Jahres» gewesen, die aufgekommene Bitternis sei viel zu spät bedacht worden.

Bei dem Konflikt um den Börneplatz, der sich von Mai bis September 1987 hinzog und immer mehr zuspitzte, handelte es sich vordergründig um das schon länger geplante Bauvorhaben der Frankfurter Stadtwerke für ein Kundenzentrum und für die eigene Verwaltung, an einer Stelle, wo die Opposition eher Wohnungen

Frankfurt – ein Zentrum: »Schaltzentrale Frankfurt«, Handelsblatt, 25. November 1986

Protestversammlung am Bauplatz der Stadtwerke, 1987

gebaut sehen wollte. Die eigentlichen Beweggründe für die Proteste, für Bitternis und Engagement hatten aber ganz andere Ursachen, denn es ging auf einmal um die jüdische Geschichte der Stadt und die daraus abzuleitenden Verpflichtungen für die Gegenwart. Alle hätten es wissen müssen, daß an dieser Stelle die ehemalige Judengasse verlief, aber bedacht worden ist das nicht. So war es eine Überraschung, als bei der tiefen Gründung für den Bau auf einmal vor aller Augen die engen Mauern von Kellern der ehemaligen Judengasse zu Tage kamen. Das schlechte Gewissen oder doch die Betroffenheit der heute lebenden Generationen war berührt.

Im Mai stellte sich bei den Bauvorbereitungsarbeiten außerdem heraus, daß man noch die Anlage einer Mikwe, also ein jüdisches Ritualbad, gefunden hatte. Danach war die Forderung nach einem Baustopp nicht mehr zu überhören. Trotz Intervention der beiden christlichen Kirchen und ihrer obersten Repräsentanten in der Stadt, Propst Dr. Dieter Trautwein und Stadtdekan Klaus Greef, war bei der Stadt, und insbesondere bei Oberbürgermeister Brück, ein auch nur vorübergehender Baustopp nicht zu erreichen. Verhandelt wurde immerhin. Die zeitweise Besetzung des Börneplatzes ist dann am 2. September 1987 durch Polizeieinsatz beendet worden.

Am Schluß der Auseinandersetzungen stand die Zusage des Magistrats, neben dem Kundenzentrums des Neubaus ein Museum mit den Überresten der architektonischen Funde von fünf Häusern der alten Frankfurter Judengasse zu errichten. Das ist auch erfolgt, dauerte allerdings lange Zeit.

Der gesamte Börneplatz-Konflikt mit Stellungnahmen der meisten irgendwie Beteiligten ist, mit vielen Abbildungen, sehr gut dokumentiert[80]. Man kann aus dem Konflikt lernen, daß mehr Sensibilität gegenüber Zeugnissen der Vergangenheit angezeigt gewesen wäre, ganz besonders, wenn sie als Mahnung für die Lebenden aufgefaßt werden müssen. Über all diesen Auseinandersetzungen ist leider in den Hintergrund getreten, daß an der Nordostecke des gewaltigen neuen Verwaltungsbaus eine Synagoge bis zum 9. November 1938 gestanden hatte, und daß nicht zuletzt auch daran, und zwar unübersehbar, angemessen zu erinnern wäre. Auch steht noch immer die an sich beschlossene Gedenkstätte aus, die an die fast zehnmal Tausend Frankfurter jüdischen Bürgerinnen und Bürger erinnern soll, die familienweise verschleppt und zumeist umgebracht worden sind. Diese Erinnerungsstätte soll südlich des Alten jüdischen Friedhofs errichtet werden und die Namen der Umgebrachten verzeichnen. Westlich davon steht dann das große Gebäude der Stadtwerke für Verkehr, Versorgung, Strom und auch Gas. Zwiespältige Gefühle werden da geweckt. Gleichwohl ist diese Erinnerungsstätte ein zwingendes Gebot für die Stadt Frankfurt am Main, um auf die grausamste aller Verfolgungen, die im 20. Jahrhundert, hinzuweisen. Angelehnt an den alten ummauerten jüdischen Friedhof mit den Resten der Grabsteine und den schönen großen Bäumen ist der Platz doch wohl richtig ausgewählt.

»Der Kampf um den Börneplatz«, so schreibt Salomon Korn, Vorstandsmitglied der Jüdischen Gemeinde zu Frankfurt, ein Résumé ziehend, »hatte neben durchaus national bedeutsamen Aspekten etwas Bodenständiges an sich. Viele der am Konflikt beteiligten Juden, vor allem jüngere , wollten diesen Teil der jüdischen Stadtgeschichte nicht dem vorrangig wirtschaftlichen Kalkül städtischer Gremien überlassen – und in diesem Aufbegehren steckte ein Stück Aneignung und Identifizierung mit der Stadt und ihrer Geschichte.«[81]

Ein Jahr zuvor hatte die Frankfurter Jüdische Gemeinde das auch architektonisch bemerkenswerte Gemeindehaus im Westend eröffnen können; Architekt war Dipl. Ing. Dr. Salomon Korn. Das berühmte Philanthropin – im Krieg ist das Gebäude nicht beschädigt worden – im Frankfurter Nordend gelegen, war von der Jüdischen Gemeinde an die Stadt verkauft worden und wird seitdem als Bürgerhaus und für das Hoch'sche Konservatorium genutzt. Zum Ende des Jahres 1987 konnte Michel Friedman, Stadtverordneter, und verantwortlich für die Kulturarbeit der Jüdischen Gemeinde, trotz und vielleicht auch wegen aller Konflikte versöhnlich feststellen: »In keiner Stadt in der Bundesrepublik Deutschland sind die Beziehungen zwischen der jüdischen Gemeinschaft und den nichtjüdischen Bürgern so intensiv, breit angelegt und offen, wie in der Stadt Frankfurt am Main.« Das neue Gemeindezentrum umfasse zugleich Kindergarten, jüdische Schule, Jugendzentrum und Senioren-

1986 wird das neuerbaute und wohlgelungene Zentrum der jüdischen Gemeinde zu Frankfurt am Main in der Savigny-Straße im Westend eröffnet

club und so zeige dieser Bau einen vorsichtigen Optimismus, »daß jüdisches Leben in Frankfurt eine Zukunft hat.«[82]

Da 1988 zum 9. November das Jüdische Museum der Stadt Frankfurt am Main, im alten Rothschildpalais am Untermainkai 14, endlich eröffnet werden konnte, sollte in Frankfurt auch die zentrale Gedenkfeier der Bundesrepublik Deutschland aus Anlaß der 50 Jahre seit den Synagogenzerstörungen und Ausschreitungen von 1938 begangen werden. Am Vorabend fand eine würdige Veranstaltung in der Westend-Synagoge statt, bei der Bundeskanzler Kohl sprach, in Anwesenheit des Bundespräsidenten von Weizsäcker und des Bundestagspräsidenten Jenninger. Dieser hielt am nächsten Tag im Plenarsaal des Bundestages eine gutgemeinte, aber schlecht formulierte und mißverständliche Rede, die ihn das Amt kostete. Frau Professor Dr. Rita Süßmuth (CDU) wurde bald darauf in das zweithöchste Staatsamt, das des Bundestagspräsidenten oder der Präsidentin des Deutschen Bundestages, gewählt. In Frankfurt eröffnete das Jüdische Museum an diesem schwierigen Gedenktag, dem 9. November, in Anwesenheit des Bundeskanzlers feierlich seine Pforten und ist seitdem zu einem der lebendigsten und viel besuchten der Museen in Frankfurt am Main geworden.

In diesem Jahr 1988 sind eine ganze Reihe von längeren Beiträgen zur Situation der Stadt Frankfurt am Main erschienen, gerade so, als ob vor einem Kommunalwahljahr noch einmal Bilanz gezogen werden sollte. Oberbürgermeister Wolfram Brück begann seine Überlegungen mit dem stolzen und unbestreitbaren Satz: Frankfurt am Main sei die »wirtschaftlich erfolgreichste Stadt der Bundesrepublik mit einer Bruttowertschöpfung von knapp 50 Milliarden DM«. Aber, so fuhr er fort, die Einnahmen der Stadt hielten mit den wachsenden Ausgaben nicht Schritt. So sei eine »Gemeindefinanzreform notwendig«, und zwar eine Finanzreform, die »die Einnahmesituation der Städte langfristig sicherstellt«, um eine solide Basis für die Zukunftsaufgaben der Städte zu gewinnen. Hinter dem Aufschwung der Stadt Frankfurt stünden »Investitionen in mehr Lebensqualität«, aber auch ein »Investitionsvolumen von 25 Milliarden DM in den nächsten zehn Jahren«[83].

Neben dem Hinweis auf gute Zusammenarbeit mit der (neuen) Hessischen Landesregierung zählte Brück die Ziele auf, welche die CDU in der nächsten

Der Pokalsieger 1988, Eintracht Fankfurt, auf dem Balkon des Römers. Unter der Fahne der Eintracht Oberbürgermeister Wolfram Brück. Die Spieler von links: Alex Konrad, Lajos Detari, Volker Münn, Dietmar Roth, Uwe Müller, Frank Schulz, Wlodek Smolarek, Spielführer Charly Körbel, Michael Kostner, Thomas Klepper

Wahlperiode verfolgen wolle. Das waren unter anderem die Absicht, die Infrastrukturqualität der Region weiter zu verbessern; die Autobahnen im Osten der Stadt zu komplettieren; den ÖPNV auszubauen; ebenso den Flughafen; die Schnellbahntrasse von Köln nach Frankfurt am Main zu fördern und die Mainzer Landstraße zu einer »hochwertigen City-Lage« umzugestalten. Dazu müsse der Ausbau der Messe kommen, sowie der City West, aber auch von innenstadtnahen Wohngebieten (freilich ohne mitzuteilen, wo diese sein sollen), Kultur- und Freizeitangebote sollten ebenfalls weiter ausgebaut und die Bewerbung um die Olympischen Spiele vorangetrieben werden. Dies waren alles Maßnahmen, die bereits in der Diskussion standen und zum Teil von den städtischen Gremien bereits beschlossen waren. Einige Punkte, insbesondere die Schließung der Autobahnen im Osten der Stadt, wurden von den Oppositionsparteien SPD und Grüne allerdings abgelehnt, die meisten aber waren unstrittig. Der Oberbürgermeister, der die Finanzen der Stadt überblickte, war vorsichtig genug, Einzelprojekte über beschlossene Programme hinaus gar nicht zu benennen. Sie hätten ja später eingefordert werden können.

Mit der Situation in Frankfurt am Main setzte sich gleich zu Beginn des Jahres ein Artikel des »Spiegel« auseinander, der bei der Stadtregierung auf heftigen Widerspruch stieß. Der Titel war »Frankfurt – die Hauptstadt der Wende«[84]. Der Redakteur konnte nicht ahnen, welche Bedeutung sein Titelbegriff im folgenden Jahr erhalten sollte. Er meinte schlicht, und eigentlich anerkennend, »Wallmanns Frankfurter Wende« und betonte, »das stärkste öffentliche Symbol überhaupt« sei »die Frankfurter Skyline«. Im »Pflasterstrand« waren gleich mehrere und überwiegend gescheite Artikel zur Frankfurter Stadtplanung und Stadtpolitik zu lesen, die zumeist den Auffassungen und Zielen der Grünen-Realos entsprachen[85]. Frank Herterich stellt die Forderung, daß eine »versöhnliche Zukunftsvision« den Bürgern die Hektik und Probleme einer modernen Großstadt erträglich machen solle. Dies hätten Walter Wallmann und sein Referent und späterer Staatssekretär Alexander Gauland sehr wohl vermocht mittels der Ideen von einer »prosperierenden Weltstadt«, mit dem »Spielbein »Kulturstadt« Frankfurt« und dem Wandel von »Mainhatten« von einem Schimpfwort zum Gütesiegel; und schließlich mit den Hochhäusern »als Symbol der Weltgeltung«.

Die Illustrierte »Stern« kam im Sommer 1988 mit einer Frankfurt am Main gewidmeten Bild-Beilage heraus, die bei der FAZ nicht so in Ungnade fiel, wie der Spiegel-Artikel von Jahresbeginn, den die Frankfurter Allgemeine mit »Schläächtschwätzer«[86] parierte. Wichtiger war der Beitrag des Präsidenten der Industrie- und Handelskammer, Dr. Hans Messer, im Handelsblatt, mit der Überschrift »Metropole«[87]. Darin wurde hervorgehoben, wie der Strukturwandel in Frankfurt im engeren Stadtraum eine »leise und saubere« Industrie begünstige. Aber die Vielfalt der Branchen sei noch gewährleistet. Viele kleine und mittlere Unternehmen widmeten sich der Produktion von Geräten und Verfahren »zur Vermeidung, Minimierung oder der Reparatur von Umweltschäden«. Zunehmend werde durch die Universität und private Betriebe Umweltforschung getrieben, »Innovationskapital« in der

Seit Oberbürgermeister Wallmann eingeführt hatte, ehemalige Frankfurter Bürger einzuladen, die aus sogenannten rassischen oder politischen Gründen ihre Vaterstadt nach 1933 hatten verlassen müssen, besuchte jedes Jahr eine Gruppe von etwa hundert Ehemaligen die so sehr veränderte Stadt Frankfurt am Main. Bei der Schiffahrt unterhält sich hier – 1988 – der Stadtverordnete Karl-Heinz Nink mit den Gästen

Erkenntnis, daß es sich hier um einen Markt mit »weltweit steigenden Wachstumsraten« handele. Er wünsche, die Bürger müßten für Neues offen sein und die Stadt müsse eine vorausschauende Grundstückpolitik betreiben. »Frankfurt steht vor neuen Horizonten«. In Frankfurt am Main war somit viel Aufgeschlossenheit für ökologische Überlegungen vorhanden, wie ja auch die Weltfirma Lurgi sich seit Jahren auch mit der Technik von Klärwerken und Luftreinigung befaßte.

Eine höchst kritische Frage stellt die Binding-Brauerei im Herbst 1988 den zum Abendschoppen eingeladenen rund 300 Gästen, nämlich: »Lebt Frankfurt über seine Verhältnisse?«. Zum Ende einer Wahlperiode und vor einer Kommunalwahl war diese Frage natürlich durchaus naheliegend[88]. Oberbürgermeister Brück beantwortete sie mit einem klaren »nein«. In der Stadt seien zwar 25 Milliarden DM an

Investitionen aufgewendet worden, aber damit habe man eine Renaissance der Stadt als Lebens- und Arbeitsstätte bewirken können, bei derzeit acht Prozent an Arbeitslosen. Zwar betrage die Verschuldung pro Kopf der Einwohner DM 6275, was hoch sei, aber die Einnahmen der Stadt seien ebenfalls hoch. Wichtiger sei die Zinsquote, die 1987 mit 13 Prozent relativ günstig gewesen sei. Wieviel die Stadt da jeweils an Krediten zu bedienen hatte, sagte der Oberbürgermeister aber nicht. Der Gegenredner, Jerry Speyer, als Wirtschaftspolitiker, bestätigte diese Meinung und fügte hinzu, die Stadt müsse nach Prinzipien eines Wirtschaftsunternehmens geführt werden.

Das war also eine Art vorweggenommener Entlastung, und tatsächlich bemühte die SPD in ihrem Wahlkampf die Probleme der städtischen Finanzen und des Haushaltes keineswegs. Dies lag allerdings dem gegen Brück aufgestellten Kandidaten Dr. Volker Hauff auch nicht besonders. Ein Blick in die Statistischen Jahrbücher der Stadt Frankfurt am Main ergibt im Vergleich zum letzten Jahr einer SPD geführten Stadtregierung folgendes. Der Schuldenstand der Stadt Frankfurt am Main betrug zum 31. Dezember 1976 – ohne Eigenbetriebe – eine Milliarde und 657 882 000 DM. Der Verwaltungshaushalt lag bei 2,2 Milliarden, der Vermögenshaushalt bei 742 Millionen DM.

Sämtliche Summen hatten sich nach den zwölf Jahren der CDU-Stadtregierung erheblich vergrößert, aber es waren ja auch gewichtige Bauten entstanden. Außerdem handelte es sich zum Teil noch immer um Beseitigung von Kriegsschäden. Daß deutsche Städte noch soviel Jahre nach Kriegsende beträchtliche Summen für die Finanzierung der Wiederaufbaukosten aufbringen müssen, wird meist übersehen, wenn die Verschuldung der Städte zur Sprache kommt. Der Schuldenstand der Stadt Frankfurt am Main betrug am 31. Dezember 1990 – ohne die Eigenbetriebe – nunmehr vier Milliarden und 613 034 000 DM, mit entsprechend erhöhter Zinsbelastung, zum 31. Dezember 1988 waren es 4 027 904 000 DM gewesen[89]. Diese Haushaltssituation hätte allerdings zu großer Sparsamkeit Anlaß sein sollen, gleichgültig, wer immer die Kommunalwahl 1989 gewinnen werde.

Der Wahlkampf in Frankfurt am Main in der kalten Jahreszeit entwickelte sich für den Kandidaten der SPD, Volker Hauff, fast zu einem »Bilderbuchwahlkampf«, wie er dies später beschrieb[90]. Seine Partei zog gut mit, vor allem das engere Wahlkampfteam um den Unterbezirksvorsitzenden Martin Wentz, Jan von Trott, Ute Hochgrebe und Franz Frey. In der Stadt hingen vorzügliche Bildplakate, die den ohnehin gut aussehenden Kandidaten im Gespräch mit allen möglichen Bürgern offen und sympathisch darstellten. Die CDU hatte in diesem Jahr mehr auf Schriftplakate gesetzt, so daß der Gegensatz beträchtlich war. Ein Plakat der CDU hatte folgenden Wortlaut unter einer kleinen Leiste mit Bild von Dom und Hochhäusern: »Frankfurt ist die Nr. 1 in Europa, hat kürzlich ein britisches Forschungsinstitut festgestellt. Die Bürger sind wieder stolz auf ihre Stadt. In den letzten 10 Jahren haben wir durch unsere Politik die Stadt Frankfurt an die Spitze gebracht. Mit der CDU und unserem Oberbürgermeister Wolfram Brück bleibt Frankfurt Spitze. Frankfurt hat Zukunft: CDU.«[91]

Mit ähnlichem Tenor schaltete sich der hessische Ministerpräsident Walter Wallmann in Frankfurt in den Wahlkampf zur Unterstützung der CDU ein. Er griff die SPD wegen einst parteinaher Stadtpolitik an, vor allem aber die Grünen als gänzlich unberechenbare Partei und erst recht eine mögliche Koalition zwischen rot und grün. Die SPD habe sich anstelle der gewählten Vertreter in Stadtverordnetenversammlung und Magistrat Entscheidungskompetenzen angemaßt. »Das imperative Mandat wurde deswegen zum negativen Markenzeichen der Frankfurter SPD«[92]. Außerdem wisse die SPD anscheinend oft nicht, was sie wolle und produziere Widersprüche, etwa zur Bundesgartenschau, zur U-Bahn, zur schienenfreien Innenstadt. Als ersten Punkt, zu dem die CDU sachgerechte Antworten gebe, nannte Wallmann »das Thema Asylbewerber, Ausländer, Aus- und Übersiedler«, als letzten »die Situation auf dem Arbeitsmarkt«. Die CDU bekämpfe die Grünen genauso wie die Republikaner.

In Frankfurt beließ es allerdings die CDU nicht bei der bloßen Aufzählung, sondern ging zunehmend dazu über, gegen Ausländer Wahlkampfparolen zu ver-

Der Gewinner der Kommunalwahl am 12. März 1989, Dr. Volker Hauff (SPD), umringt von seinen politischen Freunden: rechts Stadtverordneter Dr. Martin Wentz, dahinter Fraktionsvorsitzender Günter Dürr, links Rudi Arndt, Oberbürgermeister von 1972 bis 1977

künden und auch zu plakatieren. Die NPD konnte dies freilich weit besser. Selbst die FAZ kommentierte solche Erscheinungen mit Bedenken, gerade in einer Stadt, in der so viele Ausländern seit Jahren wohnten und die auf ihre internationalen Beziehungen angewiesen sei. Diese Art Wahlkampf hat der CDU gewiß geschadet und nicht nur die naheliegende Abnutzung nach zwölf Jahren Stadtregierung.

Bei der SPD und den Grünen löste das Wahlergebnis am Abend des 12. März 1989 großen Jubel aus. Die SPD hatte mit 40,1 Prozent der Stimmen einen Vorsprung vor der CDU, die 36,6 Prozent gewann. Die FDP-Politiker hatten bis zum letzten Moment zu zittern und dann zu erkennen, daß sie mit 4,9 Prozent Stimmenanteil nicht würden in den Römer einziehen können. Die Grünen gewannen 14,3 Prozent. Die Sitzverteilung ergab somit: 40 Sitze und den Stadtverordnetenvorsteher für die SPD, 36 Sitze für die CDU, zehn Sitze für die Grünen und, wie schon einmal 1968 bis 1972, auch wieder Sitze für die NPD und zwar gleich sieben. Es war also klar, daß die SPD die Wahl gewonnen hatte, daß Dr. Volker Hauff zum nächsten Oberbürgermeister Frankfurts gewählt werde und daß eine rot-grüne Koalition – erstmals – die Frankfurter Stadtregierung bestimmen werde. Der Wechsel im Römer sollte sich ein gutes Vierteljahr hinziehen. Auch im Umlandverband konnte nach dieser Wahl die SPD den Verbandsdirektor stellen, den langjährigen Fraktionsvorsitzenden Dr. Rembert Behrendt.

6.6. Veränderungen in Deutschland

Während sich im Jahr 1989 in der Weltgeschichte unerwartete Veränderungen langsam anbahnten, kam es in der Frankfurter Stadtpolitik erst einmal zu einer Erholungspause nach der Kommunalwahl. Die CDU-Kommunalpolitiker, als die enttäuschten Verlierer, wußten, daß für die hauptamtlichen Magistratsmitglieder die Tage im Römer gezählt seien. Da man sich aber zumeist recht gut untereinander kannte und vor allem, da dies nicht der erste gravierende Wechsel war, verlief nun alles weniger aufregend als 1977.

Die neugewählte Stadtverordnetenversammlung von Frankfurt am Main trat am 13. April 1989 zur konstituierenden Sitzung zusammen. Eine Veränderung zeigte sich sogleich: es wurde auf Vorschlag der SPD-Fraktion eine Stadtverordnetenvorsteherin gewählt. Parlamentspräsidentin wurde also die langjährige Stadtverordnete Ute Hochgrebe. Die Stadtverordneten der Grünen im Römer, erstmals zur Mehrheit gehörend, wählten so brav mit der SPD-Fraktion, daß sie versehentlich die für Brigitte Sellach vorgesehene Position eines Stellvertretenden Stadtverordnetenvorstehers verloren, stattdessen kam, einfach dem Alphabet nach, Dieter Bürger (SPD) als einer der drei Stellvertreter zu einer neuen Aufgabe und hat sich darin sehr bewährt. Die kleine Panne hat sich freilich bei den Grünen nicht wiederholt, sehr bald hat auch diese Gruppe von nunmehr zehn Stadtverordneten die parlamentarische Routine einer zur Mehrheit gehörenden Fraktion durchaus beherrscht.

Nach der Konstituierung des Stadtparlaments und der Ausschüsse trat zunächst eine Pause ein, weil nach den komplizierten hessischen Verfahren der Magistrat nun entsprechend der neuen Mehrheit zu verändern war. Dabei ist dann auch gleich ein Stadtrat der SPD mit abgewählt worden, der frühere Planungs- und derzeitige Baudezernent Dr. Hans-Erhard Haverkampf, der höchst effizient gearbeitet hatte. Eine politische Begründung gab es dafür nicht, aber Plätze im hauptberuflichen Frankfurter Magistrat sind begehrt. Die Amtszeit des weit über die Stadt Frankfurt hinaus bekannt gewordenen Kulturdezernenten Hilmar Hoffmann lief bald aus, er strebte nach Aufgaben, die dem wohlverdienten Ruhestand angemessen sein könnten.

Für die nun einsetzenden Koalitionsverhandlungen zwischen SPD und Grünen war es vielleicht von Nachteil, daß kein kundiger Kämmerer mitwirken konnte. Dem langjährigen Magistratsmitglied Ernst Gerhardt, dem Stadtkämmerer der CDU, der im September 1989 sein Ruhestandsalter erreichte, wollte niemand kurz vorher den Stuhl vor die Tür setzen, so daß der in Aussicht genommene Kämmerer der SPD, nämlich der vormalige Oberbürgermeister von Offenburg, Martin Grüber, sein Amt erst im September antreten konnte. Grüber kannte sich in Frankfurt am Main aus, er war vormals persönlicher Referent des Oberbürgermeisters Arndt gewesen, und er freute sich auf das verantwortungsvolle Frankfurter Amt. Die Koalitionäre verhandelten also einige Wochen hinter verschlossenen Türen und es drang nichts nach draußen; ein Problem solcher Koalitionsverhandlungen, weil die nichtbeteiligten Fraktionsmitglieder der jeweiligen Gruppe dann später alles mühsam Ausgehandelte ohne weitere Diskussion akzeptieren sollen.

In der großen Politik hatten schon zu Anfang des Jahres wichtige Veränderungen stattgefunden. Der Staatsrats- und Parteivorsitzende der Sowjetunion, Michail Gorbatschow, am 25. Mai des gleichen Jahres auch offiziell zum Staatspräsidenten gewählt, verkündete am 19. Januar 1989 ein Abrüstungsprogramm von Truppen und Abzug auch taktischer Atomwaffen aus Mitteleuropa. Am 20. Januar 1989 ist der neue Präsident der USA, George Bush, in sein Amt eingeführt worden. Am 23. Mai 1989 fand die Wiederwahl des Bundespräsidenten Dr. Richard von Weizsäcker mit großer Mehrheit (86,2 Prozent) statt, nur Theodor Heuß hatte 1954 bei seiner Wiederwahl noch mehr Stimmen erhalten (88,2 Prozent). Und vom 12. bis 15. Juni 1989 waren Gorbatschow und seine Frau Raissa zu offiziellem Staatsbesuch in der Bundesrepublik Deutschland, besonders von der Bevölkerung stürmisch begrüßt und willkommen geheißen. Viele hatten schon damals sein umstürzendes Buch über Perestroika und Neues Denken gelesen[93] und waren von der Symbolik eines »europäischen Hauses« mit vielen Zimmern angetan. Nach Frankfurt am Main kam der russische Staatspräsident allerdings nicht.

Im Mai diesen Jahres veröffentlichte einer der wichtigsten Finanzexperten Frankfurts, der Vorstandssprecher der Deutschen Bank, Dr. Alfred Herrhausen in der FAZ einen Beitrag[94] über das »Finanzzentrum Frankfurt«, womit er offenbar auch der neuen Mehrheit im Römer einige Überlegungen nahebringen wollte: Frankfurt am Main könnte und sollte die »Stellung als führendes Finanzzentrum auf dem europäischen Kontinent festigen« und weiter verbessern, unter anderem durch Stärkung der Deutschen Wertpapierbörse, auch im Hinblick auf Technik und Statistik. Damit würden die Chancen der Stadt als »Sitz einer europäischen Zentralbank« verstärkt werden, aber es müßten jetzt schon dafür die Weichen in Bonn und in Frankfurt gestellt werden.

Der Bank- und Börsenplatz Frankfurt umfasse derzeit knapp 400 Kreditinstitute, darunter 250 Auslandsbanken. Rund 50000 Bankangestellte arbeiteten in der Stadt, davon ein Drittel im Wertpapiergeschäft. Hierin liege zunehmende Bedeutung für die Geldwirtschaft in Frankfurt am Main. Der größte Trumpf Frankfurts aber sei unstreitig der Sitz der Deutschen Bundesbank. Durch das »Vertrauen in die seit langem stabilitätsorientierte Geldpolitik« der Bundesbank wirke sich eine natürliche Anziehungskraft auf die weltweiten Geld- und Kapitalströme aus.

Wenig später warnte der Chef der Bundesbank, Karl Otto Pöhl, »Frankfurt gerät ins Hintertreffen«[95] mit dem Argument, anderswo werde mehr Tempo vorgelegt.

Am 15. Juni 1989 konnte endlich nach Abschluß vielfältiger Beratungen, auch über die Abwahlen, der neue Oberbürgermeister in der Stadtverordnetenversammlung gewählt und der Magistrat neu zusammengesetzt werden. Es war dies auf den Tag genau zwölf Jahre seit der Wahl von Walter Wallmann zum Frankfurter Oberbürgermeister und es gab hoffnungsvolle Gemüter, die sich vorstellten, Volker Hauff werde vielleicht gleichlange die Geschicke der Stadt Frankfurt am Main zu lenken versuchen. Schließlich hatte bisher noch kein vormaliger Bundesminister dies schwierige Amt ausgeübt und es ist dem neuen Verwaltungschef von allen Seiten viel guter Wille entgegengebracht worden.

Mit seiner Antrittsrede enttäuschte er denn auch keineswegs und es gab Gratulationen und Blumen in Fülle. Wie bei früheren Oberbürgermeistern erschien die Antrittsrede bald als Sonderdruck und diesmal waren Kurzbiographien der sämtlichen Magistratsmitglieder beigefügt[96]. Die Rede, mit leicht literarisch-ästhetischem Anklang ist auch gut zu lesen und ging in zehn Punkten auf viele Gebiete der Stadtpolitik ein. Über die Finanzen der Stadt gab es allerdings nur einen kleinen Abschnitt: »Unsere gestalterischen Absichten stehen unter dem Vorbehalt, daß die Finanzlage der Stadt, die in den letzten Jahren stark belastet worden ist, dies erlaubt.« Die Antrittsrede begann mit verständnisvollen Worten an die CDU-Fraktion und Dank an den Vorgänger Wolfram Brück und auch an Walter Wallmann. Ansonsten berief sich Hauff auf Walter Kolb und Ludwig Landmann als Vorbilder und betonte, daß innerhalb der Verwaltung nicht das Parteibuch, sondern Leistung allein eine Rolle spielen könne.

Eine »Reformpolitik sozialer und ökologischer Erneuerung« werde angestrebt; internationaler Austausch sei für Frankfurt besonders wichtig. Die Stadtverwaltung solle modernisiert werden und eine »solide Finanzpolitik« wird angekündigt. Stadtplanung solle sich in Vielfalt vollziehen und in der Innenstadt müsse urbanes Leben zurückgewonnen werden. Allerdings brauche die Stadt eine »tiefgreifende Wende in

Oberbürgermeister Volker Hauff und der Vorsitzende der jüdischen Gemeinde zu Frankfurt am Main, Ignaz Bubis, unterzeichnen einen Vertrag, mit dem die Stadt der jüdischen Gemeinde feste finanzielle Unterstützung zusagt, insbesondere für die als erforderlich angesehenen Sicherungsmaßnahmen

der Umweltpolitik«, aber »Kunst und Kultur sind das wichtigste Lebenselixier Frankfurts«. Wie bisher würden die großen Institutionen »Schauspiel, Oper, Ballett, Konzert, Museen, Bibliotheken offensiv« gefördert, aber letztlich komme es auf eine produktive künstlerische Atmosphäre in der Stadt an. Die »stolze republikanische Tradition«, die Frankfurter Geschichte als die Geschichte der Freiheit, dies wurde ausdrücklich hervorgehoben und die Situation von Minderheiten und Hilfsbedürftigen nicht vergessen. Kein Frankfurter Oberbürgermeister ist in seiner Antrittsrede so ausführlich und so warmherzig eingegangen auf die Belange der Jüdischen Gemeinde in Frankfurt am Main und auf die Situation ihrer Mitglieder. Diese von Volker Hauff entwickelte selbstverständliche und herzliche Beziehung hat sich anderthalb Jahre später, während des Golfkrieges, erst recht bewährt; die Jüdische Gemeinde zu Frankfurt hat das dem Oberbürgermeister Hauff auch nicht vergessen und ihm später mehr als andere die Zuneigung bewahrt.

In seiner Rede sprach der Oberbürgermeister abschließend von der »europäischen Metropole« Frankfurt, einer »europäischen Heimatstadt« unter ausdrücklichem Hinweis auf die Bedeutung der Ausländer in Frankfurt. Dies waren die großen Züge einer bedeutsamen Rede, die der Tradition und der Geschichte Frankfurts durchaus gerecht geworden ist. Darüber hinaus sind jedoch noch eine ganze Reihe konkreter Vorschläge und Absichten benannt worden, die schon überzeugend sind und durchaus wünschenswert, die natürlich den Absprachen der Koalitionäre entstammten, die aber die konkrete Haushaltssituation außer acht gelassen haben. Von Volker Hauff stammte – aus dem Wahlkampf – das schöne Wort »Frankfurts Reichtum ist für alle da«, nur war bei genauem Betrachten eben »Frankfurts Reichtum« kaum noch ausreichend verfügbar für weitausgreifende Pläne.

Als neue Vorhaben oder als Akzentverschiebung sind im einzelnen folgende angekündigt worden. Wenn auch nur ein Teil hat verwirklicht werden können, so sind diese Überlegungen doch auch Wert zur Kenntnis zu nehmen, um sie vielleicht für zukünftige Möglichkeiten im Gedächtnis zu behalten. Ganz neu und in keiner anderen Stadt vorhanden war das »Amt für multikulturelle Angelegenheiten«, das unter der Verantwortung des ehrenamtlichen Stadtrats Daniel Cohn-Bendit (Die Grünen im Römer) eingerichtet werden sollte. Ein besonders gewichtiges Ziel: »Gemeinsam mit Vertretern der Frankfurter Wirtschaft werden wir Strategien festlegen, um Frankfurt zum Standort der europäischen Zentralbank zu machen«. Angestrebt werde eine Städtepartnerschaft mit einer Stadt in Nicaragua als »Ausdruck unserer kritischen Solidarität mit den Ländern der Dritten Welt«. Die Idee einer Akademie der Künste in Frankfurt könne das Zusammenwirken von europäischem und lokalem Geist fördern. Es solle eine Jugendmalschule geschaffen werden um ästhetische Erfahrungen in Zusammenarbeit mit Künstlern zu vermitteln. Ein Literaturhaus solle eingerichtet werden in der Stadt der Buchmesse. Auch ein Institut für neue Medien, in Zusammenarbeit mit der Hochschule für Gestaltung in Offenbach sei für Frankfurt zu erwägen.

Die bevorstehende 1200 Jahrfeier der Stadt solle in der Handelsstadt als »Symbol unserer internationalen Orientierung« gestaltet werden. Die Gewerbesteuer werde in den nächsten vier Jahren nicht erhöht. Es sollen neue Stellen geschaffen werden, um auch der Arbeitszeitverkürzung gerecht zu werden. Als Zukunftsaufgabe Nr. 1 werde eine »Politik für die Kinder Frankfurts« angekündigt, was nun wirklich ein neuer Akzent war. Es ist dafür bald ein »Kinderbüro« geschaffen worden, vor allem aber sollten Kindergärten und Kinderkrippen ausgebaut werden, auch personell. Eine »ästhetisch anspruchsvolle Hochhauslandschaft« solle als Skyline entstehen, nicht einzelne Solitäre; Räume sollten geschaffen werden, nicht so sehr einzelne Bauobjekte; das Gebiet um die Messe, einschließlich Battelle-Gelände, solle neugestaltet werden und, Kassensturz vorausgesetzt, es müsse der soziale Wohnungsbau verstärkt werden. Der Bau von Wohnungen sei künftig mindestens genau so wichtig wie der von Büroraum. Zur Idee der urbanen Innenstadt gehöre Verkehrsberuhigung, und Stärkung des Wohnens rund um die Hauptwache, später in weiterer Umgebung. Die Römerbergfestspiele werden – unverbindlich – erwähnt. S- und U-Bahnen im Osten müßten vorangetrieben werden, auch um den Autoverkehr ohne

Rigorismus zu verändern. Der Alleentunnel werde nicht gebaut. Für den FVV (Frankfurter Verkehrsverbund) werde bald eine übertragbare »Umweltkarte« eingeführt.

Da die Zahl der Obdachlosen und die der Drogentoten zugenommen habe, müsse man sich um diese Minderheitsgruppen besonders kümmern. Wegen des Nachholbedarfs solle die Kommunalpolitik ausdrücklich in den Dienst von Frauen gestellt werden, und – eine Mahnung an alle – auch die Männer sollten lernen, sich verantwortlich an der Familienarbeit zu beteiligen. Es werde ein Frauendezernat im Magistrat eingerichtet werden und es würden erstmals in den hauptberuflichen Magistrat auch Frauen berufen und zwar gleich vier Stadträtinnen. Abschließend betonte der neue Oberbürgermeister wie wichtig in Frankfurt die Ausländer seien und daß man sie als Bereicherung empfinde.

Somit gab es ausreichend viele Ansätze für eine in der Sache veränderte Aufgabenstellung in der Frankfurter Kommunalpolitik. Zu all diesen Vorhaben kam bald noch die weitere Idee, ein Dokumentationszentrum für die Erforschung des Holocaust, der Judenverfolgung also, in Frankfurt am Main zu begründen, weil es – im Unterschied zum Ausland – ein solches Institut in der Bundesrepublik nicht gäbe. Schließlich ist noch propagiert worden, anstelle des Parkhauses Theater ein in Frankfurt angeblich fehlendes Operettentheater zu bauen; dagegen gab es allerdings erhebliche Proteste, vor allem gegen den Plan, das Parkhaus abzureißen.

So wichtig der Strauß neuer Ideen gewesen ist, so sehr er die Begeisterung einer neuen »Mann- und Frauschaft« in der Stadtregierung widerspiegelt, so sehr zeigt sich in den vielen Plänen doch auch eine Unsicherheit der neuen Leute in der Stadtregierung, die so manche gute Absicht, nicht zuletzt bei den zahlreichen Projektförderungen, verschwimmen ließ in den Schwierigkeiten kostspieliger Alltagsrealitäten. Eine Bündelung der Zielsetzungen und überzeugende und stetige Werbung, Diskussion und – soweit notwendig – auch Veränderung so mancher Ziele wäre vielleicht ein wirkungsvollerer Weg gewesen.

Der neue Magistrat setzte sich zusammen aus 14 ehrenamtlichen Stadträten, die bereits bei der konstituierenden Sitzung des Stadtparlaments im April gewählt worden sind. Entsprechend dem Wahlergebnis gehörten dazu sechs ehrenamtliche Stadträte von der SPD, fünf von der CDU, zwei von den Grünen und einer von der NPD. Der hauptamtliche Teil der Stadtregierung konnte nunmehr auch ergänzt werden, außer dem Oberbürgermeister sind neun weitere Stadträte und der Stadtkämmerer Martin Grüber zum 10. September gewählt worden. Noch niemals hatten Frauen in Frankfurt am Main einen der gut dotierten Stadtratsposten übernehmen können. Dank der vielfältigen Anstrengungen von politisch tätigen Frauen, besonders in der SPD, und von gesellschaftlich aktiven Frauen, die besonders den Grünen nahestanden, war es mittlerweile nahezu selbstverständlich geworden, bei den Ämtervergaben auch an entsprechend qualifizierte Frauen zu denken. Dank einer schon gut ein Vierteljahrhundert zurückliegenden Kampagne für bessere Ausbildung auch von Mädchen gab es inzwischen in nahezu allen Fachgebieten auch entsprechend qualifizierte Frauen. Auch der weithin, so nicht zuletzt vom Deutschen Frauenrat propagierte Slogan, »Mehr Frauen in die Parlamente«, war nicht ohne Auswirkung geblieben. Die Grünen, ohne einen Stamm von Mitgliedern, hatten von vornherein auf Parität gesetzt und hatten entsprechend viele Frauen als Mitglieder und für Positionen gewinnen können. In der SPD bemühten sich die Frauenorganisationen erfolgreich um die Durchsetzung von Quoten, um einen Anteil für die Frauen von etwa 40 Prozent der Positionen in allen Ebenen abzusichern.

Es war also nahezu eine Selbstverständlichkeit, daß der neue Magistrat in Frankfurt am Main nicht nur im ehrenamtlichen Teil auch Frauen aufzuweisen hatte. Dies war schließlich schon 1919 erreicht worden. Die Spitze des Magistrats bestand, wie üblich, aus dem Oberbürgermeister, dem Bürgermeister, also wie bisher Dr. Hans-Jürgen Moog (CDU) und dem neuen Kämmerer Martin Grüber, nachdem Ernst Gerhardt (CDU) feierlich in den Ruhestand würde verabschiedet worden sein. Neu kamen Jutta Ebeling (Die Grünen im Römer), Oberstudienrätin, für das Dezernat Schule und Bildung; Dr. Christine Hohmann-Dennhardt (SPD), zuletzt Direktorin des Wiesbadener Sozialgerichts mit den Aufgaben »Soziales, Jugend und Wohnungswesen«; Stadtrat Tom Koenigs (Die Grünen im Römer), mit dem Dezernat »Umwelt, Energie und Brandschutz«. Koenigs war Diplom-Betriebswirt und zuletzt im Hessischen Umweltministerium tätig. Stadträtin Margarete Nimsch zog für die Grünen im Römer in den Magistrat ein, sie war Diplom-Dolmetscherin und arbeitete als Rechtsanwältin. Frau Nimsch übernahm das zum Teil neugebildete Dezernat »Frauen und Gesundheit«. Stadtrat Hanskarl Protzmann (SPD) war zuletzt als Mitarbeiter im Büro des Stadtplaners Albert Speer tätig gewesen. Sein Aufgabengebiet war das »Dezernat Bau«. Stadträtin Sylvia Schenk (SPD) hatte als Richterin am Offenbacher Arbeitsgericht und als Stadtverordnete in Frankfurt am Main politische Erfahrungen sammeln können. Sie übernahm das Dezernat »Sport«. Stadtrat Andreas von Schoeler (SPD), Jurist, war nahezu auf allen politischen Ebenen schon aktiv gewesen. Er leitete das Dezernat Recht und Wirtschaft. Schließlich Stadtrat Dr. Martin Wentz, seit einer Wahlperiode auch Stadtverordneter in Frankfurt am Main und bislang Vorsitzender der Frankfurter SPD, übernahm das Dezernat Planung. Auf Stadtrat Hilmar Hoffmann folgte etwas später Linda Reisch (SPD) als Kulturdezernentin.

Von den Mitgliedern des ehrenamtlichen Magistrats hatte nur Daniel Cohn-Bendit (Die Grünen im Römer) ein Aufgabengebiet übertragen bekommen, eben das »Amt für multikulturelle Angelegenheiten«, das neu aufzubauen war und mit viel Phantasie, neuen Ideen und auch gut finanziell ausgestattet seine Arbeit entwickeln konnte. Immerhin umfaßte die Zielgruppe dieses Amtes mehr als ein Viertel der Frankfurter Bevölkerung, eben alle Einwohner mit ausländischem Paß, aber natürlich auch die deutschen Bürger, vor allem dann, wenn irgendwelche Konflikte drohten, was bei Mietstreitigkeiten natürlich vorkam. »Dany« Cohn-Bendit, zweifellos die farbigste Persönlichkeit in dem nicht mehr so steif-feierlichen Magistrat, galt zwar zunächst bei vielen als eine Art Bürgerschreck, in Erinnerung an die 68er

Zeit und zahlreiche Fernsehauftritte, jedoch erwarb er sich zunehmend allgemeine Anerkennung gerade durch die oftmals konfliktmildernde Arbeit mit dem neuen Amt.

Der Sommer 1989 brachte den Frankfurtern zwei Jubiläen, von denen die Frankfurter Universität ihr 75jähriges Bestehen eher bescheiden beging, während das 750jährige Jubiläum des Frankfurter Doms durchaus gefeiert worden ist. Das Dom-Jubiläum war schon 1987 für den Kämmerer, Ernst Gerhardt, und den Baudezernenten Dr. Hans Erhard Haverkampf Veranlassung gewesen, rechtzeitig Mittel bereit zu stellen und mit Planungsarbeiten für das Stadtjubiläum 1994 zu beginnen. Danach machten sich die Restaurateure ans Werk, denn zum 1200jährigen Jubiläum der Stadt im Jahre 1994 sollten die Nikolaikirche und der Dom dann in neuem Glanze erstrahlen.

Die Paulskirche in Frankfurt am Main konnte im Sommer 1989 auch wieder besichtigt werden, obgleich die künstlerische Gestaltung um das Oval in der Wandelhalle noch nicht fertiggestellt war. Damit beauftragt hatte der Kulturdezernent nach eingeschränkter Ausschreibung den Maler Johannes Grützke aus Hamburg. Seit Ende 1986 war das berühmte Bauwerk nach Beschlüssen der städtischen Gremien grunderneuert worden, was schließlich insgesamt 23 Millionen DM kostete. Daraufhin bat die Stadt um Spenden, die auch eingingen und mit einer übergroßen Bronzetafel dokumentiert worden sind. Die meisten Kosten verblieben gleichwohl bei der Stadt. Es war nun allerdings auch die gesamte Technik auf den neuesten Stand gebracht, Akustik ebenso wie Anschlüsse für die Übertragungen von Funk und Fernsehen.

Der Grundcharakter des einfachen Wiederaufbaus von 1948 sollte erhalten bleiben, was auch gelang. Das gesamte Vorhaben ist mit vielen Bildern und einem Überblick zur Geschichte der Paulskirche gut dokumentiert[97]. Es war bei dieser Gelegenheit auch möglich, eine Glocke – die »Bürgerglocke« – neu gießen zu lassen und damit das gesamte Geläut der Paulskirche zu verbessern. Nach der »Gloriosa« im Dom ist diese weltliche Glocke die größte im Stadtgeläut und sie erklingt mit vollem Ton zu besonderen Gedenktagen, unabhängig von anderen Glocken. Das »Große Stadtgeläut« in Frankfurt am Main ist nunmehr fast vollständig[98]. Sich an den Vorabenden besonderer Feiertage im Römerberg, am Eisernen Steg oder um den Dom einzufinden, um das Stadtgeläut zu hören, bringt ein unvergeßliches Klangerlebnis für Bürger und Besucher.

Bei der Renovierung der Paulskirche ist allerdings eine Fehlleistung unterlaufen, die zunächst gar nicht bemerkt worden ist: es wurden schöne neue Fahnen für die »elf Bundesländer«, für die Stadt Frankfurt und für die Bundesrepublik neu bestellt, und dabei die seit 1948 auch hängenden Fahnen der vormaligen Länder in der DDR weggelassen. Nach der Wende ist freilich Vollständigkeit des Fahnenschmucks im großen Saal der sonst so nüchternen Paulskirche hergestellt worden.

Die Bundesgartenschau, zwischen Nidda-Aue und Ginnheimer Wäldchen unauffällig der Landschaft eingepaßt, hatte den Erfolg nicht erringen können, den die seit langem eingeleitete Planung, Werbung und die Gestaltung selbst eigentlich verdient hätten. Zwischen unterschiedlichen Zielvorstellungen war diese Bundesgartenschau in Frankfurt am Main gewissermaßen aufgerieben worden. Die SPD hatte dies Vorhaben einst angeregt, war dann aber in der Zeit der CDU-Stadtsanierung unter dem Einfluß der Grünen, die eher für ungestaltete Natur waren, auf Gegenkurs gegangen und nun war guter Rat teuer, nachdem SPD und Grüne die Verantwortung in der Stadt und damit auch für die Bundesgartenschau trugen. Besucher, die freilich nicht so zahlreich kamen wie vorgesehen, und vor allem die nächsten Nachbarn freuten sich an dem weitläufig neugestalteten parkähnlichen Gelände. Der Umweltdezernent Koenigs meinte nach Abschluß der großen Schau, einige Wege und anderes verändern zu sollen, wodurch sich über die Verluste hinaus noch weitere Kosten ergeben haben. Schließlich ist auf dem Geländer aber doch ein zum Verweilen einladender Landschaftspark entstanden.

Eines Tages, am 30. November 1989, sind die Frankfurter Bürger und nicht nur sie, aufgeschreckt worden mit der Nachricht, ein Mordanschlag habe den Vorsitzenden des Vorstands der Deutschen Bank, Dr. Alfred Herrhausen, auf der Autofahrt von seinem Haus in Bad Homburg nach Frankfurt tödlich getroffen. Eine Sprengladung sei explodiert, als das Auto eine bestimmte Stelle in der Straße überfuhr. Der Fahrer wurde schwer verletzt. Unzweifelhaft war dies ein weiterer sinnloser und grausamer Anschlag der RAF, der sogenannten Rote Armee Fraktion, die sich dazu auch in einem Schreiben bekannte. Bislang konnte keine der verschiedenen, an den Untersuchungen beteiligten Polizeidienststellen die Täter ausfindig machen.

So geruhsam, wie der Sommer 1989 erschien, war er nicht. Wer Verwandte oder Freunde in der DDR hatte, konnte erkennen, daß sich dort eine gewisse Unruhe und Unzufriedenheit ausbreitete, erheblich mehr als dies früher auch schon gelegentlich der Fall gewesen war. Aber die Ausreisemöglichkeiten sind von den Machthabern in keiner Weise gelockert worden und nur allzuviele DDR-Bürger empfanden sich zu recht als eingesperrt. Die offizielle Politik in Bonn schien von all dem wenig berührt, die Abgeordneten reisten in die Parlamentsferien. Allerdings stattete der Kanzleramtsminister Rudolf Seiters am 4. Juli 1989 der DDR-Regierung in Ost-Berlin einen Besuch ab und traf mit dem Staats- und Parteichef Erich Honnecker und dem Außenminister der DDR, Oskar Fischer, zusammen. Was Ziel und Ergebnis dieser Besprechungen war ist öffentlich nicht bekannt geworden. Am 9. Juli 1989 kam der DDR-Umweltminister Hans Reichelt nach Bonn und erhielt die Zusage, die Bundesrepublik Deutschland werde mit 300 Millionen DM Umweltprojekte in der DDR fördern. Kurz zuvor, am 6. Juli 1989, hatte der Staatspräsident der Sowjetunion, Michail Gorbatschow, in Straßburg vor dem Europa-Rat seine Überlegungen über das »gemeinsame europäische Haus« vorgetragen.

Trotz der Sommerpause hatte sich in der Frankfurter Stadtinnenpolitik eine von der CDU geförderte Kontroverse zugespitzt, indem Mitarbeitern der Arbeiterwohlfahrt, insbesondere dem Geschäftsführer und SPD-Stadtverordneten Erhard Polzer vorgeworfen wurde, überhöhte Summen für die Unterbringung von Asylbewerbern von der Landesregierung eingefordert zu haben. Polzer, zweifellos geschäftstüchtig, aber hier doch für soziale Aufgaben, trat als Stadtverordneter zurück und auch von der Mitarbeit in der Arbeiterwohlfahrt. Die CDU-Fraktion im Stadtparlament gab sich damit aber nicht zufrieden und griff die Wohlfahrtsorganisation Arbeiterwohlfahrt in Frankfurt weiter an und damit auch die Kreisvorsitzende Ute Hochgrebe. Diese aber war Stadtverordnetenvorsteherin. Möglicherweise auch mangels anderer politischer Konfliktstoffe oder Ziele stellte die CDU-Stadtverordnetenfraktion einen Abwahlantrag gegen die Vorsteherin des Stadtparlaments. Das hatte es in Frankfurt am Main noch nie gegeben. Aufgerieben zwischen Vorhaltungen der verschiedenen Interessengruppen in der Arbeiterwohlfahrt, dem Abwahlantrag der CDU und mangelnder Unterstützung bei den eigenen politischen Freunden – wenn irgendwo ein Posten frei wird, gibt es ja neue Möglichkeiten – trat die Stadtverordnetenvorsteherin Ute Hochgrebe am 11. Oktober 1989 von ihrem Amt zurück. Sie blieb aber Stadtverordnete und im Bereich der Frauenpolitik und Sozialarbeit sehr aktiv. Nachfolger als Stadtverordnetenvorsteher wurde auf Vorschlag der SPD-Fraktion Hans Busch, Postdirektor, bis dahin auch Schatzmeister des Unterbezirks der SPD. Man mag in dieser unbefriedigenden Art einer Konfliktlösung gewissermaßen ein Vorspiel für den anderthalb Jahre später erfolgenden Rücktritt des Oberbürgermeisters Volker Hauff sehen.

Inzwischen war zwar nicht die deutsch-deutsche Politik in Bewegung geraten, aber die Menschen in der DDR. Im August schon hatten an der ungarisch-österreichischen Grenze junge Leute die Gelegenheit eines Rockkonzertes am Grenzzaun benutzt, auf die andere, die österreichische Seite zu fliehen. Am 11. September 1989 sah dann die Welt über das Fernsehen einen unablässigen Strom meist jüngerer Leute aus der DDR vom sozialistischen Bruderland, Ungarn, über die Grenze nach Österreich ziehen, die Ungarn hatten den Grenzzaun geöffnet. In Österreich half man so gut es ging und die Flüchtlinge versuchten, so schnell wie möglich, in die Bundesrepublik Deutschland zu kommen, meist waren da früher übergesiedelte Verwandte.

Langsam begriff auch die westdeutsche Öffentlichkeit, daß sich Veränderungen abzeichneten, zumal die bundesdeutschen Botschaften in Warschau und in Prag geradezu von DDR-Flüchtlingen überlaufen wurden. Bundesaußenminister Genscher gelang es zu Ende des Monats eine Ausreisemöglichkeit, und zwar mit Zügen durch die DDR in die Bundesrepublik zu vereinbaren. Es sprach sich auch im Westen herum, wie ganz besonders in Leipzig jeweils montags, nach Friedensgebeten in der Nikolaikirche, die Menschen sich zu Umzügen versammelten, die sich auf dem Leipziger Ring mit zunehmender Stärke entfalteten. Kerzen wurden getragen und dann auch politische Forderungen skandiert, vor allem: »keine Gewalt« und »wir sind das Volk«.

Schließlich zeigte sich die DDR-Staatsführung noch in voller Macht, als sie am 7. Oktober 1989 ihr 40jähriges Bestehen mit großem Aufwand und in Gegenwart von Gorbatschow feierte. Gleichwohl gingen am Montag, dem 9. Oktober 1989, wiederum viele Menschen in Leipzig auf die Straße, in aller Unsicherheit, denn niemand konnte wissen, ob die Staatsmacht nicht eingreifen werde, möglicherweise so wie im gleichen Jahr am 4. Juni die Chinesische Staatsführung mit Militär und Schießerei auf ihrem Platz des Friedens. In der DDR geschah dies nicht und die Gründe werden wohl noch zu erforschen sein[99]. Jedenfalls hatten sich in Leipzig einige Persönlichkeiten nachdrücklich für friedliches Vorgehen verwandt, so unter anderem der spätere Stadtpräsident und Pastor der Nikolaikirche, Friedrich Magirius, und der Generalmusikdirektor des Gewandhauses Kurt Masur.

Der 9. Oktober in Leipzig war der eigentlich entscheidende Tag für die Wende in der DDR. Am 18. Oktober glaubte das Zentralkomitee der SED in Ost-Berlin noch, die DDR wieder stabilisieren zu können, und ersetzte Erich Honnecker durch Egon Krenz. Es folgten weitere Großversammlungen, so am 4. November in Ost-Berlin. Krenz war auf einem Staatsbesuch in Polen, von dem er umgehend am 9. November nach Berlin zurückkehrte, denn es war aus Ost-Berlin um 18 Uhr verkündet worden, die Mauer werde geöffnet. Ein ungläubiges Erstaunen aber auch unbeschreiblicher

Auch die Stadt Frankfurt am Main bemühte sich um Gastlichkeit für die Besucher aus der DDR, die erstmals über die nunmehr offenen Grenzen kommen konnten, hier am 18. November 1989, Eingang zum Römerhöfchen

Der abendliche Weihnachtsmarkt auf dem Frankfurter Römerberg im November 1989

Jubel und große Freude erfaßte die Menschen, zuerst in Berlin aber auch überall sonst in Ost- und West-Deutschland.

In Frankfurt am Main war die Situation nicht anders als in anderen Orten. Der Oberbürgermeister Hauff hat später geschildert[100], wie er – noch voller Gedanken an die Gedenkstunde zum 9. November 1938 in der Westend-Synagoge, in der er gesprochen hatte – in seinem nahegelegenen Haus im Fernsehen dann die Maueröffnung und die allgemeine Freude als vollen Gegensatz erlebte.

Zahllose »Trabi's«, die kleinen und recht beweglichen Autos aus DDR-Produktion, kamen nun über die allerorten geöffnete DDR-Grenze auch nach Frankfurt am Main und zahlreiche Besucher von »drüben«. Viele Frankfurter erzählten, daß sie Freunde und Verwandte zu Gast hätten, die meisten waren zum allerersten Mal im Westen. Jede Gemeinde konnte nach der bestehenden Verordnung 100 DM an »Begrüßungsgeld« für jeden DDR-Besucher ausgeben, und so waren auch in Frankfurt diese Zahlstellen überfüllt und freiwillige Helfer sprangen vielfach ein. Die Frankfurter Neue Presse überschrieb einen Artikel: »In der Geldstadt gehen die 100-Markscheine aus«, die Nachfrage war einfach zu groß[101].

Die Situation der »Wende«, das Wort stellt sich bald für den gesamten Prozeß der Auflösung der DDR ein, war in Frankfurt am Main nicht anders als sonst in West-

Stadtsilhouette

und Ostdeutschland. Möglicherweise haben politisch Weitsichtige daran gedacht, wie nach der Reichsgründung 1871 die Frankfurter Banken sich bald in die Hauptstadt nach Berlin verlagerten und die Stadt Frankfurt durchaus an Einfluß verlor. Die Deutsche Bundesbank in Frankfurt am Main würde eventuell auch zu verlegen sein. Daß diese mögliche Folge der deutschen Vereinigung nicht eingetreten ist, war der vereinigten Handlungsweise des Bundeskanzlers Kohl und des Hessischen Ministerpräsidenten Wallmann im Sommer 1990 zu danken. Bis zu einer wirksamen Vereinigung von West- und Ost-Deutschland war allerdings noch ein weiter Weg. Vorerst kam es darauf an, wie Willy Brandt, er war sogleich nach Berlin geeilt, in der Versammlung vor dem Schöneberger Rathaus am 10. November 1989 prägnant formulierte: »Jetzt wächst zusammen, was zusammen gehört«.

ANMERKUNGEN

1 Hans Erhard HAVERKAMPF, Frankfurt: ein Aschenputtel-Mythos?, in: Jahrbuch für Architektur 1984, S. 8.
2 Horst KRÜGER, Plädoyer für eine verrufene Stadt, in: Geo. Das neue Bild der Erde, Ein Magazin von Stern, Nr. 7, Juli 1977. S. 26–50. Zitate in der Reihenfolge S. 41, 50, 48, 46.
3 Reinhart HOFFMEISTER, »Kultur-Offensive«, in: Merian 1977, S. 46/47. Gegenartikel: Rudolf KRÄMER-BADONI, Kultur-Zirkus?, ebd. S. 50/51.

4 Frankfurter Neue Presse, 22. März 1977, »Kulturkampf nicht erwünscht«.
5 Badisches Tagblatt, 2. Dezember 1977.
6 Bundesbaugesetz (BBauG) in der Fassung vom 18. August 1976, § 2a, »Beteiligung der Bürger an der Bauleitplanung«.
7 Frankfurter Neue Presse, Weihnachten 1977.
8 Wilfried EHRLICH, Alte Oper, Neues Haus, Bericht über ein Frankfurter Ereignis, Stuttgart 1981, S. 21 und 26 ff.
9 Die Welt, 18. Januar 1979.
10 Mitteilungen der Stadtverwaltung, 3. Januar 1978, Neujahrsgrüße.
11 Information des Presse- und Informationsamtes der Stadt Frankfurt am Main, 27. Dezember 1978.
12 Walter WALLMANN, Kontinuität und Wandel, Kommunalpolitischer Situationsbericht, hrsg. v. Presse- und Informationsamt der Stadt Frankfurt am Main, März 1978, S. 3.
13 WALLMANN, S. 7.
14 Frankfurt am Main, Römerberg, Ostzeile und Schwarzer Stern, Wettbewerb Dom-Römerberg-Bereich, Dezernat Bau 1979. Querformat, mit Abb. Teil A: Architekt Dr. Ing. E. Schirrmacher, Teil B: Architekten Dipl.-Ing. K.G. Geiger u. a., Schwarzer Stern.
15 Wettbewerb, Bebauung Dom-Römerberg-Bereich, Grundlagen und Entscheidungshilfen für die Nutzung und Gestaltung, hrsg. Hochbauamt der Stadt Frankfurt am Main 1980. Mit vielen Abb.
16 Dom-Römerberg-Bereich, Wettbewerb 1980, Hrsg. Stadt Frankfurt am Main, Magistrat-Baudezernat, Braunschweig 1980. Wettbewerbsauslobung, S. 23. Vgl. auch Wilfried BORCHERS: Der neue Römerberg, S. 17–30, in: Jahrbuch für Architektur 1984, Das neue Frankfurt, Braunschweig 1984.
17 Ebd., Pläne und Modelle.
18 Ebd., S. 8, 16 und 20.
19 BANGERT/JANSEN/SCHOLZ/SCHULTES, Die Neubauten zwischen Dom und Römer, in: Jahrbuch für Architektur, S. 32–40, mit Plänen.
20 Siehe BORCHERS, S. 26 ff. und HAVERKAMPFF S. 14 ff, in: Jahrbuch für Architektur 1984. Auseinandersetzung mit der von Architekten geübten Kritik – und die Schwierigkeiten des Bauens selbst, S. 27 ff.
21 Wettbewerb 1980, S. 158–160.
22 Dieter BARTZETZKO, Der Römerberg, Ein deutscher Platz, Braunschweig 1985, in: Westermanns Monatshefte, Mai 1985, S. 66–69.
23 FAZ; 30. Januar 1981.
24 WALLMANN, Eine Politik für die Zukunft unserer Stadt, Kommunalpolitischer Situationsbericht für 1980 (Januar 1981), S. 8 und 12.
25 Frankfurter Neue Presse, 30. Januar 1981.
26 Die Weltwoche, 25. März 1981, S. 5.
27 Handbuch: Bürgerinitiativen in Frankfurt, hrsg. v. Ingrid DAMIAN-HESSEN/Michael DAMIAN, Frankfurt 1978.
28 Speerplan: Vorschlag zur Gestaltung des westlichen Messegeländes, S. 193–195, und Oswald Mathias UNGERS, Planungsvorschlag für die Neuordnung des Messegeländes, S. 195–214, in: Jahrbuch für Architektur 1984, Das neue Frankfurt 1.
29 Frankfurter Rundschau, 30. Januar 1981.
30 Frankfurter Allgemeine Zeitung, 22. Juni 1981 von Gisela Friedrichsen.
31 Mitteilungen der IHK, 15. Januar 1981 (»Rückblick«).
32 Mitteilungen der Stadt Frankfurt am Main, 12. Januar 1982, Bericht aus der Stadtverordnetenversammlung am 17. Dezember 1981.
33 In: Jahrbuch für Architektur 1984, Das neue Frankfurt 1, Braunschweig 1984.
34 Ebd., S. 9 ff.
35 Presse- und Informationsamt der Stadt Frankfurt am Main, »Daten-Fakten-Zahlen« jeweils für ein Jahr.

36 Flughafen Frankfurt am Main AG, Zahlen und Daten 89/90, S. 3, S. 6f, S. 10f und 14ff.
37 Drucksache G III–95, Verbandsausschuß am 17. Oktober 1988.
38 1985–2000, Flughafen Frankfurt/Main AG 1985.
39 Gerhard BEIER, SPD Hessen, Chronik 1945 bis 1988, Bonn 1989. S. 402ff. Bereits 1979 legte der Bürgermeister von Mörfelden-Walldorf, Bernhard Brehl, eine Diskussionsgrundlage mit Alternativvorschlägen vor: Flughafen Frankfurt am Main. Ist der Bau der Startbahn West zu verantworten?.
40 Flughafenausbau, Startbahn 18 West in der Diskussion, hrsg. v.dd. Flughafen AG, Frankfurt am Main 1982.
41 Heinrich KROBBACH, Region im Widerstand, Marburg 1985 (Geschichte des Startbahnkonflikts aus der Sicht der Jusos).
42 WALLMANN, Kommunalpolitischer Situationsbericht des Oberbürgermeisters für 1982, Frankfurt am Main 1983, S. 5f.
43 Mitteilungen der Stadt Frankfurt am Main, 27. Dezember 1983, S. 695f.
44 WALLMANN, Kommunalpolitischer Situationsbericht des Oberbürgermeisters für 1983, Hrsg. v. Presse- und Informationsamt der Stadt Frankfurt am Main, Juni 1984, S. 8f.
45 »Prunkfurz am Main« von Werner OLLES, in: Andere Zeitung, 17. August 1981.
46 Hilfsverein Agisra (Arbeitsgemeinschaft gegen internationale sexuelle und rassistische Ausbeutung).
47 Bericht der FAZ vom 26. November 1993. S 3 A 24048 Führerscheinaffäre.
48 Drei Reden beim Neujahrsempfang der Stadt Frankfurt am 22. Januar 1985 im Kaisersaal des Rathauses Römer. Walter Wallmann, Kaj Weber, Siegfried Unseld, Frankfurt 1985, S. 5ff.
49 Frankfurter Statistische Berichte, Heft 1, 1986, S. 13.
50 Frankfurter Statistisches Jahrbuch 1986, S. 83f.
51 Wirtschaftswoche, 17. September 1979, Zitat aus: »Financial Times«. (S 3/A 14247, 1979).
52 Frankfurter Statistische Berichte 1985, Heft 4, S. 93.
53 Frankfurter Statistische Berichte 1986, Heft 1, S. 13, S. 1, S. 6 und S. 52.
54 Frankfurter Statistisches Jahrbuch 1986, S. 83f.
55 Frankfurter Rundschau, 31. Dezember 1983, Kommentar.
56 Mitteilungen der Stadt Frankfurt am Main, 1. Februar 1983, S. 66.
57 Mitteilungen der Stadt Frankfurt am Main, 29. Januar 1985, S. 89ff.
58 14. Plenarsitzung am 19. August 1982, Stv. Dr. Frolinde Balser, Gegenredner war Stv. Dr. Hans-Jürgen Hellwig, vgl. Nr 1279 Protokoll der Plenarsitzung.
59 Presseinformation, Presseamt Frankfurt am Main, Rede des Oberbürgermeisters vom 28. August 1982, S. 7f.
60 Wallmann, Manuskript, Heft 8, S. 12, 20, 26, 32, 45.
61 Merian, Hamburg 1985.
62 Pflasterstrand, Nr. 202, Hrsg. Daniel COHN-BENDIT, 23. Februar/8. März 1985, S. 12–17. »Eine Stadt für Parvenues und Gartenzwerge, oder für Flaneure? Ein urbanes Frankfurt! Plädoyer gegen die herrschende Provinizialität«.
63 HAVERKAMPF, in: Architektur-Jahrbuch 1984, S. 15.
64 Frankfurter Statistische Berichte, Heft 4, 1985, S. 97ff.
65 Spiegel, Nr. 28, 9. Juli 1984, Karl-Heinz KRÜGER über den Bauboom in Frankfurt am Main: »Frankfurt im Frack«.
66 Bericht der FAZ, 11. August 1989.
67 Janusz BODEK, Die Fassbinder-Kontroversen, Entstehung und Wirkung eines literarischen Textes. Zur Kontinuität und Wandel einiger Erscheinungsformen des Alltagsantisemitismus in Deutschland nach 1945, seinen künstlerischen Weihen und seiner öffentlichen Inszenierung, Frankfurt am Main/Bern/New York 1991.
68 Mitteilungen der Stadt Frankfurt, Nr. 52, 23. Dezember 1986.
69 Wolfram BRÜCK, in: Handelsblatt, 25. November 1986.
70 Mitteilungen der Stadt Frankfurt am Main, 10. Februar 1987.
71 Unter anderem dieses Faktum wird bei der Grundthese in Hanserts Dissertation völlig außer acht gelassen. Vgl. DERS., Kulturpolitik, Studien für Frankfurter Geschichte, Bd. 33.

72 FAZ, um Jahreswende 1986/87.
73 Frankfurter Rundschau, 17. Februar 1987, Der Traum von der ›intelligenten Stadt‹, Der Architekt Albert Speer und seine planerischen Visionen für Frankfurt.
74 Frankfurter Rundschau, 3. Januar 1989, Bericht über die Arbeitsstättenzählung zwei Jahre zuvor.
75 Statistisches Jahrbuch 1993, S. 128.
76 Konrad SCHACHT, Wahlentscheidung im Dienstleistungszentrum, Opladen 1986; Vorwärts, Nr. 9, 28. Februar 1987.
77 Frankfurt Rundschau, 4. November 1987.
78 Siegfried UNSELD, Ist Frankfurt weltstädtisch? Versuch einer Antwort am 27. Oktober 1987 im Carolussaal der Binding-Brauerei, Frankfurt am Main: Siegfried Unseld 1987.
79 FAZ, Kommentar Günter MICK, »Frankfurter Bilanz«, 31. Dezember 1987.
80 Stationen des Vergessens, Der Börneplatz-Konflikt, Begleitbuch zur Eröffnungsausstellung Museum Judengasse, Hrsg. v. Jüdischen Museum, Georg HEUBERGER/Roswitha NEES/Dieter BARTZETZKO, Frankfurt am Main 1992. Zur Geschichte des Platzes: Hans-Otto SCHEMBS, Der Börneplatz in Frankfurt am Main, Ein Spiegelbild jüdischer Geschichte, Hrsg. v. Magistrat der Stadt Frankfurt am Main, Frankfurt am Main 1987.
81 SCHEMBS, S. 97.
82 Frankfurt Magazin, Dezember 1987, in: St.A. S3/A 20381.
83 Frankfurt Magazin, Nr. 5/88, in: St.A. S3/A 21072.
84 »Frankfurt – Die Hauptstadt der Wende«, von Redakteur Rainer WEBER, »Über das Kraftzentrum der Republik«, Spiegel, 18. Januar 1988.
85 Pflasterstrand, Nr. 288/88. Frank HERTERICH, Blick in die Ideologiefabrik: Symbole als Mittel der Politik, S. 42 f.; Walter PRIGGE, Mythos Metropole; u. a.
86 Frankfurter Allgemeine Zeitung, 19. Januar 1988. Stern, Nr. 27, III. Beilage, 30. Juni 1988, S. 33–50.
87 Beiblatt Handelsblatt im November 1988. Abgedr. in: »Mitteilungen der IHK«, Frankfurt am Main, 1. Dezember 1988, in: St.A. S3/A 21072.
88 S3 R 14883, Binding Abendschoppen, Diskussionsveranstaltung am 25. Oktober 1988.
89 Statistisches Jahrbuch der Stadt Frankfurt am Main 1991, S. 99 und 116.
90 Volker HAUFF, Global denken – lokal handeln, Ein politisches Fazit, Köln 1992. Darin: »Der Rücktritt in Frankfurt«, S. 264–278, hier: S. 269.
91 Plakat in verkleinerter Fotokopie, in: S3/A 21072.
92 Rede des CDU-Landesvorsitzenden Ministerpräsident Dr. Walter Wallmann in Harheim am 8. Februar 1989, in: CDU Frankfurt, S. 7 f.
93 Michail GORBATSCHOW, Perestroika, Die zweite russische Revolution, Eine neue Politik für Europa und die Welt, München 1987.
94 Alfred HERRHAUSEN, Finanzzentrum Frankfurt: Ausstrahlung und internationales Standing, in: FAZ, 9. Mai 1989.
95 Karl Otto PÖHL, in: Frankfurter Neue Presse, 20. Juni 1989.
96 Liberalität und Toleranz als Fundament der Politik, Antrittsrede des neugewählten Frankfurter Oberbürgermeister Dr. Volker Hauff, gehalten im Frankfurter Römer vor der Stadtverordnetenversammlung am Donnerstag, dem 15. Juni 1989, Hrsg. v. Presse- und Informationsamt der Stadt Frankfurt am Main 1989.
97 Die Paulskirche in Frankfurt am Main, Hrsg. Magistrat der Stadt Frankfurt am Main, Dezernat Bau, Hochbauamt, Redaktion Jörg HUSMANN/Maria SCHWARZ 1988 (Schriftenreihe des Hochbauamtes zu Bauaufgaben der Stadt Frankfurt am Main), S. 17, 46 ff., 106 f. und 44.
98 Konrad BUND (Hrsg.), Frankfurter Glockenbuch, Frankfurt am Main 1986.
99 »Wir sind das Volk«. Flugschriften, Aufrufe und Texte einer deutschen Revolution, Hrsg. Charles SCHÜDDEKOPF, Mit einem Nachwort von Lutz Niethammer, 1990. Besonders: S. 125–137.
100 HAUFF, S. 80 ff.
101 Frankfurt Neue Presse, 12. Januar 1990.

Anhang

1. Proklamation »An die Bevölkerung der Stadt Frankfurt am Main« 470
2. Frankfurter Dokumente vom 1. Juli 1948 471
3. Die Stellungnahme der westdeutschen Ministerpräsidenten zu den Frankfurter Dokumenten (Koblenzer Beschlüsse vom 7. Juli 1948) 472
4. Denkschrift über die unmittelbare Unterstellung der Stadt Frankfurt am Main unter das Staatsministerium des Landes Hessen (1951) 473
5. Fraktionsvorsitzende im Frankfurter Stadtparlament 1946–1989 477
6. Stadtverordnetenvorsteher der Stadt Frankfurt am Main 1946–1989 479
7. Oberbürgermeister der Stadt Frankfurt am Main 1945–1989 479
8. Wahlergebnisse in Frankfurt am Main 1946–1989 480

9. April 1945

An die Bevölkerung der Stadt Frankfurt a. M.

Um jedes Mißverständnis unter der Einwohnerschaft dieser Stadt über die Absichten und Vorhaben der Militärregierung zu vermeiden, wird vom Militär-Kommandanten folgendes bekanntgegeben:

Die Militärregierung ist die Instanz, durch welche der Alliierte Oberste Befehlshaber seine Amtsgewalt über die von den Alliierten Streitkräften besetzten Teile Deutschlands ausübt. Er hat proklamiert, daß die Alliierten Streitkräfte als Eroberer, aber nicht als Unterdrücker kommen. Die Militärregierung beschäftigt sich in erster Linie mit den Notwendigkeiten und Anforderungen der Alliierten Streitkräfte, zweitens mit den Personen aus Alliierten Ländern, die sich jetzt in Deutschland aufhalten, und drittens mit der Ueberwachung der Verwaltung der deutschen Zivilbehörden in der Ausübung ihrer Amtspflichten.

Eine Zurücksetzung aufgrund der Rasse-, Glaubens- oder politischen Zugehörigkeit wird keinesfalls geduldet. Die Militärregierung wird den einzelnen in der Ausübung seines Glaubensbekenntnisses nicht beeinträchtigen. Gottesdienste dürfen abgehalten werden, soweit sie nur religiösen und nicht politischen Zwecken dienen.

Die Stadtverwaltung ist errichtet worden und nimmt ihre normale Tätigkeit auf schnellstem Wege wieder auf. Eine städtische Polizei ist ernannt worden, und alle von ihr gegebenen Befehle sind zu befolgen. Sobald es die Verhältnisse erlauben, wird die Wiederinbetriebnahme der öffentlichen Verkehrs- und Nachrichtenmittel und der Banken wieder gestattet werden.

Von dem Militärkommandanten ist ein Beratender Ausschuß ernannt worden, bestehend aus Vertretern des katholischen, evangelischen und jüdischen Glaubensbekenntnisses, Vertretern des Zentrums, des Kommunismus und der Sozialdemokratie, einem Schriftsteller und zwei Vertretern des Wirtschaftslebens.

Der Alliierte Oberbefehlshaber hat Proklamationen, Verordnungen, Gesetze, Bekanntmachungen und Anordnungen über die Pflichten und Aufgaben jedes einzelnen bekanntgegeben, und es ist von allergrößter Wichtigkeit, daß jede Person sich sofort mit diesen bekannt macht und sie strengstens befolgt, besonders die Verordnungen über Ausgang, unbefugten Gebrauch von Fahrzeugen jeder Art, Abgabe von Waffen und Munition, Verbreitung von irgendwelchen Gerüchten, die den Zweck haben, die Bevölkerung zu beunruhigen oder aufzuregen oder aber die Moral der Alliierten Streitkräfte zu untergraben. Die Gerichte der Militärverwaltung haben ihre Tätigkeit aufgenommen und verurteilen Personen, die gegen diese Verordnungen, Bekanntmachungen, Gesetze und Anordnungen verstoßen haben.

Personen und alle Arten von Fahrzeugen, einschließlich Gespannen oder Karren sowie Fahrrädern, dürfen die Fernverkehrsstraßen sowie alle zu ihnen führenden Verbindungsstraßen im Stadtkreise Frankfurt/M. nicht benutzen, da diese nur für Militärgebrauch bestimmt sind.

Keine Anordnung im Namen der Militärregierung wird ohne die Unterschrift des Militärkommandanten herausgegeben. Jedermann, der gegen diese Vorschrift verstößt, wird strengstens bestraft.

Die offizielle Uhrzeit für Frankfurt/M. ist die Sommerzeit.

Alle Personen, die sich mit Offizieren der Militärverwaltung in Verbindung setzen wollen, haben sich an das **Städtische Informationsbüro, Bockenheimer Landstraße 25**, oder an das **nächste Polizei-Revier** zu wenden.

HOWARD D. CRISWELL
Oberstleutnant der Infanterie
Offizier der Militär-Regierung

Die Frankfurter Dokumente vom 1. Juli 1948

I.

In Übereinstimmung mit den Beschlüssen ihrer Regierungen autorisieren die Militärgouverneure der amerikanischen, britischen und französischen Besatzungszone in Deutschland die Ministerpräsidenten der Länder ihrer Zonen, eine Verfassunggebende Versammlung einzuberufen, die spätestens am 1. September 1948 zusammentreten sollte.

Die Abgeordneten zu dieser Versammlung werden in jedem der bestehenden Länder nach den Verfahren und Richtlinien ausgewählt, die durch die Gesamtzahl der Abgeordneten zur Verfassunggebenden Versammlung bestimmt wird, indem die Gesamtzahl der Bevölkerung nach der letzten Volkszählung durch 750 000 oder eine ähnliche von den Ministerpräsidenten vorgeschlagene und von den Militärgouverneuren gebilligte Zahl geteilt wird.

Die Anzahl der Abgeordneten von jedem Land wird im gleichen Verhältnis zur Gesamtzahl der Mitglieder der Verfassunggebenden Versammlung stehen, wie seine Bevölkerung zur Gesamtbevölkerung der beteiligten Länder.

Die Verfassunggebende Versammlung wird eine demokratische Verfassung ausarbeiten, die für die beteiligten Länder eine Regierungsform des föderalistischen Typs schafft, die am besten geeignet ist, die gegenwärtig zerrissene deutsche Einheit schließlich wieder herzustellen und die Rechte der beteiligten Länder schützt, eine angemessene Zentralinstanz schafft und Garantien der individuellen Rechte und Freiheiten enthält.

Wenn die Verfassung in der von der Verfassunggebenden Versammlung ausgearbeiteten Form mit diesen allgemeinen Grundsätzen nicht im Widerspruch steht, werden die Militärgouverneure ihre Vorlage zur Ratifizierung genehmigen. Die Verfassunggebende Versammlung wird daraufhin aufgelöst.

Die Ratifizierung in jedem beteiligten Land erfolgt durch ein Referendum, das eine einfache Mehrheit der Abstimmenden in jedem Land erfordert, nach von jedem Land jeweils anzunehmenden Regeln und Verfahren. Sobald die Verfassung von zwei Dritteln der Länder ratifiziert ist, tritt sie in Kraft und ist für alle Länder bindend. Jede Abänderung der Verfassung muß künftig von einer gleichen Mehrheit der Länder ratifiziert werden. Innerhalb von dreißig Tagen nach Inkrafttreten der Verfassung sollen die darin vorgesehenen Einrichtungen geschaffen sein.

Die Stellungnahme der westdeutschen Ministerpräsidenten zu den Frankfurter Dokumenten (Koblenzer Beschlüsse vom 7. Juli 1948)

Zu Dokument I (Verfassunggebende Versammlung)

1. Die Ministerpräsidenten werden die ihnen am 1. Juli 1948 durch die Militärgouverneure der amerikanischen, britischen und französischen Besatzungszone übertragenen Vollmachten wahrnehmen.
2. Die Einberufung einer deutschen Nationalversammlung und die Ausarbeitung einer deutschen Verfassung sollen zurückgestellt werden, bis die Voraussetzungen für eine gesamtdeutsche Regelung gegeben sind und die deutsche Souveränität in ausreichendem Maße wiederhergestellt ist.
3. Die Ministerpräsidenten werden den Landtagen der drei Zonen empfehlen, eine Vertretung (parlamentarischer Art) zu wählen, die die Aufgabe hat a) ein Grundgesetz für die einheitliche Verwaltung des Besatzungsgebiets auszuarbeiten, b) ein Wahlgesetz für eine auf allgemeinen und direkten Wahlen beruhende Volksvertretung zu erlassen. Die Beteiligung der Länderregierungen an den Beratungen des Parlamentarischen Rates ist zu sichern. Die Vertretung soll nach den Ziffernangaben in den Vorschlägen des Dokuments Nr. 1 gebildet werden und spätetens bis zum 1. September 1948 zusammentreten. Jedes Land stellt mindestens einen Vertreter, für mindestens 200 000 überschießende Stimmen wird ein weiterer Vertreter bestellt.
4. Die Wahlen zur Volksvertretung sollen noch im Laufe des Jahres 1948 abgehalten werden.
5. Das Grundgesetz muß außer der aus allgemeinen Wahlen hervorgehenden Volksvertretung eine bei der Gesetzgebung mitwirkende Vertretung der Länder vorsehen.
6. Hat die aus den Landtagen gewählte Vertretung (Ziffer 3) ihre Aufgabe erfüllt, so werden die Ministerpräsidenten nach Anhörung der Landtage das Grundgesetz mit ihrer Stellungnahme den Militärgouverneuren zuleiten, die gebeten werden, die Ministerpräsidenten zur Verkündigung dieses Gesetzes zu ermächtigen.
7. Die Volksvertretung soll alle Funktionen erfüllen, die einem demokratisch gewählten Parlament zukommen.
8. Das für das Besatzungsgebiet der Westmächte vorgesehen gemeinsame Exekutivorgan wird nach Maßgabe des Grundgesetzes bestellt.

DENKSCHRIFT

über die

unmittelbare Unterstellung der Stadt Frankfurt am Main unter das Staatsministerium des Landes Hessen

Frankfurt am Main, im Januar 1951

Frankfurt am Main blickt auf eine bedeutende geschichtliche Entwicklung zurück. Seine begünstigte Lage im Maintal, zwischen dem Taunus und der fruchtbaren Wetterau auf der einen Seite und der mittleren Rheinebene auf der anderen Seite, an der durch eine Furt bestimmte Stelle des Untermains, hat es schon früh zum bedeutendsten Platz der Rhein-Main-Landschaft erhoben. Dementsprechend war Frankfurt am Main bis zum Jahre 1866 — mit einziger Ausnahme der kurzen napoleonischen Periode unter Carl von Dalberg — stets eine Freie Stadt, die allein der deutschen Zentralgewalt unterworfen war, jedoch keiner anderen Souveränität oder Aufsichtsinstanz. Diese staats- und verwaltungsrechtliche Stellung Frankfurts änderte sich jedoch grundlegend, nachdem Frankfurt am Main 1866 dem preußischen Staatsverband einverleibt und mit dem Kurfürstentum Hessen-Kassel und dem Herzogtum Nassau zu der neuen preußischen Provinz Hessen-Nassau verbunden worden war.

Durch diese Annexion erlitt Frankfurt am Main nicht nur einen erheblichen wirtschaftlichen Schaden, zumal es in der Zeit bis 1914 seine frühere Bedeutung als zentraler Bank- und Börsenplatz immer weitergehend zu Gunsten von Berlin einbüßte; es wurde auch mit, ihrer Struktur nach, heterogenen Landesteilen zusammengelegt und hinter ihnen zurückgesetzt. Obwohl es nach Bevölkerungszahl, Verkehrslage und Wirtschaftskraft die bei weitem bedeutendste Stadt der neugebildeten Provinz war, wurden die Verwaltungssitze nach offenbar dynastischen Gesichtspunkten verteilt: der Sitz des Oberpräsidenten kam nach Kassel, an die nördliche Peripherie der Provinz, und der Sitz des Regierungspräsidenten nach Wiesbaden, in den äußersten Südwestzipfel des Bezirks. Wenn Frankfurt am Main trotzdem nicht auf das

Niveau einer beliebigen preußischen Provinzstadt herabgedrückt wurde, so ist dies allein der ungebrochenen eigenen Initiative der Frankfurter Bürgerschaft zu danken.

Trotz aller politischen Veränderungen, die seit dem Jahre 1866 eingetreten sind, hat sich an der verwaltungsrechtlichen Stellung der Stadt Frankfurt bis heute nichts geändert — auch nicht in der neuen politischen Heimat der Stadt, dem Land Hessen. Dem gegenüber kann die Stadt Frankfurt am Main darauf hinweisen, daß nach dem Zusammenbruch der nationalsozialistischen Herrschaft der Gedanke erwogen wurde, ihr wieder eine völlige verwaltungsmäßige Selbständigkeit zu verleihen. Insbesondere beabsichtigte im Sommer 1945 die amerikanische Militärregierung, die sich der Bedeutung der Stadt von Anfang an bewußt war, Frankfurt am Main eine ähnliche Selbständigkeit zu geben, wie sie Washington in den Vereinigten Staaten besitzt. Die Frankfurter Stadtverwaltung hat damals, unter bewußter Zurückstellung eigener Interessen, auf die ihr gebotene Möglichkeit verzichtet, unter Zuschlagung der sie umgebenden Stadt- und Landkreise wieder einen eigenen Stadtstaat zu bilden, wie dies im Falle Bremen dann geschehen ist. Bei diesem Verzicht hatte die Stadtverwaltung Frankfurt am Main die Interessen des noch zu bildenden Landes Hessen im Auge, das ohne Frankfurt am Main kaum lebensfähig gewesen wäre. Nur so ist es zu erklären, daß Frankfurt am Main bisher — wie unter der preußischen Herrschaft — lediglich ein Stadtkreis geblieben ist.

Was Frankfurt am Main nunmehr anstrebt, ist die Herausnahme aus dem Regierungsbezirk Wiesbaden und damit die Freistellung von der mittleren kommunalen Aufsichtsinstanz des Regierungspräsidenten. Dieses Begehren ist durch die geschichtliche und gegenwärtige Bedeutung Frankfurts voll begründet. Frankfurt am Main umfaßt mit rund 550 000 Einwohnern über 30% der 1 732 000 Köpfe zählenden Bevölkerung des Regierungsbezirks Wiesbaden. Das Frankfurter Steueraufkommen betrug in der Zeit vom 1. 10. 1948 bis 30. 9. 1950, also in den letzten zwei Jahren, mit über 338 Millionen DM rund 56% des Steueraufkommens des Regierungsbezirks (rund 605 Millionen DM). Frankfurts Industrie beschäftigt rund 43% der im Regierungsbezirk in der Industrie tätigen Personen; der industrielle Umsatz Frankfurts beträgt 47% des Industrieumsatzes im Regierungsbezirk. Auch in der

Bautätigkeit liegt Frankfurt am Main im Regierungsbezirk Wiesbaden bei weitem an der Spitze: nach der Beschäftigtenzahl im Bauhauptgewerbe mit über 55% und nach dem Umsatz im Bauhauptgewerbe mit über 60%. Die Frankfurter Bauleistung nach den geleisteten Arbeitsstunden betrug im Juli 1950 über 56% der Gesamtzahl des Regierungsbezirks.

Es kommt hinzu, daß Frankfurt am Main als Zentrale der Besatzungsverwaltung der amerikanisch besetzten Zone Deutschlands und mit dem kontinentalen Zentralflughafen Rhein-Main erneute, weit über das Lokale hinausgehende Bedeutung gewonnen hat.

Es bedarf wohl keiner weiteren Darlegung, daß eine Stadt, die so weitgehend über das Niveau der sonstigen unteren Verwaltungsbehörden in ihrem Bezirk hinausragt, für eine mittlere Aufsichtsinstanz, wie ein Regierungspräsidium, einen völlig inadäquaten Sonderfall darstellt. Ein Verwaltungskörper dieses Volumens und dieser Bedeutung paßt einfach nicht in den Rahmen der Aufsichtstätigkeit einer mittleren Verwaltungsbehörde. Es liegt nur in der Logik der gegebenen Tatsachen, wenn die Stadt Frankfurt am Main dementsprechend die Herausnahme aus dem Regierungsbezirk Wiesbaden und die unmittelbare Unterstellung unter die hessische Landesregierung erstrebt.

Es sei noch ausdrücklich erwähnt, daß durch die angeregte Maßnahme das Verbleiben der Stadt in dem Bezirksverband Nassau zunächst nicht berührt werden soll. Unter diesem Gesichtspunkt sind daher Schwierigkeiten nicht zu erwarten.

Somit geht die Anregung der Stadt Frankfurt am Main dahin:

> den Stadtkreis Frankfurt am Main aus dem Regierungsbezirk Wiesbaden herauszunehmen und ihn der unmittelbaren Kommunalaufsicht des Hessischen Ministers des Innern zu unterstellen.

(Dr. Walter Kolb)
Oberbürgermeister

Fraktionsvorsitzende im Frankfurter Stadtparlament 1945–1993

1946 Mai 26 (Tag der Kommunalwahl)
–

1948 April 25
SPD: Paul Kirchhof
CDU: Dr. Hans Wilhelmi
LDP: Christian Lefeldt
KPD: Emil Carlebach

1952 Mai 4
SPD: Paul Kirchhof
CDU: Dr. Hans Wilhelmi
FDP: Günther Grosser
DP (Gruppe): Dr. Albert Derichsweiler
BHE (Gruppe): Gerhart Rothe

1956 Oktober 28
SPD: Heinrich Kraft
CDU: Dr. Hans Wilhelmi
FDP: Wolfgang Mischnick

1960 Oktober 25
SPD: Walter Möller (1960), Ewald Geissler (1961–1964)
CDU: Dr. Hans Jess
FDP: Wolfgang Mischnick

1964 Oktober 25
SPD: Gerhard Weck
CDU: Dr. Friedrich Freiwald, (ab 1. 11. 1965) Dr. Hans-Jürgen Moog
FDP: Wolfgang Mischnick

1968 Oktober 20
SPD: Gerhard Weck (bis 30. 9. 1970), Martin Berg (1. 10. 1970–31. 5. 1972), Hans Michel
CDU: Dr. Hans-Jürgen Moog
FDP: Gottfried Voitel
NPD (Gruppe): Kurt Bauer

1972 Oktober 20

SPD:	Hans Michel
CDU:	Dr. Hans-Jürgen Moog
FDP:	Inge Sollwedel

1977 März 20

CDU:	Dr. Hans-Jürgen Moog
SPD:	Hans Michel
FDP:	Inge Sollwedel

1981 März 22

CDU:	Dr. Hans-Jürgen Moog (bis 30. 6. 1982) Manfred Friedrich
SPD:	Hans Michel
GRÜNE:	Manfred Zieran (Geschäftsführer)

1985 März 10

CDU:	Gerhard Wenderoth
SPD:	Günther Dürr
GRÜNE:	Lutz Sikorski (Geschäftsführer)

1989 März 12

SPD:	Günther Dürr
CDU:	Horst Hemzal
GRÜNE:	Brigitte Sellach
NPD:	Wilfried Kraus

Stadtverordnetenvorsteher 1945–1989

Johannes Rebholz	1946–1947
Joseph Auth	1947–1948
Hermann Schaub	1958–1956
Erwin Höcher	1956–1960
Heinrich Kraft	1960–1971
Willi Reiss	1971–1976
Dr. Frolinde Balser	1976–1977
Hans Ulrich Korenke	1977–1981
Dr. Hans Jürgen Hellwig	1981–1984
Paul Labonté	1984–1989
Ute Hochgrebe	1989–1989
Hans Busch	1989–1993

Oberbürgermeister der Stadt Frankfurt am Main 1945–1989

Wilhelm Hollbach	1945–1945
Dr. Kurt Blaum	1945–1946
Dr. h.c. Walter Kolb	1946–1956
Dr. h.c. Werner Bockelmann	1957–1964
Prof. Dr. Willi Brundert	1964–1970
Walter Möller	1970–1971
Rudi Arndt	1972–1977
Dr. Walter Wallmann	1977–1986
Wolfram Brück	1986–1989
Dr. Volker Hauff	1989–1991

Wahlergebnisse in Frankfurt am Main 1946–1989

Das Verzeichnis enthält die Ergebnisse der Wahlen zur Stadtverordnetenversammlung (SV), zur verfassungsberatenden Landesversammlung (LV), zum Landtag (LT) und zum Bundestag (BT), wobei für die Bundestagswahlen nur die Zweitstimmen berücksichtigt wurden. Die absoluten Stimmen werden jeweils zuerst genannt, die Prozentzahlen befinden sich darunter.

Wahl	Wahltag	Wahlbe- rechtigte	Gültige Stimmen	SPD	CDU	LDP/ FDP	KPD	DP	BHE	NPD	DKP	GRÜNE	Sonstige Parteien
SV	26. 5.46	266968	189870	77940 41,0	66576 35,1	22355 11,8	22299 11,6	–	–	–	–	–	–
LV	30. 6.46	301037	207959	89109 42,8	70269 33,8	23840 11,5	24102 11,6	–	–	–	–	–	–
LT	1.12.46	313108	208754	85487 41,0	57013 27,3	37210 17,8	29044 13,9	–	–	–	–	–	639[1] 0,3
SV	25. 4.48	341432	231226	85028 36,8	60325 26,1	54660 23,6	26293 11,4	–	–	–	–	–	–
BT	14. 8.49	381809	237283	93626 39,5	52473 22,1	57412 24,2	20250 8,5	–	–	–	–	–	4920[2] 2,1
LT	19.11.50	414372	204693	106983 52,3	34660 16,9	51648 25,2	11072 5,4	–	–	–	–	–	13522[3] 5,7
SV	4. 5.52	438529	245911	111881 45,5	51097 20,8	35436 14,4	11061 4,5	21960 8,9	12493 5,1	–	–	–	330[4] 0,2
BT	6. 9.53	452404	349869	123598 35,3	134361 38,4	51250 14,6	9154 2,6	14517 4,2	10188 2,9	–	–	–	1983[5] 0,8
LT	28.11.54	462142	339377	157766 46,5	86827 25,6	57957 17,1	13909 4,1	7458 2,2	13772 4,0	–	–	–	6801[6] 1,9
SV	28.10.56	470304	313229	170739 54,5	77902 24,9	25754 8,2	–	7483 2,4	9611 3,1	–	–	–	1688[7] 0,5
BT	15. 9.57	480370	393030	158745 40,4	163626 41,6	39506 10,1	–	12474 3,2	11902 3,0	–	–	–	21740[8] 6,9
LT	23.11.58	496698	364249	183952 50,5	119594 32,8	36159 9,9	–	7033 1,9	13254 3,6	–	–	–	6777[9] 1,7
SV	23.10.60	496675	337387	170999 50,7	101973 30,2	43555 12,9	–	–	13079 3,9	–	–	–	4257[10] 1,2
													7781[11] 2,3

Wahl	Wahltag	Wahl-berechtigte	Gültige Stimmen	SPD	CDU	FDP	KPD	DP	BHE	NPD	DKP	GRÜNE	Sonstige Parteien
BT	17. 9.61	504895	411358	180947 44,0	140275 34,1	67360 16,4	–	–	7122[13] 1,7	–	–	–	15654[12] 3,8
LT	11.11.62	517117	343887	181548 52,8	103693 30,2	33667 9,8	–	–	12173[13] 3,5	–	–	–	12806[14] 3,7
SV	25.10.64	495812	328010	175456 53,5	102004 31,1	38132 11,6	–	–	7724[13] 2,4	–	–	–	4694[15] 1,4
BT	19. 9.65	495041	397782	184058 46,3	141992 35,7	48346 12,2	–	–	–	10879 2,7	–	–	12507[16] 3,1
LT	6.11.66	502816	353617	180819 51,1	93042 26,3	42377 12,0	–	–	7497 2,1	29882 8,5	–	–	–
SV	20.10.68	464925	294838	145926 49,5	88064 29,9	32999 11,2	–	–	2456 0,8	17076 5,8	–	–	8317[17] 2,8
BT	28.09.69	462580	382397	189087 49,4	134428 35,1	33479 8,7	–	–	665 0,2	19899 5,2	–	–	4829[18] 1,3
LT	8.11.70	491120	372096	158538 42,6	137071 36,8	58098 15,6	–	–	–	11464 3,1	5569 1,5	–	1356[19] 0,4
SV	22.10.72	462339	338857	169709 50,1	134865 39,8	24438 7,2	–	–	–	3329 1,0	3900 1,1	–	2616[20] 0,8
BT	19.11.72	453935	403258	193029 47,9	152599 37,8	52869 13,1	–	–	–	2523 0,6	1842 0,5	–	396[21] 0,1
LT	27.10.74	441138	349913	143125 40,9	162876 46,5	32998 9,4	1225 0,3	–	–	4613 1,3	3702 1,1	–	1374[22] 0,4
BT	3.10.76	430528	380413	170199 44,7	164005 43,1	40100 10,5	537 0,1	–	–	1806 0,5	2543 0,7	–	1223[23] 0,3
SV	20. 3.77	435222	308903	123399 39,9	158572 51,3	18577 6,0	–	–	–	2285 0,7	4699 1,5	–	1371[24] 0,5
LT	8.10.78	430971	355905	151143 42,5	158483 44,5	29236 8,2	–	–	–	2071 0,6	2093 0,6	–	12879[25] 3,6
BT	5.10.80	424176	362430	164275 45,3	142878 39,4	43508 12,0	–	–	–	1296 0,4	1372 0,4	8508 2,3	593[26] 0,2

Wahl	Wahltag	Wahlberechtigte	Gültige Stimmen	SPD	CDU	FDP	KPD	DP	BHE	NPD	DKP	GRÜNE	Sonstige Parteien
SV	22. 3.81	420 731	294 446	100 093 34,0	159 533 54,2	12 522 4,2	–	–	–	1 350 0,5	1 809 0,6	18 709 6,4	430[27] 0,1
LT	26. 9.82	418 760	339 319	136 875 40,3	152 125 44,8	9 886 2,9	–	–	–	–	1 642 0,5	38 267 11,3	524[28] 0,2
BT	6. 3.83	419 116	360 823	145 974 40,4	152 184 42,2	27 853 7,7	–	–	–	1 334 0,4	1 173 0,3	32 000 8,9	305[29] 0,1
LT	25. 9.83	417 149	324 799	138 204 42,6	129 654 39,9	22 727 7,0	–	–	–	–	1 306 0,4	30 259 9,3	2 649[30] 0,8
SV	10. 3.85	415 252	297 901	115 073 38,6	147 614 49,6	7 610 2,6	–	–	–	–	1 221 0,4	23 846 8,0	2 537[31] 0,8
BT	25. 1.87	417 967	333 840	114 808 34,4	136 611 40,9	30 478 9,1	–	–	–	3 232 1,0	–	46 518 13,9	2 193[32] 0,7
LT	5. 4.87	415 774	311 746	107 617 34,5	137 521 44,1	19 712 6,3	–	–	–	–	1 045 0,3	44 703 14,3	1 148[33] 0,4
SV	12. 3.89	412 346	313 614	125 840 40,1	114 821 36,6	15 294 4,9	–	–	–	20 574 6,6	2 137 0,7	31 821 10,1	3 127[34] 1,0

ANMERKUNGEN

1 AP (Arbeiter-Partei) mit 639 Stimmen (0,3 %).
2 AP (Arbeiter-Partei) mit 4920 Stimmen (2,1 %).
3 UNABHÄNGIGE mit 13 522 Stimmen (5,7 %).
4 BVE (Block Vaterländischer Einigung) mit 330 Stimmen (0,2 %).
5 Weltbürger mit 1983 Stimmen (0,8 %).
6 GVP (Gesamtdeutsche Volkspartei) mit 6801 Stimmen (1,9 %).
7 BdD (Bund der Deutschen) mit 1688 Stimmen (0,5 %).
8 FVP (Freie Volkspartei) mit 12 555 Stimmen (4,0 %), DRP (Deutsche Reichs-Partei) mit 3092 Stimmen (1,0 %), BdD (Bund der Deutschen) mit 6093 Stimmen (1,9 %).
9 DRP (Deutsche Reichs-Partei) mit 4726 Stimmen (1,2 %), BdD (Bund der Deutschen) mit 2051 Stimmen (0,5 %).
10 DRP (Deutsche Reichs-Partei) mit 4257 Stimmen (1,2 %).
11 DRP (Deutsche Reichs-Partei) mit 4655 Stimmen (1,4 %), BdD (Bund der Deutschen) mit 3126 Stimmen (0,9 %).
12 DFU (Deutsche Friedens-Union) mit 12 081 Stimmen (2,9 %), DRP (Deutsche Reichs-Partei) mit 3573 Stimmen (0,9 %).
13 GDP/BHE (Gesamtdeutsche Partei/BHE).
14 DFU (Deutsche Friedens-Union) mit 12 806 Stimmen (3,7 %).
15 NDW (Nationaldemokratische Wählervereinigung) mit 4694 Stimmen (1,4 %).

16 DFU (Deutsche Friedens-Union) mit 11 946 Stimmen (3,0 %), AUD (Aktionsgemeinschaft Unabhängiger Deutscher) mit 561 Stimmen (0,1 %).
17 SDU (Sozialistische Demokratische Union) mit 5971 Stimmen (2,0 %), PSV (Partei für sparsame Verwaltung) mit 2346 Stimmen (0,8 %).
18 ADF (Aktionsgemeinschaft Demokratischer Fortschritt) mit 3342 Stimmen (0,9 %), EP (Europa-Partei) mit 1487 Stimmen (0,4 %).
19 EP (Europa-Partei) mit 1356 Stimmen (0,4 %).
20 FWG (Freie Wählergemeinschaft) mit 2616 Stimmen (0,8 %).
21 EFP (Europäische Föderalistische Partei) mit 396 Stimmen (0,1 %).
22 KBW (Kommunistischer Bund Westdeutschland) mit 1293 Stimmen (0,4 %), Städtenot mit 58 Stimmen (0,0 %), ELC (European Labour Committees) mit 23 Stimmen (0,0 %).
23 KBW (Kommunistischer Bund Westdeutschland) mit 844 Stimmen (0,2 %), AUD (Aktionsgemeinschaft Unabhängiger Deutscher) mit 160 Stimmen (0,0 %), EAP (Europäische Arbeiterpartei) mit 125 Stimmen (0,4 %), AVP (Aktionsgemeinschaft Vierte Partei) mit 94 Stimmen (0,0 %).
24 KBW (Kommunistischer Bund Westdeutschland) mit 1111 Stimmen (0,4 %), EAP (Europäische Arbeiterpartei) mit 260 Stimmen (0,1 %).
25 GLH (Grüne Liste Hessen – Wählergemeinschaft für Umweltschutz und Demokratie) mit 7910 Stimmen (2,2 %), GAZ (Grüne Aktion Zukunft) mit 4126 Stimmen (1,2 %), KBW (Kommunistischer Bund Westdeutschland) mit 557 Stimmen (0,2 %), EAP (Europäische Arbeiterpartei) mit 139 Stimmen (0,0 %), FWG (Verband der freien, unabhängigen und überparteilichen Wählergruppen für das Land Hessen) mit 131 Stimmen (0,0 %), Mehr Recht für den Bürger mit 16 Stimmen (0,0 %).
26 KBW (Kommunistischer Bund Westdeutschland) mit 313 Stimmen (0,1 %), EAP (Europäische Arbeiterpartei) mit 118 Stimmen (0,0 %), V (Volksfront) mit 162 Stimmen (0,0 %).
27 KBW (Kommunistischer Bund Westdeutschland) mit 308 Stimmen (0,1 %), EAP (Europäische Arbeiterpartei) mit 122 Stimmen (0,0 %).
28 EAP (Europäische Arbeiterpartei) mit 524 Stimmen.
29 EAP (Europäische Arbeiterpartei) mit 305 Stimmen (0,1 %).
30 LD (Liberale Demokraten) mit 1589 Stimmen (0,5 %), DS (Demokratische Sozialisten) mit 495 Stimmen (0,2 %), AAR (Aktion Ausländerrückführung) mit 316 Stimmen (0,1 %), EAP (Europäische Arbeiterpartei) mit 214 Stimmen (0,1 %), BSA (Bund sozialistischer Arbeiter) mit 35 Stimmen (0,0 %).
31 SVP (Soziale Vaterländische Partei) mit 918 Stimmen (0,3 %), UngüLtiG(Union nicht genug überdachten Lächelns trotz innerer Genialität) mit 736 Stimmen (0,2 %), FAP (Freiheitliche Deutsche Arbeiterpartei) mit 322 Stimmen (0,1 %), LD (Liberale Demokraten) mit 312 Stimmen (0,1 %), EAP (Europäische Arbeiterpartei) mit 249 Stimmen (0,1 %).
32 FRAUEN (Frauenpartei) mit 985 Stimmen (0,3 %), ÖDP (Ökologisch-Demokratische Partei) mit 742 Stimmen (0,2 %), Patrioten (Patrioten für Deutschland) mit 315 Stimmen (0,1 %), MLPD (Marxistisch-Leninistische Partei Deutschlands) mit 151 Stimmen (0,0 %).
33 ÖDP (Ökologisch-Demokratische Partei) mit 546 Stimmen (0,2 %), FRAUEN (Frauenpartei) mit 503 Stimmen (0,2 %), UngüLtiG (Union nicht genügend überdachten Lächelns trotz innerer Genialität) mit 99 Stimmen (0,0 %).
34 ÖDP (Ökologisch Demokratische Partei) mit 2084 Stimmen (0,7 %), FWG (Freie Wählergemeinschaft) mit 1043 Stimmen (0,3 %).

Quellen und Literatur

Quellen aus dem Institut für Stadtgeschichte Frankfurt
Magistratsakten und Ämterakten
S 2 Personen (Biographische Sammlung)
S 3 Ortsgeschichte (Topographische und zeitgeschichtliche Sammlung)
S 6 Manuskriptesammlung

Literatur

ADLER, Herbert: Ein Frankfurter Sinto. Von der Dieselstraße nach Auschwitz, in: Sinti und Roma in Frankfurt am Main, Hg.: Verband deutscher Sinti und Roma, Darmstadt 1993.
ADRIAN, Hanns: Planen in Frankfurt, Frankfurt 1975.
APPEL, Rudolf Heinrich: Heißer Boden. Stadtentwicklung und Wohnprobleme in Frankfurt am Main, Frankfurt 1974.
ARNDT, Rudi: Zur kommunalpolitischen Situation der Stadt, Hg.: Presse- und Informationsamt der Stadt, Frankfurt 1974.
DERS.: Mit Humor ans Schienbein. Stille, feine Anmerkungen eines Stadtoberhauptes, Hg.: Presse- und Bildungs-GmbH, Frankfurt a. M. 1976.
DERS.: Die regierbare Stadt. Warum die Menschen ihre Stadt zurückgewinnen müssen, Stuttgart 1975.
ARNSBERG, Paul: Die Geschichte der Frankfurter Juden seit der Französischen Revolution Bd. 1–3, Darmstadt 1983.
BALSER, Frolinde: Sozial-Demokratie 1848/49–1863. Die erste deutsche Arbeiterorganisation »Allgemeine deutsche Arbeiterverbrüderung« nach der Revolution, Stuttgart 1962, ²1965.
BANGERT, JANSEN, SCHOLZ, SCHULTES: Die Neubauten zwischen Dom und Römer, in: Jahrbuch für Architektur 1984, S.: 32–40, Braunschweig 1984.
BARTETZKO, Dieter: Der Römerberg, ein deutscher Platz, in: Westermanns Monatshefte Mai-Nr., S. 66–69, Braunschweig 1985.
BEIER, Gerhard: SPD Hessen. Chronik 1945–1988, Bonn 1989.
DERS.: Willi Richter. Ein Leben für die soziale Neuordnung, Köln 1978.
BENZ, Wolfgang (Hg.): Das Exil der kleinen Leute. Alltagserfahrungen deutscher Juden in der Emigration, München 1991.
BEUTLER, Ernst: Das Goethehaus in Frankfurt am Main. 10. erw. Aufl., Frankfurt a. M. 1978.
BOCKELMANN, Werner: Die überörtlichen Aufgaben der Stadt Frankfurt am Main, Frankfurt a. M. 1957.
DERS.: Rechtliche und finanzielle Voraussetzungen zur Erneuerung der Stadt, in: Die Stadt zwischen Gestern und Morgen, Basel/Tübingen 1961.
DERS.: Aus meinem Reisetagebuch 1958–1960–1961–1962, Hannover 1963.
BODEK, Janusz: Die Fassbinder-Kontroversen. Entstehung und Wirkung eines literarischen Textes. Zu Kontinuität und Wandel einiger Erscheinungsformen des Alltagsantisemitismus in Deutschland nach 1945, seinen künstlerischen Weihen und seiner öffentlichen Inszenierung, Frankfurt a. M./Bern/New York 1991.
BOEHLING, Rebecca: Die Wochenberichte des Frankfurter Oberbürgermeisters Blaum an die amerikanische Militärregierung 1945 bis 1946, in: Archiv für Frankfurts Geschichte und Kunst Bd. 59, S. 485 ff., Frankfurt a. M. 1985.
BORCHERS, Wilfried: Der neue Römerberg, in: Jahrbuch für Architektur 1984, S.: 17–30, Braunschweig 1984.

BORRIS, Maria: Ausländische Arbeiter in einer Großstadt. Eine empirische Untersuchung am Beispiel Frankfurts, Frankfurt 1973.
BRAACH, Emilie: Wenn meine Briefe dich erreichen könnten. Aufzeichnungen aus den Jahren 1939–1945, Hg.: Bergit Forchhammer, Frankfurt a. M. 1987.
BRAACH, Mile (Emilie): Rückblende. Erinnerungen einer Neunzigjährigen, Frankfurt a. M. 1992.
BRÜGEL, Werner: Die Tätigkeit des Kampfstabes Löffler in Frankfurt a. M. am Dienstag, dem 27. März 1945. Geschildert von einem Stabsangehörigen nach Erinnerungen, in: Archiv für Frankfurts Geschichte und Kunst Bd. 61, S. 353 ff., Frankfurt a. M. 1987.
BRUNDERT, Willi: Verpflichtung zur Demokratie. Reden und Aufsätze, Hg.: Juergen BRUNDERT/ Richard BURKHOLZ, Hannover 1970.
BUBIS, Ignatz: Ich war zu allem entschlossen. Der Häuserkampf, der Faßbinder-Konflikt und die jüdische Identität, in: Frankfurter Rundschau vom 23. 4. 1933.
Bürgerinitiativen in Frankfurt (Handbuch), Hg.: Ingrid DAMIAN-HESSEN/Michael DAMIAN, Frankfurt a. M. 1978.
BUND, Konrad: Das Frankfurter Glockenbuch, Frankfurt a. M. 1986.
BUSCH, Hans: Zwanzig Jahre Ortsbeiräte in Frankfurt a. M., in: Amtblatt für Frankfurt am Main, Dezember 1992.
CHRIST, Liesel: Mei Frankfort, Freiburg 1992.
CLAY, Lucius D.: Entscheidung in Deutschland, Frankfurt a. M. 1950.
CONRADS, Ulrich: Das alte neue Herz Frankfurts. Der Bereich Dom-Römerberg 1945 bis 1973, in: Bauwelt Nr. 32, Berlin 1973.
DAUER, Hans/MAURY, Karl: Frankfurt baut in die Zukunft, Frankfurt a. M. 1953.
DIAMANT, Adolf: Zerstörte Synagogen vom November 1938, Frankfurt 1978.
Deutschland nach dem Zusammenbruch 1945, in: Dokumente der deutschen Politik und Geschichte von 1848 bis zur Gegenwart Bd. IV, Hg.: Johannes HOHLFELD, Berlin 1954.
Dom-Römerberg-Bereich, Wettbewerb 1980, Hg.: Stadt Frankfurt am Main – Magistrat/Baudezernat, Braunschweig 1980.
Dom und Stadt. Katholisches Leben in Frankfurt am Main, Hg.: Bischöfliches Kommissariat und katholische Volksarbeit, Frankfurt a. M. 1968.
DURTH, Werner/GUTSCHOW, Niels: Träume in Trümmern. Planungen zum Wiederaufbau zerstörter Städte im Westen Deutschlands 1940–1950, Bd. II, Braunschweig 1988.
DUWELL-GIERE, Jacquelin: Wir sind unterwegs, aber nicht in der Wüste. Erziehung und Kultur in den Displaced-Persons Lagern der amerikanischen Zone im Nachkriegsdeutschland 1945–1949, Frankfurt a. M. 1993.
EHRLICH, Wilfried: Alte Oper. Neues Haus. Bericht über ein Frankfurter Ereignis, Stuttgart 1981.
Ende oder Wende. Westend-Studie zur Situation des Westends von Frankfurt am Main, Frankfurt a. M. 1969.
Die Entwicklung der Erwachsenenbildung in der amerikanischen und französischen Besatzungszone, Hg.: Arbeitskreis zur Aufarbeitung historischer Quellen in der Erwachsenenbildung, Frankfurt a. M. 1989.
Ereignisse, Sport in der Region, Hg.: RHEIN, Peter/WEBER, Fritz/WEBER, Michael, Frankfurt a. M. 1993.
FELSCH, Margot: Aus der Chefetage des Römers. Begegnungen mit den Frankfurter Oberbürgermeistern, Frankfurt a. M. 1981.
Die Finanzreform und die Gemeinde. Sammelband zum Gutachten der Sachverständigenkommission, in: Schriftenreihe des Vereins für Kommunalwissenschaften Bd. 14, Berlin 1966.
FLECHTHEIM, Ossip: Dokumente zur parteipolitischen Entwicklung in Deutschland seit 1945, Bd. 2: Programmatik der deutschen Parteien, Berlin 1963.
Flughafenausbau. Startbahn 18 West in der Diskussion, Hg.: Flughafen AG, Frankfurt a. M. 1982.
Flughafen Frankfurt a. M. AG. Zahlen und Daten 89/90, Hg.: Flughafen AG, Frankfurt a. M. 1991.
Frankfurt am Main, Römerberg, Ostzeile und Schwarzer Stern. Wettbewerb Dom-Römerbergbereich, Hg.: Dezernat Bau, Frankfurt a. M. 1979.

Frankfurt am Main 1945–1965. Ein Zwanzigjahresbericht der Stadtverwaltung, Hg.: Magistrat der Stadt Frankfurt, Frankfurt a. M. o.J.
Frankfurt am Main 1965–1968. Ein Vierjahresbericht der Stadtverwaltung, Hg.: Magistrat der Stadt Frankfurt, Frankfurt a. M. 1969.
Frankfurt am Main und seine Bedeutung für Hessen, Hg.: Magistrat der Stadt Frankfurt, Frankfurt a. M. 1951.
Frankfurter Statistische Berichte 1986, Heft 1, Hg.: Amt für Statistik, Frankfurt a. M. 1986.
Frankfurter Statistische Berichte 1985, Heft 4, Hg.: Amt für Statistik, Frankfurt a. M. 1985.
Frankfurter Statistische Monatsberichte 1956, Heft 12, Hg.: Statistisches Amt der Stadt Frankfurt am Main, Frankfurt a. M. 1956.
Frankfurts Wirtschaft baut auf! Ein Bildband über die Fortschritte im Wiederaufbau der Stadt, Frankfurt a. M. 1952.
Friedrich, Carl J.: Totalitäre Diktatur, Stuttgart 1957.
Führ, Christoph/Teltschow, Jürgen: Die evangelische Kirche in Frankfurt am Main. Geschichte und Gegenwart, Frankfurt a. M. 1978.
Gorbatschow, Michail: Perestroika. Die zweite russische Revolution. Eine neue Politik für Europa und die Welt, München 1987.
Grebing, Helga (Hg): Lehrstück in Solidarität. Briefe und Biographien deutscher Sozialisten 1945–1949, Stuttgart 1983.
Greef, Klaus (Hg.): Das Katholische Frankfurt einst und jetzt, Frankfurt a. M. 1989.
Häuserrat Frankfurt. Wohnungskampf in Frankfurt, Hg.: Häuserrat Frankfurt, München 1974.
Hammerstein, Notker: Die Johann-Wolfgang-Goethe Universität Frankfurt am Main. Von der Stiftungsuniversität zur Staatlichen Hochschule, Bd. 1, Neuwied/Frankfurt a. M. 1989.
Handbuch der Stadtverordnetenversammlung XII. Wahlperiode, Hg.: Stadt Frankfurt a. M. Frankfurt a. M., 1991.
Hansert, Andreas: Bürgerkultur und Kulturpolitik in Frankfurt am Main. Eine historisch-soziologische Rekonstruktion, in: Studien zur Frankfurter Geschichte, Bd. 33, Frankfurt a. M. 1992.
Hauff, Volker: Global denken – lokal handeln. Ein politisches Fazit, Köln 1992.
Haverkampff, Hans Erhard: Frankfurt: ein Aschenputtelmythos?, in: Jahrbuch für Architektur 1984, Braunschweig 1984.
Herr, Greta/Hoch, Georg: Westend, Selb 1979.
Hessische Gemeindeordnung, Hg.: Müller/Göbel 8. Aufl., Stuttgart 1974.
Hoffmann, Hilmar: Kultur für Alle, Perspektiven und Modelle, Frankfurt a. M. 1981.
Hoffmeister, Reinhart: Kultur-Offensive, in: Merian 1977, S. 46–47.
Hohlfeld, Johannes (Hg.): Dokumente der deutschen Politik und Geschichte, Bd. VI, Deutschland nach dem Zusammenbruch, München/Berlin 1954.
Hoppe, Else: Ricarda Huch. Weg, Persönlichkeit, Werk, Stuttgart 1951.
Hugo Uhl. Festschrift zum 75. Geburtstag, Hg.: Bundesinnungsverband des deutschen Steinmetz-, Stein- und Holzbildhauerhandwerks, Frankfurt a. M. 1993.
In Memoriam Willi Brundert, Hg.: Presse- und Informationsamt der Stadt Frankfurt, Frankfurt a. M. 1971.
Kampffmeyer, Hans: Die Nordweststadt in Frankfurt am Main. Wege zur neuen Stadt, Frankfurt a. M. 1968.
Kampfmeyer, Hans/Weiß, Erhard: Dom-Römerberg-Bereich. Das Wettbewerbsergebnis. Eine Dokumentation, in: Wege zur neuen Stadt. Schriftenreihe der Verwaltung Bau und Verkehr, Bd. 1, Frankfurt a. M. 1964.
Kester, Erwin: Frankfurter Gästebuch 68, Frankfurt a. M. 1968.
Frankfurter Kirchliches Jahrbuch 1951–1994, Hg.: Evangelischer Regionalverband Frankfurt, Gesamtverband der katholischen Kirchengemeinden Frankfurt, Vereinigung der evang. Freikirchen Frankfurt, Kassel jew.J.
Klessmann, Christoph: Die doppelte Staatsgründung. Deutsche Geschichte 1945–1955, Schriftenreihe der Bundeszentrale für politische Bildung, Bd. 298, Bonn 1991.

KLÖTZER, Wolfgang: Zwischen Dom und Römerberg. Historische Analyse, in: Archiv für Frankfurts Geschichte und Kunst, Bd. 60, Frankfurt a. M. 1986.
DERS.: Das goldene Buch der Stadt Frankfurt am Main, in: Archiv für Frankfurter Geschichte und Kunst, Bd. 59, Frankfurt a. M. 1985.
KNOLL, Hedi (Bearb.): Walter Kolb. Ein großer Oberbürgermeister, Frankfurt a. M. 1956.
KRÄMER-BADONI, Rudolf: Kultur-Zirkus?, in: Merian 1977, S. 50–51.
KRAHL, Hans Jürgen: Konstitution und Klassenkampf. Schriften und Reden zur historischen Dialektik von bürgerlicher Emanzipation und proletarischer Revolution, Frankfurt a. M. 1971.
KRAKIES, Jens/NAGEL, Frank: Stadtbahn Frankfurt am Main. Eine Dokumentation, Frankfurt a. M. 1988.
KRAMER, Waldemar (Hg.): Francofordia Sacra, Frankfurt a. M. 1983.
KREBS, Mario/MEINHOF, Ulrike: Ein Leben im Widerspruch, Hamburg 1988.
KROBBACH, Heinrich: Eine Region im Widerstand, Marburg 1985.
KROPAT, Wolf Arno: Hessen in der Stunde Null 1945/47. Politik, Wirtschaft und Bildungswesen in Dokumenten, in: Veröffentlichungen der Historischen Kommission für Nassau, Bd. 26, S. 54 ff., Wiesbaden 1979.
KRÜGER, Horst: Tiefer deutscher Traum. Reisen in die Vergangenheit, München 1983.
KRÜGER, HORST: Plädoyer für eine verrufene Stadt, in: Geo. Das neue Bild der Erde, Nr. 7, S. 26–50, Hamburg Juli 1977.
LANGEMANN, Jochen: Das Hessen-Parlament 1946–1986, Hg.: Der Präsident des hessischen Landtages, Frankfurt a. M. 1986.
Leben voller Kontraste. Umlandverband Frankfurt, Heimat für 1,5 Millionen Menschen, Hg.: Umlandverband Frankfurt, Frankfurt 1986.
LERNER, Franz: Frankfurt am Main und seine Wirtschaft. Wiederaufbau seit 1945, Frankfurt a. M. 1958.
LEWEKE, Wendelin: Berühmte Frankfurter. 57 Begegnungen mit der Geschichte, Frankfurt a. M. 1989.
LILGE, Herbert: Hessen in Geschichte und Gegenwart, Stuttgart 1986.
LOHNE, Hans: Mit offenen Augen durch Frankfurt. Ein Handbuch der Brunnen, Denkmäler, Gedenkstätten und der Kunst am Bau, Frankfurt a. M. 1969.
LOREI, Madlen/KIRN, Richard: Frankfurt und die drei wilden Jahre, Frankfurt a. M. 1962.
Der Marshall-Brunnen von Toni Stadler, Frankfurt a. M. 1965.
MEINERT, Hermann/DERLAM, Theo: Das Frankfurter Rathaus. Seine Geschichte und sein Wiederaufbau, Frankfurt a. M. 1953.
MENZER, Rudolf: Probleme der allgemeinen Verwaltung, in: Frankfurt am Main 1945–1965. Ein 20-Jahresbericht der Stadtverwaltung Frankfurt a. M., Hg.: Magistrat der Stadt Frankfurt, Frankfurt a. M. o. J.
MICK, Günter: Den Frieden gewinnen. Das Beispiel Frankfurt 1945 bis 1951, Frankfurt a. M. 1985.
MILLER, Susanne/POTTHOFF, Heinrich: Kleine Geschichte der SPD. Darstellung und Dokumentation 1848–1983, Bonn 1983.
Mitteilungen der Stadtverwaltung Nr. 15 vom 13. 4. 1957, Frankfurt a. M. 1957, u. a. Ausgaben.
MÖLLER, Walter: Neue kulturelle Initiativen in: Was bleibt. Walter Möller in seinen Aufsätzen, Reden, Zitaten, Interviews, Hg.: Presse- und Informationsamt der Stadt Frankfurt a. M., Frankfurt 1972.
MÜLLER, G.: Die Grundlegung der westdeutschen Wirtschaftsordnung im Frankfurter Wirtschaftsrat 1947–1949, Frankfurt a. M. 1982.
900 Jahre Geschichte der Juden in Hessen, Hg.: Kommission für die Geschichte der Juden in Hessen, Marburg 1983.
Oberbürgermeister Dr. h.c. Walter Kolb 1902–1956, Hg.: Stadtverwaltung Frankfurt am Main, Frankfurt a. M. 1956.
OLLES, Werner: Prunkfurz am Main, in: Andere Zeitung (17. August 1981), Frankfurt 1981.
ORTH, Elisabeth: Frankfurt am Main im Früh- und Spätmittelalter, in: Frankfurt am Main. Die Geschichte der Stadt in neun Beiträgen, Sigmaringen 1991.

Otto-Hahn-Stiftung der Stadt Frankfurt am Main. Zum 90. Geburtstag Otto Hahns, Hg.: Amt für Wissenschaft, Kunst und Volksbildung, Frankfurt a. M. 1969.

Die Paulskirche in Frankfurt am Main, in: Schriftenreihe des Hochbauamtes, Bd. 12, Hg.: Magistrat der Stadt Frankfurt, Frankfurt a. M. 1988.

Die Paulskirche in Frankfurt am Main, Hg.: Magistrat der Stadt Frankfurt a. M. / Dezernat Bau, Frankfurt a. M. 1988.

PLEITGEN, Hans: Auf einen Blick. Ein Überblick über die Geschichte und die Politik der Metallgewerkschaften 1901–1988, Frankfurt a. M. 1989.

PÜTTNER, Günter: Die Zuständigkeit von Stadtverordnetenversammlung und Magistrat in hessischen Städten bei der Erteilung von baurechtlichen Ausnahmen und Befreiungen, Frankfurt a. M. 1977.

Präsident Kennedy in Deutschland, Hg.: Presse- und Informationsamt der Bundesregierung, Bonn 1963.

REBENTISCH, Dieter: Politik und Raumplanung im Rhein-Main-Gebiet, Kontinuität und Wandel seit hundert Jahren, in: Archiv für Frankfurts Geschichte und Kunst, Bd. 56, S. 191 ff., Frankfurt 1978.

REICH-RANICKI, Marcel: Teffpunkt Frankfurt, in: Kohls Lesebuch 1989, Hg.: Susanne PFAFF, Frankfurt 1989.

REXIN, Manfred: Die Jahre 1945–1949. Hefte zum Zeitgeschehen, Heft 8, 2. Auflage, Hannover 1962.

Der Römer. Das Parlament der Stadt Frankfurt a. M., Hg.: Das Parlament der Stadt Frankfurt, Frankfurt 1976.

ROHLMANN, Rudi: Im Dienst der Volksbildung. Dienstleistungen und Politik für die Volkshochschulen in Hessen in den Jahren 1945–1989, Frankfurt a. M. 1991.

ROTERMUND, Günter/JUNG, Friedrich: Das neue Historische Museum, Hg.: Hochbauamt der Stadt Frankfurt, Frankfurt a. M. 1973.

SCHÄFER, ERNST: Pflüget ein Neues. Bericht über den Wiederaufbau der evangelischen Kirche und ihrer Gemeinden in Frankfurt am Main nach dem zweiten Weltkrieg, Frankfurt a. M. 1983.

SCHEMBS, Hans-Otto: In dankbarer Anerkennung. Die Ehrenbürger der Stadt Frankfurt am Main, Frankfurt a. M. 1987.

DERS.: Der Börneplatz in Frankfurt am Main. Ein Spiegelbild jüdischer Geschichte, Hg.: Magistrat der Stadt Frankfurt, Frankfurt a. M. 1987.

SCHMID, Carlo: Erinnerungen, München 1981.

SCHWÖBEL, Gerlind: »Ich aber vertraue« Katharina Staritz. Eine Theologin im Widerstand. Schriftenreihe des evangelischen Regionalverbandes, Bd. 15, 2. Auflage, Frankfurt a. M. 1990.

SENGER, Valentin: Kaiserhofstraße 12, Darmstadt 1978.

Sinti und Roma in Frankfurt am Main, Hg.: Verband deutscher Sinti und Roma, Frankfurt a. M. 1993.

Soviel Anfang war nie. Deutsche Städte 1945–1949, Hg.: H. GLASER/L. v. PUFENDORF/M. SCHÖNEICH, Berlin 1989.

Speerplan: Vorschlag zur Gestaltung des westlichen Messegeländes, in: Jahrbuch für Architektur 1984, S. 193–195, Braunschweig 1984.

Stationen des Vergessens. Der Börneplatzkonflikt. Begleitbuch zur Eröffnungsausstellung Museum Judengasse, Hg.: Jüdisches Museum Frankfurt, Frankfurt a. M. 1992.

Statistisches Jahrbuch Frankfurt 1979, Hg.: Statistisches Amt der Stadt Frankfurt, Frankfurt a. M. 1979, u. a. Ausgaben.

TRATNIK, Patricia: Die Frankfurter Paulskirche, Hg.: Hochbauamt der Stadt Frankfurt, Frankfurt a. M. 1985.

UFFELMANN, Uwe: Der Frankfurter Wirtschaftsrat 1947–1949, in: Beilage »Parlament« Nr. 9/1984.

UNGERS, Oswald Mathias: Planungsvorschlag für die Neuordnung des Messegeländes, in: Jahrbuch für Architektur 1984, S. 195–214, Braunschweig 1984.

Untersuchung über die Möglichkeiten einer Standortverlagerung der medizinischen und naturwissenschaftlichen Fakultät der JWG-Universität auf den Niederurseler Hang, Hg.: Stadtplanungsamt der Stadt Frankfurt, Frankfurt a. M. 1963.
WALLMANN, Walter: Kontinuität und Wandel. Ein kommunalpolitischer Situationsbericht, Hg.: Presse- und Informationsamt der Stadt Frankfurt a. M., Frankfurt 1978.
DERS.: Eine Politik für die Zukunft unserer Stadt. Kommunalpolitischer Situationsbericht für 1980, Frankfurt a. M. 1981.
DERS.: Kommunalpolitischer Situationsbericht des Oberbürgermeisters 1982, Hg.: Presse- und Informationsamt der Stadt Frankfurt a. M., Frankfurt a. M. 1983.
DERS.: Kommunalpolitischer Situationsbericht des Oberbürgermeisters für 1983, Hg.: Presse- und Informationsamt der Stadt Frankfurt a. M., Frankfurt a. M. 1984.
WALLMANN, Walter/WEBER, Kai/UNSELD, Siegfried: Drei Reden beim Neujahrsempfang der Stadt Frankfurt, Frankfurt a. M. 1985.
WEISENBORN, Günther: Der lautlose Aufstand. Bericht über die Widerstandsbewegung des deutschen Volkes 1933–1945, Hamburg 1953.
Das Werden Hessens, in: Veröffentlichungen der Historischen Kommission für Hessen, Hg.: Walter HEINEMEYER, Marburg 1986.
Wettbewerb, Bebauung Dom–Römerberg–Bereich: Grundlagen und Entscheidungshilfen für die Nutzung und Gestaltung, Hg.: Hochbauamt der Stadt Frankfurt a. M., Frankfurt 1980.
Wir sind das Volk. Flugschriften, Aufrufe und Texte einer deutschen Revolution, Hg.: Charles SCHÜTTEKOPF. Reinbek bei Hamburg 1990.
Zerstörung – Terror – Folter. Frankfurt – im Namen des Gesetzes, Frankfurt a. M. 1974.
Zur Diskussion gestellt: Was kommt zwischen Dom und Römerberg? Planungsstudie zum Wiederaufbau im Auftrag des Magistrates der Stadt Frankfurt a. M., Dezernat Bau und Stadtwerke, Hg.: Hochbauamt, Frankfurt 1977.
Zur Diskussion: Was kommt zwischen Dom und Römer?, Hg.: Presse- und Informationsamt der Stadt Frankfurt a. M., Frankfurt a. M. 1975.

Personenregister

Abs, Hermann Josef 77, 198
Adenauer, Konrad 117–122, 125, 127ff., 142, 198
Adickes, Franz 63, 73, 177, 198
Adlhoch, Walter 157, 172
Adorno, Theodor W. 76, 288f.
Adrian, Hans 337, 367, 369, 371
Agartz, Viktor 99
Aigner, Georg 43
Alfhart, Lisy 105, 356
Alken, Else 158
Allschoff, Ewald 162
Altheim, Franz 12, 28, 121, 130
Amendt, Günter 285
Ammerschläger, Alois 199
Amrehn, Franz 189
Apel, Otto 179, 183, 212
Apel, Willi 40
Arndt, Betty 105, 260,
Arndt, Rudi 252, 254, 295, 313, 317, 319ff., 330, 339, 341, 344, 347, 367, 370, 379, 380, 383–386, 394–398, 453
Arntz, Wilhelm 65
Askenasy, Robert 158
Assmann, Heinrich 194

Baader, Andreas 289
Bachmann, Karl 338
Bächer, Max 400
Balser, Ernst 195
Balser, Frolinde 319, 342
Bangert, Dietrich 400
Bartsch, Wolfgang 363
Bartetzko, Dieter 403
Bauer, Fritz 246
Bautel, Wilhelm 37
Beck, Werner 213
Becker, Erich 412
Becker, Georg 43
Beckmann, Eberhard 49
Beckmann, Max 205

Beer, Rüdiger Robert 275
Behnisch, Günter 410
Behrendt, Remberd 452
Benda, Ernst 269
Benjamin, Walter 431
Berg, Martin 278, 307, 314, 339, 343, 354ff., 381, 428
Bergmann, Ingmar 376
Bergmann, Käthe 45, 108
Bergsträsser, Ludwig 23, 37
Berkemeier, Karlheinz 278, 319, 337, 343
Bernt, Emil 250, 254f.
Bethmann, Helene von 81
Bethmann, Johann Philipp von 81, 366
Bethmann, Simon Moritz von 81
Beutler, Ernst 36, 102, 205, 207
Bieseweg, Friedrich 40
Bischof, Josef 195
Blanck, Eugen 45, 62, 87, 89, 106, 108
Blanck, Theodor 129
Blattner, Stefan 153
Blaum, Kurt 22, 24, 27–31, 36, 40, 43, 65, 87, 166, 207, 353
Blum, Karl 260
Bockelmann, Rita 241, 275
Bockelmann, Werner 223–225, 229, 232–254, 271–278, 313, 317, 324, 363
Böhm, Franz 58, 162, 164, 207
Böhm, Herbert 69
Börner, Holger 416, 441
Bonhoeffer, Emmi 247
Borges, Joachim Hans 79
Borris, Maria 329
Borofsky, Jonathan 407
Boss, Waltraut 260
Bott, Gerhard 213
Bott, Odina 304
Braach, Emilie (Mile) 10, 18, 21, 112
Brandt, Willy 269, 285, 297, 313, 315, 340, 462
Brauer, Max 192
Breitbach, Hans 36

Breitenbach, Edgar 33
Brendel, Karl 43
Brenner, Otto 268
Brentano, Heinrich von 129
Bringezu, Anne 108
Brisbois, Aloys 43
Brück, Wolfram 421, 432, 435–439, 444, 447–450, 454
Brundert, Willi 58, 236, 254–277, 281, 284, 287, 297f., 312ff., 366
Buckwitz, Harry 210, 213, 273
Bürger, Dieter 452
Burggraf, Nikolaus 317
Burkhart, Heinrich 79
Burkholz, Richard 274
Busch, Hans 317, 461
Buschang, Albert 260
Bush, George 453
Byrnes, James F. 96

Cahn, Max Ludwig 162
Carlebach, Emil 31, 36, 40, 108
Carter, Jimmy 81
Caspary, Fritz 43
Chagall, Marc 212
Christ, Liesel 210
Clay, Cassius 360
Clay, Lucius D. 33, 46, 98, 114f.
Cohn-Bendit, Daniel 456, 458
Cook, Alice H. 33
Cordt, Willy 260
Crodel, Carl 155

Daum, Heinz 439
Degeder, Hannelore 81
Dehler, Thomas 129
Delp, Alfred 175
Demski, Eva 430
Derichsweiler, Albert 241
Derlam, Theo 178
Dessauer, Friedrich 61, 76, 172
Deutschmann, Carlo 40
Dierschke, Walter 154
Dietz, Fritz 200, 376, 411
Dirks, Walter 36, 40, 175
Ditfurth, Jutta 405
Ditter, Heinrich 260
Dönhoff, Marion 313
Dohnany, Christoph von 375
Dornheim, Hugo 162f.
Dregger, Alfred 298
Drevermann, Wolf 366
Dutschke, Rudi 284

Ebeling, Jutta 458
Eckert, Alois 158, 172, 175f.
Edel, Alfred 141
Ehard, Hans 100
Ehrlich, Wilfried 367
Eichhöfer, Klaus 413
Eick, Hans 108, 260
Eisenhower, Dwight D. 15, 38
Eisenhuth, Franz 97
Emrich, Willi 12
Enßlin, Gudrun 289
Eppelsheimer, Hanns W. 33, 142, 214
Epstein, Else 33, 105
Epstein, Kurt 159
Erfurt, Ulrich 289
Erhard, Ludwig 97, 99, 104, 112f.
Ernst, Otto 20
Euler, August 129

Faller, Herbert 356
Faßbinder, Rainer Werner 433
Faulhaber, Michael 60
Fay, Fritz 29, 45, 72, 120, 122, 125
Fay, Wilhelm 108, 183, 260, 275, 296, 306, 313, 338
Finck, Werner 141
Fisch, Walter 37
Fischer, Joseph (Joschka) 441
Fischer, Oskar 460
Flesch-Thebesius, Max 108
Fourastier, Jean 238
Freiwald, Friedrich 153, 253
Fresenius, Wilhelm 168, 304
Frey, Franz 450
Freyberg, Hans von 260
Fricke, Otto 167
Friedeburg, Friedrich von 289
Friedmann, Michel 445
Friedrich, Carl J. 114f.
Friedrich, Ernst 168

Gans, Leo 71f.
Gansel, Norbert 289
Gauland, Alexander 431, 448
Gebhardt, Fred 215, 429
Gebhardt, Georg 175
Gebhardt, Gusti 176
Gehm, Ludwig 105
Geiger, Karl Georg 399
Geißler, Ewald 224, 251, 255, 260, 275, 290
Gelderblom, Gertrud 33, 214
Genscher, Hans Dietrich 461
Georgi, Friedrich 191

Gerhardt, Ernst 253, 260, 306, 320, 339, 353, 381, 420, 453, 458f.
Gerhardt, Wolfgang 442
Gerold, Karl 191
Giefer, Alois 195, 350, 365f.
Gielen, Michael 392
Gierke, Otto von 240
Gläß, Theodor 260
Globke, Hans 125, 129
Göbel, Kurt 31
Goebels, Karl 165, 167f.
Goethe, Johann Wolfgang 16, 50, 62, 72, 102f.
Göring, Hermann 72ff.
Goldschmidt - Rothschild, Alexis von 60
Gorbatschow, Michail 453, 460f.
Gorbatschow, Raissa 453
Gräser, August 43
Grassegger, Emy 215
Greef, Klaus 172, 444
Griebel, Kurt 98
Gries, Ekkehard 414
Grothuysen 406
Grosser, Alfred 344
Grosser, Günther 164
Großmann, Walter 71
Grothewohl, Otto 42
Grüber, Martin 453, 457f.
Grünewald, Hubert 53, 272f.
Grützke, Johannes 459
Grumbach, Gernot 416
Guillaume, Christel 287
Guillaume, Günter 339f.

Habermas, Jürgen 288f.
Hacht, Hans 196
Hahn, Otto 75, 257
Hallstein, Walter 207
Hamm - Brücher, Hildegard 379
Hanig, Walter 350
Hartmann, Georg 58, 75
Hauff, Volker 416, 429, 443, 450–456, 461, 463
Haverkampf, Hans-Erhard 264, 339, 367, 381, 408, 410, 432, 453, 459
Hebebrand, Werner 62ff., 153
Heidegger, Martin 141
Heil, Richard 393
Heinemann, Gustav 344
Held, Martin 101
Helfrich, Eugen 45, 80, 98
Hellwig, Hans-Jürgen 405, 419
Helmensdorfer, Erich 430
Helmholz, Bodo 298
Heinrici, Klaus P. 399

Herdt 179f.
Herr, Jakob 172
Herrhausen, Alfred 453, 460
Herterich, Frank 448
Hesler, Alexander von 322
Hess, Melusine 430
Hesselbach, Walter 198, 241, 251, 260
Heun, Bernhard 13
Heuß, Theodor 75, 119, 188, 453
Heymann, Emma 60
Hillebrecht, Rudolf 71, 366
Hilpert, Heinz 101
Hilpert, Werner 123, 128, 131
Hindemith, Paul 210
Hindenburg, Paul von 73
Hirsch, Martin 38
Hirschfeld, Otto 10
Hitler, Adolf 11, 37, 72ff., 79, 137
Hochgrebe, Ute 450, 452, 461
Höcher, Edwin 87, 187, 223
Höhn, Eva 37
Hoffie, Hans Jürgen 414
Hoffmann, Dieter 384
Hoffmann, Hilmar 304, 344, 368, 372, 376, 381, 391f., 434, 458
Hofmann, Elli 108
Hohenlohe-Ingelfingen, Friedrich Ludwig von 72
Hohmann-Dennhardt, Christine 458
Hollbach, Wilhelm 12, 18–22, 25, 27, 65
Hollein, Hans 410
Holzinger, Ernst 213
Honnecker, Erich 460, 462
Horeni, Elli 108, 225, 260
Horkheimer, Max 76, 161, 207
Horn, Peter 31
Hoyer, Jürgen 253
Huch, Ricarda 58
Husch, Jakob 40

Jacobi, Ricarda 275
Jäckel, Peter 304, 381
Jäger, Hugo 47
Jahn, Helmut 407, 436
Jansen, Bernd 400
Jenninger, Philipp 446
Jost, Ludwig 43
Jünger, Ernst 428
Justin, Eva 231

Kaisen, Wilhelm 29
Kampffmeyer, Hans 105, 108, 232, 236, 275, 327, 337f., 342, 363, 365
Karry, Heinz Herbert 413, 414

Keller, Rudolf 13, 205
Kemeny, Zoltan 212
Kemper, Max 153
Kennedy, John F. 81, 245 f.
Kettner, Richard 106
Kiesinger, Kurt Georg 269
Kiesow, Gottfried 402
Kirchhof, Paul 31
Kirn, Richard 15, 99, 393
Kiskalt, Hans 260, 303 f.
Klee, Karl 43
Kleihues, Josef Paul 410
Klibanski, Joseph 159
Klingler, Georg 19, 45, 74, 108, 111, 144, 183, 233, 260
Knoll, Heli 189
Knothe, Wilhelm 36, 38, 43
Koch-Geiler, Anny 43
Köhler, Erich 99, 129
Koenig, Pierre 115
Koenigs, Tom 458
Kogon, Eugen 175
Kohl, Adolf 73, 80
Kohl, Helmut 79, 417, 435, 446, 464
Kohlsdorf, Heinz 81
Kolb, Walter 27–31, 40–61, 66, 69, 72, 87–89, 92–94, 98, 103, 105–108, 110, 113, 120–125, 129–133, 145, 148, 159–164, 182–193, 210, 223, 295, 353, 358, 363, 427, 454
Kollek, Teddy 430
Korenke, Hans-Ulrich 394, 403
Korn, Salomon 445
Kostelac, Ante Josip von 410
Kraft, Heinrich 48, 69, 108, 192, 223, 253, 275, 340
Krahl, Hans-Jürgen 285, 287
Krahn, Johannes 90
Kramer, Ferdinand 184, 217
Kramer, Otto 164
Kramer, Waldemar
Krebs, Friedrich 65, 73
Kreling, Hermann-Josef 320, 323 f.
Krenz, Egon 462
Kriegseis, Jakob 43
Krollmann, Hans 441
Krüger, Horst 141, 391
Krull, Hans Joachim 339, 371, 381
Külz, Wilhelm 40
Küppers, Hans 393, 432, 440

Labonté, Paul 436
Landmann, Ludwig 182, 454
Lang, Erna 251
Lang, Joseph 251
Langbein, Hermann 247
Latscha, Hans 36
Leber, Georg 267, 424
Lehmann, Friedrich 12
Leibbrand, Kurt 230
Leichum, Ernst 194
Leiske, Walter 31, 69, 108, 123, 161, 183, 188, 192, 250, 260
Lenz-Gerharz, Franziska 56, 155
Letocha, Rudolf 179 f.
Letsch, Albert 108
Letsch, Heinrich 106
Leweke, Adolf 36, 43
Lichtigfeld, Isaak Emil 157
Lichtinger, Otto 37
Lingnau, August 13
Lingnau, Hermann 339, 381
Link, Helmut 430
Livneh, Konsul 161
Littmann, Gerhard 289, 296, 302
Löffler, Erich 12, 56
Loesch, Grete von 428
Lohr, Waldemar 81
Lorei, Madlen 99, 111, 141
Loskant, Hans 260
Lucae, Richard 408
Lübbecke, Fried 89, 124
Lübke, Heinrich 90
Lücke, Paul 269

Maas, Kurt 158
Mäckler, Hermann 195, 350,
Magirius, Friedrich 462
Maier, Reinhold 100, 116
Mann, Thomas 142, 207
Manowsky, Prof. 79
Marcks, Gerhard 56
Marshall, George F. 100, 215
Martin, Walter 320
Massing, Wilhelm 153
Masur, Kurt 462
Mathews, Rabbi 161
Matthöfer, Hans 430
May, Ernst 62, 64, 101
Mayer, Hans 159
McCloy, John 33, 161, 186
Meid, Max 179, 203
Meier, Richard 410
Meinert, Hermann 79, 80,
Meinhof, Ulrike 356
Meinke, Karl 196
Mengele, Josef 206

Menzer, Rudolf 14, 36, 43, 45, 183, 186, 192, 250, 254, 260
Merton, Richard 60, 75
Messer, Hans 448
Mettel, Hans 155
Meudt, Hans 320
Meyer, Max 161, 164
Michel, Ernst 209
Michel, Hans 314, 319, 340, 369, 377, 379, 395, 398, 404, 415, 422, 428
Mick, Günter 438, 443
Miersch, Adolf 13, 45, 64, 69, 72, 98, 107, 184, 205
Mihm, Bernhard 396
Mildenberger, Karl 360
Miquel, Johannes Franz (von) 182
Mitscherlich, Alexander 268
Mitterand, Francois 79
Möller, Walter 108, 163, 215, 225, 229 ff., 250, 255, 261, 264, 267, 274, 280, 295–313, 318, 329, 339, 359, 364, 376
Moog, Jürgen 296, 320, 379, 435, 439, 458
Müller, Josef 117
Müller, Knut 303, 307
Müller, Oskar 37
Müller, Peter 65, 108, 205
Müller, Udo 439
Mumm von Schwarzenstein, Christa Mette 408
Mumm von Schwarzenstein, Daniel Heinrich 182
Musil, Felix 141

Naumann, Friedrich 156
Nell-Breuning, Oswald von 78
Nell, Ernst 167
Neuburger, August 126
Neuhaus, Leopold 159
Neumark, Fritz 207, 396, 428
Niemöller, Martin 167, 188
Nimsch, Margarete 458
Nitribitt, Rosemarie 201

Öttinger, Karl 43, 108
Ohm, Annaliese 214
Ohnesorg, Benno 283
Olkowicz, Adolf 162
Ollenhauer, Erich 117, 188 f.

Palitzsch, Peter 392
Peters, Gerhard 159
Petersen, Alfred 192, 200
Pfaff, Günter 320

Pfeiffer, Fritz 40, 43, 45
Phelps, Robert K. 98
Pitzer, Franz 88
Pitzer, Nikolaus 88
Pöhl, Karl-Otto 454
Polligkeit, Wilhelm 158
Polzer, Erhard 460 f.
Ponto, Jürgen 394
Popitz, Johannes 235
Prestel, Rudolf 13, 45, 260, 352
Proll, Astrid 394
Protzmann, Hanskarl 458
Pünder, Hermann 104, 122
Püttner, Günther 342

Raabe, Christian 307
Raddigan, Harold P. 161
Rasor, Karl 64, 90, 183,
Rath, Karl vom 184, 205, 210, 212, 215, 236, 257, 260, 304
Rebholz, Johann 43
Recum, Otto von 46, 98
Reich-Ranicki, Marcel 375
Reichelt, Hans 460
Reinert, Hellmut 13, 45, 90, 205
Reisch, Linda 458
Reiss, Willi 312, 314, 319, 340–344, 381
Remond, Fritz 212
Renger, Annemarie 342
Reuter, Ernst 117
Rhein, Peter 260, 361, 381
Richter, Willi 33, 207
Riedel, Josef 366
Riesenhuber, Heinz 379
Robertson, Sir Brian H. 98, 115
Rohrer, William 179, 180,
Romeik, Helmut 179, 203
Rosenberg, Frau 159
Roth, Manfred 289
Rott, Herbert 320
Rotter, Lina 108
Rudzio, Wolfgang 296
Rüegg, Walter 254, 287
Rühle, Günter 433
Runze, Wilhelm 182

Sackenheim, Friedrich Franz 304, 313
Saftig, Hans-Rudi 320, 324
Sailer, Rudolf 433
Salomon, Hermann 40, 43
Salzberger, Georg 156, 161
Samhammer, Johann Jakob 180
Sander, Reinhard 322

Sander, Wilhelm   40
Sauer, Heinrich   207
Sayers, D. E.   46 f.
Schäfer, Ernst   157, 167
Schäffer, Fritz   129
Schaub, Hermann   43, 108, 113
Schaupp, Gottlieb   90, 179
Schauroth, Udo von   194
Scheid, Heinrich   350
Schenk, Sylvia   358, 458
Schiefele, Johann   43
Schiffler, Charlotte   175, 260
Schirrmacher, Ernst   401
Schlempp, Walter   153
Schlosser, Karl   12, 13
Schmid, Carlo   81, 100, 114–120, 192, 273
Schmidt-Knatz, Friedrich   20
Schmidt-Polex, Hans W.   241
Schmidt, Hans   275
Schmidt, Helmut   414, 429
Schmidt, Johannes   195, 355
Schmidt, Willy   56
Schmidt, Wolfgang   210
Schmorl, Hans   31, 67
Schneider, Heinrich   223
Schneider, Karl   424
Schneider, Peter   289
Schoeler, Andreas von   379, 415, 458
Scholz, Stefan   406
Schroeder, Louise   92, 100, 115, 117
Schubert, Alfred   322
Schultes, Axel   400
Schultz, Walter Maria   179
Schumacher, Kurt   42, 104, 117, 128
Schumacher, Willi   43
Schwab, Ulrich   433 f.
Schwagenscheidt, Walter   166, 236
Schwalm, Thorsten   413
Schwarz, Anselm   81
Schwarz, Rudolf   90
Schweitzer, Albert   75, 191
Seebohm, Hans-Christoph   123
Seiters, Rudolf   460
Seliger, Heinrich   45, 98, 205
Sellach, Brigitte   452
Senger, Valentin   9
Senghor, Leopold Sedar   285
Sheehan, Francis E.   22, 26, 35, 65 f.
Siedler, Jobst   429
Sieger, Wilhelm   19
Sittmann, Tassilo   166
Slutzki, Jacob   60
Söntgen, Karl   19 f.

Sokolowski, Wassili D.   114
Sölch, Rudi   307, 319, 338, 343, 355
Sollwedel, Inge   379
Solti, Georg   189, 210,
Speer, Albert   429, 436, 439, 458
Speyer, Jerry I.   450
Spieß, Herbert   266
Sprenger, Jakob   11, 65
Stadler, Toni   215
Stalin, Josef   97
Stamm, Otfried   364
Staritz, Katharina   157, 168
Stauber, Horstmar   407, 412
Stein, Heinrich Friedrich Karl vom   25
Steinhausen, Wilhelm   155
Steinmeyer, Friedel   154
Stemmermann, Friedrich   11 f.
Stierle, Georg   302
Stock, Christian   20, 118, 131, 161
Stubenvoll, Herbert   213, 257
Sturmfels, Wilhelm   209
Suhr, Otto   189
Süßmuth, Rita   446
Swarzenski, Georg   438
Szymichowski, Hans   43

Taut, Bruno   363
Tesch, Carl   33, 35
Thoma, Hans   213
Thomas, Theodor   207
Thrun, Arthur   168
Thürwächter, Anselm   363, 369
Tiller, Rolf   201
Tinguely, Jean   410
Trageser, Karl-Heinz   429
Trautwein, Dieter   169, 171, 444
Treser, Georg   43, 45, 64
Trott, Jan von   450

Uhl, Hugo   200
Uhlendahl, Heinrich   142
Uhlmann, Fritz   59
Ulrich, Friedrich   257
Ulrich, Franz   38
Ungers, Oswald Matthias   405, 410
Unruh, Fritz von   92, 191
Unseld, Siegfried   424, 443

Verschuer, Otmar von   206
Viedebantt, Klaus   430
Vogt, Joachim   368
Voigt, Georg   182

Voigt, Karsten 215, 289
Vorbeck, Dorothee 397
Vossler, Otto 207

Walcha, Helmut 168
Wallmann, Walter 56, 78, 198, 320, 363, 379–397, 402–435, 442, 448, 451, 454, 464
Walter, Fritz 23
Wandersleb, Hermann 118, 120, 122, 125
Warnecke, Erhard 79
Weber, Kai 423
Weber, Walter 25
Weck, Gerhard 272, 340, 364, 366
Weinberg, Arthur von 72 f.
Weinberg, Carl von 73
Weinberg, Wilhelm 159, 161
Weingarth, Hermann 20
Weinstock, Heinrich 36
Weisenborn, Günther 58
Weizsäcker, Richard von 446, 453
Wentz, Martin 416, 429, 441, 450, 458
Wilder, Thornton 101, 207
Wilhelmi, Hans 36, 108, 164, 167
Wimmer, Hans 56
Winnacker, Karl 199
Winterling, Fritz 43
Wirth, Ulla 247
Wissenbach, Carl 196
Wöber, Margrit-Ricarda 184
Wolf, Hans Georg 304
Wolf, Moritz 71, 108, 144, 148, 152, 178, 183 f.
Wolff, Frank 285, 289
Wolff, Karl-Dietrich 285
Wortmann, Wilhelm 237

Zadkine, Ossip 212
Zander, Fred 303
Zeis, Christian 404
Zeiss, Dore 171
Zeiss, Karl 171
Zickmann, Arthur 167
Zieran, Manfred 405
Zinn, Georg August 77, 99, 188, 223, 232, 248, 267
Zinnkann, Heinrich 188
Zuckmayer, Carl 101

Orts- und Sachregister

Abendgymnasium 397
Abendpost/Nachtausgabe 192
Achema 133, 344
Adickes Allee 196
Adler Werke 194
Adorno-Preis 256
AEG 194
Ahornstraße 357
Akademie Arnoldsheim 175
Akademie der Arbeit 78, 207, 217, 302
Aktiengesellschaft für kleine Wohnungen 143
Aktionsgemeinschaft Opernhaus 370, 376
Aktionsgemeinschaft Westend 277, 279 ff., 304, 347
Alleenring 229
Alleentunnel 404
Allgemeine Ortskrankenkasse 20
Allianz AG 195
Allwegbahn 229 f.
Alte Brücke 103, 154
Alte Leipziger Versicherungsgesellschaft 195
Alte Oper 200, 212, 215, 237, 256, 262, 301, 367, 370, 376 f., 393–397, 408, 433, 436
Altenhain 327
Altenhainer Straße 107
Altenpflege 175
Alter Markt 362
Altersheime 175, 273, 347, 353
Altstadt 9, 56, 63, 102, 148, 152, 154, 185, 362, 369, 403
Altstadtmodell Gebr. Treuner 151
Am Hauptbahnhof 323
Amerika, Amerikaner, amerikanisch 10–18, 21–29, 33, 38 f., 43–53, 66, 81, 96, 103, 112–115, 121, 158, 186, 194, 197, 204, 206, 239 ff., 246, 312, 427
–, Außenminister 96, 214 f.
–, Außenpolitik 96

–, Behörden 35, 39, 103, 128, 159
–, Besatzungsmacht 12, 16, 25, 42, 96, 108, 147, 168, 186, 206, 358
–, Besatzungszone 16, 18, 29, 38, 95–98, 101
–, Generalkonsulat 186
–, Hauptquartier 28
–, Militär 17, 158
–, Militärregierung 12, 15, 21, 27 ff., 32–36, 43, 46, 60, 65, 98, 105, 107, 111, 113, 158, 207
–, Sender 12
–, Truppen 9, 21, 54
Amerikahaus 137, 214
Ankara 207
Antisemitismus 161, 428
AOK s. Allgemeine Ortskrankenkasse
Arbeiterwohlfahrt 460 f.
Arbeitsämter 67
Arbeitsgemeinschaft Sozialdemokratischer Frauen 287
Arbeitslose, -quote 146, 184, 202, 268, 335, 423, 426, 450
Arbeitsmarkt 147, 451
Arbeitsstätten, -plätze 144, 229, 238, 280, 325, 346, 417, 424, 440, 450
Architekturmuseum 394, 397, 410
Asyl, -suchende 330, 407, 451, 460
Aufbaugesellschaft s. Frankfurter Aufbaugesellschaft
Aufbaugesetz 64, 68, 150
Auschwitz, -prozeß 52, 160, 246
Ausgangssperre 15
Ausländer 52, 338–333, 356, 407, 421, 426, 451, 456 f.
Ausländerfeindlichkeit 428
Ausstellungswesen 193, 400,
Australien 60
Autobahnen 70, 193, 203, 429, 448
Autobuslinien 144, 203, 326

Bad Homburg 10, 121, 326, 460
Bad Nauheim 49, 187
Bad Soden 327
Bad Vilbel 88, 165, 167, 324 ff.
Bahnhofsviertel 101, 144, 384, 407, 419 ff., 427 ff., 434, 438
Ballett 433, 455
Bank deutscher Länder 111, 113, 131, 146, 196, 273
Bank für Gemeinwirtschaft 146, 199, 241, 263, 393
Bank of China 436
Banken, -viertel 111, 146, 195, 198, 263, 273, 295, 334 ff., 439, 464

Bankhaus Hauk & Söhne 195
Basel 61
Baseler Platz 12
Battelle-Gelände 456
Bauer KG 194
Bauer'sche Schriftgießerei 72
Baumweg 158
Bayern 53, 103, 141, 146
Bayernpartei 119
Beckmann-Preis 256
Beethoven-Platz 218
Bekennende Kirche 20, 165
Beneluxstaaten 114
Bergen-Belsen 52
Bergen-Enkheim 88, 315, 322–327
Berkersheim 315
Berkersheimer Weg 133
Berlin 51, 58, 73, 79, 95, 102–104, 111–131, 141, 146, 189, 191, 214, 228, 238, 265, 283, 462, 464
Berliner Handelsgesellschaft 131
Berliner Straße 150, 155, 185, 372
Bernusbau 213
Besatzung 121
Besatzungsmacht 27, 33, 64, 66, 99, 104, 114–117, 123
Besatzungstruppen 128
Besatzungszeit 24, 72
Besatzungszone 40, 42, 95, 142
Beschützende Werkstätten 352
Bethmannpark 437
Bethmannstraße 154, 177–185
Bevölkerung, -zahl 12, 15–18, 22, 37, 46, 59, 66–69, 96, 108, 112, 118, 122, 138, 141, 144, 147, 210, 216, 224, 238, 244, 256, 259, 267, 276, 297, 311, 320, 322, 328, 335, 353, 384, 399, 408, 410, 426, 437, 440, 458
BfG-Hochhaus 321
BHE s. Bund der Heimatvertriebenen
Bi-Zone, bi-zonal 97–100, 123
–, Bauprogramm 68
–, Siedlung 98, 131
–, Verwaltung 68, 98, 118, 122, 131
Bibliothek, -wesen 33, 137, 419, 455 s. a. Stadtbibliothek, Deutsche Bibliothek
Bieberhaus 376
Bielefeld 88
Bildungswesen 32
Binding Brauerei 183, 449
Birmingham 308
Bistum Limburg 172
Bockenheim 194, 198, 315, 356, 437, 439
Bockenheimer Landstraße 15, 100, 184, 195, 200, 280, 347, 394, 435

Bodenspekulation 431
Bolongaro-Schloß 340
Bonames 315
Bonn 55, 118–131, 137, 144, 150, 186, 193, 289, 334, 340, 379, 454
Börneplatz 58, 159, 162, 365, 443 ff.
Bornheim 33, 315, 422
Bornheimer Hang 359
Börse 99, 133, 144, 200, 454
Börsensaal 37, 101, 210
Börsenverein des Deutschen Buchhandels 131, 142, 191
Brackwerde 88
Brandenburg 88
Braubachstraße 148, 362
Braunschweig 71
Bremen 23, 29 f.,
Bremerhaven 23
Brentanobad 359
Brentanostraße 171, 347
Breslau 157 f.
britische Behörden 125
–, Besatzungsmacht 98, 119
–, Besatzungszone 29, 66, 96, 98
Brockhausbrunnen 410
Brücken 14, 55, 66, 108, 144
Brückenstraße 173
Brunnen 305, 408
Buchgasse 177
Buchhandel 185
Buchmesse 191, 344, 376, 405, 456
Büchereien, 32 f. s.a. Deutsche Bücherei
Bürger, Bürgerschaft, -versammlung 24, 45, 48, 103, 106, 110, 112, 130–133, 141, 145, 151, 158, 164, 200, 204, 214, 217, 223, 225, 228, 231, 258, 261, 302, 315, 317, 324–342, 362, 372, 376, 393, 396, 429, 435, 436, 443, 449
–, -einsatz 66, 87, 89, 178
–, -Foren 46, 48 f.
–, -initiativen 47, 317, 365, 405, 422, 434
Bürgerrat 28, 30, 36, 40, 66, 87
Bürgerhaus Nied 273
Bürgerhaus Zeilsheim 404
Bürgermeister, kommissarischer Bürgermeister 12, 25, 69
Bürgertreff 141
Bürostadt Niederrad 196, 351
Buffalo N.Y. 60
Bund der Heimatvertriebenen und Entrechteten 164, 248
Bundesbehörden 25, 13
Bundesgartenschau 228, 271, 459 f.
Bundeskanzler 119, 121, 125, 128 f.

Bundesparlament s. Bundestag
Bundespostmuseum 214
Bundespräsident 75, 119, 121
Bundesrat 121, 269
Bundesrechnungshof 154, 185
Bundesregierung 119, 123, 128, 141, 154, 269, 310
Bundesrepublik Deutschland 51, 71, 77, 101, 104, 124–130, 137, 142, 163, 197, 213, 228, 235, 248, 263, 271, 273, 289, 295, 301, 323, 326–331, 351, 405, 424, 434, 436, 445, 457–461 s. a. Deutschland
Bundestag, -abgeordnete 47, 69, 119–130, 269, 342, 379, 382, 430, 437, 447
Burnitzbau 97, 213, 364

Cafe Laumer 347
Cantate Domine Kirche 161
Care-Pakete 14
Caritas 172, 175
Carolinum 207
Casella AG 194
CDU s. Christlich demokratische Union
Cechema 133
Celle 118
CHEMAG 195
China 437
Christlich Demokratische Union 36, 40, 45, 99, 104, 108, 110, 113, 117, 119–130, 164, 192, 213, 248, 253, 260, 264, 279, 298, 302–309, 318–325, 338, 352, 366–405, 415–443, 450–460
Christlich Soziale Union 104, 117, 123
Club Voltaire 373
Coca Cola AG 196
Continental Gummiwerke 194
CSU s. Christlich Soziale Union

Dalberghaus 376
Danzig 398
Darmstadt 32, 40, 166, 326
Darmstädter Landstraße 437
DDR 228, 259, 340, 375, 461 ff.
Degesch-Prozeß 159 f.
Degussa 88
Demokratie, demokratisch 33–38, 46, 89–96, 106, 110, 116, 123, 130, 189, 297, 317
Demokratische Volkspartei Baden-Württemberg 99
Demonstrationen 268, 283, 296
DENA 195
Denkmäler 56, 89, 304 f.
Deportation 50
Deutsch-französischer Kulturkongreß 78

Deutsch-Ordenskirche 173
Deutsche Bank 198, 263, 349, 393, 453, 460
Deutsche Bibliothek 33, 142, 214, 397
Deutsche Bücherei 33, 142
Deutsche Bundesbank 263, 273, 464
Deutsche Kommunistische Partei 289, 382
Deutsche Partei 123
Deutsche Reichsbank 133
Deutsche Verkehrs- und Kreditbank 195
Deutsche Zentral-Genossenschaftsbank 146
Deutscher Bund 25, 12
Deutscher Bundestag s. Bundestag
Deutscher Gewerkschaftsbund 33
Deutscher Künstlerbund 376
Deutscher Orden 173
Deutscher Städtetag 48, 71, 161, 175, 191, 223, 235–238, 249, 252, 269–277, 297, 333
Deutscher Turnerbund 188, 191, 358
Deutsches Parlament von 1848 89, 93, 116, 374
Deutsches Postmuseum 214, 410
Deutsches Reich 103, 156, 246, 271
Deutsches Turnfest 394
Deutschherrenufer 173
Deutschland 24–28, 33, 35, 42, 46, 49, 51, 58–64, 73, 77f., 87, 95–104, 110, 114–121, 128, 137, 159, 161, 187, 249, 331, 362 s. a. Bundesrepublik Deutschland
Diakonisches Werk 168
Die Grünen 215, 320, 322, 325, 355, 382, 405, 414–417, 424–460
Die Schmiere 212
Dippe-Meß 361
Diskus 290
Displaced Persons Lager 17, 52, 162
Distrikt Frankfurt 24, 26 s. a. Regierungsbezirk Frankfurt
Dokumentationszentrum zur Erforschung des Holocaust 457
Dom 63, 144–154, 166, 172, 177, 185, 256, 351, 357–371, 398, 401, 410, 413, 438, 459
Dominikanerkloster 63, 154, 166f.
Dominikanerplatz 365
Domstraße 363
Dornbusch 121, 264, 315
Dornbuschkirche 165
DP s. Deutsche Partei
DP-Lager s. Displaced Persons Lager
Dr. Hoch'sches Konservatorium 215, 445
Dreieich 320
Dreikönigskirche 168
Dresdener Bank 263, 393f.
Drogen, -handel 419, 457
Düsseldorf 43, 45, 96, 118, 121

Eckenheim 168, 315
Eckenheimer Landstraße 18
Ehe- und Familienberatung 167
Ehrenbürger, -schaft, -würde 72–79, 198
Eingemeindung 311
Einwohnerzahl s. Bevölkerung
Einzelhandel 200f.
Eisenbahnergewerkschaft 97
Eiserne Front 37
Eiserner Steg 9, 372, 459
Eissporthalle 361, 404
Elbestraße 420
Elektrizität 144
Elektrizitäts-Actien-Gesellschaft 195
Emigranten 60
englisch s. britisch
Eppstein 327
Eppsteiner Straße 281, 306
Erwachsenenbildung 215
Eschborn 327
Eschenheimer Anlage 196
Eschenheimer Turm 214, 359
Eschersheim 168, 315
Eschersheimer Landstraße 18, 184, 220, 264, 313
Europäische Zentralbank 454
European Recovery Programm 100, 215
Evangelische Kirche 90, 97, 154–172
Evangelische Studentengemeinde 169
Evangelischer Kirchentag 167, 169, 191
Evangelischer Regionalverband 167, 171, 347
Exekutivausschuß für Wirtschaft 96, 99
Exekutivrat 30

Fachhochschule 232
Falkstraße 194
Farbwerk Höchst A.G 113, 146, 169, 194, 199, 215, 346
Faßbinder-Konflikt 430, 434
FDP s. Freie Demokratische Partei
Fechenheim 194, 315, 359, 376
Feldberg 250
Fernmeldeturm 393
Festeburg-Siedlung 17
Feuerwehr 204, 439
Fichardstraße 63, 168
Filmmuseum 394, 397, 410
Finanzplatz 131
Fischbach 327
Fischer-Verlag 194
Fischerfeldstraße 274, 416
Fischerzunft Höchst 199

Flüchtlinge 50–52, 59, 97, 105, 138, 141, 144, 167, 183
Flüchtlingsunterbringung 97
Flughafen AG 346, 411 f.
Flughafen Rhein-Main 103, 113, 133, 193, 196, 204, 228, 308, 311, 325, 344 ff., 383, 408, 412–415, 438, 441, 448
Flughafenerweiterung 31, 415 f. s. a. Startbahn West
Frankfurter Aktion gegen den Atomtod 241
Frankfurter Allgemeine Zeitung 128, 130, 192, 253, 408, 448
Frankfurter Aufbau AG 71, 131, 150, 180
Frankfurter Aufbauprogramm 72
Frankfurter Bank 195
Frankfurter Berg 315
Frankfurter Bund für Volksbildung 302, 396
Frankfurter Bund tätiger Altstadtfreunde 153, 363
Frankfurter Dokumente 114–118
Frankfurter Gesellschaft für Handel, Industrie und Wissenschaft 241
Frankfurter Hefte 175
Frankfurter Leitsätze 40
Frankfurter Lösung 71, 148–155, 252, 362 f.
Frankfurter Museum für jüdische Altertümer 154
Frankfurter Neue Presse 15, 32, 111, 130, 391
Frankfurter Presse der amerikanischen Heeresgruppe 15
Frankfurter Rundschau 24, 35–40, 127, 130, 141, 192, 207, 253, 380
Frankfurter Schule 76
Frankfurter Siedlungsgesellschaft 154
Frankfurter Verband für Altersfürsorge 353
Frankfurter Verkehrsverbund 311, 326, 380, 457
Frankfurter Volkstheater 210
Frankfurter Zeitung 15
Franzosen, französisch, Frankreich 16, 79, 96
–, Besatzungsmacht 21, 24
–, Besatzungszone 95, 98, 100
–, reformierte Gemeinde 20
–, Revolution 72
Frauenlobstraße 17
Freibad Eschersheim 312, 359
Freiburg 207
Freie Demokratische Partei 36, 40, 99, 105, 119, 123, 129, 164, 184, 192, 205, 248, 253, 264, 287, 298, 320, 325, 33, 338, 351, 367, 369, 378–384, 404, 413 ff., 430, 442
Freie Stadt Frankfurt 25
Freies Deutsches Hochstift 77, 102, 213

Freiherr vom Stein Straße 156
Fremdenverkehr 133, 146
Freßgass 337
Friedberg 25, 28, 326
Friedberger Anlage 158, 161
Friedenspreis des deutschen Buchhandels 75, 191, 246, 285, 313, 344
Friedhof Heiligenstock 236
Friedhof Höchst 56
Friedrichsdorf 327
Friedrichsheim 207
Frobenius-Institut 210
Frühjahrsmesse 133, 322
Fußballweltmeisterschaft 361
Fußgängerzone 70, 337, 365

Gagernstraße 61
Gagfah 143
Galluswarte 107, 314, 430
Gasversorgung 144, 445
Gastarbeiter 146, 172, 256, 278, 328–331
Gaststätten 153, 201, 333, 372
Gemeinnützige Bau- und Siedlungsgesellschaft 168
Gemeinnützige Wohnungsbaugesellschaft 143
Generalfluchtlinienplan 149
Generalverkehrsplan 70
Gesamtschulen 396
Gesamtverband des Groß- und Außenhandels 133
Gesellschaft für Christlich-Jüdische Zusammenarbeit 162
Gestapo 10
Gewerbegebiet, -raum 131
Gewerkschaften 32, 78, 113, 123, 199, 215, 251, 268, 329, 340, 424
Gewerkschaftshaus 33, 251, 268, 424
Ginnheim 315
Ginnheimer Landstraße 359
Ginnheimer Wald 232, 459
Gmelin-Institut 210
Godesberg 121
Goethe-Kongreß 209
Goethehaus 62, 77, 101, 142, 144, 185, 213,
Goetheplakette 72, 274
Goethepreis 75, 81, 245, 256, 273, 376, 428
Goethestraße 70, 437
Goldenes Buch 79 ff., 245
Goldstein, -siedlung 133, 173, 314 f.
Göttingen 75
Gräfstraße 194, 217, 231
Grävenwiesbach 323
Griechen 427

501

Griesheim 14, 314f.
Großbritannien 96f. s. a. britisch
Große Bockenheimer Straße 337
Große Gallusstraße 264
Großer Hirschgraben 16, 101, 185
Großhandel 200, 202
Großmarkthalle 196, 327
Grünberg 310
Grüne, s. Die Grünen
Grundgesetz 117f.
Güterbahnhof 64
Gutleutstraße 131, 194

Hafenanlagen 108
Hallenbäder 359
Hamburg 29, 228, 238, 335
Hamburger Allee 194
Hammering Man 407
Hamsterfahrten 14
Hanau 22, 25, 28, 326
Hanauer Landstraße 131, 194, 196
Handel 146, 258
Handelsbetriebe 131, 196
Handelskammer 69
Handwerksbetriebe 146, 153, 193, 200ff.
Hannover 407
Hannoversch-Münden 88
Hansaallee 17
Harheim 69, 315, 427
Hartmann und Braun AG 194
Hartmann-Ibach-Straße 422
Hasengasse 154, 41
Hattersheim 322, 326f.
Hauptbahnhof 11, 70, 203, 248, 333, 419, 421, 436
Hauptfriedhof 56, 58, 189, 297
Hauptstadt, -frage 24, 36, 104, 113, 117–131, 137, 189, 193, 334
Hauptwache 9, 38, 70, 100, 106, 148, 169, 214, 230, 256, 267, 283, 305, 372
Haus Buchenrode 73
Haus der Deutschen Städtereklame 196
Haus der Jugend 97
Haus der Volksarbeit 173, 175
Haus des Sports 358
Haus Engel 371
Haus Frauenrode 177
Haus Frauenstein 178, 180,
Haus Limpurg 179
Haus Löwenstein 178
Haus Schwarzenfels 177
Haus Schwarzer Stern 371, 399ff.
Haus Silberberg 178

Haus Viole 177
Hausbesetzung 256, 281, 283, 296, 307, 348
Hausen 155, 315, 359, 435
Haushalt 142, 186, 212, 230, 232, 249, 262, 271, 316, 324, 358, 428
Hedderichstraße 194
Heddernheim 236, 315, 428
Heerstraße 435
Heiligenstock 195, 236, 309, 429, 432 s. a. Friedhof Heiligenstock
Heiliggeistkirche 166
Heimatsiedlung 17
Heimatvertriebene 50, 141, 193
Hellerhof AG 143
Henry und Emma Budge Heim 354
Hermann-Hesse-Schule 356
Herrenchiemseer Konvent 118
Hessen, hessisch 23, 27, 36, 39, 47, 51, 77, 103, 125, 145ff., 156, 159, 184, 201, 206, 209, 215, 232, 235, 239, 295, 301, 319, 323, 326, 338, 354, 368, 382, 414, 443
–, Gemeindeordnung 31, 38, 45, 48, 145, 279, 296, 314, 338
–, Groß-Hessen 23, 28, 37
–, Hauptstaatsarchiv 22
–, Innenminister 30, 48, 105, 159, 223, 279, 303, 415
–, Landesbank 263
–, Landesregierung 23, 29, 40, 50, 67, 123, 168, 232, 254, 263, 290, 407, 412–416, 424, 447
–, Landeszentralbank 131, 146, 263
–, Landtag 23, 30, 64, 105, 188, 285, 295, 304, 309, 317, 322, 412, 417, 424, 442
–, Ministerpräsident 31, 103, 125, 129, 207, 223, 254, 441f.
–, Nassau 21, 156
–, Rundfunk 32, 49, 184, 188, 195, 302
Hessischer Hof 195
Hessischer Landesverband für Erwachsenenbildung 215
HICOC 33
Hilgenfeld 309
Historischer Garten 363
Historisches Museum 151, 213, 237, 257, 302, 364–367, 373, 384
Hochhäuser 64, 169, 194, 281, 337, 347–351, 370, 393, 420, 424, 439, 448
Höchst 15, 17, 25, 131, 199, 315, 356, 359, 373
Hohemark-Verband 69
Holbeinplatz 257
Holzhausenpark 12, 214
Holzhausenschloß 213
Holzhausenstraße 17

Holzmann AG 195
Hooverspeisung 33
Hotel Frankfuter Hof 71, 199, 285
Hotel National 70
Huren wehren sich Gemeinsam e. V. 421

IG-Farben 199
IG-Hochhaus 12, 17, 98, 113–121, 128
IG-Siedlung 16
Industrie- und Handelskammer 69, 192, 200, 215, 376, 408, 411
Industrie und Handelstag 133
Industrie, -gebiet 98, 131, 144, 146, 163, 192, 194, 197, 200, 333, 440 f.
Industriegewerkschft Metall 197, 268, 303, 424 ff.
Innere Mission 156
Institut für Modeschaffen 215
Internationale Autumobilausstellung 405, 407
Internationale Handelskammer 133
Iraner 427
IRSO s. Jewish restituion...
Israel 52, 159, 176, 199, 240 f.
Italiener 331, 333, 369, 427

Japaner 103
Jerusalem 430
Jewish Restitution Successor Organization 162, 164
Juden, jüdisch 9, 49, 58–61, 73, 90, 154–164, 247, 354, 434, 444 ff.
–, Altersheim 161
–, Betreungsstelle 60, 158 f.
–, Friedhof 158–162, 445
–, Gemeinde 52, 90, 156–164, 191, 434, 445, 455
–, Krankenhaus 61, 162
–, Museum 397, 410, 446
–, Volksschule 161
–, Wiedergutmachungsbank 161
–, Zentralrat 161
Judengasse 154 f.
Jugendhäuser, -zentrum 331, 353, 445
Jugendmalschule 456
Jugendmusikschule 367
Jugenheim 218
Jusos 87, 348, 384, 416
Justizvollzugsanstalt Preungesheim 58, 216

Kabarett 141
Kairo 430
Kaiserhofstraße 9
Kaisersaal 182, 245
Kaiserstraße 64, 42

Kalbach 315
Kalbächer Gasse 337
Kammerspiel 210, 434
Karben 326
Karlsruhe 19, 118
Karlsruher Straße 195
Karmeliterkirche 155, 184, 397
Karmeliterkloster 63, 184, 212, 302, 408, 430
Kassel 122
Katharinenkirche 155, 158, 166–169, 185
Katharinenpforte 70, 154
Katholische Kirche 155, 158, 161, 166–177, 184
Kaufhaus Ammerschläger 199
Kaufhäuser 137
Kaufhof 133
Kehl/ Rhein 19
Kelkheim 327
Kelsterbach 326 f.
Kenia 62
Khasana GmbH 195
Kiel 19
Kinderbüro 456
Kindergärten 168, 331, 352, 445, 456
Kindertagesstätten 384, 396
Kino 144
Kirchliches Jahrbuch 168
Klärwerke 327, 449
Kleine Hochstraße 373
Kleinmarkthalle 154, 185, 257
Kleyerstraße 194
Klüberstraße 350
Koblenz 117
Köln 37, 48, 53, 118, 254, 435, 448
Königstein 327
Königstraße 194
Kommödie 212
Kommunales Kino 304, 372 f.
Kommunalwahlen 28, 36, 42, 66, 87, 105, 108, 150, 187, 192, 205, 248, 253–265, 302, 304, 315, 320–323, 338, 368–384, 391 f., 402–407, 414, 422–430, 441, 452
Kommunisten, kommunistisch, 37, 106, 110, 114
Kommunistische Partei Deutschland 33, 36–43, 99, 105–108, 114, 119, 121, 123, 289
Komödienhaus 144
Konstablerwache 154
Kontrollrat, -mächte, -empfehlung 21–24, 64, 96, 104
Konzentrationslager 52, 56, 60, 159
KPD s. Kommunistische Partei Deutschland
Krankenhaus der Barmherzigen Brüder 175

503

Krankenhäuser 55, 110, 133, 145, 175, 206, 297, 353
Kreditanstalt für Wiederaufbau 78, 100, 348
Kriegsfolgen, -zerstörungen 52–55, 102, 137, 222, 274, 450
Kriegsgefangene 49, 52, 100
Kronberg 93, 327
Kuhwald-Siedlung 163, 167, 315
Kulturpolitik 204, 205, 213, 257, 302, 304, 358, 372, 376, 384, 392, 397
Kunsthalle Schirn 400 ff., 438
Kuratorium Kulturelles Frankfurt 216
Kurfürstenzimmer 180

Lager für verschleppte Personen s. Displaced Persons Lager
Lahmeyer & Co. 195
Länderrat 131
Landesbehörden 27
Landkreis 26
Landrat 25, 312
Landtagswahl 23, 38, 248, 412, 416, 422, 427, 437–441
Landwirtschaft 98, 201, 335
Landwirtschaftliche Rentenbank 146
Landwirtschaftskammer Hessen Nassau 20
LDP s. Liberal demokratische Partei
Lebensmittel, -karten 13, 95, 103, 159
Lebensmittelhandel 196
Leerbachstraße 169
Leinwandhaus 154, 184, 302, 365, 376, 408
Leipzig 33, 142, 159, 185, 205, 308, 461 f.
Leipziger Straße 437
Leonhardsbrunn 17
Leonhardskirche 144, 166, 172 f.
Lex Adickes 64, 68
Liberal Demokratische Partei 36, 40, 43, 99, 108, 113
Liebfrauenkirche 148, 154, 166, 173
Liebieghaus 213, 376
Liebigstraße 195
Lieder im Park 373
Liederbach 327
Limburg 158
Limpurger Gasse 177
Lindenstraße 178
Literaturhaus 456
London 114, 161, 346
Londoner Schuldenverhandlungen 78, 198
Ludwig-Richter-Schule 133
Luftangriffe 50, 56
Luftbrücke 113, 189
Lufthansa 412

Lukaskirche 155
Lurgi 196, 428, 449
Lyon 244

Mädchenheim 175
Magdeburg 259
Magistrat 28–32, 43–49, 63, 64, 67–70, 79, 81, 89, 97, 103, 106–110, 122, 131, 143–146, 152, 158–164, 182–186, 199, 204 ff., 232, 235, 254, 260, 264, 287, 295–309, 314–324, 329, 337–353, 363–372, 380, 395, 404, 412–421, 429, 435, 439, 445, 451–458
–, beschluß 80
–, mitglieder 29, 31, 45, 47, 80, 97, 108, 192, 266, 338, 452
–, protokolle 22
–, sitzung 30, 64, 73, 80, 90, 98, 302
Magistratsvertreter s. agistratsmitglieder
Mailand 308
Main-Taunus 25, 28, 256
Mainkur 194
Mainluststraße 420
Mainz 24, 326, 343
Mainzer Landstraße 133, 194, 420, 439, 448
Marbachweg 340
Marburg 380
Marokkaner 427
Marshall-Plan 53, 144
Marshall-Brunnen 215, 356
Max-Planck-Institut für Biophysik 210
Mecklenburg-Vorpommern 52
Mertonstraße 217, 231
Mertonviertel 428
Messe GmbH 407, 412
Messe, -standort, -gelände 142, 193, 196, 228, 248, 258, 311, 344, 362, 393, 405, 439, 448, 456
Messeturm 407, 436
Metallgesellschaft 46, 194
Mierendorffstraße 165
Mikwe 444
Military Government s. amerkanische Militärregierung
Mörfelder Landstraße 215
Moha GmbH 196
Moselstraße 420
Moskau 223
Moslems 176
Müllabfuhr 205
Müllverbrennung, -anlage 239, 324, 429
München 53, 73, 126, 265
Münchener Straße 420
Müttergenesungswerk 241

Mütterschule 167
Museen 103, 327, 394, 397, 411, 418, 455
Museum für Kunsthandwerk 79, 214, 213, 257, 376, 397, 410
Museum für Modere Kunst 394, 410, 438f.
Museum für Vor-und Frühgeschichte 184, 397, 410
Museum Judengasse 445
Museumsufer 376, 396, 410, 439
Myliusstraße 168

Nairobi 62, 101
Nassau'sche Heimstätte 143, 153, 236, 255, 291
Nationalbibliothek s. a. Deutsche Bibliothek 33
Nationaldemokratische Partei Deutschlands 287, 382, 452, 457
Nationalsozialisten, Nazi, nationalsozialistisch 12, 15–21, 25, 29, 32, 37–42, 58, 73, 105, 115, 158, 163–168, 205, 210, 231, 246, 354, 414, 422, 438
Nationalsozialistische deutsche Arbeiterpartei 15, 19, 39
Neckermann Versand AG 196
Nestle AG 196
Neu-Anspach 327
Neu-Isenburg 325f.
Neue Mainzer Straße 195, 212
Neuenhain 327
Neve Schalom 176
New York 46, 96, 407
Nicaragua 456
Nida 177
Nidda 237, 359, 459
Niddastraße 420
Nied 14, 314f.
Nieder-Erlenbach 315
Nieder-Eschbach 315
Niederrad 273, 315, 351, 359
Niedersachsen 23, 52
Niedersächsische Landespartei 99
Niederursel 232, 236, 308, 315, 404
Niederwald 117
Nikolaikirche, Alte 90, 145, 148, 166, 213, 364, 399, 401, 459
Non-Fraternization 16
Nordrhein Westfalen 53, 119, 126
Nordweststadt 166, 176, 236, 240, 256, 262, 315, 359
Nordwestzentrum 267, 359
NS s. Nationalsozialismus
NS-Opfermal, -mahnmal 56, 216

NSDAP s. National Sozialistische deutsche Arbeiterpartei
Nürnberger Gesetze 73

Obdachlose 183, 307, 357, 457
Ober-Taunus 25, 28
Oberbürgermeister 18, 22, 27–30, 36, 40, 43, 445, 48, 60, 67, 88, 98, 103–110, 123–131, 150, 178–192, 204, 224, 231–238, 241–250, 254–263, 272–277, 295–314, 320, 339, 367, 369, 376–397, 411, 418–429, 435, 441–458
Oberrad 315
Oberursel 195, 326f.
Österreich 116, 427
Offenbach 25, 28, 43, 311, 326, 436, 456
OMGUS 33
Oper 144, 210, 375, 392, 397, 432, 455
Opernplatz 9, 195, 216, 356, 437
Opernhaus s. Alte Oper
Ortsbeiräte 47, 289, 314–322, 342, 347, 378, 410
Ostbahnhof 196
Ostend 315
Osthafen 64, 194, 196, 421
Ostpark 327
Ostzeile 372, 399–403
Ott & Heinemann 133
Otto-Hahn-Platz 257
Otto-Hahn-Preis 256

Pädagogische Akademie 98, 121
Palais Löwenstein 11, 35
Palmengarten 46, 217, 327, 355, 437
Paris 124, 346
Parkhaus am Theater 210, 212, 457
Parkhaus an der Hauptwache 154, 203
Parkhäuser, -plätze 71, 259
Parlamentarischer Rat 117–128
Parteien 32–43, 47, 96, 104, 106, 108, 215, 396
Passierschein 95
Paulskirche 56, 63, 72, 75, 79, 87–95, 120, 144, 148, 166, 168, 178, 187ff., 209, 244ff., 285, 287, 297, 313, 344, 459
Paulsplatz 178
Peek & Cloppenburg 133
Persilscheine 19
Pferderennbahn 359
Pflasterstrand 431, 448
Philanthropin 159, 162, 445
Platz der Republik 195
Plaza-Hotel 393
Polen 427
Polizei, -präsidium 159, 232, 296, 302, 348, 412–419

505

Potsdam 96
Potsdamer Konferenz 96
Praunheim 17, 131, 168, 236, 315
Presse 32, 131
Preungesheim 168, 216, 315
Preussen, preussisch 21, 25, 45, 72
Preußische Akademie der Künste 58
Prostitution 419ff.

Radio Frankfurt 112
Radrennbahn 361
RAF 289, 394, 460
Ratgeb Fresken 184, 408, 430
Rath'sche Villa 195
Re-Education 33
Re-Organisations-Programs 46
Rebstockbad 361, 394, 404, 408
Rebstockgelände 169, 232, 377
Regierungsbezirk Frankfurt 26f.
Regierungsbezirk Wiesbaden 21, 27, 30
Regierungspräsident, -präsidium 23–32, 37, 48, 145
Regionaler Planungsverband Untermain 237, 276, 309, 318, 322
Reichsbehörden 27
Reichspostmuseum 214
Reichstagswahlen 39
Reinhardstraße 196
Rembrandtstraße 438
Remond'sche Kleines Theater 145, 212
Reuterweg 194
Rhabanus-Maurus Akademie 175
Rhein-Main-Gebiet 21, 24, 51, 310, 312, 321, 411
Rheinhessen 24
Rheinland-Pfalz 24, 141
Ried 260
Riederwald 50, 315, 360, 429
Rödelheim 315, 359
Röderbergweg 161
Römer 63, 75, 90, 108, 142–152, 166, 177–187, 192, 206, 215, 217, 246, 257, 260, 267, 275, 277, 283, 287, 298, 301, 307–315, 320, 323, 339–343, 348, 351, 357–383, 393–403, 421, 435–440, 452
Römerberg 97, 113, 169, 177–180, 237, 245, 256, 362–371, 398, 403, 459
Römerhöfchen 177
Römerstadt 17, 62, 177, 186, 226
Roßmarkt 437
Rotenburg/Fulda 269
Rothschild'scher Pferdestall 141
Rothschildhaus 33, 154, 397, 446

Rothschildpark 137, 214, 281
Rottach am Tegernsee 13
Rückerstraße 196
Rüdesheim 117
Rügen 88
Ruhrgebiet 310
Russische Zone s. sowjetische Besatzungszone

S-Bahn 230, 265, 313, 326, 337, 377, 406, 436, 456
SA 11
Saalgasse 363, 4
Saalhof 364
Sachsen-Anhalt 52
Sachsenhausen 9, 14, 133, 155, 168, 173, 258, 298, 315
Sachsenhäuser Berg 437
Sängerfest 133
Salzhaus 178ff.
Sammlung Ströher 438
Sankt Georgen 78
Schade & Füllgrabe 196
Schauburg 37
Schaumainkai 214, 257, 376
Schauspiel, -haus 210, 375, 397, 433, 455
Schiffsverkehr 144
Schillerstraße 70, 437
Schleswig-Holstein 52
Schlüchtern 318
Schmitten 249, 252
Schnurgasse 148
Schönberg 93
Schullandheim Wegscheide 73
Schulen 45, 55, 110, 133, 145, 228, 330, 333, 407f.
Schulpolitik 358, 396
Schumann-Theater 212
Schwalbach 327, 407
Schwanheim 14, 314f.
Schwarzhandel 103
Schweiz 76
SDS 284–290
Seckbach 131, 315
Selmi-Hochhaus 394
Senckenberganlage 195
Senckenbergmuseum 207
Shanghai 60
Siedlung Heilsberg 167
Siegermächte 96
Siesmayerstraße 186, 217, 241
Sindlingen 15, 52, 165, 314f.
Sinkkasten 373

506

Sinti und Roma 50, 56, 231
Soest 128
Sophienstraße 218
Sossenheim 14, 196, 314f.
Sowjetunion, sowjetisch 52, 96, 100, 111, 115, 434, 453
–, Besatzungszone 33, 51, 95, 100, 116, 142, 183
–, Militärgouvaneur 114
–, Truppen 50
Sowjetrußland s. Sowjetunion
Sozialdemokratie, sozialdemokratisch 37, 40, 42, 224
Sozialdemokratische Partei Deutschland 20, 37, 40–45, 99, 104, 108, 110, 113, 117, 123, 126, 128, 150, 163, 183, 189, 192, 199, 217, 229, 241, 248, 251–264, 274, 289, 297–309, 319–325, 333, 338–342, 352–356, 364–386, 392–399, 415–460
Sozialer Wohnungsbau 71, 432
Sozialpolitik 352
Spanier 331, 427
Sparkasse von 1822 112
SPD s. Sozialdemokratische Partei Deutschland
Sperrgebietsverordnung 419
Sperrklausel 39, 105
Spessart 73
Spielpark Schwanheim 376
Spielplätze 153, 316
SS 20
St. Anna-Kirche 155
St. Elisabethen-Krankenhaus 175
St. Katharinen-Krankenhaus 175
St. Marien-Krankenhaus 175
St. Sebastian-Kirche 177
Staatliche Hochschule für Kunst 210, 232
Staatliche Hochschule für Musik 184, 210, 232
Staatliche Ingenieurschule 232
Städel, -schule, -administration 56, 77, 145, 213, 236, 438
Stadionbad 358
Stadt- und Universitätsbibliothek 33, 184, 209, 212, 214
Stadtarchiv 79, 88, 184
Stadtbad Mitte 356, 359
Stadtbezirksvorsteher 48
Stadtbücherei s. Volksbücherei
Städtepartnerschaft 191, 308, 456
Stadtflucht 336
Stadtkommandeure 24, 26
Stadtparlament s. Stadtverordnetenversammlung
Stadtplanung 62, 64, 70, 153, 240, 278, 280, 301, 369, 396, 431, 440, 448

Stadtrat, -räte 32, 43, 45, 49, 66, 110, 152, 183, 203, 403, 410
Stadtsparkasse 45, 154
Stadtverordnete 31, 48, 71, 103, 108, 143, 163, 182, 205, 229, 231, 250, 259, 264, 266, 280, 295, 317, 322, 327, 33, 339–351, 362–369, 377, 410, 421, 452
Stadtverordnetenversammlung 30, 36, 40–48, 64–80, 87, 89, 105–114, 121, 123, 130, 142–152, 162, 166, 178–187, 193f., 204, 212, 217, 223, 230–236, 241, 254–264, 278, 285, 297–309, 314–325, 337–384, 394, 404, 410, 412, 420, 422, 428, 435, 451–461
Stadtverwaltung 12, 15, 27, 30, 38, 45, 61, 68, 88, 130, 147, 177f., 181, 213, 225, 231, 314, 341, 363, 382, 404, 421, 454
Stadtwald 103, 200, 327, 358, 376
Stadtwerke 55, 64, 155, 264, 325, 327, 371, 439, 443, 445
Städtische Bühnen 273, 374, 392, 397, 433
Städtische Galerie 438f.
Städtisches Krankenhaus 142, 353
Städtisches Orchester 189
Startbahn 18 West 412, 415ff.
Staufenstraße 214
Steinbach 327
Steinerne Haus 154
Stempel AG 194
Stephanstraße 437
Stifter, Stiftung 72, 81, 206, 213, 354
Stiftstraße 437
Straßburg 22, 8
Straßenbahn 55, 144, 202, 230, 265, 326, 404, 431, 436f.
Stresemannallee 61
Studenten, -revolte 256, 277, 281–290, 304, 344, 356, 411
Studentenpfarrer 167
Stuttgart 48, 96, 126
Sudetenland 50
Südwestdeutsche Flugbetriebs A.G. 103
Südwestdeutsche gemeinnützige Wohnungsbau AG 143
Südwestdeutsche Genossenschaftszentralbank 281
Suhrkamp-Verlag 424
Sulzbach 327
Summertime 376
Synagoge Börneplatz 58, 154, 158, 445
Synagoge Börnestraße 158
Synagoge Friedberger Anlage 158
Synagogen 155, 158, 162

Tag der offenen Tür 258
Taunus 69
Taunusanlage 11, 195, 350
Technisches Rathaus 56, 363–369
Tel Aviv 430
Telefonbau und Normalzeit 194
Telefonseelsorge 167
Terminal Ost 412
Theater am Turm 375, 433
Theater, -aufführungen 62, 100, 106, 144, 204, 207, 210, 213, 215, 225, 236, 289, 301, 308, 311, 327, 375, 402, 418, 433
Theater-Doppelanlage 212, 236
Theodor-Stern Kai 194
Theresienstadt 73, 158
Töngesgasse 148
Tour de France 394
Trier 65
Trizonenverwaltung, -behörden 112, 120, 130
Trümmeraufbereitungsanlage 67
Trümmerbahn 65
Trümmerverwertungsgesellschaft 32, 66, 68, 108, 144, 196
Tschechoslowakei 115
Türkei, Türken 76, 333, 426
TVG s. Trümmerverwertungsgesellschaft

U-Bahn, -bau 230, 236, 256, 261, 265 ff., 274, 280, 298, 313, 326, 337, 357, 363–370, 404, 410, 429, 435, 451, 456
Ulmenstraße 141
Ulrichstraße 196
Umlandverband 319–326, 378, 412, 434
Union 143
Universität, Johann-Wolfgang-Goethe 20, 40, 76, 78, 92, 100, 145, 147, 205–209, 217, 231, 241, 254, 262, 271–277, 284, 287 ff., 410, 448, 459
Universitätsklinik 231 f.
Unterliederbach 15, 314 f.
Untermainbrücke 66
Untermainkai 33, 397, 446
US-Zone s. amerikanische Besatzungszone, -gebiet
US-Airbase 411
USA s. Vereinigte Staaten von Amerika
Usingen 25, 327

VDO 194
Verband der Automobilindustrie 133
Verband des deutschen Einzelhandels 133
Verband für Wohnungswesen und Städtebau 62
Vereinigte Deutsche Metallwerke 194
Vereinigte Staaten von Amerika 25, 28, 30–33, 46, 52, 66, 96, 100, 111, 453
Vereinigte Werkzeug-Maschinenfabrik 194
Vereinigtes Wirtschaftsgebiet 30, 98
Verfassung 116 f.
Verfassunggebende Versammlung 116 f.
Verkehr, -wesen 98, 144, 202, 258, 301, 313, 325, 347, 431, 438
–, führung 63, 149, 155,
–, netz 64, 69
–, planer, -planung 62, 64, 69, 204, 264, 325
Verwaltung s. Stadtverwaltung
Victor-Gollancz-Heim 273
Villa Metzler 214
Vogelsberg 327
Voigt & Haeffner AG 196
Volks-Bau und Sparverein 143
Volksabstimmung 24, 116, 118
Volksbegehren 416
Volksbildungsheim 214, 301, 429
Volksbüchereien 214, 301, 304, 367, 376
Volksfeste 298
Volkshochschule 215, 301, 327, 331, 333, 367, 376, 393, 396 f.
Volkszählung 440
VVN 159

Währungsreform 33, 68–71, 111 ff., 131, 147, 149, 165, 178, 200, 210
Wäldchestag 258
Wahlen 38–46, 100, 117
Waldstadion 360 f.
Wallanlagen, -servitut 70, 309
Walldorf-Mörfelden 415
Walter-Möller-Plakette 177
Walter-Kolb-Heim 218
Wanebachhöfchen 177, 179
Warschau 63, 398
Washington 25, 28, 30
Wasserversorgung 110, 144, 239, 250, 326 f.
Wasserwerk 327
Wehrheim 327
Wehrmacht 9
Wehrmachtsangehörige 50
Weihnachtsmarkt 97, 403
Weingut Hochheim 318
Weißadlergasse 154, 214
Weißfrauenkirche 155, 166
Westdeutschland s. Bundesrepublik Deutschland

Westend 63, 71, 97, 141, 171, 195, 228, 256, 277–283, 303, 315, 337, 347, 351, 369, 377, 384, 393, 419, 421, 434, 439f.
Westendstraße 195
Westendsynagoge 156, 161, 446, 463
Westerwald 22
Westfalen 141
Wiederaufbau 22, 142, 144, 150, 154, 165–194, 204–206, 213, 223, 228, 233, 263, 274, 367–372, 393, 399, 450
Wiederaufbauplanung 62
Wiener Kongreß 25
Wiesbaden 18, 21–32, 36, 64, 67, 145, 150, 167, 232, 250, 272, 313, 326, 379, 413, 417
Wilhelm-Leuschner-Straße 268, 42
Wilhelmsbrücke 66
Wilhelmshöher Straße 354
Windmühlstraße 420
Wirtschaft, -raum, -kraft 24, 69, 96, 98, 131, 133, 144, 146, 152, 192–202, 225, 238, 258, 268, 301, 309, 312, 322, 331, 333ff., 397, 439, 456
–, politik 193
–, rat 30, 99, 104, 112, 121, 131
Wohnheim GmbH 340, 347
Wohnung, -sbau, -raum 16ff., 50, 63–71, 87, 97, 108, 110, 123, 126, 131–154, 179, 183, 193ff., 228, 236, 262, 268, 280, 283, 307, 323, 331, 333, 351–359, 399, 427–432, 441, 443, 456
Wohnungsbaugesellschaften, -unternehmen 71, 133, 143, 202, 432
Women International Zionistic Organisation 434
Württemberg-Baden 125, 146

Zeil 64, 70, 148, 161, 337, 372, 376, 410, 436
Zeilsheim 15, 52, 314f.
Zeitungen 15, 24
Zentgrafenschule 133
Zentrale des deutschen Fremdenverkehr e. V. 133
Zentralverein deutscher Sparkassen und Girovereine 133
Zentrumspartei 19, 40, 99, 105, 123, 158
Zeppelinallee 33
Zeppelinheim 324ff.
Ziegelgasse 75, 185
Zoo 145, 327, 355, 376, 435
Zoo-Gesellschaftshaus 212
Zwangsarbeiter 52
Zweizone s. Bi-Zone
1200-Jahr Feier 456, 459

Nachweis der Abbildungen

Aero-Lux 299, 368, Anders 170, AP 101, 140, 244, 247, Bund tät. Altstadtfreunde 140, Darbowski T. 272, 288, 300, 308, 332, 336, 343, 349, 392, 395, 400, 425, Dabrowski R. 78, 263, 321, 378, 414, 418, Dauer/Maury 149, Deuss 57, dpa 75, 139, 160, 176, 202, 216, 227, 229, 251, Dumkow 329, Englert 138, 211, Günther 402, 447, Hiller 132, Institut f. Stadtgsch. 10, 13, 17, 26, 57, 67, 70, 74, 88, 91, 92, 93, 107, 120, 124, 127, 138, 143, 152, 157, 173, 186, 211, 217, 227, 228, 252, 258, 273, 285, 300, 303, 310, 318, 330, 350, 355, 360, 398, 462, 464, Jäger 247, Keller 385, Kern 53, Kerner 224, 266, Kleinhans 76, 198, 253, 255, 259, 275, 305, 337, Kleinschmidt 226, Kochmann 14, 54, 95, 109, 179, Landesbildstelle 185, Malorny 413, Matthes 182, Meier-Uhde 51, 171, 199, 233, 242, 265, 267, 334, 345, 346, 357, 375, 406, 409, 442, 444, 446, 449, 455, 463, Meisert 286, Müller-Raemisch 279, Rempfer 284, 348, 373, Rötger 174, Rüffer 451, Tripp 268, 281, 282, 286, 332, 374, Sulzmann 209, Weiner 34, 44, 94, 102, 126, 203, 269, 270, 377, Wirtschaftsamt Ffm 115, Wolff & Tritschler 41, 132, 243, Vack 77, 197, 208, 226